銀行法精義

小山　嘉昭

［著］

一般社団法人 **金融財政事情研究会**

はしがき

　最近における金融の変化には目を見張るものがある。それは多くの関係者の率直な印象かと思う。

　わが国の銀行法もそうしたすさまじい変化を追うようなかたちでこのところ毎年のように法律改正が相次いだ。平成26年以降という短い期間を例にとっても、平成26年には大口信用供与規制の強化、銀行等による議決権保有規制の弾力化、外国銀行代理業規制の緩和、海外 M&A に係る子会社の業務範囲規制の緩和、監査役や会計監査人規定の強化、再委託先等への報告徴求・立入検査制度の導入、外国銀行支店に対する規制の整備などが施行され、平成29年には、銀行持株会社の管理機能の強化、資金決済法における仮想通貨制度の創設などが施行され、平成30年には電子決済等代行業者に関する法制度の整備が動き出す。

　銀行法は大きな変化を遂げているわけだが、その要因を究めていくとだいたい次の八つくらいに集約されるように思う。

　第1に、金融と情報通信技術（IT）の融合を意味するいわゆるフィンテックが世界的な規模で進展しており、金融の景色が一変しつつあること、第2に銀行等と他産業との交流が実態面において量、質ともに飛躍的に増加していること、第3に金融のボーダレス化を映してバーゼルⅢや大口信用供与規制にみられるように、各国間での法制度の均一化・統一化が進み、金融当局同士の国際間の取決めが非常に増加する動きを受けて、わが国の銀行法制もそれに適合した動きを日進月歩で続けざるをえないこと、第4に、法律に基づく行政へと完全に変貌を遂げる過程で「行政法定主義（租税法定主義に近似）」により法律や政令、施行規則において非常に細かく法文化されるようになり、それを受けて行政運用も気が遠くなるほど細かくなってきていること、第5に、その一方で、現在は、法文準拠から脱しようと「ルール」方式から「プリンシプル」方式への移行が図られている真っただ中にありその受容の仕方をめぐって試行錯誤が続いていること、第6に過去において金融機関の破綻による損害が巨額な規模にのぼり、納税者ひいては一般国民に負担

を求めざるをえなかった経験から、国会を中心にして金融機関の経営に対する監視が法制面でも一段と強化されたこと、第7に、可能な分野では規制緩和が確実に行われてはいるが、その場合は自由化が野放図に行われないように法令で細かく歯止め措置が講じられ、法文としては複雑化して、むしろ全体の印象では規制色が強まったような色合いで決着する場合が多いこと、第8にわが国の法律全体において消費者保護法制が強化されてきており、その脈絡から行政法である銀行法でも大幅に行為規制が導入されつつあること、などである。

とにかく、銀行法や金融商品取引法等、すべからく金融関係の法律の規定は驚くほど細かくなり、広範なものになった。

そのこと自体は予見可能性が高くなり、良いようにもみえるが、各年の膨大な法文改正についていくだけでも多大な努力を要する。

本書は実質的には『詳解銀行法』（平成16年）、『詳解銀行法〔全訂版〕』（平成24年）に続く『詳解銀行法〔第3版〕』（平成30年）の位置づけになるものであるが、その間に銀行法改正が大幅になされたことに伴い記述内容を大きく書き換えたのを一つの節目と考え、本の題名を一新し、『銀行法精義』とした。これまでの『詳解銀行法』同様、ぜひご愛読いただきたい。

本書の作成作業にあたって、片岡総合法律事務所所長の片岡義広弁護士から誠に貴重な数々の御助言をいただいた。また、株式会社きんざいの花岡博出版部長には常日頃から力強いご支援をいただいた。書き終えて執筆時のさまざまな記憶を振り返りつつ、深甚なる感謝の意を表したい。

本書をいつもそばにいて温かく見守ってくれた妻、久美に捧げたい。

平成30年1月　　　　　　　　　　　　　　　　　　　　　　小山　嘉昭

目　次

序章　銀行法の沿革

第1部　旧銀行法までの歩み ……………………………………………… 1

　第1節　為替会社の設立 ………………………………………………… 1

　第2節　国立銀行条例 …………………………………………………… 3

　　第1　銀行設立請願 …………………………………………………… 3

　　第2　訪米調査団 ……………………………………………………… 4

　　第3　激　　論 ………………………………………………………… 7

　　第4　国立銀行条例の制定 …………………………………………… 9

　　第5　その帰趨 ………………………………………………………… 10

　　第6　条例改正 ………………………………………………………… 11

　第3節　銀行条例 ………………………………………………………… 13

　　第1　私立銀行、銀行類似会社 ……………………………………… 13

　　第2　銀行条例の制定 ………………………………………………… 14

　　第3　銀行条例の改正 ………………………………………………… 17

　第4節　旧銀行法の制定・施行（昭和3年） ………………………… 20

　　第1　金融恐慌の最中での誕生 ……………………………………… 20

　　第2　旧銀行法の内容 ………………………………………………… 21

　　第3　周辺法の動き …………………………………………………… 23

第2部　現行銀行法（昭和57年以降） …………………………………… 25

　第1節　現行銀行法制定の背景 ………………………………………… 25

　第2節　現行銀行法の概要 ……………………………………………… 26

第3部　現行銀行法施行以後の変遷 ……………………………………… 30

　第1節　平成5年における金融制度改革 ……………………………… 30

　　第1　専門金融機関制度の改革 ……………………………………… 30

　　第2　業態別子会社による相互参入等 ……………………………… 32

　第2節　平成10年の改正（銀行持株会社制度の導入等） …………… 33

目　次　3

第3節　平成14年の改正（銀行主要株主についてのルール整備等）……… 38

第4節　平成18年の改正（銀行代理業制度の創設等）……………………… 40

第5節　平成19年の改正（金融商品取引法に伴う改正およびバーゼル
Ⅱ）…………………………………………………………………………… 41

第6節　平成20年以降の改正（金融ADR制度、資金決済法、バーゼ
ルⅢ）………………………………………………………………………… 41

第4部　最近における銀行法改正の動き ………………………………………… 42

第1節　平成26年の銀行法改正（外国銀行支店制度、大口信用供与規
制等の整備）………………………………………………………………… 42

第1　外国銀行支店に対する規制の整備 ………………………………… 43

第2　大口信用供与規制の強化 …………………………………………… 44

第3　銀行等による議決権保有規制（5％ルール）の弾力化 ……… 45

第4　外国銀行代理業規制の緩和 ………………………………………… 45

第5　海外M&Aに係る子会社の業務範囲規制の緩和 ……………… 46

第6　監査役や会計監査人規定の強化 …………………………………… 46

第7　再委託先等への報告徴求・立入検査 ……………………………… 46

第8　更生特例法 …………………………………………………………… 46

第2節　平成29年の銀行法改正（金融グループの経営管理、仮想通貨
制度の創設）………………………………………………………………… 47

第1　金融グループの経営管理の充実 …………………………………… 47

第2　仮想通貨制度の創設 ………………………………………………… 49

第3節　平成30年の銀行法改正（電子決済等代行業者に関する法制度
の整備）……………………………………………………………………… 50

第1章　銀行法の目的（銀行法第1条）

第1節　公　共　性 ………………………………………………………………… 52

第2節　信用の維持 ………………………………………………………………… 54

第3節　預金者の保護 ……………………………………………………………… 55

第4節　金融の円滑 ………………………………………………………………… 56

第5節 銀行経営の健全性 ……………………………………………… 57
第6節 銀行の私企業性 ………………………………………………… 58

第2章 銀行および銀行業の定義（銀行法第2条、第3条）

第1節 「銀行」の定義 …………………………………………………… 60
第2節 「銀行業」の定義 ………………………………………………… 62
第3節 「みなし銀行業」（銀行法第3条）……………………………… 65
第4節 概　　括 ………………………………………………………… 67
第5節 「銀行とは何か」 ………………………………………………… 68

第3章 営業の免許（銀行法第4条）

第1節 免許の審査基準 ………………………………………………… 73
第2節 相互主義の適用 ………………………………………………… 75
第3節 免許の申請 ……………………………………………………… 78

第4章 銀行の機関（銀行法第4条の2）

第1節 株式会社制 ……………………………………………………… 80
第2節 銀行の機関 ……………………………………………………… 81

第5章 資本金の額（銀行法第5条）

第1節 最低資本金 ……………………………………………………… 86
第2節 減　　資 ………………………………………………………… 88

第6章 商号（銀行法第6条）

第1節 総　　説 ………………………………………………………… 90

第2節 「銀行」商号の使用禁止 ……………………………… 92

第3節 特種銀行、外国銀行の取扱い ……………………… 93

第4節 「銀行」呼称の由来 …………………………………… 94

第7章 営業所（銀行法第8条）

第1節 総　説 ………………………………………………… 98

第2節 営業所の種類 ………………………………………… 101

第3節 外国における代理店 ………………………………… 105

第8章 名義貸しの禁止（銀行法第9条）

………………………… 106

第9章 業務の範囲（銀行法第10条〜第12条）

第1部 総　説 ………………………………………………… 107

第2部 銀行の固有業務 ……………………………………… 108

第1節 預　金 ………………………………………………… 109

第1款 「預金」とは ………………………………………… 109

第2款 預金の種類 ………………………………………… 114

第1 当座預金 ………………………………………… 116

第2 普通預金 ………………………………………… 118

第3 別段預金 ………………………………………… 120

第4 通知預金 ………………………………………… 121

第5 定期預金 ………………………………………… 122

第6 定期積金 ………………………………………… 123

第7 総合口座 ………………………………………… 125

第2節 資金の貸付 ………………………………………… 125

第1 証書貸付 ………………………………………… 129

6

第2	手形貸付 ……………………………………………………	130
第3	当座貸越 ……………………………………………………	131
第4	手形割引 ……………………………………………………	132
第5	コール・ローン ……………………………………………	135

第3節　為替取引 …………………………………………………… 136

第1款　総　　説 …………………………………………………… 136

第2款　銀行が行っている為替取引の種類 ………………… 137

第1	振　　込 ……………………………………………………	138
第2	送　　金 ……………………………………………………	140
第3	代金取立て …………………………………………………	140

第3款　全銀システム …………………………………………… 142

第4款　為替取引と一般の決済機能との関係 ……………… 144

第5款　資金移動業 ……………………………………………… 150

第1	意　　義 ……………………………………………………	150
第2	資金移動業者 ………………………………………………	151
第3	要履行保証 …………………………………………………	153
第4	行為規制 ……………………………………………………	155

第6款　仮想通貨交換業に係る制度整備 …………………… 156

第1	仮想通貨についての定義規定 ……………………………	156
第2	仮想通貨交換業者の登録 …………………………………	158
第3	利用者の保護等に関する措置 ……………………………	158
第4	利用者財産の管理 …………………………………………	159
第5	監　　督 ……………………………………………………	160

第7款　電子決済等代行業 ……………………………………… 160

第1	電子決済等代行業者の定義および登録 …………………	160
第2	業務に関する規定 …………………………………………	163
第3	監督規定その他 ……………………………………………	165

第3部　付随業務 …………………………………………………… 166

第1節　付随業務の範囲 ………………………………………… 166

第2節　項目別説明 ……………………………………………… 172

目　次　7

第1 債務保証 ……………………………………………………………… 172

第2 有価証券の売買等 …………………………………………………… 174

第3 有価証券の貸付 ……………………………………………………… 177

第4 売出し目的のない公共債の引受け、およびその募集の取
扱い …………………………………………………………………… 179

第5 金銭債権の取得または譲渡 ………………………………………… 180

第6 特定目的会社発行社債の引受け等 ………………………………… 187

第7 短期社債の取得等 …………………………………………………… 188

第8 有価証券の私募の取扱い …………………………………………… 189

第9 社債等の受託・管理業務 …………………………………………… 191

第10 業務の代理等 ………………………………………………………… 194

第11 外国銀行代理業務 …………………………………………………… 196

第12 金銭出納事務等 ……………………………………………………… 196

第13 保護預り ……………………………………………………………… 198

第14 振 替 業 ……………………………………………………………… 200

第15 両　　替 ……………………………………………………………… 200

第16 金融先物取引、金融等デリバティブ取引、有価証券店頭
デリバティブ取引 ………………………………………………… 201

第17 ファイナンス・リース業務 ………………………………………… 206

第4部 他業証券業務等（銀行法第11条） ………………………………… 206

第1 投資助言業務 ………………………………………………………… 209

第2 有価証券関連業 ……………………………………………………… 209

第3 投資信託の銀行窓販 ………………………………………………… 214

第4 信託に係る事務に関する業務 ……………………………………… 215

第5 地球温暖化防止の観点での算定割当量関連業務 ………………… 215

第5部 他業禁止 ……………………………………………………………… 216

第1節 総　　説 …………………………………………………………… 216

第2節 他の法律により認められる業務 ……………………………… 218

第1 担保付社債信託業務 ………………………………………………… 219

第2 兼営法による信託業務 ……………………………………………… 221

第3　保険窓販業務 ……………………………………………………………… 221

第10章　業務等に関する規制（銀行法第12条の2、第12条の4、第13条の2、第13条の3、第13条の3の2、第13条の4）

第1節　預金等に対する情報の提供 ………………………………………… 224

第2節　無限責任社員等になることの禁止 ………………………………… 229

第3節　アームズ・レングス・ルール等の規制（銀行法第13条の2）
……………………………………………………………………………………… 230

第4節　優越的地位の濫用禁止等、銀行の業務に係る禁止行為（銀
行法第13条の3）………………………………………………………… 234

　第1　一般原則 ………………………………………………………………… 234

　第2　優越的地位の濫用禁止 ……………………………………………… 235

第5節　利益相反行為の防止等、顧客の利益の保護のための体制
整備 ……………………………………………………………………………… 237

第6節　特定預金等の取扱い ………………………………………………… 243

第7節　銀行の守秘義務 ……………………………………………………… 244

　第1　銀行法における対応 ………………………………………………… 244

　第2　わが国の一般論 ……………………………………………………… 245

　第3　銀行の守秘義務の法的根拠 ………………………………………… 246

　第4　守秘義務が適用されない分野 ……………………………………… 247

　第5　判例の動向 …………………………………………………………… 248

　第6　判決等から出てくる解釈 …………………………………………… 252

第11章　大口信用供与規制（銀行法第13条）

第1節　総　　説 ……………………………………………………………… 256

第2節　大口信用供与規制の意義および機能 …………………………… 256

第3節　規制の内容 …………………………………………………………… 258

　第1　与信サイド：銀行グループ規制 …………………………………… 259

目　次　9

第2 受信サイド：債務者への単体およびグループ規制 ………… 260

第3 規制比率 …………………………………………………… 261

第4 「信用の供与等」の範囲 ………………………………… 263

第5 適用除外 …………………………………………………… 267

第6 規制の基準となる自己資本 …………………………… 269

第7 銀行における子会社合算 ……………………………… 270

第8 銀行による統合管理 …………………………………… 271

第9 銀行持株会社に対する大口信用供与等規制 ………… 272

第10 外国銀行支店に対する適用 …………………………… 272

第11 潜脱防止規定 …………………………………………… 273

第12 罰　　則 ………………………………………………… 273

第4節 大口信用供与規制の沿革 ………………………………… 273

第12章　役員（銀行法第7条、第7条の2、第14条）

第1節 役員の適格性 …………………………………………… 277

第2節 役員の兼業規制（銀行法第7条） ……………………… 278

第3節 役員への信用供与（銀行法第14条第2項） …………… 282

第13章　自己資本比率規制　バーゼルⅢ（銀行法第14条の2）

第1部 総　　説 …………………………………………………… 284

第1節 自己資本比率規制の意義および沿革 ………………… 284

第2節 自己資本とは …………………………………………… 287

第3節 銀行法における自己資本比率規制 …………………… 290

第2部 国際基準による規制 …………………………………… 293

第1節 自己資本の額（分子） ………………………………… 293

第1 自己資本比率の種類 …………………………………… 293

第2 自己資本の種類 ………………………………………… 293

第3 自己資本からの控除項目 ……………………………… 298

第2節　リスク・アセット等（分母）……………………………301
　第1　リスク・アセット……………………………………303
　第2　マーケット・リスク…………………………………306
　第3　オペレーショナル・リスク…………………………307
　第4　基　　準………………………………………………308
第3節　資本バッファー…………………………………………308
第4節　実施スケジュール………………………………………309
第5節　レバレッジ比率…………………………………………311
第6節　グローバルな流動性基準………………………………313
第7節　カウンターパーティー・リスク………………………315
第3部　新国内基準の内容…………………………………………316
第4部　バーゼルⅢの課題…………………………………………318

第14章　休日、営業時間、臨時休業（銀行法第15条、第16条）

第1節　休　　日…………………………………………………322
第2節　営業時間…………………………………………………324
第3節　営業時間の変更…………………………………………327
第4節　臨時休業等………………………………………………328

第15章　銀行の子会社（銀行法第16条の2）

第1節　総　　説…………………………………………………333
第2節　子会社対象会社…………………………………………335
　第1　子会社対象会社………………………………………335
　第2　従属業務会社（第11号）……………………………336
　第3　金融関連業務会社（第11号）………………………338
　第4　その他の子会社対象会社（ベンチャー・ビジネス会社、事
　　　業再生会社、フィンテック企業）……………………341
　第5　そ　の　他……………………………………………343

目　次　11

第3節　認　　可 …………………………………………… 344

第4節　「子会社等」「関連法人等」について ………………… 346

　　第1　「子会社等」 ………………………………………… 346

　　第2　「子法人等」 ………………………………………… 347

　　第3　「関連法人等」 ……………………………………… 348

　　第4　企業会計基準との関係 …………………………… 350

　　第5　各項目における適用 ……………………………… 352

第16章　銀行等の出資制限（銀行法第16条の3、第52条の24）

………………………… 354

第17章　経理（銀行法第17条〜第19条）

第1節　事業年度 …………………………………………… 364

第2節　資本準備金、利益準備金の積立 ………………… 364

第3節　業務報告書 ………………………………………… 366

第4節　事業報告 …………………………………………… 369

第18章　ディスクロージャー（企業情報の開示）（銀行法第20条〜第23条）

第1節　貸借対照表等の公告 ……………………………… 372

第2節　説明書類の縦覧 …………………………………… 374

第3節　不良債権問題 ……………………………………… 378

第4節　不良債権のディスクロージャー（開示） ………… 379

　　第1　自己査定方式 ……………………………………… 381

　　第2　銀行法による開示債権 …………………………… 382

　　第3　金融再生法開示債権 ……………………………… 385

　　第4　三つの開示方法の関係 …………………………… 386

第5節　不良債権の償却・引当 ……………………………………… 387

第6節　株主の帳簿閲覧権の否認（銀行法第23条）……………… 389

第19章　監督（銀行法第24条〜第29条）

第1節　内閣総理大臣の調査権 …………………………………… 392

　第1　早期警戒制度 ……………………………………………… 394

　第2　調査権の行使 ……………………………………………… 395

第2節　立入検査権 ………………………………………………… 396

　第1　総　　説 …………………………………………………… 396

　第2　子法人等への立入調査権 ………………………………… 398

　第3　犯罪捜査等との関係 ……………………………………… 399

　第4　検査の遂行 ………………………………………………… 399

　第5　検査の具体的仕組み ……………………………………… 401

第3節　早期是正措置制度 ………………………………………… 402

　第1　内閣総理大臣の処分権 …………………………………… 402

　第2　早期是正措置 ……………………………………………… 403

第4節　業務停止命令 ……………………………………………… 406

第5節　概括的処分 ………………………………………………… 407

第6節　免許取消処分 ……………………………………………… 410

第7節　銀行持株会社に対する監督 ……………………………… 411

第8節　資産の国内保有命令 ……………………………………… 414

第20章　わが国の銀行破綻処理制度（預金保険法）

第1節　総　　説 …………………………………………………… 416

第2節　平時の銀行破綻処理 ……………………………………… 418

　第1　保険金の定額支払方式 …………………………………… 418

　第2　資金援助方式 ……………………………………………… 419

第3節　有事の際の対応 …………………………………………… 423

目　次　13

第4節　更生特例法の適用範囲の拡大 ·· 427

第21章　合併・会社分割・事業譲渡（銀行法第30条〜第36条）

第1節　合　　併 ·· 428

　第1　合併などの審査 ·· 429

　第2　合併の意義・手続 ·· 430

　第3　債権者異議の催告 ·· 431

　第4　合併の効力 ·· 432

　第5　合併の範囲 ·· 433

　第6　申請手続 ··· 434

第2節　会社分割 ··· 435

第3節　事業譲渡 ··· 437

　第1　事業譲渡の申請手続 ··· 440

　第2　債権者異議の催告 ·· 440

　第3　事業譲渡等の公告 ·· 441

第22章　廃業、解散および清算等（銀行法第37条〜第46条）

第1節　銀行の任意終了 ·· 445

　第1　廃　　業 ··· 445

　第2　解　　散 ··· 448

　第3　審　査　等 ·· 449

　第4　公　　告 ··· 450

　第5　銀行法による特例 ·· 451

第2節　強制終了 ··· 451

　第1　強制終了事由 ·· 451

　第2　免許の失効 ·· 453

第3節　他業会社 ··· 455

　第1　みなし規定 ·· 455

第2　内閣総理大臣の権限 ······································· 456

　第3　準用規定 ··· 457

第4節　清　　算 ··· 458

第5節　その他の事項 ··· 461

　第1　裁判所の権限 ··· 461

　第2　内閣総理大臣との関係 ··································· 462

第23章　外国銀行支店（銀行法第47条〜第52条）

第1節　営業免許等 ··· 464

　第1　相互主義 ··· 465

　第2　株式会社制の例外措置 ··································· 466

　第3　資産の国内保有 ··· 467

　第4　外国の銀行がわが国において支店を設立する場合の免許

　　　　基準 ··· 467

　第5　預金者への説明義務 ····································· 468

　第6　申請手続 ··· 468

　第7　みなし規定 ··· 469

　第8　適用除外、読替え規定 ··································· 470

第2節　資料提出・報告義務 ······································· 472

第3節　営業免許の失効 ··· 474

第4節　清　　算 ··· 476

第5節　駐在員事務所等 ··· 478

第24章　外国銀行代理業務に関する特則（銀行法第52条の2〜第52条の2の10）

第1節　銀行法第10条第2項第8号の2の「外国銀行代理業務」に

　　　　ついて ··· 480

第2節　外国銀行代理業務が特則として認められた経緯 ········· 484

目　次　15

第3節　外国銀行代理業の認可、届出 ……………………………………… 486

第25章　株主（銀行法第52条の2の11〜第52条の16）

第1節　株主規制の意義 …………………………………………………… 490
第2節　銀行議決権大量保有者 …………………………………………… 496
第3節　銀行主要株主 ……………………………………………………… 499
第4節　銀行支配株主に対する付加的な措置 …………………………… 503
第5節　認可取消権 ………………………………………………………… 505
第6節　外国関係 …………………………………………………………… 506

第26章　銀行持株会社（銀行法第52条の17〜第52条の35）

第1節　銀行持株会社制度制定の経緯 …………………………………… 507
第2節　銀行持株会社の定義 ……………………………………………… 510
第3節　銀行持株会社の業務範囲 ………………………………………… 512
第4節　共通・重複業務の遂行 …………………………………………… 515
第5節　銀行持株会社の認可 ……………………………………………… 517
第6節　「銀行持株会社」…………………………………………………… 519
第7節　銀行持株会社の子会社の業務範囲等 …………………………… 522
第8節　設立認可制 ………………………………………………………… 525
第9節　取締役の兼業規制 ………………………………………………… 526
第10節　その他の規定 ……………………………………………………… 527
　　第1　営業年度 ………………………………………………………… 527
　　第2　ディスクロージャー …………………………………………… 527
　　第3　監　　督 ………………………………………………………… 528
　　第4　早期是正措置の発動 …………………………………………… 529
　　第5　処分権限 ………………………………………………………… 529

第27章 銀行代理業（銀行法第52条の36〜第52条の61）

第1節	総　　説	531
第2節	銀行法における「媒介」について	533
第3節	所属銀行制	535
第4節	許　可　制	537
第5節	銀行代理業の業務	538
第6節	会計処理、情報開示	540
第7節	監　　督	540

第28章 指定紛争解決機関（金融ADR制度）（銀行法第52条の62〜第52条の84）

第1節	ADR制度の意義	543
第2節	指定紛争解決機関	545
第3節	指定紛争解決機関の業務	547
第4節	紛争解決委員	549
第5節	和解案および特別調停案	551
第6節	義務規定等	553
第7節	指定紛争解決機関に対する監督	557

第29章 雑則（銀行法第53条〜第60条）

第1節	届出事項	558
第2節	認可等の条件	559
第3節	認可の失効	561
第4節	内閣総理大臣の告示	561
第5節	公　　告	562
第6節	財務大臣との協議	564
第7節	実施規定	565

目　次　17

第8節　権限委任 ··· 566

第9節　経過措置 ··· 567

第30章　罰則（銀行法第61条～第67条）

第1節　総　　説 ··· 569

第2節　行政刑罰 ··· 571

第3節　秩　序　罰 ··· 575

付　　録 ·· 578

主要参考文献 ·· 582

事項索引 ·· 586

著者略歴 ·· 596

序章

銀行法の沿革

第1部　旧銀行法までの歩み

□ 第1節　為替会社の設立

1　今日のわが国の銀行制度は、明治維新（1868年）以降、政府の西欧制度移植政策によってその基礎が築かれた。

　明治2年に明治政府により「通商会社」および「為替会社」制度がそれぞれ創設された。この二つの会社は対をなす。まず、**「通商会社」**は、外国貿易、回漕その他諸般の商業を営むとともに、各商社を指導、統制するものであり、いわば、揺籃期の殖産興業の推進母体であった。

　「為替会社」は、この通商会社に資金を融通することを主たる目的としていた。為替会社の使命はそれだけにとどまらず、明治維新政府が乱発した紙幣、すなわち太政官札の諸弊害を除去し、当時紊乱の極に達していた紙幣制度を整理統合するねらいを併せ持っていた。要するに、通貨と金融制度の創設により産業の振興を図り、脆弱だったわが国経済の基礎固めをすることを目指していたのである。為替会社の名称は欧米におけるバンクを訳したものといわれ、わが国の銀行の先駆けをなすものだった。

2　為替会社は概して当時の欧米の株式会社制度を模した組織である。出資者は身元金と呼ばれる出資金を出し、月1分（10%）の利息と利益配当を受け取る権利を与えられた。為替会社の創設は原則として自由に行うことがで

きた。主たる出資者は、三井をはじめとする両替商および地方の有力商人、富豪等である。その意味で、為替会社は、一時代前の両替商の流れを引いていた。会社の代表機関は「総頭取」であり、多額の出資金を出した者のなかから政府によって任命された。会社は実際には、使用人である「取締」によって運営されていた。彼らは、総頭取の番代であり、会社の実務を担当していた。

3　為替会社の資金源は、出資金、諸預り金および政府貸下金であった。特に、政府貸下金は重要な機能を果たしている。政府は、会社に対して運営資金を補完する目的で巨額の太政官札を貸し付けたのである。貸下金は、一つには為替会社を保護育成する意図に基づいており、一つには当時国民が忌避していた太政官札の円滑な流通を図るねらいが込められていた。為替会社は政府にかわって不換紙幣を民間に貸し付け、これを経済各界に流通させ、浸透させる役割を担っていた。しかし、為替会社は太政官札だけでは激増する資金需要に応じることができなかったので、さらに金銀銭券および洋銀券を発行する権限が与えられた。これらも実質的には不換紙幣にほかならなかった。洋銀券等は小銭の不足を補うためのものだった。

4　為替会社は三井、小野、島田等の大両替商をはじめ各地方の有力商人、富豪等によって次々に設立された。当時、為替会社は、東京、大阪、西京（京都）、横浜、大津、新潟、神戸、敦賀の８カ所に置かれた。明治初期に、わが国で最も商業が盛んだったのは、これらの諸都市だったのである。

5　為替会社の業務は貸付、為替など広い範囲にわたっていた。従来、両替商によって行われていた金融業務は、大部分が為替会社に吸収されていった。為替会社は、政府から貸し下げられた太政官札および自ら発行する銀行券等をもって通商会社等に必要とする資金を放出していた。

6　このような目的をもつ為替会社はとりあえずかたちのうえでは「銀行」として機能していたと考えられる。当時の文献である『交易心得草』には『西洋にバンクと唱えるものがあるが、バンクは、わが国の「両替屋」とは少し異なる。今、東京、大阪等に開きたる為替会社こそ西洋のバンクである』と記述されている。

　すなわち、欧米のバンク（銀行）をそのままわが国の土壌に持ち込もうと

試みたのが為替会社の制度であった。

　（注）　なお、ここで本書の表記方法に触れておきたい。本書では、表記方法と
　　　　して「　」と『　』（二重鍵括弧）を書き分けて使用することとしている。
　　　　「　」は通常の使用法に従っているが、『　』は原文がカタカナ書きのもの
　　　　をひらがな書き、ないし口語体に引き直して引用する場合や、原文を適宜、
　　　　圧縮ないし、意訳して引用する場合に用いている。読みやすくするためや、
　　　　長文の引用を避けるためである。このような表記法を採用している書物は
　　　　ほかにないかもしれないので、本書において初めて『　』の表記が現れる
　　　　この箇所においてあらかじめお断りしておきたい。

7　　政府は為替会社の業容拡大を積極的に推し進める政策をとり、国民にし
きりに為替会社の利用を勧めた。そのため、為替会社の経営は一時、隆盛に
赴いた。

　しかし、隆盛は時として経営の放漫を伴う。

　政府が金融および金融市場の育成を一気に成し遂げようと焦慮した結果、
過度なまでに量的に拡大するとともにハイ・リスクの貸付に向かうことにな
り多額の貸倒れを招く結果となった。また、為替会社を支援する政府の態勢
にも問題が生じた。当時、政府の制度方針は猫の目のように変化する始末で
あり、試行錯誤の過程で政府部内の組織が短い期間に何度となく改廃され
た。そして、明治4年7月に、通商会社を所管する役所である通商司が廃止
されるに及び、為替会社は一朝にして政府の強力な後ろ楯を失った。

　明治4年以降、各地の為替会社は著しい経営難に陥り、翌5年にはいずれ
も廃業ないし転換の憂き目をみている。わずか3〜4年の命（いのち）で
あった。

□ 第2節　国立銀行条例

第1　銀行設立請願

1　　このように、為替会社の試み自体は失敗に終わった。しかし、わが国の
金融社会は欧米の銀行の標本を目撃し、試行することによって、貸付、紙幣
発行など金融業務に関する知識経験を修得することとなった。その結果、明

序章　銀行法の沿革　3

治4年頃から、純然とした私立の組織をもって銀行業を営もうと希望する者が陸続と現れた。まさに、為替会社は、混沌とした明治初期の経済社会に「銀行」の種子を蒔く役割を果たしたのである。

2　明治4年7月に三井の三野村利左衛門による「三井組バンク」、同年11月に東京商工会議所による「東京銀行」など、紙幣発行の特権を有する私立銀行を設立したいとする**請願書**が次々に政府に提出された。地方においても鳥取県「融通会社」、滋賀県「江州会社」など、数多くの銀行設立の請願がなされた。出願されたものだけでも100以上にのぼったといわれる。

3　しかし、当時、政府にはこれらを監督すべき法規がまったくなかったし、また、政府が認可すれば会社に実際以上の信用を与えてしまい、それを信用した者との間に紛争を起こすことが深く懸念された。さらには、当時、政府部内で銀行制度設立の草案を作成中であったことなどの事情があったため、これらの銀行設立請願はとりあえず日の目をみないままで終わっている。

　政府はまず、銀行に関する新しい法制を創設するという難事業に挑み、それを成し遂げた後に開業の許可を与えるというシナリオを用意していたのである。

第2　訪米調査団

1　以上の過程に相前後して、ここで**伊藤博文**を中心とする動きについて述べておかなければならない。

　高杉晋作、坂本龍馬、西郷隆盛、大久保利通等の英傑が奔放な情熱、勇気と実行力によって明治維新の偉業を成し遂げたあと、明治時代初期の経済は混乱を極め、諸相まさに混沌とした状態が続いていた。

　誕生して間もない明治政府が直面していた課題は大きく分けて三つあった。

　まず、**第1**に、欧米列強のアジア進出が急を告げているなかで植民地化されないためにも、何としても殖産興業を急がねばならなかった。そして、経済・産業の活動を支えるために資金融通の機関として近代的な金融機関制度を至急創設する必要があった。

第2に、当時に固有の事情として、政府の発行になる不換紙幣の引換え、ないし償還の期限が差し迫っていた。これについて多少敷衍すると、明治政府は明治2年（1869）5月に布告を出し、政府がそれまでに発行した**太政官札**等の不換紙幣は、明治5年中にことごとくこれを正貨（金ないし金に兌換できる紙幣）に引き換えることを公約していた。そして、万一引換えもれになったときは、明治6年から年6分の利子をつける、とまで明言していた。膨大な諸経費をまかなうために苦し紛れに乱発した太政官札は巨額にのぼっており、当時の政府にとって公約はしてみたもののそれを実行できるのかどうかは大変な難題であった。もし、実行できなければ、基盤のしっかりしていない明治政府は国民の信頼を一気に失うことになりかねない。そうなれば、これまで築き上げてきた政権そのものが音をたてて瓦解する。当時の心ある何人かの人たちは、対策の一つとして漠然と銀行券を発行できる銀行、すなわち、発券機能をもつ銀行制度の設立を考え、太政官札等を民間銀行が発行する銀行券に切り替えていくことを考えていたようである。

第3に、政府の台所である国家財政は火の車であった。税収の国庫への多大な貢献などは望むべくもない。国の借金、すなわち公債の発行によってかなりの金額を資金手当するしか道がない。その公債を消化するあてがあるのかどうか。資本蓄積の進んでいない当時にあっては公債の買い手として直接に企業や個人層に頼ることはできそうにない。やはり、なんらかの消化能力のある金融機関の存在が不可欠、との議論が浮上してきた。

2　明治維新後間もない明治3年に、後に憲法草案を起草し、わが国の初代内閣総理大臣となり明治政府の基盤を固める役割を果たした**伊藤博文**は、当時大蔵少輔の地位にあり、西欧の近代的諸制度をわが国に導入する最先鋒の役割を果たしていた。伊藤博文は、同年10月、政府上層部に対して、上記の金融制度創設等の課題等に対する答えを求めて自らが米国に渡り、その実情を調査したい旨の上申書を提出した。開明派の中心人物であるがゆえに旧武士勢力である保守派の恨みを買う立場にあった伊藤は、刺客から身の危険を守る意味もあって率先して米国行きを志願したともいわれている。伊藤博文29歳の時である。

3　伊藤博文の上申書は政府において採択されることとなった。そして明治

序章　銀行法の沿革　5

３年閏10月、伊藤博文を団長とする大がかりな調査団が結成され、福地源一郎、芳川顕正ら総勢22名が日本を旅立った。一行は同年12月10日にワシントンに到着し、直ちに調査を開始した。そして、12月29日には早くも在米調査団から、伊達宗城大蔵卿（財務大臣）、大隈重信参議、渋沢栄一大蔵少丞ら宛てに建議書が届けられた。『米国におけるナショナル・バンク法は実に万国無比の良法である。実際に施行する際にその弊害を予防する策を施し、これをわが国が採用すれば、将来、富国の基本となると思われる』というのがその内容であった。

　伊藤調査団の建議書が、米国に滞在を始めてからさして日を置かずして疾風のような速さで明治政府の中枢に送付されたのは、渡米前に文献の調べや関係者からの聴取など十分な準備を行い、事前に相当程度当たりをつけておいたからであろう。

4　伊藤調査団は、この建議書のなかで、わが国の金融制度のとるべき道として、①金本位制を採用する、②金札引換証書を発行する、③紙幣発券機能をもつ銀行を設立する、の３点を主張している。わが国において、不換紙幣である太政官札の消却・整理を進めながら金融の円滑を図るためには、銀行券発行の特権をもつ銀行を設立すべきである、というものである。当時の米国は1861年以来の南北戦争により経済が疲弊しており、その過程で乱発された不換紙幣の整理と悪性インフレーションの収拾を目指す新しい銀行制度がすでに動き出していた。伊藤博文は、こうした状況が明治初期のわが国の状態に酷似していることに注目した。そこで、米国のナショナル・バンク制度をわが国の土壌に、修正を加えつつ早急に移植することを考えたのである。

5　伊藤調査団から送られてきた建議書をめぐって、国内では、伊達宗城大蔵卿、大隈重信参議、井上馨大蔵大輔、渋沢栄一大蔵少丞らが真剣に協議したが容易に結論が出なかった。そこで、伊藤博文に対し、連名で『帰国のうえ逐一相談したい』との書状を書き送った。さらに明治４年４月１日『何分にも国家多事のときであるから、早く帰国されたく、そのうえで決定したい』と調査団の帰国を促した。同年６月に伊藤調査団が帰国する。直ちに待ち受けていた残留組との間で激論が戦わされた。

6　伊藤博文の提案によれば、各地に設立される銀行の発起人は、政府紙幣

をもって資本金を払い込む。次いで政府は金札引換公債を発行し、これを政府紙幣と引換えに各行に交付する。各行は、この公債を見返り準備として国立銀行紙幣を発行する。この仕組みが全国各地に設立される銀行の活動として稼働すれば、銀行資金への需要の増大を通じて国立銀行紙幣が政府紙幣にとってかわる。そうすることで、商工業への資金供給が円滑化し、政府紙幣が消却されるという一挙両得の成果が達成されると考えていたようである。公債を銀行にもたせて、それを政府に預託させれば公債はそれで消化される。それを抵当にして国立銀行券を発行させれば、不換紙幣の整理ができる、というものである。かなり複雑な仕組みをとっているのは、太政官札等の不換紙幣の消却、公債の消化、銀行の設立、という当時の明治政府の抱えていた課題を一挙に解決する仕組みとして考えられたからにほかならない。

第3 激 論

1　しかし、伊藤博文の案はすんなりとは通らなかった。**吉田清成**が強硬に反対したのである。吉田清成は長州藩出身の伊藤博文に対して薩摩藩出身であり、藩の留学生などとして英国、米国で金融制度などを研究し帰国した。後に、農商務省事務次官、駐米公使を務めたが、英明の誉れの高かった人物といわれている。吉田清成は、反対の理由として『米国の**ナショナル・バンク**制度は紙幣の消却や整理にはよいように思えるが、銀行組織としては甚だ不完全である。また、不換紙幣の整理も米国流のナショナル・バンク制度を採用して成功するかどうか疑問である。不換紙幣の整理をなし遂げる確信がないとすれば、むしろ、英国型の銀行制度を採用すべきである』と述べている。吉田清成の意見は、紙幣発行主体が分散する体系は州の独立性の強い米国でこそ必要であっても日本には適合しないこと、および、公債を兌換準備とする銀行紙幣の発行が不換紙幣の追加でこそあれ、政府紙幣の整理とは相反すること、の2点であった。具体的には、吉田清成は、英国のイングランド銀行（英蘭銀行）型の「**ゴールド・バンク**」の設立と、これによる金兌換紙幣の発行を主張したのである。

2　政府部内での議論は真っ二つに割れた。明治4年8月から10月まで議論は堂々めぐりとなり、容易に結論は出なかった。当時の文献には『議論が紛

序章　銀行法の沿革　7

紏した』との記述が残されている。ついに、同年11月に参議大隈重信、大蔵大輔井上馨がなかに割って入り、伊藤博文との間で鳩首会談に及んだ。そしてこの会談で、**井上馨**が裁定を試み、さしもの大論争も決着をみることとなった。この時の会談で、指導的役割を果たしたといわれる井上馨の出した妥協策は、公債を兌換準備として紙幣を発行するナショナル・バンク型の銀行を設立するという伊藤案を採用しつつ、その発行紙幣の券面に金兌換を謳うという1点で吉田清成の案を加味したものであった。すなわち、ナショナル・バンク論者は紙幣兌換主義をあらためて正貨兌換とすることを認め、ゴールド・バンク論者は公債証書を抵当として銀行紙幣を発行することにあえて反対しないことで両者の議論はようやく妥協点を見出すこととなった。その具体的仕組みは、「国立銀行条例」そのものであるので、後述の同条例のところで説明することとしたい。

3 会合の陪席者の1人である**渋沢栄一**は、この時の井上馨の考えを、次のように描写している（出典『青淵先生六十年史』）。『すでに伊藤博文が米国において十分調べた上で見込みをつけてきたのだから、まずこの法律（ナショナル・バンク・アクト）で銀行を起こしてみたらよかろう。殊に米国に適例のあることなら、わが国の銀行はむしろ各地方に小さく設立させるのが適当であろう。よって、まず米国の銀行法を翻訳して、これに倣って日本の銀行条例というものをつくるために調査を行うのが宜しかろう』。このようにして、わが国の銀行制度は米国のナショナル・バンク制度を下敷きにして発足することが決定された。

4 その後、政府はわが国経済界に銀行会計、銀行簿記の知識を習得させるために、英国から御用学者として**アラン・シャンド**を招いた。アラン・シャンドは渋沢栄一をはじめとする当時の指導者たちに英国流の商業銀行主義を熱心に説いた。「**商業銀行主義**」は、銀行を、手形割引や当座貸越等により、きわめて短期の資金を融通することを主たる機能とするものと意義づける考え方であり、金融市場における短期金融の仲介機関としての役割に重点を置くものであった。そこでは、米国流の銀行券発券機能はまったく重視されていない。また、商業銀行主義はドイツ流の「機関銀行」ないし「企業銀行」の考え方とも異なる。ちなみに、**機関銀行**は企業に長期の設備資金を融

資するなど、もっぱら特定企業ないし企業グループの資金支援ないし「金庫係」の役割に重点を置く考えであった。これ対し、英国では、設備資金等は株式、社債のかたちで資本市場から調達すべきものと考えられていた。

このように、わが国初の銀行法制は、器は米国流、実際の運用、つまり目指す方向は英国流というかたちで門出することとなったのである。

第4　国立銀行条例の制定

1　上記の明治4年11月の会議の結果をふまえて、政府は法文策定作業に取りかかった。政府部内に銀行条例編集掛を設け、渋沢栄一紙幣頭その他をして事務を管轄させた。渋沢栄一らは、伊藤博文が持ち帰った米国の銀行法を基軸として、それに欧州の法規や著作を参照し、わが国の実情にも配慮して条例を作成していった。ナショナル・バンクは「国立銀行」と訳された。これはおそらく誤訳のたぐいであろう。本来の意味は、州法により設立される州法銀行に対置して、連邦法で設立される銀行を指すものであり、正しくは「国法銀行」とでも訳すべきものであった。

明治5年6月に国立銀行条例の案が太政官に上程され、太政官は同年8月に裁可した。明治5年11月15日に太政官布告をもって国立銀行条例が公布され、わが国初めての銀行法が施行された。制定当時の**国立銀行条例**は全文28カ条からなり、161節に分かれる雄大な体系をもつ法律であった。明治維新の人々の建国の息吹と気迫を感じさせる。仕組みそのものは、内容が消化されず十分に整理されていなかったせいか、国内事情に照らし無駄になった条文もかなりの量にのぼっている。実効性の面でも難点が多かった。

2　国立銀行条例の内容をかいつまんで説明すると、次のとおりである。

①　紙幣を発行する権限をもつものを「国立銀行」と名づける。国立銀行は、調達した資本金の6割に当たる太政官札を政府に上納し、同額の公債証書の下付を受ける。さらに、この公債証書を担保にして同額の銀行紙幣を発行する。すなわち、紙幣発行機能を有する。

②　国立銀行は、発行する紙幣に対して、正貨（金）兌換の義務を負う。このため、資本金の4割に相当する額を正貨（すなわち、金ないし金貨）により兌換準備に充てる。

序章　銀行法の沿革　9

③　国立銀行は株式会社とし、純然たる<u>民間金融機関</u>として位置づける。

④　経営の健全性を維持するため、国立銀行に対し、商工業の兼営の禁止、大口融資規制、預金支払準備等の規定を設ける。

⑤　国立銀行の最低資本金は5万円（人口10万人以上の地域の場合は50万円）とする。

3　国立銀行制度の仕組みが複雑にならざるをえなかった理由は、不換紙幣から兌換紙幣への切替えを図り、紙幣制度の健全化を断行しようとした明治政府の強い意思があったからにほかならない。このようにみてくると、国立銀行設立のねらいは、銀行業務そのものはともかくとして、むしろ、市中に出回っていた巨額の不換紙幣を国立銀行の手によって兌換紙幣に転換し、インフレーションで疲弊した当時の経済を立て直すことにあったように思われる。伊藤博文の銀行法制への期待もそこにあったわけである。しかしながら、仮にそうであったとしても、国立銀行条例のわが国最初の銀行に関する法制としての意義は、きわめて大きいといわなければならない。

4　国立銀行は、預金、貸付、為替など、すべての銀行業務を営むことができるほか、銀行券を発行する特権を有する金融機関として発足した。言い換えると、国立銀行は銀行券の発行機能をもつ特別な銀行であるが、実態はともかく、法制の仕組みのうえでは、同時に預金銀行の性格をもつ普通銀行の前身でもあったわけである。銀行の組織形態は株式会社制であった。すなわち、国立銀行条例において、発起人組合の人数は必ず5人以上であることを要し、設立の認可を得たときは株式の募集に着手し、政府に対して、銀行の定款と創立証書を差し出さねばならない。創立証書には銀行の名称、業務を営む地名、資本金額や株数、株主の姓名住所を記入すること、株主は勝手に会社を脱退できないこと、株式総数の3分の2以上の決議があれば銀行を閉鎖できること、などが規定されていた。

第5　その帰趨

1　国立銀行条例施行後、三井組、小野組が共同して東京に**第一国立銀行**を開設し、次いで、横浜に第二国立銀行、新潟に第四国立銀行、大阪に第五国立銀行がそれぞれ設けられた。国立銀行制度のねらいは、前述のとおり、不

換紙幣を整理し、金本位制を採用したうえで、兌換紙幣に交換していくことであった。もし、この方式がうまくいけば、国立銀行の数が増加し、あるいは、国立銀行の資本金が膨張するに従って、従来発行した不換紙幣である政府紙幣は次第に政府に回収されて、金札引換公債にかわり、それと同額の国立銀行兌換紙幣が世に流通するはずであった。

2　しかし、不幸にしてこのねらいは失敗に終わった。理由は簡単である。当時、わが国は金本位制を採用していたが、貿易は累年輸入超過を続け、正貨である金（きん）が膨大な規模で海外に流出しつつあった。そんな時に国立銀行紙幣を出しても信用がにわかに厚くなるわけがない。しかも国立銀行紙幣は正貨兌換の義務を負う兌換券であったので、発行されると国立銀行紙幣の保有者は信用の薄いこうした紙幣を保持するのを忌避し直ちに兌換の要求を行った。膨大な、かつ矢継ぎ早の金への兌換要求を受けて、国立銀行は、たちまちのうちに手持ちの正貨準備を失っていった。そのうえ、第三国立銀行は、設立準備は行われたものの開設までに漕ぎ着けることはできなかった。そして、第三国立銀行の設立が頓挫したあと、前記の第一国立銀行以下4行のあとは続かなかった。全国に多数の国立銀行を設立し、大規模に兌換紙幣化を推し進めるという明治政府の意図は功を奏さなかったわけである。また、国立銀行券は国民の間でほとんど流通させることができず、既設の4銀行は経営不振に陥り、存立そのものが危ぶまれるに至った。

第6　条例改正

1　そのような深刻な事態を前にして、政府はかねてからの既設4行の要請により、明治9年8月に、国立銀行条例の大改正を行った。すなわち、従来、国立銀行は資本金の6割に当たる金札引換公債を担保にして同額の国立銀行紙幣の下付を受けていたが、その制限を緩和し、資本金の8割に当たる国債証書を担保として、それと同額の紙幣の下付を受けることができることとした。また、銀行紙幣は従来、正貨兌換を必要としたが、これを廃止して不換紙幣である政府紙幣によって兌換させることにしたのである。後者の意味はきわめて大きい。ここに至り国立銀行は正貨準備なしに銀行券が発行できる仕組みを獲得したわけである。いわば国立銀行券の不換紙幣化である。

序章　銀行法の沿革　11

2 改正によって国立銀行の経営は、一転してきわめて有利になった。経営難に陥っていた既設の国立銀行4行は、ほどなく経営体力を回復していった。これを境にして銀行券の発行と当時無利子で預託された官金（今日でいう公金）の取扱いという特権を目当てにして国立銀行の設立が相次ぎ、その数は急増していった。しかし、それはそれで不換紙幣の増発という不健全な事態を招くこととなった。問題が出発時点に戻ってしまったことになる。そこで、政府は、明治10年、11年に再び条例改正を行い、国立銀行の発行する紙幣総額を将来にわたって、累計で3億4,422万円に制限することとした。通貨発行量を強権的に抑え物価高騰を抑制しようとする、いわばマネタリスト的な発想に基づいている。これにより、同21年末の京都百五十三国立銀行の設立をもって紙幣総額は制限超過になり、その後は、国立銀行の新規設立は認めない方針がとられた。わが国の国立銀行はこのため**153行**をもって終止符を打った。ちなみに、現在、地方銀行において数字のみを銀行商号にもつところとしては、第四銀行、十六銀行、十八銀行、七十七銀行、八十二銀行、百五銀行、百十四銀行、の7行を数える。これらの銀行は、すべて、明治初期の国立銀行に淵源を有し、伝統のある商号を今日になお伝えている。

3 明治10年の西南戦争以降、わが国経済は、軍費調達という不測の事態が加わり、不換紙幣が一段と増大し、経済全体が激しいインフレーションに見舞われた。政府は大蔵卿**松方正義**の発議により、不換紙幣を整理し、兌換制度を確立するため、同15年に**日本銀行条例**を制定した。これは、国立銀行の有する紙幣発行権を国立銀行から取り上げて中央銀行である日本銀行に専有させ、わが国の紙幣を日本銀行券に統一しようとするものである。このため、発券銀行としての国立銀行の存在意義がにわかに小さくなったので、同16年、紙幣発行の特典をもって設立された国立銀行の営業年限を、開業の日から20年までに切り、「20年」という満期後は銀行券発行権を保有しない、すなわち、純然たる普通銀行としてのみ存続できることとされた。当時の政府を常に悩まし続けた不換紙幣・兌換紙幣の問題を日本銀行の設立というかたちで解決する方針がとられたため、それ以後、わが国の銀行制度は、紙幣発行問題の呪縛から解き放たれ、預金、貸付、為替業務を中心とする純然たる銀行業務を指向することになるのである。それまでの銀行制度は、概して

いえば、銀行券の発券機能と、富裕層の資力を元手にした貸金業的な機能の2つの混合形態として位置づけることができる。明治草創期における銀行制度に関する伊藤博文と吉田清成との論争は、まさにこの点の是非をめぐるものであった。日本銀行の設立を経て、わが国の銀行制度は近代化の足取りを早めていくことになる。それは、伊藤博文との論争のなかで吉田清成が予言した道でもあった。

4　顧みると、国立銀行制度は、不換紙幣の整理とインフレーションの収束という当初の目的を必ずしも達成することはできなかった。しかし、国立銀行は、設立された明治6年から消滅した同32年まで、農業や商工業に幅広く資金供給を行い、わが国の金融制度の基礎をかたちづくるなど、十分にわが国銀行制度の先駆的な役割を果たした。

□ 第3節　銀行条例

第1　私立銀行、銀行類似会社

1　話が前後することになるが、明治5年に制定された国立銀行条例は銀行類似会社に銀行の名称を使用することを禁止していた。そのため、国立銀行の領域外において早くから三井組、小野組、島田組のように「銀行」とは名乗らないものの銀行業類似の業務を営む者が存在していた。特に、三井組は資力も確実で信用も厚かったため、明治9年3月、政府は、発券機能をもつ国立銀行としてではなく、あくまでも普通銀行として三井銀行設立の許可を与えた。これがわが国の普通銀行の始まりである。いまから140年ほど前のことである。さらに、政府は、明治9年8月に国立銀行条例改正を行い、銀行の名称使用の制限規定を削除した。国立銀行でなくても、「銀行」の名称を使用することを認めたのである。これを受けて、三井銀行以外にも、銀行を名乗る**私立銀行**が設立されるようになった。明治21年に安田銀行、同28年に三菱合資銀行部、住友銀行などが設立されている。前述のとおり、不換紙幣の発行量を制限する目的から、国立銀行は、明治12年以降は設立が許可されないことになり、また、同16年には、20年間の営業年限内しか存続が許さ

序章　銀行法の沿革　13

れないこととなったため、一転して普通銀行の重要性が際立って増大して
いった。私立銀行の創設は明治9年から同25年にかけて410行に達している。

2　一方、当時の国立銀行、私立銀行の外延にもう一つ、「**銀行類似会社**」
という範疇が存在していた。「銀行類似会社」は明治15年の通達で『貸付
金、預り金及び為替、荷為替、割引等およそ銀行事業の全部または一部を専
業とする者に限る』と定義されている。実質上は銀行なのだが、銀行の名称
を用いない会社である。この銀行類似会社も増加の一途をたどり、明治17年
には741に達した。数としては私立銀行を上回っている。こうした状況を前
にして、銀行類似会社をどのように位置づけるかが、明治10年代ないし20年
代前半の銀行行政における最大の課題として浮上してきた。

3　銀行類似会社の濫設に対処して、政府はとりあえず明治15年5月大蔵省
達第10号により、『本会社設立には各地方庁をして、定款、規則書等を備
え、稟議のうえ承認させること』とし、銀行類似会社の請願認可の権限を統
一することとした。そして、同17年以降は銀行類似会社に対して内規によっ
て設立の認可を与えることになった。内規には、株主の無限責任、最低資本
金、他業の兼営禁止等が定められた。さらに、同21年から各銀行の営業報告
書の提出を求めることとしている。そして、私立銀行、銀行類似会社がおび
ただしい数にのぼるという事態を前にして、各方面から取締り法規、国立銀
行でない各種銀行を規制する法律、すなわち、「銀行条例」制定の必要性が
強く指摘されるようになったのである。

第2　銀行条例の制定

1　明治23年3月、商法の公布を契機として、同年8月、わが国で初めて、
純然たる普通銀行に関する法律である「**銀行条例**」が制定された。今日でい
う普通銀行法の「嚆矢」である。同26年には銀行条例細則が定められた。銀
行条例の精神は銀行を商業金融機関とし、一般公衆より広く預金を集め、こ
れを貸付、割引に運用し、資金の融通を図るとともに、政府が十分な監督を
行うことにあった。国立銀行条例がいかに健全な紙幣を円滑に流通させるか
に主たる政策目的があったのに対し、銀行条例は商業銀行主義にのっとり、
普通銀行の一般法としての性格をはじめからもつように企画されていた。当

時は、一般公衆に余裕金ないし余資があったとはいえず、預金という感覚は
あまりなかったと推察される。預金制度を利用できる者は、村や町の富裕階
級に限定されていたものと思われる。したがって、一般公衆向けの「預金」
による資金調達のニーズがそれほどあったとはいえないが、それはともかく
として、一般の人々から広く預金を集めそれを企業等に貸し付ける、いわゆ
る普通銀行を規制することを理念型とした文字どおりの「銀行法」がここに
発足をみたわけである。

2　銀行条例（法律第72号）は、わずか11条の簡潔な法律であった。その内
容は、次のとおりである。

『**第1条**　公けに開きたる店舗において、営業として証券の割引をなし、又
　　は為替事業をなし、又は諸預り及び貸付を併せなす者は、いかなる名称
　　を用いるにかかわらず総て銀行とする。

第2条　銀行の事業を営もうとする者は、その資本金額を定め地方長官を
　　経由して大蔵大臣の認可を受けなければならない。

　　　銀行は毎半年ごとに営業の報告書を作成し、地方長官を経由して大蔵
　　大臣に送付しなければならない。

第4条　銀行は毎半年ごとに財産目録、貸借対照表を作成し新聞その他の
　　方法を以てこれを公告しなければならない。

第5条　銀行は1人又は1会社に対し資本金額の10分の1を超過する金額
　　を貸付又は割引のために使用することはできない。資本金総額の払込み
　　を終えていない銀行においては1人又は1会社に対し、その払込みの10
　　分の1を超過する金額を貸付又は割引のために使用することはできな
　　い。

第6条　銀行の営業時間は午前10時より午後4時までとする。ただし、営
　　業の都合によりこれを増加することができる。

第7条　銀行の休日は大祭日、祝日、日曜日及び銀行営業地に行われる定
　　例の休日とする。ただし、やむを得ない事由あるときは地方長官に届け
　　出て、あらかじめ新聞、その他の方法を以て公告した上休業することが
　　できる。

第8条　大蔵大臣は何時でも地方長官又はその他の官吏に命じて銀行の業

序章　銀行法の沿革　15

務の実況及び財産の現状を検査させることができる。

第9条　第2条の規定に違反し大蔵大臣の認可を受けないで銀行の事業を営むものは商法第256条の例に依って処分する

第10条　銀行においての報告若しくは第4条の公告をなさず、又はその報告中若しくは公告中に詐偽の陳述をした事実を隠蔽したときは商法第262条の例に依って処分する。第8条の検査を受けることを拒んだときは、商法第258条の例に依って処分する。

第11条　この条例は日本銀行、横浜正金銀行、国立銀行には適用しない。』

　銀行条例は明治24年1月1日から施行される予定であったが、帝国議会の決議に基づき商法の施行が延期されたため、これと平仄をあわせて同条例の施行もまた延期となり、実際には明治26年7月1日から施行された。

3　銀行条例は、まず第1に銀行の定義を明らかにしている。銀行条例第1条は銀行の定義として『公けに開きたる店舗において、営業として証券の割引をなし、又は為替事業をなし、又は諸預り及び貸付を併せなす者』と規定している。銀行の定義については、昭和2年の旧銀行法制定の際に再び根本的に検討されたわけであるが、ここでは、『証券の割引をなし』とあるように、与信行為のみを行う者も銀行とされた。また、為替業務だけを行う者も「銀行」である。そして、諸預り、すなわち預金、および貸付を併せ行う者を「銀行」と定義づけている。後述するように、現行銀行法における銀行の定義の骨格が文明開化後間もない時点で明確に打ち出されていることは注目に値する。与信行為のみを行う者も銀行と定義づける考え方はフランス銀行法に例をみることができる。

　次に、銀行の設立には大蔵大臣の許可を要することとされた。このため、銀行類似会社は、銀行への転業認可を受けなければ、存続を許されないこととなった。法制的には、銀行類似会社の濫設状況に手を打ち、銀行制度の一本化を図ることとしたわけである。第3の点は、半年ごとに営業報告書を大蔵大臣に送付し、財産目録、貸借対照表を公告する義務を負わせると同時に、大蔵大臣は、その官吏をして、銀行の業務および財産の状況を検査させることができるようにし、預金者保護のための体制を整えたことである。さ

らに、大口信用集中の排除のための規定が置かれた。これは、広く一般公衆を相手に業務を行う銀行が、1人の大口顧客等のために破産するようなことがあってはならないという趣旨によるものである。このほか、銀行の営業時間および休日に関する規定を置き、罰則の規定を置き、最後の第11条には、銀行条例の規定は日本銀行、横浜正金銀行、国立銀行には適用されない旨を定めている。

4 銀行条例の制定によって、私立銀行に対する監督取締りの法規が初めて整備され、預金者保護の体制がとられ、その後における普通銀行制度発達の礎が築かれた。銀行条例の基本理念は英国型の商業銀行主義であった。しかし、実際には、当時の普通銀行は貸金業的な色彩が強く、貸付資金の主たる源泉は、払込資本あるいは中央銀行である日本銀行からの借入資金であり、預金を基礎とする本来の商業銀行ないし普通銀行とはまだかけ離れていた。貸出面でも、手形割引はほとんどなく、長期貸出が多かった。銀行条例はあくまでも頭で考えられてつくられたものであり、体は思うようには動かなかったのである。これは、国民の間で資本蓄積が乏しいにもかかわらず、わが国の銀行が、国策として殖産興業を図るために政府主導で創設されたことも遠因をなしている。

5 それでも、経済ないし時勢という自然の流れには常に力強いものがある。銀行条例に誘導されるようなかたちで、普通銀行の業務は徐々に拡大し、多様化していった。銀行界において一般公衆を対象とする業務である預金の受入れへの関心も高まっていった。

第3 銀行条例の改正

1 銀行条例が実際に施行されたのは、先にも述べたとおり明治26年であるから、この法律は昭和3年の旧銀行法制定に至るまで、三十余年という短い期間、普通銀行を規律したことになる。

> (注) 「○○年法」という場合に、法律の制定年次をとるか、公布年次をとるか、施行年次をとるかの3通りがあるが、その時々に応じてわざわざ正確に書き分けるとかえって紛らわしいので、基本的には法律の施行年次に統一して表記することとした。ただし、通称が法律の制定年度としてすでに定着

序章 銀行法の沿革 17

している場合には制定年度を選択する場合があることをあらかじめお断り
しておきたい。

2　その間、わが国の経済や金融事情には幾多の大きな変化や改革がみら
れ、銀行条例は情勢変化に応じて明治28、32、33年、大正5、9、10年の都
合6回にわたり改正が行われた。改正を後づけていくと、その後の銀行法制
の形成過程が明らかになり興味深いものがある。

　第1回の改正は、明治28年2月である。この時は、①第5条が削除され、
大口信用供与規制制度が廃止され、②第6条が改正され、銀行の営業時間が
午前9時から午後3時までとなった。

　このうち、大口信用供与規制が廃止された点が注目される。当時、わが国
の経済は資本の蓄積が一般に少なく、企業資金を調達するために銀行を設立
するという風潮があった。この種の銀行は当然に特定企業と密接な関係をも
つ、いわゆる「機関銀行」の性格をもつものであった。つまり、企業ないし
企業グループが自らの「金庫係」として銀行を設立していたわけである。事
実、大口信用供与規制は財閥系の銀行にはむろんのこと、地方の「地主」銀
行に対しても著しい打撃を与えた。当然のこととして銀行界から強い反対の
声があがった。政府は銀行経営の健全性への配慮から大口信用供与規制堅持
を主張していたが、資本主義育成の立場からこうした声を無視できなくな
り、明治28年に後ろ髪を引かれる思いで条例第5条の廃止に踏み切った。ち
なみに、大口信用供与規制が銀行法のうえで復活するのは、その後86年を経
た昭和56年6月の現行銀行法制定まで待たなければならなかった。

3　第2回目の改正は、明治32年3月であり、罰則規定の手直しであった。
第3回目の改正は、明治33年1月であり、第2条の規定に、銀行の事業を営
む会社が合併を行おうとするときは大蔵大臣の認可を受けなければならな
い、との規定が追加された。第4回目の改正は、大正5年3月である。この
時は、大蔵大臣の認可の対象が拡大され、特に、他業兼営および支店の設
置・変更が新たに認可の対象とされた点が重要である。また、大蔵大臣の認
可を現在の法制と同じように合併の効力発生要件としたことも注目される。
さらに、第8条の2において、銀行監督のうえで必要がある場合には、大蔵
大臣が行政命令を出すことができるよう規定された。行政指導を行いやすく

18

するための規定である。

　第5回目の改正は、大正9年8月であり、銀行の合併手続の簡素化が図られた。この改正で、銀行が合併の決議をなした場合に、商法第78条第2項の規定によりなすべき催告は、預金者に対して行う必要がないとされたほか、商法第78条第2項ただし書に規定する所定の期間を、銀行の場合には1カ月にまで短縮できることとなった。また、合併によって、貯蓄銀行業務に属する契約に基づく権利義務を普通銀行が承継した場合には、契約完了時点までその契約に関する業務に限りこれを継続してもさしつかえないこととされた。政府が国会に提出した銀行条例改正趣旨書には『合併に関する煩瑣且つ不経済な手続を省略し、合併実行の期間を短縮し、合併による業務組織の変更を速やかにし、銀行自身およびその取引者を速やかに安定させ、合併期間中銀行の資産状態の変動に基づく危険の発生を防ぐことが必要である』と述べられている。

　第6回目の改正は大正10年4月であり、貯蓄銀行法制定に伴う規定の整備である。

　このように、銀行条例は、明治23年制定以来、以上に述べたとおり6回にわたって改正され、銀行監督法規として体裁が逐次整備されていった。

4　明治26年に銀行条例が施行されて以降、普通銀行は目覚ましい普及・発展を遂げた。全国で普通銀行設立の機運がさらに高まり、明治34年には普通銀行数は1,867行に達した。しかし、その多くは基礎薄弱で零細な銀行であった。これらの銀行は健全経営の面で問題を抱え、不況のたびに預金者の取付け、休業、そして淘汰、合併という過程をたどった。その結果、普通銀行は大正10年には1,331行にまで減少している。零細な銀行の濫設により、預金の獲得競争は熾烈を極めた。各銀行は、経済性を無視して支店の増設に走り、また、取締り当局による支店設置規制が行われると規制を潜るため支店類似ともいえる出張所が各行で濫設された。貸出を増やす半面、内部留保の不足が一般化し、預金支払準備も不足していた。また、銀行役員のなかには責任感が薄く銀行業務に対する専念義務の認識に欠ける者がかなりいたという。事実、当時は銀行役員のなかには他業会社を経営し、その関係から穀物相場などの場で投機を行う者がいた。銀行役員の他業兼営は情実貸付の土

序章　銀行法の沿革　19

壊をなし、また、親族や身内企業への大口信用供与が横行した。その際、十分な担保を徴しない貸付も数多くみられた。数次にわたる銀行条例の改正はこのような弊害を除去することをねらいとするものであったが、実績をあげたとは言いがたかった。そして、ついに、第1次大戦中の好況の反動として起こった深刻な不況に伴い、おびただしい数の銀行が休業に追い込まれた。国会をはじめ言論界や経済界等のなかから、銀行経営の健全化のために銀行制度を根本的に改革すべきである、との声が広がった。

□ 第4節　旧銀行法の制定・施行（昭和3年）

第1　金融恐慌の最中での誕生

1　政府は、金融制度全般の改革を図るため、大正15年4月に金融制度調査会準備委員会を設置した。同準備委員会から、同年8月には『我が国普通銀行制度の改善に関する具体的方策』が答申された。そして、同年9月には、準備委員会の段階を終えて正式に**金融制度調査会**が設置された。これが今日の**金融審議会**の始まりである。同調査会は、同年11月『普通銀行制度の整備改善に関する具体的方策』を決定し、これを受けて、政府は銀行法案を立案し、翌昭和2年2月に衆議院に提出した。同法案は国会の審議を経て、同年3月に国会を通過し、昭和2年3月に公布された。続いて、同年11月に施行細則が公布された。こうして、旧銀行法は、翌昭和3年1月1日から施行された（本書においては、昭和3年に施行された銀行法を「旧銀行法」と呼称し、昭和57年に全面改正されて以後の銀行法を、単に「銀行法」ないし「現行銀行法」と呼称することとする）。

2　昭和3年の旧銀行法の中心課題は、当時、銀行倒産が相次ぎ、国民の銀行への信頼感が薄れていくなかで、いかにして信用秩序を回復していくかにあった。そこで、旧銀行法は、預金者保護のために銀行に対する監督をいっそう厳重にすることにより、国民の信頼の回復を図るとともに銀行の最低資本金額を法定し、零細な銀行の整理・統合を促した。さらに、法定準備金を増額するなどの措置により銀行の自己資本の充実を図った。支店、出張所の

設置の制限等は、過当競争を防止し、経営の健全性確保を期することにねらいが置かれている。

第2　旧銀行法の内容

1　銀行条例と対比して、旧銀行法の重要な改正点を要約すると、次のとおりである。

第1に、銀行の定義が明確化された。銀行条例においては、証券（この場合は、手形を指している）の割引など与信行為のみを営業とするものも銀行とされていた。一方、預金の受入れのみを行うものは、銀行とはされなかった。前述のとおり、明治初期には、一般公衆は、潤沢な資金を保有しておらず、預金という形態での資金集めは営業として困難であったと思われる。当時の銀行の原資は中央や地方の資産家が自ら保有する資金が主であり、これを元手に貸付を行うのが一般的であったので、銀行というより貸金業の概念に近かった。そこでは、与信業務を規制対象にすれば足りたわけである。しかし、明治中期に国民の資産形成が徐々に進行し、預金というかたちで銀行に預け入れることも行われるようになった。旧銀行法では、このような情勢を背景として与信行為と受信行為とを**併せ行う**ものを銀行とすることとされた。同時に預金者保護の見地から、営業として預金の受入れのみをするものも銀行とみなして旧銀行法による監督の対象とすることとされた。

第2は、株式会社制度の再導入である。すなわち、旧銀行法では、銀行の組織が株式会社に限定されることとなった。前述のとおり、国立銀行条例は、国立銀行の組織を株式会社に限定していたが、銀行条例は一転して、株式会社のほかに、合資会社や個人銀行の存在も認めていた。これが、零細銀行濫設の弊害を招き、普通銀行の業務上大きな欠陥となっていた。こうした経験から、近代的銀行制度を確立するために、旧銀行法においては、再び銀行の組織を株式会社のみに限定することとされたのである。

第3は、最低資本金の法定化である。銀行条例では、銀行の資本金の額をうんぬんすることはなかった。しかし、旧銀行法では、銀行の最低資本金を100万円とし、東京、大阪に本支店を有する銀行は200万円としている。これは、いうまでもなく従来の法制の最大の欠陥である零細銀行の存在を許さな

序章　銀行法の沿革　21

いという体制を敷くものである。最低資本金制度は、銀行の新規設立に対してはむろんのこと、既存の銀行に対してもこれを要請している。最低資本金制度の導入により、当時の普通銀行の約半数が資本金未達となり、大幅な増資を図らなければ銀行の資格を失う状況になった。

第4は、銀行の他業禁止である。銀行は本来の固有業務のほかに、他業を兼営することが禁止されることになった。銀行に対して、預金者保護の見地から、固有業務に専念することが求められることとなったのである。

第5に、支店以外の営業所の設置および変更についても認可事項としている。銀行条例においては、本店以外の営業所のなかで、監督の対象とされていたのは支店だけであった。このため、支店の認可を受けずに、出張所、派出所、代理店等の名称で支店類似の店舗を設け、預金業務等について、支店と同様の取扱いをなすものが数多く見受けられた。これを放置しておけば、過当競争の弊害をもたらすばかりでなく、預金者保護にも欠けるおそれが生じた。そこで、それらを「出張所」という名称に統一し、その設置および変更を認可の対象とし、銀行の組織面に対して、監督の強化を図ることとされた。

第6は、法定準備金の増額である。商法の例外規定を設け、資本の総額に達するまで、利益の配当をするごとに、利益金の10分の1以上を積み立てることを命じたものである。前述の資本金の最低限度の法定化と相まって、銀行の内部留保の増加を図ることにより、銀行の自己資本の充実を期するものにほかならない。

第7は、銀行の常務に従事する役員の兼職の制限である。銀行業の公共性からみて、銀行の常勤役員を銀行業務に専念させることは当然の要請というべきである。銀行条例のもとでは、この点は寛大に扱われていたため少なからぬ弊害が生じたことは既述のとおりである。旧銀行法は、常勤役員の兼職を原則として禁止し、仮に他の会社の常務に従事しようとするときは、大蔵大臣の認可を受けなければならないと規定し、監督の強化が図られた。

第8は、銀行の内部監査の強化である。銀行の監査役に対して、銀行の業務および財産に関する監査書を作成することを義務づけるとともに、これを銀行に備え付けることとしている。

第9は、業務報告書の内容の改正である。

2　以上、旧銀行法の中心課題とみられる主要改正点について述べた。旧銀行法制定当時ともなると、銀行は、資産家から大口で資金調達を行う時代から、広く一般公衆から預金のかたちで資金を吸収することに重点が置かれる時代へと移行していた。こうした時代背景のもとで預金者保護が初めて名実ともに銀行監督の理念の中枢に位置することとなった。旧銀行法最大の眼目が、預金者保護の精神にのっとり、銀行経営健全化の基礎として、銀行の自己資本の充実を図るところに置かれたのである。そのなかで、最低資本金制度の確立が旧銀行法の要をなす考え方であったといっても過言ではない。最低資本金限度以下の銀行は、その進路を自らに問い直さざるをえないこととなり、銀行間の合併や他業への転換、廃業等が行われた。旧銀行法の施行により、無資格銀行となったものは、銀行法の施行日である昭和3年1月現在で617行に及んだ。これは、当時の普通銀行数、1,283行の半ばを占めるものである。無資格銀行は5年間の猶予期間内に身の振り方を決めることを余儀なくされた。そして、普通銀行の数は、旧銀行法が施行されて数年を経た昭和7年には一挙に538行にまで減少している。

第3　周辺法の動き

1　旧銀行法は昭和3年に制定されたあと、昭和57年の全面改正に至るまでに、6回の改正を経験している。それらはいずれも商法改正等に伴うごく技術的な手直しにとどまり、基本に触れる改正は、一度もなかった。

改正を後づけてみたい。昭和14年4月、商法改正に伴う同法の引用条文の改正（第15条、第16条）が行われた。昭和18年3月、「銀行等ノ事務ノ簡素化ニ関スル法律」（法律第42号）により、営業年度の変更（第9条）、監査書作成回数の変更（第21条）、が行われた。昭和26年6月「商法の一部を改正する法律の施行に伴う銀行法等の金融関係法律の整理に関する法律」（法律第240号）により商法改正に伴う用語の改正（第6条）、無額面株式の発行禁止に関する規定の創設、付属明細書の記載事項に関する規定の創設（第21条ノ2）、株主の帳簿閲覧権の制限に関する規定の創設（第12条ノ3）、が行われた。また、昭和29年6月には、「出資の受入れ、預り金及び金利等の取締り

序章　銀行法の沿革　23

に関する法律」（昭和29年6月法律第195号）により罰則規定が改正整備（第33条、第34条、第35条、第36条）されるとともに、行為者である個人を罰し、あわせて雇用主である銀行を罰する、いわゆる両罰規定制度が創設（第34条ノ2）されている。昭和37年4月には、商法改正に伴い、第5回目の改正が行われ、利益準備金積立に関する規定の改正（第8条）、合併手続等に関する規定の削除（第16条、第32条）等が行われた。そして、最後に昭和49年4月の商法改正に伴い、商法引用条文の改正が行われている。

2　変転極まりない時代であったにもかかわらず、約半世紀にわたり、旧銀行法はほとんど改正を行わずに推移してきた。その最大の理由は、旧銀行法が銀行の組織の骨格のみを規律する簡潔な法律であり、発動される要件、監督権限の内容が大幅に行政指導に委ねられていたためと考えられる。時代、時代の情勢の変化に応じた弾力的な行政運営が可能であったわけである。

　旧銀行法が、改正らしい改正もなく半世紀の間機能してきたのは、以上の要因に加えて、旧銀行法の周辺にある金融関連法規の制定、改正が多数行われ、時代の流れに対応して旧銀行法の実質的な補修、修正がなされたことがあげられる。旧銀行法自体の改正は行わずに、その周辺の金融特別法を次々に制定することにより個別の状況に対応していったわけである。具体的には、①臨時資金調整法（昭和12年）、②国家総動員法（昭和13年）、③「普通銀行ノ貯蓄銀行業務又ハ信託業務ノ兼営ニ関スル法律」（昭和18年12月法律第43号）、④軍需金融等特別措置法（昭和20年。戦後、昭和21年に軍需資金調達に関する規定を削除して「銀行等特例法」と改題）、戦後になってからは、⑤金融機関再建整備法（昭和21年）、⑥「私的独占の禁止及び公正取引の確保に関する法律」（昭和22年4月法律第54号、以下「独占禁止法」という）、⑦証券取引法（昭和23年4月法律第25号）、⑧「協同組合による金融事業に関する法律」（昭和24年6月法律第183号）、⑨相互銀行法（昭和26年）、⑩信用金庫法（昭和26年6月法律第238号）、⑪長期信用銀行法（昭和27年6月法律第187号）、⑫労働金庫法（昭和28年8月法律第227号）、⑬外国為替銀行法（昭和29年）、などが制定されている。

第**2**部	現行銀行法（昭和57年以降）

□ 第1節　現行銀行法制定の背景

1　昭和57年に旧銀行法は、制定後半世紀を経て全面的に改正された。その背景には、旧銀行法および銀行をめぐる経済社会環境が大きく変化したことがあげられる。

　旧銀行法全面改正の背景となった**第1**は、昭和50年代に入り、金融機関における健全経営の確保をあらためて確認しなければならない状況に立ち至ったという点である。従前に比べ、わが国の経済構造が基本的に変化しており、この変化に対応して、銀行制度の見直しが行われた。

2　昭和48年に発生した第1次石油危機および昭和54年の第2次石油危機以来、わが国の経済は明らかに高度経済成長から安定成長へと構造変化を遂げた。この成長パターンの変化に起因して、企業部門の資金需要が鎮静化し安定した推移を示すとともに企業の自己金融力が高まった。また、郵便貯金への資金流出等の影響を受けて、金融機関の業容の伸び悩みが目立った。さらには、金融機関の預貸金利鞘が縮小し、本業である預金および貸金業務における収益が低下した。金融機関の厳しい経営環境は定着の様相を示し、従来にも増して健全経営を維持していくことが要請されるようになったのである。そして、健全経営を確保していくための法的な枠組みづくりが喫緊の課題になっていった。

3　**第2**は、銀行業務の多様化が飛躍的に進展したことがあげられる。金融資産の規模の拡大に伴い、個人の資産運用の選択の幅が増大した。これまでの「安全性」だけではなく、「収益性」「流動性」への選好も加わり、金融機関の顧客は多様な金融ニーズを求めるようになった。企業についても、余裕資金の増大により、できるだけ有利かつ流動性の高いものに運用しようとする動きが強まった。折からの金融機械化、コンピュータ化が、単一商品の大量販売とともに少量多品種の、豊富な金融商品の品ぞろえを可能にする土壌をつくりだしたことから、銀行の業務は、急速に多様化の傾向をたどること

序章　銀行法の沿革　25

になる。そして、消費者ローン、住宅ローンの高い伸びにみられるように、個人部門が資金の借り手として重要な地位を占めるようになり、一般公衆との接触度合いが非常に高くなったのである。この結果、金融機関が公共性、社会性にいっそう配慮すべき必要度が高まるとともに、時代の流れに対応した業務範囲の弾力化、広域化が必須の課題となった。

4 **第3**は、国債等の公共債の大量発行という問題である。昭和50年以降、わが国の財政構造はいわゆる石油危機に直面して恒常的な租税収入不足に陥り、国債等の発行が急速に増大し、それが、金融市場、証券市場に大きな影響を及ぼすこととなった。

ところで、旧銀行法下において法解釈上は可能とされていた銀行の証券業務、なかんずく公共債業務について、銀行がこれを行うことを差し控えてきたという事情が存在していた。しかし、既発公共債が時代とともに大量に累積していく状況や、それに伴い多額の借換債をいかに円滑に市場消化していくかといった財政上、ひいてはわが国経済上の大きな問題を考えれば、銀行の証券業務について、証券取引法の規定と平仄をあわせつつ、銀行法にもこれを認める明文の規定を設け、実施していくことが必要であるとされるようになった。

第4は、国際化の視点である。わが国経済の国際化、自由化に伴い、わが国の金融分野においても、国際化の進展が著しい。わが国が IMF に加盟し、資本の自由化を実施した昭和40年代半ば以降、本邦銀行と外国銀行との相互乗入れが急速に進み、昭和初期に制定された旧銀行法では、多岐にわたる金融の内外交流に十分に対応しきれない面が出てきた。そこで、外国銀行に対する銀行法の適用関係を明確にし、開かれた法制に整備し、外国銀行経営者に対し、わが国における「内国民待遇」や法的安定性を保証するとともに、外国銀行への国民の信頼を確立することが要請されたのである。

□ 第2節　現行銀行法の概要

1　銀行法をはじめとする金融4法は昭和56年6月1日に一括して公布された。金融4法とは、銀行法（昭和56年法律第59号）、「中小企業金融制度等の

整備改善のための相互銀行法、信用金庫法等の一部を改正する法律」（同年法律第60号）、「銀行法の施行に伴う関係法律の整備等に関する法律」（同年法律第61号）、「証券取引法の一部を改正する法律」（同年法律第62号）の４本である。このうち、２番目の中小金融機関関係法は、公布の日から直ちに施行され、銀行法等他の法律は、１年決算制度に改める規定を除き、公布の日から１年以内に施行されることとされ、銀行法、整備法については、関係政令（昭和57年３月27日公布）、関係省令（昭和57年３月31日公布）とともに、昭和57年４月１日から施行された。証券取引法自体は銀行法と同じく昭和57年４月１日から施行されたが、具体的な実施日を定めた証券取引法施行令の改正は昭和57年４月６日のことであった。また、銀行法等の証券業務に関する省令の制定は、昭和57年12月15日のことであり、実際に銀行等の証券業務（長期国債の窓口販売）が開始されたのは、昭和58年４月からである。

2　昭和57年に旧銀行法は全面改正され、現行銀行法が制定された。現行銀行法は、全66条からなっており、総則、業務、経理、監督、合併・営業譲渡、廃業・解散、外国銀行支店、雑則、罰則の各章で構成されていた。

現行銀行法の旧銀行法との対比

　旧銀行法に対する現行銀行法の具体的な改正点は、次のとおりである。

　第１に、銀行法に新たに目的規定が設けられた。第１条では信用秩序維持、預金者保護、金融の円滑化、国民経済の健全な発展に資することが目的であると規定されている。また、第１条第２項では、銀行法の適用にあたっては、銀行の自主的努力を尊重しなければならない旨が規定されている。

　第２に、銀行の業務範囲が明確化された。それまでの旧銀行法における業務範囲の規定はきわめて簡単なものであった。旧銀行法は第１条で預金、貸出、為替が銀行の本業である旨を規定していたほか、第５条において『保護預りその他の銀行業に付随する業務』および担保附社債信託業務を営むことができるほかは、他の業務を営むことができない旨を規定していた。この場合、付随業務は保護預りのみを例示するにとどまっていた。そこで、個々の具体的な業務について、それが付随業務であるか否かが問題になるなど、たえず解釈上の疑義を残していたわけである。これに対して、現行銀行法では

序章　銀行法の沿革　27

第10条第2項において、付随業務のうち基本的なものを広く11項目（制定当時）にわたって具体的に列挙するかたちで明示している。また、他方で、この11項目の列挙業務に関しては単なる例示にとどめられ、その他の付随業務がありうることを示しているので、**付随業務の弾力性**が法律上確保され、変化する時代の要請に応えられるよう措置されている。

　さらに、銀行の**証券業務等の取扱い**について、現行銀行法第11条は、公共債について行う引受け（売出しの目的で新発債を取得するもの）、募集または売出しの取扱い（残額引受けと一体として行わないもの）、ディーリングおよびブローカレッジを銀行が営むことができると規定している。ただし、同条に規定する業務については、銀行は、実際には、相当期間にわたってこれらの業務を営んでいなかったため、不特定多数の者を相手方とする場合につき、当分の間、大蔵大臣の認可に係らしめることとされた。

　以上のように、現行銀行法では、銀行の業務範囲を固有業務、付随業務、認可を要する他業証券業務、他業業務の四つに分け、詳細に規定している。そして、付随業務の内容をかなり拡充している。たとえば、銀行法第10条第2項第5号において、「金銭債権の取得又は譲渡」が掲げられている。ここには、ファクタリング業務などが含まれている。また、金地金の売買も付随業務として認められることとなった。

　第3に、いわゆる、**大口信用供与規制**についての規定が銀行法第13条に設けられた。銀行の大口信用供与に関しては、それまで行政指導のかたちで昭和49年12月の銀行局長通達に基づき、普通銀行、長期信用銀行、信託銀行および外国為替銀行等に対して規制が行われてきた。銀行の資産運用における安全性の確保と銀行信用の広く適正な配分などの観点から行われるものである。大口信用供与規制はそれまで行政指導であって法律による規制ではなかった。しかし、昭和57年の銀行法全面改正の際に、従来の行政指導の実績を勘案して新たに法制化されることとなった。

　第4は、ディスクロージャー規定が整備された。現行銀行法では旧銀行法における貸借対照表のほかに、損益計算書が公告書類に加えられた。また、銀行は、営業年度ごとに、業務および財産の状況に関する説明書類を作成し、主要な営業所において、一般公衆の縦覧に供することとする規定が創設

された。縦覧制度の法制化は、当時、諸外国に例をみないものであったが、その背景には、銀行と国民とのかかわり合いが非常に大きくなっており、銀行に対する公共性、社会性の要請が強くなっていることがあげられる。

第5に、銀行の週休2日制に向けて法制面の整備が図られた。旧銀行法においては、銀行の休日を限定列挙（日曜日、祝日および一般の休日）して規定していたが、現行銀行法では、銀行の休日を日曜日のほかはすべて政令で規定するにとどめ、休日についての弾力的な対応を可能にしている。週休2日制は世界の大勢になっていた。それまでわが国では、週休2日制が論議されるたびに旧銀行法の存在がわが国の一般社会における週休2日制の実施を困難にしている原因の一つとしてあげられてきた。しかし、改正法によって政令での対応が可能になるように法制化されたので法制面の制約は除去されることとなった。

第6は、1年決算制への移行である。銀行は、この改正によって、商法のもとにある他の一般企業に歩調をあわせることとなった。1年決算制への移行に伴い、中間業務報告書の規定が追加された。

第7として、外国銀行支店に関する規定が体系的に整備された。経済・金融の国際化の進展に伴い、外国銀行の支店形態での本邦への進出が急増したことは、すでに述べたとおりである。外国銀行支店に対する規制・監督についても、法律に基づく行政が要請される。しかし、旧銀行法では、外国銀行関係の条文はわずかに1条（第32条）の簡単な規定が存するのみであった。こうした法制では、銀行業務の国際化という事態には対応しきれない面が出てきたので、改正法において、**外国銀行支店の法制**の全面改正が行われた。具体的には、同一の外国銀行が複数の支店を設けている場合、監督当局が、支店すべてにつき連結して記載した資料を求めることができるように改正された。また、外国銀行支店に対して、本店に係る事項について、報告、資料の提出を求めることができることとされた。さらに、外国銀行の免許失効等に関し、個別支店ごとの清算義務が課されることとなるなどの措置が講じられた。

第8に、以上のほかに、

① 授権資本変更の認可制が廃止され、自由に授権資本を変更できること

となった。増資について、認可制から、事前届出制に改められた。

②　店舗設置等について、省令により、認可を要しない場合を定めることができるようになった。

③　海外駐在員事務所の設置が承認制から事前届出制に緩和された。

④　復代理店禁止条項が廃止された。

⑤　監査書制度が廃止された。

第3部　現行銀行法施行以後の変遷

□第1節　平成5年における金融制度改革

第1　専門金融機関制度の改革

1　現行銀行法制定後10年あまりを経た平成5年4月1日から新しい金融制度改革法が施行され、それに伴い銀行法が大幅に改正された。

わが国の金融制度は戦後50年弱にわたり普通銀行制度、長期信用銀行制度、信託銀行制度、銀行と証券の分離制度、協同組合組織金融機関制度など、縦割りの専門性・分業制を特色としてきた。これらの専門金融機関制度は、戦後の経済復興およびその後の高度成長期において、経済全体として限られた資金のなかから設備投資金、産業資金、農業資金、外国為替資金、中小企業向け資金をそれぞれ確保していくために金融機関が各業務に特化し、それぞれの業務分野のなかで最大限の努力を行うことが、資金の効率的配分を通じて経済のバランスのとれた発展に資するという考え方に基づくものである。そして、こうした金融制度の仕組みは戦後の経済復興とその後の高度経済成長を下支えし、わが国経済の発展におおいに貢献してきたということができる。

2　しかし、昭和48年の第1次石油危機、昭和54年の第2次石油危機を契機として、わが国の経済構造が大きく変化し、昭和60年代において経済の安定成長が定着するにつれて、わが国の金融は劇的な変化を遂げた。長年にわた

る高い貯蓄率に支えられて金融資産が大幅に増加し、その結果、わが国は一転して資金余剰の時代を迎え、それが基調として定着することとなった。そのような時代において、金融機関の業務範囲を縦割りに厳しく区分することの意義は急激に薄れていった。そうしたなかにあって、金融資本市場における有効かつ適正な競争を促進し、市場の効率化、活性化を図るためにも、また、金融機関が経営上の創意工夫を発揮し、利用者のニーズにあった金融サービスを提供できるようにするためにも、これまでの**専門性、分業制の見直し**は避けて通れないものとなった。

3　昭和60年9月、金融制度調査会に「専門金融機関制度をめぐる諸問題研究の専門委員会（略称：**制度問題研究会**）」が設けられ、わが国の縦割りの金融機関制度のあり方をめぐる審議が開始された。その後、金融制度調査会の各委員会、証券取引審議会等の場で広範な審議が繰り広げられ、平成3年6月にそれぞれ最終答申がなされた。その後、答申内容の条文化作業が行われ、銀行法等16本の法律を一括して改正する「金融制度及び証券取引制度の改革のための関係法律の整備等に関する法律案（いわゆる金融制度改革法案）」が取りまとめられ、平成4年3月13日に閣議決定され、同月に国会に提出された。そして、衆参両院において合計11日、67時間に及ぶ審議を経て平成4年6月19日に国会で可決成立した。法律は平成4年6月26日に公布された。引き続き法律改正に伴う政省令の改正作業を経て、**金融制度改革法**は平成5年4月1日から施行された。この改革により銀行法、証券取引法等合計16本の法律が一括して改正または廃止され、関連して改正・廃止・新設される政省令・告示の本数は100近くにのぼった。これにより、戦後50年近くにわたり維持されてきたわが国の金融制度および証券取引制度は、きたるべき時代に向けてその装いを新たにすることとなったのである。

4　平成5年の金融制度改革は金融機関の**業態間の相互参入**による競争の促進を通じて金融資本市場の効率化を促し、金融機関による多様な金融商品の開発・提供や、企業による機動的な資金調達を促進するという点で、広く金融サービスの利用者の利便向上に資するものである。

序章　銀行法の沿革　31

第2 業態別子会社による相互参入等

1 平成5年に施行された銀行法改正を中心とする金融制度改革の概要は以下のとおりである。それは明治以来わが国金融制度が引きずってきた諸課題を抜本的に解決しようとする方向に向けての大規模な制度改正として位置づけることができる。

(1) **業態別子会社**による相互参入

金融機関は、業態別子会社を設立することにより他業態への相互参入が可能となった。

これは既存の業態の業務分野を前提としつつ、業態ごとに各金融機関が子会社を設立し業態間の相互参入を図るものである。具体的には銀行、長期信用銀行、外国為替銀行等が、信託銀行子会社および証券子会社により、信託業務および証券業務に参入することが可能になった。

信託銀行は証券子会社により証券業務に参入し、証券会社は銀行子会社または信託銀行子会社により銀行業務および信託業務に参入することが可能になった。

これに伴い、親子関係にあることを利用した取引等が行われることなどにより銀行業務の健全かつ適切な発展が阻害されるのを防止するとの観点から、親子間で通常の条件と異なる条件で取引をすることを禁止するなど必要な措置が講じられた。

(2) **地域金融機関の本体での信託業務**

地域金融機関の本体で信託業務を行うことが可能となった。また信託業務の代理業務規定が整備された。

(3) **有価証券の定義の整備**

証券取引法上の有価証券概念が拡張され、住宅ローン債権信託やコマーシャル・ペーパーをはじめとする流通性のある証券関連商品が幅広く有価証券として規定された。銀行等がこれらの商品の仲介業務を行うことができるように措置された。

(4) **社債制度の拡充**

社債の公募概念の見直しが行われ、私募についての法整備および情報開示

制度の充実が図られた。また、社債等の募集または管理の受託規定が整備された。

(5) **自己資本比率規制の法制化**

自己資本比率規制等の金融機関経営の健全性を判断するための基準について、銀行法上に、規制の根拠となる規定が設けられた。これにより自己資本比率規制は、これまでの行政指導に基づく規制から法律に基づく規制に切り替えられた。

(6) 大口信用供与規制の連結ベースでの規制

銀行等が信託銀行子会社を保有するのに伴い、いわゆる連結ベースの大口信用供与規制を行うこととされた。

(7) **相互銀行の普通銀行への転換**

相互銀行法が廃止され、名実ともに相互銀行は普通銀行に転換を遂げることとなった。

(8) 最低資本金の引上げ

銀行の最低資本金の額が10億円から20億円に引き上げられた。

(9) 諸規制・諸慣行の見直し

2　諸規制、諸慣行の見直しが行われた。すなわち、

① 本邦企業の外債発行にあたり、邦銀系証券現地法人は引受け主幹事となることができない等を内容とするいわゆる**三局指導**が撤廃されることとなった。

② 中長期預金の導入が図られた。

③ 変動金利預金が導入された。

④ 2年物金融債など、金融債の多様化が図られることとなった。

⑤ 実績配当型合同金銭信託など、信託商品の多様化が図られた。

⑥ 2年物社債など、社債の種類の多様化が図られた。

⑦ 中期国債ファンドの商品性の改善が図られた。

□ 第2節　平成10年の改正（銀行持株会社制度の導入等）

1　平成10年に施行された銀行持株会社制度の導入を柱とする金融システム

改革は、独占禁止法の歴史的な大改正を受けて、平成 8 年11月、橋本龍太郎総理大臣のイニシアティブのもとで「**金融ビッグバン**」の掛け声で着手した改正作業が結実したものである。「ビッグバン」とは、宇宙創造の大爆発を表現した言葉で、英国のマーガレット・サッチャー首相がやり遂げた大規模な金融・経済・政治改革に冠せられた評語である。

　わが国の場合には憲法 9 条と並んで不磨の条文とされ、すべからく持株会社設立の禁止を謳った「**独占禁止法第 9 条**」を改正する作業がその推進役になった。わが国では第 2 次世界大戦後、平成 9 年に至るまで、独占禁止法により持株会社の設立および会社の持株会社への転化はすべて禁止されていた。しかし、独占禁止法が改正され**持株会社**が解禁されたことに伴い、銀行法の改正が日の目をみることになった。

　平成 9 年には金融制度調査会など関係審議会の報告書が取りまとめられ、それに基づく法制化の作業が行われた。金融ビッグバンの中核としての銀行法改正の内容は大規模なものとなった。具体的には平成 9 年秋の臨時国会における**銀行持株会社制度**導入のための法改正と、平成10年の通常国会における**金融システム改革法**の一環としての法改正との 2 段階の立法を得て達成された。

　これによって、銀行法の規制体系はこれまでの単体中心の規制から**グループ規制**へと大きく変貌を遂げることとなった。その歴史的意義は非常に大きいといわなければならない。

2　こうした改正は、企業統合のルールを根本から変化させるものであり、銀行、証券、保険の相互参入を促すものであった。そして、独占禁止法や企業会計制度と整合的なグループ規制としての性格を明確にするとともに、大口信用供与規制等の見直し、情報提供の義務づけなどの諸規制により金融激変の時代に歩調をあわせることになった。

　この改革では、**組織形態の多様化**を中心に多くの具体的な改革が行われている。なかでも銀行を子会社とする持株会社制度の活用は、銀行分野における金融システム改革の重要事項として大きな意義を有している。銀行持株会社と兄弟会社との間の取引については、アームズ・レングス・ルール等公正な取引を確保するための措置や顧客の側の誤認防止等の弊害防止措置を設け

るべきこととされた。そのうえで、銀行持株会社およびそのグループ会社については、持株会社に対する適格性審査のほかに、グループに対する連結ベースでの、ディスクロージャー、自己資本比率規制、大口信用供与規制、検査監督の法制度の整備が行われた。

このほか、銀行による証券投資信託の販売や有価証券店頭デリバティブの取扱いが可能となった。銀行の業態別子会社としての証券子会社による株式等の取扱いが平成11年下期以降解禁された。また、普通銀行による社債発行が容認された。さらに、折からの銀行の不良債権問題に対処するために自己資本増強を主とする**早期是正措置**が導入された。

3　平成10年の銀行法等の改正内容を具体的にみていくと、次のとおりである。

(1)　**銀行持株会社の設立等**

まず、銀行を子会社とする持株会社の設立が可能になった。加えて、銀行持株会社による既存銀行株式の取得が可能とされた。

また、銀行の株式保有については、従来、業態別子会社の新設に限定されていたのを改め、金融分野の会社であれば既存会社の大きな割合の株式を取得することも自由とされた。その際の保有割合についても100％までのいずれの水準も可能となった。

(2)　**業務範囲の弾力化**

銀行持株会社グループや銀行グループ会社の業務範囲については、金融関連の分野であれば幅広く弾力的に容認できるような法制度となった。

具体的には銀行法において、銀行持株会社や銀行がそのグループ傘下に子会社としてもてる会社として、銀行、長期信用銀行、証券会社、保険会社、従属会社、金融関連業務をもっぱら営む会社が列挙され、金融関連業務については省令で幅広く定めることとされた。

銀行が他の銀行を子会社とすることについては、従来、破綻金融機関を子会社とする場合に限定されていたが、一般の銀行を子会社とすることが可能とされた。

以上の点について、銀行持株会社グループと銀行を親会社とするグループとの間では、組織形態の選択行動にゆがみを与えないという観点から基本的

序章　銀行法の沿革　35

には同一の規定内容とされた。

そして、金融システム改革法による証券取引法の改正により、**投資信託の受益証券の銀行における窓口販売**が認められることとなった。

(3)　銀行グループの合算株式保有制限

銀行法は銀行を銀行グループとしてとらえ、銀行グループによる他の会社や他の会社グループの株式保有を合算して一定水準までに規制することとされた。合算株式保有制限の算出範囲は、銀行や銀行持株会社の商法上の子会社や孫会社とすることとされた。

合算株式保有の限度については、持株会社形態と親子会社形態で異なる水準が設定された。持株会社形態で保有する場合の水準については、既存の企業集団における株式保有の実態等に基づき合算で15％を上限とすることとされた。子会社形態では合算で5％を上限とすることとされた。

(4)　ディスクロージャー

銀行法第21条は、かつては任意の訓示規定にとどまっていたが、改正により罰則付きの義務規定となり、内容も抜本的に強化された。また、リスク管理債権額を注記事項とすることにより外部監査が行われるよう手当が行われた。

グループ規制に対応して連結ベースでのディスクロージャーが求められ、その連結範囲も実質基準に基づくものとされた。これにより、従来ともすれば不透明であった、いわゆる関連会社の不良債権額がもれなく開示されることになった。

原則として、すべての営業所に説明書類を備え置くこととされた。

平成11年秋には、「金融機能の再生のための緊急措置に関する法律」（金融再生法）の成立に伴い、債務者区分に基づく不良債権等の開示義務が導入された。これは銀行の有する債権を債務者の状況に応じて破産更生債権、危険債権とするほか、一般債権を要管理債権、正常債権に区分して各々の総額を開示することとするものである。

(5)　情報提供義務

銀行本体の窓口で**投資信託**等が取り扱われることになったのに対応し、銀行の顧客がリスク商品である投資信託を預金等の既存の商品と同じものと誤

認することを防止する措置など、十分な説明を確保するためのルールが設けられた。

そして、法文のうえで、預金者等に対する情報の提供に関する規定が設けられ、預金等に係る契約の内容等の情報提供やそれ以外の業務に係る重要な事項の説明等を確保するための措置を行うことが銀行に義務づけられた。

(6) 自己資本比率規制のグループ規制化

自己資本比率規制をグループ規制に対応させるための整備が行われた。銀行持株会社制度が導入されたことに対応して、銀行持株会社にも自己資本比率規制を適用することとされた。その際、自己資本比率の算出は連結ベースで行うこととされ、その区分については銀行に対するものと同様とされた。また、国内基準行、国際基準行ともに連結・単体の双方の自己資本比率の算出を求めることとされた。

(7) 早期是正措置の整備

早期是正措置については平成10年の「金融機能の早期健全化のための緊急措置に関する法律」の成立に伴い、その内容が整備・強化された。具体的には、たとえば国際基準行の場合、銀行の自己資本比率が0～2％となった場合には自己資本の充実、大幅な業務の縮小、合併または銀行業の廃止等の措置のいずれかを選択したうえ、当該措置の実施を命令することとされた。銀行持株会社についても同様の改正が行われた。

(8) 大口信用供与規制の拡充

大口信用供与規制の基礎となる自己資本の額の算出については、基本的に自己資本比率規制と同一の勘定となった。次に、信用供与の範囲については、従来は貸出金および支払承諾のみが対象とされていたが、当該債務者に対する出資を含むこととされた。このほかコマーシャル・ペーパー、デリバティブ等も含むものとされ、その具体的範囲は省令で機動的に定められるものとされた。

第2に、大口信用供与規制のグループ規制体系への移行については、与信側、受信側の双方で合算を行うこととされた。

ただし、銀行グループ内では資金配分の効率性に配慮し合算を行わないものとされている。銀行持株会社単体に係る大口信用供与規制については、子

序章 銀行法の沿革 37

会社に対する信用供与について大口信用供与規制を課さないものとされた。

(9) アームズ・レングス・ルール

アームズ・レングス・ルールは、銀行とグループ会社との意図的な取引を通じて銀行経営の健全性が損なわれることなどを防止するための規定である。その適用される範囲については、影響力基準に基づく関連会社との取引を含むものとされた。また、銀行持株会社を含む銀行の親会社との取引も規制の対象とされた。

□ 第3節　平成14年の改正（銀行主要株主についてのルール整備等）

1　事業会社等異業種による銀行業への参入のルールが平成14年に整備された。

小売業、量販店の分野で、膨大な店舗網を使って預金の受入れや為替業務、消費者向けの小口貸付業務を始めたいとする要望が相次ぎ、また、通信情報革命の急速な進展、国民各層へのインターネットの普及を背景として、コンピュータ関連企業のなかには、インターネットの仕組みを利用して銀行業を行おうとする、いわゆるインターネット専業銀行（ネットバンキング）が出現するなど、新たな形態の銀行業を目指す動きが活発化していた。金融審議会では、こうした新しいタイプの銀行の出現を前向きにとらえ、それを受け入れるための制度的枠組みのあり方についての検討が行われた。その結果、小売業やインターネット関連会社など新しいタイプの銀行等の株主に関する制度の整備を行うとともに、あわせて営業所に関する認可制度の撤廃などの自由化措置が講じられることになった。

銀行主要株主についてのルールなどを定めた銀行法改正案は、平成13年3月に国会に提出され、継続審議となったあと、第153回国会において平成13年11月2日に成立し、11月9日に公布され、同法は平成14年4月1日等から施行された。

2　具体的内容は、次のとおりである。

(1) 銀行の**株式所有**に係る届出制の創設

銀行または銀行持株会社の発行済株式総数の100分の5を超える数の株式所有者は、銀行株式所有届出書を提出しなければならないこととされ、銀行株式所有届出書に記載すべき重要な事項の変更があった場合には変更報告書を提出しなければならないこととされた。

銀行株式所有届出書または変更報告書のうちに、重要な事項について虚偽の記載があり、または記載すべき重要な事項もしくは誤解を生じさせないために必要な重要な事実の記載が欠けている疑いがあると認めるときには、監督当局は報告等の徴求や立入検査が行えることとなった。

(2) **銀行主要株主認可制の導入**

銀行の主要株主基準以上の株式の所有者になろうとする者（原則20％以上の議決権を保有する株主等）は、あらかじめ内閣総理大臣の認可を受けなければならないこととされた。内閣総理大臣は銀行の業務の健全かつ適切な運営を確保するため特に必要があると認められるときは、その必要の限度において銀行主要株主に対して当該銀行の業務または財産の状況に関し参考となるべき報告等の徴求や立入検査を行うことができる。

また、内閣総理大臣は銀行の発行済株式の総数の100分の50を超える数の株式を所有する銀行主要株主に対して、銀行の業務の健全かつ適切な運用を確保するために必要があると認めるときは、その必要な限度において、当該銀行の経営の健全性を確保するための改善計画の提出を求めること等ができることとされた。

(3) **銀行営業所の設置等の自由化・弾力化**

銀行のわが国における営業所の設置、位置の変更等について許可制が廃止され、単なる届出ですむようになった。これは、明治以来長年にわたって続いた、政府による「店舗行政」の実質的終焉を意味する大きな制度転換である。

(4) **銀行の営業免許における需給調整規定の廃止**

銀行の免許審査における需給調整規定が廃止された。もはや、銀行が地域によって多過ぎる、少な過ぎる、という判断は政府が行うのではなく、銀行の経営者が顧客動向をみて自らの経営判断で決めるべきであるとする考え方

への転換である。

3 それ以外の改正としては、以下の諸点がある。

(1) 取締役の適格性の強化

銀行の常務に従事する取締役は、銀行の経営管理を的確、公正かつ効率的に遂行することができる知識および経験を有し、かつ、十分な社会的信用を有するものでなければならないこととされた。

(2) 特定関係者との間の取引の範囲の拡大

銀行の不利益取引等の規制対象となる特定関係者に銀行主要株主を加えることとされた。

(3) 銀行の子会社の業務範囲の拡大

銀行の子会社に関し、従属業務と金融関連業務の兼業が認められた。

(4) 特定取引勘定の認可の廃止

特定取引勘定の設置に係る認可制が廃止された。

(5) 外国銀行の免許規定の自由化・弾力化

外国銀行に係る支店ごとの免許を廃止し、外国銀行が日本において銀行業を営もうとするときには、主たる外国銀行支店を定めて内閣総理大臣の免許を受けた場合には、従たる外国銀行支店の設置等についても免許の効果が及ぶものとされ、位置の変更等については届出で足りるものとされた。

(6) そ の 他

地方銀行等に続いて、平成14年2月より、都市銀行等の銀行本体での信託業務（不動産関連等以外の分野）への参入が認められた。

□ 第4節　平成18年の改正（銀行代理業制度の創設等）

平成17年に商法の大改正が行われ、新たに**会社法**が創設された。そして、「会社法の施行に伴う関係法律の整備等に関する法律」により、銀行法も商法（会社法）を引用している条文が個別に改正されたほか、新たに第4条の2が設けられ、銀行に取締役会、監査役会、会計監査人の設置が義務づけられることになった。また、譲渡制限会社であっても定款による取締役および監査役の任期の伸長を認めないとの規定が手当された。そして、これまで銀

行の公告手段として、時事に関する事項を掲載する日刊新聞紙に掲載する方法に限られていたが、これに**電子公告**制度が加わった（銀行法第57条）。

そして平成17年に、金融審議会から異業種が兼業により**銀行代理業**を営むことを認める「銀行代理店制度見直しの論点」が取りまとめられ、銀行代理業制度創設のための「銀行法等の一部を改正する法律」が公布され、平成18年4月から施行された。

□ 第5節　平成19年の改正（金融商品取引法に伴う改正および　　　　バーゼルⅡ）

平成18年6月には証券取引法が全面的に改正され、金融先物取引法など他の金融関連法を統合するかたちで新たに**金融商品取引法**が制定され、同法は平成19年9月から施行された。

「証券取引法等の一部を改正する法律の施行に伴う関係法律の整備等に関する法律」により、銀行法において旧証券取引法の条文を引用している項目が全面的に書き換えられるとともに、銀行法において金融商品取引法の規定を準用するかたちで特定預金等契約の締結に係る販売、勧誘の方式が整備され（銀行法第13条の4）、平成19年9月から施行された。

平成19年3月に自己資本比率規制が改定され、わが国に**バーゼルⅡ**が導入された。

また、利用者利便の向上という視点から、これまで銀行の保険窓販の取扱商品の範囲が段階的に緩和されてきたが、平成19年12月から保険商品を銀行窓口で取り扱う**保険窓販制度**が全面解禁になった。

□ 第6節　平成20年以降の改正（金融 ADR 制度、資金決済法、　　　　バーゼルⅢ）

1　平成20年には銀行および銀行グループに対し銀行グループ内における役職員の兼任規制が撤廃されるとともに、**利益相反**管理態勢の整備が求められることとなった（銀行法第13条の4等）。

さらには、外国銀行代理業務に関する特則が創設された。

平成21年には、平成19年に「裁判外紛争解決手続の利用の促進に関する法律」が施行されたのを受けて銀行法の改正が行われ、金融商品、サービスに関する苦情・紛争を簡易、迅速に解決するため、新たに**金融ADR制度**が創設された（銀行法第7章の5。第52条の62以下）。施行は平成22年からである。

2　また、銀行の固有業務である為替取引のあり方について審議が行われ、平成22年には、登録を受けた**資金移動業者**が、少額に限定されてはいるものの、為替取引を業として営むことを認めた「資金決済に関する法律（**資金決済法**）」（平成21年法律第59号）が施行された。

3　平成23年には、銀行の業務範囲として所有権移転外のファイナンス・リース取引および同取引の代理・媒介業務が銀行の付随業務に追加された（銀行法第10条第2項第18号・第19号）。また、有価証券報告書提出銀行等について、決算公告が免除された。

4　平成21年12月にバーゼル銀行監督委員会より銀行の自己資本比率規制に関するいわゆる「**バーゼルⅢ**」が示された。わが国は各国と平仄をあわせて平成25年1月以降、段階的にこれを実施している。

第4部 ｜ 最近における銀行法改正の動き

□ 第1節　平成26年の銀行法改正（外国銀行支店制度、大口信用供与規制等の整備）

改正の経緯と概要

1　平成24年4月に金融担当大臣より金融審議会に対して「金融システムの安定等に資する銀行規制等の在り方」に係る諮問がなされ、同審議会のもとに岩原紳作東京大学名誉教授を座長とする「金融システム安定等に資する銀行規制等の在り方に関するワーキング・グループ（「銀行制度WG」）」が設置された。

同ワーキング・グループは14回の審議を経て報告書をまとめ、平成25年2

月に金融審議会総会で了承された。その後、国会で法案の審議が行われ、同年6月に可決・成立し、平成26年4月1日より施行された。

2　銀行法改正のねらいは、次の3点である。

①　リーマン・ブラザーズの破綻（平成20年9月に発生）等に端を発する国際的な金融危機の経験をふまえ、わが国の預金者保護や安定的な金融システムの構築を図る。

②　国際金融市場等を通じて伝播するような危機に対応するために、金融機関の実効的な破綻処理に関して再点検を行うとともに新しい枠組みを構築する。

③　わが国金融業のさらなる機能強化を図るための方策を講ずる。

第1　外国銀行支店に対する規制の整備

1　外国銀行支店の資本金に対応する資産の充実

外国の銀行がわが国において支店を設立する場合の免許基準として「当該申請に係る外国銀行支店の法47条の2に規定する資本金に対応する資産の額が政令13条2項に規定する資産の額（20億円）以上であり、かつ、その営もうとする外国銀行支店の業務を健全かつ効率的に遂行するに足る額であること」が追加された。

2　資産の国内保有

外国銀行支店は、常時、政令で定めるところにより、10億円を下回らない範囲内において政令で定める額以上（注・政令で20億円と規定。国内銀行の最低資本金額と同額）の資本金に対応する資産を国内において保有していなければならない、とされた。

そして、国内において保有すべき対象資産の具体的内容として、日銀・国内銀行への預け金、預金、国債、地方債等が定められた。

3　預金者への説明義務

わが国の預金者に対して、①わが国の預金保険制度の対象外であること、②外国銀行が万が一破綻した場合、預金の払戻しがあるとしても、それが迅速に行われない可能性があること、③外国銀行支店の預金が外国銀行の本国における預金保険制度の対象になっている場合はその旨を、説明しなければ

序章　銀行法の沿革　43

ならないこととされた。

第2　大口信用供与規制の強化

累年、世界各国の銀行監督規制の状況を監査する IMF 金融部門評価プログラム（Financial Sector Program）の対日審査において、わが国の大口信用供与規制は他の諸国に比べて著しく世界基準を遵守できていない（Materially non-compliant）と評価されてきた。一国の信用不安が直ちに諸外国に波及するのが金融の常識であり、日本の状況は世界的な視野からみて看過できない、というのが IMF の主張である。こうした国際的な要請を受けて、わが国の大口信用供与規制において抜本的な改正がなされた。

1　大口信用供与規制における信用供与等の範囲

わが国のそれまでの銀行法法制では、対象となる信用供与の範囲は、貸出金、債務保証、株式・出資、社債、CP、デリバティブ取引に係る信用リスク相当額、ファイナンス・リース等に限定されてきた。しかし、世界の大勢では原則として、銀行のオン・バランス、オフ・バランスのすべての取引が規制対象とされている状況に鑑み、以上に加えて、銀行間取引（コール・ローン、預け金等）、銀行によるコミットメントライン、デリバティブ取引、公募社債等を規制対象に加えることとされた。

2　信用供与限度額

従来は、概していえば銀行の自己資本である Tier1と Tier2の合計額に対して、受信者側単体の場合は25％、受信者側グループの場合は40％となっていた。単体の25％という水準は国際的に普及している水準であるが、受信者側グループの場合に40％等として単体に対して割増の比率で規定している例は諸外国では見当たらない。　改正法では、こうした国際標準に配慮して受信者側グループについても25％に引き下げることとされた。

3　受信者側グループの範囲

国際基準（コア・プリンシプル）に従い、受信者側グループの範囲を、連結財務諸表の作成を義務づけられている大会社や有価証券報告書提出会社にあっては、議決権50％超の親子関係に加えて、実質支配力基準に基づく子会社や実質影響力基準に基づく関連会社にまで拡大された。

第3 銀行等による議決権保有規制（5％ルール）の弾力化

地域経済における資本性資金の供給が真に必要とされる場合に限って、銀行が資本性資金の供給を柔軟に行えるよう、以下のような議決権保有の例外規定が設けられた。

1 事業再生会社

事業再生途上にある会社の議決権を銀行本体で5％超取得・保有できるよう、銀行等が子会社にすることができる会社に事業再生会社が追加された。ただし、その保有期間は中小企業の場合は5年間、それ以外は3年間に限定される。

2 デット・エクイティ・スワップ（DES）

DES に伴って取得・保有する議決権については、銀行本体で出資比率にかかわらず取得・保有できることとされた。その対象となる会社については、事業再生会社と同様、裁判所が関与する案件または事業再生 ADR の手続を行った案件に限定された。

3 ベンチャー・ビジネス会社

ベンチャー・ビジネス会社の議決権についてはその出資の期間が従来の10年から15年に延長されるとともに、その会社の対象範囲が拡大された。

4 地域経済の再活性化事業会社の議決権

地域経済活性化支援機構と共同で地域活性化ファンドを設立して行う出資または業務提携等により事業再生計画を策定する案件について、銀行は銀行の投資専門子会社を経由する場合に限って、当該会社の議決権の5％超を保有できる。上限は40％、期間は10年である。

第4 外国銀行代理業規制の緩和

銀行法施行規則第13条の2が改正され、国内銀行が代理・媒介を海外で行う場合に限り、出資関係の有無を問わず、外国銀行の業務の代理・媒介を行うことができるようになった。代理・媒介を行う際、海外において支店が開設されている等を条件とせず、銀行の行員の長期出張を含む多様な形態で代理・媒介を行うことができることとされた。

序章 銀行法の沿革 45

第5 海外 M&A に係る子会社の業務範囲規制の緩和

外国銀行と国内銀行とが海外の金融機関の買収において競合する場合、入札時に子会社対象会社以外の会社を売却するとの条件をつけざるをえないなど、国内銀行が不利な状況に置かれることを想定して、現在の業務範囲規制の基本は維持しつつ、子会社対象会社以外の会社を子会社とすることを原則5年間に限り認めることとされた。

第6 監査役や会計監査人規定の強化

銀行のコーポレート・ガバナンス機能を強化するため、以下の措置が講じられた。

1 銀行の監査人等の適格性が銀行法において「銀行の執行役及び取締役の職務の執行の監査を的確、公正かつ効率的に遂行できる知識及び経験を有し」と明記された。

2 銀行が法令、定款もしくは法令に基づく処分に違反し、または公益を害する行為をした場合に、内閣総理大臣は、銀行に対して、取締役、執行役、会計参与もしくは監査役に加え、会計監査人に対しても解任を命じることができる、とされた。

第7 再委託先等への報告徴求・立入検査

これまでは、銀行から直接に委託を受けた者に対してのみ、当局による報告徴求・立入検査権限が規定されていた。改正法では銀行から直接に委託を受けた者から委託（再委託）、さらにこれらの者から再々委託等を受けた者に対してもこれらの権限が及ぶように手当された。

第8 更生特例法

今後、外国銀行支店に係る外国銀行や銀行持株会社等についても、国内の銀行と同様、監督庁による倒産手続開始の申立てや倒産手続に係る保全処分等の申立てを行うことが可能となるよう更生特例法等で手当がなされた。

□ 第2節　平成29年の銀行法改正（金融グループの経営管理、仮想通貨制度の創設）

　情報通信技術の進展等の環境変化に対応するため、大規模な銀行法改正が行われた。

　平成26年9月、麻生金融担当大臣より金融審議会に対し、「決済サービスの高度化に対する要請の高まり等をふまえ、決済および関連する金融業務のあり方並びにそれらを支える基盤整備のあり方等について多角的に検討されたい」旨の諮問がなされ、また平成27年3月には、同大臣より「金融グループの業務の多様化・国際化の進展等の環境変化を踏まえ、金融グループをめぐる制度のあり方等について検討されたい」との諮問がなされた。これらを受けて金融審議会で審議が行われ、前者・後者ともに平成27年12月に最終報告書が取りまとめられた。

　そして同報告書提言のうち法律上の手当が必要なものについて「情報通信技術の進展等の環境変化に対応するための銀行法等の一部を改正する法律案」が取りまとめられ平成28年3月4日に閣議決定され、同日国会に提出され、同5月25日に国会で可決成立し、6月3日に公布され、平成29年4月1日に施行された。

第1　金融グループの経営管理の充実

1　金融グループとしての経営管理を十分に実効あるものとするため、銀行持株会社が果たすべき機能を明確化し、経営管理として以下が義務づけられた。

① 　グループの経営の基本方針その他これに準ずる方針として、内閣府令で定めるものの策定およびその適正な実施の確保を図る。内閣府令では、(イ)銀行グループの収支、資本の配分、自己資本の充実、その他のリスク管理に係る方針、(ロ)災害等の発生時における、銀行グループの危機管理に係る体制の整備に係る方針、が定められた。

② 　グループ内の会社相互の利益相反の調整

③ 　グループの法令遵守体制の整備

序章　銀行法の沿革　47

④　その他、グループの業務の健全かつ適切な運営の確保に資するものとして内閣府令では銀行グループの再建計画、が定められた。

なお、銀行グループにおいて銀行持株会社が存在しない場合にはグループ頂点の銀行が上記の機能を果たすことが法律上義務づけられた。

2　第2に、金融グループ内の**共通・重複業務**（システム管理業務、資産運用業務等）の集約を図ることが可能になった。

①　システム管理業務や資産運用業務などのグループ内の共通・重複業務について、銀行持株会社が行うことが認可を前提に可能となった。

②　共通・重複業務をグループ内子会社に集約する際、各子銀行の委託先管理業務は銀行持株会社に一元化することが可能となった。

共通・重複業務の具体的内容として、(イ)コールセンター業務、(ロ)事務に係る計算、文書の作成・保管・発送等のバックオフィス業務、(ハ)商品開発業務、(ニ)福利厚生に関する事務、(ホ)融資審査業務、などが規定された。

3　第3に、グループ内の**資金融通の容易化**が図られた。

同一銀行持株会社グループ内の銀行間取引について、銀行の経営の健全性を損なうおそれがない等の要件を満たすとして当局の承認を受けた場合には、アームズ・レングス・ルールに基づく利率とは異なる社内レートの使用が容認されることとなった。

4　以上に関連して、第1に、金融関連IT企業への**出資の柔軟化**が図られた。

「銀行業の高度化・利用者利便の向上に資する業務又は資すると見込まれる業務」を営む会社に対して、銀行または銀行持株会社が当局の認可を得て出資することが可能となった。

第2に、決済関連事務等の受託の容易化が図られた。

システム管理などの業務の受託を容易にするため、従属業務を営む会社に求められる銀行グループまたは銀行持株会社グループへの**収入依存度**の要件について、告示において、50％以下の依存度を定めることを可能にする措置が講じられた。告示では、既存の従属業務のうち、ATM保守点検業務、他の事業者の事務に係る計算を行う業務、システム・プログラムの設計・保守等業務などの業務が収入依存度緩和の対象になる。上記各業務に係る緩和後

の収入依存度の数値については「100分の40」となる（収入依存度告示）。

　第3に、**キャッシュアウトサービス**（顧客はデビットカードを活用して小売店のレジ等で現金を受け取ることが可能）がATM等の外部委託の規定に追加された。

　第4として、異なる記録機関間での**電子記録債権の移動**が可能となった。

第2　仮想通貨制度の創設

　銀行法改正事項ではないが、資金決済法において、仮想通貨に係る法制度が創設されることとなった。

①　法律では、仮想通貨を次のように定義している（資金決済法第2条第5項）。

　　第1号　物品を購入し、若しくは借り受け、又は役務の提供を受ける場合に、これらの代価の弁済のために不特定の者に対して使用することができ、かつ、不特定の者を相手方として購入及び売却を行うことができる財産的価値（電子機器その他の物に電子的方法により記録されているものに限り、本邦通貨及び外国通貨並びに通貨建資産を除く。次号において同じ。）であって、電子情報処理組織を用いて移転することができるもの

　　第2号　不特定の者を相手方として前号に掲げるものと相互に交換を行うことができる財産的価値であって、電子情報処理組織を用いて移転することができるもの

②　仮想通貨と法定通貨の交換業者について登録制が導入された。

③　利用者の信頼確保のため、利用者に対する情報提供、システムの安全管理、利用者が預託した金銭・仮想通貨の分別管理、財産的基礎に係るルール、分別管理および財務諸表についての外部監査、当局による報告徴求・検査・業務改善命令、自主規制など、各種のルールが整備された。

④　仮想通貨に係るマネー・ローンダリング、テロ資金供与対策として、口座開設時における本人確認等の義務づけ、本人確認記録、取引記録の作成・保存、疑わしい取引に係る当局への届出などの規定が設けられ

序章　銀行法の沿革　49

た。

□ 第3節　平成30年の銀行法改正（電子決済等代行業者に関する法制度の整備）

　金融機関と金融関連IT企業等との連携・協働を推進するとともに利用者保護を確保するために電子決済等代行業に関し銀行法等の改正が行われ、平成29年6月2日に公布された。施行は平成30年からが予定されている。概要は次のとおりである。

① 　銀行法において、「**電子決済等代行業**」が「**次に掲げる行為のいずれかを行う営業をいう**」と定義された（第2条第17項）。

　第1号　銀行に預金の口座を開設している預金者の委託を受けて、電子情報処理組織を使用する方法により、当該口座に係る資金を移動させる為替取引を行うとの当該銀行に対する指図の伝達を受け、これを当該銀行に対して伝達すること

　第2号　銀行に預金又は定期積金等の口座を開設している預金者等の委託を受けて、電子情報処理組織を使用する方法により、当該銀行から当該口座に係る情報を取得し、これを当該預金者等に提供すること

　　一般に、前者は、銀行の口座情報の情報更新を伴い、「更新系API」といわれ、後者は口座情報等の取得のみを行う「参照系API」と呼ばれている。

② 　電子決済等代行業は登録を受けた者でなければ行ってはならないとされた。

③ 　電子決済等代行業者は、利用者に対する説明や利用者に関する情報の適正な取扱いおよび安全管理など利用者の保護を図り、業務の健全かつ適切な運営を確保するために必要な措置を講じなければならない。

④ 　電子決済等代行業者は、利用者に損害が生じた場合における賠償責任の分担に関する事項および業務に関して取得した利用者に関する情報の適正な取扱いおよび安全管理のために行う措置等を定めて公表し、当該契約に従って電子決済等代行業を行わなければならない。

⑤　銀行は、オープン・イノベーションの推進に係る措置として、電子決済等代行業者との契約の締結に係る基準を作成・公表し、その基準を満たす電子決済等代行業者に対し不当に差別的な取扱いを行ってはならない。

⑥　電子決済等代行業者に関し、帳簿書類および報告書の作成、報告または資料の提出命令、立入検査、業務改善命令、登録の取消し等の監督規定が設けられた。

第1章

銀行法の目的（銀行法第1条）

□ 第1節　公 共 性

1　銀行法は自らの基本理念を明らかにし、銀行行政および銀行経営の指針とするため第1章に目的規定を置いている。すなわち、

　この法律は、銀行の業務の公共性にかんがみ、信用を維持し、預金者等の保護を確保するとともに金融の円滑を図るため、銀行の業務の健全かつ適切な運営を期し、もつて国民経済の健全な発展に資することを目的とする。

（銀行法第1条第1項）

　一定条文数以上の規模にわたる法律の場合には、例外なく目的規定を設けている最近の立法例に従い、目的規定が置かれたものである。

　わが国の経済社会では家計、企業など、各経済主体は各人の自由な意思に従って契約をなすとともに個々の法律関係を形成している。こうした考え方は、一般に**契約自由の原則**といわれている。銀行も経済主体の一つである以上、諸々の活動には、当然に契約自由の原則が妥当する。各経済主体は、この契約自由の原則のもとで、互いに競争を行い、他との厳しい競合いを通じて、たえず経済合理性を追求し、効率的な経済社会秩序を形成している。

　しかし、他方、自由に伴う問題もまたきわめて多い。契約自由の原則ないし私的自治の原則のもとに、国家ないし政府が各経済主体の経済活動を放任する場合には、状況によっては無秩序が引き起こす混乱を生ずる。公正さが踏みにじられ、不正が行われる。また、独占、寡占を踏台にして、利用者のニーズがないがしろにされ、他の競争者の経済的自由が圧殺される。各経済

主体の私的自治ないし契約自由の原則そのものを揺るがす結果を招くことになる。利用者、特に零細な消費者の利益が損なわれていく。

このような場合には、政府が人々の立場を代表して一人ひとりの国民の真の経済的自由を確保するために、各経済主体の活動に制限を加えるなど公的な干渉を行う必要性が生ずる。その際、国が介入するのは必要不可欠な範囲に限られるのは当然である。そして、介入の基本的理念は、一般には「**公共の福祉**」という言葉で表現されるが、金融法の分野では特に「**公共性**」という概念がこれに該当する。

金融取引・金融活動は、国民経済および国民生活のなかで重要な部分を受け持っている。正常な金融なくして正常な経済活動はありえない。政府が法律のもとで、銀行をはじめとする金融機関の自由な活動に対し公的に介入することが容認され、支持されるのは、公共性のゆえである。こうした事情は歴史的にみても各国別にみても同じである。

2　一般に、銀行が公共性をもつといわれるゆえんは、第1に、銀行業務が複数の、かつ膨大な信用組織で結ばれているため、そのどこかで破綻が起きると連鎖反応により影響が広範に及ぶという点で、その制度ならびに業務運営の適否は、一国の信用秩序の維持、ひいては一国の経済運営に重大な影響があることがあげられる。第2に、銀行の主たる債権者が預金者、つまり一般公衆である点である。銀行は一般企業の債権者とは本質的に異なる債権者群を有していることになる。預金者の利益を法的に保護していくことは、突き詰めていえば国民の預金という形態での個々の財産ないし資産形成に関し、当該財産の預り主である銀行のまったくの自由意思に委ねることはせず、法律のもとで、政府が最小限度必要な監視・介入を行っていくという意味である。第3に、銀行の資金供給面における機能が一国の経済活動全体にとって大きな意義を有している。銀行は国民が汗して蓄積した資産である預金の集積を、国民経済の発展に資するように融資していくという機能を有している。銀行の資金供給の仕方いかんによって、経済社会は大きな影響を受ける。そこに公共性の要素があることは否定できないところである。

以上の3点に集約される。

銀行法は第1条で銀行業務の公共性からみて、その追求すべき目的とし

第1章　銀行法の目的（銀行法第1条）　53

て、信用の維持、預金者の保護、金融の円滑、の３点をあげている。これらは互いに重なり合う部分をもつ。全条文のよって立つ基盤がこの三つの理念にあることはいうまでもない。

□ 第2節　信用の維持

１　現代の経済社会は一言でいえば信用社会である。企業と企業との取引はもとより、企業と家計、企業と政府、家計と家計、といった取引はすべて信用を媒介にして成り立っている。このような信用社会を支えているのが銀行等の金融機関である。信用の根本は、「預けた金、貸し付けた金は必ず返済される。また、返済されなければならない」という確信ないし信頼そのものにほかならない。これが信用という言葉の源である。

　銀行法の法理は法の運用・解釈等にあたり、常に「**信用**」ないし「信頼」の原点に立ち返ることを求めている。一般の人々の間で金融機関に対し「信頼するに足る」ないし「信頼できる」という感覚が常に培われている状態でなければならない。信頼が揺らぎ始めると、それは波及し信用不安を生ずる。極（きわ）まれば、金融恐慌にまで行き着く。人々がある銀行を信頼しなくなれば、預金をその銀行から引き出し、他の銀行ないし自分の手元に置こうとする行動が一斉に起こる。いわゆる「**取付け**」である。これに対抗するためにその銀行は休業を余儀なくされ、預金の支払停止の手段に出る。当該銀行への出・入金の流れは一気に細くなる。そして銀行倒産、さらにはその銀行に与信を行った他の銀行の倒産という連鎖反応の悪循環の輪が回り始める。

　ここまでくると混乱は金融分野にとどめることができなくなり、経済各分野、ひいては一国の経済全体が麻痺状態に陥る。信頼の欠如は各経済主体にとって経済活動を手控える方向へと働き、経済活動全体は一気に縮小に向かう。経済活動の停滞は失業の増大を招き、個々の人々は生活水準の大幅な切下げを迫られ、恐慌というきわめて深刻な社会問題に発展する。人間生活にとって、これ以上の悲劇はない。

　一度失われた信用は容易には回復しない。信用を築くには数十年の歳月を

要するが、信用を失うには大した月日はかからない。1929年の世界恐慌、昭和2年のわが国の**金融恐慌**などはその顕著な例である。いずれの場合にも金融機関に対する信頼の低下、銀行への取付け、銀行の大量倒産、信用秩序の破綻、経済活動の停滞、大規模な失業という展開がみられた。

2　金融は日々生き物の血液のように機能し、その過程で各種の金融リスクは恒常的に発生する。信用秩序が破綻する芽はいつでも随所にあるわけである。それは人々の噂や心理的要因によっても顕在化しかねない微妙なものである。また、金融倒産は連鎖反応的に生じ、瞬く間に経済全体を席巻する性質のものであるので、混乱が生じたあとに司法的な手段をもって受動的に救済を図ろうとしても多くはあまり実効性をもたないか、ないしは、まったく手遅れである。状況によっては、1日はおろか1時間の猶予すら許されないことがあるわけである。仮に今後大規模な金融恐慌が起こった場合に、これを「想定外」として片づけることは許されないであろう。有事には万人が過度ともいえるほど意識するものであるが、平時には忘れがちである。また煩わしくさえある。そこで政府に対し地味ながら常時信用秩序の維持に万全の配慮を払うことが要請されることとなる。

□第3節　預金者の保護

1　日々の活動のなかで一般の人々は所得を得、消費をなし、余分な資金が生じればこれを金融資産として運用する。金融資産の重要な部門をなすのが金融機関への預け金である預金である。銀行等の金融機関が預金を貸付により運用したところ、貸付先が倒産し銀行が貸付元本を回収できないこととなれば、預金の満期日になっても預金者に元利金を返済するための原資がその限りで存在しないという事態になる。貸倒れの件数・金額が大規模化すれば、銀行の返済能力に赤信号がともる。他方、国民にとっては預けた資金元本が利子とともに確実に戻ってくることはぜひとも必要である。預金者は銀行の債権者であるが、一般の債権者と異なって不特定多数であり、かつ相互に横の連絡も結合もない。一般公衆が安心して資金を預けられる制度なり環境なりを整備することが肝要である。

第1章　銀行法の目的（銀行法第1条）　55

国民生活安定のために、また、産業資金等の原資を確保するために、預金者を保護する国家的枠組みをつくる必要性は目下のところ大きいといわなければならない。銀行法は銀行の経営基盤を確立し、銀行の資産内容の健全性を確保し、銀行の健全経営を通じて預金者保護を図るという立法目的に基づいて制定されている。

2　また、銀行業務は、誠に広い範囲の顧客、つまり家計部門、法人部門全体、いわば国民全体によって支えられている。国民一般への責務を果たすことが銀行の公共性のなかでも最も重要な点である。銀行は国民一般に広く利用されている機関であり、客観的には私企業の立場を超えて社会的役割を果たす存在である。銀行がこのような機能を果たすのであれば、預金者の利益保護について国家ないし政府に期待するところは大きいということになる。

□ 第4節　金融の円滑

1　家計、企業、政府、外国部門といった個々の経済主体は資金調達を自己の内部で行うことができる。たとえば、家計は過去に蓄積した預金を取り崩して消費財の購入に充てられるし、企業は内部留保を取り崩して設備投資に充当することができる。これらを自己金融という。しかし、自前の資金力である自己金融だけですべてをまかなうことは到底できない。不足する部分は外部の資金に頼らざるをえない。外部金融の例としては、自己資本として一般の株主から調達する出資の部分と、企業が資本市場から調達する社債発行などがある。他から信用を受ける借入れや企業間の信用である買掛金などもある。外部金融は、資金余剰者である貯蓄主体から資金需要者である支出主体に対して直接行うことも可能である。

2　支出主体が貯蓄主体の貯蓄を吸収し、活用するためには、資金の需要者と供給者とを結びつけ資金の需給ないし貸借を調整する場と、その機能を担う機関の存在が不可欠である。資金の調達手段は二つある。一つは、株式や社債のかたちで資本市場から調達するやり方である。他の一つは、銀行等の金融機関が資金の供給者から銀行の名において資金を受け入れ、それを需要者の望むかたちに転換して融資するものである。金融市場における金融機関

は、一方で資金の需要者に対して貸付を行い、または、手形を割り引き、あるいは、株式や社債を購入し、他方ではそのための資金を資金余剰者ないし供給者から、預金などのかたちで調達することになる。日々の経済取引は今日、複雑・多岐にわたっている。

　これは各経済主体だけの自然な諸活動の流れのなかで成し遂げられているわけではない。そこでは各経済主体の金融活動を仲介する信用組織が大きな役割を果たしているのである。金融は、生き物の血液のように有機的かつ円滑に機能している。銀行は与信、受信、為替、手形交換などを通じて信用組織の中核をなしている。銀行法は銀行が資金仲介機能を通じて各経済主体の間に立って、「金融の円滑」に資する法的枠組みを提供しているのである。

□ 第5節　銀行経営の健全性

1　銀行法の論理は、銀行の公共性に照らして、信用の維持、預金者の保護、金融の円滑、の三つの理念ないし目的を実現していくために銀行の業務の健全かつ適切な運営を期している。そして、銀行経営の健全性は現行法のこれら三大目的を支える具体的な政策課題なのである。そこで、銀行経営の健全性とは何なのかを述べておきたい。

　銀行にとって一般公衆から預金その他のかたちで受け入れた資金を安全・確実に運用することは最も重要な責務である。一般公衆の資金の保管・運用の役割を担う。それだけに銀行の経営が破綻すれば、一般公衆の生活は直ちに支障をきたすことになる。これまで再三述べてきたとおり、銀行の利用者は裾野が広いだけに、それは国民経済全体に大きな影響を与える。

　銀行経営の健全性とは、預金者への責務が十分に果たせるように銀行経営者が将来の諸々の事態、特に楽観を許さないような事態を想定し、事前に資産上の備えをするなど、万全の態勢を敷くことを要請する理念である。銀行が自らの経営の健全性を維持すべきだとする要請は、古今東西を問わず金融制度の根幹をなす課題であった。そして、経済構造が急激に変化しつつある今日、この課題のもつ重要性は大きくなりこそすれ小さくなることはない。また、金融自由化等に伴い、金融機関間において競争の度合いが増すほどに

第1章　銀行法の目的（銀行法第1条）　57

各銀行は経営基盤を強化し、経営の健全性を確保することが不可欠な視点となる。

2 　銀行法は二つの側面から銀行経営の健全性を要請している。第1は、政府が個々の銀行の組織、経営のあり方に対して制度上いくつかの分野で規制を課していく。営業免許制度、自己資本充実の要請、銀行業務の範囲の明確化、役員の兼業制限などがこれに当たる。第2は、行政当局による銀行に対する日常の監督である。

　国民経済が順調に発展し国民生活が向上するためには、経済活動および国民生活に必要な資金が円滑に融通され循環する仕組みが整備されなければならない。こうした要請を表現するために、銀行法第1条第1項はこの項の締めくくりとして「もつて国民経済の健全な発展に資することを目的とする」という言葉で結ばれている。

□第6節　銀行の私企業性

1　この法律の運用に当たつては、銀行の業務の運営についての自主的な努力を尊重するよう配慮しなければならない。

(銀行法第1条第2項)

　銀行法第1条第2項は同条第1項の銀行業務の公共性を受けつつも、法律の適用にあたっては銀行業務の運営についての自主的な努力を尊重するよう配慮しなければならないと謳っている。この条文は短いものの、きわめて重要な意義をもつ。ある意味で銀行法運用の神髄をなす。

2 　銀行は株式会社組織であり、私企業として経営されている。銀行経営者として利潤をあげることは株主等から銀行経営者に対してなされる至上命令である。自由経済は各人の自由な経済活動を前提にしている。銀行も例外ではない。創意工夫を発揮し、自由に競争を行い競争の成果を自らのものとする。その結果、損失が生じてもそれは当該銀行の**経営者の自己責任**である。銀行は既述のとおり高度の公共性を有しているが、半面、資本主義経済の中枢として自由な営業活動を十分に具現していかなければならない立場にあるわけである。

3　銀行が私企業である以上、銀行の行動原理が**私企業性**に基づくこともまた当然の理といわなければならない。一般企業が生産性の向上に努めるのと同様に、銀行が競争を通じて能率の向上を図るのは当然のことである。銀行法第1条第2項は、政府に対して、銀行が業務運営にあたって自主的努力が行えるよう常に配慮することを要請し、その趣旨を確認的に宣言したものである。

4　以上の点から、銀行法の目的規定は、まず第1項で銀行の公共性を述べ、営業免許をはじめとする法律上の諸規制が信用の維持、預金者の保護、および金融の円滑を具体的な指導原理とする銀行の公共性に由来するものであることを明らかにし、次に第2項で、法律の運用にあたっては、政府は銀行の自主的努力を尊重すべきことを宣言し、銀行の公共性と私企業性との調和を図ることを目指している。銀行法の運用にあたって、銀行行政に高度の技術性と時代の流れの行く末を見通す先見性が要請されるのは、まさに一見矛盾する二つの要請、すなわち公共性と私企業性とをいかに調整し、**止揚（アウフヘーベン）** していくかが常に問われているからにほかならない。

第2章

銀行および銀行業の定義
（銀行法第2条、第3条）

□ 第1節 「銀行」の定義

1　銀行法は基本的には、銀行に対する監督・取締法規である。そこで、まず、この法律のなかで監督・取締りの対象とされる「銀行」の概念を明確にしておく必要がある。

　銀行法上の「銀行」とはどういうものであろうか。それを検討する際に、まず、銀行の法律上の概念を吟味しなければならない。次に、経済機能ないし実態面からみた銀行の概念が問題になる。さらには、銀行法上の銀行とその機能が類似している他の金融機関との異同が検討されなければならない。

　銀行法はその第2条において、

この法律において「銀行」とは、第4条第1項の内閣総理大臣の免許を受けて銀行業を営む者をいう。

（銀行法第2条第1項）

と規定している。

2　つまり、この法律において「**銀行**」とは銀行業を営む者なのであるが、それだけでは足らずに内閣総理大臣の免許を受けていることが、「銀行」であることの要件をなしている。

　このように、銀行の定義はあくまでも形式的に、ないし外観上紛れのないかたちで明確に規定されていることになる。

3　なお、銀行法は各条文で「内閣総理大臣の免許を受け」とか、「内閣総理大臣は……しなければならない」「内閣総理大臣は……することができる」

60

との規定の仕方をしている。行政側の執行責任者を内閣総理大臣としており、金融担当大臣とはしていない。これはなぜなのだろうか。銀行法第2条において「**内閣総理大臣**」という語句が初めて現れるこの章において説明をしておきたい。

　銀行法を執行する政府組織は当然のことながら金融庁である。金融庁は内閣府の一部である外局として設置されており（金融庁設置法第2条）、組織としては内閣府に属する。内閣のなかで内閣府を統括する大臣が内閣総理大臣である。内閣総理大臣は内閣全体を統べるが、個別の任務として内閣の一組織である内閣府を担当している。

4　内閣総理大臣は、内閣府に内閣総理大臣を助け、命を受けて一定の事務を掌理する特命担当大臣を置くことができる（内閣府設置法第9条）。そして、内閣府設置法第11条は、「第4条第1項第26号に掲げる事務（「金融の円滑化を図るための環境の総合的な整備に関する事項」）、同条第2項に規定する事務（金融庁設置法第4条第2項の規定により金融庁の所掌に属するものに限る。）及び第4条第3項第60号（「金融庁設置法第4条第1項に規定する事務（注：金融庁のすべての所管事務）」）に掲げる事務については、第9条第1項の規定により特命担当大臣を置き、当該事務を掌理させるものとする」と規定している。この内閣府設置法第11条によって内閣総理大臣から任命された**金融担当大臣**が金融庁の所管事務（内閣府設置法第4条第3項第60号「金融庁設置法第4条第1項に規定する事務」）を掌理することになる。金融担当大臣は当該事務を掌理するので、金融庁長官以下金融庁の組織は金融担当大臣の指揮命令下にある。

5　つまり、銀行法の形式的な名宛人は内閣総理大臣であるが、実際には金融担当大臣が金融庁の事務を遂行する、という法律構造になっている。したがって、銀行法の各条文において「内閣総理大臣は」となっている部分は、内閣に金融担当大臣が置かれている限り実質的には「金融担当大臣は」と解することができる。

第2章　銀行および銀行業の定義（銀行法第2条、第3条）

□第2節 「銀行業」の定義

1 形式的な「銀行」の法律上の定義が以上のようなものであるとして、それでは、「銀行」が行う業務である「銀行業」の定義はどうだろうか。これは、銀行の実質的中身をどうとらえるかの問題である。銀行法第2条第2項は「銀行業」を，次のように定義している。

　この法律において「銀行業」とは、次に掲げる行為のいずれかを行う営業をいう。
（1）　預金又は定期積金の受入れと資金の貸付け又は手形の割引とを併せ行うこと。
（2）　為替取引を行うこと。

(銀行法第2条第2項)

2 銀行業の定義は、銀行に係る営業免許の前提となる概念であり、銀行法上の諸規定の中核をなす重要なものである。上記の条文を言い換えると、**「銀行業」とは、**
　　①　預金または定期積金（以下、預金等という）の受入れと資金の貸付および手形の割引とを併せ行うことを営業とするもの
　　②　預金等の受入れと資金の貸付とを併せ行うことを営業とするもの
　　③　預金等の受入れと手形の割引とを併せ行うことを営業とするもの
　　④　為替取引をなすことを営業とするもの
のいずれかに該当するもの、ということになる。

　銀行および銀行業の定義は、あくまでも銀行法の目的に照らして定められるべきものであり、経済上の概念ないし社会通念に必ずしも一致しなければならないものではない。

3 法律のうえでの定義はともかくとして、銀行ないし銀行業の経済上の概念としては「経済社会における資金の転換を媒介するために、資金の需要者と供給者との間に立ち、自己の計算において、広く両者と取引をなすことを業とするものであり、特に、信用を受ける業務である受信業務と信用を与える業務である与信業務との双方を併せなすことをその本質的特徴とする」（高橋俊英編『金融関係法Ⅱ』日本評論社）との考え方が代表的である。

4 銀行ないし銀行業の経済的概念がそのようなものであるとすれば、銀行法上の銀行業の概念はこれと大差はない。したがって、銀行法第2条第1項で定められた業務の内容は経済的にみても銀行業の本質的機能にほかならない。

法律上の銀行業の定義が経済上の銀行業の本質的機能、すなわち信用媒介という点に着目して定められたのは銀行がそのような機能を担っているがゆえに高度の公共的性格をもつものであり、したがって法規制を課し、これを取り締まる意義があると考えられたためである。

5 本条に「預金の受入れ」とあるが、これは金銭の消費寄託を受けることであり、いわゆる受信業務である。他方、資金の貸付は金銭の消費貸借であり、また、手形の割引は満期前の手形の買入れであって、両者はいわゆる与信業務を構成している。「銀行業」であるためには受信業務と与信業務とをあわせて営むことが必要である。経済社会において金銭の流通を媒介するという銀行業の経済的機能を法的に確認したものと考えられる。

6 「**併せ行う**」とある。これは預金等の受入れと資金の貸付または手形の割引とを双方とも行う、つまり、受信、与信の両業務をともに行うことを指す。「併せ行う」ことが銀行業の一つの理念ないし定型をなしている。したがって、貸付また手形の割引を行いながら預金等の受入れを行わないときは銀行法にいう銀行業ではない。質屋営業法における質屋などは、このような例に該当する。また、借入金を資金源として資金の貸付また手形の割引をする者も銀行法にいう銀行業ではない。短資会社、割賦販売金融会社などがこれに当たる。これらは、銀行法の適用はないが「出資の受入れ、預り金及び金利等の取締りに関する法律」（昭和29年6月法律第195号）により、金銭の貸借の媒介を行う者、金銭の貸付を行う者となり、貸金業者として規制・監督を受けている。これらの者が不特定多数の者から預り金等の名目で預金等と紛らわしい金銭を受け入れることは、「出資の受入れ、預り金及び金利等の取締りに関する法律」により禁止されている。

7 銀行業としての要件をなす業務は銀行業を行うことを目的としていることを意味しているにとどまり、その業務が現実に行われているか否かを問うものではない。銀行を設立した場合、たとえば、ある段階までは預金の受入

れのみでいまだに貸付を実行していなくても、それはやはり銀行業に該当する。また、営業上、与信業務にかなり偏った業務展開を行うなど、受信業務と与信業務の間に分量上の差異が存していても「銀行業」であることに支障をきたすことはない。

8　銀行法第2条は銀行業として必要最小限の業務範囲を示したのであって、銀行が営むことができる業務の限界ないし範囲を規定したものではない。銀行は銀行法第10条の制限の範囲内において、保護預り、金銭の出納事務など「銀行業」そのものではないが銀行業に付随する多くの業務を営むことができる。他方、保護預り等の業種は、銀行業そのものではないので、これらのみをいかに大規模に営んでも銀行業とはならない。

9　銀行法第2条第2項第2号は、為替取引のみを行う者も銀行業であると規定している。為替取引とは隔地者間において、つまり、場所を隔てている者同士の間において、直接に現金の送金をなすことなく、資金授受の目的を達成すること、と解されてきた。

　為替取引には内国為替と外国為替の両方が含まれる。外国為替業務については「外国為替及び外国貿易法」（昭和24年12月法律第228号）により特別の制限が課されており、一部の取引または行為は、財務大臣の許可または承認を受けなければ行うことができない。

10　本法により規制される銀行の各業務はあくまでも営業として組織化された行為である。そこで「営業」とは何かが問題になる。

　一般に**営業**とは営利の目的をもって同種の行為を組織的・集団的に反復継続して行うことをいう。そのうえ、行為の相手方は具体的に特定の者ではなく不特定多数でなければならない。また、行為の内容は概して定型的である。「**営利の目的**」というのは、資本的計算方法のもとにおいて、利益を得ることを目的とすることである。あくまでも目的とするにとどまり、現実にその目的が実現したかどうか、あるいはその利益の処分方法のいかんを問うものではない。また、反復継続して受信、与信行為双方を行っても、営利目的を欠いていれば「銀行業」ではない。

□第3節 「みなし銀行業」（銀行法第3条）

1 預金又は定期積金等の受入れ（前条第2項第1号に掲げる行為に該当するものを除く。）を行う営業は、銀行業とみなして、この法律（銀行法）を適用する。

（銀行法第3条）

　既述のとおり、銀行法は銀行業の定義を経済的機能に立脚して定めている。すなわち、受信、与信の両業務を併せ行い、資金の仲介機能を果たす営業が銀行業である。言葉を換えて言い直すと、預金等を受け入れ、これらの資金を、たとえば有価証券投資のみに振り向けるものの、資金の貸付や手形の割引に使用しない営業は、銀行業の本来の定義に合致せず「銀行業」とはならないことになる。しかし、そのような営業自体は理念的にはありうるものであり、営業の仕方が健全であればこれを禁止する必要性は特に見当たらない。

2　逆に、仮に預金等を受け入れておいて、それを有価証券投資やその他の事業に使用する場合に銀行法の適用がないものとすると、法律の適用範囲に空白分野が生じ、銀行法の目的とする預金者保護という公共目的が確保されなくなるおそれが出てくる。そこで、銀行法はこのような営業は銀行業そのものではないものの銀行法の営業免許の対象とすることとし、銀行法の規制を及ぼしていくほうが適当であると考え、「**みなし銀行業**」の規定を定めたものである。

3　ここで「銀行業とみなす」とは、銀行法上の銀行業ではないが銀行法の適用について銀行法上の銀行とまったく同じ監督・取締りを受けるという意味である。

4　業として預り金をするにつき他の法律に特別の規定のある者を除く外、何人も業として預り金をしてはならない。

2　前項の「預り金」とは、不特定かつ多数の者からの金銭の受入れであつて、次に掲げるものをいう。

（1）　預金、貯金又は定期積金の受入れ

（2）　社債、借入金その他いかなる名義をもつてするかを問わず、前号に掲

げるものと同様の経済的性質を有するもの

(「出資の受入れ、預り金及び金利等の取締りに関する法律」第2条)

　受信業務のみを行う営業については「出資の受入れ、預り金及び金利等の取締りに関する法律」(昭和29年6月法律第195号)(**出資法**)第2条により、『他の法律に特別の規定のあるものを除き、何人も業として預り金をしてはならない』旨が定められている。銀行法第3条の規定により、これらは銀行業とみなされることになる。そして、銀行法第4条に基づき、銀行業は内閣総理大臣の免許を受けなければ営むことができない。出資法と銀行法との整合性が図られているわけである。

5　注意しなければならないのは、出資法第2条では「**業として**」という表現が使われ、一方、銀行法では「営業」という表現が使われている点である。二つの法律用語の間で対象範囲は異なるのだろうか。結論からいえば「業として」のほうが営業よりも広い概念をなしている。「業として」という意味は、反復、継続してある種の行為を行い、そのことがその者の社会的地位を形成していることをいう。社会的地位の形成とは砕いていえば、「あの人はああいうことをしているな」という外形を社会のなかにつくりあげているということである。そこでは営利目的は必ずしも必須の要件ではない。利潤を得ることが目的でなくともよいわけである。実態的には銀行法でいう営業をその中心概念に含むことはいうまでもないが、営利目的がない場合でも反復継続して行う預り金の受入れについて社会的地位を形成している場合は、「業として預り金をなす」に該当するというのが従来からの通説である。

　しかも出資法の場合は、取締りの方法として銀行法のように銀行業として取り締まるのではなく、「何人も業として預り金をしてはならない」と規定し、行為そのものを一般的に禁止することとしている。これは銀行法が業法の性質をもつのに対し出資法のほうは行為規制を内容として社会秩序を維持し、経済犯罪の防止に重点を置く、いわゆる行為法としての法律であり、禁止するべき対象をできるだけ広くとることにより、取締りの実をあげようとする意図があるからにほかならない。

　なお、これに関連して「**事業**」という言葉が銀行法にも会社法にも頻繁に出てくる(たとえば、銀行法第17条以下の経理規定、第30条以下の合併、事業譲

渡規定など）。「営業」が営利の目的をもって同種の行為を反復継続して行うことに対して、「事業」とは一般に営利の目的をもってなされるかどうかを問わないものであり、営業を含むより広い概念としてとらえられている。

□第4節　概　　括

1　以上の考察からまとめると、銀行業周辺領域は次のように整理される。

　第1に、資金の貸付または手形の割引のみを営業とし預金等の受入れを伴わないものは、銀行法上の銀行業ではない。貸金業者や質屋などがこれに該当する。

　第2に、預金等の受入れを行い、かつ、その運用として資金の貸付または手形の割引は行わず、有価証券投資や直接自らの事業投資に充てるものは「併せ行う」ものではないので同じく銀行法上の銀行業ではないが、預金者を保護する必要性から銀行法上の「銀行業とみなして」銀行法が適用される。いわゆる「みなし銀行業」である。

2　次に、信用金庫、信用組合など銀行法以外の法令に根拠を有する金融機関で、銀行法第2条所定の業務、すなわち銀行業を行う者との関係を法律上どのように位置づけるべきだろうか。信用金庫、信用組合、農林中央金庫、商工中央金庫、農業協同組合、漁業協同組合などは銀行法第2条の法理からすればすべて銀行法上の銀行業を営んでいる。しかし、銀行法において「銀行業」の定義は機能面に着目して規定されている一方、「銀行」の定義については銀行の営業免許を受けた者という形式的な規定の仕方をしている。そして、信用金庫等の金融機関については、それぞれ特別の法律が制定され、これらの金融機関は独自の目的をもち、その目的に適合した規制を受けている。したがって、銀行法はいわゆる普通銀行として類型化されたもの、すなわち、現在では都市銀行、地方銀行、第2地方銀行協会加盟銀行に対するものであり、形式的には銀行法の免許を受けた者のみを対象としている。それ以外の金融機関は，たとえ銀行法第2条に規定する銀行業を営んでいるとしても銀行法の適用を受けない。それは、それぞれの特別の法令が規制しているのである。

第2章　銀行および銀行業の定義（銀行法第2条、第3条）　67

しかし、これらの特別な金融機関法令において銀行法を準用している条文が数多く見受けられる。このことは銀行法が民間金融機関法令の基礎をなす法律であり、基本法の性格を多分にもつ法律であることを示している。

3　信託銀行は、銀行法上の銀行（普通銀行）だが、「金融機関の信託業務の兼営等に関する法律」（昭和18年3月法律第43号）（いわゆる兼営法）に基づいて信託業務を主業として経営している銀行をいう。その法律的性格はあくまでも普通銀行である。普通銀行のなかで信託業務を併せ行っている銀行であり、信託銀行自体が業法により法律的に定義されているものではない。

4　銀行法は、後述するように、銀行等の免許を受けた者でなければ営むことはできない（銀行法第4条第1項）と規定しているので、その脈絡から銀行法第2条で定義する銀行業務は一般的に銀行以外の者がこれを行うことは禁止されている。つまり、銀行であってはじめて行うことができ、銀行以外の者は行えない業務の範囲、つまり銀行の固有の業務を明らかにした規定である。

5　他方、本条（銀行法第2条）は単に銀行しか行えない銀行固有の業務の範囲を定めているものであり、銀行が行うことのできる業務は、本条に規定する業務（固有業務）にとどまらない。それに付加・付随して銀行が行うことのできる業務、いわゆる付随業務が別途銀行法第10条第2項に、証券関連業務が銀行法第11条に、担保付社債信託業務等他の法律により営むことのできる業務が銀行法第12条に、それぞれ列挙されている。

□ 第5節　「銀行とは何か」

1　**金融史**によれば、銀行の始まりは古くは紀元前3000年のメソポタミアあたりにまでさかのぼるという。人類の商業活動が始まるとほぼ同時に銀行の起源になる活動があったというのが定説である。今日の銀行については二つの淵源があるとされている。一つは、15〜16世紀の**北イタリアにおける両替商**などから発展した銀行形態である。いま一つは、17世紀頃のロンドンにおける**金匠（ゴールド・スミス）**たちが、金の地金を顧客から預かり、その返還請求を受けるまで間があることを利用して、それを元手に貸付などの資産

運用を試みたことである。そこには預り金（預金）と貸付を「併せ」営む原型がみられる。

2　現在の銀行はこの二つの流れを引いて今日に至っているわけだが、いずれにしても銀行は人々が扱うマネー（貨幣）の広い意味での仲介を本業としている。マネーは別の言い方をすれば貨幣的「システム」であり、それは**ネットワーク**そのものである。ネットワークというものは単なる「つながり」であり中心点はない。それだけに均衡とか、収斂して解（ないし解決）を見出すという仕組みではない。相互に連関し、つながって延伸していくものである。伝搬性をその特徴としている。それは時として必要以上に拡大する。つながりを旨としているので、収縮への対応は至って苦手である。かつ、信用を根源にした商業活動であるという特殊性を有している。信用は元来主観的なものであり、微妙で壊れやすい。マネーはマネーが先導する資本主義経済はいうに及ばず、あらゆる経済形態の基底をなす存在である。それだけに産業全般ひいては国民経済、国際経済と表裏一体をなす存在である。銀行とは突き詰めていけば、マネーのネットワークそのものと考えることができる。

　今日、国民は銀行に預け金をしている。つまり、銀行は、預金者からの付託を受けて大切な財産を任されるという預金の受け皿機関としての役割を果たし、預金を経由して金融にまつわるシステムないしネットワークの結節点として機能している。

3　銀行法が目指す目的が、第一義的には預金者保護であることは間違いないとしても、最終的には預金を介してできあがっているマネー・ネットワークの保全そのものが最終的な法益である、と考えることができる。預金者保護を果たす過程で、それはネットワークでありシステムであるので、顧客、企業、産業、さらには国家そのものまでも瞬時に巨大な規模で巻き込んでいく。ネットワークは拡大時（良循環）には経済活動の発展を支え、きわめて大きな貢献をするのだが、これがひとたび**逆流**し始めると、ネットワークの特質から収拾が容易につかない状態になるのである。その損失は、たとえば失業の急増など、ヒト・モノ・カネなどの各面で計り知れない負の結果を招くおそれがある。人類はまだ、マネー・ネットワークの逆流の巨大な弊害へ

の決定的な対応策を見出していないようにみえる。

4　マネーには本源的に人間の**欲望動機・拡大動機**が宿っている。これを適正に制御するために、これまで、マネーの専門機関としての銀行制度を社会に根づかせ、「資本主義」、言い換えれば「マネー主義」の多難な時代を乗り越えてきた。マネーのもつ弱さを銀行制度に包み込んで制御するという手法が少なくとも最近までは機能してきた。しかし、注意しなければならないのは、銀行の本質がシステムないしネットワークであるとすると、銀行と非銀行との線引きは当然薄れざるをえない。個々の会社が直接マネー・ネットワークと接点をもつようになり、また、流通業や情報産業などからのマネー・ネットワークへの接近もまた自然なかたちで進んでいる。銀行の外側にある「**ファンド**」などにみられるように、良循環をひたすら念頭に置き、逆流が起きたときへの備えがきわめて貧弱な金融業形態も増えてきた。「銀行法」の「立ち位置」を今後どのように設定していくのか、21世紀の社会はこの問題で悩み抜くことになるだろう。

第3章

営業の免許（銀行法第4条）

1　銀行業は、内閣総理大臣の免許を受けた者でなければ、営むことができない。

（銀行法第4条第1項）

　ひとたび健全でない銀行が設立されたあとに、これを政府が監督し経営を立て直していくことは労のみ多くして成功を期しがたい。国民が負担するコストも多大にのぼる。このため銀行の設立にあたり、行政の手で不健全なものは設立以前の段階で排除し、出発の時から将来の禍根を絶つことが課題になる。一国の経済において、銀行が堅実に経営を行うことは基本的な要件である。設立を放任すれば基礎薄弱な銀行が輩出し、結局はもっぱら暴利を図り、不当な競争、さらには経営破綻を招くのが必然の結果となり、預金者等の利用者が大きな損害を被ることになる。そこで、銀行法は銀行が現実に営業を開始するには内閣総理大臣の免許を要することとしている。

2　免許制をとる具体的論拠としては、第1に、銀行経営の基礎的条件を確保し、信用秩序の維持と預金者保護を図る必要がある。第2に、当該銀行の経営が公共性に反しないように人的構成についてもあらかじめ審査する必要がある。

　銀行濫設の弊害は金融恐慌の歴史を振り返れば明らかであり、その意味からも真に適格な者のみに銀行の営業が許されるべきである。他方、もちろん政府は適格な申請者であればこれを広く受け入れなければならない。

　欧米諸国においても、銀行業の場合は一般の産業とは区別して免許制度ないし認可制がとられている。わが国もこの方針を明らかにしているわけであ

る。

　免許制度の実効性を担保するために罰則規定が設けられており、無免許業者は3年以下の懲役もしくは300万円以下の罰金に処されるかまたは併科される（銀行法第61条）。

3　また、免許の対象となる銀行業はあくまでも受信と与信とを併せ行う業務および為替取引という銀行の固有業務である。

　付随業務（銀行法第10条第2項）、他業証券業務（銀行法第11条）、他業（銀行法第12条）については銀行の営業免許を要しない。

　銀行法第4条の免許は銀行業という営業の免許であって、銀行業を目的とする株式会社の設立免許ではない。また、免許の法律的性格は**行政法学上の「許可」**、すなわち一般的禁止を特定の場合に解除する行政行為である。銀行以外の者が預金等の受入れと資金の貸付とを併せ行うことや、為替業務を行うことは、銀行法や出資法によって禁止されている。現行の営業免許は、これらの禁止行為を解除する行政行為である。

　前述のように、銀行法第3条は預金または定期積金の受入れのみを行う営業も銀行業とみなして銀行法を適用すると規定している。したがって、「みなし銀行業」の営業行為にも銀行法が適用され、銀行法上の免許を受けなければ行うことはできない。

4　ところで、行政法上の許可に近い概念として「公企業の特許」という概念がある。「**公企業の特許**」は、国家が独占する事業ないし公共性のきわめて強い事業を経営する権利を特定の人に付与する行為である。この場合は事業の遂行は権利であるとともに義務でもある。むしろ、義務の観念が強いともいえる。電力事業、ガス事業などがこれに当たる。電力やガスの供給が止まれば国民生活に支障をきたす、というのが電力・ガス事業が「公企業の特許」となっている論拠である。

　銀行法では、銀行業の廃止や解散が内閣総理大臣の認可を要するとされており（銀行法第37条第1項）、また他業の兼営は禁止されている（銀行法第12条）。これらは部分的にせよ銀行業の遂行は義務であるとの考えを有していることを物語っており、その限りでは銀行業の免許は「公企業の特許」という色彩がないとはいえない。しかし、他方、銀行法第1条第2項の目的規定

が銀行の私企業性に着目して銀行経営の自主的努力の尊重を掲げており、第1条第2項のもつ重みを考えると銀行業の営業免許を単なる「許可」と解釈するのは妥当である。

5 本条の免許は銀行業を目的とする株式会社の設立免許ではなく、すでに設立された会社に対して銀行業を適法に営ませる行政行為である。しかし、内閣総理大臣の免許が与えられない場合は、当該会社はその目的である事業の遂行が不可能であるという理由により、そもそも会社設立自体が無意味になる。また、非訟事件手続法（明治31年6月法律第14号）第120条は、許可を必要とする会社の設立登記を申請する場合においては官公庁の許可書またはその認証のある謄本を添付することを要求しており、免許がないときは会社設立の登記ができない。そして、会社は登記が終わらなければ成立しない（会社法第49条）から、銀行法第4条の営業免許は会社設立免許の意味合いを実質的には併せ持つと考えてよい。

□ 第1節　免許の審査基準

1　内閣総理大臣は、銀行業の免許の申請があつたときは、次に掲げる基準に適合するかどうかを審査しなければならない。

（1）　銀行業の免許を申請した者（以下この項において「申請者」という。）が銀行の業務を健全かつ効率的に遂行するに足りる財産的基礎を有し、かつ、申請者の当該業務に係る収支の見込みが良好であること。

（2）　申請者が、その人的構成等に照らして、銀行の業務を的確、公正かつ効率的に遂行することができる知識及び経験を有し、かつ、十分な社会的信用を有する者であること。

（銀行法第4条第2項）

内閣総理大臣が免許を与えるには、当該申請者が一定額以上の資本をもつ株式会社であること（銀行法第5条第1項）、「銀行」という文字を商号において用いること（銀行法第6条第1項）など、法律上の要件を満たす必要があるほか、上記の審査基準に適合しているかどうかを審査しなければならない。免許の審査基準の内容は、免許申請者の財産的基礎および知識・経験・

社会的信用、といった主体的要件である。

2　内閣総理大臣の免許の際における裁量は、本法に明文をもって定めるこれらの基準にのっとるべきことはむろんであるが、法律がよるべき基準を示さなかった点についても、なお本法の趣旨・目的に従うべきである。免許の性格は、法律的に拘束される、いわゆる法規裁量に属するとみられる。すなわち、銀行の営業免許の際における裁量の内容は、銀行の設立がこのような趣旨・目的から導き出される諸原則に適合するか否かを事実に即して認定することである。しかし、その場合でも、審査基準が法定されているものの具体的案件に当てはめる場合は、ある程度、解釈で補わざるをえない。

銀行業の公共的性格、免許の具体的基準の設定の技術的困難性などから推して、法規裁量の範疇のなかでは、行政裁量の余地が比較的大きい性格のものと考えざるをえない。また、内閣総理大臣の免許の具体的基準は、経済状況や時代によって異なるものとならざるをえない。

3　内閣総理大臣は、前2項の規定による審査の基準に照らして公益上必要があると認めるときは、その必要な限度において、第1項の免許に条件を付し、及びこれを変更することができる。

（銀行法第4条第4項）

自由に条件を付することになれば、免許が内閣総理大臣の法規裁量であることに反する可能性が出てくる。そこで、銀行法はこの趣旨から、まったくの白紙委任とすることはせず、審査の基準に照らして公益上必要があると認めるときに限定して条件を付することを認めている。

なお、条件とは行政行為の附款のことであり、行政行為、たとえば免許から通常生じる効果を制限するために表意者が特に付した制限である。具体的には、条件、期限、負担、撤回権の留保、法律効果の一部除外、の5種類がある。

4　銀行法は、免許の失効条件として、「免許を受けた日から6月以内に業務を開始しなかつたとき」（銀行法第41条第4号）をあげている。ただし、やむをえない事由がある場合において、あらかじめ内閣総理大臣の承認を受けたときはその限りでない（同号）。この規定の趣旨は、銀行の公共性からみて免許後6カ月経過しても開業しようとしないような不安定なものは、むし

ろ当初から存立の見込みのないものとして、これを消滅させることを意図したものである。戦前にみられたように、銀行業に関するいわゆる「思惑設立」、つまり十分な成算もないのに思惑だけで銀行の設立を図ることを防止するために規定されている。

□第2節　相互主義の適用

1　外国の法令に準拠して外国において銀行業を営む者（その者と政令で定める特殊の関係のある者を含むものとし、銀行等を除く。以下この項において「外国銀行等」という。）をその株主の全部又は一部とする者が銀行業の免許を申請した場合において、当該外国銀行等が当該免許を申請した者の総株主の議決権に内閣府令で定める率を乗じて得た数を超える議決権を適法に保有しているときは、内閣総理大臣は、前項各号に掲げる基準のほか、当該外国銀行等の主たる営業所が所在する国において、銀行に対し、この法律による取扱いと実質的に同等な取扱いが行われると認められるかどうかの審査をしなければならない。ただし、当該審査が国際約束の誠実な履行を妨げることとなる場合その他の政令で定める場合は、この限りでない。

（銀行法第4条第3項）

　いわゆる**相互主義（レシプロシティ）**の考え方が法律上明示されている。

　経済・金融の国際化のもとで、支店形態または現地法人形態による本邦銀行と外国銀行の相互乗入れが進展している。国境を超えた取引が増えれば相手国に営業の拠点を設けようとするのはごく自然の流れである。銀行の乗入れが相互に行われる両国間で、取扱いに不平等な仕組みが存在するのであれば、両国間の自由な交流に支障をきたすことになる。

　このような弊害を防止するために、わが国に進出しようとする外国銀行の主たる営業所所在地の国において、わが国の銀行に対し、わが国の銀行法上の取扱いと実質的に同等な取扱いが行われているかどうかを審査することとしたものである。

2　相互主義（レシプロシティ）審査は、外国銀行がわが国へ乗り入れるのを封じることによって個々の外国銀行への制裁の効果をねらうものではまっ

第3章　営業の免許（銀行法第4条）　75

たくない。むしろ、営業免許の相互の供与による拡大均衡を促進することを意図している。言い換えると、諸外国のなかには、例外的ではあるが、自国において外国銀行の支店や現地法人の設立をいっさい認めないか、もしくはそのような状態に近い国がありうるわけであり、そのような外国銀行の本店所在地に対して門戸開放を促す効果を期待するものである。本条第3項は外国銀行が、わが国に現地法人を設立しようとしたときの相互主義審査を規定したものであるが、外国銀行がわが国に支店を設立しようとするときにも適用される（銀行法第47条第2項）。この場合の技術的読替えは政令で定めることとなっている（銀行法第47条第4項）。

3 相互主義審査の対象となるものは、銀行法第4条、銀行法施行令第1条の2および銀行法施行規則第3条によると次のとおりである。

① **外国において銀行業を営む者**（銀行法第4条第3項本文）。

② 外国銀行の発行済株式総数の100分の50を超える株式数を保有している者。**外国銀行の持株会社**がこれに該当する（銀行法施行令第1条の2第1号）。

③ 上記の持株会社。すなわち**銀行の持株会社の持株会社**（同条第2号）。

④ ②の者により発行済株式総数の100分の50を超えて保有されている法人。**外国銀行の銀行持株会社の子会社**がこれに該当する（同条第3号）。

⑤ 外国銀行により発行済株式等の100分の50を超える株式等を保有されている法人。**外国銀行の子会社**がこれに該当する（同条第4号）。

⑥ 前号の法人により発行済株式等の100分の50を超える株式数を保有されている法人。外国銀行の子会社の子会社、すなわち、**外国銀行からみて孫会社**がこれに該当する（同条第5号）。

⑦ 主たる営業所の所在地を同一の国とする二つ以上の者により、合計して外国銀行の発行済株式等の100分の50を超える株式等が保有されている場合における当該二つ以上の者のいずれかに該当する者。すなわち、外国銀行の親会社が二つ以上あり、その親会社が合算して100分の50超の株式を保有している場合における当該銀行の親会社がこれに該当する。その場合、当該親会社の本店所在地が同一国であることを要する（同条第6号）。

⑧　外国銀行または前述の②～⑦に該当する者が、銀行等の免許申請者の株式の一部を保有している場合で、それらの者と同一の本店所在地の者で当該免許申請者の株式の一部を保有する者。たとえば、同一国内で外国銀行その他の特殊関係者とともに、現地法人設立の免許申請をなした者の株式を保有する者がこれに該当する（同条第7号、銀行法施行規則第3条第1号）。

⑨　わが国の銀行がなんらかの事情により支店または現地法人の設立ができない国に本店が所在する二つ以上の者により合計して外国銀行の発行済株式等の総額の100分の50を超える株式が保有されている場合における当該二つ以上の者のいずれかに該当する者。言い換えると、わが国の銀行が進出を認められていない国に所在する銀行持株会社が二つ以上あり、銀行持株会社の外国銀行に対する持株が合計して過半数を超えるときにおける当該銀行持株会社を指す（同条第7号、銀行法施行規則第3条第2号）。

①～⑨に掲げられたすべての事例は、いずれもわが国に銀行業の営業免許を申請できる者が銀行または銀行の関係者でなければならないこと示している。そして、それらの者が免許を申請した場合に、当該外国銀行がどのような取扱いを受けているかを審査し、たとえば、その国で法制上わが国の銀行の現地法人の設立がいっさい認められていないのであれば、その国の銀行の現地法人がわが国で銀行業の免許申請をしてもこれを拒むことができることを示している。

4　相互主義審査の実効性を期するために、外国銀行だけではなく外国銀行と特殊な関係にある者についても、その主たる営業所の所在国において、わが国との間に同等の取扱いがなされているかどうかを審査することとしている。「特殊関係者」の範囲については、銀行法施行令に委ねられている。銀行法施行令は、わが国に設立される現地法人に対し実質的に支配力を有する外国銀行の親会社等を特殊関係者として想定している。今後、金融の内外交流が進展していくなかで、従来、予期していなかった形態で外国銀行がわが国に進出してくることも考えられるので、特殊関係者を定める現行法施行規則は、将来の金融情勢を見極めたうえで限界的な事例を取り込んで対応しよ

うとしている。

5　次は、「**主たる営業所が所在する国**」についてである。相互主義審査の対象となる外国銀行とその特殊関係者が確定しても、それではどの国について相互主義をみていくかが問題になる。今日、国際的に活動している銀行のなかには、本店の所在地を税負担の軽い国とか、規制の少ない国に便宜上、設定する事例が少なくない。取引や活動の実態は別の国にあるわけである。また、その営業拠点が数カ国に分散している多国籍銀行が出現している。従来であれば外国銀行等の設立準拠法、本店の所在地および主たる営業所の所在地などが同一の国籍になるのが通例であった。

　しかし、今日では、企業の多国籍化、経済・金融の国際化の進展に伴い、これらの国籍が一致しない事例が増加しているわけである。相互主義の実効性を確保するとの観点に立てば、外国銀行等のわが国への進出に対応するには、外国銀行等が現実に営業を営んでいる本拠地に本邦銀行が進出していくことに意味があるので、本項では、銀行の形式的な本拠地ではなく、「主たる営業所の所在する国」について相互主義を審査することとしたものである。つまり、名前だけの本店ではなく、実質的拠点を意味する「主たる」営業所の所在する国を相互主義審査の対象として指定している。

□ 第3節　免許の申請

1　銀行業の免許を受けようとする株式会社は、取締役会全員が署名した免許申請書に次に掲げる書類を添付して内閣総理大臣に提出しなければならない（銀行法施行規則第1条の8第1項）。

　すなわち、①理由書、②定款、③会社登記簿の謄本、④創立総会の議事録、⑤営業開始後3営業年度における収支の見込みを記載した書類、⑥取締役および監査役の履歴書、⑦株主の氏名、住所または居所、国籍および職業ならびにその議決権数を記載した書類、⑧営業所の位置を記載した書類、⑨最近の日計表、⑩その他、銀行法第4条第2項、第3項に規定する審査をするために参考となるべき事項を記載した書類、などである。

　銀行以外の株式会社が従前の目的を変更して銀行業免許を受けようとする

ときは、第1項各号に掲げる書類のほかに、①株主総会の議事録、②従前の定款および免許申請の際に存する取引の性質を明らかにした書類、③最終の貸借対照表、損益計算書および利益処分計算書または損失金処理計算書、を免許申請書に添付しなければならない（銀行法施行規則第1条の8第2項）。

2　実際上は申請者の便宜を図るため、発起人等に対して**予備審査**を申請する道が用意されている。これは銀行設立前に、または、会社の目的変更の決議前に、行政当局があらかじめ免許を出すかどうか内意を知らせる制度である（銀行法施行規則第2条）。銀行業を開始するためには資本金の調達をはじめ広範囲な準備が必要であるが、それらの準備がようやく整い、いざ免許申請という段階になって免許がおりないという事態になれば関係者は大きな損失を負いかねない。そこで予備審査制を設け、関係者は免許取得の可能性について予想を立てながら準備を行うことができるような方途が用意されているわけである。

第4章

銀行の機関（銀行法第４条の２）

　　銀行は、株式会社であつて次に掲げる機関を置くものでなければならない。

（１）　取締役会

（２）　監査役会、監査等委員会又は指名委員会等（会社法第２条第12号（定義）に規定する指名委員会等をいう。第52条の18第２項第２号において同じ。）

（３）　会計監査人

（銀行法第４条の２）

□ 第1節　株式会社制

１　銀行法第４条は、「銀行は株式会社であつて」として銀行の会社形態を株式会社に限定している。

　一般に会社の形態としては株式会社のほかに合資会社、合名会社、合同会社、協同組合などいろいろありうるわけである。そのなかにあって銀行法が株式会社に限定する考え方を打ち出したのは、株式会社の組織は特定の資金力に依存しないで幅広く資金を集めることができ、資金の調達面から規模の大きな事業を行うのに適していること、社員など構成員の人的条件が経営に影響を与える度合いが小さいこと、そして株式会社であれば情報の公開（ディスクロージャー）の原則が最も徹底しているし、株主総会、取締役会、監査役会など内部組織が整然と区分けされているなどの理由によるものである。

2　ちなみに、銀行が株式会社であることと対をなす考え方としては、信用金庫、信用組合、農業協同組合などの**協同組織の金融機関制度**がある。わが国の金融制度が、同じ金融機関組織でありながら株式会社金融機関と協同組織金融機関とに分化していったのは、多分に歴史的な経緯によるものである。

　より具体的には大正期、昭和初期において重要な資金の借り手だった中小企業者が資金を借り入れる際に、物的担保が十分になかったという社会的背景に起因している。当時の中小企業は資金を借りようにも担保が極端に不足していた。他方、銀行は各地で経営難に陥り、自衛上、確実な物的担保を要求した。銀行から中小企業に対する貸出の量は当然に細っていった。

　そこで、銀行から十分に資金供給を受けられない中小企業者が結束して互いに資金を融通し合うために、協同の精神に基づき人的信用を核とした協同組合を設立した。銀行からの資金供与をあてにしない自前の金融方式である。そこでは、物的担保に拠り所を求めずに相互保証等の人的担保を中心理念に据えていた。その原点から協同組合組織の庶民金融機関が分化していったのである。

　その結果、わが国では、金融機関は株式会社制の銀行と、協同組織制の信用金庫、信用組合、農業協同組合等とに2分化する体系になった。

□ 第2節　銀行の機関

1　銀行法第4条の2が引用する会社法第2条第12号は、指名委員会等設置会社とは「指名委員会、監査委員会及び報酬委員会を置く株式会社をいう」と定義している。

　したがって、銀行はその運営・管理機構として、

① 　取締役会、監査役会および会計監査人

② 　取締役会、監査等委員会および会計監査人

③ 　取締役会、会社法に規定される指名・監査・報酬の3委員会および会計監査人

のいずれかの組合せを選択して設置しなければならない（銀行法第4条の2）。

第4章　銀行の機関（銀行法第4条の2）　81

2　会社法では、一般に、株式会社が**大企業**（最終事業年度に係る貸借対照表に資本として計上した額が5億円以上であるか、または、最終事業年度に係る貸借対照表の負債の部に計上した額の合計額が200億円以上である会社をいう）である場合、そして**公開会社**（その発行する株式の全部または一部について譲渡制限を設けていない会社をいう）である場合には、取締役会、監査役会および会計監査人の設置が強制されている（会社法第327条第1項第1号、第328条第1項）。そして、それとは別に委員会設置会社となることができ、委員会設置会社は取締役会を置かなければならず、また、会計監査人を置かなければならない（会社法第327条第1項・第5項）。

　銀行が銀行法の規定により大会社（資本金の額を20億円以上とする規定（銀行法第5条および銀行法施行令第3条））であり、かつ、ほとんどの銀行は公開会社であるので、必然的に上記①、②、③のいずれかを選択することが義務づけられているわけであり、ある意味で会社法と銀行法との間で規定が重複している。

3　ただし、次の2点において銀行法が特別に規定する意味がある。

　第1は、細かいことであるが、会社法のもとで銀行が全部の種類の株式について譲渡制限を行うことは可能であり、その場合には当該銀行は非公開会社になる。非公開会社は会社法第327条第1項の規定により、取締役会の設置は任意となり、取締役会を設置しないときには監査役会・委員会を設置できない仕組みになっている。銀行法はこのような場合でも取締役会の設置を義務づけ、監査役会、監査等委員会または指名委員会等の設置、および会計監査人の設置を義務づけることとしたものである。

　第2に、会社法の特別法である銀行法があらためて規定することにより、金融庁が会社法を援用しなくても自らの所管法律である銀行法に基づき、銀行の機関のあり方に関し監督指針などにより指示を行うことが可能になるということを意味している。その場合でも、当然のことであるが、基本的には会社法の規定が前提になる。

4　以下、各機関について説明していきたい。

取締役会

　取締役会は、取締役全員により構成される会議体である。銀行の業務執行に関する意思決定の権限と、取締役および執行役の職務執行の監督権限を有する機関である。

　会社法は、大会社（銀行）の取締役会は、

① 　取締役の職務の執行が法令・定款に適合することを確保するための体制、すなわち法令遵守（**コンプライアンス**）のための体制づくり、

② 　会社（銀行）の業務の適正を確保するために必要なものとして法務省令で定める事項、すなわち、業務担当取締役や使用人が職務を遂行する際に違法行為に及ぶことを未然に防止し、会社（銀行）の損失の発生および拡大を最小限にするための内部統制システムの構築を決定しなければならない（会社法第362条第4項第6号・同条第5項）。

　これらの規定を受けて、金融庁監督指針はⅢ－3－1で法令遵守（コンプライアンス）、Ⅲ－1で経営管理（**ガバナンス**）について銀行に対する指針を定めている。

　取締役会の決議は、決議に加わることのできる取締役の過半数が出席し、その過半数をもって行う（会社法第369条第1項）。決議につき特別の利害関係を有する取締役は、決議に参加することはできない（同条第2項）。

監査役会

　銀行のような大会社の場合、監査役は3人以上であることを要し、そのうち半数以上は社外監査役でなければならない。「社外」監査役とは、その就任の前10年間その銀行またはその子会社の取締役、会計参与、執行役または支配人その他使用人となったことのない監査役をいう（会社法第2条第16号）。

　監査役会の権限は、①監査報告の作成、②監査の方針、銀行の業務および財産の状況の調査の方法その他の監査役の職務の執行に関する事項の決定、である。

　監査役会の決定は監査役の過半数をもって行われる（会社法第393条第1項）。しかし、監査役は個々に独立して業務を行うという原則（監査役独立の原則（裁判官独立の原則に類似））から、監査役会が意見の一致をみないまま

第4章　銀行の機関（銀行法第4条の2）　83

過半数により決定した場合には、反対を表明した監査役は監査役会の監査報告に自己の意見を付記することができる。その結果、貸借対照表等について取締役会の承認のみではすまされず、定時総会の承認を要することになる場合もありうる（会社法第438条第2項、第439条など）。

監査等委員会

平成27年5月施行の平成26年会社法改正により新たに導入された株式会社の機関設計である。監査役会にかわって過半数の社外取締役を含む取締役3名以上で構成され、取締役の職務執行の監査を担う。監査役会設置会社と指名委員会等設置会社の中間的性格を帯びた会社の機関形態である。

指名委員会等設置会社制度

指名委員会等設置会社とは、定款の定めるところにより指名委員会、監査委員会および報酬委員会の3委員会を置く旨を定めた会社である。

3委員会設置会社のねらいは、この制度のもとで、取締役会から執行役へ、業務執行の決定権限の大幅な移譲を認めて迅速な決定を可能にするとともに、取締役会による業務執行に対する監督権限を大幅に強化することにある。執行役による業務の執行と取締役会による業務執行監督とを区別し、かつ、上記の三つの委員会が置かれることによって、取締役会による業務執行の監督権限を強化しようとする試みである。

各委員会は、取締役3人以上で構成され、その過半数は社外取締役でなければならないとされている（会社法第400条第1項・第3項）。指名委員会等設置会社の取締役は、支配人その他の使用人を兼ねることはできない。

指名委員会等設置会社では、執行役が会社の業務執行を行う（会社法第418条第2項）。取締役会は、執行役の業務執行を監督することが主な役割となる。

三つの委員会のうち、**指名委員会**は、株主総会に提出する取締役、会計参与の選任、解任に関する議案を決定する。すなわち、取締役等に関する人事を司る機関である。なお、執行役の選任・解任権限は取締役会にある。

監査委員会は、執行役、取締役および会計参与の職務の執行の監査および

監査報告の作成等を行う。監査委員会は執行役、取締役の職務執行に関する適法性監査の権限を有する。

報酬委員会は、執行役、取締役等が受ける個人別の報酬の内容を決定する権限を有する。報酬委員会の決定は最終的なものであり、指名委員会や監査委員会のように株主総会に提出する議案の決定権限とは異なる。報酬委員会の委員の過半数が社外取締役で占められているので、外部的立場で判断できることがその根拠となっている。

会計監査人

会計監査人は、公認会計士または監査法人でなければならない（会社法第337条第1項）。監査法人とは、公認会計士の業務を組織的に行うことを目的として、公認会計士法の定めるところにより、公認会計士が共同で設立した法人である。

大会社について会計監査人による決算監査が義務づけられ、会社法において会社（銀行）の一つの機関として位置づけられるようになった。会計監査人は株主総会により選出される。

会計監査人の職務権限は、会社（銀行）の計算書類およびその付属明細書、臨時計算書類ならびに連結計算書類を審査し、会計監査報告書を作成することである。銀行と会計監査人とは委任の関係にある。

会計監査人が職務上の義務に違反し、または、その職務を怠ったとき、会計監査人としてふさわしくない非行があったとき、心身の故障のため職務の執行に支障があり、またはこれに堪えないときは、監査役会は会計監査人を解任することができる（会社法第340条第1項・第4項・第5項）。また、いつでも株主総会の普通決議で解任することができる（同法第339条第1項、第309条第2項第7号）。一方、会計監査人は、その解任、不再任または辞任について、株主総会に出席して意見を述べることができる（同法第345条第5項）。

会社法は、役員等の損害賠償責任について、会計監査人も含めて役員としている（同法第423条第1項）。したがって、銀行が第三者に損害を与えた場合、その責任は会計監査人にも及びうる。

第5章

資本金の額（銀行法第5条）

□ 第1節　最低資本金

1　銀行の資本金の額は、政令で定める額以上でなければならない。

（銀行法第5条第1項）

**　前項の政令で定める額は、10億円を下回つてはならない。**

（銀行法第5条第2項）

　本章は銀行の最低資本金などについての規定である。銀行の資本金は政令で定める額以上でなければならない。政令である銀行法施行令第3条により最低資本金は20億円に定められている。

2　銀行業を営業するにあたり最低資本金を法定する理由としては、銀行の資本基盤が薄弱では経済や金融の動揺に耐えられず信用授受機関としてふさわしくないこと、および銀行業における資本金の性格は事業会社のそれとはかなり異なるもので本源的な資金調達手段ではなく外部負債である預金等に対する最終的な担保としての性格をもつこと、の2点である。後者は預金者保護からの要請である。

3　銀行法は法律のうえでは具体的な金額を明示せず、具体的な**最低資本金額**は政令で定めることとしている。これは、貨幣価値の変動などに応じて最低資本金の額を変更できるように配慮したものである。ただし、銀行法第5条第2項では最低資本金の額の具体的決定を政令に委任するにあたり、政令に白紙委任することはせず、法律上の下限を画することにしている。その下限を画する額は10億円であり、政府が政令で最低資本金の額を定めるにあた

り、少なくともこの10億円以上の水準に設定することが法律上義務づけられている。平成29年末現在、銀行の最低資本金は政令により**20億円**と定められている。

　資本金の設定にあたっては、わが国の経済規模、物価水準、マネーサプライ、銀行の預金・貸出金規模、資産規模などの動向を勘案し、かつ、健全な経済活動に見合った融資対応力を確保するために自己資本を充実するとの観点などから総合的に決められることになる。

4　今日、米国では銀行の数は約6,800行であり、わが国の銀行数は140行である。つまり、わが国の約50倍あることでも明らかなとおり、米国では地域密着を主旨として銀行の支店数を数支店にとどめる方針が長い年月にわたりとられてきた。支店設立に関する規制がことのほか強いわけである。支店の設立を弾力的に認めると本店所在のいわば核となる地域の住民から遠いところで営業活動が行われ、地域住民の利益がないがしろにされるおそれがあるというのが理由の一つである。銀行にとって支店の設立が制限されるので、他の地域への進出には自らとは別に新たな銀行を設立する動きになる。また、別の観点ではあるが銀行の店舗の空白地域があれば、その地元において銀行設立の動きが自然に起こることになる。ひいては銀行数が増加するという事態を招いた。

　わが国の銀行制度は米国の制度に近いものだったので、明治期には銀行数はやはり膨大な数にのぼった。これはこれで大きな問題をはらんでいた。累次の経済恐慌、金融恐慌の大波に襲われ、資本力・経営規模の零細な銀行を中心とした当時のわが国の銀行制度は信用不安の要因を蔵していたのである。事実、経済の変動いかんでは零細な銀行が大量に倒産し、信用機構そのものが危機にさらされるという綱渡りの状態で推移していた。そこで、旧銀行法は最低資本金制度を導入し、零細な資本金で銀行を設立することを戒めるとともに、既存の銀行で資本規模の薄弱なものの整理統合を促したわけである。

　言い換えると、戦前のわが国の銀行行政の展開は米国とは異なる道をたどった。米国では1929年から始まった大恐慌に際しては、わが国と同様に多数の銀行倒産に見舞われたが、これに対処するためにグラス・スティーガル

第5章　資本金の額（銀行法第5条）　87

法（1933年）等が制定され、第1に銀行業務と証券業務との分離、第2に当座預金に利子をつけることの禁止、第3に預金保険制度の創設、の三つの柱が定められた。そして、銀行数はその後急減したものの今日もなお多数にのぼっている。

5 これに対してわが国では、当時の金融恐慌時において、自己資本の充実による対応を柱に据えた。すなわち、最低資本金制度を創設し、要請する最低資本金の水準をその時としてはきわめて高いところに設定している。その資本金額を超えるもののみ銀行として存続することを認めたのである。旧銀行法（昭和2年制定。昭和56年に現行銀行法に全面的に切り替えられた）における最低資本金の額は、各銀行の資本金の状況に照らして、銀行総数の約半数はそのままでは最低資本金額に対して未達になるという厳然たる高い水準を指していた。最低資本金に達しない多数の銀行は、合併・廃業または他業への転換のいずれかの道を選ばざるをえない状況に追い込まれた。旧銀行法の制定を契機として、わが国は1,800行という膨大な数の時代から数年を経て一気に700行前後となり、現在は140行となっている（平成30年1月末、外国銀行を除く）。その意味で旧銀行法第3条の最低資本金の規定は、わが国の銀行の方向を大きく変える役割を果たしたのである。

6 現行銀行法の資本金規定には旧銀行法のような銀行数を減少させようとする意図は見当たらない。そこにあるのは銀行の自己資本の充実を通じて個々の銀行の経営基盤を強化し、信用授受機関としての適格性を保持していくという考え方である。

□ 第2節　減　　資

1　銀行は、その資本金の額を減少しようとするときは、内閣総理大臣の認可を受けなければならない。

（銀行法第5条第3項）

　株式会社は資本をもって最後の砦、ないし拠り所とするものであるから、政府は減資すなわち資本金を減少させようとする動きに対しては厳しい対応をとらざるをえない。

一般の企業の場合には会社法にあるとおり、増資は取締役会の決議で足りるのに対して、減資は株主総会の特別決議を要するとされている（会社法第309条第2項第9号、第447条）。銀行法は預金者保護などの公共性の観点から会社法の規制に加重するかたちで、減資については銀行の自主性に委ねずに内閣総理大臣の認可に係らしめている。銀行の資本金はいわばすべての債権者の共同担保であるから、勝手に減資が行われると債権者に不測の損害を与えかねない。減資を認可制しているのは、そうした事態への対応にほかならない。

　本条における減資の認可は行政法学上の許可に当たる。無認可の減資が当然に無効となるものではない。しかし、法令違反行為として内閣総理大臣の処分の対象になる（銀行法第27条）ほか、罰金（過料）の適用がある（同法第65条）。

2　なお、認可を受けないまま減資を行ったために法令で定めた最低資本金を下回るという事態が起こりうる。このような場合に、銀行法第4条による営業免許は依然としてその効力を維持すると解すべきだろうか。これについては、機械的に免許を失効させるよりも活動が許されたほうが法的安定に資すること、銀行法第4条は免許が失効になる事由を列挙しているが、そこに減資により最低資本金が未達する場合が掲げられていないこと、法令違反行為として免許を取り消すべきか否かについて、内閣総理大臣の判断に委ねたほうが適当と思われることなどの理由により、これを肯定し営業免許の効力は維持されるべきものと考える。

第5章　資本金の額（銀行法第5条）　89

第6章

商号（銀行法第6条）

□ 第 1 節　総　　説

1　一般に、**商号とは**、商人または会社が営業活動を行うにあたり自己を表示し、ないし識別するために用いる名称をいう。個人の場合の氏名に該当する。

　わが国の銀行法は銀行の商号に関し、

　銀行は、その商号中に銀行という文字を使用しなければならない。

　銀行でない者は、その名称又は商号中に銀行であることを示す文字を使用してはならない。

　銀行は、その商号を変更しようとするときは、内閣総理大臣の認可を受けなければならない。

（銀行法第 6 条）

と規定しており、銀行という商号を用いることを強制している。

2　一般の会社においては会社法の商号の規定が適用される。会社法は第 6 条において『会社は、株式会社、合名会社等会社の種類に従い、それぞれその商号中に株式会社、合名会社等の文字を用いなければならない』『会社は、その商号中に、他の種類の会社であると誤認されるおそれのある文字を用いてはならない』と規定するにとどまり、基本的にはそうした制約のもとでどのような商号を用いようと会社の自由に委ねている。これは広い意味で商号自由の原則といわれる。

　しかし、今日、銀行という文字は銀行のもつ経済的機能を判断させる一つ

の社会的通念を形成している。銀行のような信用機関は、外部からみて一般の人々が直ちに経済的機能を判別できるように商号（銀行という商号）を一律に定めておくことが便宜にかなう。また、銀行は株式会社であるから商号中に株式会社という文字を使用しなければならない（会社法第6条）。そこで「株式会社○○銀行」または「○○銀行株式会社」という名称をとることが銀行法上義務づけられていることになる。

3　銀行であることを示す文字の使用を強制する規定は単なる命令規定であり、株式会社制や資本金のごとく銀行の資格要件ではない。この要件を欠いたからといって銀行としての資格を失うものでない。ただし、実際上は商号中に銀行という文字を用いていない場合には銀行法第4条の免許がなされることはありえないし、銀行による商号の変更は内閣総理大臣の認可を要するので問題が生ずることはない。

4　この規定の意義を考えるときに参考になるのは、明治・大正期における銀行条例下の法制である。銀行条例制定から昭和3年の旧銀行法施行までの間、わが国の銀行は銀行の商号を強制されていなかった。そこで、いろいろ**珍しい銀行商号**が現れた。たとえば、昭和元年末において銀行の名称を使用しなかった銀行は16行存在した。「地所株式会社」「岡崎倉庫株式会社」などがその一例である。これらは、れっきとした銀行であった。今日、仮に銀行商号を自由化していれば地所なる銀行、岡崎倉庫なる銀行が存在することになる。こうした類型の銀行の数が多くなれば取引先顧客にとって銀行に当たるかどうかの見極めがむずかしくなり、取引に無用の時間と手間を要したであろうことは想像にかたくない。また、金の引換券を見返りに資金の受入れをし、一般公衆に多大な損害を与えた昭和59年の豊田商事事件等の事例をみるときに、万が一、銀行の商号を野放しにしておいた場合には類似の犯罪が多発する事態を招いたと思われる。

5　ところで「株式会社○○銀行」という場合に、「○○」の部分はあくまでも商号自由の原則が貫かれている。ただし、商号は定款の絶対的記載事項（定款に必ず記載を要する事項）であり、定款は営業免許にあたって内閣総理大臣の審査の対象になるものである。行政当局において銀行という文字を使っているかどうかのほかに信用機関として適当な商号かどうか、他の既存

第6章　商号（銀行法第6条）　91

の商号との類似性や不正競争の観点から問題がないかどうかが審査される。後者すなわち不正競争の審査は公共的にみて重要である。しかし、いずれにしても行政当局では以上の観点から問題がない限り特に修正を求めることはないと考えられる。

　ちなみに、銀行法施行規則第6条は『金融庁長官は商号変更の認可の申請があったときは、当該申請に係る商号が他の銀行の商号と同一又は類似の商号でないかどうかを審査するものとする』と規定しており、審査の焦点を既存の銀行商号との類似性等の観点に絞っている。新規に銀行を設立する免許に際しても同じ考え方がとられるものと思われる。

6　銀行法は銀行の商号変更を内閣総理大臣の認可に係らしめている。これは一度商号が確立し、それによって取引が行われ、社会的評価が定まったあとに、ゆえなく商号を変更することは、銀行が膨大な取引先をもち、社会のなかに広範囲に定着している実情に照らし、相手方の帳簿上の表記変更の手間を強いるなど、取引先に多大な負担をかけるのを防止するというのがその論拠である。または、同業者と類似の商号を名乗ることを許せば、経済社会に混乱を引き起こすことも考えられ、信用機関の性格からみて、ぜひ避けなければならないと考えられたためである。

　しかし、変更の頻度や類似商号の使用などの観点から、特に不適当であるとみられる場合を除いて**商号自由の原則**にのっとり、これを認可することが基本とされているのは既述のとおりである。本法の認可を受けないで商号変更がなされた場合には罰則（過料）の適用がある（銀行法第65条第1項）。また認可がない場合には登記ができず、登記がなければ変更をもって善意の第三者に対抗することはできない（会社法第908条）。

□ 第2節　「銀行」商号の使用禁止

1　会社法第8条は「何人も、不正の目的をもって、他の会社であると誤認されるおそれのある名称又は商号を使用してはならない」と規定している。

　そして、銀行法第6条第2項は、銀行でないものが、その商号のなかに銀行であることを示す文字を使用することは禁止している。銀行としての実体

もなく機能もない者がその商号に銀行と紛らわしい文字を用い、これによっ
て一般公衆に不測の損害を与えるのを防止するためである。たとえば、「出
資の受入れ、預り金及び金利等の取締りに関する法律」（昭和29年6月法律第
195号）は銀行等以外の者が不特定多数の者から預金まがいの預り金を受け
入れることを禁止している。その際、そのようなものは銀行と紛らわしい商
号を用いて預金の勧誘に類似した集金行為を行い、その集めた資金をもって
忽然と姿を消すことが起こりうるわけである。一般人に対する銀行商号の使
用禁止は、こうした事故を未然に防ぐ役割を果たしている。

2　ここで、**「銀行であることを示す文字」**の意味について説明しておきた
い。

　銀行業の営業免許を受けた者以外の者は、ずばり「銀行」という名称また
は商号はむろんのこと、「銀行であることを示す文字」を名称または商号と
しては使用してはならない（銀行法第6条第2項）。

　「銀行であることを示す文字」のなかには銀行という文字はもとより、た
とえば、「ぎんこう」「バンク」など外部に銀行と誤認させるような文字が含
まれると解される。話題になるのは人材銀行、血液銀行、アイバンクなどの
事例である。これらは公益目的のものであり、名称の社会的評価がすでに確
立しているので問題は生じない。また、銀行の原語である英語の「BANK」
には、もともと「堤で囲む」「集積する」などの意味がある。情報産業、IT
産業などにおいて情報を集積し活用する意味で「バンク」という文字を使う
のは、明らかに金融とは別種の業種であるとの概念が確立しており問題にす
る必要はない。すべてについて、あくまでも個別具体的に判断すべきである
が、いずれの場合でも銀行という文字を安易に使用することは慎むべきであ
ろう。

□ 第3節　特種銀行、外国銀行の取扱い

1　同じ金融機関のなかで銀行法による銀行以外で、「銀行」という商号を
用いている例がある。日本政策投資銀行、国際協力銀行などがこれに当た
る。これらはそれぞれ日本政策投資銀行法、株式会社国際協力銀行法などに

第6章　商号（銀行法第6条）　93

より銀行法第6条第2項の適用を排除しているから、法律上、銀行という商号を用いることはもとより問題はない。

2　外国銀行支店は銀行法第6条の適用を排除されている（銀行法第47条第2項）。これは一見奇異に感じる人がいるかもしれないので説明しておきたい。

　世界各国において銀行業の実態を備えている主体は、銀行ないしバンクという商号を用いているのが普通である。しかし、ごく例外として銀行ないしバンクという商号を使用しない事例が見受けられる。たとえば、フランスではかなり時代をさかのぼるが、かつて銀行の破綻が相次ぎ、世人の銀行に対する信用が著しく低下したことがあった。そこまでは、どの国でも経験のあることである。フランスの場合には、その当時、銀行の間ではことさらに「BANQUE」の商号を回避する傾向が生じたという。たとえば、名門でかつ大銀行である「ソシエテ・ジェネラル」の商号などがこれに当たる。その時代にフランスで設立された銀行のなかに、「銀行」に相当する語でない別個の商号を使用している事例が見受けられるのはこのような事情によるものである。

　そこで、これらの母国銀行の支店をわが国が受け入れるにあたり、商号に銀行という文字が見当たらないからといって支店に対する銀行名の変更を求めることはしないというのが銀行法第47条第2項の趣旨である。ある意味で当然の調整規定である。

3　「銀行」という商号が今日、人々の間に大きな信用となり、信頼感を形成しているのは、やはり明治以来、銀行業に従事してきた人々の多年にわたる努力の結晶であろう。商号はしょせん名称にすぎない。しかし、商号という器に信用という実態を注ぎ込み、名実ともに意味あるものにしたところに、世代を重ねながら刻一刻と築き上げてきた歴史の重みが感じられる。伝統を維持していくことは、それだけ努力がいることなのである。

□ 第4節　「銀行」呼称の由来

1　最後に、「銀行」という呼称そのものの起源に触れておこう。

「銀行」という呼称は、いつ頃からわが国で使われるようになったのだろうか。「銀行」という呼称がどのようなきっかけでわが国の社会に定着したかについては、明治以来多くの貴重な研究がある。ここでは、簡単に多数説を紹介する。

明治維新以前には、わが国において金融機関を表す概念として「銀行」という呼称が使われた形跡はなかった。したがって、その起源は明治時代初期以降ということになる。

2 明治初期にわが国に輸入され、一般知識人の間で広く使用されていた英語関係の文献のなかに1866年（慶応2年）に香港で刊行された「英華字典」という英語・中国語の辞書があった。この「英華字典」の「BANK」の項には、該当する訳語として銀行、銀舗、銀号、銭舗等の語句が無造作に列挙されていたという。「銀行」という訳語が真っ先に書かれていたものの、いくつかある訳語のなかの一つにすぎなかった。したがって、その時点ではわが国でBANKを銀行と訳さなければならない必然性はなかったことになる。また、肝心の当時の中国ではBANKを指すものとしては通常、銀行とはいわず、むしろ銭荘、銭舗あるいは銀舗などの言葉が使われていたという。他方、店のことを洋行などと「行」をつけて呼ぶ慣行があった。

3 「銀行」という言葉は、わが国では当時の政府の内部文書のなかでは明治3年頃から使われ始めたことを示す資料が残っている。しかし、これは単なる事務資料のなかで確認されるにとどまる。わが国において公に確認できる最初の使用例は、明治4年7月に、後に巨大な三井グループを築いた人物の1人である三野村利左衛門から政府に出された**三井組バンク開業願書**である。これについては序章「銀行法の沿革」で触れた。その前後関係を述べておくと、明治政府の1部門をなす通商司が明治2年に為替会社を設けて、不完全ながらも西洋式銀行の実物の模範を示すこととなった。この時、政府は、もし民間に両替屋等が会社を起こし為替会社と同様の業を営もうとする者があれば、その資本の高を質し許容する旨の声明（明治3年8月「通商司心得書」）を出していた。これに刺激されて、金融機関を設立する動きが出てきた。そして、そのなかでは先に述べた三井組バンク開業願書が先駆をなすわけである。この三井組バンク開業願書の文章のなかには『この度……東

第6章　商号（銀行法第6条）　95

京府下及び開港場において銀行開店仕り』とあり、「銀行」という文字が使われていた。これが、わが国で公に確認できる最初の「銀行」という呼称の使用例である。

　また、同じ明治4年11月付けで東京の長島次郎および片岡二右衛門出願の「東京銀行」という「銀行」を商号に使用した申請書がみられる。すなわち、これらの事実は、銀行という語が国立銀行条例よりほぼ1年前にすでに市中で使用されていたことを示している。

4　法律用語として「銀行」という文字が初めて用いられたのは明治5年の国立銀行条例である。もっとも、明治政府の指導のもとに設立された「為替会社」はBANKの訳語を意図したものであったが、為替会社そのものが経営不振により瓦解したため、この訳語は普及することなく終わったという経緯がある。

　明治5年のわが国最初の銀行法案である国立銀行条例の策定作業を担当していたのは、当時の大蔵大丞の地位にあった渋沢栄一であった。渋沢栄一は国立銀行条例の制定を一手に引き受ける立場にあったようである。

　渋沢栄一は後に経済界に転じ、文字どおりわが国経済発展の礎を築くことになるのであるが、膨大な回想録を残している。その一つである『青淵先生六十年史』等のなかに、「銀行」という訳語をつけるにあたっての苦労話が活写されている。中身を紹介しておきたい。渋沢栄一の語るところによると、『私が明治5年の国立銀行条例を起案したのだが、それは伊藤博文伯爵が米国から送って下さった米国のナショナル・バンク・アクトを翻訳する作業が基礎をなしていた。その際、バンクをどう訳すかで苦吟した。両替屋というのもあまりに下品だと思った。大いに困窮して学者の方に相談したところ、中国において商店を洋行ないし商行という。そこで金行というのも妙だから銀行にしようということになった』（『青淵先生六十年史　第1巻』）。

　金行といわずに銀行としたのは、貨幣としては、当時は金よりもむしろ銀が使われていたためといわれている。

5　ちなみに渋沢栄一が明治維新後間もない頃に米国のナショナル・バンク・アクトを研究していたとき、作業にあたった政府内部では、ある時点では銀行の訳語として「**紙幣会社**」という語句をあてていたようである。しか

し、いよいよ明治5年8月に案ができあがったときにはナショナル・バンクの訳語は国立銀行という言葉になっていた。この条例の冒頭には、国立銀行の文字に「ネーショナル・バンク」の仮名が振ってあったという。それぐらい新鮮な言葉であったのだろう。

6　国家の法律である国立銀行条例に使用されて銀行という訳語が固定され、これが一般に普及することとなった。また、明治9年に国立銀行条例が改正され、それと同時に国立銀行のほかに一般会社もまた銀行という名称を用いることが自由になったので、前述の開業の申請書を出していた三井組がまず三井銀行と改称したのを先駆として、従来の銀行類似業を営もうとする者が続々と銀行を称するに至った。

7　今日、中国でもBANKの訳語は「銀行」である。以上の経緯に照らすと「銀行」という語句はまず日本で広く使われ、その後に中国に逆輸入され中国でも使われるようになったとみられている。

第7章

営業所（銀行法第8条）

□ 第1節　総　　説

1　銀行は、日本において支店その他の営業所の設置、位置の変更（本店の位置の変更を含む。）、種類の変更又は廃止をしようとするときは、内閣府令で定める場合を除き、内閣府令で定めるところにより、内閣総理大臣に届け出なければならない。

（銀行法第8条第1項）

　銀行は、外国において支店その他の営業所の設置、種類の変更又は廃止をしようとするときは、内閣府令で定める場合を除き、内閣府令で定めるところにより、内閣総理大臣の認可を受けなければならない。

（銀行法第8条第2項）

　「**営業所**」とは銀行が銀行の固有業務および付随業務の全部または一部を営む施設または設備をいう（銀行法施行規則第8条）。

　かつて、営業所（店舗）認可制がとられ、銀行の店舗設置やその変更は強い政府の監督下に置かれていた時期もあったが、平成14年の改正を機に、今日では営業所の設置やその変更は銀行の自主的判断に委ねることになり、単なる届出ですむこととなった。店舗自由化時代の到来である。

2　ただし、細かいことであるが、2点ほど政府の規制が残っている。

　第1は、外国における営業所についてである。

　金融庁長官は外国における営業所の設置、種類の変更または廃止の認可の申請があったときは、①当該申請をした銀行およびその子会社等の自己資本

の充実の状況等、②銀行の経営管理体制、③マネー・ローンダリングをはじめとする犯罪に対する防止体制、④顧客情報の適切な管理体制、について基準に適合するかどうかを審査する（銀行法施行規則第9条の2第2項）、と規定されている。

第2は、外国における代理店の設置等については認可制としている（銀行法第8条第3項）。

3　「営業所の種類の変更」とは出張所から支店へ、支店から出張所への変更をいう。本店から本店以外の営業所への変更は種類の変更に該当せず、本店の位置変更および支店の新設として位置づけられる。位置変更については、物理的に営業所の位置を変更する場合をすべて含む。最小行政区画（同一市町村）を変更すること、および同一区域内の近接隣地に移転する場合などを指す。

このように具体的な届出事項は、①支店・出張所の設置、②本店・支店・出張所の位置変更、③出張所から支店へ、および支店から出張所への種類変更、④支店・出張所の廃止、の4項目である。

商法・会社法との違い

1　商法・会社法にも営業所という語句が用いられているが、その概念は銀行法上の概念とはやや異なるものとなっている。

商法・会社法における営業所は、一般には営業を行ううえで活動の中心となる一定の場所である。営業の場所としての中心ないし地点としてとらえられている。それは債務弁済の場所や裁判の管轄を定めるときの標準となる場所であり、具体的には本店および支店を指している（商法第516条）。商法上の登記事項は営業所の所在地の登記所の商業登記簿に登記される。また、訴訟はその営業所の業務に関するものであれば、その所在地の裁判所に提起できる。

このようにみていくと、商法の営業所の概念は、経営上の統一的な指揮命令がそこから発せられるだけではなく、その成果が営業所において統一され、外部的にも活動の中心として現れる場所である。ある場所が営業所といえるかは、前記の実態をもつかどうかを客観的にみて判定される。そして、

第7章　営業所（銀行法第8条）　99

同一の営業のために数カ所の営業所があるときは、その間に主従関係が生じ、本店は全営業を統括するもの、支店はこれに従属するが一定の範囲で独立性をもつものとされている。商法・会社法は取引者の保護を図ることを目的とする法律であり、その観点から取引者の保護のために本店の所在地を定款の絶対的記載事項とし（会社法第27条）、また、本店および支店を登記事項と規定している（同法第911条）。

2　　他方、銀行法上の営業所の概念は、金融秩序の維持、預金者保護の立場から、行政当局による規制の対象とすべきか否かという観点でとらえられている。

　銀行法は営業所として本店、支店、出張所の三つの形態を定めている（銀行法施行規則第8条第2項・第3項・第4項）。これらはあくまでも銀行行政の客体としてとらえられている。そして、名称のいかんを問わず、その内容が商法・会社法にいう営業所の実態を備えるものであれば、商法・会社法上の営業所になると解される。会社法には本店、支店という言葉は出てくるが、出張所という語句は使われていない。そこで、銀行法における出張所を商法・会社法上どのように位置づけるかが問題になるわけである。銀行法が一般公衆である預金者の保護を使命とする法律である以上、銀行法上の営業所の概念が商法・会社法上のそれよりも広くてもさしつかえない。ここに銀行が本支店のほかに出張所という概念を設けている意義が存していると考えられる。

固有業務を営む施設ないし設備

1　　銀行法における**営業所の定義**は既述のとおり銀行法第10条第1項に掲げる業務、すなわち預金、定期積金の受入れ、資金の貸付、手形の割引、為替取引の各業務の全部または一部を営む施設または設備をいう（銀行法施行規則第8条第1項）。

　つまり、銀行の固有業務を営むことに着目して定義づけられている。もちろん、固有業務のほかに付随業務を行っていてもよい。しかし、付随業務だけを営むものは営業所には該当しない。たとえば、保護預り所、両替所は銀行の営業所には当たらない。これを設置し、または廃止する場合は届出を要

しないわけである。たとえば、地方公共団体の庁舎に出張して出納事務を扱う派出、空港・税関内に設置される両替所は銀行法上の営業所には該当しない。派出とは、特定の施設内の一定の場所に職員を派遣し、当該施設主体のために金銭出納事務を行うことをいい、官公庁、公営住宅団地、総合病院等の公共性のある施設内において公金等の金銭出納事務に限った事務を行っている。ただし、銀行がこれらの業とともに固有業務も行い、支店ないし出張所として位置づけているところもある。

　また、銀行から業務委託を受けて銀行の固有業務を行う代理店は、代理店主の営業所であって銀行の営業所ではない。

2　営業所は銀行業を営む施設または設備をいう。銀行の店舗外に設けられた現金自動預入支払機（ATM）、現金自動支払機（CD）などは施設よりも設備に属する。現金自動預入支払機（ATM）等の普及にみられるように、最近の金融機械化の進展は目覚ましいものがある。オンライン・リアルタイム網に代表されるコンピュータ装置の普及によって、銀行はいまや一大装置産業の様相を呈している。銀行によってはすでにポータブル端末による営業が広範に行われており、金融機関と企業、銀行と家計とを同じ電子空間としてとらえ、オンラインで結ぶファーム・バンキング、ホーム・バンキングが実用化されている。銀行をめぐる機械化、エレクトロニクス化の進展は著しい。こうしたものは施設というよりも設備として把握したほうが実態にあっているといわなければならない。

□第2節　営業所の種類

1　次に、銀行の営業所の種類について述べておきたい。銀行の営業所は本店、支店、出張所の3種類に区分される。

（1）本　　店

　本店は銀行の業務全般を統括する施設であって、本店としての登記がなされた営業所である。本店には全営業店を統合した勘定元帳である総勘定元帳が備え付けられている。

第7章　営業所（銀行法第8条）　101

(2) 支　　店

支店は本店に直属し、支店の名義により、かつ、独立の計算をもって銀行の業務中の一定範囲の業務を行う施設であって、支店として登記された営業所をいう。支店には支店の勘定元帳が備え付けられる。支店の店頭には○○銀行支店という名称が表示される。銀行法上の支店が商法・会社法における支店としての性格をもつことは明らかである。その法的効果としては、債務履行の場所（商法第516条）、営業に関する訴えについての裁判籍（民事訴訟法第5条）、民事訴訟法上の書類送達先（同法第103条第1項）となる。

(3) 出　張　所

出張所は本店また支店を母体としてこれに従属し、銀行の業務中の比較的小規模の業務を行う施設である。既述のとおり出張所は銀行法上の営業所であるものの商法上の支店ではないので、支店としての登記は行わない。出張所の業務はすべて**母店**の名義により、かつ、母店長の責任で行われる。勘定としては出張所では独立の計算ができない。出張所の行う業務の勘定元帳は母店に備え付けられるものとされ、出張所では補助簿を備え付け、毎日の計算は出張所から母店に報告される。商法・会社法上の支店ではないので会社法が規定する支配人たる母店長の代理人であると考えられ、その代理人の行為につき母店長が責任を負うことになる。今日では出張所は簡易な規模の支店ないし簡便な支店という考え方が大幅に取り入れられており、支店との基本的な相違を乱さない限り、出張所にもある程度の独立性と行動の自由が認められている。

2　現在、出張所としては、一般の出張所のほかに、機械化店舗、消費者金融店舗、移動店舗、臨時店舗、店舗外現金自動設備、ポータブル端末機などがある。

機械化店舗は機械による処理を主体とした業務を行う施設である。

消費者金融店舗は主として消費者金融を取り扱い、たとえばデパート内に設置されている。営業日時について設置場所の事情により弾力的な対応が可能になる。

移動店舗は、一定日の一定時に一定の場所を巡回バス等のかたちで営業する施設である。たとえば、山間僻地で集落が距離的に広く分散している場合

に、固定した営業所ではこれらの営業空間を網羅することは銀行側にとっても利用者側にとってもむずかしい。そこで、巡回バス等により移動しながら各拠点で銀行業務を行うものである。巡回対象場所は季節的・臨時的に収入のある地域あるいは催し物のある地域であり、利用者利便に資すると認められるところである。移動店舗の設置にあたっては取引先に対し、巡回路線、営業場所、営業日時、営業内容などを広く知らせなければならない。

　臨時店舗は、設置期間が制限された施設または設備である。たとえば、ある地区は普段は人の集まる場所ではないが、たまたま一定の期間にわたって万国博覧会が開催される場合に臨時の店舗が当該地区に設置される。設置期間は原則として1年未満である。

　店舗外現金自動設備は、営業所の施設外の場所に置いて現金自動預入支払機、現金自動支払機等の機械により預金の受入れ・払出しを行う無人の設備である。これも出張所の一形態をなす。保安管理面において非常通報装置等の防犯設備を設けることにより利用者の安全を確保するとともに、現金輸送の安全等に十分配慮しなければならない。

　ポータブル端末機は、顧客の電話機に接続して操作することにより現金の入金業務等を処理する携帯型の設備である。原則として顧客先を巡回して営業するものとされ、特定の営業所に長時間定置して営業するものではない。

ATM（現金自動預入支払機）の銀行法上の位置づけ

1　ここで、あらためてATM（現金自動預入支払機）の銀行法上の位置づけについて述べておきたい。

　ATMとは、紙幣（および硬貨）、通帳、磁気カード・ICカードの受入口・支払口を備え、顧客自身の操作によって、金融機関、貸金業者、現金出納を行う業者等の提供するサービスが取引できる機械を指す。操作部に画面表示と一体化した液晶タッチパネルを採用したものが多い。

2　平成29年1月現在、全国の銀行・信用金庫の支店総数は約2万店舗であるが、ATMの設置台数は国内で19万台、このうち国内の銀行の支店などで使われているのが14万台である。これとは別に全国で5万店あるといわれるコンビニエンスストアでも広く使われている。

第7章　営業所（銀行法第8条）　103

ATMの設置主体は基本的には各金融機関であり、ATMは営業所に併設されている場合が多い。金融機関間の相互接続により、提携金融機関の取引もできるようになっている。一つの管理金融機関のもとに、数個の金融機関が共同で運営し、各預金者が利用できる共同出張所形態もある。

ATM 自体は金融機関の営業所か

1　銀行法施行規則第8条は「法第8条第1項及び第2項に規定する<u>営業所とは、銀行が法第10条第1項各号に掲げる業務の全部又は一部を営む施設又は設備（携帯型の設備及び銀行以外の者が占有し又は管理する設備を除く。以下同じ。）をいう</u>」と規定している（下線筆者、以下同じ）。

ATMでは、預金の引出し、入金（預金預入れ）、預金残高照会、通帳記入、振込、振替え、ローンカードによる借入れ、定期預金口座の作成や解約、提携先のクレジットカードによるキャッシング、暗証番号の変更、等が行える。したがって、ATMにおいても銀行の固有業務の一部が営まれており、ATMも銀行の営業所に該当することになる。

2　通常の銀行店舗は「有人の営業所」であるのに対し、<u>ATMは「無人の営業所」として位置づけられる。</u>

なお、いわゆる「ATMコーナー」（有人の営業所の施設の一部として設置されているもの）は、独立した無人の営業所として扱われない。

ただし、有人の営業所の施設外の場所におけるATMは法文上、<u>「無人の設備」と表現されることもある</u>（銀行法施行規則第35条第1項第4号・第5号の2・第7号等）。

3　ATMについては、①銀行が自行営業所内に設置するもののほかに、②自行営業所外に設置する店外ATM、③当該銀行以外の銀行または非銀行が所有・管理するATMの3種類があり、そのうち②、③は、自行が他社から場所だけを借りて所有管理しているもの、他社所有のものを賃借しているものなど多岐にわたっている。最近では、銀行にATMを貸し付けたり、リースしたりする営業形態がみられる。

無人の設備を用いて「預金又は資金の貸付の業務に係る金銭の受入れ又は払出しに関する<u>事務</u>を受託することは銀行代理業に該当しない（金融庁パブ

コメ回答）」ものと解されている。

□ 第3節　外国における代理店

1　銀行は、第2条第14項各号（銀行代理業）に掲げる行為を外国において委託する旨の契約を締結しようとするときは、又は当該契約を終了しようとするときは、内閣府令で定めるところにより、内閣総理大臣の認可を受けなければならない。

（銀行法第8条第3項）

　銀行代理業に関しては銀行法において第7章の4が章立てされ、第52条の36以下で銀行代理業に対する認可制が敷かれることとなった。

　それとの平仄から、第2条第14項各号（銀行代理業）に掲げる行為を外国において委託する旨の契約を締結しようとするとき、または当該契約を終了しようとするときは、内閣府令で定めるところにより、内閣総理大臣の認可を受けなければならない、と規定されたものである。

2　代理店とは、代理契約により銀行のためにその業務に属する商行為の全部または一部をなす代理店主の営業所を指す。したがって、銀行の営業所ではない。銀行の別支援組織である。

　利用者の側からみると、法律形態はともかく外観では銀行の店舗と大差がないので、これを銀行店舗と誤認して取引する可能性が十分にあるわけであり、それだけに銀行法の運用にあたっては代理店に対し公共性の観点からの検討が欠かせないところである。

　代理店の種類としては、大きく分けて、代理店主が個人の場合（個人代理店）と法人の場合（法人代理店）、および金融機関の場合（金融機関代理店）の3通りがある。

3　代理店を施設としてみた場合は以上であるが、銀行代理業という業務でとらえた場合には平成18年に新たに銀行代理業規定が創設された。本書の第27章「銀行代理業」で詳述しているのでその箇所をお読みいただきたい。

第8章

名義貸しの禁止（銀行法第9条）

1　銀行は、自己の名義をもつて、他人に銀行業を営ませてはならない。

（銀行法第9条）

　一般に、会社法は、会社に対して自己の名義をもって他人に事業を営ませることを容認している。**名義貸し**または**名板貸し**といわれる営業行為であり、江戸時代の暖簾（のれん）分け等に由来し、長い法慣習として継続してきた。

　ただし、自己の商号を使用して事業または営業を行うことを他人に許諾した会社は、その会社そのものが事業を行うものと誤認して当該名義を借りた他人と取引をした者に対して、当該他人と連帯して、当該取引によって生じた債務を弁済する責任を負わなければならない（会社法第9条）。

2　これに対して、銀行法は、そもそも自己の名義をもって他人に銀行業を営ませることを禁止している。名義貸しを認めれば、銀行業が免許制であるにもかかわらず貸借経由で潜脱されてしまうので、これを未然に防御しようというのが本条の趣旨である。

第9章

業務の範囲（銀行法第10条〜第12条）

第1部 総　説

1　銀行法は「業務の範囲」という共通の見出しのもとで、第10条〜第12条の３カ条の条文により、銀行の業務範囲についてかなり詳しく規定している。

　銀行の本業である固有業務は第10条第１項に定められ、銀行は、①預金または定期積金等の受入れ、②資金の貸付または手形の割引、③為替取引、の三つの業務を営むことができる。

　固有業務は「銀行業」を構成し、銀行の営業免許をもたないものは、これを営むことができない（銀行法第４条。無免許営業には罰則があり禁止されている（注・正確には上記①と②を併せ行うこと、または為替取引を無免許で行うことが禁止されている。また、ここでの「または」は and／or（一方でもいいし、両方でもよい）の意味である）。

　銀行は固有業務のほかに、銀行業に付随する業務を営むことができる。その主たるものとして第10条第２項に、債務の保証または手形の引受け、有価証券の貸付など23項目（注：第２項の項目数は19であるが、枝番号のあるものがそのほかに四つある）の業務が例示されている。

2　以上から明らかなように、他業態の会社にとって、銀行の固有業務か付随業務かの違いは、銀行の固有業務に属する業務であれば、たとえば銀行業等を専業とする子会社の設立等により新たに銀行の営業免許をとらなければ

第9章　業務の範囲（銀行法第10条〜第12条）　107

参入できないが、付随業務であればそれを要しない、という点で法律的に非常に大きな意味をもっている。付随業務は、銀行も営むことができるが、銀行の営業免許をもたない者も営むことができる、いわば他業態との間で営業が重なりあう分野である。

3　銀行法は有価証券関連業等に関し、第10条第2項第2号、第4号等に付随業務として規定するほか、第11条において、銀行は金融商品取引法第33条第2項各号に掲げる有価証券または取引について、同項各号に定める行為を行う業務を営むことができる、と定めている。後者は「他業証券業務等」として位置づけられている。

4　以上のほか、銀行法第12条は、銀行が、担保付社債信託法など他の法律で兼営が認められた業務以外の業務を営むことを禁止している。

　つまり、銀行の業務範囲は、①固有業務、②付随業務、③他業証券業務等、④担保付社債信託業務など他の法律で認められている業務、の四つの分野により構成されている。そして、それ以外は営むことが禁止されている。

第2部　銀行の固有業務

銀行は、次に掲げる業務を営むことができる。
（1）　預金又は定期積金等の受入れ
（2）　資金の貸付け又は手形の割引
（3）　為替取引

（銀行法第10条第1項）

　銀行の固有業務はこれまで再三述べたように、預金または定期積金等の受入れ、資金の貸付または手形の割引、為替取引、の三つの分野から成り立っている。そこで、まず、預金または定期積金等の受入れについて説明することとしたい。

108

□ 第1節 預　　金

| 第1款 「預金」とは |

1　預金とは一般に、後日に同額の金銭の返還を受ける約束のもとで他人に金銭を預けることをいう。通常は、一般公衆や法人による金融機関への預け金を指すから、銀行その他の金融機関を受寄者とする金銭の消費寄託を意味する。預金者は銀行に対して預け入れたのと同額の金銭の返還を受けるほか、一般に利息の支払を受けることができる。預金者の有するこれらの債権を預金債権という。預金債権は金銭債権の一種であり、金銭債権に関する民法上の規定が適用される。

　このように、預金の基本的性格は法律的にみて消費寄託契約である。民法は物の保管を委託する契約の一種として「受益者が契約によって受寄物を消費することができる場合」について規定している（民法第666条）。これが消費寄託契約である。通常の寄託（単純寄託）においては寄託者から受け取った物自体を返還しなければならないが、預金等の消費寄託においては、受寄者は、寄託者から受け取った物を使用・運用ないし消費することができ、しかる後、期日には、それと同種、同等、同量の物を返還すべき債務を負う。

　これをかみ砕いて言い直すと、そもそも寄託とは、特定の財を預け、返還を受ける場合に、財そのものを返還してもらう契約である。そのなかにあって消費寄託と呼ばれるものはやや変則的であり、財を預けられた側はこれを消費、つまりただ預かるだけでなく、預けられた物を使用・運用するなり消費するなりすることができ、その財を返還する場合には同種、同等、同量のものをほかから調達してきて返還すればよい。単に預かって保管し、それをそのまま返還するのとは異なるわけである。

　その意味で、消費寄託は「借りた物を使用した後に返す」消費貸借契約に似ているため、寄託の一種ではあるが民法上の消費貸借の規定が準用される。ただし、消費寄託契約は、返還時期の定めがない場合には寄託者はいつでも返還請求を行うことができるが、消費貸借の場合には、相当の期間を定めて返還の催告を行わなければならない（民法第591条第1項）。いわば、「預

ける」ことを内容とする寄託と「貸す」ことを内容とする消費貸借との相違がこの点に現れている。

2 これまでの民法では、消費寄託について消費貸借に関する規定をほぼ全面的に準用していた。しかし、今回の民法改正（平成29年に国会で成立。2020年4月1日施行）では、消費寄託と消費貸借は寄託物の所有権が移転する点に共通性があるものの、消費寄託は寄託者の利益のための制度であり、消費貸借は借主の利益のための制度であって、消費寄託については所有権の移転に係る部分以外は寄託に関する規則に従うこととなった。消費貸借に関する規定のうち準用されるのは、貸主の担保責任に関する規定と借主の価額償還義務に関する規定に限られる。

　預貯金については、特に期間の定めのある場合の寄託者からの期限前の返還請求に係る規律が大きく変わることになる。すなわち、期間の定めがある場合は、寄託者（預金者）からの期限前の返還請求はこれまでの民法ではできないとされていたものが、改正民法では『いつでもできる。しかし、その場合において預貯金者は期限前の返還により受寄者（銀行）に生じた損害の賠償義務を負う』（改正民法第662条）こととなる。

　また、受寄者（銀行）からの期限前の返還については従来の民法は『いつでもできる（現行民法第591条第2項）。ただし、期限の利益の放棄により相手方の利益を害することはできない』（現行民法第136条第2項）とされていたものが、改正民法では『いつでもできる。その場合において、相手方は期限前の返還により損害を受けたときは賠償請求できる』（改正民法第666条第3項、第591条第2項・第3項）こととなる。

　これにより、期限未到来の定期預金を受働債権として相殺する場合には、銀行は預金者に対して直ちに請求可能な反対債権を有していれば、期限未到来の定期預金を受働債権としていつでも相殺することができる。そこは現行民法と同様である。

3 「預金」について、銀行法上に定義規定が置かれているわけではない。したがって、預金とは何か、については取引慣行を中心にして解釈によって構成していかざるをえないのだが、一般には、

　① 受け入れる側が、不特定かつ多数の者を相手として行う営業であるこ

と、

② 金銭の預入れであること、

③ 元本保障があること（注：従来「元本保証」という言葉が使われてきた。しかし、厳密な意味では法律上の「保証」ではないので、それに近い概念として預金保険法による保護を受けているという意味合いで「保障」という言葉を使用することとした。）、

④ 主として預け主の便宜のためになされるものであること、

の4点を主たる特徴としている。

このうち、③および④の特徴は、預金の法的性格が、金銭の貸借（貸すこと・借りること）ではなく、寄託（預けること）であることに由来していると考えられる。預けた物を安全に運用することを要請するという意味で元本を保障すること、つまり、預けた物が返ってくる建前になっているわけである。

しかし、これはあくまでも契約上の約束であって、預け入れた銀行が倒産その他の事由で元本を返還するという債務を履行できない場合はやはりありうることになる。それでもなお、消費寄託として法律上構成されている限り、債権者である預金者を保護すべき法的な要請は他の契約、たとえば、消費貸借契約等に比べて強いことはあらためて申すまでもない。預金保険法がそうした国家意思を法律のうえで表現している。

預金者保護の思想は、一般公衆からの預入れを意味する①、すなわち、不特定かつ多数の者を相手とする営業ということに起因しているが、法律的には主としてこの③および④から生ずるものなのである。

逆に、預金契約には他の民商法における各種の契約にはみられない債権者保護の特徴が存するので、その公共性から、一般人が業として不特定多数の者を相手にして預金業務を行うことは法律のうえで禁止されている。すなわち、「出資の受入れ、預り金及び金利等の取締りに関する法律」（昭和29年6月法律第195号）（いわゆる出資法）第2条は、「業として預り金をするにつき他の法律に特別の規定のある者を除く外、何人も業として預り金をしてはならない」と規定している。ここで預り金とは預金等を指している。そして、出資法第2条にいう「他の法律に特別の規定のある者」、つまり、預金業務

を行うことができる者としては、銀行法等に規定されている銀行等の金融機関が該当することとなるのである。

4 最高裁判所は平成28年12月19日の大法廷決定（注：相続預金の可分性に関する案件に関連してなされたもの）において、わが国の預金の法的性格について、初めて包括的に次のように判示した。わが国における預金という商品を理解するうえできわめて適切な説明であると考えるので、ほぼ原文のまま紹介しておきたい（筆者注：下線は筆者が勝手につけたもの）。

『(1)　預貯金契約は、消費寄託の性質を有するものであるが、預貯金契約に基づいて金融機関の処理すべき事務には、預貯金の返還だけではなく、振込入金の受入れ、各種料金の自動支払、定期預金の自動継続処理等、委任事務ないし準委任事務の性質を有するものが多く含まれている。

(2)　そして、これを前提として、普通預金口座等が賃金や各種年金給付等の受領のために一般的に利用されるほか、公共料金やクレジットカード等の支払のための口座振替が広く利用され、定期預金等についても総合口座取引において当座貸越の担保とされるなど、預貯金は決済手段としての性格を強めてきている。

(3)　また、一般的な預貯金については、預金保険等によって一定額の元本及びこれに対応する利息の支払が担保されているうえ、その払戻手続は簡易であって、金融機関が預金者に対して預貯金口座の取引経過を開示すべき義務を負う。

(4)　預貯金は、預金者においても確実かつ簡易に換価できるという点で現金との差をそれほど意識させない財産であると受け止められている。

(5)　普通預金契約は、いったん契約を締結して口座を開設すると、以後預金者がいつでも自由に預入れや払戻しをすることのできる継続的取引契約であり、口座に入金が行われるたびにその額についての消費寄託契約が成立するが、その結果発生した預貯金債権は、口座の既存の預貯金債権と合算され、1個の預貯金債権として扱われるものである。

(6)　また、普通預金契約は預貯金残高が0になっても存続し、その後に入金が行われれば入金額相当の預貯金債権が発生する。

(7)　このように、普通預金債権は、いずれも、1個の債権として同一性を

保持しながら、常にその残高が変動しうるものである。

(8) そして、この理は、預金者が死亡した場合でも異ならないというべきである。各共同相続人に確定額の債権として分割されることはないと解される（すなわち、預貯金は不可分債権である）。

(9) 銀行等民間金融機関で取り扱われている定期預金は、多数の預金者を対象にした大量の事務処理を迅速かつ画一的に処理する必要上、管理を容易にして、事務の定型化、簡素化を図るものと解される』

5 ところで、わが国の金銭債権は一般に指名債権である。指名債権とは、特定の人を債権者とし、かつ、証券化されていない債権である。したがって、銀行が預金者に交付する預金通帳、預金証書は有価証券ではなく、単なる証拠証券にとどまる。また、これまで預貯金は一般に要物契約と解されてきた。つまり、当事者の意思表示のほかに、目的物の引渡し、すなわち、元本となる金銭その他を給付することを効力発生の要件にしていた。ただし、判例・通説ではこれに加えて諾成契約型の預貯金も有効とされてきた。今回、改正民法第657条で「寄託は、当事者の一方が相手方のためにある物を保管することを約し、相手方がこれを承諾することによって、その効力を生ずる」とされたため、今後は法文のうえでも要物契約に加えて諾成契約でも可ということが明らかにされた。

6 預金は膨大な債権者（すなわち預金者）の存在から、銀行窓口における大量処理、形式処理、簡便処理などが長年の慣習として国民生活において根ざしており、いくつかの特別の取扱いが認められている。

① 預金の過誤払い（準占有者への支払）の扱い

銀行側による預金の過誤払いに関して、請求者が権限者でないことについて銀行が善意かつ無過失であれば（一般には請求者が預金通帳、登録印鑑等を所持・提示するなどの正当な預金者らしい外観があり、これを銀行窓口が信頼して取引を行うのであれば）、有効な弁済とされる（民法改正によってもこの点は維持されている）。

② 預金の振込による弁済に関するルールについては民法には規定がないので、解釈に委ねられている。通説では被仕向銀行が受取人の預金口座に入金記帳した時点をもって、弁済が行われたとされている。

第9章 業務の範囲（銀行法第10条～第12条） 113

第2款　預金の種類

1　預金は、顧客のさまざまなニーズに応えられるように各種の内容に区分されている。しかし、個々の預金について格別の法令の定めがあるわけではない。現在、定着している各種の預金の呼称や内容は、その必要性から、実務における一つひとつの積重ねにより帰納法的に定型化されてきたものである。

2　預金を分類する場合、一般に、要求払預金と定期性預金、流動性預金と固定性預金、などの区分が用いられている。

要求払預金とは預金者の要求に応じて、随時、自由に払出しが行われる預金の総称である。当座預金、普通預金が代表的なものであるが、このほかに通知預金、納税準備預金などがある。

これに対して定期性預金は、一定期間は原則として払出しができない預金であり、定期預金がその代表例である。いつでも自由に払出しの行われる要求払預金は、銀行からみると運用資産としての安定性という点では定期性預金に比べ劣っているので、預金利率は定期性預金より低い率が適用される。一方、要求払預金を利用者側からみると、貯蓄・利殖機能は定期性預金に比べ劣るが、受払機能、各種決済機能、保管機能において優れており、顧客の財布・金庫がわり、ないし家計簿がわりに広く利用されている。

通知預金は両者の中間に位置しているが、通常、据置期間（払出しを禁止されている期間）が預入れ後7日間と短く限定されている商品なので要求払預金に含まれる。

3　第2の区分は流動性預金と固定性預金である。

流動性預金は預入期間（顧客が銀行に金銭を預け入れる期間）を固定せず、いつでも払い出すことのできるかたちで保有される預金である。要求払預金の概念とほとんど重複することになる。しかし、企業会計において、流動性とは、通常短期間に返還期日がくる負債、ないし、短期間に現金化することのできる資金を指して、流動負債、流動資産という言葉が用いられていることとの整合性から、預金の分野でも流動性預金といった場合には超短期の返済期間をもつ預金を指すことがある。流動性預金に対比する言葉として固定

性預金がある。固定性預金は預入期間が比較的長く固定されている預金である。

4　銀行法施行規則に定める業務報告書、日計表では銀行が受け入れる預金の種類として、当座預金、普通預金、別段預金、通知預金、定期預金、定期積金、据置預金、納税準備預金、非居住者円預金、外貨預金、譲渡性預金の11種類に分類することとされている。

5　預金は、さらに多くの異なった種類のものがありうる。銀行は法令に抵触しない限り、いかなる種類の預金等の受入れをなすこともさしつかえないと解される。過去の事例としては、たとえば譲渡性預金は昭和54年に初めて発行されたもので、指名債権譲渡という制限付きではあるが、譲渡性を有する点で従来の預金の概念とは異なっていた。わが国ではそれまで預金に譲渡禁止の特約が付せられ、譲渡性がないのが常であった。しかし、譲渡性と預金であることとは本来矛盾するものではなく、これを預金と解して問題がないので、昭和54年から預金の種類として譲渡性預金が加わった。こういうかたちを経て、預金の種類は増加していく。

6　農業協同組合、漁業協同組合、郵便貯金等では従来から「預金」という言葉のかわりに「貯金」という語句が使われている。しかし「預金」と「貯金」との間に実質的に意味の差異があるわけではない。強いていえば貯金は小口、零細のものに特に重点を置いて表現するときに用いられる。いずれにしても法律的には区別はなく、沿革的な用法ないし語感の違いにすぎない。

7　預金等と類似しているが、これらと異なるものとして、次の金融商品がある。

第1は金融債である。

金融債は銀行の発行する社債の一種である。この点で預金とは明確に区別される。社債発行者の便宜に供するものであり、また、その画一的性格からみても法的性格は預金とは異なる。

第2に、一般の借入金があげられる。借入金の経済的性格は元本を返還することになっている金銭の受入れである点で預金と同じである。しかし、借入金の法的性質は消費貸借であり、預金とは異なる。

つまり、借入金はあくまでも借主の便宜に供する目的で行われる契約であ

る。預金が資金の預け主の便宜のために行われるものである点で明確に異なっている。借主が一定の目的をもってこれを運用するのが特色であり、また、貸主が金銭の元本の返還について不安をもつことになるから、担保を徴することも多い。他方、預金には一般に担保という概念はない。これは寄託という面から説明すべきであろうが、実態的に消費寄託が消費貸借に類似しているという点からすれば、無担保取引を現実に可能としているゆえんは一般公衆の銀行に対する信用、信頼にある。ここにも、銀行にとって一般公衆からの信頼がいかに大切かが表れている。

第3としてコール・マネーがある。これは超短期の借入金であって預金ではない。

第1　当座預金

1　当座預金は、預金者が必要に応じて自由に払出しを請求できる預金である。

預入れ、払出しともに1円単位で自由にできる。

主として企業の決済口座として利用されている。企業は取引銀行との当座勘定取引契約のもとで、取引銀行を支払人として振り出した小切手、または取引銀行を支払場所とする約束手形や為替手形によって、当座預金の払出し、ないし当座預金による決済を行っている。当座預金は昭和19年以来無利息とされている。

このように当座預金は、いつでも引き出すことができること、引き出す場合は小切手・手形をもって行うこと、の2点に特色を有する。たとえば、甲銀行に当座預金を有する乙が丙に金銭の支払をなす場合に、乙は現金のかわりに甲銀行に宛てた小切手を振り出してこれを丙に交付する。丙がこれを甲銀行に提示したときは、甲銀行は甲銀行にある乙の当座預金から払い出して、右の小切手に対して支払をなす。したがって、利用者にとって日常の資金の出納を自ら行う煩わしさから逃れることができるなどの便宜がある。

そして、当座預金においては、銀行は単に金銭を保管するほか、預金者の諸支払をなし、これに伴う計算の整理をなすので、銀行をして自己の会計係の仕事を担当させる結果になる。そのうえ、融資等により受けた資金が当座

預金勘定に振り込まれ、随時利用できる。このような諸事務は民法上の委任または準委任に基づく事務と解される。委任とは、当事者の一方（委任者）が他方（受任者）に事務の処理を委託する契約（民法第643条〜第656条）である。法律行為以外の事務処理を委託する場合は準委任という。

今日、当座預金の開設なくして企業が円滑に商取引を行うことは不可能といってよい。

他面、当座預金にも短所がある。当座勘定取引が悪用されるおそれがある点である。当座預金口座に十分な資金がないにもかかわらず、取引先が小切手類を乱発すれば、不渡りの結果を招いて信用取引が混乱する。こうした弊害を未然に防止するために、銀行は当座預金勘定を開設するにあたって相手方である顧客の資力や信用度を詳細に調査し、慎重に対応することを旨としている。

2　当座預金勘定契約は、小切手類の支払事務等を内容とする小切手契約と、支払資金となるべき金銭の受入れおよび保管を目的とする消費寄託ないしその予約を含む、継続的な取引契約である。それらは相関連して経済的実態をもつものであるから、一つの包括的な契約をなしている。

取引先の当座預金勘定からの支払は、小切手の振出しによる場合に限らない。約束手形が振り出され、または為替手形の引受けがなされるときに、支払場所としてその銀行の営業所が指定された場合に、銀行は支払の受託があったものとして取引先の当座預金勘定から支払を行う。他方、銀行は支払担当者として支払の見返りに、約束手形の振出人または為替手形の引受人に対して求償権を取得する。なお、通常、当座預金勘定の存在を前提にして、当座貸越契約が締結される。当座貸越契約は、仮に当座預金の残高がない場合でも、当座預金の預け主にかわって銀行が一定の極度額（限度額）までは支払をすることをあらかじめ約束するものである。この契約は、法形式としては当座預金勘定契約と別個、独立の契約である。

3　企業間の取引は多額かつ頻繁である。各企業にとって、常に現金のかたちで多額の決済資金を手元に置くのは膨大な手間を要することになる。その機能を代行しているのが当座預金である。当座預金は要求払預金の典型として預金通貨の中心をなす。当座預金は小切手の振出しという方法をとって預

第9章　業務の範囲（銀行法第10条〜第12条）　117

金を実質的に移転させ、日銀券（お札）に代替して、債務の返済を完了させることができる。あたかも日銀券と同じような決済性を発揮する。

　手形割引の代価が現実に日銀券の授受を経ないで帳簿上、当座預金勘定に記入され、あるいは、企業間の商取引における代価が小切手によって支払われ、それが日銀券に交換されることなく、他方の当座預金残高を増加させることになる。これらの小切手は、手形交換の仕組みのなかで、銀行単位で相殺される。各人は、小切手金額に見合う支払資金を随時銀行に準備していなければならないはずであるが、相殺の機能によってわずかな資金、つまり、決済尻のみに対応する資金ですべての取引の決済が可能になっている。銀行間の決済の後に各銀行に債権・債務として残った額は、日本銀行の本支店において各銀行が日本銀行に対してもっている当座預金によって決済される。

第2　普通預金

1　普通預金は、1円以上の単位で預入れ、払出しのできる要求払預金である。個人ないし一時的に余裕金をもつ企業などに利用されている。普通預金の払出しは、銀行が交付した預金通帳とあらかじめ届け出た印鑑ないし暗証番号の呈示により行う。今日では、現金自動預入支払機（ATM）、現金自動支払機（CD）等の機械を使ったキャッシュカードによる預入れ、払出しが多くなっている。ATM等を利用する場合はキャッシュカードが発行され、その利用についてカード規定が約定されている。カードの申込みに際しては4桁の暗証番号の登録を行い、支払に際しては機器がカードと暗証番号を確認して払出しが行われる。この行程から明らかなように、暗証番号は印鑑と同一の機能をもつ。

　銀行の顧客は普通預金を通じて口座間の資金振替えや年金、配当等の自動受取り、公共料金・税金・保険料・クレジット代金の自動支払などのサービスが受けられる。利息は半年ごとに計算され、支払われ、元金に組み込まれる。これを元加という。当座預金が無利息であるのに対して、利息がつくわけである。利子は通常、定期預金に比べると低めに設定されている。このように、普通預金は短期の貯蓄手段であると同時に、決済口座としての役割を果たしている。

普通預金の特色としては、①小切手などを使用せず、公共料金の支払等を自動振替えのかたちで行う、②給与、配当などの送金の受け皿になる、③継続的な取引であり、解約をしなければ、仮に預金残高がゼロになっても口座はなくならない、④一つの口座に一つの通帳を使用して受払いを行い、個々に預けられた預金が一つの預金債権を構成している、⑤年2回、利息を元金に組み入れる慣行が確立している、などである。

2　ここで、普通預金の法的性格に立ち入ることにしたい。

　普通預金は、期間の定めのない金銭の消費寄託契約である。前述のとおり、預金債権は口座への預入れごとに成立するのではなく、一つの債権に合体して1個のものとして成立し、反復する預入れ、払出しによる金銭の増減にかかわらず、常に一体となった残高債権として扱うことが当初から予定されているものである。預入れ、払出しが反復継続して行われる包括的、継続的な預金契約である。

　普通預金の口座開設にあたっては、通常は、印鑑票の提出を受けて行われている。これは、当座預金に比べれば法律関係が単純であることや、第三者との関係を生ずることが少ないことによるものである。しかし、銀行側は、普通預金口座開設の申入れを必ず受けなければならないという法律上の義務を負うわけではない。普通預金の本旨に沿った利用でないことが判明すれば、銀行は普通預金の口座開設を拒否することができる。普通預金は、預入れ、払出しが自由に行える。また、低率ではあるが、利息がつく。つまり、決済性とともに、多少とも貯蓄性商品としての特徴を備えている。このため、家計用の貯蓄手段として普及しており、また、当座勘定をもたない中小企業の営業の出納用の預金としても利用されている。

3　銀行は、一度、普通預金契約が成立すれば、その後は、顧客が金銭を通帳とともに差し出す限り原則としてこれを受け入れなければならない。預金には、利息の約定がある。利息の割合、計算方法などの具体的な事項は、約款には直接規定されず、銀行の定めるところによる。普通預金は、小切手、利札、配当金領収書、郵便為替証書などの取立金を受入れの目的とすることもできる。不渡りのときはそのまま返還することとなる。

4　顧客は、銀行の営業時間内であれば、いつでも普通預金の払出しを請求

第9章　業務の範囲（銀行法第10条〜第12条）　119

することができる。普通預金の預入れ、払出しを行うには、銀行所定の払戻用紙に金額を記載し、記名捺印のうえ、通帳とともに銀行窓口に提出しなければならない。その場合、銀行側が相当の注意を払って印鑑の照合をなしたうえで支払などの取扱いをした場合には、銀行はそれによって免責される。普通預金はATMなどの機械を通じて資金の受払いができる。

第3 別段預金

1 別段預金は、銀行取引において生じた決済や整理されていない保管金や預り金などをとりあえず処理するために設けられる銀行の債務勘定科目の呼称である。銀行法施行規則別紙様式第3号では、「その他の預金」とされている。

銀行が取り扱う株式配当金、日本銀行代理店・歳入代理店として受け入れた歳入金、株式の払込金、銀行が自己宛小切手を振り出したときの支払資金、などがそれに当たる。別段預金は広範にわたる種々の預り金等を整理するための仮の勘定である。その性格は統一して定められていない。したがって、特定した約款は存在しない。特約のない限り、預入期間は定められていない。利息を付する場合（通知預金の利息以下）もあるし、付さない場合もある。必要に応じて預り証が発行されるにすぎず、一定様式の預金通帳や預金証書は発行されない。いずれにせよ、その性質は、統一的に定められていない。

別段預金は預金者単位の口座ではなく、資金の種類、内容別に適宜括られた口座として内訳が設けられる。種類としては顧客が資金につき返還請求権をもつ預り金的なものと、返還請求権をもたない仮受金的なものとがある。また、事務委託の目的のために提供され、またはその処理において経過的に保管されているものなどがある。

2 具体的には、第1に、継続的な事務委託に係る受入金として、①株式配当金や公社債元利金の支払委託に伴う配当金支払基金、②会社設立や増資の場合に株式払込事務委託に基づいて受け入れる株式払込金、③日本銀行との国税その他の歳入金の受入事務委託により受け入れた資金である「日本銀行国庫歳入代理店口」、④不渡異議申立預託金、などがある。

一時的な預り金が第2の範疇を形成している。1回限りのものとしては、当座預金解約残金、相殺後預金元利金、振込不能金、および睡眠口座として監理口に編入されたもの、などがある。

3 第3の性格のものとして、担保手形の取立金を手形貸付の返済に充当するまでの一時的な保管金がある。つまり、担保とした商業手形の取立代り金を一時的に留保して、相当額に達したあと、貸付金回収に充当するものである。

第4として、自己宛小切手の支払資金があげられる。銀行が自ら振出人となって発行する小切手を自己宛小切手（預手）という。この場合、発行依頼人より受領した資金を別段預金（預手口）に留保し、小切手の呈示があったときに引き落とされる。

第4 通知預金

1 通知預金は一定期間の据置期間があり、据置期間中は払出しができない性格の預金である。据置期間はわが国では7日間とされている。また、預金者が払出しを受けるには、2日以前に、払出日を予告ないし通知しなければならない。通知預金の利用者の多くは企業である。

銀行としては、一定の据置期間があり、また、預金が引き出される前に通知を受けるので、定期預金に次いで自由に運用できる性格のものである。そのため、利息は普通預金よりも高めに設定される。

企業にとって、営業資金に余裕ができた場合に定期預金を利用するには期間的拘束が長過ぎ、他方、当座預金、普通預金を利用するには無利子または低利に甘んじなければならない。そこで、通知預金は、企業などが一定期間、手元流動性に余裕がある状態が続くことを見越して、余裕金を一時的に普通預金等よりも有利に運用しようとするときに利用される。また、銀行間の同業者預金、すなわち、他の銀行または金融機関から預金を受け入れる場合に多く利用されており、それらの通知預金に占める割合が多い。

2 前述のとおり、通知預金の払出しには、7日間の据置期間と、払出しの2日前の払出予告を要する。据置期間の計算は、預入れ日を起算日にして7日目の終了をもって満了するから、8日目以降に払出しができる。払出予告

第9章 業務の範囲（銀行法第10条〜第12条） 121

は、予告日を含めて2日以上前、すなわち、払出日と予告日との間に中1日を要する。通知の方法には制限はない。

3　通知預金の法的性格としては、預入れの1口について一つの消費寄託契約が成立する。1口の金額の一部払出しはできない。数口の払出しが通帳に表示されていても、合体して一つの預金債権になるものではない。銀行は据置期間中、払出しに応じる義務はない。一種の確定期限付債権である。しかし、据置期間経過後は転じて期限の定めのない要求払預金の性格を有することになる。

第5　定期預金

1　定期預金は預入期間が一定期間に確定しており、その間払出しの請求ができない預金である。「貯める」ことを目的とする貯蓄型預金の代表的商品である。

定期預金の預入期間は一般に、3カ月、6カ月、1年、2年、等である。

銀行が顧客から定期預金を受け入れる際には、印鑑等の届出を受け、金額、満期日等の明細を表示した証書・通帳を発行する。預金者にとって、その期間は原則として引き出せないという拘束を受ける半面、利率は各種預金中最も高いので資金運用として有利であり、貯蓄性を有する。また、銀行からみると、期間中、支払準備なしに資金を運用することができるので、最も安定性の高い資金である。

定期預金は、このように預金者側、銀行側双方にとって利便性が高いので、今日、預金残高においてかなりの比率を占めており、わが国経済において重要な役割を果たしている。

2　定期預金の法的性格は、期間の定めのある金銭の消費寄託である。契約期間が経過したあとは、要求払預金となる。ただし、自動継続定期預金の約定があるときは別である。

預金債権は、預け入れるごとに個別に成立する。この点で普通預金とは異なっている。通帳式の定期預金では、1冊の通帳に複数口が記載され、残高が表示されている。その場合でも、支払期間が1口ごとに定められた独立の預金である。顧客との取引約定は、定期預金規定としてその種類に応じて定

められる。

3　契約の締結は普通預金の場合とほぼ同様である。銀行は、証拠証券かつ免責証券となる定期預金証書を預金者に交付する。預入れが複数口の場合には預金通帳を発行することがある。しかし、前述のとおり、この通帳は数個の定期預金債権を便宜上、一つの通帳に記載したものにとどまり、その各個について別々に受入れおよび払出しが記録される。

4　定期預金は、期限前には払出しをしないという約定の預金である。預金者側から期限前払出しの請求があったときには、銀行は期限の利益を放棄して中途解約に応ずる。その場合は、預入期間に応じて本来の定期預金の利率よりもかなり低めの期限前解約利率（中途解約利率）が適用される。定期預金の満期日以後の利子は、払戻しの場合、満期日から払戻しまでの期間については払戻日における普通預金の利率が、また、新たな定期預金への書換えの場合、満期日から書換え日の前日までの期間については書換え後の定期預金の利率が、それぞれ適用される。他方、銀行側の都合で解約されるときは、特約がない限り、銀行側は預金者が期間の到来までに受けるべき利益に相当する金額を支払わなければならない。

5　このように定期預金は、一定期間引き出すことができない点で要求払預金と異なっている。銀行としては預金受入れによる資金を長期間運用することができるので、相対的に高い利息を支払うことができる。後述するように、総合口座になっている場合には、定期預金を担保として自動的に貸出が行われる。総合口座であれば、期間による拘束は強いとはいえない。

6　定期預金は、預金者のニーズにあわせ種々の形態が工夫されている。まず期限の定め方に関しては、一定の期限（最短預入期間）経過後の預金者の指定した日に期限の到来する期日指定定期預金、期限到来の時に事前に申出がなされない限り自動的に同一の条件の契約が継続される自動継続定期預金などがある。次に、預入れの方法という観点からみると、一定の積立期間を定めて、その間に一定額ずつ定期的に積立を行う積立定期預金がある。

第6　定期積金

1　定期積金契約は、既述のとおり、銀行が積金者から「定期または一定期

間内において数回にわたり掛け金を受け入れて、満期に一定金額の給付を行うことを約する」契約である。その機能は預金に酷似しているが、法律上、預金とは明確に区別されている。

定期積金は、通常、契約締結の時に、第1回の掛け金が振り込まれるが、預金契約と異なり、それは契約の要件ではなく、当事者の合意のみによって成立する諾成契約である。積金者は、相互掛け金の場合とも異なって、掛け金の払込義務は負わず、銀行が一方的に給付金の支払をなすべき義務を負う片務契約である。しかし、積金者が定められた掛け金を払い込んでいることを条件として、それを対価として給付金の支払義務が認められると解されるので、条件付きの、かつ有償の契約である。

2 定期積金の定期的な掛込みは、満期における給付を受けるための条件の履行であり、満期に支払う契約給付金はこの掛込みに対する反対給付である。他の債権と定期積金との相殺についていえば、銀行の受働債権は満期における契約給付金の返還請求権である。満期未到来の場合には、この債務は発生していないから、定期積金契約を中途解約し、払込金と利息相当額の返還債務を生じさせ、それらの債務との間で相殺することになる。

3 こうした点を除けば、定期積金は、積立定期預金に著しく類似している。しかし、その法的性格は、次の6点で異なっている。

第1に、積金者が契約に基づいて掛け金を払い込み、それに対して銀行が満期日に契約に従い契約給付金を給付する。第2に、定期積金には、利息の発生ということはなく、満期日に支払われる契約給付金と払い込んだ総額との差額が利息に相当する給付補填金として支払われる。第3に、満期日までに契約した掛け金総額が払い込まれず中止されたまま支払う場合には、定期積金契約は条件不成立となり、各掛け金に普通預金利率によって計算された利息相当額が支払われるのが普通である。中途解約の場合も同様である。第4に、先払いの場合には、運用益の割戻しとして支払割引金が満期日に支払われる。第5に、払込みが遅延した場合には、満期日が繰り延べられるか、所定の遅延利息を満期日に差し引かれることになる。第6に、毎月1回、一定日に一定額を払い込む月掛け積金が一般的であり、契約期間は1カ月ないし1年以上5年以内である。

第7 総合口座

1　総合口座は、普通預金取引、定期預金取引および定期預金を担保とする当座貸越取引を1冊の通帳に組み合わせた取引である。預金者の種々のニーズへの対応を包摂した複合商品である。昭和47年8月に取扱いが開始された。その特質は、普通預金の残高が不足する場合、一定金額を限度として定期預金残高の90％以内まで自動的に当座貸越として融資が受けられ、代り金が普通預金口座に入金され、そこから自動的に引き落とされることにより、支払に充てられる仕組みになっている。当座貸越による貸出金の金利は、定期預金金利より自動的に一定の高い水準に設定されている。

2　総合口座に含まれる契約は、普通預金契約、定期預金契約、当座貸越契約、定期預金質権設定契約、普通預金と当座貸越の自動振替えのための委任契約などに分解される。普通預金、定期預金の法的性格は変わらない。定期預金が数口ある場合には、利率の低い順、同一利率の場合には預入日の早い順に担保の目的となる。また、担保の目的となっている定期預金について解約または差押えがあった場合には、その分を除外して貸越しの極度額を計算し直し、貸越金が新極度額を超えるときは、利用者側は直ちに超過額を支払わなければならない。

3　定期預金を担保とする当座貸越の法的性質は、消費貸借の予約と解される。貸越しは、普通預金残高が払戻請求額または口座振替えによる引落額に比して不足するときに、不足相当額について行われ、その貸付額は自動的に普通預金口座に入金される。普通預金への振替入金額は同時に、普通預金の払戻しに充てられる。貸越極度額までは、貸越は反復継続して行われる。

□第2節　資金の貸付

1　銀行の固有業務のなかで預金業務と対をなすのが資金の貸付および手形の割引業務である。一般に資金の貸付とは、金銭を貸与して利息を得ることを目的とする行為である。別の言い方をすれば、金融機関が顧客から借用証書または手形を受け取り、それとともに資金を貸与する与信行為をいう。法

第9章　業務の範囲（銀行法第10条〜第12条）　125

律的にみると消費貸借契約である。また、手形の割引とは、商業手形、為替手形等を手数料差引後、現金化することをいう。

これまで民法において消費貸借は要物契約であった。すなわち、借主が貸主（銀行）から目的物（金銭）を受け取ってはじめて効力が生ずるとされてきた。しかし、改正民法では書面または電磁的記録によって合意すれば、目的物を受け取る前であっても、消費貸借の効力が生ずることが明文化された。このことは銀行の貸し手責任ないし融資実行責任がいつから生ずるかについて少なからぬ影響を与えることになるので、貸し手・借り手の両当事者にとって注意を要する。

2　法律上の言葉としては、「貸付」「貸出」「与信」などが適宜使い分けられている。そして、同じ「貸付」という言葉が使われていても、その具体的な意味は実のところ多義にわたっている。

「貸付」という語彙を中心にみていくと、実務上、広狭五つの段階にわたって使い分けられている。狭いほうからいくと、まず最狭義の「貸付」は手形貸付と証書貸付だけを意味する。この定義の貸付は、臨時金利調整法第1条第2項の「貸付」にみられる。同法は、貸付、手形の割引、当座貸越、コール・ローン、コール・マネーをそれぞれ並列して記述するかたちをとっており、ここでの貸付が手形貸付と証書貸付の意味に限定して使われていることがわかる。

続いて狭義の「貸付」は、単名与信という括り方である。銀行が取引先に対して行う与信のうち、複名与信である手形の割引を除いた単名与信を指している。具体的には、前記の手形貸付、証書貸付に加えて、当座貸越を包含する意味に使われている。銀行法第10条第1項第2号の「貸付け」がこれに該当する。同号は「貸付け」と「手形の割引」とを併記しており、また、債務の保証、有価証券の貸付は、次の第2項で付随業務としてあげているので、「貸付け」が当座貸越を含む意味であることを示している。

広義と狭義との中間に位置する「貸付」は、銀行の取引先に対する与信を包括する意味で使用される。具体的には、手形貸付、証書貸付、当座貸越に加えて、手形の割引を含む概念として使われている。

広義の「貸付」は、中間的意味の貸付に加えて、さらに金融機関に対する

貸付であるコール・ローンを包含するものである。

　最後に、最も広いのは、以上の広義の貸付に加えて、銀行法によって付随業務とされている債務の保証、手形の引受け（銀行法第10条第2項第1号）、有価証券の貸付（同項第3号）などを含む概念である。資金の貸付と手形の割引は資金の交付を伴うのに対して、債務の保証、手形の引受け、有価証券の貸付は、資金の交付がない点で取引法上、「貸付」とは区別して扱われるのが普通であるが、時には貸付に含ませて使われる場合がないわけではない。しかし、これほど広い領域になると、むしろ「与信」という言葉のほうがふさわしい。

3　貸付および手形の割引は、銀行が一般公衆から預金その他のかたちで資金を調達し、その資金を自己の責任と計算において企業などの借り手に供給するものである。経済的にいえば、金融機関の資金は、経済社会各層の資金を吸収して、受払い、貸借等のかたちで立体的に集積していき、産業活動の原資として企業部門、政府部門など各需要者に貸し付けられる。貸し付けられた資金は、流通の過程で金融機関への預金等になり再び金融機関に吸収、集積される。

　こうして金融機関を中心に資金は離合集散を繰り返し、当初の資金の数倍の資金量となって信用を創出し、経済社会発展の基盤をなすわけである。銀行が資金をいかに適正に貸し付けるか、言い換えれば、いかに適正に資金を配分するかは、わが国社会にとって誠に重大な課題である。銀行業務の公共性がここに深くかかわっているといっても過言ではない。

4　ここで参考までに述べておくと、銀行が貸付を行うにあたって、一般に五つの原則があると言い習わされてきた。いわば金融界における貸付にあたっての鉄則のようなものであり、銀行が貸し付けるにあたって確保されなければならない審査要件でもあるわけであるが、それは、安全性、流動性、収益性、公共性、成長性の5項目をいう。以下、説明しておきたい。

　「安全性」とは、貸出金が確実に回収されることをいう。そして、そこから派生する概念として、貸出金が、地域別、業種別、企業別等の各角度からみて、適度に分散していることをいう。分散していれば、銀行にとって、一定の会社、一定の地域、一定の産業の経済活動における行き詰まりや貸倒れ

がそのまま直ちに銀行経営全体を揺るがすという事態を免れることができる。銀行にとって、損失を一定の範囲に限定ないし局限することが可能になるわけである。他の部分で補い、治癒する余裕が生まれることになる。

次に、「**流動性**」とは、預金者は必要に応じていつでも自由に預金を引き出すことができるため、銀行はある程度手元に現金化の可能な資産を準備しておかなければならないことをいう。言い換えれば、貸出金はあまり長期のものに集中することができない。「流動性」原則のもとで、銀行は、預金等で集めた資金の運用内容を預金等の調達期間にあわせるかたちで、その期間構成を常に調整していく必要性に迫られる。調達と運用の期間構成が同じであるという状態が保たれていれば、たとえば、短期の預金が大量に払い出されても銀行側は手持ちの短期の資産で対応することができ、自信をもって日々の営業を行うことができる。資産・負債総合管理手法（ASSET LIABLITY MANAGEMENT：「ALM」）など、コンピュータを駆使した流動性管理技術がこの分野で多大な貢献をしている。

「**収益性**」とは、銀行の収入を増加させ、支出を減少させて、銀行の利潤ないし収益を確保することをいう。銀行も私企業である以上、採算のよい貸付でなければならないことをいう。これは、あまねく、すべての企業に共通する原則である。

「**公共性**」とは、銀行が一般の預金を受け入れて、これを資金源として貸付をするからには、一般の預金者の利益の保護を図らなければならないし、貸付にあたって公共の利益という観点に立たねばならないことを意味している。公共性については、これまでも再三述べたところである。

最後に「**成長性**」であるが、これは貸付が貸付先の企業等の成長に寄与しなければならないことである。そして、それに伴い、結果として銀行自身の成長につながることが必要である。「成長性」の中身は、まず顧客である企業等の成長・発展に資することが求められる。そして、その反射的作用として、銀行の成長・発展が促進されるものである。

五つの項目はいずれも互いに関連性をもつ。これらの項目それぞれについて最大の成果をあげることを目指しつつ、その間で最適な調和を見出していくことが銀行経営の要諦であろう。

貸付は前述のとおり、勘定科目の種類によって、証書貸付、手形貸付、当座貸越、手形担保貸付等に区分される。

第1　証書貸付

1　証書貸付とは、貸付にあたり、証拠として借用証書を徴するものをいう。

借用証書は契約の成立や効力そのものに影響を及ぼすのではなく、単に契約成立とその内容を証拠づけるものにすぎない。

企業に対する長期運転資金や設備資金の供与など、一般に長期の与信において代表的な貸付形態である。このほかに、不良貸付を長期的な返済計画を立てて整理するための貸付、たとえば、救済資金、滞貨整理資金、日本政策金融公庫・長期信用銀行などの代理貸付、地方公共団体に対する融資など、通常、1年以上の長期貸付について行われる。

2　証書貸付は、貸付にあたって借用証書を作成する点に特徴がある。これが、「証書」貸付と呼ばれるゆえんでもある。借用証書には、貸付金額、返済期間、利率、利息支払の時期と方法、使途、返済方法、返済場所、債務不履行の場合の損害金、契約の年月日などが記載される。借用証書が単なる私書ではなく公正証書である場合には、強制執行承諾約款があれば確定判決を得ないで銀行側は強制執行を行うことができる。また、私署証書の場合でも、「銀行が請求した場合は、強制執行承諾約款付の公正証書の作成に応じる」旨の約定が入っていることが多い。

3　なお、証書貸付は、通常は長期貸付であるから、貸し手である銀行は元本回収まで不安定な地位に置かれる。そこで、債権保全のために、不動産抵当、財団抵当などの担保を徴することが多い。証書を徴して貸し付ける場合であっても、債権保全のため、手形を徴することがあるが、融資期間や融資目的などの点からみて、その実質が証書に重点があるものは、やはり証書貸付に分類するのが適当である。

証書貸付の利息は後取りであり、通常は3カ月ないし6カ月の一定期間ごとに支払われることが多い。

第9章　業務の範囲（銀行法第10条〜第12条）　129

第2　手形貸付

1　手形貸付とは、貸付先から借用証書にかえて銀行を受取人とした約束手形の差入れを受け、資金の貸付を行うものである。

手形貸付の場合に用いられる手形は銀行を受取人とする約束手形である。銀行は手形貸付を実行することによって、手形債権と金銭消費貸借契約上の債権とを取得する。手形貸付を実行するときは手形だけを徴求すれば足りる。

手形貸付は、一般には、その期間が2カ月、3カ月といった短期間の貸付に利用される。長期の貸付に利用されないわけではないが、その場合には前述のように概して証書貸付と併用される。何ゆえに銀行が借用証書のかわりに手形を割り引く方法をとるのかといえば、銀行はこれによって通常の貸借上の権利以上に回収が簡便かつ迅速である手形法上の権利をもつことができるからである。

また、顧客の側からみても手形債権は手続が簡単で紛れることがなく、予見可能性が確保され、信頼のおける契約体系をなしている。手形貸付による貸出方法は、商業手形割引とは対照的に、通常は債務者が手形振出人1名のみであるところから、単名手形と称される。複名である商業手形に比べ債権の回収の確実性が相対的に低いとされ、債務者の信用度に応じて物的・人的担保を要求する場合がある。

2　実態的にみると、銀行が短期の与信をなすときは、証書貸付によるよりも、手形貸付による場合のほうが多い。その理由としては、貸し手にとっての法的、経済的有利さがあげられる。

まず第1に、手形は取立手続が簡便かつ強力である。具体的には、貸付銀行が手形の支払場所を自行の営業所にしておけば、債務者が当該銀行にもつ当座預金口座で決済することができる。一方、手形の支払場所を他行の営業所としておけば、手形交換制度により取り立てることができる。手形交換制度であれば、不渡処分の制裁を背景として心理的な強制機能が働き、取立ての実行が容易になる。債務者が債務の返済をしないときに、借用証書の場合であれば、債権者は民法の一般原則に従って履行の請求や損害賠償を求める

ことになる。他方、手形の場合は、手形法によって、手形関係人が支払の義務を負うなど手形上の権利を簡便、確実に行使することができる。

第2に、手形貸付では、銀行にとって他の金融機関への再割引に付して現金化するという簡便な資金化の方法がある。さらには、手形を他行からの借入れやコールの際の担保に使用できるし、ファクタリング会社に売却することも可能である。

第3に、債権譲渡に関して、証書貸付の場合は指名債権譲渡方式によるので、確定日付のある文書による債権譲渡通知、または債務者の承諾が必要である（民法第467条、第468条）。これに対して、手形債権の譲渡は裏書で足りる（手形法第11条）。

以上のことは同時に、債務者にとっても証書貸付に比べ債務内容がより明確であり、簡便であるので利用しやすいことを意味している。

手形貸付は、割引料の形式で、利息に当たる額を手形額面から差し引いて相手方に交付するので、利息は先取りとなる。

3　商業手形を担保としてなされる貸付が、商業手形担保貸付である。銀行の顧客である企業が、小口の商業手形を多数有するときに、顧客はこれを一括して担保に供し、その手形金額の合計額に見合った金額の貸付を受けるものである。手形は手形割引のかわりに担保として供されているのであるが、常にこの手形金の回収が図られることから、実質的には手形割引に近いものである。

第3　当座貸越

1　当座貸越とは、銀行に当座勘定を有する銀行顧客がその銀行における当座預金残高を超過して小切手を振り出した場合、銀行は一定の限度（極度額）までその小切手に対して支払をなすことをあらかじめ約束するものである。支払資金である当座預金残高を超えて資金を貸し付けるという意味で貸越しという用語が用いられている。証書貸付、手形貸付の場合は契約の成立と同時に貸出が行われるが、当座貸越はこれらとは異なり、当該顧客が預金残高を超えて小切手を振り出し、小切手が手形交換所を経由して支払提示されたときに初めて貸出が実行される。

第9章　業務の範囲（銀行法第10条～第12条）　131

また、当座預金に入金することにより、随時、当座貸越の借入金を返済することができる。したがって、貸出の実行と返済とが、顧客の意思によって決定される点に特徴がある。

　当座貸越では、あらかじめ貸越極度額が定められる。顧客側は、この極度額の範囲内でいつでも借入れを起こすことができ、また、資金に余裕が生じれば、当座預金に入金して返済することができるので、企業等の利用者にとって、利息の支払を最小限に抑え、効率のよい資金繰りが行える。他方、金融機関側は、貸付用の資金を常に準備しておかなければならないし、残高が変動するので利息計算や資金管理が煩雑になる。

2　当座貸越においては、通例、債権の保全、その他相当の事由があるときには極度額を減額し、貸越しを中止し、または契約の解除をすることができる旨の特約が付されている。銀行側は継続的な貸付の義務を負っているだけに、経済や個別企業の事情の変化に伴う危険（リスク）への対応策をとらなければならないときがありうるからである。

　顧客側はいつでも借入金を返済することができる。実際には、貸越しと返済とがたえず繰り返し行われることになるが、貸越し・返済のつど差引計算がなされる。したがって、利息もそのつど貸越残高を元本として計算される。確定した利息は当座預金から引き落とされ、不足する場合には貸越元本に組み入れられる。

3　当座貸越継続中における取引先の返済の法的性格は、当座預金となった後に相殺されるのではなく、直ちに弁済されたものと解される。銀行は、貸越極度額を超えて手形、小切手が呈示された場合にはこれらの支払を行うこともできる。その場合には、直ちに極度額を超える金額の支払を請求することができる旨の約定がなされているのが通例である。

第4　手形割引

1　手形割引の典型的な形態は、手形所持人が手形の満期前にこれを換金するために、銀行に対して手形を譲渡し、銀行から手形金額より譲渡日以後満期日に至るまでの利息相当額を控除した金額を受け取る。手形の譲渡を割引といい、利息相当額を割引料という。銀行は譲り受けた手形を満期日まで所

有して手形債務者から手形金額を取り立てることもできるし、満期日を待たずにそれ以前の段階で他の金融機関に再譲渡して資金を回収することもできる。いわゆる手形の再割引である。その場合、通常、裏書譲渡がなされる。

2　上記事例において、手形割引依頼者はそれまでに商取引によって、他人、たとえば商品の買い手に手形債権というかたちで信用を与えており、手形割引をもってこの信用が銀行等に肩代わりされることを意味している。

割引依頼者にとって、商取引により生じた債権で流動化できなかったものを、これにより流動化させることができたわけであり、新たに資金の貸与を受けたのと同じ意味をもつ。手形割引は貸付と並んで銀行の重要な与信業務に位置づけられる。手形割引は手形が短期の信用証券であるところから、短期の与信の分野で利用されている。

割引手形と呼ばれるものは、手形割引によって取得される手形である。商業手形、銀行引受手形および荷付為替手形がこれに該当する。

(1)　商業手形

商業手形とは、実質的な価値をもつ商品の取引が実際に行われ、その取引に基づいて発行される手形をいう。現実の商取引に裏付けられており、支払が比較的確実である。つまり、手形の主たる債務者が、手形振出しの原因をなす商品の買入れの後に当該商品を転売するなどして手形の決済資金を入手することが当然に予定されているので、手形が支払われる確率は高い。また、資金提供者側は、資金の提供を受ける割引依頼者のほかに別に手形の主たる債務者が存在し、そのいずれに対しても支払を請求することができる。つまり、割引依頼者も裏書人として手形に署名するので2人以上の手形債務者が存在し、いわゆる複名手形となるわけである。銀行が割り引いた商業手形のうち、一定の要件を満たすものについては、日本銀行において再割引を受けることができる。

商業手形に対して、商取引の裏付けがなく、単に相手方に信用を供与するために振り出される手形が融通手形である。銀行は融通手形を割引手形として受け入れていない。これは、融通手形は商取引の裏付けをもたないだけに被融通者も融通者も手形の決済資金をもたないことが多く、手形が不渡りになる危険性が大きいからである。

第9章　業務の範囲（銀行法第10条〜第12条）　133

⑵　銀行引受手形

　銀行引受手形は、銀行が引受人として手形署名をしている手形である。実際には銀行等が保証等をする形式で利用される。銀行が引受人になっているので、手形としては最も支払の確実なものである。取引先の資金入手を円滑にするために利用されるものである。

　企業が行う国際取引において、当該企業のために銀行が信用状を開設し、その信用状に基づいて振り出された為替手形を銀行が引き受けることによっても生じる。また、国内取引において、銀行が自行に宛てて振り出した為替手形を引き受ける場合にも生じる。銀行が主債務者として引き受けなくても、保証または裏書の形式で保証債務、遡求義務を負う場合には、その性質は上記の銀行引受手形と異ならない。かつて「銀行引受手形」という語彙は、本来の法律的意味に限定されて用いられていたが、戦後は経済的機能に着目して保証などを含む定義づけがなされている。

⑶　荷付為替手形

　荷付為替手形とは、物品の売主がその買主を支払人として振り出した為替手形であって、船荷証券または貨物引換証を担保として割引を受けるものをいう。

　荷付為替手形は隔地者間の売買取引において生じる。まず、代金取立てのために、売主が買主またはその指定銀行に宛てて為替手形を振り出す。その際、売主は運送中の貨物を表象する証券、すなわち、船荷証券または貨物引換証等を担保として、自己の取引先銀行でこの手形の割引を受ける。当該銀行は、買主所在地の自行の支店または為替取引約定のある銀行に荷付為替手形と担保品とを送付して取立てを依頼する。依頼を受けた銀行は、手形支払人である買主またはその指定銀行に通知を行う。支払人がこの手形の引受けまたは支払をなしたときは担保品である船荷証券または貨物引換証を交付する。これにより買主は運送品、寄託品等の目的物の引渡しを受けることができることになる。

　引受けあるいは支払が拒絶されたときは、銀行は売主に対し遡求権を行使していくか、または、担保品である船荷証券等の物品証券を換価処分して資金回収を図ることができる。荷付為替手形の割引は、割引銀行を受取人とし

て売主が為替手形を振り出す場合と、自己を受取人として割引銀行に裏書譲渡する場合とがある。荷付為替手形は、国内取引で利用されるのはまれであるが、外国貿易では、輸出業者と為替銀行との間で貿易金融の方法として広く利用されている。

第5　コール・ローン

1　コール・ローンは、金融業者間で行われるきわめて短期の貸付である。語源は、英国金融市場における「CALL ……呼べば戻る」というほどに短期の資金を指しており、わが国では原語のまま使用されている。貸出の各項目中、銀行貸借対照表別紙様式に資産の部において別掲示するかたちで表示を要するとされている。

　コール・ローンは、銀行が、近い将来の資金需要に対する準備という意味合いで手元の余裕資金を他の金融機関に超短期で融資し、他方、借り手側の金融機関からみると、手形交換尻や為替尻の決済などに充てられる。個々の銀行がコール・ローンの出し手ともなり、取り手ともなるわけである。

2　コール・ローンの内訳をなす種類は弁済期限の差異に基づいている。資金授受の翌日に返済される「翌日物」、出し手、取り手ともにいつでも回収の通知をなし、その翌日回収できる「無条件物」、7日以内の一定日数間据え置いた後、出し手、取り手双方とも、いつでも通知して回収が行える「7日以内据置物」がある。このほか、即日回収される「半日物」、その月のうちで一定期間据え置く条件のもとで取引される「月中物」、資金授受の当月は据え置き、月を越して回収する条件の「月越し物」などがある。

3　コール・ローンの取り手は、初めての出し手に対しては、金額、種類、利率、担保、資金受渡しの方法など貸借の基本関係を定めた約定書を差し入れる。国債、その他返済が確実な有価証券が担保として使われるが、そうでないものを担保とした場合には当該コール・ローンの現状を明示することが義務づけられている。

第9章　業務の範囲（銀行法第10条〜第12条）　135

□第3節　為替取引

第1款　総　説

1　銀行法は、第2条で銀行業の定義として、①預金の受入れと資金の貸付等とを併せ行うこと、②為替取引を行うことと規定し、為替取引業務を、預金業務、貸付業務と並ぶ銀行の固有・基幹業務の一角として位置づけている。

　銀行法が、為替取引のみを行うだけで「銀行業である」としたのは、さかのぼれば江戸時代の両替商、明治維新の為替会社（銀行の前身。本書序章「銀行法の沿革」を参照のこと）、国立銀行条例（明治5年）、銀行条例（明治26年）制度等の系譜から、わが国の銀行制度が世界各国と同じように為替取引にその淵源をもつといった沿革上の理由に基づく面が多分にあったためである。また、そのほかにも為替取引が隔地者間における資金授受の媒介を行うという経済的に重要な行為であり、実態的に信用関係を伴っていることなどを勘案して銀行業として固有の業務として位置づけたものと考えられる。この点を敷衍すると、顧客との間に為替取引をなすときは、そこに信用関係が発生する。為替取引を営業として行う者に十分に信頼が置けなければ、為替取引の利用者は不安な状態に置かれ、利用者の保護に欠けることになる。銀行法上、為替取引を営業とする者を銀行に限定しているのは、銀行の信用機能を信頼してこれに委ねることとしたためである。

2　わが国で為替業務がはっきりしたかたちで普通銀行の固有業務として規定されたのは、明治26年に施行された銀行条例以来のことである。同条例第1条には、『公けに開きたる店舗において、営業として証券の割引を為し、又は為替事務を為し又は諸預り及び貸付を併せ為す者はいかなる名称を用いるにかかわらず総て銀行とする』と規定されていた。

　今日では、全国の銀行はいうに及ばず、信用金庫、信用組合、農業協同組合、労働金庫などほぼすべての金融機関が参加する一大為替オンライン網が形成されており、わが国の国内であれば、自由にどこにでも為替を行う仕組みが確立されている。

第2款 銀行が行っている為替取引の種類

1 まず、現在、銀行が固有業務として行っている為替取引の内容について説明しておきたい。

為替取引は、機能面に着目して、送金、振込、代金取立て、の三つに区分される。送金と振込は、依頼人が金融機関を経由して資金を送付する方法である。このうち、振込は受取人の預金口座に一定金額を入金する方法である。これに対し、代金取立ては依頼人が手形などの証券類の取立てを金融機関を通じて行うものである。

2 このほか、為替は、内国為替、外国為替に類別される。為替取引は、金銭の貸借の決済ないし資金の移動を必要とする地域が、いずれも同一国内にある場合を内国為替といい、複数国にまたがる場合を外国為替という。この両者の法律関係は異なるものではない。しかし、外国為替は、通貨が異なる国々の間での資金の移動であるので、為替管理、すなわち、国家的な利害の調整の視点が加わるし、異なる通貨間でその交換比率である為替相場が形成されたりする点で内国為替とは異なっている。外国為替業務については、「外国為替及び外国貿易管理法」（昭和24年12月法律第228号）により、財務大臣の認可を受けなければこれを営むことはできない。

銀行を利用した資金決済方法は、通信手段の目覚ましい進展により、日々その重要性を増している。それまで人々の支払手段は、家計では現金による支払であり、それに現金書留等の郵送手段が多用されていたし、個人営業主や企業の間ではもっぱら、手形、小切手による決済が用いられてきた。しかし、今日では、個人ないし家計、個人営業主、企業など、およそあらゆる経済主体の間で普通預金、当座預金といった決済機能をもつ預金があまねく普及すると、預金口座を通じた支払である振込が広く行き渡るようになり、経済取引のなかできわめて大きな比重を占めるに至った。

3 振込は安全で正確、迅速であり、しかも簡便な資金決済手段として利用しやすいことを主たる要因として、その普及には著しいものがあり、小口決済の分野を中心にして伝統的な手形、小切手の地位を凌駕しつつある。振込は、受取人が当座預金口座を有することが要件であった時代には、その利用

第9章　業務の範囲（銀行法第10条～第12条）　137

範囲は限られていた。しかし、最近のように、普通預金口座を有する者でも振込が可能になると、一般人でもこの種の取引をするのは通例であるところから、振込はいまや最も有力な手段として利用されている。そして、株式会社の利益配当のような定期約、集団的取引にも利用範囲が広がっている。このため、振込は、全為替取扱量の大半を占めるに至っている。

　以下、為替取引を構成する三つの業務である、振込業務、送金業務、代金取立業務に分けて説明することとしたい。

4　為替取引の基本的仕組みは、資金の移動ないし金銭の貸借の決済を必要とする者（依頼人）が、たとえば、甲地の銀行に送金ないし取立てを依頼すると、乙地の銀行が相手方に現金の支払をする、現金の取立てをするということによって行われる。したがって、そこには、依頼人と甲地の銀行との取引関係のほかに、甲地の銀行と乙地の銀行との間に特別な関係が形成されていなければならない。甲地の銀行を仕向銀行といい、乙地の銀行を被仕向銀行という。為替の法律関係は、このように、依頼人と仕向銀行、仕向銀行と被仕向銀行、被仕向銀行と受取人との間に形成される法律関係を中心に成り立っている。仕向銀行と被仕向銀行が同一銀行の営業所同士である場合には、法律関係は、同一人格のなかの内部関係にとどまる。

第1　振　　込

1　振込は、受取人の預金口座に一定金額を入金することを内容とする為替業務である。まず、支払を行おうとする依頼人が銀行に対し、所要資金ならびに手数料を支払って振込を依頼する。依頼を受けた銀行を仕向銀行という。依頼人から振込依頼を受けた仕向銀行は依頼人の指定した受取人の取引銀行である銀行、すなわち被仕向銀行に対して、当該受取人の預金口座に一定金額を入金することを委託する。通知を受けた被仕向銀行は、これを、被振込人の預金口座に記帳し、被振込人すなわち、受取人に通知する。受取人は預金口座に入金された振込について預金債権を取得することにより、為替手続が完結することになる。資金は、依頼人、仕向銀行、被仕向銀行、受取人の順に流れていく。

2　これらの手続は、受取人が被仕向銀行に預金口座を有していることが前

提になる。受取人の預金口座は、普通預金、当座預金のほかに通知預金であってもよい。預金口座の存在時期は、被仕向銀行が振込通知または振込票を受け取った時に存在すれば足りる。振込の場合には、依頼人が振込事務の内容について指定し、仕向銀行はその依頼内容に従って事務処理をする。振込の特徴は、前述のとおり送金方法として安全確実で、かつ簡便なことである。被仕向銀行は仕向銀行からの指図に基づき、まったく自動的に自行の預金口座に入金の記帳をすればよいわけであり、受取人の確認などの義務は課されていない。

3　振込の種類としては、まず、電信振込と普通振込とがある。電信振込は、仕向銀行から被仕向銀行への為替通知の運送に電化装置が用いられる。これに対し、文書が用いられるのが普通振込である。

　また、文書振込といわれる範疇があるが、これは付帯物件付振込や特に急がない場合に利用される。付帯物件付振込は各種会費、授業料、雑誌の購読料などの支払の際に、被仕向銀行を通じて、被振込人に交付される振込通知書を付して振込依頼がなされるものである。被振込人とその取引銀行との間で、あらかじめ約定がなされていることが前提となる。

4　振込の法律関係については、まず、支払依頼人と仕向銀行との関係は、支払依頼人が仕向銀行に対し被仕向銀行にある受取人の口座に振り込むよう委任する契約であって、一般に委任契約と解されている。仕向銀行はそれによって被仕向銀行に振込通知を行い、被振込人の預金口座に入金させる法律上の義務を負い、支払依頼人、すなわち振込人は委任事務処理費用の前払いとして、振込代り金と委任の報酬としての手数料を支払う義務を負うことになる。

　次に、仕向銀行と被仕向銀行との関係は、仕向銀行はあらかじめ制定されている取扱規則の定めに基づき、被仕向銀行に対して被振込人の口座への振込を委託するものであり、これも委任契約である。

　被仕向銀行と口座を有する受取人との関係は、被仕向銀行の一方的記帳により受取人の預金となる。この場合は、個別的に預金契約を締結せずに受取人の預金債権になるわけである。

第2 送　金

1　ここでいう送金は、銀行を介して行う資金の送付である。振込との違いは、金融機関を介在させるものの、預金口座は介さないで行う取引である点である。受取人が取引銀行を有しない場合とか、依頼人が受取人の取引銀行を知らない場合などにおいて資金の送付手段として利用されている。

　送金が振込に比べ、迅速性や安全性、および簡潔性において劣るのは、振込では支払依頼人の意思を確認することや受取人自身を特定することが、預金口座番号の指定という行為により機械的に行われ誠に容易であるのに対し、送金の場合には、支払依頼人が想定している受取人と、現実の受取人とが同一の人物かどうか確認を要するところにある。この確認手続は思いのほか難事業である。送金では、被仕向銀行に間違いなく正当な受取人に送金額の支払をなさしめるため、受取人資格を証明する資料が使用される。

2　「送金」の法律関係は次のとおりである。まず、依頼人と仕向銀行との関係は、受取人に送金資金の支払を委託する委任契約である。また、仕向銀行と被仕向銀行との関係も、為替取引契約に基づく委任関係である。被仕向銀行と受取人との関係は、被仕向銀行は仕向銀行の計算において受取人に支払う権限をもつにとどまり、受取人に対して直接に義務を負うものではない。

3　送金為替は、普通送金、電信送金、そして、やや特殊なものとして国庫送金の三つに区分される。普通送金は、送金小切手が利用されるものであり、電信送金は電信が利用されるものである。国庫送金は、国が債権者に国庫金を支払うために用いられる。

第3　代金取立て

1　代金取立てとは、手形や小切手その他の証券類による金銭債権に関して、当該金銭債権の支払人に請求して債務を履行させる、つまり、取り立てることをいう。代金取立ては、銀行が、取引先や自行の本支店あるいは自行の為替取引契約のある他の金融機関からの依頼を受けて行う。

　代金取立ての具体的仕組みは、まず、依頼人が、代金取立ての目的である

手形その他の証券類を自己の取引銀行に交付して取立てを依頼する。

依頼を受けた委託銀行は証券類の中身を審査するとともに、依頼者に代金取立受託証を交付し、取立手数料を徴収する。依頼を受けた銀行は、当該証券類を自店、自行の本支店または自行の所属する手形交換所の手形交換に支払呈示し取立てを行う。あるいは、証券類をさらに他行に送付して取立依頼をする。受託銀行は、手形交換などにより支払呈示し、その結果を為替通知をもって委託銀行に通知する。為替通知を受けた委託銀行は、その通知が入金報告であれば取立代り金を依頼人の預金口座に入金する。また、不渡通知であれば、依頼人にその旨を通知し、不渡証券を依頼人に返却する。

2　手形、小切手、その他証券類の決済方法として、代金取立制度は、手形交換制度にその機能が類似している。両者の違いは、手形交換制度が、手形交換地域という一定の地域概念をもち、その地域内での決済方法であるのに対して、代金取立制度は、一定の地域に限定されるものではなく、また、主として遠隔地間の決済手段である点にある。

代金取立ては他の為替取引である「振込」「送金」と比較すると、資金の流れが異なっている。「振込」「送金」は、資金が依頼人から受取人へと移動する順為替であるのに対し、「代金取立て」は、資金が支払人から依頼人へと移動する逆為替である。また、「振込」「送金」が債務者側の行動であり、その法律上の意義が債務の履行に相当するのに対し、「代金取立て」は債権者側の行動であり、債権取立てに相当する。

3　代金取立てにおける法律関係は、それぞれ、委任契約の当事者間の関係である。このため、委託銀行は依頼人に対して、受託銀行は委託銀行に対して、それぞれ委任契約の受任者として善良な管理者の注意をもって取立事務を処理する義務を負うほか、受任者の報告義務（民法第645条）として入金報告や不渡通知を行う義務、および受取物引渡しなどの義務（同法第646条）として取立代り金を引き渡す義務を負う。

4　個人や企業は、銀行の為替業務を利用することによって遠隔地へ安全かつ迅速に資金を送ることができ、また、遠隔地が支払場所となっている手形や小切手の代金の取立てを行うことができる。債権者と債務者との間で、債権債務を決済するために現金を持ち運ぶ場合には、盗難、紛失の危険がある

ほか、経費や時間がかかり、現在では現実的とはいえなくなっている。ここに為替の存在意義があり、銀行の為替業務は経済社会の資金流通を部分的に支えている。

銀行法第10条にいう為替取引は、いわゆる為替の作用をなす取引行為を包括的に指すものと解される。

5　なお、為替取引を銀行法第4条の銀行免許を得ずして行った場合には同法第61条「第4条第1項の規定に違反して、免許を受けないで銀行業を営んだ者」に該当し、懲役3年以下等の罰則の対象になる。そこで、為替取引の無免許行為がどの時点で既遂となるとみるかについては、平成13年の最高裁判決で「送金依頼人の指定する銀行口座等に入金させた行為」とされ、送金を引き受けた段階で既遂とする一部の学説が退けられている（最判平成13年3月12日）。

第3款　全銀システム

1　銀行の為替取引は相互に為替取引契約を締結し、具体的な取扱方法を取り決めたうえで行われる。この契約方法は、戦前は、各銀行が銀行別、かつ、店舗別に個別に契約を結び、資金決済を店舗ごとに相互に決済口座を設けて行っていた。銀行は残高管理を行い、資金不足が生じないように資金操作を行う必要があり、まさに、高度の手作業ないし熟練が要求される分野であった。昭和18年8月に内国為替集中決済制度が創設されて、技術水準が一段と高いものとなった。これにより銀行間の為替上の貸借が日本銀行との貸借に置き換えられて決済されることとなった。従来の銀行間の個別決済から、集中決済方式へと模様替えになったわけである。その後、昭和31年に為替交換決済制度が設けられ、さらに為替決済制度へと変貌を遂げていく。

2　しかし、個別銀行間為替取引契約という方式自体には変化がなかったため、他行為替の取扱方法が各行で異なっており、取扱量の飛躍的な増加にはとても対応できない事態となった。そこで、オープン・コルレス契約方式が導入され、まず、各銀行が同一銀行内の全店舗間で相互に自由に為替取引ができる仕組みが形成されたのを受けて、さらに各業態内において、その業態内の全金融機関が相互に為替取引を自由に行うことができ、契約書も業態内

142

の統括決済機関に届け出るだけでよいとする自動契約制度の出現をみた。これは、銀行における為替機能を画期的に高めることとなった。そして、そこから業態間の自由な為替取引、ないし各業態同士の為替システムの相互乗入れが逐次進められていった。

3　そして、昭和48年4月には全国銀行データ通信システム（「全銀システム」）が稼働を開始した。現在では銀行だけではなく、信用金庫、信用協同組合、農業協同組合等すべての民間金融機関および日本銀行が参加しており、全国を網羅した為替決済システムとして稼働している。平成21年1月からはゆうちょ銀行との接続も行われている。

4　全銀システムの決済方法としては、個々の金融機関間で行われたすべての金融取引について金融機関同士でネッティング（相殺）を行い、その差額を決済する。差額は日本銀行内にある各金融機関の預金口座間で振替決済されるかたちで最終処理される。システムの稼働時間は民間金融機関が営業する時間内である。

　たとえば、個人、法人から全国各地で受け付けた振込依頼を振込先の金融機関まで送信する手続をオンライン・リアルタイムで処理し、それに伴う金融機関間の決済を当日中に完了するサービスを提供している。すべての金融機関が参加しており、基本的にはリアルタイム処理のために、堅確な安全性を確保しつつ利用者にとって非常に高い利便性を有している。

5　わが国において国際的にみてもきわめて高い水準に位置する全国ベースの為替決済システムが構築されているところであるが、いまやわが国経済活動の基幹をなす公的インフラともいえる存在となった全銀システムの仕組みをより万全なものに近づけるために、平成23年の資金決済法が施行され、既存の全銀システムを改め、これを資金清算業として免許制による組織に衣替えし、政府による検査、監督を行うとともに、より高いガバナンス体制の整備などを義務づける制度の整備がなされた。制度創設の起点になった金融審議会報告では『全銀システムについては、現在、公益法人（東京銀行協会）により運営されている。その実質的な組織運営は幹事行制に基づいて行なわれているが、こうした運営では継続的、戦略的な意思決定を行ないづらい、利用者ニーズに応じた迅速な対応を行ないづらい等の指摘がある。このた

め、（中略）より公正性・透明性の高いガバナンス体制を構築することが望ましい』とされた。

これを受けて資金決済法において全銀システムの資金清算制度は次のとおり整備された。

① 政府は資金清算業の適正かつ確実な遂行のために、免許審査を行い、かつ免許機関（東京銀行協会）に対し、検査・監督を行う（資金決済法第64条～第67条、および第76条～第86条）。

② 免許機関に対して、業務方法書等に、資金清算業を適切に遂行することを確保するための措置を定めることを義務づけるとともに、その内容を政府が審査し承認するとともに、業務方法書に従って資金清算業を遂行する体制の整備を義務づける（資金決済法第71条～第75条）。

③ より公正性・透明性の高いガバナンスを維持するために、免許機関に取締役会または理事会による運営を行うことや、会計監査人の設置を義務づける（資金決済法第66条）。

④ 法的安定性の向上のために、加盟金融機関が倒産した場合には、一般の倒産法制にとらわれず、あらかじめ業務方法書に記載した債権債務の差引計算の方法、担保の充当などの定めに従うものとする（資金決済法第73条）。この規定は、他の資金清算参加者の為替取引の遂行と、わが国の資金決済に支障が及ばないように、一般の倒産法制の特例として規定し、参加金融機関の倒産が資金決済に影響を及ぼさないようにしたものである。

第4款　為替取引と一般の決済機能との関係

1　為替取引は銀行の固有業務とされ、銀行等以外が営むことができない排他的業務として規定されていながら銀行法には為替取引を定義した規定は存在しない。したがって、法解釈によりこれを定義づけるほかないわけである。従来より、多数説として、為替取引とは、空間的、距離的に隔たった隔地者間において、直接に現金を送達することなく資金の授受の目的を達成することである、という見解がとられてきた。

平成13年に至り、最高裁判決が従来の多数説を支持するかたちで「為替取

引を行うこと」の意義について「顧客から、隔地者間で直接現金を輸送せずに資金を移動する仕組みを利用して資金を移動することを内容とする依頼を受けて、これを引き受けること、又はこれを引き受けて遂行することをいう」（最三小決平成13年３月12日刑集55巻２号97頁）と定義している。

2　ただし、今日では情報通信技術の日進月歩の進歩・発展により遠隔地に瞬時に情報が届き、瞬時に正確に決済等の処理がなされている時代であるので、「隔地者間で」に定義に値するだけの内容があるかどうかははなはだ疑問となっている。「遠距離なので利用者にとって確実な処理がなされるかどうかが保証されないので法が関与する」という為替取引免許制のよって立つ大きな基盤の一つが揺らいでいることは何人も否定できないところであろう。また、送金技術が普遍化した今日、「直接現金を輸送せず」の部分をことさら強調することが時代に即したものなのかについても疑問が呈されている。無免許行為に対して刑罰規定が作動する為替取引の解釈にあたって上述の最高裁判例を今後、金融実務においてどう位置づけていくかは相当な難問である。

決済機能との違い

1　商取引のうえで決済という言葉がよく使われる。「決済」と銀行の固有業務である「為替取引」との関係はどうであろうか。

一般に、「決済」とは、売買取引や金融取引などにおいて貸借関係などの債権・債務関係を終了させる、ないし消滅させることをいう。ここで問題になるのは、「終了させる」「消滅させる」ということの意味である。やや、くどく言及すると、「終了させる」「消滅させる」とは文字どおり、「これまでの状態を終焉させること」であり、当事者双方が満足し切ることによって取引の全過程が終了し、後にひくものがない状態になることを意味する。英文では "FINAL（「最後の」を意味する）" が名詞化した派生語である "FINALITY（「ファイナリティ」）" という言葉が使われる。

2　**ファイナリティ**は、いろいろなかたちで実現する。時系列に沿って説明すると、たとえば、遠く古代には物をもらえば物で返して貸借関係を「終える」。いわゆる物々交換によりファイナリティを確保したわけである。言い

換えれば、物々交換により「決済」が行われた。これが「決済」の原型である。その後、貨幣経済が一般社会に浸透していくにつれてファイナリティの機能を有する物が次第に抽象化していく。まず、各地の権力者が発行する藩札などの私的な紙幣が普及し、人々はこれを対価として受け取ることで貸借関係を終了した。つまり決済が行われた。それが、紙幣の統一へと進み、結局は中央銀行が発行する日本銀行券が「ファイナリティ」をもつことになる。物を買い、その対価としてお札つまり日本銀行券を支払えば取引はすべて「終わる」わけである。売り方に不満は残らない。

　さらに進むと、日本銀行券の機能を補完するものとして、預金口座からの引落しでも同様の効果を生じる。具体的には、小切手の振出しでも、キャッシュカードの使用でもよい。クレジットカードのマンスリークリアーもこれに該当する。これらは、普通預金、当座預金等のいわゆる要求払預金口座からの引落しを経由した支払方法である。また、企業同士がお互いの債権、債務を相殺し合うことで交互計算を行うことでも貸借関係は「終了」する。相殺という手段も当然にファイナリティの機能を有しているわけである。各種の形態があるにせよ、ファイナリティが実現すれば、それは「決済」が行われたことを意味している。

　このようにみてくると、決済は一般人の日銀券による支払をはじめ、カードによる諸々の決済、企業における相殺、交互計算など、誠に広範に行われている。商取引において日常行われている諸々の支払行為を網羅する形態であり、ある意味でわれわれ個人、企業等の日常生活は「決済の大海」に漂っているともいえる。銀行法にいう「為替取引」は、このなかの一部を構成するにすぎない。

3　決済を為替取引と比較してみると、第1に、決済は隔地者間であることを必ずしも要しない。距離・場所のいずれをも超越した概念である。第2に、決済は金銭債権・債務の清算を必ず伴うが、為替取引には金銭債権・債務の清算を目的としない、金融機関を経由した資金の授受である<u>単なる送金</u>を含む。親からの仕送りなどは金融機関を経由すれば為替取引に該当する。上記で「単なる」と断ったのは、送金のなかには場合によっては貸借関係を終了させる効果をもたらし、決済となるものもあるからである。第3に、為

替取引は直接、送金がなくても資金の移動を必ず伴うが、決済には資金の移動をまったく伴わない金銭債権・債務の相殺、交互計算等を含む。「相殺」とは、当事者2人以上が互いに同種の債権をもっている場合に相互に現実に弁済するかわりに、相互の債権を対等額だけ消滅させることをいう。また、交互計算は、商人が経常取引をする者との間に生じる債権・債務についてその各弁済期に計算することなく、一定の期間内の取引から生ずるその総額について相殺し、その差引き後の残高の支払を約する契約である。実質的な意味での交互計算は法律用語としてのもののほかに日常広い範囲で行われている。法的には広い意味で相殺（ネッティング）に属する。相殺という機能に限定して考える場合、これは明らかに企業等のあらゆる経済主体が本源的に保有している権限である。

　他方、為替取引は、主としてその歴史的な経緯から、不特定多数の人々が銀行等の金融機関のシステムを利用して、約款に基づき定型的に行う場合を指すことが多い。これを金融機関側からみると、金融機関が営利の目的をもって組織的・集団的に反復継続して行う、いわゆる「営業」の領域に至った場合をいう。言い換えると、自らが設備投資を行い、決済機構を構築して、顧客らにかわって隔地者間資金決済等を行い、利用顧客から手数料をとる営業行為というかたちになると単なる決済を超えて為替取引となり、銀行の固有業務となるので、これを営業として行うには銀行、信用金庫などの営業免許を取得する必要があることになる。

　なお、興味深いのは、銀行、信用金庫と並んで預金取扱金融機関である信用組合の場合には中小企業等協同組合法第9条の8第1項で『信用協同組合（注：信用組合が含まれる）は、次の事業を行うものとする。1　組合員に対する資金の貸付け（略）　3　組合員の預金又は定期積金の受入れ』と規定し、第2項で『信用協同組合は、前項の事業のほか、次の事業を併せ行うことができる。1　為替取引（略）　6　債務の保証又は手形の引受け』となっており、ここでは為替取引は固有業務ではなく付随業務として規定されている。為替取引は預金取扱金融機関にとって必ずしも常に固有業務ではないのである。

4　要求払預金が決済機能を果たすことができるのは、第1に、いつでも現

金化できる流動性を有する、第2に、元本が預金保険法によって保護されている、第3に、広く、無制限に受容される、いわゆる一般受容性をもっている、の3点にわたる特性を有しているからである。こうした要求払預金を通じた銀行の決済機能は、普通預金、当座預金といった要求払預金が国民や企業の間に誠に広く行き渡った結果、国民生活ないし国民経済に網の目のように決済の便宜を提供し、その役割を果たすようになったのである。

5 今後、産業界や家庭生活において電子端末器を利用した電子資金決済（ELECTRONIC FUND TRANSFER）が進展することが当然視されていることに照らして、わが国における決済機能の提供はさらに広範なものになっていくものと思われる。銀行法の法目的はあくまでも利用者の保護と経営の健全性の維持であり、そうしたなかで金融機関による為替取引業務の独占性・排他性を強調するのはいささか問題が多いといわなければならない。他方、金融機関自身も従来の「為替業務」を超えてITを主体として一般的な「決済業務」に積極的に進出しており、銀行と非銀行との間で相互乗入れが大規模に行われている時代なのである。

6 過去の金融審議会において、コンビニエンスストア等による**収納代行サービス**や宅配便業者による**代金引換サービス**などが銀行法における「為替取引」に該当するかについて激しい論争が繰り広げられた。

収納代行サービスは、①広範な対顧客接点、店舗網を有するコンビニエンスストアなどの事業者が、②あらかじめ通信販売、電気、ガスなどの商品、サービスの提供者（債権者）との間で大量、定型処理契約を結び、③顧客から店頭で当該商品、サービスについての支払を受け、④受け取った代金をまとめて債権者に渡すことを、⑤営業活動として行うものである。

また、代金引換サービスは、①宅配便業者などの運送業者が、②商品の販売者（債権者）から依頼を受け、③商品を購入者に引き渡す際に、④購入者から対価の支払を受け、⑤支払われた金額を債権者にまとめて渡すことを、⑥営業活動として行うものである。

金融審議会報告書は、これらの事業について、「制度整備を行なわないことは、利用者保護が十分であることを意味するものではなく、収納代行サービス等が銀行法に抵触する疑義がないことを意味するものではないと考えら

れる」としており、これらの分野が依然としてグレーゾーンであることを指摘している。

　しかしながら、①銀行法が規定する「為替取引」はもともと沿革的な理由に基づき銀行等に限定して許容されたものであり、②先の平成13年最高裁判決における為替取引の定義づけは地下銀行組織による行為（いわゆる中抜きを意図した回避行為）に対する刑事案件に関するものであり、その射程範囲は狭く解する余地が十分にあると考えられること、③収納代行サービス、代金引換サービスについてはこれまで資金決済や利用者保護の観点で特に問題や被害は生じておらず、長年にわたりすでに良好な実績が十分に積み上がっていること、また、利用者に十分前向きに受け入れられてきていること、④本来、銀行等に固有業務の営業を限定したのは預金者保護、利用者保護を徹底するという趣旨に基づくものであり、既存の業界に対し決済機能について排他的独占権を保証する趣旨ではないこと、⑤ITの飛躍的発展を背景にして顧客管理能力の様変わりな拡大等により決済業務の普遍化、新規参入の容易化が急速に進んでいること、⑥世界の主要国では現在、為替取引を銀行の排他的独占業務として規定している国はほとんどなく、各国の法制からみても上記の業務は是認するのが当然という状況にあること、⑦為替取引は利用者にとって国境を越えた普遍性のある業務であり、わが国だけが特異な法体制を維持することの弊害が今後ますます懸念されること、などの理由から明確に是認されてしかるべきと考える。そして、銀行等の金融機関は今日の社会における決済業務の普遍化の状況をふまえて付随業務等の分野において広範かつ積極的に業務展開が図られるよう、拡大均衡的な展開が望まれるところである。

7　今日、注目すべき法現象として、銀行法そのものおよびその周辺法である資金決済法等において銀行法第10条第1項のほかに決済取引を行う業務が認容されるようになったことがある。その代表例は、第1に資金決済法で規定する資金移動業であり、第2に仮想通貨取引であり、第3が銀行法で規定する電子決済等代行業、である。

　ただし、これらの業務については、いずれも銀行代理業許可制との兼ね合いという微妙な問題が残されており、また「媒介」概念の不明確さも手伝っ

て、わが国において摩擦なく他国並みの進展が図られるかは依然として課題が多い。

　以下、これら三つの分野について詳しく述べていきたい。

第5款　資金移動業

第1　意　義

1　金融機関による為替取引の拡大と並行するかたちで各種の資金移動サービスが広く普及途上にあり、それらに対応するために平成21年1月に金融審議会金融分科会第2部会（部会長：岩原紳作東京大学大学院教授（当時））で「資金決済に関する制度整備について─イノベーションの促進と利用者保護」と題する報告書が取りまとめられ、これを受けて「資金決済に関する法律案」（以下「資金決済法」という）が国会に上程され、平成21年6月に法律第59号として公布され、平成22年4月から施行された。

　この法律により新たに法律上位置づけられた資金移動業は、銀行法をふまえつつもその適用除外の分野を創設しており、したがって、銀行等の為替業務そのものの解釈には変更がないものの、これと並行してその法文内容を十分に把握しておく必要がある。以下、資金移動業の概要を説明しておきたい。

2　内閣総理大臣の登録を受けた者は、銀行法第4条第1項および第47条第1項の規定にかかわらず、資金移動業を営むことができる。

（資金決済法第37条）

　ここで「**かかわらず**」とは、適用される一般原則的な規定を排除して、これに対する特例を定めることを意味している。

　資金決済法はその第1条目的規定において『この法律は、資金決済に関するサービスの適切な実施を確保し、その利用者等を保護するとともに、当該サービスの提供の促進を図るため、（略）銀行等以外の者が行う為替取引（略）について、登録その他の必要な措置を講じ、もって資金決済システムの安全性、効率性及び利便性の向上に資することを目的とする』としており、また、第2条第2項において資金移動業を「銀行等以外の者が為替取引

（少額の取引として政令で定めるものに限る。）を業として営むことをいう」と
定義している。以上の記述により、資金決済法における「為替取引」は銀行
法における為替取引と同義であることが明らかにされている。したがって、
法律上銀行等の固有業務として位置づけられ、その反射的作用として銀行免
許をもたない者の営むことが法律で禁止されていた為替業務について、銀行
等の独占が崩れ、少額の資金移動という限られた範囲ではあるが内閣総理大
臣の登録を受ければ銀行免許を受けなくても為替業務を営めることとなっ
た。

3　金融自由化の流れのなかで銀行が行える業務範囲が広がる一方、これま
で銀行しか行えなかった「為替取引」という銀行の固有業務が一部ではある
が一般に解放されたことになる。少額取引とはいえ為替取引について業務に
着目した機能別横断的な法律が整備されたことの歴史的意味は決して小さい
とはいえないと思われる。

第2　資金移動業者

1　「**資金移動業者**」とは、第37条の内閣総理大臣の登録を受けた者をいう
（資金決済法第2条第3項）。

　そして、法律で規定する「少額の取引として政令で定めるものに限る」
（資金決済法第2条第2項）について資金決済法施行令第2条は「（1回の送金
額が）**100万円**に相当する額以下の資金の移動に係る為替取引とする」と規
定している。立法事務関係者の記述によれば、「**少額限定**」となったのは、
①新しい業務の遂行の実態を見極める必要があったこと、②後述する資金保
全等の仕組みが裏打ちされてはじめて法目的の一つである資金決済としての
安全性が達成されることから、巨額の資産保全措置を必要とした場合には制
度そのものが有効に機能しなくなるおそれがあったこと、との理由から、
「少額の取引」が資金移動業の業務内容として規定されたと説明されている
（高橋康文編著『逐条解説　資金決済法』（平成22年、金融財政事情研究会））。

2　金融庁のホームページ（「新たな資金決済サービス」）によれば、資金移動
業の具体例として、①依頼人が資金移動業者の営業店に現金を持ち込み、受
取人が別の営業店で現金を受け取るサービス、②資金移動業者が開設した依

頼人の口座と受取人の口座との間で資金を移動するサービス、③資金移動業者が一定の金額が記載された証書（マネーオーダー）を発行し、証書を持参してきた人に支払を行うサービス、の三つが例示されている。

3 なお、資金決済法は、登録を受けずに資金移動業を行った者に対する罰則規定を設けていない。これは無「登録」業者を放置するという意味ではまったくなく、登録を受けない者の為替業務は本則である銀行法に戻って、為替取引についての一般的規定である銀行法第4条第1項の銀行免許を受けずに為替取引を行った者として無「免許」業者となり、銀行法の罰則規定が適用されるためである。

　登録を受けようとする者は、内閣府令で定めるところにより、商号、資本金、資金移動業の内容および方法、他の事業を行っている場合にはその事業の種類、などを記載した登録申請書を主務大臣に提出しなければならない（資金決済法第38条）。

4 特徴的なことは、外国法制（たとえば、米国州法の送金業者法）のなかには専業を義務づける法制をとる事例がみられるのに対して、わが国の資金決済法は資金移動業を兼業により営めることを謳っている点である。

　また、登録を受けた資金移動業者は、適正な手続のもとで第三者に資金移動業務を委託することができる（資金決済法第38条第1項第8号）。ただし、自己の名義をもって他人に資金移動業務を営ませてはならない（名義貸しの禁止）（同法第42条）。

5 一方で、比較的広範に内閣総理大臣による登録拒否の要件を定めている（資金決済法第40条）。たとえば、資金移動業を適正かつ確実に遂行するために必要と認められる財産的基礎を有しない法人、資金移動業を適正かつ確実に遂行する体制の整備が行われていない法人、規定を遵守するために必要な体制の整備が行われていない法人、などに対しては、内閣総理大臣は登録を拒否しなければならない（同法第40条）。

6 ここで財産的基礎については銀行業の場合と異なり、一律に一定以上の資本金の額を求めていない。これは後述するように、資金移動業者に対して、取引に応じて一定額以上の資産を供託する義務を課して取引の安全を確保する法制を敷いているためであり、登録にあたって、そうした義務を遂行

できるだけの財産的基礎があるかが審査の対象になる。インターネット等を用いて資金移動業務を行う場合には、情報処理システムを構築し運用していくだけの資金を準備することが求められる。

　もちろん、内閣総理大臣は、資金移動業のほかに行う事業が反社会的な者など公益に反すると認められる法人に対しては登録を拒否しなければならない（資金決済法第40条第1項第9号）。

第3　要履行保証

1　資金移動業者は、1月を超えない範囲内で内閣府令で定める期間ごとに、当該期間における要履行保証額の<u>最高額以上の額</u>の履行保証金を、当該期間の末日から1週間以内に、その本店の最寄りの供託所に供託しなければならない（資金決済法第43条第1項）。

　「**要履行保証額**」とは、各営業日における未達債務の額（資金移動業者がその行う為替取引に関し負担する債務であって内閣府令で定めるところにより算出した額をいう。つまり、資金移動業者の手元に残留している未決済の金額）と資金移動に際しての手数料の<u>合計額</u>をいう（資金決済法第43条第2項）。

2　簡単にいえば、資金委託業者は依頼人から資金移動業者に託された「送金途上にある金額およびその手数料の合計額」を一定の期間、営業日ごとに計算したうえで、その期間における最高額以上を計算期間の末日後1週間以内に一括して保証金として供託所にあらかじめ積むことを義務づけ、顧客のために保全する義務を規定したものである。すでに要供託額以上の額が供託されている場合には供託し直す必要はない。不足額が生じた場合には不足額のみを供託すればよい。

　注意を要するのは、上記「合計額」にはカッコ書で「その合計額が小規模な資金移動業者がその行う為替取引に関し負担する債務の履行を確保するために必要な額として政令で定める額以下である場合には、当該政令で定める額」と規定されており、資金決済法施行令第14条によると、「当該政令で定める額」は1,000万円とされている。したがって、どんなに小規模な資金移動業者であっても要履行保証額として最低**1,000万円以上の供託**が義務づけられることになる。

第9章　業務の範囲（銀行法第10条～第12条）　153

3 「1月を超えない範囲内で内閣府令で定める期間」は供託実務をふまえて、資金移動業者に関する内閣府令第11条第1項により1週間とされている。したがって未達債務を毎週洗い替えして、その週の要保証額の最高額を保全していかなければならない。

資金移動業者が行う為替取引に関して負担する債務に係る債権者（注：送金依頼人など）は、履行保証金について、他の債権者に先立ち弁済を受ける権利を有する（資金決済法第59条第1項）。つまり、万一、送金途上で事故が起きたり（権利の実行の申立て。同条第2項第1号）、資金移動業者の経営破綻が起きたりしても（同条第2項第2号）、利用者は、供託され、あらかじめ保全された資金から優先的に弁済を受けることができるわけである。

こうした仕組みのもとで、利用者は安心して資金移動業者に資金を託することができるし、受領予定者は入金への懸念をもたずに日常の活動ができる。お金は約束事のもとで流通しており、その約束事が一部で崩れると連鎖反応的に混乱が起こりがちである。状況と規模次第ではシステミックリスクといわれる金融機能の不全、ひいては社会的混乱が起こりかねない。その意味で、政府や関係者は細心の注意を払って金融リスクの波及を防止する手立てを構築していかなければならないという事情が背景にある。あらかじめ資金移動業者に資金の準備を法律上義務づけた当条項は、資金決済法における資金移動業条項の中核をなすものである。

4 ただし、「**供託**」は、金銭、有価証券などの財産を国家機関である供託所に提出しその管理下に置くもので、非常に手堅い保全措置であるが、供託を義務づけられた者にとっては事務手続に労力を要し、状況次第では健全な事業の発展にとってマイナスに作用することも考えられる。また、理念的には予想される最高額以上を事前準備するものであり、対応としては十全であるが、1週間単位での最高額以上の額を常に供託するのを義務づけるのは確率論からいっても資金移動業者の負担が重くなり過ぎるきらいがある。

そこで資金決済法は、いくつかの負担軽減措置を提示している。

まず**第1**は、資金移動業者が銀行等と履行保証金保全契約を締結し、その旨を内閣総理大臣に届け出たときは、履行保証金の全部または一部を供託しないことができる（資金決済法第44条）。銀行等が保証や資金提供の予約（コ

ミットメント）などを通じ、実際に送金途上で障害が生じ、利用者に不便を
かける事態が生じた場合には直ちに融通するなどの措置を講じることなどが
履行保証金保全契約の内容をなす。

　また、**第2**に、資金移動業者があらかじめ信託銀行などの**信託会社**に対し
て要履行保証額以上の額を信託財産として提供するなどの履行保証金信託契
約を締結し、内閣総理大臣の承認を受けたときには、資金決済法第43条の供
託所への供託と効果が異なることがないので、供託をするには及ばない（同
法第45条）。この信託契約は不慮の事故が生じた場合に、内閣総理大臣の命
令に応じて信託財産を履行保証金の供託に充てることを目的とするものであ
る。

　第3に、資金決済法第43条の供託の場合を含め、以上の事例に共通するこ
とだが、履行保証金としては必ずしも現金を用意する必要はなく、内閣府令
が定める評価法（掛け目などを規定）に従って、それに相当する額の保有す
る国債、地方債、政府保証債、および金融庁長官が指定する社債その他の債
券を充てることができる。

第4　行為規制

1　資金決済法は資金移動業者に各種の行為規制を課している。

　まず、資金移動業者は、資金移動業に係る情報の漏えい、滅失または毀損
の防止、その他の当該情報の安全管理のために必要な措置を講じなければな
らない（資金決済法第49条）。また、資金移動業を第三者に委託した場合に
は、委託先に対する指導等を適正確実に遂行するために必要な措置を講じな
ければならない（同法第50条）。加えて、資金移動業者は利用者に対して、①
銀行等が行う為替取引との誤認を防止するための説明、②手数料その他の資
金移動に係る契約内容についての情報の提供、など必要な措置を講じなけれ
ばならない（同法第51条）。

2　なお、資金移動業者は、「犯罪による収益の移転防止に関する法律（平
成19年法律第22号）」（以下「犯収法」）における「特定事業者」として、同法
に定める本人確認方法により**本人確認**を行う義務がある（犯収法第2条第2
項第30号、第4条）。また、犯収法第9条に規定される「疑わしい取引の届出

第9章　業務の範囲（銀行法第10条〜第12条）　155

等」の義務が課されている。

3　政府による資金移動業者に対する監督措置として、資金移動業者に帳簿
書類の作成・保存義務（資金決済法第52条）、報告書の作成義務（同法第53条）
を課すとともに、資金移動業者、および資金移動業者から業務委託を受けた
者に対する立入検査（同法第54条）、業務改善命令（同法第55条）、登録の取消
しおよび業務停止命令（同法第56条）などが規定されている。

第6款　仮想通貨交換業に係る制度整備

近年、**フィンテック**（Finance と Technology をあわせた合成語）という、
IT 技術を使った新しい金融技術・サービス分野が世界中で急成長を遂げて
いる。そして、仮想通貨はそのなかにあってまさに中核をなす存在になって
いる。

仮想通貨とは、実際のお札（日銀券）や硬貨と異なり、基本的にはイン
ターネット上でやりとりをするお金ないしお金の代替物である。銀行の預金
口座等とつながれているものもあれば、そうではなく、それ自体で価値をも
つものもある。仲間同士や企業間での決済手段として自由にやりとりをする
ことができる。各国で流通しているビットコインなどがその代表例である。

仮想通貨は既存の通貨に比べると、インターネット上における価値の移転
が瞬時であり、かつきわめて低コストで行えることや、デジタル化された情
報なのでコンピュータ上の処理やビッグデータの分析などにおいて利便性・
操作性が高いとされている。

こうした流れを受けて、平成29年の法改正により、資金決済法において仮
想通貨交換業に係る制度が新設された。以下、資金決済法に規定された仮想
通貨制度の概要を説明していきたい。

第1　仮想通貨についての定義規定

1　この法律において「仮想通貨」とは、次に掲げるものをいう。

**（1）　物品を購入し、若しくは借り受け、又は役務の提供を受ける場合に、
これらの代価の弁済のために不特定の者に対して使用することができ、
かつ、不特定の者を相手方として購入及び売却を行うことができる財産**

的価値（電子機器その他の物に電子的方法により記録されているものに限り、本邦通貨及び外国通貨並びに通貨建資産を除く。次号において同じ。）であって、電子情報処理組織を用いて移転することができるもの

（2）　不特定の者を相手方として前号に掲げるものと相互に交換を行うことができる財産的価値であって、電子情報処理組織を用いて移転することができるもの

（資金決済法第2条第5項）

　ちなみに、日本法の制定にあたって参考とされたFATF（国際金融活動作業部会）の定義では、仮想通貨（Virtual Currency）を「電子的に記録された財産的価値であって電子的な方法で取引可能であり、かつ、支払手段・計算単位・価値貯蔵手段の機能（注：いわゆる通貨の三大機能）を果たすが、いかなる法域においても法定通貨の地位を有しないもの」と規定している。これらもあわせて参照すると、わが国の条文の理解に役立つと思われる。

　以上を通じて、仮想通貨とは、

①　物品の購入・役務の提供の対価の弁済として不特定の者に対して使用でき、

②　電子的に記録され、電子情報処理組織（いわゆるコンピュータ・システム）を通じて移転できるものであって、

③　不特定の者との間で購入・売却でき（すなわち、法定通貨と交換でき）、

④　法定通貨または法定通貨建ての資産ではない、

との性質を有する<u>財産的価値</u>である、と定義づけられる。

　電子データという表現ではなく、「財産的価値」と規定された点も注目される。金銭に換算することができる性質を本質的にもっているという点で、単なる数字とは異なるわけである。また、「使用」はできるが相手方に対して法定通用力（受領義務）をもつものではない。

2　資金決済法第2条第5項第2号において、不特定の者に対して代価の弁済に使用でき、かつ、不特定の者を相手方として法定通貨と相互に交換できるとの要件を満たさないものでも、不特定の者を相手方として、同項第1号に規定する仮想通貨と相互に交換できる財産的価値であって、電子情報処理組織を用いて移転することができるものについては、同項第1号の仮想通貨

第9章　業務の範囲（銀行法第10条〜第12条）　157

を通じて、第1号と同様の支払・決済手段としての機能を果たしうると考えられることから、当該財産的価値も仮想通貨として定義している。

3 資金決済法第2条第5項第1号・第2号で定義づけられた仮想通貨に対して、プリペードカード、ゲーム内通貨などの前払式支払手段および企業ポイント等については、発行者との契約や利用者への表示を通じてそれらを使用できる店舗（注：特約店等）や対象者が特定されており（すなわち、不特定の者には使用できない）、法定通貨と交換する不特定の者が存在しないので、基本的に仮想通貨に該当しないことになる。これらは仮想通貨がもつ汎用性の機能を欠くことになるわけである。

4 仮想通貨に対する課税については、平成28年12月22日の閣議において「資金決済に関する法律に規定する仮想通貨の譲渡について、消費税を非課税にする」ことが決定され、平成29年7月1日より適用が開始された。

第2 仮想通貨交換業者の登録

仮想通貨の売買等の場を提供したり、売買の相手方になることなどを「仮想通貨の交換」と規定し、これを業として行う者に対して登録制が創設された。

すなわち、①仮想通貨の売買または他の仮想通貨との交換、②その媒介、取次、代理、③①、②の行為に関して利用者の金銭または仮想通貨の管理、のいずれかを業とする仮想通貨交換業は、内閣総理大臣の登録を受けた者でなければ行ってはならない（資金決済法第63条の2）。

そして、登録の要件としては、資本金の額が1,000万円以上であること、純資産額が負の値でないこと（仮想通貨交換業者に関する内閣府令第9条）などが定められている。また、資金決済法第63条の5において登録が拒否される場合が記載されている。

第3 利用者の保護等に関する措置

仮想通貨交換業者は、その取り扱う仮想通貨と本邦通貨または外国通貨との誤認を防止するための説明、手数料その他の仮想通貨交換業に係る契約の内容についての情報の提供、その他仮想通貨利用者の保護を図り、仮想通

交換業の適正かつ確実な遂行を確保するために必要な措置を講じなければならない（資金決済法第63条の10）。

具体的には仮想通貨交換業者に関する内閣府令において、

- 仮想通貨は法定通貨ではないこと、仮想通貨の価値が購入価格を下回るおそれがあること、などの説明
- 仮想通貨交換業者の商号や手数料等の契約内容についての情報提供
- 社内規則を定めるとともに、それに基づいて従業員に対する研修、委託先に対する指導を行うこと
- 顧客と反復継続して取引を行うときは、3カ月を超えない期間ごとに、当該利用者に対し、書面の交付その他の適切な方法により、取引の記録並びに管理する利用者の金銭の額および仮想通貨の数量についての情報提供

などを義務づけている。

第4　利用者財産の管理

仮想通貨交換業者は、利用者の財産と自己の財産を分別して管理しなければならない。

内閣府令において、①利用者の金銭については、信託や会社財産を管理する銀行口座とは別の銀行口座への預金で管理すること、②利用者の仮想通貨については、会社の仮想通貨を管理するウォレット（注：財布ないし勘定の意味）とは別のウォレットにおいて、利用者ごとの保有量が帳簿により直ちに判別できる状態で管理すること、などが規定されている（資金決済法第63条の11関係）。

そして、資金決済法第63条の11第2項において、仮想通貨交換業者は、定期的に、公認会計士または監査法人の監査を受けることが義務づけられている。外部監査によるチェックにより利用者財産の適正な管理を図り、事業者が不正を行うことへの牽制と問題の早期発見を図ることというのがその趣旨である。監査の頻度は毎年1回以上とされている。

第5　監　督

仮想通貨交換業者は、事業年度ごとに、内閣府令で定めるところにより、仮想通貨交換業に関する報告書を作成し、内閣総理大臣に提出しなければならない（資金決済法第63条の14）。

内閣総理大臣は、仮想通貨交換業者に対して、当該仮想通貨交換業者の業務もしくは財産に関して報告もしくは資料の提出を命じ、また、その営業所等について職員に立入検査させることができる（資金決済法第63条の15）。

また、内閣総理大臣は、状況に応じて業務改善命令を発するとともに、登録の取消し、業務の全部もしくは一部の停止を命じることができる（資金決済法第63条の16、第63条の17）。

第7款　電子決済等代行業

電子決済等代行業に関する規定は、IT（情報技術）と金融とが融合するいわゆるフィンテックのわが国における普及を目指して平成29年に成立した銀行法改正によって導入された。

銀行顧客から口座に係る資金を移動させる指図を受けて当該銀行に対してこれを伝達する業務や、家計簿アプリなどの金融サービスを手がける業務を行う企業に対して登録制を導入し、情報管理や財務の健全性保持を求める。IT企業が利用者からIDやパスワードを預かる必要がなくなり、利用者にとって安全性が担保される。銀行には口座情報への接続網の開放、言い換えると**オープンAPI**の普及を促すこととなった。利用者保護を徹底し、新サービスの普及を後押しする。

新制度は平成30年に施行の見込みである。平成29年5月から銀行においても銀行持株会社による事業会社への出資制限を緩めてIT企業に出資しやすくする改正銀行法が施行されている。2年連続でフィンテックの普及をにらんだ法改正が行われ、金融ITサービス制度の整備が図られた。

第1　電子決済等代行業者の定義および登録

1　この法律において「電子決済等代行業」とは、次に掲げる行為（第1号

に規定する預金者による特定の者に対する定期的な支払を目的として行う同号に掲げる行為その他の利用者の保護に欠けるおそれが少ないと認められるものとして内閣府令で定める行為を除く。）のいずれかを行う営業をいう。

（1）　銀行に預金の口座を開設している預金者の委託（2以上の段階にわたる委託を含む。）を受けて、電子情報処理組織を使用する方法により、当該口座に係る資金を移動させる為替取引を行うことの当該銀行に対する指図（当該指図の内容のみを含む。）の伝達（当該指図の内容のみの伝達にあっては、内閣府令で定める方法によるものに限る。）を受け、これを当該銀行に対して伝達すること。

（銀行法第 2 条第17項第 1 号）

（2）　銀行に預金又は定期積金等の口座を開設している預金者等の委託（2以上の段階にわたる委託を含む。）を受けて、電子情報処理組織を使用する方法により、当該銀行から当該口座に係る情報を取得し、これを当該預金者等に提供すること（他の者を介する方法により提供すること及び当該情報を加工した情報を提供することを含む。）。

（銀行法第 2 条第17項第 2 号）

2　銀行法第 2 条第17項第 1 号に該当する業者（「**第 1 号業者**」）のサービスとしては、預金者の委託を受けて、①リアルタイムの振込サービス、②リアルタイムの口座振替サービス、③決済指図の内容の伝達に基づく即時の振込、などが想定される。

　このうち③は「Pay Easy」サービスなどであり、利用者が銀行決済を選択して利用企業（EC サイト等）に伝えると、利用企業は個々の売買の情報を銀行法第 2 条第17項第 1 号業者を通じて銀行に対して伝達する。銀行は即時に第 1 号業者に口座振込を行い、これを受けて第 1 号業者が利用企業に支払を行うものである。

3　委託の内容は、利用者から決済指示の伝達を受けること、および電子決済等代行業者から銀行への伝達が必要である。したがって、通信サービスを提供する電話会社、インターネットプロバイダー、API を作成運用するシステムベンダー等は単に通信等に関して委託を受けているにすぎないので、第 1 号業者には該当しない。

第 9 章　業務の範囲（銀行法第10条〜第12条）　161

ここで「当該指図の内容のみの伝達」とは内閣府令で定める方法による場合に限られ、内閣府令では、たとえば、業者において指図の内容（振込金額、振込先口座等）を整理して銀行のインターネットバンキング上の画面に遷移させ、当該画面上で、利用者自身が、為替取引に係る指図に係る操作を行う場合などが例示される予定である。

4　柱書のカッコ書（適用除外項目）における「定期的な支払を目的として行う」ものとしては、家賃、公共料金の支払など特定の者に対する定期的な支払を目的として行う決済指図の伝達、あるいは国、地方公共団体への支払を目的とするものなどが内閣府令において規定される予定である（国会における政府答弁）。支払先である利用企業（電気会社、クレジットカード会社等）が口座振替代行業者を介さず、自ら銀行に対し、決済指図の伝達を行っているものも適用除外規定に含まれる。

　電子商取引サイトでの支払等、個々の売買等の代金の支払を目的として行われる口座振替サービス（支払先や支払時期が限定されていないもの）は「定期的な支払」に該当しないため、適用除外にならない。

　利用者の保護に欠けるおそれが少ないと認められるものとして内閣府令で定める行為としては、公金の支払、自己債権の回収があげられる。**プリペードカード**発行者、証券会社、公営ギャンブル等が後者に該当する。これらは銀行等における把握が容易であり、また、誤決済・不正決済の場合の被害回復が容易であるためである。

5　**第2号業者**の口座情報サービスは、電子決済等代行業者が利用者から口座情報の取得依頼を受けて、銀行から口座情報を取得し、利用者に口座残高や入出金情報を提供するものである。すなわち、①預金者からの委託を受け、②電子情報処理組織を用いる方法により、③単数または複数の銀行から当該口座に係る情報を直接に取得して、預金者等に提供する。銀行法第2条第17項第2号に関しては、顧客のインターネットバンキングのID・パスワードを預かる口座情報サービスを行う事業者として、銀行、親会社、公認会計士等が広く存在するので、登録を要する事業者の範囲がどのように絞られるのか、今後策定される内閣府令での適用除外の範囲規定が注目される。

6　電子決済等代行業は、内閣総理大臣の登録を受けた者でなければ、営む

ことができない（銀行法第52条の61の2）。

　登録拒否要件としては「基準に適合する財産的基礎を有しない者」、たとえば純資産がマイナスであることなど、「電子決済等代行業を適正かつ確実に遂行する体制の整備が行われていない者」であり、個人である場合においては、「外国に住所を有する個人であつて日本における代理人を定めていない者」などである（銀行法第52条の61の5）。

　なお、登録拒否要件に該当しない場合には、当局は基本的には登録を拒否することはできないと解される。

第2　業務に関する規定

1　電子決済等代行業者は、利用者に対する説明や利用者に関する情報の適正な取扱いおよび安全管理など利用者の保護を図り、業務の健全かつ適切な運営を確保するために必要な措置を講じなければならない（銀行法第52条の61の8）。

　電子決済等代行業者は、利用者に対して、自らの権限、損害賠償、苦情等の相談窓口等を説明しなければならない。また、銀行の行う業務との誤認防止、利用者に関する情報の適正な取扱いおよび安全管理、委託先管理等、利用者保護のための措置を講じなければならない。

　そして、電子決済等代行業者は、利用者のため誠実にその業務を遂行しなければならない（銀行法第52条の61の9）。これは仮に電子決済等代行業者が銀行からの委託を受けて業務を営んでいる場合であっても、利用者の利益を害することがあってはならないとする訓示規定である。

2　電子決済等代行業者は、電子決済等代行業を行う前に、銀行との間で電子決済等代行業に係る契約を締結して、利用者に損害が生じた場合における賠償責任の分担に関する事項および業務に関して取得した利用者に関する情報の適正な取扱いおよび安全管理のために行う措置等を定めて公表し、当該契約に従って電子決済等代行業を行わなければならない（銀行法第52条の61の10）。

　銀行および電子決済等代行業者は、かかる契約締結後、遅滞なく、法定記載事項をインターネットの利用その他の方法により公表しなければならな

第9章　業務の範囲（銀行法第10条〜第12条）　163

い。

　契約において規定することが求められているのは、あくまでも銀行または電子決済等代行業者に帰責性がある場合における、利用者に対する賠償責任の分担（利用者が、銀行または電子決済等代行業者のいずれに請求できるか）である（金融庁による事業者等への事前説明）。

　一方、銀行または電子決済等代行業者が利用者に対して損害を賠償した場合における、銀行・電子決済等代行業者間の責任分担（求償関係）について契約に規定することは必須ではない（金融庁による事業者等への事前説明）。

　電子決済等代行業者は、銀行の委託を受けて行為するものではないので、その業務から生じた損害について、銀行は法律上当然に責任を負うものではない。ただし、銀行と電子決済等代行業者との間で損害賠償に関する分担について契約で規定することが求められており、電子決済等代行業者は利用者に対してそれに関する情報提供が義務づけられている。

3　銀行は、電子決済等代行業者との契約の締結に係る基準を作成・公表し、その基準を満たす電子決済等代行業者に対し不当な差別的な取扱いを行ってはならない（銀行法第52条の61の11）。当該基準には、利用者に関する情報の適正な取扱いおよび安全管理措置その他の内閣府令で定める事項が含まれる必要がある。

　差別的な取扱いの禁止との関係では、そもそも今回の法改正はわが国における銀行のオープンAPI（注：Aplication Programming Interface、すなわちAPIとは、アプリケーションから、OS等のプラットフォームの機能を呼び出して利用するための橋渡しとなる仕組み。そして、「オープン」とは銀行システムへの接続仕様を外部の事業者に公開することである）をできるだけ広範に普及させることに眼目があるので、たとえば、銀行において、電子決済等代行業者が当該銀行と競争関係にある他の銀行とAPI接続をしていることを理由にして、当該電子決済等代行業者との連携を拒否する対応をすることは当然許されないと解釈される。基準を満たす複数の業者から契約締結の申出を受けた場合に、ある特定の業者のみの接続を認めたり、適用される接続料の基準に差異を設けたりすることも許容されないと考えられる。

　銀行は、その策定・公表する接続基準において、利用者情報の適正な取扱

い・安全管理のための措置に関する事項および内閣府令で定める事項を定めなければならない。

4 電子決済等代行業と銀行代理業、銀行の外部委託先との関係については、いくつかの問題が存在する。たとえば、電子決済等代行業者が行うサービスが銀行法第2条第17項第1号の行為に該当すると同時に、銀行からも委託を受けて、銀行と預金者等との間の為替取引を内容とする契約の締結の媒介を行っているものと認められる場合には、法解釈上、当該電子決済等代行業者は、銀行代理業（同法第2条第14項）を行うものとして、第7章の4の規定の適用も受けることになると解される。

　また、電子決済等代行業者（銀行法第2条第17項第1号・第2号）が行うサービスが預金者からのみならず、銀行からも委託を受けていると認められる場合には、銀行法第12条の2第2項により、銀行の外部委託先の管理の対象になると解される。

　このように、個別サービスの状況によっては銀行法が規定する銀行代理業との仕分けが微妙となる場合が想定されるが、電子決済等代行業は預金者等からの委託を受けてこれらの行為を行っているかどうかが重要なメルクマール（尺度）になる（国会における政府答弁）。

　電子決済等代行業者の業務については、銀行代理業、銀行の外部委託先と同様に、第1次的には銀行がその適正性について監督することが求められている。その際、銀行が講ずることのできる措置としては、たとえば、契約の解除や接続の中断、違約金の支払請求、改善計画提出の求めなどが考えられる。

5 銀行と電子決済等代行業者との間の契約のうち、銀行法第52条の61の10第2項各号により規定が義務づけられている事項については、インターネットの利用その他の方法により銀行、電子決済等代行業者それぞれにおいて公表しなければならない（同法第52条の61の10第3項）。

第3 監督規定その他

1 電子決済等代行業者に関し、帳簿書類および報告書の作成、報告または資料の提出命令、立入検査、業務改善命令、登録の取消し、登録の抹消等の

監督規定が設けられた（銀行法第52条の61の12～第52条の61の18）。

2　電子決済等代行業者が設立した一般社団法人であって、電子決済等代行業の適切な実施の確保を目的とすること等の要件に該当すると認められる者を、法令遵守のための会員に対する指導等を行う者として認定することができることとするなど、認定電子決済等代行事業者協会に関する規定が設けられた。

3　電子決済等代行業者に関し、所要の罰則規定が整備された。

第3部 付随業務

□ 第1節　付随業務の範囲

1　**銀行は、前項各号**（筆者注：預金、貸金、為替取引という銀行の固有業務）**に掲げる業務のほか、次に掲げる業務その他の銀行業に付随する業務を営むことができる。**

（1）　債務の保証又は手形の引受け

（2）　有価証券（第5号に規定する証書をもつて表示される金銭債権に該当するもの及び短期社債等を除く。第5号の2及び第6号において同じ。）**の売買**（有価証券関連デリバティブ取引に該当するものを除く。）**又は有価証券関連デリバティブ取引**（投資の目的をもつてするもの又は書面取次ぎ行為に限る。）

（3）　有価証券の貸付け

（4）　国債、地方債若しくは政府保証債（以下この条において「国債等」という。）**の引受け**（売出しの目的をもつてするものを除く。）**又は当該引受けに係る国債等の募集の取扱い**

（5）　金融債権（譲渡性預金証書その他の内閣府令で定める証書をもつて表示されるものを含む。）**の取得又は譲渡**

（5の2）　特定目的会社が発行する特定社債（特定短期社債を除き、資産流動化計画において当該特定社債の発行により得られる金銭をもつて指名金銭債権又は指名金銭債権を信託する信託の受益権のみを取得するものに限る。）**そ**

の他これに準ずる有価証券として内閣府令で定めるもの（以下この号において「特定社債等」という。）の引受け（売り出しの目的をもつてするものを除く。）又は当該引受けに係る特定社債等の募集の取扱い

（5の3）　短期社債等の取得又は譲渡

（6）　有価証券の私募の取扱い

（7）　地方債又は社債その他の債券の募集又は管理の受託

（8）　銀行その他金融業を行う者（外国の法令に準拠して外国において銀行業を営む者（第4条第5項に規定する銀行等を除く。以下「外国銀行」という。）を除く。）の業務（次号に掲げる業務に該当するものを除く。）の代理又は媒介（内閣府令で定めるものに限る。）

（8の2）　外国銀行の業務の代理又は媒介（銀行の子会社である外国銀行の業務の代理又は媒介を当該銀行が行う場合における当該代理又は媒介その他の内閣府令で定めるものに限る。）

（9）　国、地方公共団体、会社等の金銭の収納その他金銭に係る事務の取扱い

（10）　有価証券、貴金属その他の物品の保護預り

（10の2）　振替業

（11）　両替

（12）　デリバティブ取引（有価証券関連デリバティブ取引に該当するものを除く。次号において同じ。）であつて内閣府令で定めるもの（第5号に掲げる業務に該当するものを除く。）

（13）　デリバティブ取引（内閣府令で定めるものに限る。）の媒介、取次ぎ又は代理

（14）　金利、通貨の価格、商品の価格、算定割当量（地球温暖化対策の推進に関する法律（平成10年法律第117号）第2条第6項（定義）に規定する算定割当量その他これに類似するものをいう。次条第4号において同じ。）の価格その他の指標の数値としてあらかじめ当事者間で約定された数値と将来の一定の時期における現実の当該指標の数値の差に基づいて算出される金銭の授受を約する取引又はこれに類似する取引であつて内閣府令で定めるもの（次号において「金融等デリバティブ取引」という。）のうち銀行の経営の健全性を損なうおそれがないと認められる取引として内閣府

令で定めるもの（第 5 号及び第12号に掲げる業務に該当するものを除く。）

(15) 金融等デリバティブ取引の媒介、取次ぎ又は代理（第13号に掲げる業務に該当するもの及び内閣府令で定めるものを除く。）

(16) 有価証券関連店頭デリバティブ取引（当該有価証券関連店頭デリバティブ取引に係る有価証券が第 5 号に規定する証書をもつて表示される金銭債権に該当するもの及び短期社債等以外のものである場合には、差金の授受によつて決済されるものに限る。次号において同じ。）（第 2 号に掲げる業務に該当するものを除く。）

(17) 有価証券関連店頭デリバティブ取引の媒介、取次ぎ又は代理

(18) 機械類その他の物件を使用させる契約であつて次に掲げる要件の全てを満たすものに基づき、当該物件を使用させる業務

　(イ) 以下略

(19) 前号に掲げる業務の代理又は媒介

（銀行法第10条第 2 項）

　銀行は、銀行固有業務のほかに、付随業務として次に掲げる業務およびその他の銀行業に付随する次の業務を営むことができる。

　（1）債務の保証または手形の引受け、（2）投資の目的をもってする、または、顧客の書面による注文を受けてその計算においてする、有価証券の売買、有価証券関連デリバティブ取引、（3）有価証券の貸付、（4）売出しの目的をもたない国債、地方債もしくは政府保証債の引受けまたは当該引受けに係る国債等の募集の取扱い、（5）金銭債権の取得または譲渡、（5の2）売出し目的をもたない特定目的会社が発行する特定社債の引受けまたは当該引受けに係る募集の取扱い、（5の3）短期社債等の取得または譲渡、（6）有価証券の私募の取扱い、（7）地方債または社債その他の債券の募集または管理の受託、（8）銀行その他金融業を行う者の業務の代理または媒介、（8の2）外国銀行の業務の代理または媒介、（9）国、地方公共団体、会社等の金銭の収納その他金銭に係る事務の取扱い、（10）有価証券、貴金属その他の物品の保護預り、（10の2）振替業、（11）両替、（12）金融先物取引等、（13）金融先物取引等の媒介、取次または代理、（14）金融等デリバティブ取引、（15）金融等デリバティブ取引の媒介、取次または代理、（16）有価

証券関連店頭デリバティブ取引、(17) 有価証券関連店頭デリバティブ取引の媒介、取次または代理、(18) 一定のファイナンス・リース業務、(19) 一定のファイナンス・リース業務の代理または媒介。

2 付随業務の範囲は必ずしも固定的に考えるべきではない。過去の歴史はこれまで銀行の付随業務範囲がいかに変動し拡大しているかを物語っている。銀行は私企業であり、顧客、利用者の各種のニーズにきめ細かく、かつ創意工夫を凝らして応えていかなければならない。また、電算化の進展には著しいものがあり、多様な金融商品を提供することが可能になってきている。そのうえ、世界の金融市場における金融技術革新への対応も怠ることはできない。銀行の付随業務の範囲は社会経済の変化に伴って、銀行に対して要求される機能に応じ、個別具体的に、かつ柔軟に考慮されるべきものである。

このようなことから上記23項目のほかに、現在では、ファクタリング、信用状に関する業務、旅行小切手（トラベラーズ・チェック）の発行、クレジットカード業務、金地金の売買、金銭債権の売買の媒介・取次・代理等、コンサルティング業務、ビジネスマッチング、などが銀行法第10条第2項柱書「次に掲げる業務その他の銀行業に付随する業務を営むことができる」（注：いわゆる「その他付随業務」）として銀行業の付随業務と解釈されている。

今後とも、付随業務の範囲は可能な限り広がりをみせていくものと思われる。他方、IT産業をはじめとする異業種の銀行業への参入も進むわけであり、金融機能のアンバンドリング化・普遍化という時代の太い流れとともに相互に交錯し合う分野が当然に増えていくものと思われる。

3 ここであらためて付随業務の法律上の意味合いに触れておきたい。

既述のとおり、銀行が行える業務は固有業務のほかに付随業務等にとどめられている。「付随業務」とは銀行の固有業務に伴って当然に生ずる業務である。

付随業務の範囲は公共性等の視点から条理上、次のような要件を備えているべきものと考えられる。

第1に、質的に固有業務（銀行業）との関連性ないし親近性があることが必要である。たとえば、銀行が百貨店を経営するとかゴルフ場を経営するこ

第9章 業務の範囲（銀行法第10条〜第12条） 169

とは銀行業とこれらの業務との間に関連性・親近性がないので認められない。問題は関連性・親近性の度合いである。かつてこの分野でよく引用された昭和3年5月付蔵銀第245号通牒によると、付随業務は銀行業務の「業務を営むに必要又は有用な従たる業務」と定義されていた。しかし、今日では「必要又は有用」というほどに、その関連性を厳密に解する必要はないと考えられる。各時代における銀行のもつ社会的・経済的機能からみて、一般通念のうえで、銀行が当然に行ってしかるべきであるという程度のもので十分と思われる。第2に、分量において固有業務（銀行業）に対して従たる程度を超えないことが必要である。銀行業務に近い業務であるからといって銀行の固有業務を上回る業務量で営業行為を行うことはやはり常識的とはいえないであろう。例をあげれば、金地金の販売業務を自らの銀行業務以上の分量で行うことは法制面からみて疑問といわざるをえない。第3は、営業として行うものであることである。これはいわば当然のことである。

　銀行法は業務範囲を詳細かつ明確に規定するとともに、今後の経済金融情勢の変化に応じて銀行業務を効率的に運営することを基本的方針として制定され、標記のような条文構成になったものである。

　金融庁の主要行向け監督指針Ⅴ－3－2(4)は、「その他の付随業務」の範疇にあるかどうかの判断にあたっては、銀行法第12条において他業が禁止されていることに十分留意し、以下のような観点を総合的に考慮した取扱いになっているかを検討事項としている。

① 当該業務が銀行法第10条第1項各号および第2項各号に掲げる業務に準ずるか。
② 当該業務の規模が、その業務が付随する固有業務の規模に比して過大なものになっていないか。
③ 当該業務について、銀行業務との機能的な親近性やリスクの同質性が認められるか。
④ 銀行が固有業務を遂行するなかで正当に生じた余剰能力の活用に資するか。

4 付随業務のうち基本的なもの23項目は法文に明示的に列挙されているが、他方で列挙事項に関しては、単なる例示にとどめられ、これとあわせて

銀行法第10条第2項柱書中に「その他の銀行業に付随する業務」という概括的な表現を用いることにより、付随業務の範囲に弾力性ないしふくらみをもたせる法文表現になっている。つまり、今後、混沌としたなかで新しい種類の付随業務が生まれてくる可能性があるわけであるが、「その他の業務」という記述は、そうした種類の付随業務に対する法律上の受け皿としての機能を表現したものである。

5 銀行法第10条第2項に列挙されている付随業務のうち、証券業務関係で注目されるのは、第2号、第4号および第5号である。

第2号において、投資の目的または書面取次行為による有価証券の売買および有価証券関連デリバティブ取引が規定されている。これは金融商品取引法第33条（旧証券取引法第65条）第1項ただし書に対応する規定である。ここでの有価証券は公共債に限定されない。

第4号は銀行の証券業務の一環として、公共債の残額引受け（売出しの目的のないもの）および当該残額引受けと一体として行う募集の取扱いが規定されている。

第5号においては金銭債権の取得または譲渡が規定されている。この条項では、金銭債権を取得または譲渡することは投資目的であると否とを問わず付随業務として取り扱うことができると規定している。

6 なお、デリバティブ取引については、銀行法は有価証券関連デリバティブ取引と金融等デリバティブ取引などを分け、有価証券関連デリバティブはほぼ有価証券法制のもとでの銀行の営業参加という法律上の取扱いを行い、金融商品取引法（旧証券取引法）が第一義的に対応するとの立場をとっている。一方、有価証券関連以外のデリバティブ取引については、銀行経営の健全性を損なわないことに留意しつつ銀行が付随業務として全面的に行えるとの建前をとっている。金融商品取引法制定の前後では条文の整理の仕方に多少の異動はあるが、取扱いにおいて基本的な変更はない。

7 銀行法第10条に対して第11条を起こして条文を書き分けているのは第11条の業務は、銀行業に当然には随伴しない業務であるとの立場によるものである。具体的には、投資信託の受益証券の販売や、公共債に関して、引受け、募集または売出しの取扱い、既発債売買であるディーリング、そして、

第9章　業務の範囲（銀行法第10条〜第12条）　171

既発債売買の取次等であるブローカレッジの各業務がこれに該当する。これらの業務を営むには内閣総理大臣の登録を受けなければならない。

□ 第2節　項目別説明

　銀行法第10条第2項に規定されている23（19プラス4項目）にわたる銀行の付随業務について、以下、項目別に説明していきたい。

第1　債務保証

1　銀行法第10条第2項第1号は、銀行の付随業務として、債務の保証または手形の引受けを規定している。これらは、いわゆる「支払承諾」と総称されている。「支払承諾」は、貸付と並ぶ与信業務の一形態である。貸付が資金を貸し付けて利子を得ることを内容とする業務であるのに対し、支払承諾は銀行の取引先の第三者に対して負担する債務を銀行が保証する業務である。銀行は対価として取引先から一定の保証料をとる。ここで「保証」とは、ある人（銀行）が、他の人（取引先）に対し、当該他の人が第三者に対して債務を履行しない場合に、これにかわって当該債務を履行するものであり、従たる債務を負担することをいう。支払承諾には、取引代金の保証、継続的取引における代金の支払や納品履行等の保証、手形保証、税金延納保証、他の金融機関からの借入れの保証、その他特殊な契約における違約金の代り金の保証、などがある。

　銀行が債務を履行したときは、取引先に対し求償権を取得する。

2　支払承諾は、別札保証、手形保証に分けることができる。

　別札保証は、銀行が署名した保証書を取引先に交付し、取引先がこれを債権者に持参することにより行う。これに対し、手形保証は、手形の表面、または補せんに署名して行う。別札保証は原則として民法上の保証であるが、銀行は商法における商人であるから保証は商行為となり、主債務者と銀行は連帯責任の関係に立つ。銀行実務上、一般に、支払承諾（銀行法施行規則報告書様式）という場合には、法律的意義の保証のほかに、手形引受け（慣行上、手形保証や裏書を含む）や信用状発行のような経済的意義の保証が含まれ

る。

　支払承諾は、主たる債務が支払われた場合、あるいは、保証期間が満了した場合に消滅する。ただし、保証期間の定めが、その間に生じた債務を保証する内容のものであれば、単に保証期間の満了のみでは消滅せず、保証先から保証書が回収されるか、保証の署名が抹消されたときにはじめて消滅することになる。

3　債務の保証により、銀行は現実に資金を使用しないで信用の供与を行い、手数料を得ることができる。したがって、銀行の顧客が債務を履行する限り、銀行は手数料収入をまるまる手に入れることができる。また、保証を契機として実現した他の金融機関による貸付資金が自行に預金されることも期待できるので銀行側の利益は大きい。他方、銀行顧客にとっては、銀行の信用を利用して有利に契約を締結することができるほか、個々の債務者に対して担保を設定するという煩わしさを避けることができ、銀行のために設定した根抵当により必要に応じ支払承諾を得て、担保権設定にかえることができるなど、利便性が高い。

　しかし、半面、銀行経営の健全性の観点からみると債務保証業務は大きな危険を蔵している。ひとたび取引先が支払不能に陥ると、銀行は一転して保証先に対して債務の全額を支払う義務を負い、直接に損失を被ることになる。過去において銀行が経営難に瀕した事例のなかには、過大な債務保証が引き金になっているものが見受けられた。そこで、銀行側は自ら安易な支払承諾を常に戒めているところである。他方、自己の信用力、担保力に乏しい中小企業等にとって、取引を円滑に進めるために支払承諾の果たしている経済的役割は大きいといわなければならない。いずれにしても、銀行側において堅実な審査が望まれるところである。

4　支払承諾は偶発債務を表象するものとして、貸借対照表上、負債の部に銀行が債務保証した金額の総額が表示される。この勘定に対して、貸記、借記の均衡を図るため、資産側に支払承諾見返勘定が設けられている。これは、将来の求償権を表示する勘定科目である。支払承諾の会計上の処理としては、単に債務保証の手数料収入を表現していく方式もありうるにもかかわらず資産・負債両建ての方式がとられたのは、支払承諾が銀行経営に大きな

第9章　業務の範囲（銀行法第10条〜第12条）　173

影響を与える可能性があるためであり、銀行法施行規則報告書様式は銀行経営の健全性の観点から債務保証を行った金額全体を貸借対照表のうえではっきりと表現する方式をとっている。

5　銀行は顧客との間で支払承諾取引を行うにあたり、銀行取引約定書のほかに支払承諾約定書を作成する。支払承諾約定書では、依頼人の原債務履行義務、原債務の変動などの場合における依頼人の銀行に対する通知義務、銀行の保証債務履行の時期と方法、保証形式に関する銀行の選択権、保証料の計算および支払方法、銀行の依頼人に対する求償の範囲、銀行が保証契約を解除した場合の措置、などの条項を明記している。

第2　有価証券の売買等

1　いわゆる**銀・証分離（銀行・証券分離）**の接点を表現している条項の一つであるである。

欧州大陸諸国であるドイツ、フランス等では銀行に対して証券業務を行うことを禁止しない、いわゆるユニバーサル・バンキング制度がとられているのに対し、米国では1929年の大恐慌を契機として銀行がリスクの高い業務である証券業務を行うことを原則として禁止する1933年銀行法（グラス・スティーガル法）が施行され（注：同法は1999年のグラム・リーチ・ブライリー法により撤廃された。しかし、トランプ政権のもとで復活の動きがあり現在のところその帰趨は不透明である）、わが国では戦後成立した証券取引法第65条により、さらに平成19年に施行された金融商品取引法（第33条）により、基本的には銀証分離が維持されている。

銀行、協同組織金融機関その他政令で定める金融機関（以下この条、次条及び第201条において「金融機関」という。）は、<u>**有価証券関連業又は投資運用業を行つてはならない**</u>**。ただし、有価証券関連業については、金融機関が他の法律の定めるところにより**<u>**投資の目的**</u>**をもつて、又は信託契約に基づいて信託をする者の計算において有価証券の売買若しくは有価証券関連デリバティブ取引を行う場合は、この限りでない。**

（金融商品取引法第33条第1項）
　　前項本文の規定は、金融機関が、<u>**書面取次ぎ行為**</u>**（顧客の書面による注文**

を受けてその計算において有価証券の売買又は有価証券関連デリバティブ取引を行うことをいい、当該注文に関する顧客に対する勧誘に基づき行われるもの及び当該金融機関が行う投資助言業務に関しその顧客から注文を受けて行われるものを除く。次条第1号において同じ。)又は次の各号に掲げる有価証券若しくは取引について、当該各号に定める行為を行う場合には、適用しない。
（1）　以下略

（金融商品取引法第33条第2項）

　金融商品取引法第33条（注：旧証券取引法第65条に相当）で規定する有価証券関連業務とは、旧証券取引法における証券業務に該当する。このように金融商品取引法は、銀行等は証券業務を行うことはできないと規定しつつ、同条第1項ただし書および同条第2項カッコ書で、銀行等が、投資の目的、ないし書面による取次行為等を行う場合にはこの限りでない、ないし適用しないとしている。

2　これを受けて銀行法は、

　有価証券（第5号に規定する証書をもつて表示される金銭債権に該当するもの及び短期社債等を除く。第5号の2及び第6号において同じ。）**の売買**（有価証券関連デリバティブ取引に該当するものを除く。）**又は有価証券関連デリバティブ取引**（投資の目的をもつてするもの又は書面取次ぎ行為に限る。）

（銀行法第10条第2項第2号）

と規定している。

　ここで銀行法第10条第2項第2号中、後段のカッコ書は有価証券の売買と有価証券関連デリバティブ取引のいずれにもかかっており、このことから銀行の付随業務として、第1に投資の目的をもって行う有価証券の売買等、第2に顧客から書面による注文を受けて顧客の計算で行う有価証券の売買等、を行うことができることになる。

　つまり、銀行法第10条の規定は、金融商品取引法の規定と平仄をあわせ、これと一体として規定されたものである。そして、ここでいう有価証券は、後述の第4号の規定とは異なり、公共債に限定されず、金融商品取引法に規定されるすべての有価証券を対象としている。したがって、株式や社債なども対象に含まれる。先物取引、オプション取引等も同様であり、有価証券関

第9章　業務の範囲（銀行法第10条〜第12条）　175

連のもの（つまり株式等の証券もの）を対象にしている。

3 有価証券の売買とは、当事者の一方が有価証券を移転することを約し、相手方がこれに対し代金を支払うことを約することをいう（民法第555条）。その限りでは、証券取引所の開設する有価証券市場における売買取引か、それ以外の取引かを問わない。また、有価証券取引そのものではないが、有価証券指数に関する先物取引、有価証券オプション取引、外国市場証券先物取引なども有価証券の売買に類するものとしてこの条項で一括して取り扱われている。その考え方は有価証券の売買と本質的に異ならないので、有価証券の場合と同様に理解してさしつかえない。

　法文解釈上注意を要するのは、金融商品取引法における「売買」は、金融商品取引法第2条第8項第1号では既発行有価証券の個別売買、すなわち、既発債という点に重点が置かれているが、ここでいう「売買」は、新発債、既発債の別を問わずおよそすべての有価証券について、その取得および譲渡が対象となる点である。

4 投資の目的をもってする有価証券の売買は、銀行が預金業務等で集めた資金のうち貸付等に回されなかった資金を、有価証券の投資に差し向けることを指す。銀行が固有業務を遂行していくうえで、いわばそれに当然に随伴して生ずる業務である。つまり、銀行が一般の企業と同じ立場に立ち、投資の目的をもって有価証券の売買をすることは、特に規定がなくても行為能力としてできることなので、確認の意味で規定されたものといえる。

　ただし、取得、所有する額については、後述する銀行法第16条の3により、銀行またはその子会社は国内の会社の議決権について、その議決権の総数の5％を超えて所有することとなるような取得または所有は、原則として禁止されている。その場合の「例外」は、担保権の行使または代物弁済の受領による場合、金銭または有価証券の信託に係る信託財産として取得する場合などに限られる（銀行法施行規則第17条の6）。

　さらに、「投資の目的」には、他の者による有価証券の取得または譲渡を仲介する目的（つまり、取次）は含まれないが、その他の目的であれば広く含まれると解される。いずれにしても、本条の趣旨は、銀行が自らの資産運用のために、有価証券を売ったり、買ったりすることができることを規定し

たものである。

5　次に「書面による取次ぎ行為」について説明したい。

銀行は、顧客の書面による注文を受けるという条件のもとで、顧客の計算のもとで有価証券の売買等をなすことができる。有価証券の売買は顧客の計算によるものであるから、取次の実行として行うものである。銀行が預金業務を取り扱っている関係上、顧客から受動的に有価証券の売買の委託を受けることが考えられる。このような場合に、一定の範囲内で証券業務を認めようというのが法の趣旨である。

敷衍して述べれば、顧客から預金として受け入れている資金で有価証券の買付けをしたい、あるいは、その有価証券を売り付けたいとの注文を銀行が受けた場合に、銀行の固有業務に付随する業務としてそれに応じることを認めたものである。銀行業に付随して行うサービス業務であるので、銀行がそれを有償、つまり、顧客から手数料をとって行うことを妨げるものではない。

ただし、書面取次行為は、金融商品取引法第33条第2項において「当該注文に関する顧客に対する勧誘に基づき行われるもの及び当該金融機関が行う投資助言業務に関しその顧客から注文を受けて行われるものを除く」と規定されている。したがって、受動的な取次行為に限定されることになる。

顧客からの注文は必ず書面によることを要する。口頭による注文ではいけないわけであり、したがって、電話によって注文を受けることはできない。これは、顧客の注文意思をより明確にするためであるが、そのほかに、書面によるもの以外の注文を禁止することによって、受注を慎重ならしめ、受動的なものにするという法の趣旨が表現されていると考えられる。書面は包括的であってはならず、あくまでも個別であることを要する。

第3　有価証券の貸付

1　銀行が顧客の依頼に応じて貸付料を徴して銀行の保有する有価証券を顧客に貸し付けることは、銀行の付随業務である。

有価証券の貸付の利用目的は三つある。

第1は法令等に担保・保証金として有価証券が明記されている場合であ

第9章　業務の範囲（銀行法第10条～第12条）　177

り、これらの法令等に基づく担保・保証金として銀行の顧客が銀行から有価証券の貸付を受け、これを担保等に供するかたちで利用される。具体的な事例としては、顧客が商品先物取引の会員信認金、取引証拠金、教科書発行の際の保証金、酒税延納担保などのために、銀行から一時的に銀行手持ちの有価証券を借り入れる場合である。

第2は、顧客が、借入れや一般の商取引の担保にする場合である。たとえば、借金をしようとするときに担保に供するものがないので、銀行から銀行の保有する有価証券を借りてきて担保に充てるという際に利用される。

債務の保証が銀行の人的信用の供与であるのに対し、有価証券の貸付は、銀行の物的信用を供与するものである。債務の保証と同じように、銀行としては資金を使わないで貸付料収入を得ることができるが、顧客が第三者に対する債務の弁済を怠れば、銀行側は担保として供した有価証券を失うリスクを負っている。

第3は、顧客が借り受けた有価証券を売却して資金を調達し、返済期限になると、同種・同量の有価証券を市場で購入して銀行に返却する場合である。ここでは、金融的に利用される。

2　貸付有価証券の形態としては、現物貸渡しと登録債貸渡しとがある。

現物貸渡しは銀行が顧客に現物の有価証券を貸与し、貸与を受けた顧客が当該有価証券を第三者のための担保に供したり、供託したりするのに利用する方法である。期限が到来すると、顧客は貸与を受けたと同じ有価証券を返却するのが原則である。しかし、同種・同量の有価証券を返却すればよいのであるから、有価証券の借主は借り入れた有価証券を市場で売却することもできる。

一方、登録債貸渡しは、登録機関に登録された国債や社債、地方債等を銀行が保有する場合に、銀行が顧客のための物上保証人として登録機関にこれらの有価証券の上に担保権設定の登録をすることによって行われる。銀行と顧客との法律関係は、銀行が顧客の担保提供先のために担保権を設定することについての委任契約である。

貸付有価証券の対象となるのは、国債、地方債、政府保証債、社債、金融債、株券等である。

第4　売出し目的のない公共債の引受け、およびその募集の取扱い

1　銀行法第10条第2項第4号は、「国債、地方債若しくは政府保証債の引受け（売出しの目的をもつてするものを除く。）又は当該引受けに係る国債等の募集の取扱い」を銀行の付随業務としている。

　銀行の証券業務に関して、銀行法は、①第10条第2項第2号、②同第4号、③第11条、などに分けて規定している。それぞれの条文は、相互に密接に関連している。そして、それらに関する説明はかなりの程度重複せざるをえない。

　本号の行為は、わが国においてかつて公共債引受シンジケート団が行ってきた行為を規定したものである。このような引受けの形態は残額引受けといわれる。売出し目的のない残額引受けは公共債の発行予定額の満額消化を保証することを内容とする業務であり、当該残額引受けとそれに係る募集の取扱業務によって行われている。

　この行為が銀行の付随業務とされるのは、売出し目的のない残額引受けが、公共債の発行予定額の満額消化を下支えすることを内容とする業務であり、公共債の形態による資金調達を確保し、保証する性格を有する業務だからである。その意味で、銀行の代表的な付随業務である債務の保証に準ずるものとして銀行の与信機能の一環として位置づけることができる。

2　売出し目的をもたない残額引受けに係る募集の取扱い、とは銀行の国債等の窓口販売（窓販）である。

　窓口販売は、銀行等の金融機関がその営業所の店頭で不特定多数の顧客を相手として国債等の募集の取扱い、すなわち、販売行為を行うことである。業務は、当初は新発債の募集の取扱いであったが、販売先からの依頼に応じて当該銀行が買取りを行う、いわゆる、はね返り玉の買取りや、募集を行って売れ残った、いわゆる募集残額部分の販売などを含んだ広い概念として用いられるようになった。

3　募集の取扱いが銀行の付随業務として取り扱われるのは、引受業務の実態に着目すると残額引受けは募集の取扱いと一体不可分に行われるものであり、制度上、これを分離して位置づけることはいかにも不自然だからであ

第9章　業務の範囲（銀行法第10条～第12条）　179

る。また、残額引受けと一体として行う募集の取扱いは、残額引受けの結果
として残部取得額を減少せしめる行為、すなわち、引受けに伴うリスク負担
を軽減する行為であり、この意味で残額引受けに当然に随伴するものと考え
られたためである。

4　募集の取扱い、すなわち、国債の窓口販売は、直接に一般投資家に接触
する業務であり、したがって、投資家保護の観点から金融商品取引法第33条
の２により、募集を取り扱う銀行は金融商品取引法上の内閣総理大臣への登
録が必要とされている。募集の取扱業務の範囲は、国債、地方債および政府
保証債の売出し目的のない引受けに係るものに限られる。

第5　金銭債権の取得または譲渡

1　銀行法第10条第２項第５号は、「金銭債権（譲渡性預金証書その他の内閣
府令で定める証書をもつて表示されるものを含む。）の取得又は譲渡」を銀行の
付随業務の一つとして例示している。そして、内閣府令である銀行法施行規
則第12条は、金銭債権の証書の具体例として、譲渡性預金の預金証書、コ
マーシャル・ペーパー、貸付債権信託の受益権証書、商品投資受益権の受益
権証書等を個別列挙している。

　銀行法第10条第２項第５号のカッコ書はあくまでも例示であり、法文も
「……を含む。」となっているので、ここでいう金銭債権は、銀行法施行規則
第12条に列挙されたものにとどまらず、金銭債権に当たる証券、証書の類い
などはここに含まれる。また、後述のとおり、既存の金銭債権をその返済期
限前に買い取る方法によって、債権者に融資を行う業務である**ファクタリン
グ**も本号に該当する。

2　「金銭債権」は、①平成５年の金融制度改革法による改正以前にすでに
第５号に該当するものとして列挙されていた項目と、②平成５年の金融制度
改革法による改正により加わった証券化関連商品（すなわち、金融商品取引法
の改正により有価証券の範囲として新たに広がった部分）、との二つにより構成
される。ここでは便宜上、前者を「狭義の金銭債権」と呼ぶ。この「狭義の
金銭債権」に証券化関連商品を加えたものが本条の「金銭債権」である。

「狭義の金銭債権」

1　まず、「狭義の金銭債権」についてである。「狭義の金銭債権」は転々流通する機能が有価証券の域に達していないものを指している。有価証券ではないわけである。ちなみに、有価証券は、概していえば、権利が証券に化体し、その証券の移転により、自由に譲渡できるものをいう。

　「狭義の金銭債権」における「金銭債権」とは、一般には、特定人（債権者）が他の特定人（債務者）に対して一定の金銭給付を請求することを内容とする権利である。貸出債権や預金債権、手形、小切手などは広い意味で金銭債権の主要部分をなすが、この項でいう金銭債権は、銀行の付随業務の対象としてのものなので、固有業務であるこれらの債権は含まれない。「狭義の金銭債権」の権利の移転は通常は民法による指名債権譲渡方式により行われる。指名債権は、指図債権、無記名債権のような有価証券としての債権とは異なり、その成立、行使にあたって証書の存在を必要としない。また、証書が作成されたとしても、それは単に債権成立の証拠としての意味をもつにすぎない。

2　指名債権は、債権者と債務者との個別の結びつきが強く、それだけに、債権者の変更を意味する債権譲渡は、「有価証券」等の場合に比べ慎重な手続を要することとなっている。すなわち、債権者がその保有する金銭債権を譲渡するに際しては、確定日付のある証書による債務者への通知、もしくは債務者の承諾を得ることが債務者その他の第三者に対する対抗要件として必要とされる（民法第467条）。単に、証券、証書の交付のみによって権利の移転が完結するものではない。つまり、指名債権の譲渡については、対抗要件を十全なものとしようとすれば、民法第467条が要求するような第三債務者ごとに確定日付のある通知もしくは承諾などの煩雑な手続を要するだけに、有価証券に比べ、その流通ないし流動化には手間を要することになる。これが「有価証券」との基本的な差異の一つである。

証券化関連商品

1　銀行法第10条第2項第5号の「金銭債権の取得又は譲渡」は、従前は上述の「狭義の金銭債権」のみがその対象であった。しかし、平成5年の金融

第9章　業務の範囲（銀行法第10条〜第12条）　181

制度改革法により金融商品取引法が大幅に改正され、有価証券の概念が弾力化ないし拡張された。これまで、有価証券の範疇に入っていなかったコマーシャル・ペーパー等のいわゆる証券化関連商品が新たに有価証券として指定されることになった。こうした金融商品取引法改正に平仄をあわせて銀行法も一部改正され、従来の有価証券概念から拡大した部分、すなわち、有価証券の範囲が広がった部分が銀行法第10条第2項の本号に規定する「金銭債権」として読み込まれることになった。これが「証券化関連商品」である。

　角度を変えていえば、銀行法第10条第2項第5号はセキュリタイゼーション（金融の証券化）の受け皿ともいうべき条項としても位置づけられることとなったのである。コマーシャル・ペーパーなどの証券化関連商品が平成5年の金融制度改革法による金融商品取引法の改正に伴い有価証券の範疇に組み込まれた結果、銀行法上は銀行法第10条第2項第5号がその受け皿となり銀行の付随業務として位置づけられたものである。

2　最近の金融動向をみると、世界的に企業金融は従来の借入金取引等の相対取引に加えて、証券形態による市場からの調達が増えており、また、間接金融と直接金融の中間に位置するような方式で資金調達が増加している。たとえば、銀行がその貸付債権を満期まで保有せず途中で機関投資家に譲渡してしまう、いわゆる「銀行業務の分解」（アンバンドリング）と呼ばれる現象がみられるし、さらには近年、欧米諸国では、資産の裏付けとして証券を発行し、これを流動化する、いわゆる資産金融の証券化が進展している。また、銀行、リース会社、事業会社等の企業が貸付債権等を信託等にプールして、そこから生じるキャッシュフローを裏付けとした証券を発行し、市場において不特定多数の投資家から資金調達をする事例が増えている。資産を信託し、その信託受益権を小口化して販売することは諸外国では盛んに行われている。こうした試みは有価証券の法制のあり方とも無関係ではない。

銀行法上の規定

1　以上の金融商品取引法の平成5年の改正を受けて、まず、銀行法第10条第2項第5号の「金銭債権」の範囲が拡大された。第5号は条文こそ改正前と変更がないものの、銀行法第10条第6項が新たに加えられるとともに、銀

行法施行規則第12条が改正され、金融商品取引法に規定された証券化関連商品が有価証券であるにもかかわらず、銀行の業務範囲とされることになったものである。

銀行法第10条第2項第5号に掲げる業務には同号に規定する証書をもって表示される金銭債権のうち有価証券に該当するものについて、同項第5号の3に掲げる業務には短期社債等について、金融商品取引法第2条第8項各号（定義）に掲げる行為を行う業務を含むものとするとされた（銀行法第10条第6項）。

銀行法において、平成5年の改正で第10条第6項が新設され、第2項第5号の「取得又は譲渡」が金融商品取引法上のすべての業務を含むことが明確化された。たとえば、「金銭債権」を他にあっせんする行為も広い意味での「譲渡」となる。さらに、金銭債権が流通する段階において、売却したい者から自ら買い取ったり、購入したい者に売ったり、あるいは、売却したい者と購入したい者を仲介したりする行為も、広い意味での「取得又は譲渡」と考えてさしつかえない。このように、第6項の規定は「取得又は譲渡」が投資目的での売買のみならず、いわゆる対顧客業務を含むものであることを確認した規定である。

2 銀行法第10条第2項第5号にいう「金銭債権」の範囲について、銀行法施行規則第12条により、譲渡性預金、コマーシャル・ペーパーをはじめ、次の証券・証書により表示される金銭債権が含まれることとされている。その趣旨は、銀行が投資のみならず対顧客業務としても取り扱えるというものである。銀行法施行規則第12条は例示であって、これらの項目だけに限定されるものではない。

(1) **譲渡性預金**

譲渡性預金とは、払戻しについて期限の定めがある預金で、譲渡禁止の特約のないものをいう。

譲渡性預金の取得または譲渡は、従来より銀行法第10条第2項第5号の業務とされてきた。譲渡性、すなわち、転々と流通する性格に着目したためである。しかし、同法第10条第1項の固有業務で位置づけられても、第2項の付随業務で位置づけられても、銀行の業務としてはなんらその取扱いに違い

はない。違いが生ずるとすれば、固有業務であれば、その取扱いの主体は銀行等の法令に明記された金融機関に限定されるが、付随業務であれば、たとえば、証券会社が行うことが法制上可能であるという点である。

銀行法第10条第2項第5号に規定される譲渡性預金は、国内で発行されるものと、外国で発行されるものの双方を含む。

法的性質について、原則として指名債権であるか否かを問うものではない。したがって、海外CD（外国法人が発行するもの）も銀行法第10条第2項第5号に該当する。

(2) コマーシャル・ペーパー

コマーシャル・ペーパー（CP）とは、企業が機関投資家等から無担保で短期の資金調達を行うための手段である。わが国では約束手形として構成され、期間は短期で、付利は割引方式で、額面が一定額以上のもの、となっている。

法律のうえでは、金融商品取引法に規定するコマーシャル・ペーパーをもって銀行法施行規則上の「コマーシャル・ペーパー」とする取扱いがなされる。

そこで金融商品取引法においてどのように規定されているかというと、金融商品取引法第2条第1項第15号において「法人が事業に必要な資金を調達するために発行する約束手形のうち、内閣府令で定めるもの」とされている。

コマーシャル・ペーパーは、企業にとって市場から多額の資金を調達する手段であるので社債に類似しているが、その法的性格が約束手形であること、調達期間が短期であること等の点で異なっている。また、取締役会であらかじめ何億円以内という枠を決議しておけばその範囲内で随時発行できるので、社債に比べると発行の機動性が高い。銀行は当号に基づき、コマーシャル・ペーパーを、発行地のいかんを問わず、「金銭債権」として取得・譲渡することができる。

(3) 住宅抵当証書

住宅抵当証書は、抵当権付住宅貸付債権を保有している金融機関が、当該保有貸付債権のうち金利、期間等の条件を同じくする多数の貸付債権（当該

金融機関の原貸付債権に限る）を一定額にまとめて譲渡する際に発行する証拠証券である。指名債権譲渡方式により、金融機関に譲渡される。

(4) 貸付債権信託の受益権証書

貸付債権信託は、貸付債権を有する銀行その他の金融機関等が当該貸付債権を信託銀行に信託し、その信託受益権を一定額以下に小口化して投資家に売却し、資金調達を図るものである。信託の対象となる債権は、譲渡金融機関が債務者との間で締結した銀行取引約定書（貸出契約の基本契約書をいう）等の適用を受ける債権である。受託した信託銀行が条件の同じでない多数の債権を権利内容や金額別に投資家が投資しやすいものに転換して商品化を図っている。受益権の譲渡は指名債権譲渡方式によりなされる。

(5) 抵当証券

抵当証券は、債権とこれを担保にする抵当権がともに化体した証券である。不動産信用による金融を安全・便利にするために工夫された商品であり、当事者間の特約がある場合に限り、抵当権者の申請により登記所が発行する。証券の裏書によって転々流通する。証券所持者は期限到来後に抵当権を実行して優先弁済を受けることができる。

(6) 商品投資受益権の受益権証書

いわゆる、「商品ファンド」の受益権証書についての規定である。「商品投資に係る事業の規制に関する法律」により定義される。商品先物による運用を行うファンドや、映画・鉱業権等に投資するファンドがその対象になる。具体的には、①商品取引所で取り扱う商品、同商品指数に関する先物取引、②鉱業権、工業所有権等についてのオプション取引、③金やプラチナ、映画、絵画など収益の予想が困難な物品の現物取引、などに投資されるファンドの受益権証書である。

投資家による投資資金は上記の取引にすべて投ぜられるのではなく、ほかに抵当証券、公共債などを一定の比率まで運用対象に組み入れることができる。

(7) 外国の法人の発行する証券または証書で銀行業を営む者その他の金銭の貸付を業として行う者の貸付債権を信託する信託の受益権またはこれに類する権利を表示するもの

これは、いわゆるカードローン債権信託受益権などであり、「CARDS」等が含まれる。金融商品取引法上の有価証券に指定されている。

(8) 金融等デリバティブ取引に係る権利を表示するもの

金融等デリバティブについては第16で包括して説明しているので、ここでの説明は省略する。

ファクタリング

1 銀行の付随業務である「金銭債権の取得又は譲渡」の代表的な業務がファクタリングである。

ファクタリング業務は、銀行法第10条第2項第5号カッコ書内の内閣府令で表示されることを待つまでもなく、従来から5号業務の代表的事例として行われてきたものである。

ファクタリングとは、債権の買取りを行う業務である。有価証券の買取り業務は証券業務であり銀行は取り扱うことはできないが、有価証券に至らない金銭債権の買取りであれば銀行は営業として行うことができるわけである。

2 ファクタリングの機能としては、第1に売掛債権を買い取る金融機能、第2に売主にかわって債権を回収する機能、さらには、これらの機能を補完するものとして、第3に支払人に関する信用調査機能、第4に顧客のための記帳および販売コンサルティング機能などが含まれる。利用者である企業側からみて、ファクタリングの利点は、信用販売の場合、ファクタリングを利用すれば、銀行の買取りを見返りに現金を入手でき、未回収債権というかたちでの資金の固定化が避けられるし、債権管理の人手と経費とが節減できることなどがあげられる。他方、銀行側に所要のファクタリング手数料を支払わなければならない。

3 ファクタリングの種類としては、第1に償還請求権による区別がある。つまり、顧客から債権を買い取った銀行側が、万一その債権が支払不能に

陥った場合に売主である顧客に償還請求権を法的に保有するかどうかの区分である。償還請求権のないファクタリングは債務者の支払不能の危険を負担する条件で債権を買い取る方式である。債務者が破産、民事再生、会社更生などにより支払不能に陥っても、債権の売主は償還義務を負わない。他方、償還請求権付きのファクタリング業務もある。その範疇では、債務者が期日に支払をなさない場合には、不払いの理由がいずれであれ、銀行側は常に債権の売主に対して償還請求権を行使できる。

4　第2の区分としては、売掛債権の期日前に資金化のできる商品とできない商品とがある。前払式のファクタリングは、銀行が売主から債権を買い取り、支払期日前に対価を売主に対して支払うものである。買い取った日から債権の支払期日までの利息、手数料を差し引いて対価が支払われるのが普通である。手形割引に近い概念となる。他方、満期式ファクタリング業務は、銀行が債権の売主の依頼により、売掛債権を買い取り、売主にかわって、販売台帳の作成、債権の回収管理を引き受けるが、債務者の支払期日に先立って、対価を支払うことはない。

第6　特定目的会社発行社債の引受け等

1　銀行法第10条第2項第5号の金銭債権の範囲が整備されたのに伴い、同条第2項第5号の2に、特定目的会社が発行する特定社債その他これに準ずる有価証券の引受け、または当該引受けに係る特定社債の募集の取扱いが銀行の付随業務として明記されている。

　特定目的会社は、企業や銀行等が資産流動化のための組織体として一定の限られた目的を実現するために設立される会社である。その定義は「資産の流動化に関する法律」第2条第3項に定められている。

　仕組みがやや複雑なのでかみ砕いて説明すると、①リース会社、クレジット会社、一般の企業、銀行など（オリジネーターという）が特定目的会社を設立する、②オリジネーターは保有するリース債権やクレジット債権その他の債権などを特定目的会社に分離・譲渡する、③特定目的会社は、投資家に対して、その分離された資産の信用力を裏付けとして特定社債等を発行する、④特定目的会社はその分離された資産から生じるキャッシュフローを特

定社債等（つまり、借金）の弁済に充てていく。

2　通常の場合、金融商品は資金調達をしようとする企業全体の信用力を裏付けとしているが、特定目的会社の特定社債等はオリジネーターにとって、分離された資産そのものが信用の裏付けになっているという意味で、貸出におけるプロジェクト・ファイナンスと考え方が似ている。そこがこの仕組みの核心である。

3　金融機関の貸付債権が不良債権化した場合などにおいて、金融機関が不良債権の処分・償却を推し進めるために特別目的会社を設立して、そこに不良債権を一時的に移し、当該特別目的会社が社債等を発行して得た資金により逐次不良債権の回収を図るときにも利用される。

　具体的には、銀行が金利減免債権を特別目的会社に時価で出資する。ここで時価とは、金利減免後の債権を市場実勢利率等に基づく割引率で現在価値に割り戻した市場実勢価格である。銀行は時価出資に伴い、簿価（金利減免債権の額面価格）と時価との差を損金処理する。元本は再建計画終了後に回収されることが前提であるので、出資した銀行は、その後毎年、割引率に応じた収益を計上することができ、財務体質が改善される。特別目的会社は、出資を受けることにより取得した金利減免債権の流動化（すなわち市中への売却）計画を作成し、当該金利減免債権を信託し、その信託の受益権を市中に売却し、資金を得、その資金により、銀行は実質的に当該不良債権の償却を進めることになる。

　以上が特別目的会社の機能の一端である。

4　銀行法第10条第2項第5号の2により、銀行は付随業務として、特定目的会社が発行する特定社債等を引き受けるとともに当該引受けに係る特定社債等の募集の取扱いを行うことができる。つまり、特定目的会社の社債のアンダーライティングおよび当該特定目的会社に係るセリング行為を業務として行うことができる。

第7　短期社債の取得等

　銀行法第10条第2項第5号の3は、銀行の付随業務として短期社債等の取得または譲渡を規定している。

社債は有価証券であり、金融商品取引法第33条第1項により銀行が業務として取り扱うことが禁じられているが、社債のうち短期社債等であれば、業務として、その取得または譲渡を行うことができる。

　短期社債等としては、銀行法第10条第3項により、①「社債等の振替に関する法律」（平成13年法律第75号）に規定する短期証券、②農林中央金庫の発行する短期農林債、③「資産の流動化に関する法律」（平成10年法律第105号）第2条第8項の特定短期社債などが列挙されている。

第8　有価証券の私募の取扱い

1　私募とは、有価証券の募集形態の一つであり、公募に対比される概念である。

　概していえば、不特定多数の投資家に応募を募る公募に対して、私募は特定または少数の、たとえば、機関投資家などの限られた投資家に応募を募ることである。

　縁故債と同義で使用されることが多い。しかし、私募債は本来、あっせん人を介して特定少数を対象に募集する形態であり、発行者の縁故者を対象とする縁故債とは若干概念のとらえ方を異にしている。

2　実務上は、私募には発行者が取引先または少数の取引金融機関など特定の縁故者に直接売りさばくタイプと、発行者の委託を受けた仲介者（あっせん人）が発行者のために特定少数の投資家に売りさばくタイプとがある。

　前者が縁故募集であり、わが国の公社債では、私募円建外債を除き、ほとんどがこの形態に属する。

　わが国の国内で発行されている私募債としては、①縁故地方債、②私募事業債、③公社、公団等の私募債、④私募円建外債、の4種類がある。このうち、私募事業債は非上場会社の発行が大部分を占める。公募市場育成という方針のもとで、大会社の私募債発行は少ない。また、公社、公団等の私募債については、公社、公団発行のものは通常、政府保証がつくが、なかには例外的につかないものがあり、それらが私募形態をとる。また、私募円建外債は国内発行の外債のなかで信用度、知名度が相対的に低いもの、超長期のものなどであり、これらは私募形態がとられている。

第9章　業務の範囲（銀行法第10条～第12条）　189

3 私募の取扱いについては、私募債が融資の変形であるという面もあり、これまで銀行等がこれを本体で行い、市場の着実な発展に貢献してきたという実績がある。

そこで、銀行法における同業務の位置づけとしては、従来は「銀行業に付随する業務」の柱書で読まれており、銀行法上、「私募」ないし「私募債」を具体的な付随業務の一つとして列挙することにはなっていなかった。しかし、平成5年施行の金融制度改革法では、近年における私募債市場の発展および制度改革の一環として、金融商品取引法上の私募についての法整備がなされたことをふまえ、銀行法においても同業務の位置づけの明確化が図られた。

すなわち、銀行の付随業務の例示の1項目として、銀行法第10条第2項第6号に「有価証券の私募の取扱い」が明文をもって規定されるとともに、第8項として「第2項第6号の「有価証券の私募の取扱い」とは、有価証券の私募（金融商品取引法第2条3項（定義）に規定する有価証券の私募をいう。）の取扱いをいう」との定義規定が置かれた。

従来、銀行等が私募債のあっせん業務を行ってきたことをふまえ、銀行には禁止されていた証券業務から私募の取扱いを除外し、金融商品取引法第33条の2の内閣総理大臣の登録を受けて、金融機関が本体で私募の取扱いを営業として行うことができることを明定したものである。

私募の取扱いは証券業務となるが、利益相反等の弊害が比較的生じにくいと考えられること、融資の変形の側面をもつ私募債の発行にこれまで銀行等が関与してきたことをふまえ、銀行等が本体で行うことが適当とされたものである。

4 私募債の長所としては2点ある。

第1は、発行手続が公募債に比較して簡便であることである。私募債は当局への登録が免除される。そこで、たとえば、発行目論見書、有価証券届出書などのディスクロージャー関係の資料が不要である。そのため、発行に必要な手間、時間等が軽減される。

第2は、発行者の特性に応じて、期間、金利などの発行条件が柔軟に設定できることである。これは投資家の数が少ないことに起因している。

5 私募債はそれまで、公募債優先の考え方が顕著であったために小さい規模の市場にすぎなかった。しかし、大型私募債の導入、ノー・リターン・ルール（公募債を発行した企業は私募債を発行することはできない、とするルール）の撤廃等により、私募債の発行額は着実に伸びている。それでも事業会社の債券発行における私募の割合はわずかにすぎない。最近は銀行も私募債市場にかなり力を入れ始めている。発行条件の弾力化、転売の動きも活発化している。ちなみに、米国では社債の発行は開示義務の軽減やその機動性の長所を生かし、発行市場では私募方式のほうがむしろ主流になっている。

第9 社債等の受託・管理業務

　銀行の行う証券業務のなかで、公共債の窓販、ディーリング業務に続く重要なものとして、私募債の取扱いとともに銀行法第10条第2項第7号の地方債、社債等の受託管理業務をあげることができる。

地方債、社債について

1　受託を論ずるにあたっては地方債、社債についての理解が不可欠である。そこで、まず、地方債、社債とは何かについて、あらためて触れておきたい。

　地方債、社債（この項において、以下、単に「社債」という）とは、地方公共団体や一般の会社が公衆から資金調達を行う一つの方法である。公衆から多額の資金を募集できるよう、総額を多数の部分に分割し、かつ、分割債務証券としての債券を発行し、流通させるものである。地方公共団体や会社と社債権者との金銭消費貸借の関係を内容としており、利用者にとって消費貸借という意味では金融機関からの借入れと同じ範疇に属する。借入れとの違いは、社債は1回について多数の人から同時に資金を調達すること、およびそのペーパーが有価証券である点などである。

　社債権者の権利は元来、個人の金銭債権である。しかし、社債は公衆からの集団的なものであることから、その集団特性に基づいた技術的処理が求められ、公衆である社債権者保護のために社債権者の団体的取扱いが認められている。そして受託会社や社債権者集会に社債権者団体の機関に相当する機

能が認められている。他方、発行会社にとっても、受託会社の存在により個々の社債権者と交渉しないですむ、という利点がある。

2　社債は、企業にとって集団的な資金調達手段という点では株式に似た面をもつ。株式は出資、つまり、会社が事業を営むための資金として金銭その他の財産等の出捐を仰ぐこと、その出捐により会社等の財産に対する持分を取得することであり、会社の経営への参画の財産的表現という面を有している。これに対して、社債は、あくまでも単なる資金の調達としての性格をもつ。そうはいっても、社債発行は会社にとって経営のあり方に直接・間接にかかわる財産行為であり、調達額が比較的多額なだけに単なる借入れよりは会社経営そのものに対し、より近い位置にあるといえる。

　簡単にいえば、社債は株式と借入れとの中間に位置する資金調達手段である。

社債等の募集・管理受託業務

1　以上が「社債」についての説明である。次に、社債等の「受託業務」ないし「受託管理業務」に話を進めたい。

　まず、銀行法における「受託」という法律用語であるが、これは取扱いないし事務について業として委託を受けることをいう。

　社債の発行体にとって、一度に多数の投資家から資金を調達するので、募集や資金の元利金返済事務が煩雑であるため、それらの事務を専門とする会社に任せるという必要性が出てくる。このような事務の受託が、本号にいう「地方債、社債等の受託」業務である。

　社債の受託業務等は、わが国の風土において独特の発展を遂げてきた。かなり沿革的、歴史的な事情により形成されてきた概念である。

　今日では、募集の受託業務と管理の受託業務の二つからなっている。

2　募集の受託業務とは、地方公共団体や会社が地方債や社債の募集を行うのに際し、発行、募集に関する事務を発行会社にかわって行い、起債に伴う諸契約書の作成、社債申込証の作成、社債券の調製、払込金の取扱いなどの業務を行うことをいう。

　次に、社債の管理業務は、社債の利払い、元金償還が所定の契約どおりに

行われるための諸々の事務の処理である。つまり、発行会社が社債発行により資金調達をするまでの事務の委託は募集の受託業務であるが、その後の社債に関する諸々の仕事を発行会社から受託するのが社債の管理業務である。受託の結果、社債管理受託者は社債権者保護のために次の三つの権限ないし職責を有する。その第1は、債権の弁済受領および保全に関する権限である。第2は、社債権者集会の決議に基づく権限であり、これには社債権者集会決議に基づく訴訟行為や破産手続に属する行為を行う権限などである。第3は、裁判所の許可を得て行う調査権などがある。

3　他方、社債管理会社（銀行）の社債権者に対する義務として、会社法上、公平誠実義務（会社法第704条第1項）と善管注意義務（同条第2項）が規定されており、義務違反の場合の損害賠償責任についての規定が設けられている。公平誠実義務とは、社債権者を公平に取り扱うことに加えて、社債管理会社の利益と社債権者の利益が相反する場合に、社債管理会社が自己または第三者の利益を図って社債権者の利益を害することが許されない趣旨と解されている。たとえば、発行会社の財務状況が悪化したような場合においては、発行体に対する与信者としての銀行の利益と社債権者保護機能を担う社債管理会社（銀行）の利益が相反するが、銀行が自行の与信を早手まわしに回収して自行の貸付債権の保全を図るような行為は許されず、あくまでも社債権者の利益を優先するべきである、という場合などを指す。

　このように、地方債、社債の管理業務は、発行会社と多数の社債権者との間にあって社債権者のために社債の管理事務を行うだけに高度の専門性、公平性が要請されるところである。

4　社債管理委託契約において、社債管理会社（すなわち、社債管理業務を付随業務として行う銀行）は第三者である社債権者のために、社債権者にかわって社債管理事務を行う。社債管理委託契約は、発行会社の発行する特定の社債について、社債管理会社に対して社債権者のために社債の管理を行うことを委託する契約である。会社法第702条が「社債権者のために……社債の管理を行うこと」として、社債管理事務を行うという給付の相手方が社債権者であることを示していることからも明らかなとおり、この契約に基づいて社債管理会社が行う事務はあくまでも社債権者のための事務である。したがっ

て、この契約は民法におけるいわゆる第三者のためにする契約（民法第537条）と解されている。すなわち、社債管理業務を受託した側は、第三者である社債権者のために、社債権者にかわって社債管理事務を行うことを約するものであり、発行会社はその相手方であり、社債権者は第三者、すなわち、受益者となる。社債管理受託者が社債権者の法定代理人として行う社債管理事務の法律効果は社債権者に帰属する。

第10　業務の代理等

1　銀行法第10条第2項第8号は、銀行の付随業務として、銀行その他金融業を行う者の業務の代理または媒介（内閣府令で定めるものに限る）をあげている。金融業は、銀行法施行規則第13条から明らかなように信託業務を含む広い意味での金融業である。ここでいう業務の代理等は、金融業を行うものの業務のうち、単なる金銭の取扱い以外の業務、すなわち、代理貸付、債務の代理保証等の業務をいう。委託者が金融業を営むものであれば、代理業務等については特に制限はない。委託者が金融業務とその他の業務とを兼営する場合は、受託する銀行は金融業に係るものについてのみ、代理業務を行うことができる。

なお、時々混同されることであるので確認しておくと、銀行法第52条の36以下に規定する銀行代理業は、他の者が銀行に対して行う代理業務等であるのに対し、銀行法第10条第2項第8号は、銀行が他の者に対し行う代理業務等である。

また、媒介とは、売り手と買い手の間に立って売買条件を歩み寄らせ、売買が成立するために尽力する営業行為をいう。媒介という法概念は銀行法においてかなり多く出てくる。詳しくは本書第27章「銀行代理業」を参照されたい。

2　銀行法第10条第2項第8号における業務の代理の内容は、具体的には、内閣府令である銀行法施行規則第13条で、次のように定められている。

①　銀行、長期信用銀行、商工中金、信用金庫、信用組合もしくは労働金庫（これらの法人をもって組織する連合会を含む）の業務（ただし、信託業務を除く）の代理または媒介

② 農業協同組合等の業務の代理または媒介

③ 資金移動業の代理または媒介

④ 信託業務を営む銀行の信託業務の代理または媒介

⑤ 金融商品取引業者等の投資顧問契約等の締結の代理または媒介

⑥ 保険会社の資金の貸付の代理または媒介

⑦ 予算について国会の議決を受けなければならない法人で、金融業を行うものの業務の代理または媒介

　　具体的には、「公庫の予算及び決算に関する法律（昭和26年法律第99号）」第1条に規定する機関の業務の代理等を指している。

⑧ 特別の法律により設立された法人で、特別の法律により銀行に業務の一部を委託しうるものの資金の貸付その他の金融に関する業務の代理または媒介

　　新エネルギー・産業技術総合開発機構などの資金の貸付その他の金融に関する業務の代理を定めたものである。それ以外にも、建設業・清酒製造業退職金共済組合などの貸付の代理がここに含まれる。

⑨ その他金融庁長官が別に定めるもの

　　金融庁告示によると、財団法人公庫住宅融資保証協会の債務の保証の代理と住宅金融会社の資金の貸付に係る業務の代理、が定められている。

3　ところで、本号と次々号（銀行法第10条第2項第9号）にある「金銭の収納その他金銭に係る事務の取扱い」とは、業務範囲が重複することも考えられる。一例をあげれば、銀行が政府系金融機関の代理貸付を行う場合は当然に本号に該当するが、貸付金の交付、回収等は、角度を変えて経済機能に着目して観察すれば、次号の「金銭に係る事務の取扱い」に該当すると考えることもできるわけである。

　しかし、ともに付随業務として位置づけられているので、個々の業務がどの号の業務に該当するかは、実益に乏しい議論であると思われる。個別の事例ごとにその主要部分が該当する号に従い、適宜分類を行えばよいと考える。また、両方の号の組合せとして解釈することもできる。

4　ここで、代理業務のうち、代表的な事例である**代理貸付**について説明し

第9章　業務の範囲（銀行法第10条～第12条）　195

ておきたい。

代理貸付とは、受託銀行が委託金融機関の代理として行う貸付である。た
とえば、店舗の少ない政府系金融機関が遠隔地における貸出を当該地域で店
舗網の充実している地場の金融機関に委託して行う貸付がその典型である。
公庫、事業団の代理業務が多い。受託銀行は委託金融機関との間で締結した
代理貸付に関する業務委託契約に従って借主と代理貸付契約を締結する。業
務委託契約のなかで、借主の資格が制限され、金額、貸出期間、資金使途、
返済方法、担保、保証人などについて定められる。委託金融機関は受託銀行
に対して一定の手数料を支払い、受託銀行は委託金融機関に対して全額につ
いて管理、回収義務を負担する。

受託銀行は貸付金額の一定割合については民法上の保証責任を負担してお
り、また、保証債務を履行したあとでも回収責任が残っている。

第11 外国銀行代理業務

本書第24章「外国銀行代理業務に関する特則」において記述。

第12 金銭出納事務等

1　銀行法第10条第2項第9号は、国、地方公共団体、会社等の金銭の出納
その他金銭に係る事務の取扱いを規定している。

具体的には、①地方公共団体の指定金融機関等としての公金の出納事務、
②日本銀行代理店としての国庫金、国債収入金等の出納事務、③国税、地方
税および各種公共料金の自動振替え、④株式払込金の受入れ、株式配当金お
よび社債等元利金の支払事務、⑤クレジットカード会社と提携したキャッシ
ング・サービス、などである。

銀行は預金、貸出、為替取引などを固有業務としており、金銭の出納・保
管に関しては専門的な人的・物的施設を有している。加えて、それらの適正
な業務の遂行を担保するために、政府による厳格な規制・監督がなされてい
る。金融機関の金銭出納事務は、他の企業ないし産業の追随を許さない水準
にあるところである。一般の企業、学校、地方公共団体などが事務規定など
に基づいて金銭の出納、保管に関する事務処理を銀行等に委ねることが少な

くない。地方公共団体が特定の金融機関を指定して公金の出納事務を委託する場合などが、その典型である。銀行等にとっても手数料収入が得られるだけではなく、営業の接点の増加につながる利点があるところから、金銭出納事務の取扱いに積極的に取り組んでいるところである。

2　金銭出納事務の委託は、法律で明文をもって規定されている場合が少なくない。それらの例としては、地方自治法による都道府県の公金の収納または支払事務（地方自治法第235条第1号）などがある。また、市町村はその公金の収納または支払事務を地方自治法の定めるところにより指定した金融機関に取扱いを委ねることができる（地方自治法第235条第2項）。

　地方公共団体の公金出納事務は、出納長または収入役の職務権限であるが、安全と能率向上のため、指定金融機関制度がとられている。すなわち、地方公共団体は、議会の議決を経て単一の金融機関を指定し、これと委任契約を締結して、公金の収納または支払の事務を委託するのである。公金の取扱いに関しては、特定の金融機関を指定して、そこに委ねるか否かについて市町村では任意に決めることができる。これに対し、都道府県では指定を義務づけられている。

　地方公共団体の公金の収納または支払の事務を取り扱うには、監査委員の監査を受けなければならない。また、国庫金の取扱いおよび国債発行による収入金の収支および国債元利資金の受払い事務は、日本銀行の業務として法定されているが、事務量が増加し利害関係人の範囲が拡大したので、日本銀行は全国の主要銀行等と代理店契約を結び、事務処理を委託している。これが日本銀行代理店業務である。日本銀行歳入代理店は国税を主とした歳入金の出納を取り扱い、日本銀行国債代理店は、国債の元利金支払事務を取り扱う。

3　そのほか、株式の払込事務、株式配当金の支払事務、社債等の元利金の支払、学費等の受領事務などが任意に銀行に委ねられている。

　たとえば、会社が配当する利益は、株主名簿記載の株主の住所等の場所で、会社の費用負担で支払われる。しかし、これらの事務を会社自らが行うことはせずに会社側が全国に支店網を有する多数の銀行と配当金支払委託契約を結び、事務処理を委ねるのが通例である。また、一般の社債、地方債、

第9章　業務の範囲（銀行法第10条〜第12条）　197

特殊法人債などは、発行会社または発行法人が担保付社債の受託または無担保社債の募集の受託のほか、全国に支店網を有する複数の銀行、信託会社または証券会社に社債元利金支払事務を委託することが多い。受託銀行等は、発行会社から、所要の元利金支払資金を受け取り、これを取扱銀行等に分配する。取扱銀行等の指定営業所は、債券または利札と引換えに各社債権者に元利金を支払い、受託銀行はこの支払ずみの債券等を取りまとめて委託会社に引き渡す事務を行っている。

4　銀行のこうした機能が社会の膨大な出納ないし支払事務を支えている。

　銀行が金銭出納事務を引き受ける行為は、法律的にみると委任ないし準委任契約である（民法第643条以下）。銀行は契約に基づいて依頼者（地方公共団体、会社等）に対して金銭の保管、支払、受入れについて義務を負うとともに、それらを行う権限が賦与されている。

第13　保護預り

1　保護預りも典型的な銀行の付随業務の一つである。

　保護預りは、銀行利用者のために有価証券、宝石、貴金属そのほか容積は小さいが価値の高い貴重品の保管を有償で引き受ける契約をいう。ここでは、あくまでも預かる物品の容積が小さいことが強調される。営業として他人のために物品の保管をする点では倉庫業の行為（商法第597条）に似ているが、倉庫業者は一般に容積の比較的大きな物品を目的とし、顧客にとって、かさばるがゆえに専門業者に託す誘因が働くものを預かり、その保管設備も「倉庫」を必要とする。これに対して銀行の保護預りは、顧客にとって価値や価格がきわめて高い貴重なものであるがゆえに、その保管を専門施設に託する誘因が働く場合に利用される。貴重品のうち容積の小さいものを目的としており、その保管設備は銀行の通常の営業所内の設備で足りる点に倉庫業との差異が認められる。また、保護預りは銀行の付随業務とされているので、業務量として当然に銀行業に従たる程度を超えてはならず、倉庫業のような規模で行うことはできない。

2　保護預りは銀行法施行規則報告書様式などにより、次の４種類に分類される。

その第1は、**被封預り**である。被封預りは、保管の対象物の内容を明らかにしたうえで預かる契約であり、引受けに際して、目的物の種類、品質、および数量を明示するものである。銀行は、返還に際し、返還する物が保管した物と同一の内容であることについて責任を負わなければならず、有償の単純寄託契約に属する。

　被封預りの目的物が有価証券、特に株券、公社債の類いであるときは、保管に加えて、銀行側が名義書換え、配当および元利金の受領などの行為を委任されることがある。この場合には、寄託契約と並んで、特別の委任契約または準委任契約が併存しているものと解される。

　第2は、**封せん預り**である。保管依頼人が、目的物の外包に封せんを施し、銀行が内容物を知ることなく保管を引き受ける契約である。返還に際して、銀行は、封せんに異常がない状態を確認して引き渡せば足り、内容の相違や不足についてはいっさい責任を負わない。有償の寄託契約に属する。

　第3は、**貸金庫ないし貸渡し保護函**の方式である。銀行が顧客に対し備付けの保護函を使用に供し、顧客は専用の鍵を自らが管理しこれを用いて保護函に目的物を入れ、または、その引出しを行うものである。銀行は保護函の維持とその開閉に対し協力する義務を負うが、目的物の内容については責任を負わない。顧客が保護函を開閉するには銀行から交付される正鍵だけでは足りず、銀行のマスター・キーも利用しなければならない事例が多く見受けられる。このマスター・キーはあくまでも保護函の維持のためであり、銀行が保護函の目的物を占有していることにはならない。貸金庫契約は物品の寄託ではなく保護函を有償で使用に供する保護函空間の賃貸借契約と解される。

3　以上の三つが銀行法施行規則が定める報告書様式に規定されている保護預りの形態であるが、このほか、第4として、**混蔵寄託**があげられる。たとえば、国債などを銀行が他から預けられた場合に、同種のもの同士を混合した状態で保管することがある。これが混蔵寄託である。すなわち、銀行は多数の寄託者から同種・同質の目的物の寄託を受け、受寄者である銀行は、混合して保管する。一つひとつの寄託物を特定して預かる必要はない。寄託者からの返還請求に対して同種・同数量のものを返還する行為になる。預金の

ような消費寄託契約とは異なり、混蔵寄託は、目的物の所有権が寄託者から受寄者に移転することはなく、銀行が単に寄託者の物を保管している状態にすぎない。寄託者は銀行に対し、寄託物返還請求権を有することになる。

第14　振　替　業

　振替業は、「社債等の振替に関する業務に関する法律」第3条第1項に「第8条に規定する業務」として定義されており、同法第8条において「社債等の振替に関する業務」が規定されている。銀行法第10条第2項第10号の2は、銀行が口座管理機関として当該業務を行うことをその内容としている。

第15　両　　替

1　銀行法第10条第2項第11号は、両替である。

　両替とは、通貨と通貨を交換することである。沿革的には、両替業務は銀行業および手形取引の起源の一つをなしている。つまり、両替業務は発生的には付随業務どころか銀行の固有業務、その中核をなす業務であったのである。わが国の商法もその流れを多少とも引いており、商法第502条第8号は「銀行取引」の例示として第1番目に両替をあげている。

　しかし、長い期間を経て、銀行業務の変遷とともに、両替は、現在では銀行の中心的業務の座を降りている。両替が今日の銀行の経済的意義を支える金融仲介という役割をもたず、実質的な収益手段になっていないためである。なお、かつて両替が銀行の中核業務であったのは、国内の各地方や各都市が独自の通貨、紙幣などを発行しており、経済活動を行う各人にとって相互の交換性や、流通性を保証する機関として銀行の役割がきわめて重要であったためである。

2　銀行業は通貨ないし紙幣とともに発展してきた。当初は銀行による紙幣の発行や兌換、両替がかなりの比重を占めていた。個別具体的な紙幣そのものに即した業務、換言すると、「この紙幣、あの紙幣」という取扱いが大きな意味をもっていたわけである。しかし、時代を経るとともに、紙幣そのものが変質していく。紙幣のもつ意味合いはより抽象的、システム的になって

いく。この動きを助長したのは、遠くは紙幣の不換紙幣化であり、近くはキャッシュカードに代表されるプラスティック・マネーや電子資金決済方式の普及である。たとえば、電子資金決済方式のもとでは、決済は取引者同士の端末機による対話を通じて行われる。金額を表示する計数の投合いがコンピュータ空間で行われる。そこに通貨ないし兌換紙幣の痕跡を見出すことは困難である。勢い、両替業務等の比重は低下していく。

3　邦貨相互間の両替は通常、無料で行われている。顧客の求めに応じて、高額紙幣を多数の小額紙幣やコインに換えて交付することなどがこれに該当する。外国通貨との両替業務は有償で行われる。

　両替の法律的性格は、邦貨相互間の無料の両替は交換に類似した無名契約、邦貨と為替相場のある外貨との両替は一般には売買契約と解されている。

第16　金融先物取引、金融等デリバティブ取引、有価証券店頭デリバティブ取引

1　銀行法は、第10条第2項第12号〜第17号、および第2号の7カ所にわたって金融デリバティブ関係の諸業務を広範に銀行の付随業務として規定している。大まかにいえば、銀行は、近時大規模に発展拡大している金融先物、金融等デリバティブ、店頭デリバティブについて、例外はあるものの、その取引そのものはもとよりのこと、受託、媒介、取次または代理等の業務を行うことができる。

2　具体的に銀行が行うことのできる付随業務としては、

① 有価証券関連デリバティブ取引を除くデリバティブ取引（第12号）
② その媒介、取次または代理（第13号）
③ 金融等デリバティブ取引（第14号）
④ 金融等デリバティブ取引の媒介、取次または代理（第15号）
⑤ 有価証券関連店頭デリバティブ取引（第16号）
⑥ 有価証券関連店頭デリバティブ取引の媒介、取次または代理（第17号）
⑦ 投資の目的をもってする、または顧客の書面による注文を受けてその計算においてする有価証券関連デリバティブ取引（第2号）

第9章　業務の範囲（銀行法第10条〜第12条）　201

である。

3 デリバティブ（DERIVATIVE)」とは英語で「派生したもの」という意味である。一般に、原資産の価格または参照指標・参照指数等に基づき、その価格が算定される資産または契約のことである。現実に実在するもの、たとえば国債とか株式とか金利など（これらは総括して「現物」と呼ばれる）から枝分かれした商品という意味で「派生」という言葉が使われる。デリバティブ取引には市場デリバティブ取引、店頭デリバティブ取引、外国市場デリバティブ取引の３種類がある。昭和55年以降、取引規模が急速に拡大した。

　そして、銀行法は金融等デリバティブ取引を定義して「金利、通貨の価格、商品の価格、算定割当量の価格その他の指標の数値として、あらかじめ当事者間で約定された数値と将来の一定時期における現実の当該指標の数値との差に基づいて算出される金銭の授受を約する取引、またはこれに類似する取引であつて内閣府令で定めるもの」と規定している。

　内閣府令は、かつては金融等デリバティブ取引として、金利先渡取引、為替先渡取引、直物為替先渡取引、店頭金融先物取引、商品デリバティブ取引、クレジットデリバティブ取引、スワップ取引、オプション取引などを個別に例示していたが、昨今のおびただしいデリバティブ取引の多様化から個別例示方式では網羅できなくなり、現在の内閣府令はきわめて抽象的、網羅的な表現に変わっている。

4 　銀行が付随業務として行うことができるデリバティブ業務は大まかにいえば、次の３点に集約することができる。

① 　有価証券に関連するデリバティブ業務ではなく、金融に関連するデリバティブ業務である。それに「非」有価証券という意味で商品デリバティブも含まれる。現物における銀・証分離が先物等のデリバティブの世界においてもなお生きているというべきかもしれない。

② 　金融関連のデリバティブ取引の媒介、取次または代理を行うことができる。

③ 　有価証券関連であっても店頭デリバティブ取引およびその媒介、取次代理業務は行うことができる。

このうち、有価証券店頭デリバティブ取引とは、取引所での取引ではなく、文字どおり金融機関の店頭で行う有価証券を原資産とするデリバティブ取引である。「金融」という名称ではなく「有価証券」店頭デリバティブ取引となっているのは、広く有価証券全体を網羅するデリバティブ取引であることを示している。

店頭デリバティブ取引が有価証券関連でも認められているのは、そもそもデリバティブ取引は自然発生的に広まったものであり、かつて都市銀行等の本店や大規模支店においてフォワードによるリスク移転などが行われてきたという実績を反映した結果である。また、店頭取引であれば顧客の特性にあわせた商品設計ができるという観点も働いたものと思われる。

なお、銀行が上記のうち、有価証券関連デリバティブ等以外のものを行う場合には内閣総理大臣の登録を受けなければならない（金融商品取引法第33条の2）。

先物取引

1　先物取引は、将来、何かを売買しようという双方の約束である。ある一定量の商品（金利、通貨、株式等）を「将来の一定期日または一定期間内に受渡しすべきことを現在の一定の条件に従い前もって約定しておく」売買取引である。取引仕様が定型化しており、取引所において取引されるものをいう。

先物取引は、より具体的には、「将来の特定の日に特定の商品（たとえば、債券）をあらかじめ合意した価格で取引（売付け、買付け）するもので、売買の当事者は、当該商品の額面金額の一定割合の証拠金を預託することによって取引に参加する」ことをいう。

双務契約の1種であり、売り手・買い手双方に約束を必ず実行する義務が生じる。したがって、仮にこの取引を行った場合に、この契約を履行することが不利になっても、契約を実行する必要がある。この点がオプションとの違いである。先物取引はあらかじめ契約によって商品の授受および代金の受払いを一定期間、将来に繰り延べる。そして、その間の商品価格の差額だけで決済するのみである。

第9章　業務の範囲（銀行法第10条〜第12条）　203

2 また、期日までの間に他に相手を見つけて、反対売買（買戻し、売戻し）により差金決済を行って清算することが可能である。差金決済とは売値と買値との差額で決済するものである。すなわち、3カ月後に受渡しする債券を現在97円で売り、これを1カ月後に100円で買い戻した場合、支払は差額の3円だけの授受で決済される。したがって、97円なり100円を準備する必要はない。3円だけの授受ですむ。

先渡取引

先渡取引は、先物取引と同じく金融商品や金融指標の対価の授受を将来の一定の時期において行い、かつ、差金決済が通常である。両者の違いは先物取引が「市場」に取引を集中させる取引であるのに対し、先渡取引は市場によらない「店頭」取引である点である（金融商品取引法第2条第22項第1号・第2号）。それだけに取引対象が規格化、統一化されていない。

オプション取引

1 オプションとは、ある一定の数量の資産（原資産）を、一定の期日ないし期間に一定の価格（ストライク・プライス）で買い付ける、ないし売り付ける権利である。オプション取引とは、いわば選択権を取引するものである。この選択権は期限内に行使しなければ買付け、または売付けの権利を失う。すなわち、先行き、権利行使価格を上回る相場の上昇が予想される場合にはコール・オプションを買うし、先行き、権利行使価格を下回る相場の下落が予想される場合にはプット・オプションを買うことになる。予想が当たれば権利行使価格と実勢価格との差は利益（儲け）となる。

今日では、株式、債券、通貨などのオプションが取引されている。また、現物を対象とする現物オプションと、先物を対象とする先物オプションとがある。店頭取引と、取引規格が標準化されている取引所取引の両方が存在する。

2 オプションの特徴は、重ねていえば、権利であって義務ではないことである。たとえば、買い付ける権利であるコール・オプションを購入した人は、その権利を行使するのが有利な時にのみ買付けを実行し、不利になる場

合には買付けを行う必要はない。オプションの代金を放棄するだけのことである。コール・オプションもプット・オプションも、オプションの権利を行使ないし放棄するのを決定するのは買い手である。買い手にオプション行使の決定権がある。売り手は買い手の権利行使に応える義務があり、他方、プレミアムを受け取る。オプションの買い手は、価格が自分に有利に働けば大きな利益が期待できる半面、不利に働いてもオプションの代金を放棄すればすむわけである。その意味で、掛捨ての保険に類似した機能を備えている。

　一方、オプションの売り手は、買い手の売買の要求には必ず応じなければならない。買い手にとって権利たるゆえんである。したがって、売り手はオプション代金を入手できる半面、価格が不利に動いた場合には損害を被る。先物との違いは、先物では同額・同種類の売りと買いとが相対する。これに対し、オプションでは一つの銘柄について売りと買いとは相対しない。別個に取引される。

スワップ取引

1　2当事者が一定期間の支払の流れ（キャッシュフロー）を交換することを合意する取引をいう。既存の債務を交換する取引として誕生した。すなわち、スワップ取引とは、相対で行われる金利や通貨等に関連する債務の交換取引を意味する。お互いのニーズにあった資金の流れを交換するキャッシュフローの交換取引と定義するほうが実態にあっている。スワップは取引所取引にはなじみにくい面があるので、大部分は店頭取引で行われている。

2　スワップ取引は大きく分けると、金利スワップと通貨スワップの二つからなっている。

　金利スワップとは、基本的には変動金利の債務と固定金利の債務との間で、それぞれ利払債務を交換ないし入れ換える（スワップ）取引をいう。これにより、それまで変動金利の債務を負っていた債務者は固定金利の支払で足りることとなり、逆に固定金利の債務を負っていた債務者は変動金利の債務を負うことになる。

　次に、**通貨スワップ**とは、決済通貨の異なる複数の将来履行すべき債務を相互に交換する取引をいう。通貨スワップの例としては、わが国の企業が発

第9章　業務の範囲（銀行法第10条～第12条）　205

行した外債の外貨建支払債務と海外の非居住者等が負担する円建ての支払債務を交換する契約などがある。

通貨スワップが金利スワップと異なるのは、金利部分だけでなく元本の交換をも含む取引である点である。

デリバティブ業務に関連する行為規制はもっぱら金融商品取引法による。

説明責任や適合性原則のほかに、①契約締結前における書面交付義務、契約締結時における書面交付義務、②不招請勧誘規制、③顧客の勧誘受諾意志確認義務、④分別管理義務等がある。

②の不招請勧誘規制の禁止の対象は、店頭金融先物取引と個人顧客を相手方としてその他の店頭デリバティブ取引を行い、または媒介等をすることを内容とする契約である（金融商品取引法第38条第4号など）。

第17　ファイナンス・リース業務

最後に列記されている銀行の付随業務がファイナンス・リース業務等である。

所有権が移転しないことなどを要件とするファイナンス・リース取引およびその取引の代理・媒介業務である。

機械類その他の物件を使用させる契約であって、①対象物件の使用期間中は契約を解除できない、②使用期間満了後、リース物件の所有権等を相手方に移転する定めがないこと、などが要件となっている。その代理・媒介業務も付随業務を構成する。

その他の付随業務としては、銀行法では列記されていないが、①信用状に関する業務、②旅行小切手（トラベラーズ・チェック）の発行、③クレジットカード業務、④金地金の売買、などが銀行法第10条第2項柱書「その他の銀行業に付随する業務」に含まれる。

第4部　他業証券業務等（銀行法第11条）

1　銀行は、前条の規定により営む業務のほか、同条第1項各号に掲げる業

務の遂行を妨げない限度において、次に掲げる業務を行うことができる。

（1） 金融商品取引法第28条第6項（通則）に規定する投資助言業務
（2） 金融商品取引法第33条第2項各号（金融機関の有価証券関連業の禁止等）に掲げる有価証券又は取引について、同項各号で定める行為を行う業務（前条第2項の規定により営む業務を除く。）
（3） 信託法（平成18年法律第108号）第3条第3号（信託の方法）に掲げる方法によつてする信託に係る事務に関する業務
（4） 算定割当量を取得し、若しくは譲渡することを内容とする契約の締結又はその媒介、取次ぎ若しくは代理を行う業務（前条第2項の規定により営む業務を除く。）であつて、内閣府令で定めるもの

(銀行法第11条)

　銀行法第11条は、銀行が、その性質上、固有業務、付随業務とは区別したかたちで一定の範囲の証券業務等を行うことについて根拠規定を設けたものである。

　銀行法第11条により、公共債等について、銀行はほぼすべての証券業務を行うことが可能である。また、平成10年の金融システム改革法により、新たに証券投資信託の受益証券を銀行の窓口で一般顧客に向けて販売することが可能になった。投資信託受託証券は商品機能としては預金に似た面をもつものの、純然たる有価証券であり、その販売が銀行等の金融機関に開放されたことの意義は非常に大きい。また、金融商品取引法に規定する投資助言業務も他業証券業務等として位置づけられている。

　銀行法第11条には、以上の他業証券業務のほかに、第3号で信託法による信託に係る事務に関する業務、「地球温暖化対策の推進に関する法律」に規定されている算定割当量等の取得・譲渡等の業務などが「他業証券業務等」として定義されている（銀行法第2条第18項　定義規定）。

2　銀行法第11条の業務は、これまで「他業証券業務」と呼称されてきたが、その後の法改正により証券業以外のものも規定されるようになったため、「他業証券業務等」という表現を用いることとしたい。その意味は、実質的には銀行業や銀行業に付随する業務とはいえないが、銀行法が法律のうえで銀行に営むことを個別に認める、ないし、それを法文のうえで確認す

第9章　業務の範囲（銀行法第10条〜第12条）　207

る、という位置づけになる。いずれにしても、次条（第12条）の他業禁止における例外規定である担保付社債信託法以下の法律を待つまでもなく銀行が行うことのできる業務である。

3　銀行は、これらの他業証券業務等を本来の固有業務の遂行を妨げない限度において行うもの（銀行法第11条）とされている。

　銀行は、わが国の金融の中核を占める金融仲介機能を発揮しており、金融仲介機能を通じて国民経済社会に大きな影響を及ぼしている。そこで、銀行が証券業務等を行う場合には、銀行がこれらの業務に集中するあまり、銀行の果たすべき資金仲介機能の遂行が疎かになるようなことがあってはならない。このような考え方に基づいて銀行法は第11条において、他業証券業務等の業務が銀行にとって副次的な業務にとどまるものであり、銀行の本業である固有業務を凌駕するような主たる業務にはなりえないことを法文上、明らかにしている。「遂行を妨げない限度」の解釈は各銀行の実情に即して個別具体的に検討されるべきものであり、たとえば、銀行業と他業証券業務等との間の量的比較だけで一概に判断されるべきものではない。

4　銀行法第11条の業務には、金融商品取引法第33条第2項各号に掲げる有価証券取引が含まれる。具体的には、国債、地方債、政府保証債等の公共債等について、既発債の売買（ディーリング）、売買の媒介、取次（ブローカレッジ）または代理、売出しの目的をもってする引受け、募集または売出しの取扱い（売出しの目的のない残額引受けと一体として行われないもの）等の業務である。以上は、いずれも公共債等に限定して認められる。そして単に有価証券だけにとどまらず、公共債等に係るデリバティブ取引が含まれる。

　金融商品取引法第33条の2の登録を受けた銀行は、金融商品取引法上の必要な諸規制を受けることになる。ただし、銀行は銀行法により一般的監督を受けていること、証券業務の対象が原則として公共債であることなどから、金融商品取引法の準用は機械的に全条文に及ぶものではなく、ある程度限定されている。

　以下、銀行法第11条で規定された銀行の他業証券業務等を個別にみていくこととしたい。

208

第1　投資助言業務

　顧客に対して、有価証券や金融商品の価値、有価証券関連オプションの対価の額または有価証券指標の動向に基づく投資判断に関して、口頭、文書その他の方法により助言し、報酬を得る業務である（金融商品取引法第28条第6項、第2条第8項第11号）。このうち、投資判断とは投資の対象となる有価証券や金融商品の種類、銘柄、数および価格ならびに売買の別、方法および状況についての判断、デリバティブ取引の内容および状況についての判断である。

第2　有価証券関連業

　銀行がどこまで証券業務を行うことができるか。これがいわゆる「**銀・証分離問題**」といわれるもので、銀行の業務分野のなかで最も複雑な法的建付けになっている。銀行法でいえば、既述の①銀行法第10条第2項第2号の、投資目的をもってするもの、または書面取次によるものに限られる有価証券の売買、②銀行法第10条第2項第4号の、国債等の公共債の引受けまたは当該引受けに係る募集の取扱い（いわゆる国債等の窓口販売）、および同法第11条の他業証券業務等が銀行に許された金融商品取引業（旧証券業務）である。

　銀・証分離規制の趣旨は次の3点とされている。

　第1は銀行の健全性の確保である。銀行は預金の受入れを業務としており、リスクの大きい有価証券関連業務を営むことを全面的に許容すると銀行の資産が毀損し、経営の健全性が損なわれる危険性が増大し、ひいてはそれが預金者の不利益につながるために禁止するという考え方である。

　第2は、利益相反の防止である。銀行が証券業務を行うと、自己の利益を優先して顧客の利益を損なう行動をとるおそれが高い、とするものである。

　第3は、優越的地位の濫用の防止である。銀行は顧客の事業活動に不可欠な資金供給をするという役割を担っているため、その銀行が証券業務を営むことができるとすると、顧客との間でその地位が優越的なものとなり、これを濫用して経済全体に過剰な支配が及ぶ懸念があるとするものである。

　平成18年の旧証券取引法全面改正にあたっては、銀・証分離を謳った証券

取引法第65条を継続すべきか否かで大きな論争が行われたが「現在もなお規制の必要性は失われていない」との結論となり、法律の建付けはそのまま維持されたものである。

　旧証券取引法第65条をほぼそのまま引き継いだ金融商品取引法第33条第2項は金融商品取引法第2条第1項の全21項目の有価証券もしくは取引のうち銀行が取り扱えるものを列挙している。具体的には、国債（第1号）、地方債（第2号）、特別の法津により法人が発行する債券（第3号）、特定社債（第4号）、社債（第5号）、優先出資証券（第8号）、投資法人債（第11号）、貸付信託受益証券（第12号）、特定目的信託受益証券（第13号）、コマーシャル・ペーパー（第15号）、抵当証券（第16号）、外国証券で上記に類似のもの（第17号）などである。

　その多くは実質的には国債等の公共債と短期償還ものに限定された有価証券等である。ここではこれを一括して公共債等と呼称することにする。

　そして、金融商品取引法第33条第2項では銀行の行える行為として、有価証券の売買、売買の媒介・取次または代理、取引所金融商品市場における有価証券売買の委託の媒介・取次・代理等、引受け、有価証券の売出し等、募集もしくは売出しの取扱い等をあげている。そして、各業務にはそれぞれ各種の限定がついている。

　したがって、銀行が行える他業証券業務等は公共債等についてのこれらの業務ということになる。両者のさまざまな組合せになるわけである。

　そこで、これを正確に説明しようとすると少なからず紙面を要するので銀行が行うことのできる主だった業務を紹介していきたい。

公共債等の売買

　まず、国債、地方債、政府保証債等のいわゆる公共債等について、不特定多数の顧客に対して、有価証券の売買を行う、いわゆる公共債等のディーリング業務は、付随業務ではなく、銀行法第11条において独立した他業証券業務等として規定されている。

　業務の遂行にあたって、銀行は、商品有価証券勘定と（投資）有価証券勘定との区分を明確にしなければならず、また、商品有価証券勘定の保有は商

品国債、商品地方債などの一定範囲のものに限られる。

公共債等の売買の取次

　公共債等の売買の取次とは、銀行が顧客から公共債の借入れまたは売却の注文を受け、顧客の計算で売買を行い、その取引の経済的効果を顧客に帰属させる行為である。概していえば、証券を売りたい顧客にかわって売りを成就し、買いたい顧客にかわって買いを成就させる仲介業務である。

　銀行は顧客から一定の手数料を得る。一般にブローカー業務といわれており、証券業務のなかで最も広く行われている典型的な業務である。銀行法第11条は銀行に対し公共債等に限りブローカー業務を行うことを認めている。

公共債等の売買の媒介・代理

　媒介は、他人間の契約の成立に尽力する事実行為であり、自らの名において契約を締結するものでない点で取次行為とは異なる。代理とは、委託者の名前で証券の売買を行うことをいう。売買の法律的効果はもちろんのこと、経済的効果も委託者に帰属する。銀行は顧客から一定の手数料を得る。銀行法は公共債等に限り、売買の媒介、代理業務を行うことを認めている。

公共債市場における売買取引の委託の媒介・取次または代理

　公共債等の取引が証券取引所内で行われる場合には、取引所は会員組織なので、そこでの売買取引は証券取引所会員および特に取引資格をもつ者だけしかできない（金融商品取引法第107条）。それ以外の非会員業者等は、顧客から売買の委託を受けても、自ら取引所の市場でこれを執行することができないので、さらに他の会員業者に委託することになる。このため、営業として会員業者等に対して取引所の市場における売買を委託することを媒介したり、取り次いだり、代理することが行われる。

売出しの目的をもってする公共債等の引受け

１　国債シンジケート団による引受けにおける一連の業務が銀行の付随業務であることはすでに述べた。

銀行法第11条はこれらに属さない公共債等に関する引受け、すなわち、売出し目的をもってする公共債の引受け（アンダーライティング）を銀行が行うことができると規定している。

2　ここで「売出し」とは、不特定多数の者に対して、均一の条件ですでに発行された公共債、すなわち既発公共債の売付けの申込み、または買付けの申込みを勧誘することである。「募集」が発行市場の新発債の取得の申込みの勧誘であるのに対して、「売出し」は流通市場の手法である。

3　ここであらためて、引受け（アンダーライティング）について述べておきたい。

わが国における債券の引受けの方式には、主として残額引受け、総額引受け、買取引受け、および個別買取りの４種類がある。「残額引受け」は、引受者が通常、共同で発行者から募集の取扱いの委託を受け、自己の名前で一般から応募を募り、応募分について、発行者と応募者との間に起債契約を成立させ、募集残、すなわち、売れ残り分については自らが責任をもって取得し、発行者のための募集行為を完了する。このような残額引受契約は、募集の取扱いと募集残の取得とを一体として行う一種の請負契約とみられる。起債契約成立の確保を目的とする契約であり、残額引受け分については条件付起債契約となる。

「総額引受け」は、発行者との契約により、引受者が単独または共同で発行総額を一括取得する。起債契約そのものである。

「買取引受け」は、発行者との契約により、引受者が通常共同で発行総額を一括して取得する行為を約する一方、取得のための払込義務の履行日までの間に一般から買付けの申込みを募り、その申込者に同じ日付で二次取得させる。ここで、後段の行為は金融商品取引法上の売出しに当たるので、売出し目的のある引受けということになる。また、前段の行為は総額引受けと同様である。申込みのなかった分については、引受者が取得したままになる。いずれにせよ、一次取得者は引受者であるから、この方式も起債契約そのものであるといえる。ただし、注意しなければならないのは、わが国では「買取引受け」という名のもとで、実際には残額引受けが行われる場合がある。そのときは、あくまでも残額引受けに分類される。

「個別買取り」は、発行者との契約をもって発行総額の全部または一部を取得する。1人の買取者が発行総額の全部を取得する場合は総額引受けと異ならない。しかし、買取者が複数の場合には、総額引受けとは異なり、個別に契約される。

以上の類型のなかで、銀行法第11条は、当該公共債等を取得させることを目的として当該公共債等の全部または一部を取得すること（金融商品取引法第2条第6項第1号）、または、当該公共債等の全部または一部につきほかにこれを取得する者がない場合にその残部を取得することを内容とする契約をすること（同項第2号）のいずれかを行うことに限定している。

公共債等の売出し

金融商品取引法第2条第4項に規定されているとおり、「売出し」とは不特定かつ多数の者に対し均一の条件ですでに発行された有価証券の売付けの申込みをし、またはその買付けの申込みを勧誘することをいう。

公共債等の募集の取扱い、売出しの取扱い

1　「募集」や「売出し」と「募集の取扱い」「売出しの取扱い」とは、「取扱い」という言葉が付加されただけだが法律上の意味はかなり異なる。「取扱い」とは、顧客に対し、公共債を分売する行為である。分売は、残額が生じるかどうかに関係なく単に売り付けるだけのことをいい、セリング（SELLING）ともいわれている。つまり、売れ残った場合に、その残額を引き受けるなどといった保証的な業務をいっさい伴っていないものである。したがって、売れ残ればそれは銀行に仲介を依頼した本来の発行体がすべて引き取ることになる。分売業務における銀行の責務はあくまでも公共債を一方的に売ることであり、すべてを売り尽くす責務は負っていない。売り尽くす責務を負う業務は引受けであり、分売は単なる売り役の機能しか果たさないものである。

2　募集の取扱いと売出しの取扱いの違いは、対象が新発債の場合が募集の取扱いであり、既発債の場合が売出しの取扱いである。締結させる契約が起債契約か売買契約かの違いはあるが、勧誘の結果、申込者に公共債等を取得

第9章　業務の範囲（銀行法第10条〜第12条）　213

させるという機能は共通である。そして、ともに契約の締結とそれによる公共債等取得の仲介行為であるといえる。

第3 投資信託の銀行窓販

1 投資信託とは、一般投資家から広く資金を集めてファンドをつくり、それを専門家集団が専門的知識・情報などを生かして有価証券や各種金融商品等に投資し、その配当金や売買差益などを投資家に分配する商品である。投資信託の受益証券は預金とかなり類似した面をもつが、預金とは異なり有価証券であり、転々流通するし、また、元本保証がない。投資家にとって大きく得をすることもあれば、元本を割り込んで大きく損をすることもある。

2 銀行は営業所の窓口で投資信託商品を一般顧客向けに販売することができる。いわゆる投資信託の銀行窓販であり、その根拠条文は銀行法第11条第2号である。

投資信託は、以前は旧証券取引法第65条第2項により銀行が取り扱うことは禁止されていた。しかし、平成10年の金融システム改革法により旧証券取引法が改正され、金融機関による投資信託、投資証券等の取扱いが可能となった。

投資信託解禁は金融商品取引法と銀行法にまたがって規定されており、やや複雑なのでやや詳しく説明しておきたい。

金融商品取引法第33条第2項は、第1項の『金融機関は証券業務（有価証券関連業）を行うことができない』との規定を一定の商品、行為に限り『適用しない』よう措置し、銀行等に公共債等に係る証券業務を行う道を開いていたが、この適用除外対象に投資信託等が加わったものである。

銀行は、証券投資信託の受益権証券および証券投資法人の投資証券について、募集・私募の取扱い、その取り扱った証券の買付け、受益証券等の売付けの媒介、取次、代理を行うことができる。

3 すなわち、金融商品取引法第33条第2項第2号は金融機関の行うことのできる証券業務として、同法第2条第1項第10号に掲げる有価証券、すなわち「投資信託及び投資法人に関する法律に規定する投資信託又は外国投資信託の受益証券」、および同項第11号に規定する「投資信託及び投資法人に関

する法律に規定する投資証券、新投資口予約権証券若しくは投資法人債券又は外国投資証券」について、投資信託受益証券等の募集もしくは売出しの取扱い（セリング業務）、すなわち投資信託受益権等の銀行窓口での販売ができることになる（金融商品取引法第2条第8項第9号）。そして、これを受けて銀行法第11条第2号で金融商品取引法第33条第2項各号に規定する業務の一環として投資信託等の銀行窓販業務が銀行法の他業証券業務等に包含されるという法的構成をとっている。

　以上の他業証券業務を行うためには銀行は内閣総理大臣の登録を受けなければならない（金融商品取引法第33条の2）。

第4　信託に係る事務に関する業務

　信託とは、特定の者が一定の目的（もっぱらその者の利益を図る目的を除く）に従い、財産の管理または処分およびその他の当該目的の達成のために必要な行為をすべきものとすることをいう（信託法第2条）。

　そして、信託法第3条第3号は、特定の者が一定の目的に従い自己の有する一定の財産の管理または処分およびその他の当該目的の達成のために必要な行為を自らすべき旨の意思表示を公正証書その他の書面または電磁的記録（電子的方式、磁気的方式その他人の知覚によっては認識することができない方式でつくられる記録であって、電子計算機による情報処理の用に供されるものとして法務省令で定めるものをいう）で当該目的、当該財産の特定に必要な事項その他の法務省令で定める事項を記載し、または記録したものによってする方法を規定しており、銀行法第11条はそのような方法によってする信託に係る事務に関する業務を銀行が他業証券業務等として行うことを認めている。利用者利便の観点から付け加えられた項目である。

第5　地球温暖化防止の観点での算定割当量関連業務

　地球温暖化が地球全体に深刻な影響を及ぼしており、そのための対策として京都議定書目標達成計画のもとで、社会経済活動等による温室効果ガスの排出の抑制等を促進するために平成10年に「地球温暖化対策の推進に関する法律（平成10年法律第117号）」が制定され、その第2条第6項に温室効果ガ

スとして二酸化炭素、メタン、一酸化二窒素などについて、京都議定書に規定する二酸化炭素1トンを単位として表す「算定割当量」が定義された。

　銀行法第11条は、他業証券業務等の一環として、算定割当量を取得し、もしくは譲渡することを内容とする契約の締結またはその媒介、取次もしくは代理を行う業務を位置づけている。

第5部 | 他業禁止

□ 第1節　総　　説

1　銀行は、前2条の規定により営む業務及び担保付社債信託法その他の法律により営む業務のほか、他の業務を営むことができない。

（銀行法第12条）

　銀行は固有業務、付随業務および銀行法第11条の他業証券業務等以外の業務、すなわち、他業を営むことはできない。ただし、他の法律により許容された業務は例外として行うことができる。

2　銀行が他業に従事することを禁止されているのは、銀行のように公共性の高い企業においては、第1に可能な限りその本業に専念し、与信・受信の両面において社会的意義と経済的機能を発揮するようにしなければならないこと、第2に銀行に固有業務、付随業務以外の業務を営むことを許せば、銀行の固有業務等がその影響を受けて顧客に対するサービス水準の低下を招き、ひいては、預金者等の資産や取引者の安全を害する事態が予想されること、の二つの理由による。

3　他業禁止に関連して問題となるのは、銀行が他業禁止規定に違反して行った業務の私法的効力についてである。万が一、そのような取引を行った場合に私法上の行為は有効だろうか。

　仮に他業禁止規定が銀行の権利能力を宣言したものであるとの立場をとれば、私法上の効力はないことになる。しかし、銀行の業務範囲の外延を画する付随業務の範囲・境界線が前述のように可変的であり、銀行法のなかにも

216

「その他の銀行業に付随した業務」といった柱書による弾力条項が入っている趣旨に照らせば、取引の安全性、法的安定性を害してまで他業禁止規定を硬直的に解釈することには無理があるといわざるをえない。外見上明白に銀行法の目的に反せず、かつ、他の法令にも違反していなければ、私法上の効力は有効と解するのが自然である。

4　銀行が業務として営むものでない限り、銀行が事実上、種々の行為を行うことはさしつかえない。いわゆる、事実行為といわれる範疇である。

問題となる事例としては、銀行が一時的に行う財産の処分である。たとえば、銀行間の合併により取得した土地・建物がかなりの量にのぼって遊休化しているので当該銀行が大量に売却を行うとか、店舗用地として購入した土地の上に実際に店舗を建設するまでの期間、第三者に賃貸するとか、有料駐車場として使うとか、銀行がたまたま開発したソフトウェア・プログラムを他の銀行に売却するなどの事例である。行為の内容、性格は他業的な範疇に属するものの、その行為自体は一時的に行われる事実行為である場合である。

このような処分行為はいずれも業務性を有していないのであるから、他業禁止には抵触しないと解される。営利の目的をもって反復継続して行う取引とはいえないわけである。これを補強する理由としては、付随業務の範囲が時代とともに変化する弾力的なものであり、取引者一般にはその具体的範囲が認識されにくいため、それに違反したからといって、取引の適法性まで否定されれば取引の安全が損なわれることなどがあげられる。

5　なお、他業禁止に反した場合、私法上無効という効果は生じないが、それとは別に、不利益処分ないし制裁が課されることになる。

その第1は、そのような違反行為をなした銀行役員は過料に処せられる（銀行法第65条第3号）。第2に、内閣総理大臣は業務の停止もしくは役員の解任を命ずることができる（同法第27条）。第3に、そのような違反行為をした取締役は損害を賠償する責任を負う（会社法第429条）。第4に、そのような違反行為をなした取締役に対しては、総株主議決権の100分の3以上に当たる議決権を有する株主等は取締役の解任を裁判所に請求することができる（同法第854条）。

第9章　業務の範囲（銀行法第10条～第12条）　217

□第2節　他の法律により認められる業務

1　しかし、他業であっても他の法律でこれを認めるのであれば、兼営することができる。

「法律により営む業務」としては銀行法第12条で担保付社債信託業務が例示されているほか、信託業務、保険窓販業務、電子債権記録業務、宝くじに関する業務などがある。このうち、信託業務を営むためには、「金融機関の信託業務の兼営等に関する法律」（昭和18年3月法律第43号）（兼営法）に基づく内閣総理大臣の認可が必要であり（兼営法第1条第1項）、保険窓販業務を営むためには保険業法上の内閣総理大臣への登録が必要である。電子債権記録業務を営むためには「電子債権記録法」（平成19年法律第102号）に基づく主務大臣からの指定を受けることを要し（電子債権記録法第51条第1項）、宝くじに関する業務を営むためには、「当せん金付証票法」（昭和23年7月法律第144号）に基づく都道府県知事または特定市の市長からの委託を要する（当せん金付証票法第6条）。

2　ここで法律により兼営を認められている業務をあらためて列挙すると、
- ①　「担保付社債信託法（明治38年3月法律第52号）」による担保付社債信託業務
- ②　「金融機関の信託業務の兼営等に関する法律」（昭和18年3月法律第43号）による信託業務
- ③　「保険業法」による保険窓販業務
- ④　「当せん金付証票法」による宝くじに関する業務
- ⑤　「商品投資に係る事業の規制に関する法律」（平成3年5月法律第66号）に規定されている業務
- ⑥　「確定拠出年金法」（平成13年法律第88号）に規定されている業務
- ⑦　「電子債権記録法」（平成19年法律第102号）に規定されている電子債権記録業務

などである。

ここで他の法律で認められるもののうち主な業務に触れておきたい。

第1 担保付社債信託業務

1 明治38年に制定された担保付社債信託法に基づく業務である。

銀行の他業のなかでは古くからのものに属する。信託法および信託業法の改正に伴い、平成23年に規定の整備が図られた。

担保付社債信託業務は、事業資金調達のために物上担保付社債を発行しようとする会社を委託者とし、その社債に付された物上担保権を、資格を有する銀行等が受託し、受益者である総社債権者のために当該担保権を管理、実行するというのが基本的仕組みである。

受託会社が社債権者にかわって担保権を取得し、これを善良な管理者の注意義務をもって管理し、発行会社が社債の元利払いが不能になったときには担保権を実行することが主な業務である。

2 その趣旨は、事業会社等が、資金を得るために、工場、軌道、設備の財団を担保として物上担保付社債を募集する場合、多数の社債権者が存在し、社債権者が各個別に担保権を取得してこれを実行することは到底その煩わしさに耐えられず、事実上不可能に近い。法律関係も錯綜している。そこであらかじめ、当該事業会社と担保受託会社との間に信託契約を締結するときは、担保受託会社がその法律および契約に基づいて当該社債権者のために担保権の保存および各種の行為をなす権利および義務を有することを認め、各々の社債権者は債権額に応じて平等に担保の利益を享受することを認めたものである。

社債権と担保権とが法律上別人に帰属すること、被担保債権である社債権の成立前に従たる債権である物上担保権の効力が生じるように法律構成されている点が特徴である。

3 会社法第703条により社債管理者として銀行、信託会社およびこれらに準じる者が指定されている。しかし、銀行が他業である担保付社債信託業務を兼営するためには、銀行としての免許だけでは足りない。銀行免許に加えて、担保付社債信託法第3条による事業免許を必要とする。事業免許であるので、一度、免許を取得すれば各々の社債発行に対して業務を行うことができる。

第9章 業務の範囲（銀行法第10条〜第12条） 219

担保付社債信託業務が銀行等に認められる趣旨は、この業務が企業金融に関する知識と経験を必要とするためである。また、社債は受託銀行の信用を背景に一般公衆から資金を調達する手段であるので、受託銀行のもつ信用が重要である。加えて、受託者には、常時、発行会社の経理、経営内容を的確に把握していることが要請されるが、銀行であればそうした期待に応えられるとの考えに基づく。

4　銀行が行う担保付社債信託業務の内容は、担保の管理、すなわち、担保権の取得、保存および実行に関する業務が主体である。これに加えて、社債権者のための債権管理に関する業務も重要である。また、発行会社の債務管理に関する業務や社債の募集に関する業務も行う。

　受託会社は、社債の管理に関しては、原則として社債管理会社と同一の権限を有し、義務を負う（担保付社債信託法第35条）。

5　担保付社債信託受託会社は、総社債権者のために担保権を取得し、これを管理保全することを業務としている。

　担保権の管理保全には担保権自体に対するものと担保物に対するものがある。

　まず、担保権に対しては、担保権の登記、担保物に対する第三者の取得時効の中断行為、抵当の目的物件についての短期賃借権の排除などの業務がある。

　また、担保物に対しては、一般に社債の担保物は財団抵当であるが、その組成物件の内容は会社の経営の過程で増減、減失、改廃等が起こるので、受託会社は担保物が減少しないように努め、毀損または減失のおそれがある物件については委託会社に保険をかけさせ、保険金請求権に質権を設定する等の行為を行う。

6　このほか、担保を追加する権限（担保付社債信託法第40条）、社債権者集会の決議に基づき委託会社等との合意により担保を変更する権限（同法第41条）、社債権者集会の決議により、担保順位の変更、譲渡、放棄を行う権限（同法第42条）が認められている。担保の変更および担保順位の変更等は、社債権者にとって不利益になることがありうるので、原則として、社債権者集会の決議を要することになっている。

7 次に、受託会社の義務としては、担保付社債の期限が到来しても弁済されず、または発行会社が担保付社債の弁済を完了せずに解散したときは、受託会社は社債権者のために遅滞なく、担保付社債に係る担保権の実行その他の措置をとらなければならない（担保付社債信託法第43条）。また、受託会社は、社債権者のために弁済を受けた場合には、遅滞なく、その受領した財産を、債権額に応じて、各社債権者に交付しなければならない（同法第44条）。また、社債権者を確知することができないときなどには、受託会社は、その社債権者のために財産を供託しなければならない（同条）。

8 担保付社債信託に関する業務の法的性格については、発行会社のためにする募集事務および債権管理に関する行為は、委任または準委任と解される。他方、社債権者のためにする債権管理に関する行為については、社債権者を受益者とする信託類似の関係を構成する行為と解されている。

第2 兼営法による信託業務

第2は、金融機関の信託業務の兼営等に関する法律（昭和18年3月法律第43号）（兼営法）による信託業務の兼営である。

兼営法は、昭和18年、つまり、戦時中に制定された。銀行が信託業務を兼営しようとするときは、兼営法に基づき、内閣総理大臣の認可が必要である。信託兼営銀行が銀行法による銀行免許を取り消されたときは、それにより解散するから兼営業務を営むことができなくなる。他方、兼営業の認可が取り消された場合には本業たる銀行業には影響がない。認可は、兼営法によるこれらの業務を営む行為の認可と解される。信託業法による営業の免許ではない。このため、信託業法の諸規定は明文がない限り、兼営銀行の兼営業務には直ちには適用がない。ただし、兼営法第2条は、信託業法の準用規定を置き、信託業法の主要な規定を準用している。

第3 保険窓販業務

1 次の各号に掲げる者が当該各号に定める保険募集を行う場合を除くほか、何人も保険募集を行ってはならない。

（1） 次条の登録を受けた生命保険募集人

第9章 業務の範囲（銀行法第10条〜第12条） 221

その所属保険会社等のために行う保険契約の締結の代理又は媒介（生命保険募集人である銀行その他の政令で定める者（以下この条において「銀行等」という。）又はその役員若しくは使用人にあっては、保険契約者等の保護に欠けるおそれが少ない場合として内閣府令で定める場合に限る。）

（２）　損害保険会社（外国損害保険会社等を含む。以下この編において同じ。）の役員若しくは使用人又は次条の登録を受けた損害保険代理店若しくはその役員若しくは使用人

　その所属保険会社等のために行う保険契約の締結の代理又は媒介（損害保険代理店である銀行等又はその役員若しくは使用人にあっては、保険契約者等の保護に欠けるおそれが少ない場合として内閣府令で定める場合に限る。）

（保険業法第275条）

　特定保険募集人（生命保険募集人、損害保険代理店又は少額短期保険募集人（筆者注：銀行等を指す））は、この法律の定めるところにより、内閣総理大臣の登録を受けなければならない。

（保険業法第276条）

　上記、保険業法の規定に基づき、銀行等は内閣総理大臣への登録により、生命保険業務については生命保険募集人として、損害保険業務については損害保険代理店として自らの銀行等の窓口で顧客に向けて保険商品の委託販売を行うことができる。業務内容は、所属保険会社等のために行う保険契約の締結の代理または媒介である。「所属」の概念は金融法では特別の意味をもち、本書第27章「銀行代理業」における「所属」銀行と同じであるので参照されたい。保険販売の引受責任（最終的な販売責任）は保険会社が負い、銀行は保険商品の売り手ないし勧誘機関としての役割を果たす。銀行は複数の所属保険会社と代理・媒介等の契約を結ぶことによって、銀行窓口で多様な商品ぞろえが可能である。

２　銀行の保険窓販は平成13年４月に生命保険分野では住宅関連団体信用生命保険、損害保険分野では住宅関連長期火災保険等の解禁に始まり、平成14年10月の第２次解禁、平成17年12月の第３次解禁を経て、平成19年12月に生命保険分野では、定期保険、平準払終身保険、長期平準払養老保険、医療・

介護保険等が、また、損害保険分野では自動車保険、団体火災保険、団体障害保険等が解禁され、これをもってほぼすべての保険商品が銀行の窓口において販売可能になった。

3　保険業法第275条は、「保険契約者等の保護に欠けるおそれが少ない場合として内閣府令で定める場合に限る」と規定している。

　内閣府令である保険業法施行規則第212条は、銀行等に対し次のような弊害防止措置を講ずるよう義務づけている。

- ・顧客の事前の同意なしに、預金等の金融情報をもとに、保険販売をすること等の禁止
- ・事業資金の融資先である法人、その代表者、個人事業主に対する保険販売の禁止
- ・事業資金の融資先で従業員が50人以下の企業の役員、従業員に対する保険販売の禁止
- ・融資申込み中の顧客への保険販売の禁止（これは「**タイミング規制**」と呼ばれている）
- ・事業資金の融資担当者による保険販売の禁止
- ・その他

4　なお、銀行の保険窓販業務は銀行法第12条の『他の法律により認められる業務』の範疇に属するものであり、同法第10条第2項第8号に規定する付随業務ではない。同号は付随業務として、『銀行その他の金融業を行う者の業務の代理又は媒介のうち内閣府令で定めるものに限る』、としており、内閣府令である銀行法施行規則第13条第4項は『保険会社の資金の貸付の代理又は媒介』と規定しているにとどまり、銀行の保険窓販には言及していない。銀行法第10条第2項の柱書で読むには銀行業と保険業との親近性の有無の観点からみて無理がある。銀行の投資信託の窓販の扱いと異なるのは気にならなくもないが、法文構成からみて、他業であるが『他に法律で認められる業務』と解される。

第**10**章

業務等に関する規制（銀行法第12条の2、第12条の4、第13条の2、第13条の3、第13条の3の2、第13条の4）

□ 第 1 節　預金等に対する情報の提供

1　銀行は、預金又は定期積金等（以下この項において「預金等」という。）の受入れ（第13条の4に規定する特定預金等の受入れを除く。）に関し、預金者等の保護に資するため、内閣府令で定めるところにより、預金等に係る契約の内容その他預金者等に参考となるべき情報の提供を行わなければならない。

（銀行法第12条の2第1項）

　前項及び第13条の4並びに他の法律に定めるもののほか、銀行は、内閣府令で定めるところにより、その業務に係る重要な事項の顧客への説明、その業務に関して取得した顧客に関する情報の適正な取扱い、その業務を第三者に委託する場合における当該業務の的確な遂行その他の健全かつ適切な運営を確保するための措置を講じなければならない。

（銀行法第12条の2第2項）

　累次の銀行法改正により、銀行が扱える金融商品の種類の多様化など、金融自由化が推し進められてきた。自由化というのは言い方を変えれば関係者の自己責任に基づく取引の拡大である。つまり、供給者側、需要者側がともに自己責任により取引を行うわけである。それを可能にするためには法律において預金者、利用者等が自己責任を全うすることができる基盤を用意しておく必要がある。金融自由化によって伝統的、定型的な商品のほかに、変化に富んだ各種の金融商品が出てきており、そのなかには利回りが高いが、同時にリスクの大きいものが数多く含まれている。金融の世界では概して、ハ

224

イ・リターン（高い収益）であれば**ハイ・リスク**（高い危険性）が原則である。そうなると、銀行などの金融商品を提供する側が商品についての正確な情報を、需要者側すなわち預金者や投資家に提供することが前提になる。

供給者による適切な情報提供とそれに対する需要者の商品についての理解を前提にして、はじめて金融自由化は健全に根づくことになる。最近、裁判所やADR（指定紛争解決機関）の場には利用者が金融機関から十分に説明を受けなかったために損害を受けたとして少なからず訴えや苦情が提起されている。

2　上記の銀行法第12条の2は、金融機関、利用者双方の立場に立ち、その拠り所となる枠組みの整備を目指すものである。

銀行法第12条の2第1項は銀行の本源的商品である預金（および定期積金）について規定している。金利の自由化によって商品設計が自由になると多様な預金商品が生ずるわけであり、利用者や預金者にとってわかりづらいし、十分な説明がないと誤解に基づいて契約してしまうことが起こりがちである。混乱防止のための枠組みの整備を期する必要がある。

まず、銀行法は預金者保護のために銀行に対して金利の店頭掲示を義務づけるとともに、各種手数料の掲示を義務づけている。また、当該商品が預金保険の対象となるかどうかを明確にするよう要請している。そして、顧客の求めに応じて単なる口頭ではなく、しっかりした資料に基づく説明や資料の交付を促している。預金商品でもデリバティブなどを使った取引では元本保障がないことを事前に説明するように求めている。また、変動金利の商品について、変動の基準や方法についての説明を銀行に促している。

3　銀行法第12条の2第2項は預金以外の金融商品、すなわち投資信託などのリスク商品についての規定である。今日、銀行が扱える商品は、本源的な預金からかなり離れたリスクの大きい投資信託等にまで広がっている。このような商品を銀行が取り扱うと、利用者からみると銀行はこれまで元本保障を旨として手堅い商品を販売してきているので、「銀行が販売している商品だから、すべて元本は保障されているのだろう」と誤認して安易に購入してしまうことが起こりうる。

そこで銀行側に、投資信託などの一部の商品についてはそうではないとい

第10章　業務等に関する規制（銀行法第12条の2、第12条の4、第13条の2ほか）　225

うことを、あらかじめ顧客に説明する義務を課したものである。これは利用者保護の規定であり、リスク・キャピタルと預金等との区別を明確にし、利用者の誤認防止を期するものである。また、監督官庁にとっては行為規制をするからにはその根拠となる法文をしっかりと明示する必要があるわけである。明確なルールに基づく金融行政の展開という視点である。したがって、以上の規定は銀行経営の健全性の確保と預金者保護の両方からの要請に基づいている。

　第2項の対象商品としては、投資信託のほかに金銭の債権証書、住宅抵当証書、抵当証券、保険商品などが規定されている（銀行法施行規則第13条の5第1項）。

4　説明の内容としては、これらの商品が、預金でないこと、預金保険の対象でないこと、元本保障がないこと、契約の主体がだれであるかを明示すること、などである（銀行法施行規則第13条の5第2項）。

　説明は顧客に応じて精粗に差をつけることが許される。たとえば、金融の専業者に対するものであれば説明は簡略化できる。書面の交付その他適切な方法を要請しているが、顧客が承諾するのであればインターネットによる説明も許されている。

　銀行法施行規則第13条の5第3項は、店舗内における販売スペースの区分についても触れており、顧客に預金等と誤認させるようなことにならないよう、特定の窓口でこれらの商品を取り扱うような店舗内配置を指示している。

5　そして最後に、このような体制が適切に運営されるように、銀行法第12条の2第2項は、銀行法施行規則第13条の7において、銀行に対して社内規則をつくるように要請し、その社内規則が機能するような体制を整備することを要請している。具体的には、従業員に対する研修、社内規則の配布、管理体制の整備などである。銀行にとって留意すべきことは、仮に顧客とのトラブルが多発した場合にはこれらの体制が十分でないという推定を受けるという点である。

業務委託について

1　ここで銀行が業務を第三者に委託する場合について詳しく述べておきたい。

銀行業務のいわゆるテールリスクを念頭に置いて、当局の監督が強化された分野である。

銀行法は既述のとおり「銀行は、内閣府令で定めるところにより（略）その業務を第三者に委託する場合における当該業務の的確な遂行その他の健全かつ適切な運営を確保するための措置を講じなければならない。（銀行法第12条の2第2項）」と規定している。

主要行等向け監督指針（Ⅲ－3－3－4）（外部委託）のⅢ－3－3－4－1（意義）において、固有業務・付随業務を問わず、それらを営むために必要な事務（システム開発・保守等を含む）を委託することが銀行法上予定されているといえる。

重要な点は、銀行代理業者の認可の審査基準（銀行法第52条の36第1項、第52条の38第1項、銀行法施行規則第34条の37）に照らすと、外部委託契約は実質的に銀行代理業の許可の審査における目線との統一が図られていることである。

2　国内外を問わず、銀行が業務を営むために必要な事務を委託する場合には、銀行法上の許認可等の手続は不要であり、届出ですむ。すなわち、銀行は、付随業務に係る契約の締結の代理または媒介を委託する旨の契約を締結した場合、事後に届出を行う必要がある（銀行法施行規則第35条第1項第6号の4）。当該契約を変更し、または終了した場合も同様である。

銀行は、委託先に関する管理監督を実施しなければならない。この「委託先」には再委託先が含まれると解される。

3　具体的な銀行の外部委託の際の責務としては、銀行法施行規則第13条の6の6（信用情報に関する機関からの情報についての漏えい等の防止）、同法施行規則第13条の6の7（非公開情報の目的外利用の禁止の確保）などが規定されているほか、同法施行規則第13条の6の8において、

『銀行は、その業務を第三者に委託する場合には、当該業務の内容に応じ、次に掲げる措置を講じなければならない。

第10章　業務等に関する規制（銀行法第12条の2、第12条の4、第13条の2ほか）　227

① 当該業務を的確、公正かつ効率的に遂行することができる能力を有する者に委託するための措置
② 当該業務の委託を受けた者（受託者）における当該業務の実施状況を、定期的に又は必要に応じて確認することにより、受託者が当該業務を的確に遂行しているかを検証し、必要に応じ改善させることその他の、受託者に対する必要かつ適切な監督を行うための措置
③ 受託者が行う当該業務に係る顧客からの苦情を適切かつ迅速に処理するために必要な措置
④ 受託者が当該業務を適切に行うことができない事態が生じた場合には、他の適切な第三者に当該業務を速やかに委託することその他の、当該業務に係る顧客の保護に支障が生じることを防止するための措置
⑤ 銀行の業務の健全かつ適切な運営を確保し、当該業務に係る顧客の保護を図るため必要がある場合には、当該業務の委託に係る契約の変更又は解除をする等の必要な措置を講じるための措置』

と規定されており、加えて、銀行法施行規則第13条の7（社内規則等）、同法施行規則第13条の8（銀行業務に関する苦情処理措置および紛争解決措置）などの責務が委託者としての銀行に対して課されている。

4 このようにみていくと、銀行代理業の場合には銀行から委託を受けた「銀行代理業者」が法の名宛人になり各種の規制が銀行法により課されるとともに、代理権を付与した銀行も「所属銀行」という法概念により非常に重い監督・指導責任等が課されているのに対して、外部委託の場合は銀行そのものを名宛人として、受託者に対して、間接的に（銀行を通じて）銀行代理業に劣らない厳しい規制がかけられていることがわかる。

金融庁の主要行等向け監督指針Ⅲ－3－3－4「外部委託」において詳細に銀行にとっての留意点が規定されている。特にⅢ－3－3－4－2（外部委託の）「主な着眼点」では「顧客保護の観点から以下の態勢（委託契約等において外部委託先に対して態勢整備を求めることを含む。）が図られているか」として銀行代理業に対する目線とほぼ同じ目線で外部委託を銀行法の規制対象としてとらえていることがわかる。

□ 第2節　無限責任社員等になることの禁止

1　銀行は、持分会社の無限責任社員又は業務を執行する社員となることができない。

（銀行法第12条の4）

　会社法は、株式会社とは別の範疇として「持分会社」の制度を定めている。

　持分会社は、合名会社、合資会社、合同会社をいう（会社法第575条第1項）。「持分」とは、社員の地位（出資者であるとともに業務執行者）等を意味する。持分は株式会社と異なり、社員（出資者）ごとに1個であり、平等な人的関係になっている。株式会社においては、債権者は資本等の金銭的物的財産に重きを置いて取引を行うが、持分会社においては会社を社員の集団としてとらえ、社員の個性・能力をより重視した経営を可能にする人的仕組みを提供している。株式会社が典型的な「物的会社」といわれ、一方、合名会社、合資会社が「人的会社」と呼ばれるゆえんである。なお、合同会社は人的会社の色彩が濃いが、一部に物的会社の要素ももつ存在である。

　2　会社法は、第3編に「持分会社」の項目を設け、詳細に規定している。その第598条において「法人が業務を執行する社員である場合には、当該法人は、当該業務を執行する社員の職務を行うべき者を選任し」とあることなどから明らかなように、法人も持分会社の業務執行社員になることが可能である。

　そして、合名会社の場合には社員は原則としてすべて**無限責任社員**であり、合資会社の場合には無限責任社員と有限責任社員とで構成されている。合同会社の場合は社員の全員が有限責任社員である。

　3　無限責任は、会社が負っている債務について、社員がその個人財産により限度なしに責任を負う。これに対して有限責任は、社員が出資した金額の範囲内で責任を負うにとどまる。

　無限責任社員は、会社債権者に対して無限の連帯責任を負う（会社法第576条）が、その責任は、会社財産をもって債権の満足が受けられない場合、および、持分会社の財産に対する強制執行がその効を奏しなかった場合（同法

第580条）に生じる。他方、有限責任社員は上記の責任について出資額の範囲内で連帯して責任を負う（同条第2項）。

次に、業務執行社員とは、持分会社においてその業務を執行する社員であり、原則として持分会社を代表する（会社法第599条）。

4　以上から明らかなように、銀行法第12条の4の規定は、銀行が持分会社の法人社員として、無限責任社員になること（すなわち、合名会社の社員になること、および合資会社の社員のうち無限責任社員になること）、および、業務執行社員になることを禁止していることになる。

5　銀行法における、持分会社の無限責任社員等になることの禁止規定の意義は、従来、旧商法第55条において、法人が持分会社の社員になることは禁じられていたが、平成18年に施行された会社法でこの禁止が解除されたのを受けて、預金者保護等のために法的に手当がなされたものである。銀行は物的会社であり、その債権者である預金者を保護するとの観点から、銀行が人的会社に固有の無限責任を負う可能性をあらかじめ排除する趣旨である。

□ 第3節　アームズ・レングス・ルール等の規制（銀行法第13条の2）

1　銀行は、その特定関係者（当該銀行の子会社、当該銀行の銀行主要株主、当該銀行を子会社とする銀行持株会社、当該銀行持株会社の子会社（当該銀行を除く。）、当該銀行を所属銀行とする銀行代理業者その他の当該銀行と政令で定める特殊の関係のあるものをいう。以下この条および次条において同じ。）又はその特定関係者の顧客との間で、次に掲げる取引又は行為をしてはならない。ただし、当該取引若しくは行為をすることにつき内閣府令で定めるやむを得ない理由がある場合において、内閣総理大臣の承認を受けたとき、又は当該銀行を子会社とする銀行持株会社（他の銀行又は銀行持株会社の子会社でないものに限る。）の子会社（当該銀行以外の銀行に限る。）との間で当該取引若しくは行為を行う場合において、当該銀行の経営の健全性を損なうおそれがないことその他の内閣府令で定める要件を満たすものとして内閣総理大臣の承認を受けたときは、この限りでない。

（1）　当該特定関係者との間で行う取引で、その条件が当該銀行の取引の通常の条件に照らして当該銀行に不利益を与えるものとして内閣府令で定める取引

（2）　当該特定関係者との間又は当該特定関係者の顧客との間で行う取引又は行為のうち前号に掲げるものに準ずる取引又は行為で、当該銀行の業務の健全かつ適切な遂行に支障を及ぼすおそれのあるものとして内閣府令で定める取引又は行為

（銀行法第13条の２）

　銀行と他の企業とが資本関係等でまったく無関係な存在であれば、取引に際して相互の利害や思惑が直接にぶつかり合い、競争原理からそこで成立した契約は公正・妥当なものに落ち着く蓋然性が高い。しかし、銀行と特殊な関係にある顧客（ここでは特定関係者）との取引となると、そこで成立する契約は一方が故意に譲歩し、不公正なものとなる危険性をはらむ。その際に銀行が自ら不利な契約をして、預金者の利益を損なうことが起こる可能性がある。

　銀行にとって手の届くところで任意自在な取引を行い、預金者の利益を害するのを防止する意味で、こうした行為に対する規制を「**アームズ・レングス・ルール**（『腕の長さの範囲内、つまり身内同士の取引に関する行為規制』の意味）」と呼んでいる。

　身内であるがゆえに成り立つ取引条件が結果として、預金者などの利益を害するのを防止するための措置である。金融機関は資金の仲介行為を行っているので、利害が対立する関係者や顧客を数多く抱えている。そこで、一部特定の関係者の利益を図り、一般公衆である預金者等に犠牲を強いる行為が行われないように配慮した行為規制といえる。

2　具体的な事例としては、グループ会社との間で優遇した条件で取引または行為を行うことであり、たとえば、貸出、権利や義務の承継、債権放棄、などでグループ会社に特に優遇した条件を与える、などがある。貸出を例にとると、貸出取引において他の借り手に比べて特に有利となる条件で、金利を設定したり、担保を設定したり、債務の保証を行う事例があげられる。また、営業不動産の賃貸などで有利に扱うことなども含まれる。これらは逆に

いえば、銀行としては不利となる取引である。ここで優遇した条件といった場合、何を基準として優遇したかの判断基準は、自行の顧客に対する一般的な取引条件であり、市中の平均的な設定条件を指すものではない。

3　銀行法第13条の2第2号には、特定関係者と銀行との間ばかりではなく、銀行と特定関係者の顧客との間で銀行に不利な条件の取引を行うといった同条第1号に準ずる行為があげられている。

たとえば、証券子会社を介した事例としては証券子会社の顧客に異常に有利な条件で親銀行が融資をするとか、親銀行が証券子会社やその顧客の第三者に対する債務について、通常ありえない保証をすることなどが考えられる。また、無担保・低金利で融資をすること、不当に低い家賃で店舗を賃貸すること等もこれに該当する。

このほかの事例として銀行に対し不利益を与える例としては、証券子会社が引き受けた証券を顧客に販売する際に、親銀行がバック・ファイナンスをつけたり、親銀行がその証券を一部買い取ったりすることも該当する。

4　他方、逆に銀行に有利な取引もこの行為規制に含められている。銀行が子会社等に利益を与え銀行が不利益を被る場合だけではなく、逆に利益を得る場合も規制されるわけである。これはディシプリンの効いていない仲間うちでの安易な取引ないし不明朗な取引が、結局は回り回って銀行グループ全体としての不利益を招く可能性が高いためである。加えて、迂回的な行為によって規制の趣旨を潜脱するような脱法行為も規制されている。

ただし、銀行法施行規則第14条の8において、グループ内の会社の破綻処理などやむをえない事由から監督当局の承認を受けた場合などは除かれ、適用除外となる。

また、外国によっては支店形態の営業が認められない場合がある。わが国の銀行がそのような国でやむをえず現地法人形態で営業を行う場合に、当該外国に所在する現地法人に対して特に優遇条件を付することがある。もし、支店が認められれば本支店間であるので優遇的な扱いは問題ないのに、法人格を異にする現地法人の場合に法に触れることになると権衡を失することになるので、こうした事情であれば特に許容される。

5　特定関係者の範囲については、銀行法第13条の2は可能な限り広くとる

立場をとっている。具体的には支配力基準、影響力基準による銀行の親法人すなわち銀行持株会社および実質的に銀行を支配する会社などを含む。また、銀行持株会社の子会社、つまり銀行にとっての兄弟会社も含まれる。そして、銀行本体の子会社あるいは関連会社等も支配力基準、影響力基準によりすべて特定関係者であると定めている（銀行法施行令第4条の2、銀行法施行規則第14条の7）。

親会社として、銀行持株会社だけではなく、銀行に実質的支配力をもつ銀行の親会社を含むとしているのは、いわゆる機関銀行化防止のための有力な手立てとしてこの条文を活用しようとするものである。

6　銀行法第13条の2の本文ただし書は、「当該取引又は行為をすることにつき内閣府令で定めるやむを得ない理由がある場合において、内閣総理大臣の承認を受けたときは、この限りでない」と規定し、承認により弊害防止措置の適用を除外することがありうるとしている。これは、預金者保護、金融秩序維持等の観点から、たとえば、親銀行が通常の条件よりも低利で子会社に融資する必要があることを想定したためであり、具体的にいかなる場合に承認するかについては、個々のケースごとに判断されることになると考えられる。承認を受けずにこれらの取引や行為をした場合には、親銀行に対し業務停止その他の行政処分が行われることになる（同法第26条、第27条）。

加えて、平成29年改正により、銀行持株会社の業務規定を整備・拡張するとの観点から、銀行が同一の銀行持株会社グループに属する他の銀行との間で取引を行う場合であって、当該取引を行うことにより銀行の経営の健全性を損なうおそれがない等の要件を満たすものとして内閣総理大臣の承認を受けた場合には、特定関係者との間の取引等にアームズ・レングス・ルールを適用しないこととされている（銀行法第13条の2本文ただし書後段）。

第10章　業務等に関する規制（銀行法第12条の2、第12条の4、第13条の2ほか）　233

□第4節　優越的地位の濫用禁止等、銀行の業務に係る禁止行為（銀行法第13条の3）

第1　一般原則

　銀行は、その業務に関し、次に掲げる行為（第13条の4に規定する特定預金等契約の締結の業務に関しては、第4号に掲げる行為を除く。）をしてはならない。

（1）　顧客に対し、虚偽のことを告げる行為

（2）　顧客に対し、不確実な事項について断定的判断を提供し、又は確実であると誤認させるおそれのあることを告げる行為

（3）　顧客に対し、当該銀行又は当該銀行の特定関係者その他当該銀行と内閣府令で定める密接な関係を有する者の営む業務に係る取引を行うことを条件として、信用を供与し、又は信用の供与を約する行為（顧客の保護に欠けるおそれがないものとして内閣府令で定めるものを除く。）

（4）　前3号に掲げるもののほか、顧客の保護に欠けるおそれがあるものとして内閣府令で定める行為

（銀行法第13条の3）

　銀行法第13条の3第3号における内閣府令（銀行法施行規則第14条の11の2）では、「銀行が不当に取引を行うことを条件として、信用を供与し、又は信用の供与を約する行為でないもの」が定められ、また、銀行法第13条の2第4号の内閣府令（銀行法施行規則第14条の11の3）では「次に掲げる行為である」として、

①　顧客に対し、その営む業務の内容および方法に応じ、顧客の知識、経験、財産の状況および取引を行う目的を踏まえた重要な事項について告げず、または誤解させるおそれのあることを告げる行為

②　顧客に対し、不当に、自己の指定する事業者と取引を行うことを条件として、信用を供与し、または信用の供与を約する行為（法第13条の3第3号に掲げる行為を除く）

③　顧客に対し、銀行としての取引上の優越的地位を不当に利用して、取

引の条件または実施について不利益を与える行為

が規定されている。

なお、特定預金契約、すなわち金融商品市場における相場その他の指標に係る変動によりその元本について損失が生じるおそれのあるいわゆる仕組み預金に関しては、銀行法第13条の3冒頭のカッコ書より、第4号の適用が排除されている。

また、本条でいう『当該銀行と密接な関係を有する者』は前条と同じく支配力基準、影響力基準を網羅した非常に広い範囲の銀行関係者が規定されている。

以上から明らかなように、銀行法第13条の3は金融商品取引法で規定する市場取引において要請される虚偽や断定的判断の顧客への提供の禁止を業法で確認するとともに、第3号以下で銀行の優越的地位の濫用を禁止している。

第2　優越的地位の濫用禁止

1　ここで、銀行における優先的地位の濫用禁止について説明しておきたい。

一般に**優越的地位の濫用**とは、取引上、優越的地位にある事業者が、当該地位を利用して、取引先に対し、正常な商慣習に照らして不当に不利益を与える行為をいう。

銀行法第13条の3第3号の規定は平成17年の銀行法改正に際して新たに設けられたものである。独占禁止法の改正に前後して、その平仄をあわせるようにして規定の内容が固まっていった。

独占禁止法はその第2条第9項において、「不公正な取引方法」を定義づけているが、そのなかに「自己の取引上の地位を不当に利用して相手方と取引すること」などをあげており、第19条では「事業者は不公正な取引方法を用いてはならない」と規定している。そして、当該行為に対して公正取引委員会は行為の差止め、排除命令を出すことができ、それに従って課徴金を課する規定になっている。排除命令に従わない場合には2年以下の懲役等の処罰がなされる。

平成18年6月に公正取引委員会から「金融機関と企業との取引慣行に関する調査報告書」（金融取引報告書）が公表され、金融庁は監督指針において、当該報告書で示されている事例をふまえた銀行の態勢づくりを各行に要請している。

2　優越的地位の濫用について、金融取引報告書が独占禁止法上問題となるとして列挙した具体的な事例は次のとおりである。参考までに掲載しておきたい。

- ・融資にあたり、要請に応じなければ融資等に関し不利な取扱いをする旨を示唆して、自己の関連会社等が提供する保険等の金融商品を購入することを要請すること。
- ・融資にあたり、要請に応じなければ融資等に関し不利な取扱いをする旨を示唆して、社債の引受けや企業年金運用の受託等の金融サービスの購入を要請すること。
- ・融資にあたり、自己の関連会社等と継続的に取引するように強制すること。
- ・借り手企業に対し、要請に応じなければ融資等に関し不利な取扱いをする旨を示唆して、自己の提供するファームバンキング、デリバティブ商品、社債受託管理等の金融商品・サービスの購入を要請すること。
- ・借り手企業に対し、他の金融機関からの借入れを行う場合には貸出条件等を不利にする旨を示唆して、他の金融機関から借入れをしないよう要請すること。
- ・自己の関連会社等の競争者との取引を軽減することを条件として融資を行うこと。
- ・要請に応じなければ今後の融資等に関し不利な取扱いをする旨を示唆すること等によって、自己または自己の関連会社等の株式を取得させること。
- ・借り手企業に対し、その責めに帰すべき正当な事由がないのに、要請に応じなければ今後の融資等に関し不利な取扱いをする旨を示唆することによって、契約に定めた金利の引上げを受け入れさせ、または、契約に定めた返済期限が到来する前に返済させること。

・借り手企業に対し、要請に応じなければ次回の融資が困難になる旨を示唆すること等によって、期末を超える短期間の借入れや一定率以上の借入れシェアを維持した借入れを余儀なくさせること。
・債権保全に必要な限度を超えて、過剰な追加担保を差し入れさせること。債権保全に必要な限度を超えて、融資にあたり定期預金等の創設・増額を受け入れさせ、または、預金が担保として提供される合意がないにもかかわらず、その解約払出しに応じないこと。
・資金調達の選択または資産処分に干渉するなど資金の調達・運用または資産の管理・運用を拘束し、借り手企業に不利益を与えること。

□ 第5節　利益相反行為の防止等、顧客の利益の保護のための体制整備

1　銀行は、当該銀行、当該銀行を所属銀行とする銀行代理業者又は当該銀行の親金融機関等若しくは子金融機関等が行う取引に伴い、当該銀行、当該銀行を所属銀行とする銀行代理業者又は当該銀行の子金融機関等が行う業務（銀行業、銀行代理業その他の内閣府令で定める業務に限る。）に係る顧客の利益が不当に害されることのないよう、内閣府令の定めるところにより、当該業務に関する情報を適正に管理し、かつ、当該業務の実施状況を適切に監視するための体制の整備その他必要な措置を講じなければならない。

（銀行法第13条の3の2第1項）

　ここで、「親金融機関等」とは、銀行の総株主の議決権の過半数を保有している金融機関等をいい、また、「子金融機関等」とは、銀行が総株主等の議決権の過半数を保有している金融機関等をいう（銀行法第13条の3の2第2項・第3項）。

　そして、対象になる業務は、銀行が営むことができる業務（銀行関連業務）に限定される（銀行法施行規則第14条の11の3の2）。

2　銀行法第13条の3の2の条文は、利益相反行為を防止する目的をもって平成20年の銀行法改正により金融商品取引法改正（金融商品取引法第36条第2項）と平仄をあわせるかたちで新設された。

第10章　業務等に関する規制（銀行法第12条の2、第12条の4、第13条の2ほか）　237

銀行関連業務において顧客の利益が不当に害される行為という表現になっており、利益相反という表現は直接には使われていない。法規制の対象が利益相反行為であることは明らかであるが、たとえば民法における「善良な管理者の注意義務」のように、その概念が慣例や判例等の積重ねにより肉づけされていくという立法技術がとられている。

銀行法第13条の3の2に規定する内閣府令（銀行法施行規則第14条の11の3の3）において、銀行に対して対象取引を行う部門と当該顧客との取引を行う部門を分離する方法（いわゆる「チャイニーズ・ウォール」）の設定を要請する条文が置かれるなど、法令上の構成においてもこの条文は利益相反行為そのものをその対象に据えている。そして、「利益相反の弊害は」で始まる金融庁の主要行等向け監督指針（V-5-1以下）において条文の法目的が明らかにされている。

3　**利益相反行為**が金融界で法律的な問題として意識され始めたのは1920年代に米国において、ある銀行が取引先の業績不振企業に社債を発行させ、それを自行の信託勘定で買い取り、自行の貸出金を回収した事件に始まる。信託勘定は銀行が特定顧客から受託した勘定であり、自行の経理からは分離独立した存在であるものの自行が管理を任されているものである。当該業績不振企業がその後で破綻すれば委託者から銀行の受託者責任が直ちに問われることが予想されるが、破綻しない場合には、委託者としては、銀行の行動はうさん臭いものの銀行側の説明次第では銀行の責任を問うだけの決定的な法的根拠をもたない。その結果、銀行は実質的な損害を免れ、信託の委託者は損失の可能性が押しつけられたかたちになる。信託勘定を使わなくても、たとえば当該業績不振企業に社債を発行させ、その社債を傘下の証券会社を使って自行の顧客に売りさばくことに成功すれば、銀行はその社債発行による資金によって自行の不良債権化した貸付金を回収することに成功したことになる。これも当時、典型的な利益相反行為とされた。

4　一般に、**利益が相反する状態**とは、各経済主体間の利益が衝突したり、競合したりする状況を指す。一方の利益が他方の不利益になるとか、同一主体が二つ以上の相いれない利害関係に立つというような状況を指す。厄介なのは　銀行による利益相反行為がそのまま違法行為になるわけではない、と

いう点である。灰色の行為であるが、直接に刑法上の罪を問われるわけでは
ない。民事訴訟の対象になることはあろうが、その決着は個別に判断してい
くよりほかはない。一言で直截な表現をお許しいただければ、「エゲツない
行為」ということになろう。そして、そのような行為が重なれば、一般の
人々の当該銀行への信頼は確実に低下していくことになる。なお、民法では
一方が他方を代理すること（自己契約）、１人が双方の代理をすること（双方
代理）を禁止している（民法第108条）。

　経済活動とは利益を得るための活動であり、損失を回避するための活動で
ある。その意味で利益が各主体間で相反することは日常茶飯事であり、むし
ろ恒常的な状態ともいえる。そのなかで特に「利益相反」として括られるの
は、「特定の顧客の利益が<u>不当に害される</u>」という範疇のものである。しか
し、「不当」とは何かを一義的に決めることはむずかしい。

5　そこでまず、**「不当」が生じやすい状態**とは何か、それが「利益相反」
に結びつくと考えていくと、この案件で過去に悩み抜いてきた英米（アング
ロサクソン）の経験が参考になる。英国の金融監督庁は、以下のように利益
相反状態を例示している（英国金融監督庁ガイドライン）。

- ・顧客を犠牲にして経済的に利益を得たり、損失を回避する可能性がある
　場合
- ・顧客へのサービスまたは顧客のための取引の結果について、金融機関に
　とって顧客の利益とは明らかに区別される利益が存する場合
- ・ある顧客の利益よりも他の顧客またはグループの利益を優先する経済的
　な動機がある場合
- ・顧客と同一の業務を行っている場合
- ・顧客に提供するサービスに関して、当該顧客以外の者から、通常の手数
　料や対価以外に金銭、財貨またはサービス等のかたちで利益を得ている
　か、ないしは将来利益を得ることができると見通せる場合

6　金融庁は、金融商品取引法に関して「利益相反のおそれのある取引」で
「現時点で想定される典型的な取引例」として、いくつか例をあげている。
金融庁は銀行法についてなんら事例を示していないが、金融商品取引法にお
ける事例などを参考にして銀行における利益相反のおそれのある行為の具体

第10章　業務等に関する規制（銀行法第12条の２、第12条の４、第13条の２ほか）　239

例を示すと以下のとおりである。

- ・広範なサービスを提供する銀行において、取引の内部化が行われる場合（銀行がグループ内の証券会社等に注文を出す場合等）
- ・銀行子会社である証券会社の引受部門が扱った発行代り金で自行の融資の返済を受ける場合
- ・同一案件において顧客間で売りと買いがある場合に一方に資金を融通するとともに、メインバンクとして他方に売りの助言をする場合
- ・顧客に対して資金融通やM&Aに関する助言を提供する一方で、当該顧客から資産を購入する等の取引を行う場合
- ・競合関係または対立関係にある複数の顧客に対し、資金を融通したり、M&Aに係る助言等を提供する場合
- ・メインバンクとして顧客に有価証券発行に関する助言等を行いながら、子会社である証券会社が他の顧客に当該有価証券の取引の推奨を行う場合
- ・他社の役員その他会社の経営方針の決定に重要な影響を与えることのできる地位にある行員（銀行の常務に従事する取締役ではない）を擁しているときに、子会社である証券会社が当該会社の発行する有価証券に係る取引を行う場合
- ・銀行の行員が、顧客の利益と相反するような影響を与えるおそれのある贈答品や遊興（非金銭的なものも含む）の供応を受けている場合

7　利益相反の状態というのは諸々の利益の相剋を意味するが、これをわざわざ法律で取り上げている趣旨は結局、銀行が一定の顧客からの信頼を踏みにじって自行の利益を図るために行う行為ということができる。顧客間の利益相反を持ち出すと複雑になるが、それも、たとえば他の顧客の利益を犠牲にして大口顧客の利益を優先させれば中長期的には自行の利益になることを意図しているにすぎない。

　利益相反行為は、とらえ方いかんではその範囲が際限なく広がるおそれなしとしない。そこで、銀行法の条文の予見可能性と取引の法的安定性を高めるために、銀行法が規定するのは、①当該銀行が具体的な利益を得るものであること、②顧客に対して銀行が特定の信認関係（たとえば、メインバンクと

しての関係)、委任ないし準委任等の関係にあること、の少なくとも2点は
その成立に際して要件をなすものと考える。ただし、委任関係がなくても民
法上の不法行為を構成することはあるので、銀行法の本条はそれらをも包含
する範囲の行為を対象にしていると考えるべきだろう。

8 銀行の利益相反行為は、今後とも増加する可能性が高い。それは、①銀
行が提供するサービスが多様化していること、②銀行経営の推進手法が銀行
持株会社、子会社、関連会社等、選択肢の広がりによって広い裾野をもち、
非常に複雑な構造になってきていること、③特に証券子会社、証券兄弟会社
等を保有することによって利益相反行為が行われやすい経営環境になってき
たこと、④銀行の合併や統合が増加して顧客層が多層化していること、⑤銀
行間競争が激化しており、顧客の囲い込み志向が一段と強まっていること、
などを背景にしている。

9 銀行法は、利益相反行為について行為規制をかけることはせず、銀行に
対して内閣府令に基づき、その自己責任において、当該業務に関する情報を
適正に管理し、かつ、当該業務の実施状況を適切に監視するための体制の整
備その他必要な措置を講ずることを求めている(銀行法第13条の3の2)。金
融庁の監督指針においても、金融機関が自主的な努力により適切な経営管理
態勢やコンプライアンス体制を構築することで有効に機能することに留意す
る必要がある、としている(主要行等向け監督指針Ⅴ-5-1)。

内閣府令(銀行法施行規則第14条の11の3の3)では、次に掲げる措置を指
定している。

① 対象取引を適切な方法により特定するための体制の整備
② 次に掲げる方法その他の方法により当該顧客の保護を適正に確保する
ための体制の整備
  (イ) 対象取引を行う部門と当該顧客との取引を行う部門を分離する方法
  (ロ) 対象取引または当該顧客との取引の条件または方法を変更する方法
  (ハ) 対象取引または当該顧客との取引を中止する方法
  (ニ) 対象取引に伴い、当該顧客の利益が不当に害されるおそれがあるこ
  とについて、当該顧客に適切に開示する方法
③ 前2号に掲げる措置の実施の方針の策定およびその概要の適切な方法

第10章 業務等に関する規制(銀行法第12条の2、第12条の4、第13条の2ほか) 241

による公表

④　以上に掲げた記録の保存。記録は作成の日から５年間保存しなければならない。

10　金融庁の主要行等向け監督指針（Ⅴ－５－２）に基づいてこれらを敷衍すると、

　まず、第１に、利益相反のおそれのある取引の特定等については、利益相反のおそれのある取引を各行が銀行や銀行のグループ内会社等の業務内容、規模等に応じて特定し、類型化するとともに、継続的に評価する態勢の整備を求めている。

　第２に、利益相反管理の方法については、情報共有先の制限を行うにあたって、利益相反を発生させる可能性のある部門間において、システム上のアクセス制限や物理上の遮断を行うことなどを求めている。

　そして、取引条件等の変更、一方の取引の中止にあたっては当該判断に関する権限および責任の明確化を求めている。

　なお、一般に利益相反行為に関して関係部局を遮断する防壁は**チャイニーズ・ウォール**（中国の万里の長城になぞらえたもの）と呼ばれており、銀行と証券、銀行と保険などの業務上の遮断を求める**ファイアー・ウォール**（防火壁）とは言葉や概念のうえで区別して使われている。

　第３に、利益相反の事実の**顧客への開示**については、たとえば書面等による開示をしたうえで顧客の同意を得ることなどを求めている。

　そのほか、利益相反を管理・統括する部署の設立や、定期的な利益相反管理態勢の検証などを行うことを求めている。

　第４に、利益相反管理方針を内外に公表することを求め、その公表の方法として店頭でのポスターやホームページへの掲載など顧客に対して十分に伝わる方法を求めている。

　そして、監督当局は銀行法第24条に基づき適宜、銀行に対して報告を求め、銀行において当該態勢に重大な問題があると認められる場合には、同法第26条に基づく業務改善命令や業務の一時停止命令が出される仕組みになっている。

□第6節　特定預金等の取扱い

1　金融商品取引法第3章第1節第5款（特定投資家）、同章第2節第1款（通則等）の規定は、銀行が行う特定預金等契約の締結について準用する。この場合において、これらの規定中「金融商品取引契約」とあるのは「特定預金等契約」と、「金融商品取引業等」とあるのは「特定預金等契約の締結の業務」と、これらの規定中「金融商品取引行為」とあるのは「特定預金契約の締結」と（略）読み替えるものとするほか、必要な技術的読み替えは、政令で定める。

（銀行法第13条の4）

　銀行は、預金の受入れに際して、一般に、預金者等の保護に資するため、預金等に係る契約の内容その他預金者等の参考になるべき情報の提供を行う義務がある（銀行法第12条の2）が、預金等のなかでも特定預金等の受入れについてはこの一般条項の適用が排除され、より厳しい説明義務を課しているのがこの銀行法第13条の4である。

2　特定預金等とは金利、通貨の価格、金融商品市場における相場その他の指標に係る変動によりその元本について損失が生ずるおそれがある預金等として内閣府令で定めるものをいう（銀行法第13条の4）。

　そして、内閣府令（銀行法施行規則第14条の11の4）には、次に掲げるものが定められている。

① 預金者等が預入期間の中途で解約をした場合にその違約金その他これに準ずるものを支払うこととなる預金等であって、当該違約金等の額を当該解約のときにおける当該預金等の残高から控除した金額が、金利、通貨の価格、金融商品市場における相場その他の指標に係る変動により預入金額を下回ることとなるおそれがあるもの

② 預金等のうち、外国通貨で表示されるもの

③ 預金等のうち、その受入れを内容とする取引に金融商品取引法第2条第22項第3号（ロを除く）に掲げる取引（通貨の売買に係るものに限る）が付随するもの

3 これらは、円建預金の場合には日本円での元本は保障されているし、外

貨預金であれば当該外貨での元本は保障されている。また、③は預金を使ったデリバティブ取引であり、預金そのものではない。このように、これらの商品も預金の基本的な特徴である元本保証は名目的には守られているのだが、解約手数料等や通貨の価格変動を考慮すれば実質的に元本を割り込む可能性のあるものなどである（注：「預金」の基本的性格については第9章第2部第1節「預金」を参照されたい）。預金等の名前が冠されているものの、現金化するには日本円で評価すれば元本金額を割り込むおそれがあるハイ・リスク、ハイ・リターンの商品であり、むしろ銀行側の顧客への対応は、銀行法によるよりも金融商品取引法（旧証券取引法）を適用したほうが顧客利便に資すると考えられたものである。金融商品の場合には銀行法における預金のように元本償還と利息が事前にしっかりと固定されていないので、売る側には顧客に対して事前に詳細な説明責任が求められることになる。

　そこで、銀行法の適用が排除されるとともに、金融商品取引法の行為規制が大幅に準用され、契約締結前の書面交付義務、広告規制などの対象とされたものである。

4　なお、**準用**とは、ある事項に関する規定をそれに類似する他の事項について必要な変更を加えて働かせることである。そのために**読替え規定**が必要になる。平たくいえば、銀行法で規定されているが、実際には適宜読替えを施して金融商品取引法の規定が適用されるということである。つまり、法的には預金として取り扱うよりも、元本が変動することを前提にした金融商品に見立てて金融商品取引法で規制していくという行き方がとられている。

□ 第7節　銀行の守秘義務

第1　銀行法における対応

　銀行法は、銀行に対して顧客に関する情報の適正な取扱いを促すかたちで銀行の守秘義務等への対応を求めている。すなわち、

　『**銀行は、その業務に関して取得した<u>顧客に関する情報の適正な取扱い</u>（略）を確保**するための措置を講じなければならない。』

（銀行法12条の2第2項）

銀行法施行規則は、銀行法の規定を受けて、銀行に対し、

① 個人顧客情報の<u>安全管理</u>等について必要かつ適切な措置を講ずること（銀行法施行規則第13条の6の5）

② 返済能力情報を、<u>返済能力調査以外の目的に利用しない</u>ことを確保するための措置を講じること（同法施行規則第13条の6の6）

③ 個人顧客に関する人種、信条、門地、本籍地、保健医療または犯罪経歴といった<u>センシティブ情報</u>を、必要と認められる目的以外のために利用しないことを確保する措置を講じること（同法施行規則第13条の6の7）

といった義務を課している。

第2 わが国の一般論

銀行の守秘義務に関する諸問題は古くて新しい問題である。

銀行の守秘義務は、「取引上知り得た顧客の<u>未公開情報</u>等を、<u>正当な理由なく、第三者に開示してはならない義務である</u>」（西尾真一『金融取引法〔第2版〕』（法律文化社））と定義されている。

判例においても、銀行は顧客との間の取引およびこれに関連して知りえた秘密を正当な理由なく第三者にもらしてはならないという義務を負っているとされている（最決平成19年12月11日）。

銀行がこの義務に違反し、顧客に損害が発生した場合は損害賠償責任を負う。つまり、銀行が正当な理由なく、顧客の秘密を第三者にもらす場合には、銀行・顧客間の<u>信頼関係を破壊</u>するものとして損害賠償責任は免れない（民法第415条、第709条）。

銀行秘密の漏えいがプライバシー権の侵害あるいは名誉毀損になる場合は、不法行為に基づく損害賠償責任が発生する。両者の責任が競合する場合には、顧客はそのいずれをも主張しうる（請求権競合）。

具体的な取引契約を結んでいる顧客は、信頼関係の破壊を理由にその<u>契約を解除</u>することができるというべきだろう（木内宜彦『金融法』（青林書院））。そのほか、真実に反する情報を流され信用を害された顧客は、銀行に対して<u>原状回復に必要な措置</u>を求めることができる（木内宜彦『金融法』）。

第10章　業務等に関する規制（銀行法第12条の2、第12条の4、第13条の2ほか）　245

もっとも、銀行については、医師、弁護士、公証人、公務員などのように法律に明文の規定がないので、秘密保持義務違反について<u>刑事責任はない</u>と解されている。

第3　銀行の守秘義務の法的根拠

1　銀行に守秘義務が求められるのは、次のような理由による。

①　銀行は、顧客との取引を通じて、顧客の資産・負債、返済能力、プライバシー等に関する情報を<u>知りうる立場にある。</u>

②　顧客は、銀行が正当な理由がない限りこれらの情報を第三者にもらさないという期待をもち、これを<u>信頼して取引を行っている。</u><u>この期待・信頼は法的な保護に値する</u>と考えられている。

金融取引の内容は顧客の信用を知るうえで貴重な情報である半面、自分の経済状態やプライバシーに関する情報を知られたくないというのは顧客の当然の要求である。そこで、道徳的義務ではなくて、法的な義務として銀行の秘密保持義務を基礎づける必要があったが、実定法上これに関する<u>明文の規定はなかった。</u>

また、過去の判例において、「<u>合意なく</u>」「<u>他人に</u>」かつ「<u>みだりに</u>」情報を渡すことが守秘義務違反であるとされてきたが、具体的な違反であることをどのように決めるかについての判断基準は不明であった。

銀行は自己のシステムと顧客の預金の安全性を保つため、他業態に比べ、より高いレベルでの守秘義務が要求されるものと考えられてきた。

2　秘密保持義務については、法律上、明文の規定がないため、その法的根拠については以下のいくつかの見解に分かれている

第1説　銀行と顧客との間の預金・貸付などの取引の契約中に当然に含まれている<u>付随義務</u>である。

第2説　銀行取引に伴う<u>信義誠実の原則</u>上認められている。

第3説　<u>慣習または条理</u>として守るべき義務である。

最高裁（最決平成19年12月11日）は「金融機関は、顧客との取引内容に関する情報や顧客との取引に関して得た顧客の信用にかかわる情報などの顧客情報につき、<u>商慣習上又は契約上、当該顧客との関係において守秘義務を負</u>

い、その顧客情報をみだりに外部に漏らすことは許されない」「しかしながら、金融機関が有する上記守秘義務は、上記の根拠に基づき個々の顧客との関係において認められたものにすぎない」という表現でその法的根拠を明らかにした。

ちなみに、成文法による明文の規定があるのはフランスであり、それに基づき銀行取引約款にも守秘義務が明記されている。

各国とも銀行の守秘義務については、法律上明文の規定の有無を問わず、金融取引のための特別のルールを設けていることには変わりはなく、また、その内容もかなり類似したものとなっている。

3 秘密保持の対象として一般にあげられている事項は、

① 預金残高およびその推移、貸出実績、返済事故や貸倒れ等の事実その他顧客と銀行の取引内容に関する情報

② 金融機関が業務上知った顧客の私的事項に関する情報

である。

業務遂行上知るに至ったものであれば足り、顧客から直接に知ったか否かを問わない。ここで顧客とは、銀行と取引関係に入るべく交渉を開始した者を指し、具体的な取引契約の成否を問わない。情報に基づいてなされた判断ないし評価もその対象になる。判断・評価が代表者によってではなく、その行員によってなされた場合も当然銀行秘密の範囲に属する（木内宣彦『金融法』）。

4 「個人情報の保護に関する法律（平成15年法律第57号）」（以下「個人情報保護法」）の問題としては、銀行などの個人情報取扱事業者は、原則として、あらかじめ本人の同意を得ないで、個人データを第三者に提供してはならないと定められている。しかし、例外の一つとして「法令に基づく場合」は、本人の同意は不要とされている。

銀行は個人情報保護法に基づく義務と守秘義務の両方を遵守しなければならない。

第4 守秘義務が適用されない分野

川田悦男『金融法務読本（第27版）』（金融財政事情研究会）によれば、秘密

保持の例外として次の場合があげられる。

「㈠　法令の規定に基づき正当な理由がある場合

　　国会の国政調査権（憲法第62条、国会法第104条）、裁判所の証拠調べ（民事訴訟法等）、裁判所の令状に基づいてなされる捜査機関の押収・捜索（刑事訴訟法第99条、第102条等）、主務大臣による調査権（銀行法第24条等）、課税上または滞納処分等のためになされる税務職員・徴収職員の質問検査権・捜査権（所得税法第234条など）による場合がこれにあたる。ただし、民事訴訟手続においては職業秘密に関する証言拒否権が認められているので、その範囲で守秘義務が守られなければならない。

㈡　銀行が自らの利益を守るため、債務不履行の顧客に対して訴訟を提起する場合

㈢　顧客の明示、黙示の承諾があった場合

　　たとえば、個人信用情報センターに対する一定の範囲の顧客情報の登録ならびに会員による取引判断のための顧客情報の利用については顧客から同意文書が差し入れられている。

㈣　組織的犯罪による収益のマネー・ローンダリング防止のため、銀行は疑わしい取引につき主務大臣等へ届出義務がある。

㈤　金融機関が、民事訴訟における訴訟外の第三者として開示を求められた顧客情報について、当該顧客自身が当該民事訴訟の当事者として開示義務を負う場合（最決平成19年12月11日）」

第5　判例の動向

　銀行の守秘義務についての規範は判例法を中心にして展開しているので、以下、わが国における銀行の守秘義務に関する主要判例を紹介しておきたい。

⑴　最高裁昭和56年4月14日判決

この判例は今日でもきわめて重要な地位を占めている。事案は次のとおりである。

従業員であったXがA株式会社から解雇され、それをめぐって紛争が生じ、裁判所および労働委員会における事件になっていた。

A株式会社より事件を受任した甲弁護士が京都弁護士会に対して、京都市（伏見区長）を照会先としてXの前科犯罪歴について弁護士会照会を申し出、京都弁護士会が<u>Xの前科について照会</u>を行い、照会が回付された京都市（中京区長）がそれに基づく報告をした。

A株式会社は、その報告内容をふまえ、Xが前科を秘匿して入社した経歴詐称があることを理由に、あらためてXに対する解雇の意思表示を行った。

これに対しXは、前科の存在することをA株式会社に知られ、また、労働委員会および裁判所に訴訟資料として提出される等によって公表されたために精神的打撃を受けたとして、照会先である京都市に対して不法行為に基づく慰謝料および弁護士費用相当額の支払を求めたものである。

これに対する判決内容は、次のとおりである。

『<u>前科等は、人の名誉、信用に直接に係る事項であり、みだりに公開されないという法律上の保護に値する利益である。</u>京都弁護士会が訴外D弁護士の申出により、京都市中京区長に回付された被上告人の<u>前科等の照会文書には「中央労働委員会、京都地方裁判所に提出するため」とあったにすぎないというのであり、このような場合に市区町村長が漫然と弁護士会の照会に応じ、犯罪の種類、軽重を問わず、前科等のすべてを報告することは、公権力の違法な行使に当たると解するのが相当である。</u>原審の判断は結論において正当として是認することができる』

(2)　最高裁平成11年11月12日決定

民事訴訟手続における、銀行内で作成された貸付稟議書の提出義務について判示された。

「ある文書が、その作成目的、記載内容、これを現在の所持者が所持するに至るまでの経緯、その他の事情から判断して、専ら内部の者の利用に供する目的で作成され、外部のものに開示することが予定されていない文書であって、<u>開示されると個人のプライバシーが侵害されたり個人ないし団体の自由な意志形成を阻害されたりするなど、開示によって所持者の側に看過しがたい不利益が生じるおそれがあると認められる場合には、特段の事情がない限り、当該文書は民訴法220条4号ハ所定の「専ら文書の所持者の利用に供するための文書」にあたると解するのが相当である」</u>（同一の趣旨は電話機

の回路図等について平成12年3月10日最高裁判決でも述べられている。ただし結論は内部文書に該当せず)

(3) 最高裁平成19年12月11日決定

金融機関の守秘義務について最も多く引用される判例である。

事案は、相続に関連して銀行の支店に顧客Bと支店との間の取引履歴が記載されている取引明細票を法廷に提出するよう求める文書提出命令が申し立てられたもの。

これに対して、相手方（銀行側）は、本件明細表は、民事訴訟法第220条第4号、第197条第1項第3号に規定する「職業の秘密」に該当するので、提出義務を負わないと主張した。

これ対する最高裁の判断は次のとおりである。

「金融機関は、顧客との取引内容に関する情報や顧客との取引に関して得た顧客の信用にかかわる情報等の顧客情報につき、商慣習または契約上、当該顧客との関係において守秘業務を負い、その顧客情報をみだりに外部に漏らすことは許されない。しかしながら、金融機関が有する上記守秘義務は、上記の根拠に基づき個々の顧客との関係において認められているにすぎないものであるから、金融機関が民事訴訟において訴外の第三者として開示を求められた顧客情報について、当該顧客自身が当該民事訴訟の当事者として開示義務を負う場合には、当該顧客は上記顧客情報につき金融機関の守秘義務により保護されるべき正当な利益を有さず、金融機関は、訴訟手続において上記顧客情報を開示しても守秘義務に違反しないというべきである。そうすると、金融機関は、訴訟手続上、顧客に対し守秘義務を負うことを理由として上記顧客情報の開示を拒否することはできず、同情報は、金融機関がこれにつき職業の秘密として保護に値する独自の利益を有する場合は別として、民事訴訟法197条1項3号にいう職業の秘密として保護されないものというべきである。

これを本件についてみるに、本件明細表は、相手方（金融機関）とその顧客であるBとの取引履歴が記載されたものであり、相手方は、同取引履歴を秘匿する独自の利益を有するものとはいえず、これについてBとの関係において守秘義務を負っているにすぎない。そして本件明細表は、本案の訴訟当

事者であるＢがこれを保持しているとすれば、民訴法第220条第４号所定の事由のいずれにも該当せず、提出義務の認められる文書であるから、Ｂは本件明細表に記載された取引履歴について相手方の守秘義務によって保護されるべき正当な利益を有さず、相手方が本案訴訟において本件明細表を提出しても、守秘義務に違反するものではないというべきである。そうすると、本件明細表は、職業の秘密として保護されるべき情報を記載された文書とはいえないから、相手方は、本件申立てに対して本件明細表の提出を拒否することはできない」

(4) 最高裁平成28年10月18日判決

事案は次のとおりである。

Ａの代理人弁護士は、Ｂに対する強制執行の準備のため、平成23年９月、所属弁護士会Ｃに対し、弁護士法第23条の２第１項に基づき、Ｂ宛ての郵便物に係る転居届の提出の有無および転居届記載の新住所等について日本郵便株式会社に照会をすることを申し出た。

所属弁護士会Ｃは、上記の申出を適当と認め、平成23年９月、日本郵便株式会社に対し、上記の事項について弁護士法第23条（現第23条の２）照会をしたが、同株式会社はこれに対する報告を拒絶した。

これに対して弁護士会Ｃは日本郵便株式会社の報告拒否により弁護士会Ｃの法律上保護される利益が侵害されたとして、不法行為に基づく損害賠償を求め、予備的に日本郵便株式会社が弁護士法第23条照会に対する報告をする義務を負うことの確認を求めた。

最高裁判決内容は次のとおりである。

「23条照会の制度は、弁護士が受任している事件を処理するために必要な事実の調査等をすることを容易にするために設けられたものである。そして、23条照会を受けた公務所又は公私の団体は、正当な理由がない限り、照会された事項について報告をすべきものと解されるのであり、23条照会をすることが上記の公務所又は公私の団体の利害に重大な影響を及ぼし得ることなどに鑑み、弁護士法23条の２は、上記制度の適正な運用を図るために照会権限を弁護士会に付与し、個々の弁護士の申出が上記制度の趣旨に照らして適切であるか否かの判断を当該弁護士会に委ねているものである。そうする

と、弁護士会が23条照会の権限を付与されているのはあくまで制度の適正な運用を図るためにすぎないのであって、23条照会に対する報告を受けることについて弁護士会が法律上保護される利益を有するものとは解されない。

したがって、23条照会に対する報告を拒絶する行為が、23条照会をした弁護士会の法律上保護される利益を侵害するものとして当該弁護士会に対する不法行為を構成することはないというべきである。

（略）予備的請求である報告義務確認請求については、さらに審理を尽くさせる必要があるから、本件を原審に差し戻すこととする」

第6　判決等から出てくる解釈

1　まず守秘義務違反の内容が、「顧客情報をみだりに外部に漏らすこと」とした点が注目される。

昭和56年判決は、地方公共団体が関係者の問合せに対して不注意な回答を行うことは損害賠償のリスク（危険性）を負うことを率直に認めたものである。これを一般化すれば、法律上の保護に値する秘匿性の高い法益に係る照会であっても、報告すべき場合があるが、その判断のためには、照会を必要とする事由として具体的な記載が必要であり、照会先としては、情報内容と照らし合わせて、合理的な判断に基づいて報告の是非を決するべきであると読むことができる。

債務名義を取得し、強制執行を実施しようとする者などにとっては、債務者の財産の所在と内容を特定することは不可欠である。他方、銀行は、債務者である預金者に対して守秘義務を負担しているために、正当な理由なく預金口座を特定する情報を第三者に開示することは、債務不履行または不法行為に基づく損害賠償請求を受ける可能性があることになる。

銀行は回答を求められた事項につき、保護すべき情報の重要性の程度、照会申出をした弁護士の依頼者の権利救済の必要性の程度、他の主張立証方法の存否などの照会の必要性等を比較衡量して回答義務の要否について判断すべき、ということになる。

民事訴訟手続上の文書提出命令に応じるべきか否かという局面でも、既述の最決平成19年12月11日における田原睦夫裁判の補足意見は「当該顧客情報

が上記の意味での職業の秘密にあたるか否かは、当該事案ごとに守秘義務の対象たる秘密の種類、性質、内容および秘密保持の必要性、並びに法廷に証拠として提出された場合の金融機関の業務への影響の性質、程度と、当該文書が裁判手続に証拠として提出されることによる実体的真実の解明の必要性との**比較衡量**により決されるものである」と述べている。

　金融機関においてまず両方を秤にかけて判断せよということであり、これでは裁判になった場合にどちらに転ぶかはあらかじめ判断・予測できないことになる。

2　個人情報保護法の問題としては、金融機関などの個人情報取扱事業者は、原則として、あらかじめ本人の同意を得ないで、個人データを第三者に提供してはならないと定められている（第三者提供の禁止：個人情報保護法第23条第1項）。しかし、例外の一つとして「法令に基づく場合」（同項第1号）は、本人の同意は不要とされている。

　秘密保持義務の対象となる情報は、個人情報保護法上の個人データに含まれることが多いと考えられる。また、秘密保持義務の対象にならない情報のうち、統計情報等は個人情報保護法上の「個人情報」に該当しないが、それ以外の情報（公開情報など）は「個人情報」に含まれる。

　個人情報保護法と秘密保持義務とは、別個の独立した規制であるから、個人情報や顧客情報に関する問題点を検討する際には、区別してそれぞれ検討しなければならない。

　金融庁の「金融分野における個人情報保護に関するガイドライン」第5条第3項は、個人情報保護法第23条第1項第1号の「法令」に弁護士法第23条の2の弁護士会照会が含まれるとしつつも、「なお、当該法令に、第三者が個人情報の提供を求めることができる旨の規定はあるが、正当な事由に基づきそれに応じないことができる場合には、金融分野における個人情報取扱い事業者は、当該法令の趣旨に照らして目的外利用の「必要性と合理性」が認められる範囲内で対応するよう留意する」と記しており、金融機関が弁護士会照会を受けた場合に「必要性と合理性」を判断し、場合によっては弁護士会への回答を拒否することが認められることを示唆している。

　金融庁は「金融機関における個人情報保護に関するQ&A」において、次

第10章　業務等に関する規制（銀行法第12条の2、第12条の4、第13条の2ほか）　253

のような解釈を公にしている。

『弁護士会が公務所等（筆者注：銀行等を含む）に対して照会を行った場合、一般的には、報告することによって得られる公共的利益が報告しないことによって守られる秘密、プライバシー、名誉等の利益を上回ると認められる場合において、公務所等に弁護士会に対する報告義務があると考えられることは、複数の判例も認めるところである。したがって、第三者（弁護士会）が情報の提供を受けることについて法令上の具体的な根拠があり、個人情報保護法第23条第1項第1号における「法令に基づく場合」に該当すると考えられることから、当該報告の請求に応じることは個人情報保護法上問題ないものと考えられる。ただし、弁護士会の前歴照会に区長が応じて、公権力の違法な行使に当たるとされた判例（最判昭和56年4月14日）にも見られるように、具体的な報告内容によっては、プライバシー権の侵害等を理由に損害賠償請求が認容されるおそれがあることから、報告を行う際にはあらかじめ本人からの同意を得ることが望ましいし、仮に同意が得られない場合に報告に応じるか否かは、その照会の理由や当該個人情報の性質等に鑑み、個別の事案ごとに慎重に判断する必要があると考えられる』

3　顧客の銀行取引の内容は、その信用状態を知るうえで価値の高い資料となる。そこから一方で、顧客に関する金融機関相互の情報交換や他の顧客に対する情報提供はビジネス社会にとって非常に有用である。しかし、他方で、自分の金融資産状態（たとえば、自分の預金がどれくらいあるかとか、借金がどれくらいあるかとか）、経済状態その他のプライバシーを他人に知られたくないというのは顧客の当然の要求でもある。

単なる道徳的義務としてではなく、法的義務として銀行が顧客に関する秘密を保持する義務を基礎づける必要が生じてくるわけである。

その義務違反に対しては、契約上の債務不履行責任に準じた責任が考えられる。銀行秘密の正当な理由がない漏えいがプライバシー権の侵害あるいは名誉毀損になる場合は、不法行為に基づく損害賠償責任が発生する。

以上を通じて、銀行の秘密保持義務を、プライバシーないし名誉に対する侵害からの保護、契約ないし取引関係の基礎になっている当事者間の信頼関係の維持の両面から求めることができる限り、その範囲は単に個々の契約の

内容（たとえば、預金残高、貸付残高、担保の内容）にとどまらないのはもちろん、顧客の財産状態（たとえば、会計書類の内容、取引先、納税額、所有有価証券残高など）、個人的な生活関係（たとえば、親族等の状況、職業、交際関係など）にまで及ぶというのが通説である。

そして、プライバシーの権利と金融機関の守秘義務とは、淵源を異にしながらも時代を追うごとに実体的には相当部分が重なり合う状況になっている。

第11章

大口信用供与規制（銀行法第13条）

☐ 第1節　総　説

1　大口信用供与規制とは、銀行や銀行グループが貸出、債務保証、出資、デリバティブなどの信用の供与を、ある特定の企業や企業グループに集中して行うのを防止するための措置である。法令により、相手先である企業や企業グループの区分に応じて銀行の自己資本等に対する一定比率を設けて、その枠の範囲内で信用を供与するように規制している。

　大口信用供与規制は、今日、主要国のすべてにおいて実施されている。わが国でも、古くは明治26年に施行された銀行条例において早くも法制化されている。同条例第5条は『銀行は1人又は1会社に対し、資本金の10分の1を超過する金額を貸付又は割引のために使用することを得ず』と明記していた。その当時の立法趣旨は、『銀行は広く一般公衆のための機関であるから、1人ないし1企業の倒産のために銀行が直ちに経営危機に陥るようなことがあってはならない』ということであった。

2　現行銀行法でも、その太い流れになんら変わりはない。大口信用供与規制は、信用秩序の維持、預金者保護、金融業務の円滑化、銀行経営の健全性確保、など銀行法を貫く基本原則を顕現する規制なのである。

☐ 第2節　大口信用供与規制の意義および機能

1　あらためて、大口信用供与規制の意義および機能を掘り下げて考えてみ

たい。

　銀行の基本的な業務は、一般公衆から預金というかたちで資金を集め、その集積した資金を各企業等に広く融資することにある。そして、融資による利子収入や元本の回収等をもって一般公衆の預金払戻しに応ずる。

　ところが、融資先が何かの理由によって営業不振となり、銀行に資金を返済できないことになると、銀行にとって預金者への預金の払戻原資が不十分なものになり、銀行に対する一般公衆の信頼が揺らぎ、社会的に信用不安を醸成することになりかねない。特に、銀行の融資が大口取引先に偏り、その大口取引先の営業が不振となり、銀行からの借入金が返済不能となったときには、銀行の預金払出原資への影響は特に大きくなる。

　そこで、銀行法では、銀行に対し貸出金などの融資対象を分散させ、銀行経営の危険分散を図ることを要請している。これが大口信用供与規制といわれるものである。

　銀行が大口の貸出先に対して資金を集中することは、その貸出先が優良企業であれば、銀行側からみれば、融資効率もよいので貸出コストが下がり、収益面での貢献が大きい。しかし、一転して予期せぬ要因によりその貸出先の業況が急激に悪化すれば、貸出がそこに集中しているだけに銀行は直ちに経営上のリスクを負うことになる。貸出先が、仮にわが国の代表的な企業である場合といえども、企業である以上、経営上不確定な要素にさらされているものであり、やはり特定の貸出先に信用の供与を集中することは好ましいことではない。したがって、銀行経営の健全性を確保し、銀行資産の危険分散を図るために、大口信用供与に対する規制は重要な意義を有している。この点は歴史が育んだ経験則ともいえるものである。

2　大口信用供与規制の**第 2 の機能**は、銀行信用の適正配分である。銀行は国民の幅広い層から預金を集めているので、その資金を国民経済全体からみて、企業、個人、公的部門に対して適正に配分する責務がある。資金仲介機能を発揮し、もって、国民経済の健全な発展に資すべき使命を負っているわけである。

　銀行は一私企業を超えた高い公共性を有しており、そうした公共性の高い信用供与の担い手である銀行が信用の供与を特定先へ集中させることは、資

金の広く適正な配分を害するおそれがある。銀行が特定の企業ないし企業系列の資金調達会社の役割に堕してはならない。

そして、銀行の信用供与先を一定の基準で規制することにすれば、その反射的作用として、過度に偏した与信が是正されて、それだけ他へ信用ないし資金が配分されやすくなり、成長産業部門、中小企業部門、個人部門等に対する円滑な信用供与をもたらす契機になる。

3　いま一つの視点として、大口信用集中は、いわゆる企業系列と関連して、銀行と特定の企業ないし企業系列との結びつきを必要以上に強くするおそれがある。当該企業系列にあっては、安易な借入れ態度を醸成し、また、銀行にあっては、与信面での自主性を失わせることになりかねない。そのうえ、特定取引先への過度の依存は、貸付審査が甘くなり、**情実貸付**の温床となるおそれがある。そして、仮にそうした弊害を関係者が自覚していたとしても、当該取引先と銀行との間で資本関係や人的関係が密接である場合には、銀行自体の努力のみによって特定の取引先に対する信用供与の偏りを是正することは、ややもすれば困難である。こうした銀行と大口信用供与先との関係を改善し、常に競争的で緊張度の高い融資関係を醸成することを旨として、信用の広く適正な配分を促進することが大口信用供与規制のねらいである。

このように、大口信用供与規制は、基本的には、一債務者に対する信用供与の集中を抑制し、銀行資産の危険分散を図るとともに、銀行信用の広く適正な配分に資することを目的にするものである。

□　第3節　規制の内容

銀行の同一人（当該同一人と政令で定める特殊の関係のある者を含む。以下この条において同じ。）に対する信用の供与等（信用の供与、又は出資（信用の供与又は出資に相当するものを含む。）として政令で定めるものをいう。以下この条において同じ。）の額は、政令で定める区分ごとに、当該銀行の自己資本の額に政令で定める率を乗じて得た額（以下この条において「信用供与等限度額」という。）を超えてはならない。ただし、信用の供与等を受けている者が合

併をし、共同新設分割（２以上の株式会社又は合同会社が共同してする新設分割をいう。第16条の３第４項第４号及び第52条の22第１項において同じ。）若しくは吸収分割をし、又は事業を譲り受けたことにより銀行の同一人に対する信用の供与等の額が信用供与等限度額を超えることとなる場合その他政令で定めるやむを得ない理由がある場合において、内閣総理大臣の承認を受けたときは、この限りでない。

（銀行法第13条第１項）

　前各項に定めるもののほか、信用の供与等の額、第１項に規定する自己資本の額、信用供与等限度額、第２項に規定する自己資本の純合計額及び合算信用供与等限度額の計算方法その他第１項及び第２項の規定の適用に関し必要な事項は、内閣府令で定める。

（銀行法第13条第６項）

第１　与信サイド：銀行グループ規制

　以上の規定は、与信側について、銀行単体のみならず銀行グループに対しても適用される。

　すなわち、

　銀行が子会社その他の当該銀行と内閣府令で定める特殊の関係のある者（以下この条において「子会社等」という。）を有する場合には、当該銀行及び当該子会社等又は当該子会社等の同一人に対する信用の供与等の額は、政令で定める区分ごとに、合算して、当該銀行及び当該子会社等の自己資本の純合計額に政令で定める率を乗じた額を超えてはならない。この場合においては、前項ただし書の規定を準用する。

（銀行法第13条第２項）

　「特殊の関係のある者」としては、当該銀行の子法人等もしくは関連法人等、銀行持株会社、銀行持株会社の子法人等もしくは関連法人等であり、与信サイドとしては持分法適用会社までを含むグループ内の会社を合算した規制となっている（銀行法施行規則第14条の４）。

第2　受信サイド：債務者への単体およびグループ規制

1　銀行法第13条第1項は大口信用供与規制の規制対象を『銀行の**同一人**（当該同一人と政令で定める特殊の関係のあるものを含む。）に対する信用の供与等』としている。特殊の関係とは系列関係にあることを指す。つまり、受信側の範囲は「同一人」すなわち、一つの会社ないし1個人だけではなく、そのグループ等全体である。銀行からの受信先を会社ないし1個人のグループとしてとらえ、銀行が与信総額を合計し当該銀行の自己資本に対して一定比率の範囲内に収まるように規制するものである。

政令では**特殊関係者**として、①子会社、②親会社、③親会社の子会社（同一人にとって兄弟会社）、④5割超の株式を保有する個人の大株主など、同一人自身を中心にして、上流、下流の親・子会社群および兄弟会社群および大株主などを包摂している（銀行法施行令第4条第1項）。さらに連結決算上の支配力基準に基づく子法人等、および影響力基準に基づく関連法人等が幅広く含まれている（銀行法施行規則第13条の9〜第13条の11）。

もっとも、第三者である銀行にとって複数の会社等の間に支配力基準の該当関係が存在するかを判断するのは容易ではない。そこで、連結決算の実施を義務づけられている者（たとえば上場会社や業法上連結決算書類の作成を義務づけられている金融機関等）のみ受信者合算対象者と扱うこととされている。銀行は連結決算書類の閲覧や連結決算を実施している者に対する質問を通じて把握すればよいとされている（金融庁・本間晶ほか「大口信用供与等規制の見直しに関する銀行法施行令、銀行法施行規則等の改正の概要」金融法務事情2016号）。

関連法人については、①上場している場合、②他の法人の子法人等になっている場合、③当該関連法人等に対する銀行の与信が当該銀行の連結 Tier1 の5％未満の場合、④同一人自身の破綻により連続的に破綻する見込みがないことが明らかである者などは、合算対象外とされている（平成26年金融庁告示第51号第1条）。

これは銀行側の負担を考慮したものであり、合算対象関連法人等の定義に該当する者のなかには重要性や受信側合算対象者の範囲に含められる他の主

体との関連性の高低の点でさまざまなものが含まれることを考慮したものであるとされている（前掲論文）。

　そして、銀行グループ全体としてのリスク管理は、最終的には銀行が行うとの前提のもとで（銀行法第13条第4項。後述）、それぞれの会社に対する個別の大口信用供与規制のみで足りるものとされている。

2　銀行から企業グループに対する与信は複数企業にわたるので、合算して大口信用供与規制違反になっているかどうかを判断するものである。その理由は、一つひとつの企業ごとに信用の供与を把握してその各々が大口信用供与規制をクリアしていても、複数の企業が同一の企業グループに属していれば、その中核企業が破綻した場合に、銀行にとって当該企業グループに対する信用供与全体がリスクにさらされるためである。また、単体規制だけで対応すれば企業グループが名義分割や迂回融資などの手立てによって容易に大口信用供与規制を潜ることが可能であり、これらへの対応から企業グループとしてとらえる措置が導入されたものである。

3　銀行が子会社や持株会社、兄弟会社等をもち、銀行グループを形成している場合に、これらの銀行グループ内の会社に対する大口信用供与規制には、上記のグループ内合算規定は適用せず、それぞれ単体に対する与信と位置づけて大口信用供与規制を課することになっている（銀行法施行令第4条第1項本文）。これは、銀行グループ全体としてのリスク管理が行われているのが通常であり、個別にグループ内の会社に対する大口信用供与規制を適用するだけで十分に法目的が達成できると考えられたからである。他方、銀行の親会社が銀行持株会社でない場合には通常の受信側合算ルールが適用される。こうすることによって、個別主体による銀行支配をできるだけ避けて銀行持株会社形態を定着させ、さらに機関銀行化は弊害が多いので避けたいということであろう。

第3　規制比率

1　銀行単体の場合、次の区分ごとに、当該銀行の自己資本の額に次の「一定の比率」を乗じて得た額を超えて信用の供与をしてはならないとされている（銀行法第13条第1項本文）。

① 銀行法第13条第1項本文に規定する<u>同一人に対する</u>信用の供与の場合
——100分の25

② 当該銀行の主要株主基準値以上の数の議決権を保有する銀行主要株主に対する信用の供与等の場合——100分の15

と定められている（銀行法施行令第4条第8項）。

この規制比率は、与信側が銀行グループである場合も銀行が単体である場合とまったく同一である（銀行法施行令第4条第11項）。

2　なお、銀行法施行令第4条では「**同一人**」という概念のほかに「**同一人自身**」という語句が出てくる。ここで「**同一人自身**」とは、銀行法第13条において「同一人（当該同一人と政令で定める特殊の関係のあるものを含む。）」と規定されているなかで「受信側合算対象者を含んだグループとしての同一人」と対比して、グループのなかにあってグループを除いた「単体としての同一人」ないし「ただ単体だけ」を指す概念として用いられている（銀行法施行令第4条第1項本文）。すなわち、同「同一人（当該政令で定める特殊の関係のある者を<u>除く</u>。以下この項において「同一人自身」という。）」の定義から明らかなとおり、グループ（「同一人」）は当該会社と当該会社のグループ会社から成り立っているが、グループ全体から当該グループ会社をすべて除いた後に残ったその当該会社（「同一人自身」）すなわち単体を指すわけである。なお、同一人自身には、会社、自然人はもとより、学校法人、宗教法人など法人格を有する者すべてが含まれる。

したがって、銀行法第13条第1項本文・第2項、銀行法施行令第4条第1項・第7項・第8項・第11項から、各区分における規制比率は次のようにまとめることができる。

与信サイドが銀行単体の場合および銀行グループの場合、ともに

　　債務者単体（同一人自身）に対して　　25%以内

　　債務者グループ（同一人）に対して　　25%以内

　　銀行主要株主（単体）に対して　　　　15%以内

というのが規制の概要である。

なお、銀行主要株主<u>グループ</u>に対しては、法令上特記されていないので通常の債務者グループ（同一人）に対する規制に服し、25%が適用されること

になる。

銀行グループ（銀行、銀行子会社、銀行持株会社、銀行関連会社等を含む銀行グループ）に対する規制の場合は、仮に単体と異なる、より高い比率を設ければ迂回融資等を惹起することになりかねないし、大口信用供与規制をいっそう複雑なものにすることとなるので、これらを回避するために上記のとおり銀行単体に対する規制と同じ内容になった。

第4 「信用の供与等」の範囲

平成26年の法改正の結果、原則として、すべてのオン・バランス取引およびオフ・バランス取引が規制の対象になる。また、信用の供与等の範囲の拡大にあわせて、信用の供与等の額から控除することが可能な額の範囲も拡大することとなった。

銀行等の貸借対照表の資産の部に計上される取引は原則としてすべて列挙されて規制対象とされ、類型的に重要性が低いと認められる取引等の一部取引についてのみ、規制の対象外となった。

オフ・バランス取引については、自己資本比率規制上で信用リスクアセット額を計上することとなる取引が規制対象になった。

具体的には、次のとおり限定列挙方式で対象が定められている。

貸 出 金

「貸出金」として大口信用供与規制の対象になるのは、貸借対照表の「貸出金勘定」「コール・ローン勘定」「買現先勘定」に計上されるものである（銀行法施行令第4条第6項第1号、銀行法施行規則第14条第1項）。

また、銀行法施行規則第14条の2は、貸出金から当該同一人に係る次の各号に掲げる額の合計額を控除して計算すると規定している。すなわち、

① 預金担保貸出金の額のうち当該担保の額

② 国債・地方債担保貸出金の額のうち当該担保の額

③ 輸出代金保険の保険請求権を担保とする貸出金の額のうち当該担保の額

④ 貨物の輸入者に対する当該貨物の代金の決済に係る本邦通貨による貸

付金の額

⑤　信用保証協会の保証付貸出金であって日本政策金融公庫により当該保証に保険のついているものの額のうち当該保険金額

　これらは、いずれも資金の回収が確実であり安全性が高いこと、諸外国でも大口信用供与規制の除外項目となっていることなどの理由により規制対象から除外されている。

債務保証

　一般に銀行の取引先に対する信用の供与は、貸出を主としながらこれを補助するかたちで債務保証が行われている。債務保証は直接資金の供与は行わず、ほかが貸出を行い、それが貸倒れになった際にかわって支払うことを約し、見返りに保証料を受け取ることを内容とするものである。債務保証は特定取引先に集中して大口の金額で行う場合には、銀行は貸出と同様のリスクを負うことになる。

　大口信用供与規制の対象となる債務の保証は貸借対照表の「支払承諾見返勘定」に計上されるもの、および「信用供与に直接的に代替する偶発債務」である（銀行法施行令第4条第6項第2号、銀行法規則第14条第2項等）。

　ただし、次のものは控除して計算される。

①　公庫、事業団等の公的機関の業務の代理に付随してされる債務保証の額

②　銀行その他の金融機関が支払人となっている手形の引受けまたは裏書の額

③　国税または地方税の徴収猶予または延納の担保等についてする保証の額

④　輸入取引に伴ってなされる保証または手形の引受けの額

⑤　貿易保険法に規定されている保証の額のうち当該保険金額

　これらは、安全性が高く、または国が一定の政策目的を達成するために支援するという意味合いをもつ。

出　資

「出資」は、貸借対照表の有価証券勘定に株式または出資として計上されたものをいう。

大口信用供与規制で出資が規制対象となっているのは、銀行等の信用供与の形態として貸付にかえて相手企業の株式を購入することにより資金を供与する形態がみられるためである。貸出であれば期限がくれば資金は回収されるが、出資となると期限の定めがなく、また出資元である銀行等に対する資金の返済は、企業が解散し当該企業が全債務を返済したあとに残余財産の分配として行われるので、銀行等にとって貸出よりもリスクが大きい。

貸借対照表の有価証券勘定のうち「株式勘定」または「その他の証券勘定」として計上されるものであり、後者は、外国法人の発行する証券または証書に表示される権利で株式または出資の性質を有するものである（銀行法施行令第4条第6項第3号、銀行法施行規則第14条第3項）。

その他のオン・バランス

以上のほか、貸借対照表の次に掲げる勘定に計上されるものが規制の対象となる（銀行法施行令第4条第6項第4号、銀行法施行規則第14条第4項）。

- ・現金預け金勘定のうち預け金勘定
- ・債券貸借取引支払保証金勘定
- ・買入手形勘定
- ・買入金銭債権勘定
- ・商品有価証券勘定
- ・金銭の信託勘定
- ・有価証券勘定のうち短期社債勘定、社債勘定等
- ・外国為替勘定
- ・先物取引差金勘定
- ・リース投資資産勘定、ほか

オフ・バランス取引

デリバティブなどのオフ・バランス取引は銀行等にとってリスクは非常に

大きいのだが、きわめて機動的なものであり短期の与信でもあるので、相手先別の与信管理を法律のもとで行うことになじむかどうか、さらに検討を要するということで「当分の間」適用除外とされていたが、国際的な流れを受けて次の項目が平成26年より規制対象とされた（銀行法施行令第4条第6項第4号、銀行法施行規則第14条第4項、平成26年金融庁告示第51号第3条）。

- ・任意の状況で無条件で取消可能なコミットメントまたは相手型の信用状態が悪化した場合に自動的に取消可能なコミットメント（注：コミットメント・ライン取引）
- ・原契約期間が1年以下のコミットメント（同上）
- ・短期かつ流動性の高い貿易関連偶発債務
- ・特定の取引に係る偶発債務
- ・NIF または RUF
- （略）
- ・先渡し、スワップ、オプションその他の派生商品取引（注：すなわち、デリバティブ取引）
- ・長期決済期間取引
- ・証券化エクスポージャー

などが大口信用供与規制の対象になる。

緩和措置等

1　国際的な議論の動向をふまえ、次の信用の供与等については「当分の間」大口信用供与規制は適用しないこととされた（銀行法施行規則附則（平成26年10月22日内閣府令第69号））。

- ・貸出金として「コール・ローン勘定」に計上されるもの
- ・銀行の清算機関に対する一定の信用の供与等
- ・商工組合中央金庫が発行する商工債関係

「当分の間」とは、この場合は国際規制の導入が予定されている平成31年までの間が想定されている（金融庁パブコメ）。

2　また、銀行法施行令第4条第9項第4号において、当該銀行が信用供与等限度額を超えて信用の供与等をしないこととすれば当該銀行または債務者

等の業務の遂行に困難を生ずるおそれがあるものとして内閣府令で定める理由を追加し「その他金融庁長官が適当と認めるやむをえない理由があること」（銀行法施行規則第14条の3第2項第3号）を規定することで個別具体的な事象に則した対応を整えている。これは「バスケット条項」と呼ばれている。

3 法文上「当分の間」という表現はよく使われる。これは文字どおり「そう遠くない将来において」、という意味なのだが、実際にはいつまでなのかは判然としない。立法時に利害関係者間で対立があり、どちらにも白黒がつけられないときに法文表現として使われることが多い。実際には意外に長く「当分の間」が継続することもよくあることである。

第5　適用除外

1　前2項の規定は、次に掲げる信用の供与等については、適用しない。

（1）　国及び地方公共団体に対する信用の供与、政府が元本の返済及び利息の支払について保証している信用の供与その他これらに準ずるものとして政令で定める信用の供与等

（2）　信用の供与等を行う銀行又はその子会社等と実質的に同一と認められる者に対する信用の供与等その他の政令で定める信用の供与等

（銀行法第13条第3項）

大口信用供与等規制は各種の適用除外規定を設けている。

その第1は、信用供与の性格等に照らして法律、政令等で一律に適用除外している場合である。

① 　国等に対する信用の供与等（銀行法第13条第3項第1号、銀行法施行令第4条第13項）

(イ) 　国および地方公共団体に対する信用の供与等

(ロ) 　政府が元本の返済および利息の支払について保証している信用の供与

(ハ) 　次に掲げる者に対する信用の供与等

・政府系機関

・特別の法律により設立された法人で、国、政府系機関および地方公

共団体以外の者の出資のないもののうち、当該特別の法律により債
券を発行することのできる法人

㈡　日本銀行

㈤　外国政府等

②　信用の供与等を行う銀行またはその子会社等と実質的に同一と認めら
れる者に対する信用の供与等その他の政令で定める信用の供与等（銀行
法第13条第3項第2号）

2　適用除外の第2の範疇として、大口信用供与規制の弾力的な運用を確保
するため、銀行経営の健全性の維持と、資金の適正配分という規制の趣旨か
らみてさしつかえないものについては適用除外措置がとられている（銀行法
第13条第1項ただし書、銀行法施行令第4条第9項、銀行法施行規則第14条の3
第2項）。具体的には、次のとおりである。

①　受信者側が合併をしたり、共同新設分割や吸収分割をしたり、営業譲
渡によって信用供与限度額を超えることとなる場合

②　受信者側の事業遂行上予見しがたい緊急の資金の必要が生じた場合に
おいて、信用供与等限度額を供与しなければ受信者側の事業の継続に著
しい支障を生ずるおそれがある場合

③　電力供給事業等に対して当該銀行が信用供与等限度額を超えて信用の
供与等をしないこととすれば、電力供給事業の安定的な遂行に困難を生
ずるおそれがある場合

④　新たな受信者側合算対象者が発生した場合

⑤　当該銀行が預金保険法の認定またはあっせんを受けて、合併等を行う
場合

⑥　当該銀行の資本が減少して一時的に自己資本が減少する場合

⑦　その他金融庁長官が適当と認める場合

3　このように、大口信用供与規制の条項が多くの適用除外項目や控除項目
をもち、また「当分の間」などあいまいな表現を少なからず用いているの
は、信用の供与をいかに行うかは私的企業である銀行の自主性発揮の主要分
野であり、銀行法第1条の目的規定（銀行の業務の運営についての自主的な努
力の尊重）の理念を大切にしながらも、信用秩序の維持等の観点からどこま

で政府の介入が許されるかのぎりぎりの接点に位置する規制分野であるからである。そのため第4節で後述するように、大口信用供与規制の沿革ないしその歴史は非常に複雑な過程を経て今日に至っている。

第6　規制の基準となる自己資本

1　何を基準にして「大口」とみるかについて、銀行法第13条第1項は、「当該銀行の自己資本の額に政令で定める率を乗じて得た額を超えてはならない」と規定し、尺度の基準を銀行の自己資本に置いている。

　規制の基準に自己資本がとられたのは、第1に、大口信用供与規制の目的が銀行経営の健全性の確保にあることから、銀行経営にとって最後の拠り所となる自己資本が基準として適当であること、第2に、基準としては、ほかに、貸出金総額、預金総額、資産総額等が考えられるが、いずれも変動が大きいうえに、これらを基準とすると銀行の経営が拡大指向になりがちになること、第3に、諸外国でも、自己資本を大口信用供与規制の基準にとっている国が多いこと、などが勘案された結果である。

2　そして、銀行法第13条第6項で『第1項に規定する自己資本の額……第2項に規定する自己資本の純合計額……は、内閣府令で定める』としている。銀行法施行規則第14条の2第2項によると、自己資本の額は「銀行法第14条の2第1号に規定する基準に従い算出される自己資本の額について金融庁長官が定めたところにより必要な調整を加えた額とする」とされている。

　そして、銀行グループによる規制の場合の自己資本についても同文となっている。

　その意味するところは、大口信用供与規制の基準となる自己資本は基本的には銀行経営の健全性を測る自己資本比率規制のときに用いられる概念を採用しているということになる。過去において、自己資本といった場合、広義の自己資本、狭義の自己資本、およびその変形など、行政目的に応じて各種の使い分けがなされてきた。現行の銀行法ではこれを改め、大口信用供与規制と自己資本比率規制とが同じ概念を共有することにより規制コストの軽減が図られている。

3　国際基準行（海外営業拠点を有する銀行）の場合には、普通株式等 Tier1

資本の額、その他 Tier1資本の額および Tier2資本の額の合計額である（平成10年金融監督庁、大蔵省告示第31号）。また、有価証券評価差益金等（正の値である場合）を含めないこととされている。国内基準行では本来の自己資本である「「コア資本に係る基礎項目の額」－「コア資本に係る調整項目の額」」が基準となる。

　銀行グループに規定する自己資本の純合計額は、上記連結自己資本比率における連結自己資本の額に、関連会社等の単独の自己資本を加算するかたちで得られるものとされている（平成10年金融監督庁、大蔵省告示第33号）。

第7　銀行における子会社合算

1　既述のとおり、銀行法は与信側も銀行単体としての括りではなく銀行グループ単位で規制をしている。銀行が子会社等を有する場合に銀行だけではなく、当該銀行の子会社を含む銀行グループ全体としてとらえ、大口信用供与規制を課している。

　内閣府令である銀行法施行規則第14条の４は、特殊の関係にある者として、当該銀行の子会社等および関連法人等を幅広く指定している。

　具体的には、銀行法施行令第４条の２に規定する**子法人等**、関連法人等であり、「親法人等によりその意思決定機関を支配されている他の法人等」などが該当する。

　また、銀行持株会社の場合にも、その子会社等を含めグループ単位で大口信用供与規制が課されている。

2　つまり、銀行がある企業に信用を供与しており、その銀行と特殊の関係にある子会社や関連会社等もその企業に信用を供与している場合には、それらを合算して大口信用供与に該当していないかどうかを判断することにしている。その際、銀行が必ずしも過半数の株式を支配していない、いわゆる関連会社も銀行の影響力基準等に基づいて銀行法第13条の規制に含まれる。銀行、銀行持株会社がグループ内にある子会社、兄弟会社、そして関連会社などを使って大口信用供与規制を潜脱することを防止する効果をねらったものである。銀行が意図的に迂回融資を行って規制を潜脱しようとしても資金を経由する会社はすべて銀行グループないし銀行持株会社グループに包摂され

ており、意味のない試みとなる。

3　銀行グループ全体として合算するに際して、グループ内の会社の貸借対照表上の信用供与の区分はかなり異なっていることは十分にありうる。その場合には、銀行の財務諸表の項目を軸として適宜調整する必要が出てこよう。特に非銀行会社では概して債務保証はオフ・バランス項目となっているので、銀行の支払承諾見返勘定をベースにして新たに算出する必要がある。また、与信側合算対象者の１社が行う貸出に他の１社が債務保証を付している場合等については、その額を信用供与等の額から控除することとしている（銀行法施行規則第14条の５第３項）。

第8　銀行による統合管理

1　第２項の場合において、銀行及びその子会社等又はその子会社等の同一人に対する信用の供与等の合計額が合算信用供与等限度額を超えることとなつたときは、その超える部分の信用の供与等の額は、当該銀行の信用の供与等の額とみなす。

（銀行法第13条第４項）

　この規定は行政法の観点からみると大変珍しい規定である。大口信用供与規制の対象には、銀行はもとより、当該銀行の子会社、銀行持株会社、兄弟会社、銀行主要株主、銀行関連会社などさまざまなものが存在する。そこで銀行法第13条第４項は、仮に信用供与等限度額を超えることになった場合には、「その超える部分の信用の供与等の額は、当該銀行の信用の供与の額とみなす」として、当該銀行が銀行グループのなかのすべての会社の大口信用供与額の個別の管理および全体の管理の責任を負うことを明らかにしている。規制の名宛人が銀行であるという趣旨である。

2　銀行がグループ内の計数をまとめて管理するということは、裏を返せば、グループ内の個々の会社等はそれぞれの顧客に対する与信の実績を銀行に報告する義務を負うことを意味する。与信合算の対象となる会社が個別の融資、債務保証等の実態を第三者に報告することは、守秘義務との兼ね合いからすれば本来は顧客の承諾を得て行うことが望ましい。しかし、当該規定が存在する以上、当該報告は銀行法上課された義務であるので、その限りに

第11章　大口信用供与規制（銀行法第13条）　271

おいて守秘義務は解除されることになる。

第9　銀行持株会社に対する大口信用供与等規制

1　大口信用供与規制は、銀行持株会社およびその子会社等の同一人に対する信用供与等についても合算したうえで規制の網をかぶせている（銀行法第52条の22）。規制内容は、与信側および受信側の範囲、自己資本の額など、おおむね銀行の場合と同じ取扱いになっている。わずかに違うのは、出資、劣後ローン、劣後債が信用の供与等の合計額から除かれている点である（銀行法施行規則第34条の15第3項）。信用の供与に出資や資本性の与信が含まれているとすると、銀行持株会社の業務の遂行が著しく困難になることに配慮したためである。

2　銀行持株会社は本規制の名宛人とされているので、銀行持株会社グループとその傘下にある銀行グループとは、それぞれ独立して大口信用供与規制が課されることになる。そこで、銀行持株会社グループとしての合算大口信用供与規制と銀行グループとしての合算大口信用供与規制の両者が同時にクリアされる必要がある。

第10　外国銀行支店に対する適用

1　外国銀行支店にも当然のこととして大口信用供与規制が及ぶ。

　ただし、国内の大口信用供与規制を機械的に適用することは技術的にできないので、外国銀行支店の特殊性を十分に考慮して具体的に次の諸点において、わが国の銀行の場合とは異なる取扱いがなされている。これは、結果的にはわが国の銀行に比べて明らかに外国銀行にとって負担の少ない取扱いとなっている。

2　すなわち、①外国銀行支店には**払込資本**がないなどのため、その本店である外国銀行本社全体の資本および準備金が規制の基準となる自己資本とされている（銀行法施行令第9条）。外国銀行支店は本店の自己資本額をわが国における営業活動における基本に据えることができるわけである。②わが国内に複数の支店を有する場合には、これらの信用の供与を合算して規制することとされている。もし、個々の支店を銀行そのものとみなすのであれば、

個別の営業所ごとに大口信用供与等規制の仕組みを適用することとなるが、銀行法はそのような方策はとっていない。

第11　潜脱防止規定

銀行法第13条はその第5項で、

いかなる名義をもつてするかを問わず、又いかなる方法をもつてするかを問わず、銀行又はその子会社等が第1項本文又は第2項前段の規定の適用を免れる目的で信用の供与等を行つた場合であつて、名義人以外の者が実質的に当該信用の供与等を受けるときは、当該信用の供与等は、銀行又はその子会社等の実質的に当該信用の供与等を受ける者に対する信用等として、これらの規定を適用する。

と謳っており、立法府や当局の大口信用供与規制に向けての強い意志が伝わってくる。

第12　罰　　則

銀行法第13条に規定する大口信用供与規制の違反については、違反の実行行為者を特定することが困難であること、および、従来、同様の規制を課していた信用金庫法、「協同組合による金融事業に関する法律」（信用組合法）でも罰則を科していなかったこと、等が総合勘案された結果、銀行法のなかには罰則は設けられていない。その意味で希有な規制である。

違反状態の是正は、いきなり処罰に及ぶのではなく、銀行法第24条以下に規定される一連の内閣総理大臣の処分権により対処することとされている。

□ 第4節　大口信用供与規制の沿革

1　以上から明らかなように大口信用供与規制は非常に複雑な法制度になっている。これは、国会を舞台として、信用秩序維持を重んじる金融規制当局と自由な経済活動を目指す銀行・産業界との法規制をめぐる攻防の結果をふまえたものであり、多分に歴史的な産物である。

2　大口信用供与規制に関するこれまでの沿革、歴史を振り返ることにした

い。

　普通銀行に関しては、明治23年に制定された銀行条例において、早くも大口信用供与規制が法制化されている。同条例第5条は、『銀行は1人又は1会社に対し、資本金の10分の1を超過する金額を貸付又は割引のために使用することを得ず』と明記していた。

　しかしながら、この規定は、銀行条例施行後1年半にして削除された。当時、日清戦争を契機として、わが国経済が急速に拡大していたときであり、銀行貸出が急増したため、資本金の10分の1以内という画一的な法規制を強行することが実情にそぐわなくなったため、と説明されている。

3　昭和2年の旧銀行法制定にあたって、大口信用供与規制の問題が再び取り上げられることになった。当時、同一人、または同一の会社に対して貸出ないし有価証券投資額が集中していたため銀行が倒産の危機に陥った事例が少なからずあったことから、国会等の場で、従来の弊害を防止することはもとより必要だとする意見が強く主張された。

　しかし、帝国議会での審議では、法律の規定で一律に制限することは産業の発展を阻害するおそれがあることなどを理由として、大口信用供与規制を法律により規定することはせずに、政府の指導によって一定の基準にのっとり行うのが適当であるとの結論に落ち着いた。

　結局は、法律で規制されることはなく、行政の運用に委ねられることになったのである。そして、銀行法施行細則において、銀行が政府に提出する業務報告書のなかに、株式、社債の銘柄別明細を掲げることが規定されるとともに、監査書のなかに、同一債務者およびこれと同一の利害関係を有する者に対する債権であって、債権合計額が払込資本金と諸準備金の合計額の10分の1を超過するものを列記して届けるべきことが定められた。つまり、政府が大口信用供与の実情を把握するための措置にとどまっていたのである。

4　昭和49年11月に、金融制度調査会から政府に対して「大口融資規制に関する答申」が提出され、この答申を受けて、政府から、銀行の大口融資規制に関する通達（昭和49年12月蔵銀第4481号）が発出された。概要は、①普通銀行、長期信用銀行、信託銀行、外国為替専門銀行を規制対象として、②一債務者に対する貸出金の合計額を、普通銀行であれば広義の自己資本の**20%**、

274

長期信用銀行、信託銀行は広義の自己資本の**30%**、外国為替専門銀行は広義の自己資本の**40%**以内とすること、③格別の事情が生じた場合には、届出により特例扱いが認められる、という内容であった。そして、経過措置として、通達施行時において規制基準を超える大口融資は、昭和55年3月末までに基準を達成する義務を負うこととされた。この結果、各銀行とも、通達の趣旨に沿って融資先と協議に入り、大口融資規制限度超過額の改善に努め、規制実施時（昭和49年12月）に62社、99件もあった大口融資規制限度超過融資は、通達の経過期限の最終日である昭和55年3月末には、まったくといってよいほど解消されることになった。

5　昭和56年に新銀行法において、大口信用規制は通達による行政指導から法律による規制に切り換えられ、銀行行政における大きな転換を画した。欧米諸国が1970年代に銀行経営の健全性維持に乗り出し、各国が軒並み大口信用供与規制の法的整備を図ったのに平仄をあわせるかたちになった。

6　その後、銀行法改正のたびに大口信用供与規制は、たとえば平成5年改正で銀行の信託子会社との連結ベースの規制が導入されるなど技術的規定が強化された。

　そして、平成10年の銀行法改正、平成26年の銀行法改正では、大口信用供与規制は抜本的に整備されることになった。

　まず平成10年の改正では、①信用供与の範囲についてこれまでの貸出金および支払承諾に加え、新たに出資、コマーシャル・ペーパー、デリバティブ等も含むものとされた。②与信側、受信側それぞれについて合算して規制することとされ、グループ規制体系への移行が実施された。③規制枠の基準となる自己資本に新たに優先株、劣後ローンなどが加わり、基本的に自己資本比率規制と同一概念の自己資本としてとらえることとされた。

　そして、平成26年の改正では、IMF金融部門評価プログラムのもとで世界各国が大口信用供与規制においてその規制内容のグローバルな均一性を図るとの見地から規制の強化が図られ、①信用供与等の範囲についてオン・バランス、オフ・バランスのほぼすべての取引が規制対象にされるとともに、②信用供与限度額が基本的に受信グループについても単体と同水準の25％に引き下げられ、③受信者グループの範囲が実質支配力基準に基づく子会社、

実質影響力基準に基づく関連会社にまで拡張され、④加えて新たに潜脱防止規定が新設された。

第12章

役員(銀行法第7条、第7条の2、第14条)

□第1節　役員の適格性

1　会社に関する一般法である会社法は、会社の役員に対して適格要件は定めていないが、**欠格要件**を定めている。つまり、掲げられた事由に該当する場合には会社の役員には就任できないという規定である。銀行も会社であるから当然これに服する。

　会社法は一般の会社の取締役の欠格事由として、①成年被後見人もしくは被保佐人または外国の法令上これらと同様に取り扱われている者、②会社法、金融商品取引法、民事再生法、破産法等で定められた罪により刑に処され、その執行の終わり、またはその執行を受けることがなくなった日より2年を経過しない者、③それ以外の法令に定める罪により禁錮以上の刑に処され、その執行を終えるまで、またはその執行を受けることがなくなるまでの者（執行猶予中の者を除く）、の3点をあげている（会社法第331条）。これらの欠格事由に該当すれば、取締役等は当然その地位を失う。

2　銀行法は、取締役等に関して、銀行業務の公共性に鑑み、会社法における単なる欠格事由にとどまらず、それに付加するかたちで**取締役等の適格性**を規定している。

　すなわち、銀行法第7条の2において「次の各号に掲げる者は、当該各号に定める知識及び経験を有し、かつ、十分な社会的信用を有する者でなければならない」として、

　①　銀行の常務に従事する取締役（指名委員会等設置会社にあっては、銀行

の常務に従事する取締役および執行役）に対しては、銀行の経営管理を的
確、公正かつ効率的に遂行することができる知識および経験

② 銀行の監査役に対しては、銀行の取締役の職務の執行の監査を的確、
公正かつ効率的に遂行することができる知識および経験

③ 銀行の監査委員に対しては、銀行の執行役および取締役の職務の執行
の監査を的確、公正かつ効率的に遂行することのできる知識および経験
をそれぞれ適格要件として規定している。

また、破産手続開始の決定を受けて復権を得ない者、または外国の法令上
これと同様に取り扱われている者は、銀行の取締役、執行役または監査役と
なることができない（銀行法第 7 条の 2 第 2 項）。

3 その他、銀行の取締役等に関する規定としては、銀行が定款もしくは法
令に基づく内閣総理大臣の処分に違反したとき、または公益を害する行為を
したときは、内閣総理大臣は、当該銀行に対し、その業務の全部もしくは一
部の停止を命じることができるとともに、取締役等の解任を命じることがで
きる（銀行法第27条）。内閣総理大臣の処分権については、第19章において述
べることとする。

□ 第 2 節　役員の兼業規制（銀行法第 7 条）

1 株式会社の役員である取締役等は、株式会社の執行機関として種々の義
務および責任を負っている。すなわち、会社との関係では委任に関する規定
に従い（会社法第330条）、法令および定款ならびに株主総会の決議を遵守し、
株式会社のため忠実にその職務を行わなければならず（同法第355条）、ま
た、善良な管理者の注意をもって事務を処理する義務を負う（民法第644条）。
そして、自己または第三者のために会社の部類に属する取引をなす場合に
は、株主総会の承認を受けることを要する（会社法第356条）。これらはいず
れも会社法等による一般規定である。

銀行法は、こうした取締役等の義務をさらに加重するかたちで、

**銀行の常務に従事する取締役（委員会設置会社にあつては、執行役）は、内
閣総理大臣の認可を受けた場合を除くほか、他の会社の常務に従事してはな**

らない。

(銀行法第 7 条第 1 項)

　内閣総理大臣は、前項の認可の申請があつたときは、当該申請に係る事項が当該銀行の業務の健全かつ適切な運営を妨げるおそれがないと認める場合でなければ、これを認可してはならない。

(銀行法第 7 条第 2 項)

と規定している。

2　銀行の取締役（委員会設置銀行にあっては執行役）の義務加重規定は銀行の業務が公共性を有し、銀行が社会経済上重要な機能を営んでおり、その業務の運営は一般預金者その他取引者に広く重大な影響を及ぼすものであるから、銀行業に携わる役員は専心、銀行業務に従事すべきであるとする考え方（職務専念義務）に基づいている。会社法における一般規定でも、前述のように取締役等は会社のために忠実に職務を遂行する義務を負うわけであるが、銀行の取締役等の場合にはそれをさらに徹底し強い専念体制が求められている。これは別の言い方をすれば、一つには、銀行が銀行法第10条で銀行業および付随業務等を除く他業を行うことが禁止されているのと平仄をあわせているとみることもできる。

　つまり、銀行は他業を行うことはできないので、その脈絡から銀行の役員も他業に従事できない。銀行は特に免許を受け銀行業務を遂行するものであるから、銀行という組織に所属する役員も専心、銀行業に従事してほしいという考え方の表れである。いうならば、銀行の他業禁止規定を人的に補強したかたちになっている。銀行が万一破産した場合は他の企業の場合に比べて利用者に著しい悪影響を与えるので、銀行役員が銀行業務に専念することは公共的な要請であるわけである。

3　銀行の常勤取締役等の兼業制限の第 2 の理由は、銀行の取締役等が他の会社の常務に従事すれば、ともすれば一般預金者からの資金をその会社に安易に貸し付ける、いわゆる情実貸付の弊害を招くおそれがあることである。情実貸付は貸付や回収にあたって審査や実行が甘くなり、一般に貸倒れを生じやすい。銀行の資産内容の悪化や信用失墜を招く大きな要因をなしている。たとえば、銀行の取締役等が不動産会社の常勤の取締役を兼ねていれ

第12章　役員（銀行法第 7 条、第 7 条の 2 、第14条）　279

ば、当該取締役等はその不動産会社の資金繰りに特別の関心ないし配慮を払うのは自然のなりゆきであり、それが不正の土壌を形成することになると考えられる。

　事実、戦前におけるわが国の銀行破綻事例をみると、銀行経営が行き詰まるのは銀行の貸付が縁故者や個人的知己等へ便宜を図るといった非経済的要因に基づいて行われ、焦げ付きを生ずることに発端がある場合がかなり見受けられた。特定顧客への集中的貸付である大口信用供与と本条にいう情実貸付とは、銀行経営者にとっておおいに注意しなければならない二大自戒項目である。このような悪い芽を事前に摘み取るためにも、銀行の常務に従事する取締役等が他の会社の常務に従事するには内閣総理大臣の認可を受けなければならない。

4　認可申請があった場合、その事情がやむをえないものと認められ、かつ、当該銀行の経営に悪影響を及ぼさない限り、これを認めることとされている。そして、必要に応じて、兼務会社と当該銀行との取引状況その他の報告書の提出が求められ、その取引関係が念査される。

　もっとも、今日、この認可を受けている役員はまれな状況にあり、兼業の事例はきわめて少ない。

5　銀行の常務に従事する取締役等は、兼業についての認可申請書に理由書、履歴書、銀行および当該他の会社における常務の処理方法を記載した書類、銀行と当該他の会社との取引その他の関係を記載した書類、当該他の会社の定款、事業報告書、貸借対照表等、最近における業務・財産および損益の状況を知ることのできる書類を添付して、当該銀行を経由して金融庁長官等に提出しなければならない（銀行法施行規則第7条）。

6　**「銀行の常務に従事する取締役」**とは、継続的に営業の実務に携わる取締役（委員会設置銀行にあっては執行役）の意味である。常勤の取締役以上の地位にあるものを指す。しかし、これに該当するか否かはもっぱら個別の実情によって定められるべきものであり、職務上の名称にかかわらないものと解され、専務取締役、常務取締役などだけを形式的に意味するものではない。しかし、頭取、副頭取、専務取締役、常務取締役、取締役、執行役などの名称をもつ者は、たとえ常務に従事しないようにみえる場合でも銀行の枢

要かつ責任ある地位にあり、通常、指揮命令等の権限をもつ者であるから、当然に本条の適用があるものと推定される。つまり、これらの地位にあるものは常務に従事しないという挙証責任を負うものと考えられる。

　常務に従事していない、いわゆる非常勤役員については、情実貸付の可能性は残るものの、そもそも法規制は最小限にとどめるべきであるとの基本的考え方のもとで、これらの役割は銀行業務への影響力が相対的に小さく、また、銀行と一般企業との人的交流を行うことが望ましい場合もあることから、上記のような制限は付されていない。

7　次に、「他の会社の常務に従事する」ことの意味であるが、これも事例に即して個別具体的に判断されるべきものと考える。「**他の会社**」とは、法人格の異なる会社を指し、株式会社はむろんのこと、合名会社をはじめ、会社法上のすべての会社を含む。会社法第6編の外国会社も包含されると解される。わが国に営業所をもたない外国の会社が含まれるか否かについては、立法の精神および文理からみてこれを含むと解する。

　銀行は「**会社**」であるので、個人営業その他、会社形態でない営業あるいは公益法人などは含まれない。すなわち、常務に従事する取締役等が自ら事業を営むことについては問題があるものの、規制は常に最小限にとどめるべきであるとする考え方から、会社形態でない**個人営業**には規制は及ばない。たとえば、駐車場経営、貸家業などは会社形態でやる場合もそうでない場合もいずれもありうるわけであるが、法律上明文がある以上、個人営業であれば規制の対象にならない。営業というより個人生活そのものとみるべきかどうか、など技術的に判定が困難な場合が少なくないという事情をふまえてのことかと思われる。

8　「会社」には銀行その他の金融機関も当然に含まれる。またわが国の「私的独占の禁止及び公正取引の確保に関する法律」（独占禁止法）第13条は、会社の役員または従業員が、国内の会社の役員の地位を兼ねることにより一定の取引分野における競争を制限することになる場合には、当該役員の地位を兼ねてはならない、と規定しており、競争制限に該当するかどうかという独占禁止法上の制約が別途存在している。

9　本条における認可は行政法学上の「許可」行為である。すなわち、法令

第12章　役員（銀行法第7条、第7条の2、第14条）　281

によってある行為が禁止されているときに特定の場合、これを解除し、適法にその行為をすることができるようにする行政行為である。したがって、当該許可を必要とする行為を許可なしに行ったときには、処罰の対象になることはあっても、その行為の法律的効力は制限を受けない。

本条の罰則は過料である（銀行法第65条第2号）。

□ 第3節　役員への信用供与（銀行法第14条第2項）

1　一般に、会社法は、会社と取締役等（取締役および執行役）との利益相反取引に関し、取締役等に対し一定の制約を課している。取締役等が自己または第三者のために当該会社より金銭の貸付を受けるなどの取引を会社との間でなすには、取締役会の承認を受けなければならない（会社法第356条、第365条）。会社法第356条の規定は、取締役等の個人と株式会社との利益が相反する場合において、会社の役員である取締役等が自らの利益を図り、会社に不利益を押しつけるのを防止することを目的としている。また、会社が取締役等の債務を保証し、その他取締役等以外の者との間において会社と取締役等との利益が相反する行為を行う場合にも、取締役会の承認を要することとしている。

2　銀行の取締役又は執行役が当該銀行から受ける信用の供与については、その条件が、当該銀行の信用の供与の通常の条件に照らして、当該銀行に不利益を与えるものであつてはならない。

（銀行法第14条第1項）

**　銀行の取締役又は執行役が当該銀行から信用の供与を受ける場合における会社法第356条第1項（競業及び利益相反取引の制限）の規定等による取締役会の承認は、その3分の2（これを上回る割合を定款で定めた場合にあっては、その割合）以上に当たる多数とする。**

（銀行法第14条第2項）

このように、銀行法は第14条において、会社法の規定を銀行の取締役等に対して加重して課すことにしている。銀行の取締役等が当該銀行から信用を受ける場合に、会社法の一般規定ではこれらの行為の承認を取締役会の定足

数、賛成数ともに過半数であれば足りるとしているのに対して、本条では、賛成数は3分の2以上としており、株主総会の場合の定款変更等に係る特別決議と同じ要件にしている。取締役会の承認は貸出条件が銀行にとって有利・不利を問わず必要である。これは、銀行が情実貸出を行うことのないように配慮するための規定である。

3 ここでいう「**通常の条件**」とは、一般向けの普通の信用供与条件を指し、自行の行員向けに設定した一般人向けより有利な信用供与条件は含まれない。したがって、銀行の取締役等が、行員向けと同じ条件で当該銀行から貸出を受ける場合には、本条に違反するものと解される。

4 本条違反については罰則の適用はないが、取締役等に対する信用供与に関し、銀行に損害が生じた場合は、当該取締役等は、銀行に対し損害賠償の責めを負う（会社法第423条）。

第**13**章

自己資本比率規制　バーゼルⅢ
（銀行法第14条の２）

第 **1** 部	総　　説

□第１節　自己資本比率規制の意義および沿革

1　内閣総理大臣は、銀行の業務の健全な運営に資するため、銀行がその経営の健全性を判断するための基準として次に掲げる基準その他の基準を定めることができる。

（1）　銀行の保有する資産等に照らし当該銀行の自己資本の充実の状況が適当であるかどうかの基準

（2）　銀行及びその子会社その他の当該銀行と内閣府令で定める特殊の関係のある会社（以下この号、第３章及び第４章において「子会社等」という。）の保有する資産等に照らし当該銀行及びその子会社等の自己資本の充実の状況が適当であるかどうかの基準

（銀行法第14条の２）

　自己資本比率規制は、行政当局が、銀行や銀行グループ、銀行持株会社に対し、その保有する資産等に照らし自己資本の充実の状況が適当な水準にあるかどうかをみる自己資本比率について具体的計数を定め、その達成を銀行等に要請するものである（銀行持株会社についての根拠条文は銀行法第52条の25）。銀行等は計数の達成を通じて、自行の経営が健全であることを確認する拠り所の一つを得ることになる。また、他行等との計数の比較から自らの

284

健全性の水準の位置づけを知ることができるとともに、銀行等の利用者にとって情報開示を通じて利用の際の重要な判断基準ともなる。行政当局が個々の銀行等の業務を直接に規制するやり方よりも銀行側の自己責任、ないし銀行の自主性に基づき各銀行が自らの手で経営の健全性を確保する一助となるので、このような計数管理を法律上義務づけ、自主的に適正な銀行経営に仕向けていく手法は行政措置として金融自由化時代にふさわしいといわれている。

　銀行法第14条の2は行政当局が銀行等に対しこうした自己資本比率を示し、間接的に銀行経営の健全性を確保するやり方を実施することの法律的根拠を示したものである。

2　銀行法第14条の2の規定、およびこれを受けた膨大な条文、表、数式からなる金融庁告示による規制体系は、**バーゼル銀行監督委員会**の提唱で始まり、現在、世界各国に共通の規範として受け入れられている。グローバル化が進む金融経済体制のもとで国境の意味が著しく低下し、あらゆる法制が相互に交流を強め、均一化していく過程における法制度として理解することができよう。

　わが国の自己資本比率規制の歴史を簡単に振り返ってみたい。

　1987年（昭和62年）1月に米国、英国より自己資本比率規制に関する共同の提案がなされ、これを契機にバーゼル銀行監督委員会において議論が本格化し、1988年（昭和63年）6月にスイスのバーゼルで開催された同委員会において自己資本比率規制の国際的統一を図るための基本的枠組みが合意され、同年7月に各監督当局から一斉に公表された。バーゼル委員会の合意文書は、その目的として、『第1はこの新しいフレームワークが国際銀行システムの健全性と安定性の強化に資することである。第2は、国際業務に携わる銀行間の競争上の不平等の要因を軽減するためである』と謳っている。

　各国監督当局はこの合意された規制の枠組みをすみやかに実施するものとされており、わが国においても、1988年12月22日に国内適用のための通達が発出された。

　その後、1991年（平成3年）から国際統一基準銀行に対してバーゼルⅠによる自己資本比率規制が実施されるとともに単体および連結ベースでの規制

第13章　自己資本比率規制　バーゼルⅢ（銀行法第14条の2）　285

が開始された。バーゼル銀行監督委員会から**バーゼルⅠ**が発出されたのを受けて、1993年（平成5年）に金融制度改革法が施行され、銀行法に自己資本比率規制の根拠規定が定められた。この法律の規定を受けて、従来通達で定められていた事項が、大蔵省告示第55号「銀行法第14条の2に定める自己資本比率の基準を定める件」（平成5年3月22日付け）により規定されることとなった。そして、1998年（平成10年）にはバーゼルⅠにおいて市場リスクの導入、単体および連結ベースの導入が行われるとともに、バーゼルⅠに準拠して修正国内基準による自己資本比率規制が整備された。欧米各国においてもその状況は同じであった。

その後、2004年（平成16年）にバーゼル委員会から**バーゼルⅡ**の国際的な枠組みを示す最終文書が公表され、わが国でも2007年（平成19年）3月から実施された。

そして、現在はバーゼルⅡを全面的に改訂した**バーゼルⅢ**が世界の共通の法制度として段階的に実施されており、銀行監督行政のなかで主導的や役割を果たすに至っている。<u>したがって、本書においてはすべてバーゼルⅢに基づいて説明していきたい。</u>

3　銀行法第14条の2で『<u>銀行がその経営の健全性を判断するための基準を内閣総理大臣が定めることが<u>できる</u>』</u>と表現されていることから明らかなように、その基準を使って経営の健全性の状況を判断する第一義的立場にあるのは当該銀行そのものであり、銀行が自己規正のために自己資本比率を作成し、遵守していく立場にあることを鮮明に示している。

しかし、平成10年に銀行法が改正され、その第26条第2項に自己資本比率の状況に応じて行政当局が**早期是正措置**を発動することを可能とする規定が創設されたために、それは単に銀行が自らの経営指針として自己規正するための基準という役割にとどまらず、政府が銀行に対して預金者保護、金融秩序の維持、金融の円滑化等を目的として、本源的な公的規制を行うための大きな柱として据えられ、その必要性、その重要性が飛躍的に高まった。

4　つまり、自己資本比率は、銀行がバーゼル合意に依拠した告示に基づき、自らの経営の自己規正の拠り所として自主的に作成するものであるが、その正確性を金融検査・監督等によって指導・確認したうえで、行政当局は

この指標を早期是正措置など重要な監督執行の発動基準として使用するなど、いわば銀行と政府の共同作業によって預金者保護などの銀行法の目的の達成を期する仕組みに移り変わったということができる。基準未達成であれば内閣総理大臣はまず業務改善命令を発し、自己資本の充実の状況に係る区分に応じて、当該銀行に対して監督上必要な措置を命じることとされる。銀行の自己資本比率が大きく損なわれていると判断した場合には、銀行法第26条に規定する内閣総理大臣の処分、すなわち、当該銀行に対する業務の全部もしくは一部の停止または財産の供託を命じ、さらには合併または銀行業の廃止を含む必要な措置を命ずることができる。

□ 第2節　自己資本とは

1　銀行の資産、負債は貸借対照表で把握される。貸借対照表の借方は銀行の営業の結果である資産の状況を示している。他方、貸方はそれがどう資金調達されたかを示しており、他人からの資金が「負債」となり、自己、つまり株主からの出資および銀行の利益の内部蓄積等により調達されるのが自己資本であって、その大宗は「純資産の部」に示されている。他人資本と自己資本との決定的な違いは、営業活動におけるリスクが顕現化し、資産の価値に欠損が生じた場合に、当該資本をもって損失に充当できるか否か、という点である。自己資本は損失を最終的に吸収する役割を果たすが、他人資本にはそうした機能はない。どういう状況が発生しようと、当初契約どおりに目的に沿って返済しなければならない。他の目的に充当し、返済を免れることはできないのである。

　ただし、**債務超過**、つまり、貸借対照表上、資産の額が他人資本である負債の額を下回る事態となれば、自己資本はマイナス（資本を食いつぶしている）という状態を意味するので最終的には債権者に損失が降りかかることになる点は注意を要する。銀行にとって債権者とは、銀行に対して資金を寄託している一般の預金者がその大宗を占めている。

2　銀行における自己資本の果たす役割として、一般に次の機能があると指摘されている。

(1)銀行が一般の人々から預かった預金等の元利払いを間違いなく行う能力に対する信認の源としての機能である。これは預金者保護と言い直すこともできる。充実した自己資本の維持が、当該金融機関の支払能力に対する世間一般の信認を高め、その結果として受け入れた預金（負債）の払戻しの確実性を保障（取付けを予防）する機能である。こうした個別金融機関の信用力が金融システム全体の安定性確保に大きく寄与するのである。

(2)貸倒れ、災害による被害など、銀行経営において不慮の事故やリスクが発生したときにこれに対応するための具体的な資金源としての役割である。

(3)本支店等の敷地や店舗の確保など、銀行の営業に必要な固定資産等の取得のための資金源としての機能である。営業継続のために、銀行は店舗等の固定資産を必要とするが、こうした資産は貸出や有価証券とは異なり、直接に収益を生むものではない。営業用不動産等の固定資産を取得するためには、ファイナンスの形態としては返済の期限のある他人資本に比べ、そうした制約のない自己資本のほうが望ましいということである。

(4)自己資本の構成要素が剰余金などの内部留保である場合には、無コスト資金として収益力強化に貢献する機能が期待できる。内部留保は無コスト資金であり、その運用益は収益面で安定的にプラスに作用する。それがさらに自己資本の充実につながるという良循環を期待できる。つまり、高い自己資本比率が高収益を生み、それがまた自己資本を増加させていく。銀行経営の面からみると、それは量から質（収益）重視への転換ということになる。

3 それでは、世界各国に共通して、なぜ銀行の自己資本に対する管理が監督行政の中核に位置づけられるようになったのだろうか。いくつかの理由が考えられる。

(1)長期の趨勢として世界経済の成長が鈍化しており、それを映すかたちで銀行の収益力が低下している。このまま放置すれば経済停滞に対する抵抗力が速い速度で低下していくことになりかねない。

(2)銀行の資産運用の主力である企業への貸出において、企業倒産が発現する確率が高まっており、また、有価証券運用のほうも利回りの低下、社債等の償還不能事案の増加などにより、銀行側にとって、備えの増強の必然性が飛躍的に大きくなっている。

(3)各国において金融の量的肥大化が進み、金融不安が起こった場合に、金融界の内部で自前のセーフティーネットにより火事を消し止めることが困難な情勢になった。結局は、多額の公的資金の供与を受けなければ解決しない。つまり、銀行の経営が金融界全体を含めて自助努力だけで解決できず、公的資金等、納税者の負担によって収拾されるという歴史的経験が増えている。銀行経営が自己完結した「銀行界だけの閉じられたシステム」とはいえないことが明白になった。このことは以前から銀行法の大きなテーマではあったが、その発現確率がここ20年ほどの間に急速に高まっていることが指摘されている。

(4)金融工学等により、良い意味でも悪い意味でも金融技術が飛躍的に発達し、投機に走る経路が身近に潤沢に用意されてきており、他方「ハイ・リスク、ハイ・リターン」は冷厳たる真理であるので、巨大な失敗例が日常茶飯事のように生じるようになった。

(5)金融市場においてマネーは潤沢に存在するのであるが、信用収縮が起こっているときには、そのなかで真にリスクをとってもよいとするマネーが急速に細る。いざというときに銀行が自己資本として株式や劣後ローンを募っても応ずる者がいない。その傾向が近時、急速に強くなっている。そうなると、日常的に自己資本を積み上げておく必要性は非常に高くなる。

(6)金融は、そもそも「もちつもたれつ」の構造が基本である。**伝搬性**が非常に高い。一つの銀行の失敗はすぐに他行に伝搬し、金融界、さらには経済全体に伝搬し巨額の損失を引き起こす可能性が高い。伝搬を防圧し局限するためには個々の銀行が適切な自己資本をもち、その対応によって他への波及を食い止めていかなければならない。

(7)資本主義、自由経済、市場経済が正しく機能していくためには、個々の主体が自由に活動することが原点であり、その意味で金融の自由化は常に正しい道である。しかし、その自由化を推し進めるために、逆説的ではあるが、しっかりした自己規正(自分で自らの行動を正していく経営姿勢)の強化は避けられない。適切な水準の自己資本を維持しながら銀行経営を進めるということはある意味で最低限必要な経営理念なのである。

(8)金融の自由化、国際化の進展に伴い、金融・資本市場の世界的な一体化

や銀行の海外での業務の拡大に伴い、銀行に対する監督について国際的な協調を進めることが重要な課題となっている。一つの国だけが厳しい監督規制を行っても、他国が同（どう）じなければ規制を嫌ってその国から一方的に資本が流出するだけの結末に終わる。金融機関の国際的な競争条件の均一化（イコール・フッティング）が求められる。そうなると自己資本比率は、数式等、共通の言語で表現され、各国共通の規制基準として最もふさわしい、ということからその強化・普及が図られた。

□第3節　銀行法における自己資本比率規制

1　**バーゼルⅢ**は、バーゼルⅡを土台としつつこれに対して抜本的な改革を試みた枠組みである。いわゆる**リーマン・ショック**（2008年（平成20年）9月）などにより金融危機の嵐が吹き荒れた2009年（平成21年）12月にバーゼル銀行監督委員会から市中協議案が示されたあと、世界各国がこれを受容した。自己資本比率規制等を主要内容とする制度である。

　これまでとは異なり、金融専門家会合の場だけではなく、世界各国首脳が集まるG20サミット（20ヵ国首脳会議）でその基本的方向性が議論され各国が共同してその採択を勧告するなど、もはや金融の枠を超えて政治的な意味をもつ合意文書となった。その背景には、各国経済の屋台骨を支えてきた銀行が経営難に陥るという事態を前にして、各国が金融危機や銀行の経営破綻防止のために巨額の公的資金の投入を余儀なくされたという世界的な事情が横たわっている。銀行救済は結果として各国に巨額の財政赤字の爪痕を残し、また、世界の金融機関がさらなる金融危機に備えて一斉に金融資産圧縮に動いた結果、欧米諸国を中心にして世界経済は長期の経済停滞から逃れられずにいる。

　こうした経験をふまえてバーゼルⅢは、「銀行部門が金融および経済危機その他の原因によって引き起こされた衝撃を吸収する能力を高め、金融部門から実体経済に波及するリスクを軽減させることを目的としている」（バーゼルⅢ文書序章）。バーゼルⅢは一気に実現を図ることはせず、2013年（平成25年）1月から始めて、以後、**段階的に実施**し、2019年に最終的な段階に達

することとなっている。

2 銀行にとって自己資本の水準は基本的には「自己資本の額」／「銀行の保有資産」、としてとらえられる。保有資産、たとえば個々の貸出や保有有価証券でも元本が確実に償還される程度は個々に異なっている。償還が確実であればその裏打ちとなる自己資本の所持は不要ということになり、逆に償還の可能性がゼロだということになれば将来に備えて自己資本をその分だけ積んでおく必要がある。このように分母となる資産においてそのリスクを計算し、それを総計したものに対して保有する自己資本がどの程度かを測るというのが自己資本比率規制の骨格をなす。そこで上記の計算式の分母はリスク・アセット（将来償還不能となる可能性のあるリスクのある資産の総額）ということになる。自己資本の額を銀行ごとにリスク・アセットで割算したものがバーゼルⅢにおける自己資本比率ということになる。

3 バーゼルⅢに基づくわが国の自己資本比率規制は、**金融庁告示**「銀行法第14条の２の規定に基づき、銀行がその保有する資産等に照らし自己資本の充実の状況が適当であるかどうかを判断するための基準」（平成18年金融庁告示第19号）にその詳細が規定されている。

自己資本比率の基準としては、国際統一基準と国内基準の２種類が用意されている。

国際統一基準は銀行が海外営業拠点（駐在員事務所を除く）を有する場合に適用され、**国内基準**はそれ以外のいわゆる国内銀行に適用される。

わが国銀行法の自己資本比率規制はバーゼルⅢ合意に基づいているので、まず、それを端的に具体化している国際統一基準について金融庁告示第１章および第２章に即して説明していきたい。国内基準は国際基準と後述のように相違がある。しかし、大きな骨組みは国際統一基準を踏襲しており、さほど大きな違いがあるわけではない。国内基準については国際統一基準を説明したあとに記述していきたい。

4 また、自己資本比率は銀行本体のもの（**単体決算**）だけではなく、銀行の子会社や関連会社をはじめとする銀行と特殊の関係にある会社を広く含めた**連結決算**により計算される（銀行法第14条の２第２号、銀行法施行規則第14条の12）。連結財務諸表は、連結財務諸表規則（「連結財務諸表の用語、様式及

び作成方法に関する規則」）に基づいて作成する。

つまり、国際基準と国内基準、単体の場合と連結の場合との組合せにより４種類があることになる。以下、国際基準・連結ベースを中心にして説明していきたい。

5　バーゼルⅢは、次の柱からなっている。

(1)これまでの自己資本の基本的項目は Tier1（ティア・ワン）、Tier2（ティア・ツゥ）の二つからなっていたが、バーゼルⅢではこのほかに「**普通株等Tier1**」という項目が設けられた。いざというときに損失吸収力の高い普通株式による資本とこれまでの収益を積み上げた内部留保額の合計による自己資本であり、これを自己資本比率規制の中核に据えて自己資本の質の向上を図ることを意図している。

(2)自己資本の各項目の内容を質・量両面からより「強靭（resilient）」なものにしていく。たとえば、「普通株等 Tier1」に調整項目を適用してその内容を厳しくし、また、Tier1、Tier2の適格要件も厳格化されている。

(3)**プロシクリカリティ**（景気変動を増幅させる措置）の緩和のために、最低比率を上回る部分である資本バッファーの目標水準に達するまで銀行の配当・自社株買い・役員報酬などの抑制を図る資本流出抑制策が導入された。

(4)オフ・バランスの項目も含めた総資産に対する「普通株式等 Tier1」の比率（**レバレッジ比率**）が規制対象として導入された。

(5)**流動性リスク**に対応して、①30日間の厳しい流動性に対するストレスにも十分に対応できる流動資産の保有を求める「**流動性カバレッジ比率**」、②長期的な運用資産の流動性リスクの度合いに応じて調達資金の安定度を求める「**安定調達比率**」、などが新たに導入された。

以下、具体的にその内容を説明していきたい。

第 2 部 ｜ 国際基準による規制

□第1節　自己資本の額（分子）

第1　自己資本比率の種類

　バーゼルⅢの自己資本は、まず基本部分が、①普通株式等 Tier1、②従来の Tier1、③総資本（従来の Tier1＋Tier2）の 3 種類からなっている。

(1) **連結普通株式等 Tier1比率**

普通株式等 Tier1資本の額〔普通株式等 Tier1に係る基礎項目の額－普通株式等 Tier1資本に係る調整項目の額〕／〔信用リスク・アセットの額の合計額＋マーケット・リスク相当額の合計を 8 ％で除して得た額＋オペレーショナル・リスク相当額の合計額を 8 ％で除して得た額〕　　　≧　4.5%

(2) **連結 Tier1比率**

Tier1資本の額〔普通株式等 Tier1資本の額＋その他 Tier1資本の額（その他 Tier1資本に係る基礎項目の額－その他 Tier1資本に係る調整項目の額）〕／〔信用リスク・アセットの額の合計額＋マーケット・リスク相当額の合計を 8 ％で除して得た額＋オペレーショナル・リスク相当額の合計額を 8 ％で除して得た額〕　　　≧　6 ％

(3) **連結総自己資本比率**

総自己資本の額〔Tier1資本の額＋Tier2資本の額（Tier2資本に係る基礎項目の額－ Tier2資本に係る調整項目の額）〕／〔信用リスク・アセットの額の合計額＋マーケット・リスク相当額の合計を 8 ％で除して得た額＋オペレーショナル・リスク相当額の合計額を 8 ％で除して得た額〕　　　≧　8 ％

第2　自己資本の種類

　上記の 3 式の分子の部分についてそれぞれ説明していきたい。

1　「**普通株式等 Tier1**」は、バーゼルⅢにおいて新しく導入された概念である。コア Tier1 とも呼ばれ、銀行にとって経営の「最後の拠り所」となる

第13章　自己資本比率規制　バーゼルⅢ（銀行法第14条の 2 ）　293

最も資本性の高いものだけから構成されている。具体的にその構成項目をあげると、以下のようになる。いわば最狭義の自己資本である。

① 銀行により発行された普通株式で、規制上の資本として普通株式に区分されるための基準を満たすもの

　当該基準としては、バーゼル文書では、たとえば、(イ)銀行の清算において最も劣後する請求権を表す、(ロ)元本の返済期限はなく、清算時を除いて償還されないなど、13の特徴が列挙されており、これらのすべてを満たさなければならないとしているが、わが国において通常、普通株といわれるものはすべて基準を満たしており問題はない。やや注意を要するのは、「銀行が当該普通株の購入に必要な資金を相手方に直接的あるいは間接的に提供していない」という基準である。

② 普通株式等 Tier1の発行により生じた資本剰余金

③ 内部留保

④ その他の包括利益累計額およびその他の公表準備金

⑤ 少数株主持分で算入基準を満たすもの

　最近の金融危機に照らし、銀行にとって結局、頼りになるものは普通株と内部留保であることが明確になった結果、規制および自己規正の目標として「普通株式等 Tier1」の高い水準での維持が必要であると思念されたものである。内部留保等はまったくの自己資金であり、また、普通株は、投資家が最後は極端なことをいえば紙屑になってもかまわないと覚悟して投資した資金である。

2 次に、**Tier1**であるが、上記「普通株等 **Tier1**」に加えて優先株や優先出資証券が主体になる。Tier1への算入基準としてバーゼル文書は、①銀行の預金者、一般債権者および劣後債務に劣後する、②元本の返済期限がない、すなわち、返済日がなく、ステップアップ条項や、その他の償還するインセンティブがない、③最初の５年経ってはじめて発行体によって償還（コール）が可能である、④いかなる元本の返済も監督当局の事前承認を受けなければならない、⑤配当ないしクーポンについて発行金融機関側に裁量権がある、など15にわたる適格基準を列挙している。

　したがって、優先株であっても、クーポン・レートが特定期間に段階的に

高くなり、かつ発行金融機関が期限前償還できるステップアップ条項付きの優先株などは Tier1 には入らないことになる。他方、転換権付優先株は Tier1 に入る。

3 第 3 の範疇として「Tier1 + Tier2」が**総資本**という概念を構成している。

ここで **Tier2** とは、銀行の破綻時を想定した自己資本であり、破綻時ベースで損失吸収力を提供できるものである。すなわち、一部の優先出資証券、劣後債、劣後ローン（初回償還（コール）日までが 5 年以上）および一般貸倒引当金などである。

バーゼル文書では、①銀行によって発行される Tier2 資本の算入基準を満たす調達商品（Tier1 の算入基準を満たさないもの）、② Tier2 に含まれる調達商品の発行により生じた資本剰余金、③銀行の連結子会社が発行し、第三者が保有する調達商品で Tier2 の算入基準を満たし、Tier1 の算入基準を満たさないもの、④一般貸倒引当金のうち一定の条件のもの、と記述されている。将来すなわち現時点では未確定の損失に備えた引当金または貸倒引当金については、顕在化した損失に対して自由に充当できるため Tier2 に含めることが妥当であるとされている。これに対し、特定のアセットまたは負債の信用状態の悪化に起因した引当金については除外されるべきとされている。なお、Tier2 に算入可能な引当金は、標準的手法により算定される信用リスク・アセットの最大 1.25％ とされている。

4 このように、バーゼルⅢの自己資本は

① 基礎的項目（コア Tier1）：普通株および内部留保（その他包括利益を含む）

② 上記以外の Tier1（「その他 Tier1」）：優先株その他の商品は高い損失吸収力をもつものに限定（条件を明確化）される

③ 補完的項目（Tier2）：(イ)劣後債、(ロ)劣後ローン（初回コールまでが 5 年以上のもの。また、銀行の破綻時に、預金者や一般債権者に劣後して損失を吸収することが明確なものに限定された）、(ハ)一般貸倒引当金

の 3 項目に整理されることになった。

バーゼルⅢにおいて「コア Tier1」「その他 Tier1」「Tier2」が選別されたのは、以下のような思考過程を経たものと考えられる。

① 自己資本の純度が崩れていったのは、一つには資本と負債の双方の性格をもつ商品を一定程度発行することで、株主と債権者のリスク選好に対してきめ細かく対応することが可能になり、その結果、資本効率も向上するとの考えがあったためである。

同時に多くの商品は債券とみなされることで利払い控除を通じて税金を節約できるというメリットがあった。

② 国際的にも、また、邦銀においてもハイブリッド資本をうまく使って何とか破綻を免れてきたという経緯がある。

たとえば、1990年代の金融危機に際してグローバル大手銀行は優先出資証券を海外現法を通じて発行し、Tier1を補完している。また、国が金融機関に資本を注入する際にも優先株や劣後債等が用いられてきた。国が経営に介入することを避けつつ経営基盤の強化を行うことができたのである。

こうしたハイブリット資本は、株式の希薄化を防ぎながら、一方で預金の毀損を防ぐことができた。

③ しかし、資本が損失を吸収するという観点からは疑問が投げかけられた。

たとえば、今次金融危機で米国の銀行はTier1を厚めにもちながらも損失増大の結果、資本が枯渇してしまい、これを材料に銀行の株価が急落し、信用スプレッドが急拡大する事態が発生してしまった。

そこで、各国当局の間で見直し機運が生じたのである。

④ 一般に危機時において、経営安定に寄与する真正な資本であるためには次の4つの条件を満たしていなければならない、とされている。

(イ) 一般債権に対する劣後性

(ロ) 永続性

(ハ) 事業を継続しつつ損失が吸収できること

(ニ) 全額払込済みであること

⑤ もっとも、上記(ハ)の損失吸収力は、配当や利払いの非累積的なかたちでの停止に限られ、実際に法的な破綻に至らない限り元本削減等までは求められないなど、普通株式に比べれば限定的なものであった。

つまり、かつては金融機関が仮に破綻しても、預金よりも劣後する資本や

債券が十分にあれば預金に被害が及ばないという考えであり、これはゴーン・コンサーン（清算価値）を前提にした資本の議論であった。

　これに対し、今次金融危機では経営体としての存続を可能にするような資本、つまり、ゴーイング・コンサーン・ベース（経営継続のもとでの価値）での資本でなければならないという考えに切り替わったのである。過去において劣後債務は損失を吸収できなかったし、結果として全額が保護された現実に目が向けられたわけである。

⑥　つまり劣後債券の保有者は通常時に高い利回りを享受する一方、形式的に破綻する前に実質的に金融機関が破綻状態に陥った場合には政府救済により、損失を被ることがなかったのである。いつもは高いリターンを享受しつつ、実質的破綻時にツケは納税者に回される結果となった。

⑦　むずかしい問題は、当局はモニタリングを通じて銀行の財務状況を把握し、早期警戒措置、早期是正措置により相当早い段階から是正するための手段をもっているので、当局が劣後債務を一斉に株式に転換させる、あるいは償却させる行動に出た場合、当局の性急な行動により損失を受けたとして投資家から訴えられるかもしれない、との懸念があるわけである。また、当局がそうした懸念から行動しないときには、それはそれとして轟々たる非難を招く。結局、もたもたしている間に破綻してしまい、納税者に多額の負担を被らせることになりかねなかった。

⑧　劣後債務のトリガー・ポイントはあくまでも当該銀行の破綻であり、当局としては劣後債権者を巻き込むためには TBTF（TOO BIG TO FAIL、すなわち経営規模が巨大なので諸方面への影響を考えると倒産を容認するわけにいかない銀行）をいったん破綻に追い込まなければならず、それは大きな賭け過ぎてとても踏み切れない^(注)。そこに問題があったのである。

　　(注)　たとえば、わが国の場合でも旧兵庫銀行を除き、劣後債務はすべてのケースで全額保護されている。やはり、政府救済に際して、株主以外に損失の負担を求めることはむずかしかったのである。

以上の経路を経て、決着したものである。

第3　自己資本からの控除項目

1　バーゼルⅢでは、資本概念の純化の理念から、次の項目が自己資本から控除、すなわち除外されることとなった。

　バーゼルⅢの控除項目は、金融機関が危機に陥ったときに実際に損失を吸収するようなかたちで売却することが可能な資産に裏打ちされているかという視点に立ったものである。換言すれば、金融危機時においても平時と変わらぬ価値が維持できるかという資産価値の問題と金融危機においても売却できるか、すなわち資産の流動性があるかという観点から念査された。そして、金融機関が破綻ないしそれに近い時点において価値が急落するものは控除・除外されることとなった。金融機関の清算価値に基づく自己資本としての評価のし直しである。

　控除項目をめぐっては、バーゼル委員会における各国交渉の過程において、強い規制をとるべきでないとして、米国がMSR、欧州が他の金融機関への出資分、日本が繰延税金資産、について強硬に控除項目からの削除を要求した結果、三者三様に規制緩和を許容し合うという決着になった。

2　以下、バーゼルⅢ（およびバーゼルⅡからの継続分）におけるわが国の控除項目を自己資本比率規制に関する金融庁告示（平成18年金融庁告示第19号）第5条第2項に即して説明していきたい。

　同告示第2条第1号の算式において示される普通株式等Tier1資本に係る調整項目（控除項目など）の額は、次に掲げる額の合計額とする、とされている。

① 　次に掲げる額の合計の額

　㈦　**のれんなどの無形固定資産**

　㈻　繰延税金資産（一時差異に係るものを除く）の額

　　　繰越欠損金などの、会計と税務の一時差異により生じる繰延税金資産以外の繰延税金資産を指す。一時差異に係る繰延税金資産については、下記⑤をお読みいただきたい。

　㈩　繰延ヘッジ損益の額

　㈣　内部格付手法採用行において、事業法人等向けエクスポージャーお

よびリテール向けエクスポージャーの期待損失額の合計額が適格引当
金の合計額を上回る場合における当該期待損失額の合計額から当該適
格引当金の合計額を控除した額

(ホ) 証券化取引に伴い増加した自己資本に相当する額

(ヘ) 負債の時価評価額により生じた時価評価差額であって自己資本に算
入される額

(ト) **退職給付に係る資産の額**

銀行が従業員のために積み立て・運用している年金資産と支払予定
の負債との差額について、会計上、その一部が銀行自身のバランス
シートに資産として計上されるケースがある。これは退職給付に係る
資産や前払年金費用と呼ばれる科目であるが、いざというときに銀行
自身の損失の吸収に充てることができない資産であるために普通株式
等 Tier1から控除する取扱いになっている。

② **自己保有普通株式の額**

いわゆる「金庫株」のことである。

③ **意図的に保有している他の金融機関等の普通株式の額**

他の金融機関への出資はバーゼルⅡの時代から、ダブルギアリング規
制のなかで、金融機関の意図的な株式の持合いとして自己資本から控除
する扱いを受けてきた。互いに自己資本を持ち合うことで自己資本が水
増しされ、ある金融機関の破綻が他の金融機関の破綻に結びつき、金融
システム全体が不安定になるおそれがあるためである。

④ **少数出資金融機関等の普通株式の額**

「少数出資調整対象額」に「少数出資に係る普通株式保有割合」を乗
じて得た額とされている（告示第8条第7項第1号）。

⑤ **特定項目に係る「10%基準超過額」**

次の合計額とされている。(イ)「その他金融機関等」（銀行が10%超の議
決権を保有している他の金融機関等）に係る対象資本調達手段のうち普通
株式等に相当するものの額から「特定項目に係る10%基準額」を控除し
た額、(ロ)モーゲージ・サービシング・ライツに係る無形固定資産の額か
ら「特定項目に係る10%基準額」を控除した額、(ハ)繰延税金資産（一時

第13章　自己資本比率規制　バーゼルⅢ（銀行法第14条の2）　299

差異に係るものに限る）の額から「特定項目に係る10％基準額」を控除
した額。特定項目のなかで最も重要なのが繰延税金資産である。

繰延税金資産

　繰延税金資産・負債とは、企業会計上の利益と税法上の所得の算定方法の
相違により、法人税等の課税所得を将来減額・増額する効果を資産・負債と
して把握するものである。

　その資本適格性については初めから疑問が投げかけられてきた。わが国で
も、りそな銀行のケースでは監査法人が繰延税金資産の実現に必要な将来の
収益性に疑問を呈し、自己資本に算入できる額を突然に5年分から3年分に
減らすと通告した結果、りそな銀行は公的資金を求める事態に陥った。

　ちなみに米国では、以前から繰延税金資産のうち自己資本に算入できるの
は1年分か自己資本の10％以内とされていた。

　金融庁告示第19号第8条第9項第3号は、控除される特定項目として「繰
延税金資産（一時差異に係るものに限る。）」を掲名し、その額から「特定項目
に係る10％基準額」を控除額として規定している。「特定項目に係る10％基
準額」については同条第9項第1号カッコ書に定義があり、「普通株式等
Tier1資本に係る基礎項目の額から控除項目（第1号～第4号）の額を差し引
いた額」に10％を乗じた額をいう。

　わが国の規定は、バーゼルⅢ文書「第69項」において「銀行の将来の収益
状況に応じて実現する繰延税金資産（DTA）は、普通株式等Tier1の計算か
ら控除されることとなる。繰延税金資産とそれに付随する繰延税金負債
（DTL）のネッティングについてはDTAとDTLが同一の税務当局によって
課される税金に関連しており、かつ、税務当局によって相殺が認められてい
る場合に限り許容される。DTAが一時的な差異（たとえば、貸倒引当金等）
によるものである場合には、控除すべき金額は「限度額控除（threshold de-
duction。筆者注：普通株式等Tier1の10％を超える部分)」に規定されるとおり
になる」によるものである。

　以上により、逆にいえば、金融庁告示ではバーゼルⅢを受けて、一般の繰
延税金資産（貸倒引当金の積立に伴うもの等）については、およそ普通株式等

Tier1の10％までは自己資本に算入できることとなった（「およそ」というのは、正確には普通株式等 Tier1から所要の「控除額」を引いたあとの額の10％であるからである）。

⑥　**特定項目に係る15％基準超過額**
⑦　**その他 Tier1資本不足額**

□ 第2節　リスク・アセット等（分母）

1　これまで説明してきたのは自己資本比率規制算式の分子に当たる自己資本の額についてである。

　もともと資本とは何かという概念規定は非常に把握がむずかしく、世界的な合意を得るのは苦難の道であった。現代が「資本主義の時代」といわれるだけに資本をどうとらえるか、そして機能面で資本主義の中枢に位置する銀行の自己「資本」をどうとらえるかは難題だった。しかし、それについて大方の合意が形成されてくると、次に、その自己資本の絶対額をどうすればいちばん生き生きとした見方でとらえることができるか、というところから専門家の関心は次第にその「ものさし」（分母）、つまり比率概念の設定方法に移っていった。

　自己資本を拡充するためには自己資本の額そのものといった絶対額がもたらす情報も大きく意義があるところであるが、時系列上の比較や他行との比較、資本の質の高さの把握などのためには相対概念、すなわち総資産とか預金額とか何がしかの計数との対比でみたほうがより深度や広がりのあるものとなる。

　それでは、自己資本の額を何に対比すればよいのか。いわばものさしの発掘の問題である。

　一部には、分子こそ大切であり、分母はむしろ単刀直入に貸借対照表の総資産でよいのではないか（注：その場合はレバレッジ比率ということになる）との説も根強い。

2　しかし、バーゼル銀行監督委員会には、初めからその考え方はなかった

のではないかと思われる。バーゼル銀行監督委員会は一貫してものさしとなる分母にリスク・アセット概念を使い、その概念の精度を上げるのに腐心してきた。自己資本とは、銀行に何かあったときに預金者等が被害を受けないように銀行経営を自己規正するための指標である。そうであれば「何かあったときの資産」、ないしそれを確率的に体現した資産こそ、ものさしにふさわしいと考えたからである。

そこには、分子（自己資本の絶対額）もさることながら、銀行の資産運用そのものをできるだけリスク感応度の低いものに誘導し、間接的ではあるが資産面から自己資本の質を高めたいという意向が秘められていた。分母である資産運用面で常にリスクを忠実に反映しながら銀行経営にあたることを求めたともいえる。分母そのものの精度を上げることは、世界の金融を混乱から救うためにそれ自体が重要であるという考え方があるように思われる。

3　自己資本比率の精度を上げようとする過程で、比率、分子、そして、それらに劣らず分母、つまり、銀行の資産運用において**リスク回避志向**を高めさせようとした結果、分母の構造は当初の予想以上に複雑、多次元化の道をたどることになった。

このような意味で現在のバーゼルⅡないしバーゼルⅢは単なる比率規制ではなく、自己資本の水準（率）および質（分子）、リスクを十分に意識した銀行経営（分母）の三つがそれぞれ深掘りされていく。言い換えると、三つの銀行監督手法が独立に志向されるようにみえるほど成熟度を高めることになったのである。

わが国でもバーゼル合意を受容する過程で早期是正措置や早期警戒措置などが派生していき、銀行行政の中核に据えられるに至ったのは、このように理解するとわかりやすいように思われる。

4　次に、自己資本比率規制の算式のうち分母の部分についての具体的な説明に移りたい。

分母は「信用リスク・アセットの額の合計額＋マーケット・リスク相当額を８％で除して得た額＋オペレーショナル・リスク相当額の合計額を８％で除して得た額」である。

第1　リスク・アセット

1　分母となる**リスク・アセット**とは、資産の各項目にリスク・ウェイトを乗じて得た額の合計額である。対象となる資産は、①貸借対照表上の「資産の額」、②オフ・バランス取引の与信相当額、③派生商品取引・長期決済期間取引の与信相当額であり、その各々についてリスク・ウェイトを掛け合わせて計算される。ただし、「資産の額」のうち、のれん相当額、営業権、個別貸倒引当金に相当する額、債務保証見返り相当額などは算出対象から除かれる。

　銀行の貸付金、有価証券等の各資産項目について、その性質の違いにより貸倒れないし元本割れなどの諸々の金融リスクの大小を判定して、それぞれの**リスク・ウェイト**が設定される。リスクの小さい資産ほど小さいリスク・ウェイトを掛け、大きいほど大きなリスク・ウェイトを掛け、そのウェイトづけに基づいてこれを合計する。このようにして計算される金額がリスク・アセットである。

2　リスク・アセット方式の長所として、①銀行が流動資産や低リスク資産を保有する意欲をそがないこと、②**オフ・バランス取引**も自己資本比率規制のなかに比較的容易に算入できること、③構造の異なる銀行システムの公平な国際比較が可能になること、などがあげられている。

3　金融庁告示では、銀行の保有資産の信用リスクを計測する方法が標準的手法と内部格付手法に2分され、さらに内部格付手法として基礎的内部格付手法と先進的内部格付手法が用意されている。したがって、種類としては、標準的手法、基礎的内部格付手法、先進的内部格付手法の3種類ということになる。銀行はその規模や業務特性に応じて、そのなかの一つを当局の承認のもとで選択することになっている。

標準的手法

1　そこで、まず、三つの手法のうちその基本となる標準的手法について説明したい。

　標準的手法においては、銀行は金融庁告示第19号第55条以下に示されるリ

第13章　自己資本比率規制　バーゼルⅢ（銀行法第14条の2）　303

スク・ウェイトに従って、自行の資産のリスク・アセットを計算する。

　リスク・ウェイトは資産の性質に応じてきわめて詳細に規定されているが、ここでは大づかみに与信先ごとのリスク・ウェイトを紹介すると次のとおりである。

国、地方公共団体	0％
政府関係機関	10％
うち、地方3公社	20％
銀行・証券会社	20％
事業法人　外部の格付機関等による	
格付を使用しない場合	一律100％。
外部の格付機関による	
格付を使用する場合	格付に応じて20％〜150％
中小企業・個人	75％
信用保証協会などにより保証されたもの	10％
住宅ローン	35％
延滞債権（3カ月以上延滞）	引当率に応じて50％〜150％
株式	100％

2　なお、2017年12月に合意されたバーゼルⅢの最終化においては、標準的手法のリスク感応度向上をめざして、①事業法人向け債権について外部格付を参照するにあたり、銀行がデューデリジェンスを実施して必要に応じてリスクウェイトを調整することを求めるとともに、適用するリスクウェイトを一部引き下げること、②株式について250％のリスクウェイトを適用すること（投機的な非上場株式については400％）、③住宅ローン債権についてLTV（ローン総額／担保価値）を参照して20〜75％のリスクウェイトを適用すること、などが決まった（適用開始時期2022年1月）。

内部格付手法

1　次に、内部格付手法は、銀行がリスク管理実務において用いている内部格付作業過程を基礎にしてバーゼルⅢが指示する計算方式に載せて算出するやり方である。

標準的手法であると、与信先に応じて一律にリスク・ウェイトが決まっているが、たとえば、自行の住宅ローンのリスクは地域や顧客特性によってかなり異なるというように、リスクの程度は銀行によって個々に異なっているほうが実情に近いはずである。

そこで、各行ごとに、より正確にリスク・ウェイトを算出する道が用意された。これが内部格付手法である。

この作業は、銀行側が、①自己査定によって今後1年間に債務者が破綻する確率を過去に蓄積した自行のデータ等に基づき計算する。また、②破綻時の損失割合を担保の状態などを考慮して算出する。そして、③破綻時にどの程度の与信額があるかを、たとえばコミットメントラインを供与しているかなどを勘案して算定する。

そして、それらの数字を監督当局が設定したモデルに基づく「**リスク・ウェイト関数式**」に投入（インプット）して算出していく。内部データを投入するリスク・ウェイト関数式は、与信区分に応じて大きく五つに分けられている。

2 上記①、②、③の数字のすべてを自行で算出するやり方が「**先進的**」内部格付手法であり、①は自行推計であるが、②、③は各行共通の設定による場合には「**基礎的**」内部格付手法ということになる。銀行が債務者ごとあるいは案件ごとに格付を付与する過程を経て、銀行の手によって、与信のリスク特性である破綻（デフォルト）確率、破綻時損失率、破綻時エクスポージャー額などの推計を行い、それらを入力変数として、バーゼル委員会が設定した複数の**リスク・ウェイト関数（数式）**のいずれかに投入することでリスク・ウェイトを算出していく。

つまり、リスク・ウェイトの計算の土台になる関数式はバーゼル合意に基づきあらかじめ用意されているが、そこに**投入（インプット）する計数**のつくり方が先進的内部格付手法と基礎的内部格付手法とで異なり、先進的内部格付手法ではすべて銀行自身が行うのに対して、基礎的内部格付手法では自行でつくるインプット数字は①の破綻確率だけにとどまり、他の②、③の計数は各銀行が共通に設定している既製品を使うというものである。

3 内部格付手法では、破綻確率等の推計について銀行自身が内部管理上で

第13章　自己資本比率規制　バーゼルⅢ（銀行法第14条の2）　305

用いているデータを活用するので、銀行が用いている定量的な推計方法が妥当であるか、あるいは内部管理・内部統制機能が適切に機能しているかといった点を監督当局が個別に評価、検証することにより、算出された数字の客観性、正確性が担保されることになる。

内部格付手法のやり方は、使用する関数式を含め、金融庁告示第7章に詳細に規定されている。

4 リスク・アセットの対象となるのは、銀行の総資産のうち、のれん、営業権、個別貸倒引当金、特定海外債権引当勘定、支払承諾見返り勘定、派生商品取引に係る資産に相当する額、有価証券などを除くすべての資産である。

対象資産の範囲が決まり、そのそれぞれの資産についてのリスク・ウェイトが決まれば信用リスク・アセットが算出でき、それらを総合計すればバーゼル合意に基づく自己資本比率の分母の大宗をなす「信用リスク・アセットの合計額」となる。

5 2017年12月に合意されたバーゼルⅢの最終化においては、内部格付手法について、①内部モデルの利用制限（金融機関・大企業・中規模企業向けの低デフォルト債権に対する先進的内部格付手法の廃止、株式に対する標準的手法の適用）、②リスクパラメータの下限設定、③信用リスクアセット計測のバラつき軽減を目的としたリスクパラメータ推計手法の見直し、当局設定値の見直し、④全リスクアセットに対する標準的手法に基づく資本フロア導入、が決まった（適用開始時期2022年1月）。

第2　マーケット・リスク

最近、内外において株価の急激な変動が銀行の自己資本を毀損したり、デリバティブ取引で巨額の損失事例が出るなど、債券、株式、為替市場における市場の相場変動に伴い銀行の資本価値が大きく変動し、経営の健全性に影響を与える事態が生じている。

国際基準では銀行が市場の相場変動に耐えられるように、市場リスクに対しても自己資本の積み増しを求めている。市場リスクの対象には債券、株式、外国為替取引、さらには貴金属などの商品取引も含まれる。バーゼル銀

行監督委員会では市場リスクを「市場価値の変動によって銀行のオン・バランス及びオフ・バランスのポジションに損失が発生するリスク」と定義している。そして、こうした市場変動のリスクに対して自己資本を積むことを求めている。

市場リスクは金融庁告示第9章の算出要領に従って**マチュリティ法**、または**デュレーション法**を用いて計測する。そして、その計測の結果算出された「市場リスク」相当額を8％で除した額を上記のリスク・アセットに加えて分母に計上しなければならない。

第3　オペレーショナル・リスク

1　**オペレーショナル・リスク**とは、事務事故や不正行為などによって損失が発生するリスクである。

コンピュータ・システム障害、その他の原因による事業活動の中断、自然災害等による有形資産の損傷、取引先等との関係から生じる損失、事務ミスによる損失、詐欺、財産の横領、法令違反等による損害など銀行の業務遂行上生じる可能性のある事象による損失のリスクをいう。

金融庁告示第19号は、バーゼルⅡに基づきオペレーショナル・リスクを自己資本比率規制の構成要素として、分母に「相当額の合計額を8％で除して得た額」を付加することとしている。

2　オペレーショナル・リスクの算出方法には三つの選択肢が用意されている。

第1は**基礎的手法**と呼ばれるもので、銀行の1年間の粗利益に15％を掛けることにより得られる。粗利益とは、〔粗利益＝銀行の業務粗利益－国債等債券売却益－国債等債券償還益＋国債等債券売却損＋国債等債券償還損＋国債等債券償却＋役務取引等費用〕である。

3　第2は**粗利益分配手法**と呼ばれるもので、銀行の業務を、①グループ：リテール・バンキング、リテール・ブローカレッジ、資産運用、②グループ：コマーシャル・バンキング、代理業務、③グループ：決済業務、トレーディングおよびセールス、コーポレート・ファイナンス、の3グループ、8つの区分に分けて、1年間の粗利益を各区分に配分し、最初の①について

第13章　自己資本比率規制　バーゼルⅢ（銀行法第14条の2）　307

12%、次の②について15%、最後の③について18%の掛け目を掛けて合算した値の直近3年間の平均値をおおむね所要自己資本とするものである。

4 第3は**先進的計測手法**と呼ばれるもので、過去の損失実績等に基づいて、損失分布手法、スコアカード手法など、銀行が内部で用いているリスク評価手法を用いて所要自己資本を計算するやり方である。ただし、分析やリスク管理の質などに関する基準を満たすことが利用の条件になる。

5 2017年12月に合意されたバーゼルⅢの最終化においては、先進的計測手法が廃止され、リスク計測手法は、ビジネス規模とオペ損失実績をふまえた新たな標準的手法へ一本化されることになった（適用開始時期2022年1月）。

第4 基　準

自己資本比率は、このようにして計算される自己資本の額を、信用リスク・アセットの額の合計額にマーケット・リスク相当額やオペレーショナル・リスク相当額を資産ベースに還元して得た額を加えたもので割算した数値が所要の比率以上になることを求めている。

☐ 第3節　資本バッファー

1 バーゼルⅢでは、以上の算式に資本バッファーの仕組みが加わった。

経済には景気循環の波が必然的に生じるが、それは金融の拡大、縮小の影響を受けて起こる。そして、信用膨張が過度になると、その後に訪れる景気後退期において銀行部門に生じる損失は巨大化し、それがいっそうの信用収縮をもたらし景気悪化に拍車をかける結果をもたらす。そこで、バーゼルⅢは、信用が過度に拡大したときに銀行が自己資本を厚くし、それをバッファー（余裕分）として保有して、信用収縮期に備える方式を構築した。これを**資本バッファー**（景気の波を和らげる調整部分）と呼んでいる。

資本バッファーには、固定的な「資本保全バッファー」と変動的な「カウンターシクリカル・バッファー」がある。カウンターシクリカル・バッファーは、資本保全バッファーの拡張部分として機能するもので、普通株等Tier1その他の完全に損失吸収力のある資本により構成され、リスク・ア

308

セット総額に対し0〜2.5%の範囲で各国が自由裁量により設定できるものである。各国の政府当局は〔総与信／GDP〕比のトレンドからの乖離を共通の参考指標としてみながら、他の適切な指標も参考にして自国の信用膨張の度合いを測り、バッファー設定の要否を判断する。当局がバッファーを設定すると、銀行は事前予告の時から1年以内に必要な自己資本の積上げを求められる。国際的に活動する銀行の場合には、自行が信用エクスポージャーを有するすべての国・地方で発動される資本バッファーの加重平均として計算される。

さらに、グローバルなシステム上重要な銀行（G-SIBs）には、資本バッファーを上乗せすることが求められている（「G-SIBs バッファー」）。日本の金融機関については、3メガグループがG-SIBsに指定されている。

2 銀行が必要な資本バッファーの水準を満たさない場合には、次のルールにのっとり社外流出において制限を受ける。

すなわち、銀行は普通株 Tier1比率が、

バッファーの第1・四分位以内であれば、社外流出の自行利益に対する割合が100％に制限され、

バッファーの第2・四分位以内であれば　80％に制限され

　　　　　　第3・四分位以内であれば　60％

　　　　　　第4・四分位以内であれば　40％

バッファーの上限を超えていれば　　　　0％

ということになる。

資本バッファーの枠組みは、連結水準で適用される。ただし、各国監督当局は、グループの特定部分について資産の保全を行うために単体レベルで本規制を適用することもできる。

□ 第4節　実施スケジュール

バーゼルⅢでは以上の仕組みを2013年1月の実施予定日からフルに適用することはせず、漸進的な過程を踏むこととされた。

すなわち、「普通株等 Tier1」のリスク・アセット等に対する最低所要水

準は出発時点（2013年1月）で3.5％に設定した後、年々引き上げて2015年以降には4.5％以上とすると規定している。また、2016年より**資本保全バッファー**を上乗せすることとし、全体で2019年以降は「**7％以上**」にまで引き上げる（別表を参照のこと）。

　資本保全バッファーは、2016年1月から2018年末までの間、段階的に実施され、2019年1月に完全実施される。それは2016年1月にリスク・アセット

[別表] バーゼルⅢにおける段階的実施過程

	2011	2012	2013	2014	2015	2016	2017	2018	2019
普通株等Tier1最低水準			3.5%	4.0%	4.5%	4.5%	4.5%	4.5%	4.5%
資本保全バッファー						0.625%	1.250%	1.875%	2.5%
普通株等Tier1最低水準＋資本保全バッファー			3.5%	4.0%	4.5%	5.125%	5.750%	6.375%	7.0%
Tier1最低水準			4.5%	5.5%	6.0%	6.0%	6.0%	6.0%	6.0%
総資本（Tier1＋Tier2）最低水準			8.0%	8.0%	8.0%	8.0%	8.0%	8.0%	8.0%
総資本最低水準＋資本保全バッファー			8.0%	8.0%	8.0%	8.625%	9.250%	9.875%	10.5%
レバレッジ比率	監督上のモニタリング期間	試行期間						第1の柱への移行	
流動性カバレッジ比率	観察期間開始					最低基準の導入			
安定調達比率	観察期間開始							最低基準の導入	

（注）　網かけは移行期間を示す。すべての日付は1月1日時点。
（出所）　バーゼルⅢ文書・附属図表第4（全国銀行協会仮訳案）より作成

の0.625％として始まり、以後、毎年0.625％ポイントずつ増加して2019年１月にリスク・アセットの2.5％という最終水準に到達する（バーゼルⅢ文書）。したがって、最終的な到達点は「4.5％＋2.5％」で７％という水準が「株式等 Tier1」の目標になるわけである。

　次に「Tier1」については2013年に4.5％が課され、2019年には６％が必要とされる。Tier1ついては最低所要水準を６％とし、資本保全バッファーを含めると8.5％にまで引き上げられることになるわけである。

　一方、「Tier1＋Tier2」で定義される総資本については当初からバーゼルⅡと同水準の８％であり、段階的措置はとられない。ただし、2016年から他の自己資本と同様の率で資本保全バッファーが乗るので、2019年には「8.0％＋2.5％」＝10.5％の水準が最低限必要になる（別表参照のこと）。

　なお、「カウンターシクリカル・バッファー」と「G－SIBs バッファー」については、資本保全バッファーを拡張するかたちで賦課される。カウンターシクリカル・バッファーは現状、金融庁長官が定める場合を除き０％とされている。日本における G－SIBs バッファーは、選定された銀行ごとに1.5％、1.0％の水準が設定されている。

□第5節　レバレッジ比率

１　バーゼルⅢは、リーマン・ショック等に起因する金融危機に対してバーゼルⅡが十分に機能したとはいえなかったという厳しい現実から生み出された。その反省として、銀行システムにおいてオン・バランスシート、オフ・バランスシートの両面においてレバレッジが過度に積み上がってしまったことがあげられている。バーゼルⅢ文書は明言を避けているが、各国の銀行においてリスク・ウェイトがゼロないしゼロに近い国債等の保有が多いことから自己資本比率は高い水準を維持しているものの、実際には資産が過大化、つまりレバレッジ比率（資本に対し大規模に資産運用を行う。レバレッジとは拡大するためのてこの意味である）が高過ぎるという現象を生じてしまったことへの反省である。しかし、国債等のリスク・ウェイト引上げで対応するには各国の財政への影響等が懸念され、その実現は容易ではない。しかし、事態

第13章　自己資本比率規制　バーゼルⅢ（銀行法第14条の２）　311

は放置できない。そこで、原点に戻るかのようであるが、素直に財務諸表上の総資産を分母にとって Tier1等の自己資本との対応を試み、それを従来からの路線であるリスク・ウェイト資産により計測される自己資本比率への牽制材料として使ったらどうか、という方向になったと推測される。

2 バーゼルⅢ文書は、**レバレッジ比率**導入の理由として、

①銀行部門のレバレッジを抑制し、これによって金融システムや経済を阻害する不安定なデ・レバレッジ・プロセス（つまり資産圧縮という逆戻し現象）のリスクを緩和する、

②モデル・リスクや計測上の誤りに対する追加的な予防措置を導入し、簡単で透明性が高く、独立したリスク計測を用いてリスクベースの手法を補完する、

と述べている。

しかし、レバレッジ比率の分子を Tier1にすることはさしたる問題はないが、分母である総資産をどう定義するかは各国において銀行部門の財務諸表のつくり方がまちまちであるし、オン・バランスのみならずオフ・バランスも含まないと意味をなさないので、「簡単で透明性が高い」万国に共通する基準を見出すのは意外に難問である。

3 バーゼル文書は分母の総資産の部分をエクスポージャー（オン・バランス項目＋オフ・バランス項目）と表現し、その計測方法についての一般ルールを提言している。

まず、エクスポージャーの算出は、一般に会計上の算出方法に従うべきだとして財務会計との整合性を図るため、

・貸借対照表において、非デリバティブ・エクスポージャーは個別引当額と評価調整額を控除する、

・担保、保証等は、オン・バランスのエクスポージャーを減少させるものとして取り扱わない、

・貸出金と預金の間での相殺は認められない、

とされた。

4

$$\text{レバレッジ比率} = \frac{\text{新定義の Tier1}}{\text{エクスポージャー（オン・バランス項目＋オフ・バランス項目）}}$$

で定義されるレバレッジ比率については、2013年1月から2017年1月までの試行期間においてとりあえず「3％」の比率を設定するかたちでテストを行う。2015年から各銀行がレバレッジ比率と構成項目の開示を始めることとなっている。

バーゼルⅢにとって、レバレッジ比率規制はあくまでも補完的役割を期待してのものであるだけに、「3％の水準」が厳し過ぎて補完的役割を通り越して自己資本比率規制の主役の役割にならないよう、また緩過ぎて意味をなさないことにならないよう、エクスポージャー項目の中身の加除等を通じて今後調整が続くものと思われる。

□第6節　グローバルな流動性基準

1　自己資本比率と並んで銀行部門の安定のために欠かせないのが流動性リスクの管理である。

これまで国際的な流動性管理基準は存在していなかったが、バーゼルⅢにおいて新たに世界各国共通の流動性リスク管理基準が導入されることになった。

実際に銀行経営の不安定化は、自己資本の欠如と流動性の欠如との相乗効果から起こることが多い。銀行部門は資金を循環させる主体であるだけに資金、特に利用可能な手元流動性が行き詰まると銀行経営は致命的な痛手を被ることになる。そして、それは瞬時に他の銀行へと波及することになり、金融界全体さらには一国の経済全体を揺るがすことになる。

銀行における流動性リスクは、一般に二つの種類から成り立っている。第1は個々の銀行において運用と調達の期間ミスマッチや予期せぬ資金の大量流出に伴い、必要な資金の確保がむずかしくなる場合である。量そのものは確保できても調達コストが著しく高くなり、銀行経営が困難になる場合もこれに属する。第2の範疇は、市場の混乱や相手先からの忌避により市場からの資金調達が行き詰まる場合である。

バーゼルⅢは、好調で活況を呈していた金融市場が一変し、いつでも資金がとれると楽観していた銀行が急きょ、資金難にあえぎ始めるという状況が

第13章　自己資本比率規制　バーゼルⅢ（銀行法第14条の2）　313

多発した最近の事例をふまえ、次の二つの流動性基準を用意した。

2　第1は**流動性カバレッジ比率**（**LCR**：Liquidity Coverage Ratio）である。

$$流動性カバレッジ比率＝\frac{適格流動資産}{30日間のストレス期間に必要となる流動性}≧100\%$$

　同比率は、急激な短期ストレスシナリオのもとで直面する可能性のある純資金流出（流出−流入）に対応するために十分な、処分に制約のない、高品質の流動性を銀行に保有させることを意図している。この100%以上という比率を30日間の長期にわたって継続するというかなり厳しい想定である。

　ストレスシナリオとしては、①当該銀行の外部信用格付の大幅な下げ、②預金の部分的流出、③無担保ホールセール調達の断念、④有担保調達の担保掛け目の大幅な低下、⑤デリバティブに係る担保追徴の増加、コミットずみの信用供与や流動性供与を含む契約上、非契約上のオフ・バランスシート・エクスポージャーにおける多額の払出し要求、といった事態を想定している。

　分子の適格流動資産は、①預金、中央銀行への預金、国債、政府・中央銀行保証債（掛け目100%）、②リスク・ウェイトが20%の政府・公共部門の負債および高品質の非金融社債、カバードボンド（掛け目85%）などにより構成されている。

　分母の主な資金流出項目は、リテール預金、ホールセール調達、「3ノッチ」格下げ時の追加担保需要、非金融法人向けの信用供与枠（未使用額）、金融機関向け信用供与枠（未使用額）などについて各々に固有の掛け目を掛けた額とされている。他方、主な資金流入項目としては健全資産（30日以内に償還期限を迎える部分のうちロールオーバーが予定されていない額（掛け目100%）、および30日以内に満期を迎えるその他の健全債権（掛け目50%））などがある。

　流動性カバレッジ比率は、適用の初年度になる2015年の最低所要水準を60%とし、以後毎年10%ずつ引き上げられる。

3　第2は**安定調達比率**（**NSFR**：Net Stable Funding Ratio）である。

$$\text{安定調達比率} = \frac{1年を通じた安定調達額（資本＋預金・市場性調達の一部）}{所要安定調達額（資産×流動性に応じた掛け目）} \geq 100\%$$

　同比率は、流動性を生むことが期待できない資産（所要安定調達額）に対し、安定的な負債・資本（安定調達額）をより多く保有することを求めるものである。

　分子の安定調達額は、①資本（Tier1、Tier2等）、②残存期間が1年以上の負債、③個人、中小企業からの安定した預金、④個人、中小企業からのその他の預金、⑤非金融機関からのホールセール調達（満期の定めがない、または、残存期間1年未満）、⑥その他の負債および資本にそれぞれ所定の掛け目を掛けて合計した金額である。

　これに対して、分母の所要安定調達額は、①現金、残存期間1年未満の証券・貸出（ロールオーバーされない貸出に限定）、②国債、政府保証債、国際機関債等、③信用・流動性供与枠（未使用額）、④非金融機関発行の社債（AA格以上）、⑤非金融機関発行の社債（Aマイナス～AAマイナス格）、金（ゴールド）、上場株式、事業法人向け貸出（残存機関1年未満）、⑥個人向け貸出（残存機関1年未満）、⑦高品質の貸出（リスク・ウェイトが35％か、それよりも低い1年超の残存期間を有する抵当権付住宅ローンその他の貸出）、⑧その他の資産にそれぞれ掛け目を掛けて合計した金額である。

☐ 第7節　カウンターパーティー・リスク

　金融取引における取引の相手方、すなわちカウンターパーティーのデフォルトや信用格付の低下によって生じる損失に係るリスクへの対応策である。

　具体的には、時価変動に係るリスクを、当該カウンターパーティーが発行している債券の期待損失に係るマーケット・リスク相当額とみなして追加的に自己資本を賦課するというものである。

　主に金融機関を相手にした短期のトレーディング取引によって生じるという点で通常の信用リスクとは異なる性質をもつ。

　金融機関のデフォルト・リスクは通常時ではほとんど無視できるような水

準だが、いったん金融危機になれば単一の先のみではなく複数が同時に悪化する。つまり、システミックリスクを伴うという厄介なものである。損失分布のテール部分が長いという意味でその管理がむずかしい。

監督当局が、非常に大きなストレスに対する金融機関の対応能力やTBTFといったモラルハザードに対し、一定の資本賦課を行うことによって、金融機関がもたらす外部不経済を内部化する（リスクを市場のなかに閉じ込める）ことを意味する。

第3部 | 新国内基準の内容

わが国ではバーゼルⅢをふまえた国内基準行向けの新しい自己資本比率規制が平成26年（2014年）3月末決算期からスタートした。

自己資本の額〔コア資本に係る基礎項目の額－コア資本に係る調整項目の額〕／〔信用リスク・アセットの額の合計額＋マーケット・リスク相当額の合計額を8％で除して得た額＋オペレーショナル・リスク相当額の合計額を8％で除して得た額〕≧4％

その概要は次のとおりである。

① 所要自己資本水準は4％となり、バーゼルⅡ時代と同じ水準が維持された。

② 控除項目は国際基準に沿う内容になった。

③ 十分な移行期間やグランド・ファザリング条項などの措置が広い範囲にわたって用意された。

④ 公的資金については引き続き資本算入が認められた。

詳しく述べていくと、

1 国際基準が3階建てであるのに対して、国内基準は1階建てとなった。

国内基準では、自己資本の定義が普通株式を中心とするコア資本に一本化され、質の高い資本を蓄積していくことがねらいとされている。所要自己資本水準は従来と同じ4％が維持されており、原則10年に及ぶ移行期間のなかで利益を積み上げることができるため、国内金融機関のなかでバーゼルⅢを

不安視する声はあがっていない。

2　国内基準においては、これまで Tier2資本として認められていた劣後債、劣後ローン、土地再評価差額金、Tier1に算入が認められていた普通株への転換が予定されていない優先株式（社債型優先株式）、海外の特別目的株式（SPC）を通じて発行していた優先出資証券については自己資本の対象から除外された。

　除外の理由としては、劣後物は銀行が破綻した際には預金者に対するバッファーとして損失吸収力を有するが、利払いの停止ができないことからゴーイング・コンサーン・ベースで損失が吸収できないことがあげられる。

　土地再評価差額金については帳簿上の評価額の洗い替えにすぎず、実態としての損失吸収力がないということで除外された。

3　従来の Tier1資本のうち、社債型優先株式や SPC 発行優先出資証券は、強制転換条項付優先株式と同様、普通株式よりも優先して配当が支払われることから、損失吸収力は普通株式に劣る。一方で、強制転換条項付優先株式のみをコア資本へ算入することとなったのは、いずれより質の高い普通株式への転換が見込まれることからその効果を先取りするためである。

4　連結自己資本比率を計算する際の子会社の資本調達手段のうち第三者が保有している持分（少数株主持分）について、これまで全額を自己資本に算入することが認められていたのに対し、対象子会社が預金取扱金融機関・証券子会社に限定されるとともに、算入可能額が制限されることになった。子会社の第三者持分は連結グループベースの損失を吸収するためには必ずしも用いることができないためである。

5　また、国内基準バーゼルⅢはいきなり実施するのではなく、10年の移行期間が設けられた。

　コア資本に含まれない旧適格資本調達手段に関してはグランド・ファザリングの措置が講じられる。社債型優先株については原則15年、それ以外は10年である。

6　IMF はバーゼルⅢに際して、2012年に金融庁に対して、国内基準はダブルスタンダードだとして強くその廃止、および国際基準への一本化を求めたが、金融庁は頑として受け入れず今日に至っている。

拒絶の理由は、国内で円滑な金融仲介機能を果たしてもらわなければならない、というものである。

ただし、国際基準の8％ではなく4％という国内基準は維持したものの、自己資本の定義を損失吸収力の高いコア資本とし、繰延税金資産や他の金融機関向け出資といった自己資本の調整・控除項目はバーゼルⅢと基本的に同じ扱いにするなど、自己資本の質を高めるかたちで対処することとされた。

7　損失吸収力が劣る資本調達手段や無形固定資産の算入を除外・制限するというのはもっともなことであり、激変緩和のための十分な移行期間が用意されていれば、国内基準行でもさして異論はないようである。

8　繰延税金資産等の無形資産、他の金融機関向けの出資などコア資本の調整項目についても、国際統一基準と平仄をあわせて厳格化が図られた。

9　一般貸倒引当金の算入については中小企業等への資金供給強化の観点と整合的であり、一定の要件を満たすものはコア資本への算入を認めるとともに、算入上限が引き上げられた。

10　有価証券の評価損が資本直入（自己資本から直接に差し引く）となると、自己資本比率が不況期に大きく低下し、貸渋り、貸剥がしが起こる。このようなプロシクリカリティーを抑制するとの視点から有価証券の評価益だけでなく、評価損も自己資本比率に算入させないほうがよいと考えられ、2014年3月期が期限であった弾力化措置（2008年12月期から）が恒久化された。

第4部 ｜ バーゼルⅢの課題

1　バーゼルⅢは究極的に金融危機を防ぐことができるのだろうか。

高い自己資本比率が監督当局の目の届かない分野におけるリスクテイクのインセンティブを高めてしまい、銀行が、当局がまだ認識していないリスクをせっせと開拓してしまうという懸念は払拭できない。

また、自己資本比率と金融機関破綻との関係は必ずしも正の関係ではない（IMF調査）。投資銀行がその好例である。

自己資本比率が高ければ金融危機が回避できるというテーゼが正しいかど

うかは断言できない。

2 他方、金融技術の高度化、複雑化の流れから、金融機関の経営者や監督当局が危機を未然に察知し、リスクを管理する能力を高い水準で維持していくことは非常にむずかしくなっている。また、社会全体のリスク許容度は状況によってかなり異なっており、非常に複雑である。その意味で、数値制御による誘導を基本とするバーゼルⅢが有効に機能するかは依然として疑問符がつく。

3 バーゼルⅢはリスク・スコープを拡大した。その代表が流動性リスク規制であり、システミックリスクへの対応である。

今次危機では多くの金融機関が流動性リスクの顕現から破綻の危機を迎えたので、その導入はやむをえなかったのかもしれない。

流動性規制はグローバルには、今次初めて画一化されて導入された。しかし、国をまたいで画一的に規制できるのかについては議論があるところである。流動性は中央銀行の金融市場における資金調節方式いかんにもよる面が多分にある。

流動性の問題は状況次第で大きく変化するだけに、あまりにも画一的なルールを国際的に設けて金融機関を誘導するよりは、各国において中央銀行による機動的な対応に全幅の信頼をおいて任せたほうが現実的だったかもしれない、という説も根強く存在する。

4 流動性カバレッジ比率は、バーゼルⅢにおける格付機関との決別宣言により、発行体のタイプ（ソブリンか、非金融機関か、など）に依存することになった。しかし、ソブリンといえどもギリシャ国債とドイツ国債とでは流動性に天と地の違いがある。発行体の属性のみで決めることは市場に大きなゆがみをもたらす。金融機関がジャンクのソブリン債を利用して流動性カバレッジ比率を引き上げる行動に出ることは十分にありうると思われる。

いずれにしても国債という商品はそれぞれ国の威信がかかっているだけに多分に政治的な色彩も併せ持ち、金融関係者が金融マインドだけで処理することがむずかしい分野であるだけに、今回のバーゼルⅢでも詰めきれないまま国際合意ができあがってしまった、との感が強い。

5 TBTF（TOO BIG TO FAIL：規模が大き過ぎてつぶせない）のモラルハ

第13章　自己資本比率規制　バーゼルⅢ（銀行法第14条の2）　319

ザードとは、規模が大きいと当局がつぶせるはずがない、最後は助けてくれると考えた金融機関がそうした期待を背景に過大なリスクをとってしまうというものである。これに対して、モラルハザードの結果生じる資本不足に対して資本を賦課してシステミックリスクを防ごうというのがバーゼルⅢのねらいである。

しかし、あまり懲罰的だと金融市場の発展のインセンティブを阻害することになりかねない。

6　プロシクリカリティーの緩和措置は、理念はともかくとして、実効性の面では疑問点が多い。

リーマン・ショックはバーゼルⅡの欠陥から生じたのか、それとも米国、英国の当局の能力の欠如、ないし重大な見落しから生じた個別の問題だったのかは明らかではないが、仮に後者に比重があるとすれば、他の諸国まで引きずり込んでの対応が正しかったのかどうか。一律導入というのは震源地の当局の責任を矮小化する手法だったのではないかとの見方も根強い。

7　バーゼルⅢは金融機関の金融仲介コストを確実に大幅に上昇させる。

これは、安全基準をクリアーするために追加的なコストが求められるためである。それは金融サービスを受けるユーザーに確実に転嫁される。その結末でよいのかどうか。

8　高い自己資本比率が求められる結果、銀行はリスクテイクに対し、より熱心にならざるをえない。

新たな自己資本の大幅な調達が必要になり、必然的にROEが低下するので、これを避けようとして必死にリスクを追うことになる。

その意味で金融未成熟国の国債や低開発国への与信が増加するだろう。

9　従来銀行がテイクしていたリスクの多くがシャドーバンキンクや各種ファンドなど当局が監督していない分野にシフトする動きを増幅することは否定できない。

10　他方、当局の過剰な規制の結果、金融機関がリスクテイクに過度に慎重になり、マクロ経済のダイナミズムが失われるおそれは多分にある。

11　なお、以上のほか、バーゼルⅢでは**世界の金融システム上重要な銀行**を選定し、それらの銀行等によってもたらされる外部性（ほかに悪影響を与え

る度合い）を減少させるような追加資本、流動性規制を課すなど、監督上の
必要性から別途の国際基準が設けられている。

第14章

休日、営業時間、臨時休業
（銀行法第15条、第16条）

□ 第1節　休　　日

1　銀行の休日は、日曜日その他政令で定める日に限る。

（銀行法第15条第1項）

　一般に仕事を休む日を**休日**という。

　「休日」という語句は法令によって各種の用い方がある。第1に、国が業務を行わないとして特に定めた日を指す。祝日がこれに当たる。第2に、各種の法律のなかで「一般の休日」というときは、日曜日、祝日など、社会的慣行として一般に業務を行わない日を指す。その日には、たとえば、手形法第72条が『法定の休日に満期となる為替手形はこれに次ぐ第1取引日に至るまで支払いを請求することができない』と規定するなど、一定の行為が行えないという法的効果をもたらす。

　銀行法第15条にいう「政令で定める日」は、①「国民の祝日に関する法律（昭和23年7月法律第178号）」に規定する休日、②12月31日から翌年の1月3日までの日、③土曜日、の各日である（銀行法施行令第5条第1項）。

2　以上の日のほかに、銀行法施行令第5条第2項により、次に掲げる日は銀行の営業所の休日とすることができる。

　第1に、銀行の営業所の所在地における一般の休日に当たる日で、当該営業所の休日として金融庁長官が告示した日である。金融庁長官の告示は、外国に所在する営業所について当該営業所の所在地の現地法令による休日を定めている（昭和57年告示第317号）。つまり、銀行の海外支店等は所在地が休

日の場合にはわが国の銀行休日の状況にかかわらず休日とされているわけである。

第2に、銀行の営業所の設置場所の特殊事情により、当該営業所の休日とすることがやむをえない日として当該営業所につき金融庁長官が承認した日である。これは、たとえば、百貨店内に設けられた現金自動預入支払機（ATM）、現金自動支払機（CD）等について、当該百貨店の休業日に営業を停止する必要がある場合などを想定して設けられた規定である。

金融庁長官は、上記の承認を与える基準として、国内の営業所については、①全国銀行データ通信システムの運営等に支障を生じるおそれがないこと、②顧客の利便を著しく損なわないこと、③当座預金業務を営まない営業所であること、の三つの条件を具備するものについて認めることとしている（銀行法施行規則第15条第2項）。

銀行はこれらの規定に従いその営業所の休日とするときは、その旨を当該営業所の店頭に掲示しなければならない（銀行法施行令第5条第3項）。

銀行はこれらの休日の承認を受けようとするときは、承認申請書に、理由書、休業掲示の方法を記載した書類を添付して金融庁長官に提出しなければならない（銀行法施行規則第15条第1項）。

3　なお、ここでいう銀行の休日は、銀行の営業所の休日であり、代理店に対しても適用がある。

また、外国銀行のわが国における支店もこれらの法令が適用されるので、わが国の法令の規定する休日以外には、一般に休業することはできない。

4　政令の指定により、銀行は、毎週土曜日、日曜日の2日間は休日となり、週休2日制が実施されている。銀行の機能は、一国の経済活動の大動脈を形成しており、常に、預金者をはじめ、顧客の利便を考慮して運営されなければならない。したがって、銀行が自由に自己の都合により休日を設けることは社会的に認められないところである。

5　銀行法は、銀行が法定の休日以外の日に漫然と休日をとるような場合に対し、罰則規定を用意していない。しかし、このような場合には、当然に銀行法第24条により銀行の業務の健全かつ適正な運営を確保するため、内閣総理大臣は銀行から報告を求め、必要によっては命令を発し、銀行がその命令

第14章　休日、営業時間、臨時休業（銀行法第15条、第16条）　323

に違反したとき、または公益を害する行為をしたときは、当該銀行に対して
その業務の全部または一部の停止、取締役の解任等を行うことができる。

6　他方、これらの規定は銀行がみだりに休日をとってはいけないことを意
味するにとどまり、銀行が休日に営業を行うことに対しては、銀行法はなん
ら制限していない。この点は銀行監督の面からいえば、銀行の休日営業につ
いては、銀行間の過度の競争を防止すること、および、たとえ休日中の営業
であっても、営業するからには平日の営業と同じく公共性に根差した業務遂
行であることを銀行経営者に喚起する、といった、いわば常識的な配慮を要
するのみである。

　実際に、歳末や災害直後の金融繁忙期の休日には、臨時に営業することが
一部の地域で行われているし、最近では、日曜日に店外自動預金払出機（店
外CD）を稼働させる「サンデー・バンキング」の展開も活発になっている。

□ 第2節　営業時間

1　銀行の営業時間は、金融取引の状況等を勘案して内閣府令で定める。

（銀行法第15条第2項）

　休日が銀行法および銀行法施行令に規定されているのに対し、営業時間を
いかに定めるかについては、法律による規制ではなく、より下位の法規範で
ある内閣府令に委ねられている。これは、法律が営業時間を休日ほどには重
視していないためとみられないこともないが、経済社会情勢に即応してその
具体的内容を内閣府令に委任し、適宜これを弾力的に定めることにしている
点に意義を見出すべきものと考えられる。こうした趣旨は銀行法第15条第2
項の「金融取引の状況等を勘案して」という言葉にも現れている。

2　内閣府令である銀行法施行規則第16条は次のように規定している。

（1）　銀行の営業時間は、午前9時から午後3時までとする（第1項）。

（2）　前項の営業時間は、営業の都合により延長することができる（第2
　　　項）。

　また、銀行は、その営業所が次のいずれにも該当する場合は、当該営業所
について営業時間の変更をすることができる（第3項）。

・当該営業所の所在地又は設置場所の特殊事情その他の事情により、第1項
　に規定する営業時間とは異なる営業時間とする必要がある場合
・当該営業所の顧客の利便を著しく損なわない場合

3　したがって、銀行の営業時間は基本的には「**午前9時から午後3時ま
で**」である。つまりこの6時間の時間帯は、銀行は営業することを義務づけ
られている。

　銀行に対し、少なくとも省令で指定する時間帯だけはいつでも取引者ない
し利用者との取引に応じられる態勢にしておくべきであるという法令上の義
務を課すものである。いわば、営業時間帯の必要最小限度を定めている。

　営業時間は利用者側からみれば、なるべく長いほうが便利である。他方、
銀行側からは、細かい計数を取り扱う関係上、業務の遂行に誤りなきを期す
る点や、能率の面でおのずから制約があり、また、その日の計算は、当日中
に集計、整理を終わらせる必要があるので、そこには一定の調和すべき均衡
点があるものと考えられる。

　注意を要するのは、銀行法施行規則第16条第1項で規定する「午前9時か
ら午後3時まで」の営業時間はあくまでも顧客に対する最小限の義務を課し
ているにすぎない。したがって、銀行が自らの意思で顧客へのサービスを拡
大するために、これを延長することは当然に可能である（銀行法施行規則第
16条第2項）。

　たとえば、9時～15時の時間帯に加えて早朝営業とか夜間営業など、この
時間帯以外に営業することは銀行の個別の経営判断の問題であり、いかよう
な対応をすることも可能である。

　他方、営業時間を9時～15時の時間帯に食い込んで<u>短縮すること</u>について
は、基本的にはできないが、上記銀行法施行規則第16条第3項により、①当
該営業所の所在地または設置場所の特殊事情その他の事情により第1項に規
定する営業時間とは異なる営業時間とする必要がある場合、②当該営業所の
顧客の利便を著しく損なわない場合、の二つのいずれの条件にも合致すれ
ば、銀行の自主的な判断により、たとえば午後だけの営業とか、一般に昼休
みの時間帯である12時～13時を営業しないこととするのは可能である。

　これまで銀行法施行規則第16条第3項には（旧）第3号があり、企業など

第14章　休日、営業時間、臨時休業（銀行法第15条、第16条）　325

が業務上の支払に利用する当座預金業務を扱っていないことが条件として存在していた。全国約1万3,000ある銀行店舗のほぼ9割以上が当座預金業務を扱っていたので、営業時間の短縮は事実上不可能であったのだが、平成28年9月から旧第3号が削除された。この結果、今日では「9時～15時」を基本としつつも、銀行は顧客の利便性等に配慮しながら、各々の経営判断で営業時間を柔軟に設定できるようになった。たとえば、住宅地であるので午前中に来客が非常に少ないという事情のある支店の場合には、その間の営業を顧客の利用が多い夜間や休日の営業に振り替えるといった機動的な運営を行うことができる。地域ごとに営業時間を変えて対応するなどの経営展開が可能となったわけである。

銀行は、上述の銀行法第16条第3項の規定による営業時間の変更をするときは、その旨を当該営業所の店頭に掲示しなければならない（同条第4項）。

4　ここで、講学上の関心から、わが国における銀行の営業時間制度について、その変遷の歴史を紹介しておきたい。

わが国銀行制度の創成期である銀行条例（明治23年制定）では、『銀行の営業時間は午前10時より午後4時までとする』とされ、『ただし、営業の都合によりこれを増加することができる』と規定されていた。その後、明治28年2月に同法は、『午前9時より午後3時まで』に改められた。昭和3年施行の旧銀行法は、営業時間の規定をすべて施行細則に委ね、銀行条例と同文の規定を置くとともに、『地方の状況により』この『午前9時より午後3時まで』の時間帯を短縮しようとする場合には、大蔵大臣の認可を得なければならないと規定していた。他方、これよりも長く営業することはかまわなかった。昭和2年、旧銀行法が制定された当時、「日本昼夜銀行」という商号の銀行があり、文字どおり、昼夜、すなわち、午前9時から午後8時まで営業していた事実が記録されている。

そして、昭和3年7月に、それまで土曜日でも終日行っていた営業を、土曜日を半日（半ドン）にするかわりに平日の営業時間を毎日30分延長するとともに、認可による営業時間短縮規定を削除している。つまり、銀行法施行細則は、『銀行の営業は午前9時より午後3時30分までとする。ただし、土曜日に限りこれを午前12時までに短縮することができる。前項の営業時間

は、営業の都合によりこれを伸長することを妨げない』（旧銀行法施行細則第13条）とされた。

戦争末期の昭和20年6月、空襲による被害がわが国全土に及ぶという戦時の異常事態のもとで、戦況のいっそうの悪化を予想して行員の早期帰宅を促すために、それまでの「午後3時30分」が慣例的に「午後3時」に繰り上げられた。この慣行はその後も引き継がれ、昭和38年6月、旧銀行法施行細則第13条で明文をもって確認されている。昭和56年の銀行法全面改正に伴い、省令である銀行法施行規則で「午前9時から午後3時まで」と定められている。

□第3節　営業時間の変更

1　銀行はその営業所（代理店を含む）の所在地または設置場所の特殊事情により、銀行法施行規則第16条第1項に規定する営業時間とは異なる営業時間帯を設定する必要がある場合には、当該営業所について営業時間を変更することができる（銀行法施行規則第16条第3項）。

たとえば、百貨店内にある銀行店舗、特に店外現金自動預入支払機（ATM）、現金自動支払機（CD）の営業時間は百貨店の営業時間に平仄をあわせて決められている。

銀行法施行規則第35条第1項は、届出事項を定めているが、その第7号で通常の営業時間が確保されていないような営業時間の変更に限り届出事項とされている。

また、銀行の外国に所在する営業所の営業時間は、当該営業所の所在地の法令により認められる時間とする（銀行法施行規則第16条第5項）。これは休日の場合の考え方と同様である。

2　銀行が営業時間外において、契約の締結その他の業務を執行することは可能である。また、銀行が特定人に対し、営業時間外にサービスを行ってもさしつかえない。さらに、営業時間の延長は、必ずしも各銀行の全店舗について画一的に行うことを要さず、特定の店舗のみについて行うことができる。延長時間内の業務についても、すべての業務範囲を取り扱う必要はな

第14章　休日、営業時間、臨時休業（銀行法第15条、第16条）　327

く、いずれの営業種目を営むかは、各銀行が裁量によって定めることができる。

3 以上のように、営業時間は現行法令の規定上、「9時から3時まで」を基軸としつつ、各銀行の自主的判断によって行うことができる建前になっている。

金融機関の高い公共性を考慮すれば、他の事情が許すならば顧客の需要に応じて営業時間を延長し、よりいっそう、国民一般の便宜を図ることを抑制する理由はない。しかしながら、半面、採算を無視した過当競争が行われ、銀行経営ひいては預金者保護に悪影響を及ぼすおそれもあるので、銀行が営業時間を延長しようとするときは、事務管理、資金コストなど経営上の諸問題を十分に検討のうえ行うべきは当然である。また、営業時間の延長にあたっては、その旨を一般に周知させる措置をとるべきこと、および、一度延長された営業時間は、顧客の便宜を考慮して安易に短縮することのないよう配慮すべきである。

4 営業時間の法律的効果について言及しておきたい。商法第520条は、法令または慣習により取引時間に定めのあるときは、その取引時間に限り債務の履行をなし、またはその履行の請求をなすことができると規定している。銀行法施行規則第16条に規定する銀行の営業時間、ないし、この時間帯を超える銀行の営業時間を経過したあとは、預金者は銀行に対して預金の払戻しの請求をすることはできない。また、銀行より借入れをなした者が、営業時間後に弁済行為をなしても履行遅滞の責めを免れることはできない。

□ 第4節 臨時休業等

1 銀行は、内閣府令で定める場合を除き、天災その他のやむを得ない理由によりその営業所において臨時にその業務の全部又は一部を休止するときは、直ちにその旨を、理由を付して内閣総理大臣に届け出るとともに、公告し、かつ、内閣府令で定めるところにより、当該営業所の店頭に掲示しなければならない。銀行が臨時にその業務の全部又は一部を休止した営業所においてその業務の全部又は一部を再開するときも、同様とする。

（銀行法第16条第1項）

　前項の規定にかかわらず、銀行の無人の営業所において臨時にその業務の全部又は一部を休止する場合その他の内閣府令で定める場合については、同項の規定による公告は、することを要しない。

（銀行法第16条第2項）

　この項目は、銀行が休業を余儀なくされた場合の規定であって、銀行に公告および届出の義務を負わせている。すなわち、公共的見地から銀行の休日を限定した以上、臨時にその機能を停止せざるをえない場合にも、第1項により、一般公衆に対しすみやかにその旨を知らせ、また、監督官庁としてもその事実を知る必要がある。第2項も、第1項と同じく営業所ごとに適用があるものと解される。

　「休業するとき」とあり、「休業したとき」としていないのは、休業と同時に即刻という意味を表している。臨時休業にあたり、時間的制約のためあらかじめ公告できない場合は、とりあえず、店頭掲示などの方法により周知徹底に努めなければならない。営業の再開の場合も同様である。

2　銀行が業務を停止または再開しようとするときは、届出書とともに、①理由書、②掲示の方法を記載した書類、③その他金融庁長官が必要と認める事項を記載した書類、を添付し、金融庁長官等に提出しなければならない（銀行法施行規則第17条第1項）。

　「公告」は定款の定めに従い、時事に関する事項を掲載する日刊新聞紙、または電子公告により行わなければならない（銀行法第57条）。

3　以上の手続は、「内閣府令で定める場合を除き」とされている。

　内閣府令である銀行法施行規則第17条第1項によれば、次の場合は内閣総理大臣への届出は必要ない。すなわち、

① 　内閣総理大臣が銀行の業務または財産の状況に照らし必要があるときに銀行に対し業務の停止を命ずる場合

② 　銀行の一般的休日に業務を営む銀行または代理店が現金自動支払機による業務を休止する場合

③ 　現金自動預入支払機（ATM）、現金自動支払機（CD）などだけで顧客対応する無人の営業所、代理店において、その業務の全部または一部を

休止する場合

　④　外国に所在する営業所、代理店において、その業務の全部または一部
　　を休止する場合

などである。

4　なお、いずれの場合でも、店頭における掲示は必要である。法令で解除
された場合を除き、届出、公告、店頭掲示を行わない臨時休業に対して過料
が科される。

　預金の払戻停止についても業務の一部休止で読み込むこととしている。

臨時休業事由

1　ここで「**天災その他のやむを得ない理由**」は、暴動、戦乱など、天災に
比すべき重大な外部的障害を意味するが、それ以外にも ATM や CD などの
機械の故障も含まれると解される。他方、銀行側の恣意的な理由によるも
の、たとえば、行員の病気、帳簿の整理、営業所の移転のようなものは臨時
休業の理由とはならない。

2　預金の払出しを停止しなければならないような事情、または会社更生法
により保全処分の一環として払戻停止を命じられた場合なども当然にやむを
えない理由に含まれる。銀行が一般に預金の払戻しを停止するような場合
は、その業務および資産内容に重大な欠陥が存するからである。このような
ときは預金者保護の見地から、一般公衆の被る損害を極力限定するためにも
すみやかに適切な善後措置を講ずる必要がある。そこで、本条は天災その他
のやむをえない理由の場合の一つとして、預金払戻停止の場合について、一
般公衆等に知らせるための公告および主務大臣に対する届出の義務を規定し
ている。

3　預金払戻しの停止は、銀行が預金債務を一般的、かつ、継続的に支払わ
ない旨を表示した客観的状況をいうとするのが伝統的な解釈である。この場
合の「一般的」とは、個々の預金者に対し、法律上あるいは商慣習上、正当
と認められて払戻しをなさないような特定の場合は含まないとの意味であ
る。予告なしに突然に当座預金払戻しの請求を受け、銀行が資金手当をなす
まで一時的に支払の猶予を請うような場合は、商慣習上、正当な理由がある

ものと考えるべきであり、ここでいう払戻しの停止には入らない。しかし、銀行が一般的、かつ継続的に支払わない旨の表示をすれば、たとえ払戻請求を受け、これを拒んだ事実が発生しなくても、本条にいう「やむをえない理由」に該当する。

払戻しの停止は、銀行側における支払不能あるいは債務超過の状態が実際に存在するか否かを問うものではない。銀行法は、払戻しの停止を銀行の業務内容における重大な欠陥を疑わせる徴候としてとらえようとするものであり、支払不能あるいは債務超過の事実の確定を待つ趣旨ではないからである。むしろ、そのような状態に至るのを極力、未然に防止することにこの条文の意義があるというべきである。

公告を義務づけているのは、一般の預金者が、払戻停止の事実を知らずにさらに当該銀行に預金するような事態を未然に防ぐためである。

4　預金払戻しの停止と銀行休業との関係についてさらに立ち入って述べておきたい。

銀行法は、銀行が預金払戻しを停止した場合に銀行側が臨時休業の申立てをすることを可としているにとどまり、必ず休業すべきことを命じているわけではない。預金の払戻業務は行わないものの、新規に預金を受け入れ、貸付、割引等の銀行業務を継続しても、本法に違反することにはならない。しかし、事情を知らない預金者が当該銀行に新規に預金すれば預金者等の被害はさらに拡大するおそれがある。このような場合には、銀行法第26条の規定が活用されることになるものと思われる。すなわち、内閣総理大臣が状況によって銀行法第26条に基づき当該銀行の業務を停止するなり、その他の適切な措置を講ずる行動に出ることになる。もっとも、払戻停止銀行は、通常は店頭の混乱から店舗を開いていることは到底できず、休業を余儀なくされる状態になっている場合が多いと考えられる。

5　銀行の臨時休業の規定は、天災その他のやむをえない理由がある場合に限り、銀行は休業することができると述べている。「やむをえない」の趣旨は、真にやむをえない場合には、銀行法第16条の適用があるからとして公法上の違法性を阻却するのにとどまる。つまり、私法上の効果、たとえば、民法第161条にいう「時効の期間の満了の時に当たり、天災その他避けること

のできない事変のために時効を中断することができないときは、その障害が消滅した時から2週間を経過するまでの間は、時効は、完成しない」という規定の適用や、手形法第54条にいう『法定の期間内における為替手形の呈示等が避けることのできない障害によって妨げられるときは、その期間を伸長する』かは別個の問題である。

第15章

銀行の子会社（銀行法第16条の２）

□第１節　総　　説

1　一般に、銀行がその業域を拡大しようとする場合、次の五つの方途がある。

① 業態別子会社等、子会社・関連会社等を設立する。

② 銀行持株会社を設立し、その子会社（兄弟会社）等により拡大する。

③ 他の他業会社等へ出資（5％以下。銀行法第16条の４）する。

④ 銀行法第10条第２項の付随業務（本文柱書にある「その他の銀行業に付随する業務」を含む）に従事する。

⑤ 代理、媒介や業務委託ないし銀行代理業者への委託（注：業務範囲そのものは変わらないが、自行が不得意とする業務を外出しすることができる）

以上のなかでは銀行法の子会社規定が最も多く使われている。

2　銀行法は、銀行に対して金融関連分野の会社を中心にして広い範囲にわたって子会社をもつことを許容している。具体的に子会社としてもてる会社は、他の銀行、証券専門会社、保険会社、従属業務会社、金融関連会社、などである。ただし、子会社の業務範囲は銀行本体が他業禁止となっていることとの平仄から、銀行本体より多少緩いものの強い制約が課されている。つまり、子会社だからといって銀行本体の他業禁止が一般事業会社分野に向かって野放図に拡大することは原則として認めていない。

銀行の子会社設立・取得にあたっては**内閣総理大臣の認可**が必要である（銀行法第16条の２第７項）。

第15章　銀行の子会社（銀行法第16条の２）　333

なお、子会社の範囲を規定した銀行法第16条の2の条文の記述の仕方が
「次に掲げる会社以外の会社を子会社としてはならない」となっており、「次
に掲げる会社を子会社とすることができる」という書き方になっていないの
は、銀行法の条文全体の建て方が他業禁止の考え方を前提にしているためで
ある。

3　銀行は、次に掲げる会社（以下この条及び次条第1項において「子会社対
象会社」という。）以外の会社を子会社としてはならない。

（1）　銀行

（2）　長期信用銀行

（2の2）　資金移動専門会社

（3）　証券専門会社

（4）　証券仲介専門会社

（5）　保険会社

（5の2）　少額短期保険業者

（6）　信託専門会社

（7）　銀行業を営む外国の会社

（8）　有価証券関連業を営む外国の会社

（9）　外国保険会社

（10）　外国信託会社

（11）　従属業務又は金融関連業務を専ら営む会社

（12）　新たな業務分野を開拓する会社

（12の2）　経営の向上に相当程度寄与すると認められる新たな事業活動を行
　　　う会社

（12の3）　情報通信技術その他の技術を活用した当該銀行の営む銀行業の高
　　　度化等に資するなどの業務を営む会社

（13）　前各号及び次号に掲げる会社のみを子会社とする持株会社

（14）　前号に掲げる会社のみを子会社とする外国の会社であって、持株会社
　　　と同種のもの又は持株会社に類似するもの

（銀行法第16条の2第1項）

　前項において、次の各号に掲げる用語の意義は、当該各号に定めるところ

による。

（1）　従属業務　銀行又は前項第2号から第10号までに掲げる会社の営む業務に従属する業務として内閣府令で定めるもの

（2）　金融関連業務　銀行業、有価証券関連業、保険業又は信託業に付随し、又は関連する業務として内閣府令で定めるもの

（3）　証券専門関連業務　専ら有価証券関連業に付随し、又は関連する業務として内閣府令で定めるもの

（4）　保険専門関連業務　専ら保険業に付随し、又は関連する業務として内閣府令で定めるもの

　以下略

（銀行法第16条の2第2項）

□第2節　子会社対象会社

第1　子会社対象会社

　銀行法第16条の2第1項が規定する、銀行が子会社としてもつことのできる、いわゆる「子会社対象会社」を、以下、具体的にみていきたい。

　⑴　銀行等（第1号・第2号）

　銀行は子会社として他の銀行や長期信用銀行などをもつことができる。また、信託銀行は信託兼営法によって普通銀行に認められた形態の銀行なので、これも「銀行」に含まれる。外国銀行の保有も可能である。

　銀行はリテール、ホールセール等の業務の区別や営業地域などの特徴に応じて、傘下に他の銀行を子会社化としてもつことができる。インターネットバンクなど各種の特殊な銀行も傘下にもつことができる。破綻銀行の子会社化はもちろん可能である。

　⑵　証券専門会社、外国証券会社（第3号・第8号）

　金融商品取引法により金融商品取引業者には一般事業会社も含まれることに鑑み、一般事業会社の子会社化を排除する意味で、金融商品取引業者（証券会社）のうち証券専門会社についてのみ子会社化を認めている。また、当

該子会社は金融商品取引法第35条第1項第1号～第8号の業務、すなわち、有価証券に関連する情報の提供または助言業務などを行うことも可能である。

(3) 保険会社等（第4号・第7号）

保険会社、外国保険会社も子会社化することができる。

銀行と保険会社との相互乗入れが実現し、保険会社が傘下に銀行をもつことができる一方、銀行が保険会社を子会社としてもつことができる。

第2　従属業務会社（第11号）

1　銀行は前記の会社に加えて従属業務会社を子会社にすることができる。

従属業務又は金融関連業務を専ら営む会社（従属業務を営む会社にあつては当該銀行、その子会社（第1号から第2号の2まで及び第7号に掲げる会社に限る。）その他これらに類する者として内閣府令で定めるもの（第11項において「銀行等」という。）の営む業務のためにその業務を営んでいるものに限るものとし、金融関連業務を営む会社であつて次に掲げる業務の区分に該当する場合には、当該区分に定めるものに、それぞれ限るものとする。）

以下略

（銀行法第16条の2第1項第11号）

まず、ここで「従属業務又は金融関連業務を専ら営む会社」とあるが、この「専ら」の語句はほかにも、たとえば同条第1項第6号、同条第2項第3号、第4号、第5号等にも使用されている。それを数字的な水準で表現すれば、すでに実務のうえで現実として積み上がっているとおり、常識的にいって「おおむね8割内外」としてとらえるのが妥当である。「主として」よりも比率は高いが、「すべて」という水準にはとても届かないときに使われている。

従属業務会社の定義は、当該銀行またはその子会社の営む業務のために、その業務の基本にかかわることのない業務を営んでいる会社である。すなわち、これらの業務は銀行またはその子会社の基本業務の遂行に必要なものの、それ自体は銀行業務の関連業務ではなく、純粋に一般業務であり、銀行にとっては他業である。しかし、それらの業務を当該銀行またはその子会社

に対して行うということで、銀行業務との一体性に着目して銀行の業務のアウトソーシングの一環として広く認められているものである。

従属業務会社については従来から銀行法第16条の2第1項第11号において「主として」親銀行グループ（または銀行持株会社グループ）の業務のために営んでいること（加えて当該銀行グループ等に属する銀行からの収入があること）が求められ、「主として」の字句解釈として金融庁告示において親銀行グループ等からの収入が総収入の「50％以上」であることが求められていた。

しかし、平成29年改正法において、従属業務のうち、複数の金融グループ間の連携・協働が強く求められる業務について一律に50％以上とされる**収入依存度**の引下げを可能にするため、上記「主として」の文言が削除された（銀行法第16条の2第1項第11号・第11項、第52条の23第1項第10号・第11号）。その結果、金融庁告示において以下の業務が収入依存度緩和の対象とされた。

① ATM保守点検業務

② 計算受託業務

③ システム・プログラムの設計・保守等業務

加えて、以下の業務について、上記業務とあわせて営まれる限り、緩和の対象とされる。

① 住宅ローン等の相談・取次業務

② 文書作成・配送等の業務

③ 事務取次業務

④ 現金・小切手輸送業務

⑤ 現金・小切手集配業務

これらの業務に係る緩和後の収入依存度の数値は100分の40となった。それ以外は従来どおり100分の50が適用される（収入依存度告示（平成14年金融庁告示第34号））。

2 従属業務として、銀行法施行規則第17条の3第1項に以下の27種が広く列挙されている。営業不動産の管理業務、福利厚生業務などが代表的なものである。具体的には、

（1） 事業用不動産の賃貸・管理業務

第15章　銀行の子会社（銀行法第16条の2）　337

（2）　福利厚生業務

（3）　物品購入業務

（4）　印刷・製本業務

（5）　広告宣伝業務

（6）　自動車運行・保守点検業務

（7）　調査・情報提供業務

（8）　ATM 保守点検業務

（9）　ダイレクトメール等の作成・発送業務

（10）　担保物件の評価・管理業務

（10の2）　担保物件の売買の代理・媒介業務

（11）　住宅ローン等の相談・取次業務

（12）　外国為替・旅行用小切手・対外取引関係の業務

（13）　計算受託業務

（14）　文書作成・配送等の業務

（15）　事務取次業務

（16）　労働者派遣事業・職業紹介事業

（17）　システム・プログラムの設計・保守等業務

（18）　役職員の教育研修業務

（19）　現金・小切手輸送業務

（20）　現金・小切手集配業務

（21）　有価証券受渡し業務

（22）　現金・小切手整理管理業務

（23）　保険投資業務

（24）　自己競落会社業務

（25）　その他これらの業務に準ずるものとして金融庁長官が定める業務

（26）　前各号に掲げる業務に付帯する業務

第3　金融関連業務会社（第11号）

1　次に**金融関連業務会社**であるが、証券専門関連業務、保険専門関連業務などがあり、銀行はこれらの会社を子会社としてもつことができる。銀行法

施行規則第17条の3第2項に第1号から第39号にわたって幅広く規定されている。

　これらの業務は銀行法第16条の2第2項第2号に規定されている「銀行業、有価証券関連業、保険業又は信託業に付随し、又は関連する業務として内閣府令で定めるもの」である。銀行から近いところにあり、子会社で扱うとすれば比較的自然である。リスクも少なく、多様化している顧客ニーズを汲みとるためにも意味をもっている。

2　金融関連業務会社として銀行が子会社としてもつことができるもののうち主なものをあげると、次のとおりである（注：付番は銀行法施行規則第17条の3第2項による）。

（1）　銀行等の業務の代理または媒介

（1の4）　資金移動業の代理または媒介

（1の5）　信託契約代理業

（2）　金銭の貸付または金銭の貸借の媒介

（3の2）　債権管理回収業

（3の3）　確定拠出年金運営管理業務

（6）　商品投資顧問業務

（7）　クレジットカード業務

（9）　プリペイドカード業務

（11）　リース業務

（12）　資金供給業務

（13）　証券投資信託委託業

（14）　証券投資助言業または投資一任契約に係る業務

（15）　経営相談

（16）　金融・経済の調査・研究業務

（17）　個人の財産形成に関する相談業務

（18）　データ処理業務

（18の2）　電子計算機プログラム作成・販売業務

（19）　有価証券に関する事務取次業務

（20）　有価証券に関する代理業務

(21) インベスター・リレーション業務

(22) 有価証券に関する情報の提供または助言業務

(23) 匿名組合契約等の締結の媒介

(24) 保険業の代理・事務の代行業務

(27) 保険募集を行う者の教育業務

(28) 老人、身障者等の福祉に関する役務提供業務

(29) 健康維持・増進施設等の運営業務

(30) 事故等の危険の発生防止等のための調査分析業務

(31) 健康・福祉・医療に関する調査分析業務

(32) 保険関連会社業務に関する電算プログラム作成・販売および計算の
受託

(33) 自動車修理業者のあっせん紹介業務

(34) 保険契約者からの保険事故報告取次業務

(38) その他これらに準ずるものとして金融庁長官が定める業務

(39) 前各号に付帯する業務

3 　銀行法第16条の2第1項第11号の金融関連業務については、条文が長く
かつ複雑な記述になっているので説明をしておきたい。

　銀行が証券業務、保険業務、信託業務に関連する業務を営む会社を子会社
とする場合には、銀行グループ内に証券子会社、保険子会社、信託子会社が
存在し、かつ、それぞれ前者と後者の間に一定の資本関係が存在することが
求められる。それは、これらの金融関連業務会社が銀行に付随し、または関
連する業務ではなく、証券業務、保険業務、信託業務との関連においてはじ
めて利用者利便の向上に資するものであると考えられるためである。すなわ
ち、証券専門関連業務、保険専門関連業務、信託専門関連業務を営む会社を
子会社化する要件は、それぞれ証券子会社、保険子会社、信託子会社とそれ
らの会社（銀行からみれば孫会社）との資本関係にあると割り切っているの
が特徴である。

　たとえば、証券専門関連会社が「子会社」である以上、銀行またはその子
会社（以下「銀行グループ」と称する）で合算して50％を超える議決権を有し
ているわけであるが、そのグループの一つである証券子会社等が保有する当

該金融関連業務会社に対する議決権の数は、証券子会社等を除く銀行グループが保有する議決権の数を上回っていなければならない。その金融関連業務会社と証券子会社との資本関係が強いことは、その金融関連業務と証券子会社の業務とのある程度の一体性を間接的に示していることになる。漠然と銀行グループのなかで活動しているというのでは一般業務会社性が強いわけであるが、証券子会社等への従属性を高めることで、従属業務を行う会社と同じ脈絡で子会社対象会社となることを意味している。

　保険専門関連業務や信託専門関連業務を営む子会社についても、まったく同様の規定が置かれている。

4　さらに、その金融関連業務会社が証券専門関連業務、保険専門関連業務、信託専門関連業務のうち二つ、または三つを同時に営む会社である場合には、いっそう複雑な規定になっているので、たとえによって説明したほうがわかりやすいと思われる。銀行グループ全体で、たとえば過半数を超える60％の議決権を有しているとする。その場合に証券子会社が25％、保険子会社が30％保有しているときには、証券子会社の議決権（25％）は証券子会社と保険子会社を除いた銀行グループの議決権の合算（5％＝60－25－30）を上回り、かつ保険子会社の議決権（30％）は同じく銀行グループの議決権の合算（5％＝60－30－25）を上回っており、このような場合は銀行の「子会社対象会社」となる。この証券専門関連業務および保険専門関連業務を併せ行う会社は、証券子会社および保険子会社との資本関係が強く、一般業務性を脱して金融関連業務性が高くなるためである。

第4　その他の子会社対象会社（ベンチャー・ビジネス会社、事業再生会社、フィンテック企業）

1　ベンチャー・ビジネス会社（第12号） は、「新たな事業分野を開拓する会社として内閣府令で定めるもの」である。ただし、これを含めると一般事業会社との区別があいまいになるおそれがあるので、銀行が子会社として保有可能なものを一般の事業会社と明確に区別する必要がある。

　そこで、銀行法施行規則第17条の2第6項は、①金融商品取引所非上場ないし店頭非登録会社であること、②「中小企業の新たな事業活動の促進に関

する法律（平成11年法律第18号）」に規定する中小企業者で、設立や新事業活動開始の日から一定期間経過していない比較的新しい存在であり、③研究開発費や新事業従事者が一定割合以上である等の要件を満たす会社、などに限定している。また、出資の方法も銀行の子会社であるベンチャー・キャピタル会社（特定子会社）以外の会社が合算して５％超の株式を保有していないものに限る仕組みになっている。これは銀行の出資がベンチャー・キャピタル会社経由の孫会社であれば、他業に基因するリスクを相当程度遮断することが可能なためである。なお、一般の事業会社に適用される銀行による議決権保有の上限値（５％）を超える議決権の保有が認められる期間は15年である（銀行法施行規則第17条の２第11項）。

2　事業再生会社（第12号の２）は、「経営の向上に相当程度寄与すると認められる新たな事業活動を行う会社として内閣府令で定める会社」である。

　内閣府令である銀行法施行規則第17条の２第７項では中小企業等経営強化法第８条第１項に規定する承認を受けている会社、民事再生法、会社更生法等で再生ないし更生計画の認可・決定を受けている会社等８類型が規定されている。最近では単なる融資条件の変更や債権放棄だけでは再生できず、事業を再構築する必要のある企業が増えてきているので、銀行が本体で一定の株式を保有したうえで、企業の再生に積極的に関与することが地域・企業側から強く要請されるようになったことを受けて、銀行法で手当されたものである。一定の公的枠組みまたはこれに準ずる枠組みのもとで、当該銀行が関与するデット・エクイティ・スワップ等による経営強化改善等を進めている会社などがこれに該当する。議決権の保有期間は一般には３年、中小企業の場合は５年までとされている。

3　フィンテック企業（金融関連 IT 企業）（第12号の３）は、平成29年の銀行法改正により「情報通信技術その他の技術を活用した当該銀行の営む銀行業の高度化若しくは当該銀行の利用者の利便の向上に資すると見込まれる業務を営む会社」（いわゆるフィンテック企業）が子会社対象会社に加えられ、銀行またはその子会社による基準議決権数（総議決権の５％。銀行法第16条の４第１項）を超える出資が可能となった。ただし新類型会社への出資により、従来銀行グループに課されてきた他業禁止の趣旨が損なわれることのないよ

う（金融庁・湯山壮一郎ほか「情報通信技術の進展等の環境変化に対応するための銀行法等の一部を改正する法律の概要」旬刊商事法務2107号）、このような出資については当局による個別認可制がとられている。

当該認可にあたっての審査事項（銀行法施行規則第17条の5の2第2項）としては、

出資元の銀行の財務の健全性の観点から、
・銀行の資本金が十分な額か（第1号）、
・銀行等の出資が全額毀損した場合であっても財産の状況が良好であると見込まれるか（第2号）、
・業務、財産、損益の状況が良好か（第3号）、
・出資後の連結収支が良好に推移すると見込まれるか（第4号）、

出資先の業務内容と銀行業務との関係の観点から
・出資先が業務を的確、公正に遂行できるか（第5号）、
・銀行業の高度化・利便の向上に資すると見込まれるか（第6号）、
・銀行の業務の健全・適切な運営に支障をきたす著しいおそれはないか（第7号）、
・優越的地位の濫用、利益相反の著しいおそれはないか（第8号・第9号）
と規定されている。

第5　その他

以上のほか、銀行を親会社とする持株会社も可能である。つまり、川下銀行持株会社の保有ができる。

また、外国の銀行の子会社化も可能であるが、たとえば欧州はユニバーサル・バンキング制度であるので、外国の銀行の子会社化によって国内では銀行法によって認められない業務を子会社が営むようになってしまい、銀行業の向こう岸に渡ってしまうおそれがあるので、これについては個々のケースごとに監督官庁が審査し認めるかどうかを決めることになっている。

第15章　銀行の子会社（銀行法第16条の2）　343

□ 第 3 節　認　　可

1　銀行が、銀行法第16条の 2 の規定にのっとり新たに子会社を保有しよう
とする場合には、原則として監督当局の事前の許可を受けなければならな
い。

すなわち、

**銀行は、子会社対象会社のうち、第 1 項第 1 号から第11号まで又は第12号
の 3 から第14号までに掲げる会社（従属業務（略）または銀行業に付随し、若
しくは関連する業務として内閣府令で定めるものを専ら営む会社（従属業務を営
む会社にあつては、当該銀行の営む業務ためにその業務を営んでいる会社に限る。）
を除く。以下この条及び第16条の 4 第 4 項第 1 号において「子会社対象銀行等」
という。）を子会社としようとするとき（第 1 項第12号の 3 に掲げる会社にあつ
ては、当該銀行又はその子会社がしてその基準議決権数（略）を超える議決権を
取得し、又は保有しようとするとき）は、第30条第 1 項から第 3 項まで又は金
融機関の合併及び転換に関する法律（昭和43年法律第86号）第 5 条第 1 項（認
可）の規定により合併、会社分割又は事業の譲受けの認可を受ける場合を除
き、あらかじめ、内閣総理大臣の認可を受けなければならない。**

（銀行法第16条の 2 第 7 項）

　銀行が子会社とすることができる会社の範囲は大幅に拡大されたが、それ
は銀行業務を離れた業務分野において子会社を通じた多様な業務展開が行わ
れることを意味し、銀行の健全な業務運用を脅かすおそれが増すことにな
る。銀行業務の柔軟化と銀行経営の健全性とのバランスを図る意味合いか
ら、銀行が子会社対象会社を子会社とする場合には、内閣総理大臣が事前に
適格性を審査し認可を行うこととされている。

　ただし、ベンチャー・ビジネス企業等（銀行法第16号の 2 第 1 項第12号およ
び第12号の 2 ）を子会社としようとする場合には事前の認可は不要であり、
届出をもって足りる。ベンチャー・ビジネス企業に対しては、銀行等の専門
的な投資判断を逐一監督当局の認可に係らしめることは適当でないためであ
る（認可が必要となる子会社対象会社は「子会社対象銀行等」と呼ばれる）。ま
た、銀行法第16条の 2 第 7 項は、合併、分割、営業譲渡の認可を受ける場合

344

には、認可手続を一本化する観点から、これらの認可を受ければ足り、あらためて本条による認可を受ける必要はないとしている。

そして、第7項の規定は、銀行が、その子会社としている第1項各号に掲げる会社を当該各号のうち他の号に掲げる会社（子会社対象銀行等に限る）に該当する子会社としようとするときについて準用される（銀行法第16条の2第9項）。第9項は、たとえば、金融関連業務を営む会社が事後的に証券会社としての登録を受けて証券業を経営する場合のように、すでに銀行の子会社になっている会社がその後、認可が必要な別の子会社業務を営むケースに関して、あらためて認可を受けることを要する旨を規定している。

2 認可に際しての審査基準は、銀行法施行規則第17条の5第2項で定められている。すなわち、当該銀行について、①資本の額が十分か、②連結自己資本比率が適正な水準にあるか、③業務、財産、損益の状況が良好か、④子会社対象会社を傘下に置いたとしても当該銀行の収支が良好に推移する見通しか、⑤子会社対象会社に対して適切な措置が講じられるか、また、子会社対象会社について、⑥その業務を的確かつ公正に遂行する能力があるか、の6点である。

3 なお、銀行法第16条の2第3項において、銀行またはその子会社が、①担保権の実行、②代物弁済の受領等により株式等を取得して、結果として、子会社対象会社以外の会社が子会社としての条件を満たしたとしても、「子会社としてはならない」という第1項の規定は適用されず、銀行はこれらの会社を子会社としてもつことができるが、これは禁止原則に抵触した状況であることには違いがないので、こうした変則状況を是正するために、銀行は当該事由が生じた日から1年を経過する日までに子会社でなくなるよう株式の売却など所要の措置を講じなければならないとされている。

4 第1項の規定は、銀行が、現に子会社対象会社以外の外国の会社を子会社としている同項第7号から第11号までに掲げる会社（同号に掲げる会社にあつては、外国の会社に限る。（略））又は特例対象持株会社（略）を子会社とすることにより子会社対象会社以外の外国の会社を子会社とする場合には、適用しない。ただし、当該銀行は、当該子会社対象会社以外の外国の会社が子会社となつた日から5年を経過する日までに当該子会社対象会社以外の外

国の会社が子会社でなくなるよう、所要の措置を講じなければならない。

(銀行法第16条の2第4項)

　外国銀行と国内銀行とが海外の金融機関の買収において競合する場合、入札時に子会社対象会社以外の会社を売却するとの条件をつけざるをえないなど、国内銀行が不利な状況に置かれることを想定して、業務範囲規制の基本は維持しつつ、子会社対象会社以外の会社を子会社とすることが原則5年間に限り認められる。平成26年銀行法改正で付加された条項である。

□ 第4節　「子会社等」「関連法人等」について

　ここで、銀行法第16条の2の子会社規定との関連において、銀行法の他の章においてこれらと紛らわしい語句である「子会社等」「関連法人等」などが使われているので、この機会にこれらの概念、役割について詳述しておきたい。銀行法を正しく理解するうえできわめて大切なことだと考える。

第1　「子会社等」

1　銀行法第14条の2第2号（自己資本比率規制）において「銀行及び<u>その子会社その他の当該銀行と内閣府令で定める特殊の関係のある会社（以下この号、第3章（経理）および第4章（監督）において「子会社等」という）</u>の保有する資産等に照らし当該銀行およびその子会社等の自己資本の充実の状況が適当であるかどうかの基準」と規定されており、「子会社等」という法概念が使われている。平成10年の銀行法の大規模な改正の折に導入されたものであり、「子会社等」とは「子会社」プラス「当該銀行と特殊の関係のある会社」のことである。カッコ書にあるようにこの「子会社等」の定義が第2章だけではなく、第3章（経理）、第4章（監督）にも広く適用されており、これを契機に銀行法の適用範囲が大幅に広がることとなった点に注意を要する。

2　銀行法施行規則第14条の12は「銀行法第14条の2第2号に規定する内閣府令で定める特殊の関係にある会社」とは、次に掲げる者とする。

　（1）　当該銀行の子法人等（筆者注：ここで「法人等」とあるのは会社組織

346

のものに加えて営利法人、公益法人等を含む広範な事業体をいう）

（2）　当該銀行の関連法人等

この「子法人等」「関連法人等」を直接定義する規定はないが、銀行法施行令第4条の2が総括的な定義規定であると解説されている（木下信行編『解説　改正銀行法』日本経済新聞出版社）。同条第2項によって、「「親法人等」とは、他の法人等の意志決定機関を支配している法人等として内閣府令で定めるものをいい、「子法人等」とは、親法人等によりその意志決定機関を支配されている他の法人等をいう。この場合において、親法人等及び子法人等又は子法人等が他の法人等の意思決定機関を支配している場合における当該他の法人等は、その親法人等の子法人等とみなす」とされ、同条第3項では「第1項に規定する「関連法人等」とは、法人等（略）が出資、取締役その他これに準ずる役職への当該法人等の役員若しくは使用人である者若しくはこれらであつたものの就任、融資、債務の保証若しくは担保の提供、技術の提供又は営業上若しくは事業上の取引等を通じて、財務及び営業若しくは事業の方針の決定に対して重要な影響を与えることができる他の法人等（子法人等を除く。）として内閣府令で定めるものをいう」と規定されている。

つまり、銀行の「子会社等」とは、「子法人等」および「関連法人等」を指す。

第2　「子法人等」

そして、銀行法施行規則第14条の7第1項は「令第4条の2第2項に規定する内閣府令で定めるものは、次の各号に掲げる法人等とする。ただし、財務上又は営業上若しくは事業上の関係からみて他の法人等の意思決定機関（略）を支配していないことが明らかであると認められるときは、この限りではない」とし、次のようなものを「子法人等」であるとしている。

（1）　他の法人等の議決権の過半数を自己の計算において所有している法人等

（2）　他の法人等の議決権の100分の40以上、100分の50以下を自己の計算において所有している法人等であって、かつ、次に掲げるいずれかの要件に該当するもの

第15章　銀行の子会社（銀行法第16条の2）　347

イ　当該法人等が自己の計算において所有している議決権と自己と出資、人事、資金、技術、取引等において緊密な関係があることにより自己の意思と同一の内容の議決権を行使すると認められる者および当該法人の意思と同一の内容の議決権を行使することに同意している者が所有している議決権と合わせて、他の法人等の議決権の過半数を占めていること

ロ　当該法人等の役員、業務を執行する社員もしくは使用人である者、またはこれらであった者であって当該法人等が当該他の法人等の財務および営業または事業の方針の決定に関して影響を与えることができるものが、当該他の法人等の取締役会その他これに準ずる機関の構成員の過半数を占めていること

ハ　当該法人等と当該他の法人等との間に当該他の法人等の重要な財務および営業または事業の方針の決定を支配する契約等が存在すること

ニ　当該他の法人等の資金調達額の総額の過半について当該法人等が融資（債務の保証および担保の提供を含む）を行っていること（当該法人等と出資、人事、資金、技術、取引等において緊密な関係のある者が行う融資の額を合わせて資金調達額の総額の過半となる場合を含む）

ホ　その他当該法人等が当該他の法人等の意思決定機関を支配していることが推測される事実が存在すること

（3）　法人等が自己の計算において所有している議決権と当該法人等と出資、人事、資金、技術、取引等において緊密な関係があることにより当該法人等の意思と同一の内容の議決権を行使すると認められる者および当該法人等の意思と同一の内容の議決権を行使することに同意している者が所有している議決権とを合わせて、他の法人等の議決権の過半数を占めている場合（当該法人等が自己の計算において議決権を所有していない場合を含む）であって、前号ロからホまでに掲げるいずれかの要件に該当するもの

第3　「関連法人等」

さらに、銀行法施行規則第14条の7第2項は「令第4条の2第3項に規定

する内閣府令で定めるものは、次の各号に掲げるものとする。ただし、財務
上又は営業上若しくは事業上の関係からみて法人等（当該法人等の子法人等
（同条第２項に規定する子法人等をいう。以下同じ。）を含む。）が子法人等以外
の他の法人等の財務及び営業又は事業の方針の決定に対して重要な影響を与
えることができないことが明らかであると認められるときは、この限りでな
い」と規定している（筆者注：以下「関連法人等」とは従来の「関連会社」を包
摂する法概念である）。

（１）　法人等が子法人等以外の他の法人等の議決権の100分の20以上を自
　　　己の計算において所有している場合（注：形式基準）

（２）　法人等が子法人等以外の他の法人等の議決権の100分の15以上、100
　　　分の20未満を自己の計算において所有している場合における当該子法
　　　人等以外の他の法人等であって、次に掲げるいずれかの要件に該当す
　　　るもの（注：実質基準が加味される）

　　イ　当該法人等の役員、業務を執行する社員もしくは使用人である者、
　　　　またはこれらであった者であって当該法人等がその財務および営業ま
　　　　たは事業の方針の決定に関して影響を与えることができるものが、そ
　　　　の代表取締役、取締役またはこれらに準ずる役職に就任していること

　　ロ　当該法人等から重要な融資を受けていること

　　ハ　当該法人等から重要な技術の提供を受けていること

　　ニ　当該法人等との間に重要な販売、仕入れその他の営業上または事業
　　　　上の取引があること

　　ホ　その他当該法人等がその財務および営業または事業の方針の決定に
　　　　対して重要な影響を与えることができることが推察される事実が存在
　　　　すること

（３）　法人等が自己の計算において所有している議決権と当該法人等と出
　　　資、人事、資金、技術、取引等において緊密な関係があることにより
　　　当該法人等の意思と同一の内容の議決権を行使すると認められる者お
　　　よび当該法人等の意思と同一の内容の議決権を行使することに同意し
　　　ている者が所有している議決権とを合わせて、子法人等以外の他の法
　　　人等の議決権の100分の20以上を占めている場合（当該法人等が自己の

第15章　銀行の子会社（銀行法第16条の２）　349

計算において議決権を所有していない場合を含む）における当該子法人
等以外の他の法人等であって、前号イからホまでに掲げるいずれかの
要件に該当するもの

第4　企業会計基準との関係

1　こうした「子法人等」「関連法人等」の定義は、財務諸表等規則上の
「子会社」および子会社とみなされる「親会社及び子会社又は子会社が、他
の会社等の意思決定機関を支配している場合における当該他の会社等」（財
務諸表等規則第8条第3項・第4項）、「**関連会社**」（会社等および当該会社等の
子会社が、出資、人事、資金、技術、取引等の関係を通じて、子会社以外の他の
会社等の財務および営業または事業の方針の決定に対して重要な影響を与えるこ
とができる場合における当該子会社以外の他の会社等）（同規則第8条第5項・第
6項）とほぼ同じである。

2　連結財務諸表規則上、ある会社の「子会社」は連結決算の対象となり
（連結財務諸表規則第5条）、非連結子会社と「関連会社」は持分法適用の対
象となる（同規則第10条）。したがって、銀行法の「子会社等」「子法人等」
「関連法人等」と、その会計上の取扱いとの関係はおおむね次頁の図のよう
になる。なお、「子会社」の重要度に応じて企業側は必ずしもすべてを連結
対象にする必要はなく、したがって非「連結」子会社が存在するわけであ
る。

3　連結財務諸表は親会社を頂点にした企業集団全体の経営成績を把握する
ものだが、連結子会社ではないものの、当該会社の投資先であり、当該会社
が影響力を行使しうる会社・法人もできる限り連結財務諸表に反映すべきで
ある。こうしたものを取り込む手法が**持分法**（もちぶんほう）である。
　持分法は、投資会社が被投資会社の資本および損益のうち投資会社に帰属
する部分の変動に応じて、その投資の額を連結決算日ごとに修正する方法で
ある。連結財務諸表規則によって、上記の非連結子会社および関連会社は落
ち穂拾いのかたちで再び計算の対象となる。
　これらの法人等は総じて「**持分法適用会社**」と呼称される。

4　**連結は**、連結会社の財務諸表を勘定科目ごとに合算することによって企

「子会社等」「子法人等」「関連法人等」、「持分法適用会社」の関係

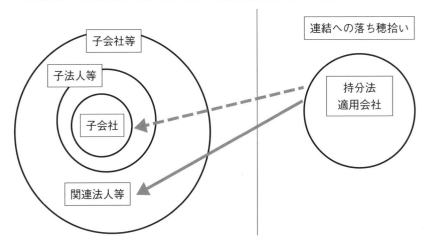

業集団の財務諸表を作成するので、**完全連結**といわれる。これに対して、持分法による処理は、被投資会社の純資産および損益に対する投資会社の持分相当額を、貸借対照表上は投資有価証券の修正、損益計算書上は「持分法による投資損益」によって連結財務諸表に反映させる方法をとるところから、**1行連結といわれる**。連結と持分法による処理の間には、連結財務諸表における連結対象科目が全科目か1科目かという違いはあるが、その当期損益および純資産に与える影響は同一である。

5　なお、銀行の自己資本比率の計算方法を定める金融庁告示第19号は「金融業務を営む関連法人等について、(略) 第25条の算式 (連結自己資本比率の計算方法) において当該金融業務を営む関連法人等を比例連結の方法により連結の範囲に含め連結自己資本比率を算出することができる。この場合においては、当該金融業務を営む関連法人等に対する投資については、連結財務諸表規則第10条第1項本文の規定にかかわらず、持分法を適用しないものとし、当該金融業務を営む関連法人等は連結子法人等とみなす」(同告示第32条) という規定を置いており、一定の場合には「比例連結」により、持分法を適用しないことができることを明らかにしている。

第5　各項目における適用

　以上のような「子会社等」の概念は、銀行法のディスクロージャー規定、自己資本比率基準、大口信用供与規制、アームズ・レングス・ルールを通じて基本的に共通のものとされているが、各規制項目によって多少の技術的な出入りがある。これは規制目的の違いからくるものであり、当然といえば当然の措置である。

1　銀行法の**ディスクロージャー規定**については、銀行法第19条第2項で「銀行が子会社等を有する場合には、当該銀行は、事業年度ごとに前項の報告書のほか、当該銀行及び当該子会社等の業務及び財産の状況を連結して記載した当該事業年度に係る中間業務報告書および当該事業年度に係る業務報告書を作成し、内閣総理大臣に提出しなければならない」と規定され、関連会社についてもグループ会社として連結して開示がなされるべきとされている。

　とりわけ実質基準に基づく連結ベースによるリスク管理債権額のディスクロージャーは、わが国の金融システムに対する信認確保のために重要であった。いわゆる関連ノンバンク等に残された不良債権について公認会計士の監査が的確に行われることなどを通じて、適正な償却・引当が実施されることとなる。

2　**自己資本比率基準**については、銀行法第14条の2第2号で「子会社等」の定義づけがなされ（前出）、連結財務諸表に基づいて規制が行われることが明らかにされている。つまり、関連会社も銀行法のディスクロージャー書類でグループ会社として連結して開示されることに伴い、これらの会社は自己資本比率規制上もグループ会社として取り扱われている。

3　**大口信用供与規制**については、銀行法第13条第2項で「銀行が子会社（略）その他の当該銀行と内閣府令で定める特殊の関係のあるもの（以下この条において「子会社等」という。）を有する場合には」と規定され、銀行法施行規則第14条の4で「特殊の関係のある者」を「当該銀行の子法人等」「当該銀行の関連法人等」としながらも、それぞれ「金融庁長官が定める者を除く」とされている。現在のところ金融庁長官の定めはなされておらず、空箱

になっている。しかし、関連会社が規制対象に含まれている点について他の条項との違いはない。

4　アームズ・レングス・ルールについては、銀行法第13条の２で「銀行は、その特定関係者（当該銀行の子会社、当該銀行の銀行主要株主、当該銀行を子会社とする銀行持株会社、当該銀行持株会社の子会社（略）、当該銀行を所属銀行とする銀行代理業者その他の当該銀行と政令で定める特殊の関係にある者をいう。（略））又はその特定関係者の顧客との間で、次に掲げる取引又は行為をしてはならない」と規定し、これを受けて銀行法施行令第４条の２において「政令で定める特殊の関係のある者」として、「当該銀行の子法人等（第５号）」「当該銀行の関連法人等（第８号）」はもちろんのこと「当該銀行を子法人等とする親法人等（第７号）」「当該銀行を子法人等とする親法人等の関連法人等（第９号）」などより広い範囲で規制の網をかぶせている。

　これは、銀行とこれらの会社が**相互補完的に金融サービスを提供するため**、アームズ・レングス・ルールを作動させる必要性が高いという認識によるものである。リスクの波及を企業関係に沿ってとらえる考え方や、取引先等による監視・牽制を重視する考え方から、関連会社はグループ会社として取り扱われることとなっている。

第16章

銀行等の出資制限
（銀行法第16条の 3 、第52条の24）

1　銀行法は銀行の一般事業会社に対する出資を制限している。それは、以下の四つの理由に基づくものである。

その第 1 は、独占禁止法の趣旨（銀行の出資比率を 5 ％以内に法律で制限）を受けて銀行法においても銀行の産業支配が進まないようにという配慮である。

第 2 に、負債のほとんどを預金という元本保障の債務でもつ以上、銀行の資金の運用先としてそもそも元本保障がなく回収が不安定な株式等で保有することは経営の健全性確保の観点から問題が多い。

第 3 に、銀行に他業禁止が課されている趣旨からみても、株式保有による資産運用活動は決して銀行になじむものではない。

第 4 に、技術的にみて銀行の子会社の範囲に関する規定が潜脱されるのを回避する意味をもつ。ただし、第 3 と第 4 の理由は重なり合う部分をもつ。

ちなみに、銀行および銀行持株会社グループは製造業、不動産業、卸・小売業、サービス業などの一般事業会社（注：従属会社を除く）を「子会社」としてもつことができない。子会社というのはグループ全体で議決権の50％超を保有している会社である。

2　しかし、銀行は一般事業会社を子会社とできないとしても、その株式の保有はできる。したがって、議決権の保有比率いかんではグループ全体で一般事業会社の経営を実質的に支配することになり、法律上定める子会社の範囲限定が実質的に不明になるおそれがある。そして、そこから他業禁止規定が潜脱されるおそれもあるわけである。

他方、グループによる株式保有についてあまり厳しくすると他の子会社を通じての業務展開に支障が生ずることになる。特に銀行持株会社の場合には、そもそも株式の取得を通じて銀行活動の活力や国際競争力を強化するという考え方が立法時にあったわけである。そこで、銀行法では0％と50％の間の可能性のなかで、銀行グループ、銀行持株会社グループがそれぞれ合算して一定の割合（5％、15％以内）の議決権までの株式の保有であれば許容するというかたちがとられている。

3　銀行又はその子会社は、国内の会社（前条第1項第1号から第6号まで、第11号及び第12号の2から第13号までに掲げる会社（同項12号の2に掲げる会社にあつては、特別事業再生会社を除く。）並びに特例対象会社を除く。次項から第6項までにおいて同じ。）の議決権については、合算して、その基準議決権数（国内の会社の総株主等の議決権に100分の5を乗じて得た議決権の数をいう。以下この条において同じ。）を超える議決権を取得し、又は保有してはならない。

（銀行法第16条の4第1項）

**　銀行持株会社又はその子会社は、国内の会社（銀行、第52条の23第1項第1号から第5号まで、第10号及び第11号の2から第12号に掲げる会社（同項第12号の2に掲げる会社にあつては、特別事業再生会社を除く。次項から第6項までにおいて同じ。）並びに特例子会社対象会社並びに特例対象会社を除く。以下この条において同じ。）の議決権については、合算して、その基準議決権数（当該国内の会社の総株主等の議決権に<u>100分の15</u>を乗じて得た議決権の数をいう。以下この条において同じ。）を超える議決権を取得し、又は保有してはならない。**

（銀行法第52条の24第1項）

　銀行および銀行子会社グループの場合に上限は5％とされている。そして、銀行持株会社のグループの場合には15％とされている。こうした規制は一般に「**合算5％ルール**」とか「**合算15％ルール**」と呼称されている。つまり、銀行グループないし銀行持株会社グループは5％（銀行および銀行子会社グループ）ないし15％（銀行持株会社グループ）を超えて、銀行子会社対象会社以外の会社の議決権をもつことが原則としてできないということである。

4　この5％および15％の水準は、立法の際、企業グループおよび金融機関

の株式保有状況の実態等を総合勘案して決められたものである。銀行持株会社形態による株式保有は銀行本体とのリスク遮断がより優れている点、および事業の主体が銀行そのものではないので、銀行の一般事業への関与が直接的でないなどの理由から、銀行の場合の5％を上回る15％までが上限とされている。

規制の対象を単なる株式数とせずに議決権にしているのは、銀行または銀行持株会社が経営に参画するかどうかに法規制の眼目があるからである。

5　なお、独占禁止法（第11条）は、「銀行業又は保険業を営む会社は、他の国内の会社の議決権をその総株主の議決権の100分の5（保険業については100分の10）を超えて有することとなる場合には、その議決権を取得し、又は保有してはならない」と規定している。ただし、公正取引委員会規則によりあらかじめ公正取引委員会の認可を受けた場合、および、担保権の行使または代物弁済の受領により株式の議決権を取得・保有する場合等は規制対象から除外される（銀行法とほぼ同じ）。

独占禁止法と銀行法との規定の違いは、独占禁止法の場合は、①国内のすべての会社の株式保有が対象であり、一般事業会社に限らず、金融関連分野の会社も含まれる、②銀行単体での株式保有のみを規制しており、銀行法のように持株会社グループに対する規制（合算15％規制）を併置していない、の2点である。これらについては、公正取引委員会規則によって銀行法のルールが許容されている。

6　**議決権保有制限規制**の対象から除かれているのは、銀行法第16条の2および同法第52条の23により、銀行、長期信用銀行、証券専門会社、保険会社、信託専門会社、従属業務会社、金融関連業務会社などである。

つまり、規制対象はあくまでも一般事業会社の株式保有であり、子会社となりうる銀行、長期信用銀行、証券専門会社、保険会社、金融関連業務会社などの株式保有は子会社規定で律されるものであり、議決権保有制限規定の対象にはならない。

その結果、この規定は銀行にとって一般事業会社の範囲を確定することにもなる。

また、規制の対象は国内の会社の議決権についてであり、外国の会社の議

決権は対象外である。

7　国内の会社でも、銀行等にとって子会社対象会社となる場合、すなわち、銀行法第16条の2第1項第1号から第6号（注：銀行、長期信用銀行、信託銀行等）まで、第11号（注：従属業務、金融関連業務）、第12号の2から第13号に掲げる会社（ただし、特別事業再生会社を除く）ならびに特例対象会社は議決権保有制限規制から除外される（銀行法第16条の3第1項カッコ書）。

8　ここで「**特例対象会社**」とは、①地域の活性化に資すると認められる事業を行う会社として内閣府令で定める会社、および、②銀行法第16条の2第1項第12号または第12号の2に掲げる会社（注：新規事業分野開拓会社、事業再生会社）と内閣府令で定める特殊の関係にある会社をいう（銀行法第16条の4第8項）。内閣府令で定める特殊の関係にある会社とは「新規事業分野開拓会社等又は事業再生会社の子会社等であつて、当該会社の議決権を、当該銀行又はその子会社である新規事業分野開拓会社等若しくは事業再生会社以外の子会社が、合算して、当該会社の総株主等の議決権に100分の5を乗じて得た議決権の数を超えて保有していないもの」である（銀行法施行規則第17条の7の3第3項）。つまり、当該銀行グループとはもともと縁の薄かった会社等をいう。銀行がこれらの会社へ積極的に出資することにより、地域における面的な活性化を図ろうというものである。

9　なお、平成29年改正で子会社対象会社に加えられたフィンテック企業（第12号の3）は本条の議決権保有規制の対象外とされているが、銀行法第16条の2第7項によって、銀行が当該企業に5％超〜50％以下の出資をする場合にも認可が必要とされている。

10　担保の実行等によって「5％」「15％」を超えてしまう場合には、それが1年を超えて継続するのであれば内閣総理大臣の承認が必要である。その場合でも、銀行保有株式は総議決権の100分の50を超えてはならず、超過部分の株式を以後すみやかに処分することが承認の条件となる（銀行法第16条の4第2項・第3項）。

　また、合併、事業譲渡等の事由による場合には基準議決権数を超えて保有し続けることができる。ただし、それが総議決権の100分の50を超える場合には内閣総理大臣は合併等の認可をしてはならず、内閣総理大臣は合併等の

認可に際して、当該銀行に対して5年以内に基準議決権数（5％ないし15％）を超える議決権を処分することを条件としなければならない（銀行法第16条の4第4項・第5項）。

ベンチャー・ビジネス会社、特別事業再生会社に対する対応

　ここで、銀行法では**ベンチャー・ビジネス会社**と特別事業再生会社について特殊な取扱いがなされているので説明しておきたい。

　ベンチャー・ビジネス会社は銀行法第16条の2第1項第12号で「新たな事業分野を開拓する会社として内閣府令で定める会社」と定義されている。そして、内閣府令である銀行法施行規則第17条の2第6項では、設立後10年以内の会社で、試験研究費その他新たな技術もしくは新たな経営組織の採用、市場の開拓または新たな事業の開始のために特別に支出される費用が総収入等に対して一定割合以上のものなどが規定されている。

　特別事業再生会社は銀行法第16条の2第1項第12号の2で、「経営の向上に相当程度寄与すると認められる新たな活動を行う会社として内閣府令で定める会社」（事業再生会社）のうち、「内閣府令で定める要件」に該当しない会社と定義されている。そして、内閣府令である銀行法施行規則第17条の2第7項は再生計画が成立した会社を「事業再生会社」として定義し、同条第8項は公的機関によって再生計画の認可決定を受けていることを「内閣府に定める要件」として規定しているため、特別事業再生会社とは私的整理によって金融支援を受けた会社を指すことになる。

　銀行法第16条の4第7項ではそのようなベンチャー・ビジネス会社、特別事業再生会社の「議決権の取得又は保有については、特定子会社は銀行の子会社に該当しないものとみなす」と規定している。「特定子会社」については銀行法第16条の2第1項第12号カッコ書に定義規定があり、銀行法施行規則第17条の2第13項、第17条の3第2項第12号において資金の貸付や株式の取得を通じて「他の株式会社に対しその事業に必要な資金を供給する業務」をもっぱら営む会社、すなわち**ベンチャー・キャピタル会社**が規定されている。

　以上から、銀行が子会社（50％超の議決権保有）であるベンチャー・キャ

ピタル会社を介してベンチャー・ビジネス会社、特別事業再生会社の議決権を保有する場合には当該ベンチャー・キャピタル会社の保有するベンチャー・ビジネス会社への議決権は合算対象にならず、その意味で銀行等はベンチャー・ビジネス会社、特別事業再生会社への資本支援を他の一般事業会社よりも積極的に行える仕組みになっている。

ベンチャー・キャピタル会社を介してこのような特例措置を設けているのは、今日、日本経済の活性化の鍵を握るベンチャー・ビジネス会社群に対し、一定の秩序づけ（子会社であるベンチャー・キャピタル会社を介するなど）を施しつつ、銀行による積極的な取組みを期待する意図が銀行法にあるものと考えられる。一方、通常の事業再生会社は銀行の議決権保有規制の対象にならないのに対し、特別事業再生会社はベンチャー・キャピタルを通じた議決権の保有に限定して同規制の対象から外しているのは、特別事業再生会社が公的機関による再生計画の認可を受けていないことから、銀行本体へのリスクを遮断するためと考えられる。

平成26年銀行法改正による例外規定の新設

銀行法により銀行の他社への持株比率が他社の総議決権の５％までに制限されている。しかし、地域経済の再生を考える場合、地域企業にとって銀行に期待するものは貸出だけではなく、自社の株式保有等による資本参加を要請できないかという声が強いのも事実である。その場合には５％ルールの撤廃ないし比率を引き上げるべき、ということになる。

この点をめぐって、平成24年から25年の金融審議会の場で積極論、消極論が鋭く対立し、激論が戦わされたが、結局、議決権保有の上限（５％）を一律に引き上げるべきではなく、現行の水準を維持することとされた。ただし、地域経済における資本性資金の供給が真に必要とされる場合に限って、銀行が資本性資金の供給を柔軟に行えるよう、議決権保有の例外規定が設けられた（「金融システム安定等に資する銀行規制等の見直しについて」平成25年１月25日金融審議会報告書）。以下は、銀行法改正により明らかになった条項である。

(1)　事業再生の途上にある会社

　条件変更や債権放棄だけでは会社を再生できない場合に配慮して、銀行本体で事業再生途上にある会社の議決権を５％超取得・保有できるよう、銀行等が子会社にすることができる会社（注：50％超）に事業再生会社（「経営の向上に相当程度寄与すると認められる新たな事業活動を行う会社として内閣府令で定める会社」）が追加され（銀行法第16条の２第１項第12号の２）、銀行等本体による事業再生会社の議決権を向こう10年間は出資比率にかかわらず保有することが認められている。ただし、銀行等と投資専門子会社がそれぞれ議決権を取得できることとし、銀行の場合には民事再生法などの適用があるなどの要件が課されている（銀行法施行規則第17条の２第８項）。そして、投資専門会社（特定子会社）の保有期間は10年または支援期間、銀行および投資専門会社以外の子会社が保有する場合、その保有期間は中小企業の場合は５年間、それ以外は３年間に限定されている（同法施行規則第17条の２第11項・第12項）。

(2)　デット・エクイティ・スワップ（DES）

　デット・エクイティ・スワップとは Debt（債務）と Equity（株式）を Swap（交換）することをいう。「債務の株式化」のことであり、通常、経営不振や過剰債務などに苦しむ企業の再建支援策の一つとして用いられる。DES に伴って取得・保有する議決権については、銀行本体が出資比率にかかわらず取得・保有できることとされた（銀行法第16条の２第１項第12号の２、同法施行規則第17条の２第７項）。その対象となる会社については、裁判所が関与する案件または事業再生 ADR の手続を行った案件に限定される（それ以外の場合、特定子会社を通じた保有となる）。

(3)　ベンチャー・ビジネス会社

　ベンチャー・ビジネス会社の議決権についてはその出資の期間が従来の10年から15年に延長されるとともに、その会社の対象範囲が拡大された（銀行法施行規則第17条の２第６項・第11項）。すなわち、従来の「中小企業者であつて、設立の日又は新事業活動の開始の日以後10年を経過しておらず、かつ試験研究費等の合計が総収入金額の100分の３を超えている会社」に加えて、「中小企業者であつて、設立の日又は新事業活動の開始の日以後２年を経過

しておらず、常勤の新事業活動従事者の数が2人以上であり、かつ、当該新事業活動従事者の数の常勤の役員および従業員の数の合計に対する割合が10分の1以上であるもの」（同条第6項第2号）、「中小企業者であつて、設立の日又は新事業活動の開始の日以後1年を経過しておらず、常勤の研究者の数が2人以上であり、かつ、当該研究者の数の常勤の役員及び従業員の数の合計に対する割合が10分の1以上であるもの」（同項第3号）が対象とされた。

(4) 地域経済の再活性化事業会社の議決権

地域経済が低迷する状況において、個々の企業（点）の再生を図るだけではなく、地域における企業群を面（めん）としてとらえ再生していくことが重要である、との問題意識のもとに、地域において資本性資金（エクイティ）の出し手が不足しているので、銀行等がそうした企業への資本性資金の供給を柔軟に行う必要がある。しかし、その一方で過去の経験から銀行がエクイティの出し手になることはバンキングとコマースの分離の原則からも、銀行経営の健全性確保の観点からも懸念があることも事実である。そこで、一定の歯止めを効かしつつ現在の地域経済の現状に対応するために次の措置がとられた。

まず、銀行法第16条の4第1項で規定する5％ルールに対する例外として「特例対象会社」を規定し、同条第8項で「第1項の特例対象会社とは、地域の活性化に資すると認められる事業を行う会社として内閣府令で定める会社」とされた。そして、銀行法施行規則第17条の7の3第1項において、銀行法第16条の4第8項に規定する内閣府令で定める会社は、地域経済活性化支援機構の業務の実施により設立された投資事業者有限責任組合等から出資を受けている会社または事業の再生の計画の作成に地域経済活性化支援機構が関与している会社とされた。

つまり、地域経済活性化支援機構と共同で地域活性化ファンドを設立して行う出資または同機構との業務提携等により事業再生計画を策定する案件について、銀行は当該会社の議決権の5％を超えて保有できることとされたものである。期間は10年である（銀行法施行規則第17条の7の3第2項）。

(5) 事業承継に伴って取得・保有する議決権

銀行等が中堅・中小企業の事業承継を支援する際の方策の一つとして、事

業の承継を行う会社の株式を一定期間保有することが行われている。銀行等が中堅・中小企業の事業承継に伴って取得・保有する議決権について、投資専門子会社を通じる場合には10年間、銀行または投資専門会社以外の子会社を通じた場合には5年間は出資比率にかかわらず保有することができる（銀行法施行規則第17条の2第7項第7号・第11項・第12項）。

第17章

経理（銀行法第17条〜第19条）

1　銀行の経理には一般に、会社法の株式会社に関する計算規定が適用される。しかし、銀行経理に関する一部の分野では銀行法に条文が設けられ、会社法に対する特則が定められている。銀行の公共性という基本的性格から、会社法の考え方に必要最小限度の加重または排除を行うためである。

　会社の経理ないし計算等に関する会社法の規定は、戦後、数次にわたり改正された。計算規定に係る商法・会社法改正を例にとっても、昭和37年に会社の計算を合理化、近代化するための計算規定の整備に関する改正、昭和49年に大会社の会計監査人制度の導入、中間配当制度の導入、昭和57年には「株式会社の貸借対照表、損益計算書及び附属明細書に関する規則」の一部改正が行われた。

　そして、最近では平成14年に商法特例上の大会社について連結計算書類の作成が義務づけられ、平成15年には自己株式取得の記載方法の変更、中間配当限度額の計算方法の見直しなどが行われている。

2　現行銀行法はこうした商法・会社法の改正内容を織り込んだうえで、会社法の経理規定に対する特則を定めている。

　銀行法が経理に関し特に規定している事項は、①1年決算制とする営業年度の規定、②利益準備金の積み増しなどの規定、③業務報告書の金融庁長官への提出の義務づけ、④貸借対照表等の公告義務、⑤業務および財産の状況に関する説明資料の縦覧、⑥事業報告の記載事項、⑦株主の帳簿閲覧権の否認、などである。

□第1節　事業年度

1　銀行の事業年度は、4月1日から翌年3月31日までとする。

（銀行法第17条）

　事業年度とは、会社の会計を整理し、事業の成績を明らかにするために設ける一定の期間を指す。会社はこのような期間を定め、当該期間中における事業の成績および損益の状況を知り、それを基にして利益の配当をなし、将来の事業に向けて準備をする。会社法上、事業年度の始期、終期および期間は法定されていないが、会社法は、定期株主総会を毎事業年度の終了後、一定の時期に招集することなどを要請している（会社法第296条第1項）。さらに株主総会は、必要がある場合には、いつでも招集することができるとされている（同条第2項）。

2　銀行法が全銀行に対し、一律に事業年度の始期を4月1日、終期を翌年の3月31日とし、1年決算制度を法定した趣旨は、わが国の主要企業の大多数が4月1日を始期とする1年制のいわゆる3月決算であることを勘案して銀行の計算に期間的枠組みを設定すること、また、銀行間で年度間の営業成績の比較を容易にすることにある。これらは、株主、銀行の利用者等に対し便宜を図るとともに、政府による監督等の便宜に供するためである。

□第2節　資本準備金、利益準備金の積立

1　銀行は、剰余金の配当をする場合には、会社法第445条第4項（資本金の額及び準備金の額）の規定にかかわらず、内閣府令で定めるところにより、当該剰余金の配当により減少する剰余金の額に5分の1を乗じて得た額を資本準備金又は利益準備金として計上しなければならない。

（銀行法第18条）

　一般に準備金とは、純資産額が資本の額を超える金額のうち、自己資本の強化等の一定の目的のために会社に積み立てておく留保額である。現実に特定の財産を会社に保管するものではなく、あくまでも計算上の数値であって、配当可能利益算出の際に純資産額から控除すべき貸借対照表上の「資

本」の部の項目である。準備金を積み立てると、それに対応して配当に回される利益が減少し、会社財産が増加することになる。つまり、会社に留保される金額が増加する。他方、準備金の取崩しは、純資産額から控除を要する額が減少するから、会社が欠損金を計上した場合には、その分だけ資本の部に掲載される欠損金の額が減少することになる。

準備金の規定は法律により定められている。法定準備金は、その財源の種類によって利益準備金と資本準備金に分かれる。二つの準備金は互いに近接した関係にある。

資本準備金は、会社の営業取引から生じる利益でない利益、特に、資本取引（自己資本そのものの増減に関してなされる取引）から生じる利益として法律により積立を要求される準備金である。

これに対して、**利益準備金**は、利益を源泉として決算期ごとに積み立てられる。

会社の営業活動によって会社の純資産額が資本の額を超えれば、超過額全額を株主に配当してよいようなものであるが、しかしそれでは将来にわたり、たまたま不時の損失を招いたときには、蓄えがなく一気に会社の財政的基盤を危うくするおそれがある。そこで、万一の場合の損失に備えて、損失を補てんするために積み立てるのがこの準備金制度である。

2　会社法では、当該剰余金の配当により減少する剰余金の額に10分の1を乗じて得た額を資本準備金または利益準備金として計上しなければならない（会社法第445条第4項）。

これに対し銀行には、会社法の規定を加重するかたちで配当により減少する剰余金の額の**5分の1**を準備金に積み立てることが要求される。これは、銀行の公共性をふまえ、銀行の経営と経理の健全性を確保していくという観点によるものである。

3　銀行法第18条の規定に違反して資本準備金または利益準備金を積み立てなかったときは、当該銀行の取締役、監査役等は、100万円以下の過料に処される（銀行法第65条第9号）。

第17章　経理（銀行法第17条～第19条）　365

□第3節　業務報告書

1　銀行は、事業年度ごとに、業務及び財産の状況を記載した当該事業年度の中間事業年度（当該事業年度の4月1日から9月30日までの期間をいう。以下同じ。）に係る中間業務報告書及び当該事業年度に係る業務報告書を作成し、内閣総理大臣に提出しなければならない。

（銀行法第19条第1項）

　銀行の業務の健全かつ適切な運営を確保するために、内閣総理大臣は銀行に対し監督を行う。その際、監督に万全を期すための一つの手段として、銀行に対し定期的に営業成果の報告を求める。これが中間業務報告書および業務報告書であり、銀行法は銀行に業務報告書等の提出を義務づけている。

　そして、銀行が子会社等を保有する場合には、連結中間業務報告書および連結事業報告書を作成し、内閣総理大臣に提出しなければならない（銀行法第19条第2項）。

　銀行の業務報告書の記載事項を一般の会社と同じように法務省令で定めるのではなく、内閣府令、すなわち銀行法施行規則で定めることとしている。これは、銀行相互間の経理上の比較を可能にするため内容を統一する必要があることや、銀行の信用機関としての特殊性および信用秩序維持の観点から営業報告書に記載する事項を整理しておく必要があるためである。

2　業務報告書は、銀行法施行規則第18条第2項により、事業概況書、貸借対照表、損益計算書、株主資本等変動計算書およびキャッシュフロー計算書に分けて、銀行法施行規則別紙様式第3号に基づき作成し、事業年度経過後3カ月以内に金融庁長官に提出しなければならない。別紙様式は、主務大臣に報告するときによるべき形式を示しており、必ずしも日常業務整理の基準を示したものではないが、銀行の貸借対照表、損益計算書等についてみると、実際上、計数整理の指針としての役割を果たしている。

　中間業務報告書は、銀行法施行規則第18条第1項によれば、事業年度開始の日（4月1日）から9月30日までの間の業務および財産の状況について中間事業概況書、中間貸借対照表、中間損益計算書、中間株主資本等変動計算書および中間キャッシュフロー計算書に分けて作成され、当該期間経過後3

カ月以内に金融庁長官に提出しなければならない。

3　ここで銀行法の経理条項と会社法の計算書類規則、金融商品取引法に基づく財務諸表等規則との関係について記述しておきたい。

銀行法第3章「経理」は、**会社法**の特別法として銀行の計算書類等を定めているものと解される。

会社法第435条第1項・第2項では、貸借対照表、損益計算書および附属明細書の記載方法は、法務省令に定めるところによると規定されている。しかし、法務省令である会社計算規則第118条では「財務諸表等の用語、様式及び作成方法に関する規則（昭和38年大蔵省令第59号）別記に掲げる事業（以下この条において「別記事業」という。）を営む会社（企業集団を含む。以下この条において同じ。）が当該別記事業の所管官庁に提出する計算関係書類の用語、様式及び作成方法について、特に法令の定めがある場合又は当該別記事業の所管官庁がこの省令に準じて計算書類準則（以下この条において「準則」という。）を制定した場合には、当該別記事業を営む会社が作成すべき計算関係書類の用語、様式及び作成方法については、第1章から前章までの規定にかかわらず、その法令又は準則の定めによる」と規定されている。

一方、財務諸表に関しては、**金融商品取引法**が一般的な定めを設けている。金融商品取引法に基づく「財務諸表等の用語、様式及び作成方法に関する規則」（財務諸表規則）と銀行法施行規則で定める業務報告書等との関係であるが、金融商品取引法に基づく財務諸表等規則（昭和38年11月大蔵省令第59号）第2条は『別記に掲げる事業を営む株式会社又は指定法人が、当該事業の所管官庁に提出する財務諸表の用語、様式、及び作成方法について、特に法令の定めがある場合又は当該事業の所管官庁がこの規則に準じて制定した財務諸表準則がある場合には、当該事業を営む株式会社又は指定法人が法の規定により提出する財務諸表の用語、様式及び作成方法については、（略）その法令又は準則の定めによるものとする』と規定している。そして、銀行等を当該「別記」に掲げる株式会社の一つに指定している。

以上から、銀行が作成する計算書類およびその記載事項、方法等は、原則として会社法に基づく会社計算規則、金融商品取引法に基づく財務諸表等規則の適用を受けることなく、内閣府令である銀行法施行規則で定めることと

されている。これは金融に関して財務状況を表現するにあたり、一般原則をそのまま適用するよりも、さらに的確な計算方法、様式、用語、作成方法があることによるものである。

4 銀行の業務報告書を構成するものは、事業概況書、貸借対照表、損益計算書、株主資本等変動計算書およびキャッシュフロー計算書である。

このうち、事業概況書は、①事業の概況、②株主総会の状況、③役職員の概況、④営業所等の状況、⑤有価証券の内訳、⑥貸出金の状況、⑦債務保証、⑧貸倒引当金、⑨自己資本比率、などを網羅する報告書である。

銀行の貸借対照表は、資産の部、負債の部、および純資産の部を設け、各部にはその部の合計額を記載することとされている。

銀行の損益計算書は、経常収益、経常費用、経常利益、特別利益および特別損失、の区分を設け、各区分にはその合計額を記載するものとしている。記載にあたっては、銀行法第2条第8項に記載する子会社との取引による取引高の総額を注記することとされている。

株主資本等変動計算書は、期中の純資産の変動を把握するためのもので、株主資本等の期中変動額を変動した事由ごとに表示している。

キャッシュフローはいわゆる現金等の収支であり、キャッシュフロー計算書は、損益計算書とは別の観点から銀行の利益の質を評価するのに役立てようとするものである。

そして、1年の半分に当たる9月中間決算に関する中間業務報告書の記載要領は、業務報告書の様式を準用するものとしている。

5 やむをえない理由により、業務報告書または中間業務報告書を提出期限内に提出できない場合には、銀行はあらかじめ金融庁長官の承認を受けて当該提出を延期することができる（銀行法施行規則第18条第5項）。当該承認を受けようとする者は、承認申請書に理由書を添付して金融庁長官に提出しなければならない。

なお、業務報告書、中間業務報告書の提出義務の徹底および記載内容の正確さを期するために、提出を怠った場合や重要な事実を記載しなかった場合について罰則規定が設けられている（銀行法第63条第1項第1号）。

□第4節 事業報告

1 　銀行が経理の関係で作成すべきものとしては、<u>業務報告書</u>、中間業務報告書のほかに、会社法に基づく<u>事業報告</u>および附属明細書がある。

　銀行が会社法第435条第2項（計算書類等の作成及び保存）の規定により作成する事業報告及び附属明細書の記載事項又は記録事項は、内閣府令で定める。

（銀行法第22条）

2 　銀行法第22条が設けられた理由に触れておくと、一般事業会社は会社法により事業報告の作成が義務づけられており、昭和56年の商法の計算書類規則の一部改正により、はじめて事業報告の記載内容が定められ様式の統一が図られ、それはそのまま会社法に引き継がれることになった。

　会社法の動きを受けて、現行銀行法も経理条項として1条を設け、会社法の附属明細書の記載事項と同様に営業報告書の記載事項について内閣府令である銀行法施行規則で規定することとしたものである。

　銀行の事業報告および附属明細書の記載事項については、銀行の特殊性から制約を受ける事項等は、法務省令の諸規制の定めるところと大きく乖離することは、必ずしも適当とはいえない。そこで、法務省令との整合性を保つために種々の調整が行われている。

3 　事業報告や附属明細書の記載事項を定めるにあたっては、銀行の計算書類等の記載事項と同様、銀行法施行規則第20条において、「別紙様式」が掲げられており、事業報告は銀行法施行規則別紙様式第9号により、附属明細書は銀行法施行規則別紙様式第10号により様式の統一が図られている。

　「別紙様式」により定められた**事業報告**は、その事業年度の事業概況、銀行の現況、取締役および監査役の現況ならびにその他の項目に区分して簡潔に記載することとされている。

　また、**附属明細書**は、貸借対照表、損益計算書、および事業報告の記載内容を補足する事項を記載するものである。

　附属明細書には、資本金および準備金、土地・建物・動産、引当金、経費、子会社等に対する出資、取締役および監査役との間の取引状況、取締役

第17章　経理（銀行法第17条～第19条）　369

および監査役に対する報酬等を区分して記載しなければならない。

第18章

ディスクロージャー（企業情報の開示）
（銀行法第20条〜第23条）

1　一般に**ディスクロージャー制度**とは、企業の情報開示の総称である。投資家、株主、債務者、債権者など関係者が行う諸々の意思決定に資するために、企業が、自社の財務内容、業務状態、経営実体などに関する情報を広く公開することをいう。もともとは、株式の募集、売出しなどに際して投資家の判断に資するために企業内容を開示するところに淵源をもつ。しかし、今日では、およそ企業活動をする以上、企業の実情を計数面を中心に広く伝達することは当然のこととされており、その沿革である資金調達上の必要性をはるかに越えて企業活動のインフラとして普遍的な制度にまで成熟している。ディスクロージャーにより関係者は当該企業に対して正しい認識をもちながら自己責任、自己判断に基づき諸々の経済取引、経済活動を行うことができるし、企業側にとっても自社を正確に知ってもらい関係者の信頼を得るためのかけがえのない手段でもある。

　社会経済環境の変化等に伴い、近年、企業の社会的責任が強調されている。ディスクロージャー制度は、企業が社会的要請に対応していく指針を得る一つの方策として、また、企業活動に対し、国民の理解や支援を得る基盤を築くための方法として、重要性を増している。

2　企業にとって、ディスクロージャー制度には二つの系列がある。一つは会社法によるもので、計算書類の公告（会社法第440条）、計算書類の備置きおよび閲覧（同法第442条）であり、他の一つは金融商品取引法によるもので、有価証券報告書、有価証券届出書、内部統制報告書などである。

　銀行も企業の一つであるので当然にこれらに基づきディスクロージャーを

第18章　ディスクロージャー（企業情報の開示）（銀行法第20条〜第23条）　371

行っている。

　しかし、銀行の場合、一般企業に比べて、①公共性、社会的責任を担う存在である、②政府の免許を受けて国民の預金を託されている、③国民生活や国民経済全体に大きな影響を及ぼす企業であるわけであり、それだけに国民の支持と理解とを常に得ることが欠かせない要件となっている、などの理由によりディスクロージャーの必要性はさらに高いと考えられる。

　これを銀行の関係者の観点からみると、まず、銀行の利用者に対して銀行の営業等の活動状況や営業内容、経営成績などが詳細に情報提供されれば、利用者は適切に銀行を選択し、かつ利用することができる。預金者側にとっても銀行に関する的確な情報入手につながり、自己責任に基づく金融行動がとりやすくなる。企業等の借り手にとっても同様の効果が生じる。それらは、銀行経営の透明性を高めることにより健全経営に関する自主的努力、自己規正を促し、また、銀行間の適正な競争を促進し、銀行経営の効率化に資することになる。規制当局側にとってもディスクロージャーにより豊富で客観的な情報が入手でき、銀行間の比較考量が容易になり、それに基づいて精度や効率性の高い銀行監督の実施が可能になるなど広範な効果が期待できる。

　銀行の提供するサービスが利用者の選好に応じ、その利便向上に資するために、財務内容のディスクロージャーと提供サービスに関するアカウンタビリティーの遂行を通じた市場規律が重視されるゆえんである。

3　そこで、銀行法は、他の業態にはない独自のディスクロージャーに関する規定を設け、銀行がその業務および財産の状況を国民の前に開示して判断を受ける制度的枠組みを提供している。ディスクロージャーに関する銀行法の具体的条文構成は2カ条にわたっているが、その中心は第21条による業務および財産の状況に関する説明書類の縦覧制度である。

□ 第1節　貸借対照表等の公告

1　銀行は、事業年度ごとに、<u>内閣府令で定めるところにより</u>、当該事業年度の中間事業年度に係る貸借対照表及び損益計算書（以下この条において「中

間貸借対照表等」という。）並びに当該事業年度に係る貸借対照表及び損益計算書（以下この条において「貸借対照表等」という。）を作成しなければならない。

（銀行法第20条第1項）

　銀行は、<u>内閣府令で定めるところにより</u>、その中間事業年度経過後3月以内に中間貸借対照表等及び中間連結貸借対照表等を、その事業年度経過後3月以内に貸借対照表等及び連結貸借対照表等を公告しなければならない。ただし、やむを得ない理由により当該3月以内にこれらの書類の公告をすることができない場合には、内閣総理大臣の承認を受けて、当該公告を延期することができる。

（銀行法第20条第4項）

　財務諸表等の作成に際しては、磁気ディスクをもって調製するファイルに情報を記録したものによる作成が認められている（第3項）。また、銀行が子会社を有する場合には単体の財務諸表に加えて当該子会社を含めた連結の財務諸表を作成し公告しなければならない（第2項）。そして、災害等やむをえない事情がある場合には、内閣総理大臣の承認を受ければ公告の時期を延期できる（第4項）。

2　一般に株式会社に対しては、会社法第440条の規定により一定の規模以上であれば貸借対照表またはその要旨を公告することが求められている。つまり、銀行の場合も、会社法の規定によりおのずから貸借対照表、損益計算書の作成、公告を義務づけられている。

　そこで銀行法第20条に規定する銀行の貸借対照表および損益計算書の公告義務の条文の意義を求めるとすれば、それらの計算書類の記載方法等が、一般の企業と異なり、「内閣府令で定めるところにより」作成され公告される、という点である。一般の計算方式によるのではなく、内閣府令である銀行法施行規則の定めるところに従い計算し、作成し、公告するとされている。

3　これを敷衍すると、内閣府令である銀行法施行規則第19条では、銀行法第20条の規定により銀行が公告するものについて、貸借対照表等は銀行法別紙様式第6号の3第1、など銀行法施行規則で規定する別紙様式の貸借対照

第18章　ディスクロージャー（企業情報の開示）（銀行法第20条〜第23条）　373

表および損益計算書に従って作成されなければならない、とされている。一般の事業会社の場合は、会社法の会社計算規則において計算書類等の記載方法や公告方法が規定されているが、銀行の場合は、会社計算規則第146条において別記事業会社とされ、貸借対照表および損益計算書の記載方法、公告内容が会社法を離れて銀行法施行規則で定めることとされている。同じ貸借対照表等の名前を使いながら、その具体的内容につき銀行の経理の特徴を明らかにするような工夫が凝らされ、それを銀行に法律的に強制する仕組みになっているわけである。財務諸表の注記の仕方を含めて銀行独自のディスクロージャーが機能しているのである。ちなみに銀行のリスク管理債権の具体的金額は貸借対照表の注記として、破綻先債権、延滞債権、3カ月以上延滞債権、貸出条件緩和債権の四つの区分で計上・記載することが義務づけられている。

　また、公告の定め方については、一般の株式会社は、官報または時事に関する事項を掲載する日刊新聞紙のいずれでもよいのに対し、銀行の場合は、時事に関する事項を掲載する日刊新聞紙に掲載する方法か電子公告のいずれかによることとされている（銀行法第57条）。

4　ただし、金融商品取引法第24条第1項（有価証券報告書の提出）の規定により、有価証券報告書を内閣総理大臣に提出しなければならない銀行および銀行持株会社については、銀行法第20条各項の規定（貸借対照表等の公告）は、適用されない（銀行法第20条第7項、第52条の28第6項）。

5　銀行が、銀行法第20条の規定による公告をせず、または当該公告をしなければならない書類に記載するべき事項を記載せず、もしくは虚偽の記載をして公告したときは、罰則の適用がある（銀行法第63条第1号の2）。

□第2節　説明書類の縦覧

1　**銀行は、事業年度ごとに、業務及び財産の状況に関する事項として内閣府令で定めるものを記載した当該事業年度の中間事業年度に係る説明書類及び当該事業年度に係る説明書類を作成し、当該銀行の営業所（無人の営業所その他の内閣府令で定める営業所を除く。次項及び第4項において同じ。）に備え**

置き、公衆の縦覧に供しなければならない。前条第1項の規定により作成した書類についても、同様とする。

(銀行法第21条第1項)

　銀行法は、銀行に対して自行の、年度および中間事業年度の業務および財産の状況を詳しく記載した説明書類（いわゆる「ディスクロージャー誌」）を、年度決算、中間決算期ごとに、無人店舗等を除く全店舗に備え置き、公衆の縦覧に供しなければならないと規定している。

　説明書類は**電磁的記録**をもって作成できるとされており、各銀行店舗内に設置したパソコンなどに情報内容を画面（ないし印刷）で表示することでも対応可能とされている（銀行法第21条第3項・第4項）。現在ではディスクロージャー誌を公式のウェブサイト上でダウンロード可能とするのが一般的である。

　また、銀行が子会社等を有する場合には、単体ベースに加えて連結ベースの説明書類を作成し、縦覧に供しなければならない（銀行法第21条第2項）。

2　ディスクロージャー誌は事業年度（中間事業年度）の終了後4カ月以内に公開を開始し、当該事業年度（中間事業年度）の翌事業年度（中間事業年度）に係る縦覧書類の縦覧を開始するまでの間、公衆の縦覧に供しなければならない（銀行法施行規則第19条の4）。天災等やむをえない事情により公開を延期する場合には金融庁長官もしくは所轄の財務局長の承認を得なくてはならない（同条第2項）。

3　現行の銀行法第21条は銀行のディスクロージャー制度の根幹をなす規定である。

　その特徴は、

①　1990年代のわが国における金融システム不安の時期を経て、銀行ディスクロージャーの進展が鋭意図られ、現在では、ディスクロージャーの水準は欧米諸国と比較しても遜色のない水準に達していると評価されている。

②　かつては任意規定であり、銀行側の自主的努力により開示項目の拡大がなされてきたのに対して、現在の銀行法では、国が法令（施行規則）によって開示項目を定めることとされている。

第18章　ディスクロージャー（企業情報の開示）（銀行法第20条〜第23条）　375

③ その結果、国民が強い関心をもつ銀行の不良債権に関する情報開示が質量ともに拡充された。

④ 銀行子会社を通じての不良債権の増大等が銀行の自主開示への国民の不信を招いたとの反省から、銀行子会社を含めた連結ベースの開示も併せ行うこととされている。

⑤ 無人店舗を除く全店舗での縦覧が義務づけられている。

⑥ 訓示規定から義務規定に変更されたことに伴い、その違反は刑罰の対象になることとされた。その影響で刑罰対象の構成要件を明確にする必要性から、開示の中身の客観化（主観的要素の排除）が図られている。

⑦ 開示の始期、終期が明定されている。

⑧ たとえば、金融機関の役職員の報酬水準などについて米国等が主導するかたちで国際的な開示方式が提言されるなど、銀行のディスクロージャーに関して各国で開示の範囲や程度を均一化していく方向にあり、それとの調整という面が強まりつつある。

などである。

4 銀行法施行規則第19条の２、第19条の３に規定されるディスクロージャー誌に記載すべき開示を要する事項は優に100を上回るが、そのうち有価証券報告書開示との重複もいとわず当該銀行の経営実体を浮かび上がらせるものとして主だった項目をあげると次のとおりである。

銀行の経営組織

持株数の多い順に10以上の株主の氏名、持株数等

直近３中間事業年度および２事業年度または５事業年度における主要な業務の状況を示す指標

経常利益、単体自己資本比率、配当性向など

法令遵守体制

資本等変動計算書

破綻先債権、延滞債権、３カ月以上延滞債権、貸出条件緩和債権、の額および合計額

貸倒引当金の期末残高および期中増減額

貸出金償却の額

銀行の子会社の資本金や事業の概要（経常利益、総資産額など）

単体および連結の自己資本比率

業務粗利益および業務粗利益率

国内業務ならびに国際業務部門の区分ごとの資金運用収支等、利息、資
　金利鞘

国内業務部門ならびに国際業務部門の区分ごとの受取利息および支払利
　息の増減

総資産経常利益率および資本経常利益率

中小企業等に対する貸出金残高および貸出金の総額に占める割合

国内業務部門および国際業務部門の区分ごとの有価証券の種類別の平均
　残高

預貸率の期末値および期中平均値

　このなかで比較的に銀行の実態を把握しやすい指標としては、単体および連結の自己資本比率、配当性向、破綻先債権などの不良債権の額、貸出金償却の額、業務粗利益率、総資産経常利益率、中小企業への貸出割合、預貸率などであり、他の銀行との比較や時系列での推移をみると銀行経営の方向性をつかむことができる。

5　以上は法令により義務づけられた開示項目であるが、銀行は、法令で規定された事項のほか、預金者その他の顧客が当該銀行およびその子会社等の業務および財産の状況を知るために参考になるべき事項の開示に努めなければならない（銀行法第21条第7項）、と規定されている。

　この第7項に基づき、多くの銀行では、自主的開示として、銀行の本来業務の実力を端的に示す指標である**業務純益**、収益性を図る重要な指標である株主資本利益率（**ROE**）などを開示している。ROEは、投入した資本に対してどれだけ効率的に利益をあげたかを示す指標であり、企業の収益力比較を行う場合に広く使われている。また、銀行によっては不良債権に対してどれだけの割合で引当を行っているかを示す**不良債権引当率**を開示しているところもある。

　これらの項目が重要であるにもかかわらず自主的開示に委ねられているのは、法令に基づく開示とした場合にはその内容等の正確さをめぐって虚偽記

載に対する刑罰規定が機能する仕組みになっているので、構成要件の客観化、明確化のためにむしろ自主的開示に委ねることとしているためである。銀行が自主性を発揮し、顧客に対して施行規則の範囲を超えた積極的な開示をすることが期待されている。その際、「**ベスト・プラクティス**」方式、つまり、開示が進み、その結果、業績もあげているような他行のよい事例を参考にしながら、銀行が自己規正していく余地は十分にあるものと思われる。

6 銀行法第21条第1項または第2項の規定に違反して、これらの条文に規定する書類を公衆の縦覧に供せず、またはこれらの書類に記載すべき事項を記載せず、もしくは虚偽の記載をして公衆の縦覧に供した者は、1年以下の懲役または300万円以下の罰金に処せられる（銀行法第63条第1号の3）。また、両罰規定として行為者に対するこれらの罰則のほか、銀行に対して2億円以下の罰金刑が科される。

刑罰の程度ないし水準は、監督当局に対する虚偽報告等と同じであり、かなり高いものとなっている。

□第3節　不良債権問題

1 数あるディスクロージャー項目のなかで、これまで最大の関心を集めてきたのは、個々の銀行における不良債権の額、ひいてはわが国の金融機関全体で総額としてどのくらい不良債権を抱えているかであった。

わが国における1980年代後半の大規模な金融バブルの発生、そして1990年代における金融バブルの崩落とそれに伴い発生した金融危機の過程で、銀行は不良債権の実態について利用者をはじめとする国民に真実を伝えていないのではないかとの疑いが深まり、国会等を舞台にして長期にわたって金融機関のディスクロージャーのあり方が審議され、平成10年の抜本改正をはじめ数次にわたる改革を経て今日の高い水準のディスクロージャー制度が形成された。ディスクロージャー制度の構築がむずかしいのは、ただ進めればよいというものでもない点である。あまりに進め過ぎると銀行経営に対する国家管理、国民管理というような様相を呈し、銀行経営の自主性が抑制され、ひいてはマクロ、ミクロの経済活動全般が活力を失うことになりかねない。観

点を変えていえば、銀行の相手先である企業等にとって銀行が自社への貸付をどのように評価し、分類しているかというセンシティブな問題であり、開示の切り口で軽々しく対応されれば、それがたとえ総計数字であったとしても総計の視点から個別をみる目が憶測を生み、信用問題に簡単につながりかねないという側面をもつ。

　つまり、銀行のディスクロージャー問題は単に銀行の枠内にとどまるものではなく、それが根拠のある場合もない場合も含め、猜疑の輪があっという間に広がり、巨大な金融リスクの出現という事態になるおそれをはらんでいる。それは決して大げさな表現ではない。ギリシャに始まった欧州の債務危機などはまさにその好例である。開示問題についてはそうしたバランスをどうとるかについてはっきりした答えがあるわけではなく、常に試行錯誤のなかで適切な水準が模索されているというのが実情である。

2　そして、注意しなければならないのは、世の中では「不良債権」といえば、かなり確定した客観的なものが存在するように受け取る向きが多いが、実態的には、国際環境、景気の動向や地域経済などによってその時々で移り変わる相対的なものである。世の中が悲観的になれば不良債権は増加するし、楽観的になれば大きく減少する。それは一般の会社が投資をし、在庫を抱える場合に、商況や経済環境等によって同じ在庫でもある時には過剰在庫にカウントされ、ある時は過少在庫になるのに類似している。特にグレーゾーンのところは年によってかなり遷移する。それによって貸倒引当金の額が増加するし減少もする。前者は銀行の収益減少要因ないし損失の増加要因になるし、後者は貸倒引当金の取崩しというかたちで銀行収益の増加要因になる。したがって、不良債権額をあまり固定的な枠にはめて取り扱うのは適当とはいえない。

□第4節　不良債権のディスクロージャー（開示）

1　銀行のディスクロージャーにあって、資産の健全性に関する開示、なかんずく銀行の保有する不良債権の開示は、大きな意義を有する。国民が銀行に預金を託す場合、銀行による決済機能とともに、安全確実なリスクのない

商品の提供を期待している。したがって、銀行は預金者から託された預金等を安全確実かつ収益があげられるように運用するなど、自ら適正なリスク管理を行う責務を負っている。貸出審査を適切に行うなど、資産の健全性を確保するための最大限の努力が常に求められている。このような銀行の健全経営の努力を確保するため、銀行に資産の健全性に関する情報を開示することを義務づけ、預金者、利用者、投資家等が常に開示情報をチェックできる状況にしておくことが望ましい。預金者等にとって銀行の開示情報のうち最大の関心事の一つは預金を託したものの、その元本が満期に確実に戻ってくるかであり、そのかなりの部分が、当該銀行が受託した預金の運用先としてどの程度の不良債権を抱えているかにかかっている。不良債権の規模いかんでは、預金者、利用者にとって自らの資産が安全な場所に預託されているとはいえないことになる。

2 **不良債権とは**、一般的には、金融機関にとって、約定どおりの元金の返済や利息支払が受けられなくなった貸出等の債権あるいはそうなる蓋然性が高い債権を指す。概念としては明確なのだが、いざ「何が不良債権なのか」を絞り込む段になるといくつもの選択肢が横たわり、一義的に規定することは率直にいって困難である。各々の法目的に従って微妙に相違しており、かつ、何が不良債権かというよりも、不良債権とはこのように定義するから不良債権なのだという、かなり循環論的な概念であるともいえる。

3 不良債権に関する概念規定としては、①リスク管理債権、②金融再生法開示債権、③銀行による自己査定の集計値、という3通りの方法が用意されている。

①のリスク管理債権は、銀行法により開示を求められる不良債権である。②の金融再生法開示債権は、銀行法開示債権の特則として後で付け加えられた不良債権開示であり、前者がディスクロージャーの目的そのものから規定されているのに対して、後者は金融不安の最中にあって金融機関の経営不安に対処するためにはどの程度の資本の積み増しが必要であるかを明確にするために不良債権に関して新たに設けられた開示項目である。③の自己査定は、銀行自らが自己の経営遂行のために不良債権の償却・引当の正確を期するために、金融庁のガイドラインに沿って作成するものである。

4 これらの方法は三つの大きな相違点をもつ。

まず**第1**は対象範囲の相違である、リスク管理債権は、銀行法に基づく開示であり、その対象は貸出金に限られる。これに対して金融再生法開示債権は、貸出金のほかに外国為替、未収利息、仮払金、支払承諾等も対象にしている。自己査定ではもっと広く、総資産が対象になっている。三つの方法はそれぞれの母集団から不良債権を抽出する作業を行う。

第2の相違点は、リスク管理債権、金融再生法開示債権では担保の有無を不問にしており担保がついていても全額が不良債権として表示されるのに対して、自己査定では担保の状況に応じてその分を差し引いた純計による区分がなされている。

そして、**第3**の相違点は、リスク管理債権が個別の債権ごとに仕分けされるのに対して、金融再生法開示債権と自己査定については企業の信用格付などを使って債務者（銀行から与信を受けた者）の経営状況・信用状態に応じて不良債権性を判定する仕組みになっている。

第1　自己査定方式

1　体系を理解するためには、まず、③の銀行による**自己査定方式**から入るとわかりやすい。

これは銀行が自ら適切な償却・引当を行うための準備作業として、自行の総資産を対象にして作成するものである。銀行決算を作成するにあたって引当、償却の額を具体的に決める際の基本をなす概念である。したがって、あくまでも自行の実態把握のためになされるものであり、統計結果を開示・公表することを要しない。

2　自己査定は、区分と評価の2段階からなっている。総合して「**分類**」と呼称されている。自己査定において典型的な区分方法としては、債務者の状況に基づき、債務者ごとに破綻先、実質破綻先、破綻懸念先、要注意先、正常先の五つに区分する。

破綻先は法的・形式的な経営破綻の事実が発生している先をいい、たとえば破産、清算、会社整理、会社更生、手形交換所の取引停止処分などの事由により経営破綻に陥っている債務者をいう。

実質破綻先は法的・形式的な経営破綻の事実が発生していないものの、深刻な経営難の状態にあり、再建の見通しがない状態にあると認められるなど実質的に経営破綻に陥っている債務者である。

　破綻懸念先とは、現状、経営破綻の状態にはないが経営難の状態にあり、経営改善計画等の進捗状況が芳しくなく、今後経営破綻に陥る可能性が大きいと認められる債務者である。

　要注意先とは、金利減免・棚上げを行っているなど貸出条件に問題がある債務者、元本返済もしくは利息支払が事実上延滞しているなど履行状態に問題がある債務者のほか、業況が低調ないし不安定な債務者または財務内容に問題がある債務者など今後の管理に注意を要する債務者である。

　正常先とは、業況が好調であり、かつ財務内容にも特段の問題がないと認められる債務者である。

3　次に、担保・保証などの状況により、優良なもの、一般的なもの、担保等のないもの等に区分けされる。

　そして債務者の状況（債務者区分、すなわち、破綻先、実質破綻先、破綻懸念先、要注意先、正常先）と担保等の状況区分との両者をマトリックス的に組み合わせて実質的な回収可能性を認定し、すべての資産をⅣ、Ⅲ、Ⅱ、Ⅰの4種類に分類する。

　第Ⅳ分類は回収不能債権であり、**第Ⅲ分類**は回収に重大な懸念のある債権であり、**第Ⅱ分類**は回収に注意を要する債権である。そして**第Ⅰ分類**は正常債権である。

　破綻先、実質破綻先はⅣ、Ⅲ、Ⅱ、Ⅰ分類までを含み、破綻懸念先はⅢ、Ⅱ、Ⅰ分類までを含む。要注意先はⅡとⅠ分類を含む。

　以上が自己査定方式による自行債権の分類の典型例である。

　そして、この自行分類作業が他の二つの開示債権の仕分けの基礎になって、次に述べる開示される不良債権の実態把握作業が行われる。

第2　銀行法による開示債権

1　銀行法に基づき開示される不良債権である。不良債権と呼称すると回収がそもそも不可能に近いような印象を与え、かつ、それは一部において事実

と相違するため、**リスク管理債権**と名づけられている。

　リスク管理債権は、金融再生法開示債権と並ぶ不良債権の概念の柱の一つである。銀行法施行規則第19条の２第１項第５号および主要行等向け金融庁監督指針Ⅲ－３－２－４－３により規定されており、貸出金のみを対象に、客観的・形式基準により、破綻先債権、延滞債権、３カ月以上延滞債権、貸出条件緩和債権に区分し、各金融機関が開示するものである。

2　⑴**「破綻先債権」**とは、元本または利息の支払の遅延が相当期間継続していること、その他の事由により元本または利息の取立てまたは弁済の見込みがないものとして未収利息を計上しなかった貸付金のうち、法人税法施行令第96条第１項第３号のイからホまでに掲げる事由または同項第４号に規定する事由が生じているものをいう。回収が不可能となる蓋然性が高い債権、すなわち、近い将来において償却するに至る可能性の高い債権である。

　具体的範囲については、**法人税個別通達**「金融機関の未収利息の取扱いについて」の規定により、未収利息を収益不計上とすることが認められている貸出金のうち、次のいずれかに該当する債務者に対する貸出金である。

　①更生手続開始の申立て、②再生手続開始の申立て、③破産手続開始の申立て、④特別清算開始の申立て、⑤①～④に掲げる事由に準ずるものとして財務省令で定める事由、⑥当該内国法人が当該事業年度終了の時において有する外国の政府、中央銀行または地方公共団体に対する個別評価金銭債権につき、これらの者の長期にわたる債務の履行遅滞によりその経済的な価値が著しく減少し、かつ、その弁済を受けることが著しく困難であると認められる事由が生じている場合、である。

　⑵**「延滞債権」**は、未収利息不計上貸出金であって、上記⑴に掲げるものおよび債務者の経営再建または支援を図ることを目的として利息の支払を猶予したもの以外のものをいう。

　ここで、「債務者の経営再建または支援を図ることを目的とし利息の支払を猶予したもの」とは、金利棚上げにより未収利息を不計上とした貸出金を指す（金融庁監督指針）。これを除いたところで、利息が発生しているにもかかわらず、税務上、未収利息を益金算入しなくてもよいとされている債権で、将来において償却すべき債権に転換する可能性のある債権を意味している。

「破綻先債権」「延滞債権」の概念を形成する上記の法人税法個別通達（「金融機関の未収利息の取扱いについて」）により定義されている「未収利息不計上債権」は、利息が発生しているにもかかわらず、税務上、未収利息を益金算入しなくてもよいとされている債権である。

(3)「**3カ月以上延滞債権**」とは、元本または利息の支払が約定支払日の翌日から3カ月以上遅延している貸出金((1)および(2)に掲げるものを除く)をいう。

以上は、いずれも元本の回収可能性の観点に着目して整理された概念である。

(4)「**貸出条件緩和債権**」は、債務者の経営再建または支援を図ることを目的として、金利の減免、利息の支払猶予、元本の返済猶予、債権放棄その他の債務者に有利となる取決めを行った貸出金で、(1)、(2)、(3)に掲げるものを除いた貸出金である。

ここで「債務者に有利となる取決め」とは、債権者と債務者の合意によるものか法律や判決によるものであるかは問わない（金融庁監督指針）。経済的困難に陥った債務者の経営の再建・支援を図るために与信者側が当初の融資約定条件を変更して金利減免、棚上げ等の措置を講じた債権である。

貸出条件緩和を構成する重要な要素である金利減免債権は、約定条件改定時において、当該債務者と同等の信用リスクを有している債務者に対して通常適用される新規貸出実行金利を下回る水準まで当初約定期間中の金利を引き下げた貸出金をいう。

このほかに一部債権放棄を実施した債権、代物弁済を受けた債権、債務者の株式を受け入れた債権なども「貸出条件緩和債権」に含まれる。

この貸出条件緩和債権は元本の回収が前提となっており、破綻先債権、延滞債権とはその性格を基本的に異にしている。しかし、金融機関の経営の健全性を判断する見地から金融機関の現在および将来の収益に影響を与えている債権であることには違いがない。

3　開示の方法としては、通例、銀行の貸借対照表の注記事項として次のように記載する。

「貸出金のうち、銀行業の決算経理基準に基づき、未収利息を収益不計上としている破綻先債権額は○○百万円、延滞債権額は○○百万円、3カ月以上延滞債権は○○百万円、貸出条件緩和債権額は○○百万円である」

半期報告書（すなわち、中間決算報告書）においてもこれに準じて記載する。
そして、上記の記述を銀行法第21条に基づき作成されるいわゆるディスクロージャー誌に掲載するとともに、上場金融機関等については有価証券報告書においても開示が行われることとなっている。

銀行法に基づくリスク管理債権は、米国証券取引委員会（SEC）と同様の基準によるものであり、国際的にわが国の銀行の不良債権の水準を比較するのに便利である。債権の客観的な状況による区分、すなわち、債権ベースである。担保・引当カバー分も含まれていることに注意を要する。平成11年3月期から、金融システム改革法に基づく銀行法改正により、全預金取扱金融機関に対して、連結ベースでの開示が罰則付きで義務づけられた。

第3　金融再生法開示債権

1　次に、第2の開示項目である**金融再生法開示債権**は、上記の銀行法のリスク管理債権開示の特則として施行された。

金融再生法（「金融機能の再生のための緊急措置に関する法律」）の規定に基づき、銀行の貸出金、支払承諾見返り、貸付有価証券、外国為替、未収利息、仮払金等の総与信を対象に、債務者の財政状況および経営成績等を基礎として、「破産更生債権及びこれらに準ずる債権」「危険債権」「要管理債権」および「正常債権」の四つに区分けして公に開示（ディスクロージャー）することが義務づけられている。債務者の状況に基づく区分（債務者ベース）であり、担保・引当でカバーしている部分も含まれる。

このうち、「正常債権」以外の三つは「金融再生法開示債権」と呼ばれている。

2　金融再生法開示債権のうち「**破産更生債権及びこれらに準ずる債権**」とは、破産、会社更生、再生手続等の事由により経営破綻に陥っている債務者に対する債権およびこれらに準ずる債権である。

「**危険債権**」とは、債務者が経営破綻の状態には至っていないが、財政状態および経営成績が悪化し、契約に従った債権の元本の回収および利息の受取りができない可能性の高い債権である。

「**要管理債権**」とは、3カ月以上延滞債権および貸出条件緩和債権である。

「**正常債権**」とは、債務者の財政状況および経営成績が特に問題のないものとして、上記以外のものに区分される債権である。

金融機関の不良債権は担保・保証および引当により保全されており、不良債権残高がそのまま金融機関の損失につながるわけではない。

第4 三つの開示方法の関係

1　銀行法によるリスク管理債権は債権そのもののリスクの状態を意味し債務者区分によるものではないが、債務者の財務・経営状況は債権の性状に大きな影響を及ぼすので他の二つの方法とは重なり合うところが大きい。その結果、自己査定を基礎にして三つの不良債権の間にはかなりの共通する部分が認められる。

2　①「金融再生法開示債権のうち破産更生債権及びこれに準ずる債権」と「自己査定の破綻先＋実質破綻」とは金額においてほぼ等しい。②「銀行法開示債権のうち、破綻先債権と延滞債権」「金融再生法開示債権のうち、破綻更生債権＋危険債権」「自己査定のうち破綻先＋破綻懸念先」の三つの金額はほぼ等しい。③「銀行法開示債権のうち3カ月以上延滞債権＋貸出条件緩和債権」と「金融再生法開示債権のうち要管理債権」の金額はほぼ等しいことから、三つの不良債権開示方法における関係が簡潔に理解できる（下図）。

銀行法開示債権、金融再生法開示債権、自己査定の関係

銀行法開示債権 （リスク管理債権）	金融再生法開示債権		自己査定
	貸出金	その他の債権	
破綻先債権	破産更生債権及びこれらに準ずる債権 Aライン		破綻先 実質破綻先
延滞債権			
	危険債権 Bライン		破綻懸念先
3カ月以上延滞債権	要管理債権 Cライン		要注意先
貸出条件緩和債権			
正常先	正常債権		
			正常先

（出所）　筆者作成

□第5節　不良債権の償却・引当

1　銀行法は、償却・引当について直接に記述した条文を置いていない。この分野は、銀行がすべて株式会社であるので、会社法に依拠することになる。会社法第431条は、株式会社の会計は、一般に公正妥当と認められる企業会計の慣行に従うものとする、と規定している。ここで「公正妥当」とは、企業の財産状態や経営成績の実態を適切に示すことを意味している。その一例として、金銭債権について取立不能のおそれがある場合には、その金銭債権の属する科目ごとに、取立不能の見込額を控除、ないし控除すべきことが財務諸表上明示される形式で処理されなければならない。

2　銀行は自己査定により不良債権等を分類し、それに基づいて償却、引当を行うが、実態的には、この作業は自主申告をベースにして計数固めが行われる。ただし、銀行による資産の自己査定に基づく償却・引当は、直接に銀行の自己資本比率の算定結果を左右するものとなり、政府の銀行に対する早期是正措置、さらには公的資金の注入といった行政行為の判断基準となるため、まったくの自主的作業で完結するわけにはいかない、という法制上の制約はある。

　資産自己査定から償却・引当に至る一連の作業は、内部監査を経て、公認会計士による外部監査により念査されたあと、金融庁のチェックを経て最終的に固まるものである。もちろん、金融検査の基準と異なる処理はありうるのだが、その適切さが認められなければ、最終的には裁判で公正妥当な企業会計と認められるかどうかによることになる。

3　**償却**とは、端的にいえば、損益計算書上、損失を立て、当該債権を貸借対照表から落とすことであり、銀行が経理処理のうえで当該債権の回収をとりあえずあきらめることを意味している。また、**引当**とは、債権回収ができない事態に備えて銀行があらかじめ引当金を積み、銀行経理上負債処理をしておくことである。償却の場合が貸借対照表の資産勘定からすっかり落とすのに対して、引当の場合、当該貸出金は資産勘定にそのまま残るとともに、引当金として負債勘定に計上され、資産、負債両建ての処理となる点が基本的に異なる。資産として計上はしておくものの、万一に備えて一定の資金を

第18章　ディスクロージャー（企業情報の開示）（銀行法第20条〜第23条）　387

留保しておく会計技術である。

4　償却や引当が必要なのは次の五つの理由による。

第1は、銀行の収益、自己資本の実態を正確に把握することの必要性である。不良資産の増加は金利収入の減少ないし元本ロスというかたちで銀行の収益、自己資本を圧迫するが、確定した回収不能額や将来見込まれる回収不能額を遅滞なく償却・引当処理することは、銀行経営の内容、特に預金者にとって最後の拠り所となる自己資本の状況を正確に把握するうえで有用である。そうした経理の透明性が確保されてはじめて株主や預金者、監督当局による適切なチェック機能が働くのである。

第2は、社外流出の防止である。適切な償却、引当が行われなければ利益が実力以上に計上され、本来支払われるべきでない法人税や配当等が支払われることによって銀行の体力（自己資本）が低下する。

第3に、キャッシュフローの増加による運用力の強化である。償却、引当という会計上の手続それ自体にはキャッシュフローの増加の効果はないが、償却等に伴い担保資産の売却が行われれば、キャッシュフローの増加をもたらし、不稼働資産の一部が稼働化されることによって将来の収益、自己資本の増加につながっていくことになる。

第4に、償却、引当の促進により当該銀行に対する格付機関による格付が上昇し、資金調達コストが軽減される方向に動く。

第5は、不良債権がいつまでも銀行の貸借対照表に残っていると、銀行の経営者は表面を繕うために利息追貸し等不健全な貸出を行い、結果として銀行にとっていっそうの収益悪化を招くことになりかねない。その点、償却や引当は過去の不良貸出に区切りをつける効果がある。

このように、ディスクロージャーが適切な償却や引当等を伴わない場合には、毎期の収益は水ぶくれになり、また、自己資本への痛みがないため、経営判断を誤りかねないし、市場関係者の十分なプラス評価が得られず、調達コストの引下げが期待できない場合が出てくる。また、社外流出の防止、キャッシュフローの増加という効果も期待できないことになる。

ただし、積極的な直接償却は好ましいものの、税務会計との間で繰延税金資産が増大し、自己資本比率の質が問われる、という別の問題を惹起するこ

とにも留意する必要がある。

5　引当については銀行ごとに**引当率**（個々の貸出債権ごとに引き当てる率）が異なっている点に注意を要する。一般的には、引当率は、破綻先・実質破綻先では担保・保証の時価と処分可能額との差額については100％、破綻懸念先では同70〜95％程度、要管理先では35〜50％程度に設定している銀行が多いようである。その他要注意先については銀行によって倒産確率が大きく異なるので、かなり幅のある設定になっている。

　引当率は取立不能見込額をどの程度見積もるかというセンシティブな分野であり、資産査定の分類をめぐる争点と並んで、銀行が外部監査人との間で激しい論争を繰り広げるのはこの分野である。引当のいかんで銀行の決算結果の姿が大きく変わるということもありうるからである。

　銀行は、厳しい経営環境のもとで、このような資産内容の実態に即して適切な対応を行っていく必要があり、償却、引当による処理が必要となるものについては、早期に処理方針を確定し、計画的、段階的に不良債権の処理を進めていくことが重要である。この課題は、銀行が徹底した経営努力を前提に、毎期の業務純益を主たる財源として、含み益などの内部蓄積も長い目で考慮しながら、所要の償却、引当を進めることにより解決されるものである。

□ 第6節　株主の帳簿閲覧権の否認（銀行法第23条）

1　**会社法第433条**（会計帳簿の閲覧等の請求）**の規定は、銀行の会計帳簿及びこれに関する資料については、適用しない。**

（銀行法第23条）

　会社法第433条は、総株主の**議決権の100分の3以上を有する株主**は、当該会社の会計の帳簿および書類の閲覧または謄写を求めることができる、と規定している。大株主に会社業務運営の適否を会社の会計帳簿などを通じて判断させようというものであり、大株主が閲覧を求めることのできる範囲も計算書類の作成の基礎をなす会計帳簿そのものに及ぶなど広範にわたっている。

会社法は濫用を抑える意味で個々の株主にはこの権限を認めず、総株主の議決権の100分の3以上を有する少数の大株主は会社経営そのものに多大の財産的影響を受ける者として、これらの者に限って帳簿閲覧権限を認めているわけである。会社の帳簿および会計の書類とは、商業帳簿、特に会計帳簿等を意味し、補助簿も原則として含まれる。また、その作成の材料となった書類、その他、会計の帳簿を実質的に補充すると認められる書類も含まれる。

　銀行に移しかえていえば、預金者や貸出先などに関する具体的な計数、諸資料等がすべて対象になる。

2　しかし、これらは一般的に**銀行の守秘義務**の対象になっているものである。仮にこの権限が行使される場合には、預金者等のプライバシー侵害をもたらす可能性がある。銀行の場合は、仮に大株主であるからといって少数の者にこのような権限を認めるべきではない。

　預金顧客情報、貸出先情報等の内容を閲覧に供することは、預金者や借り手の個人的な情報の流失を招き、信用機関としての銀行の公共的性格から好ましくない結果をもたらす。また、銀行は、免許企業として政府の厳格な監督、検査を受けているので、大株主による帳簿閲覧権を強いて認めなくても株主の権益の保護に欠けるところがないと判断される。

3　銀行法第23条は、このような観点から、会社法の特例として銀行の株主の帳簿閲覧権を否認することとしたものである。よく誤解されることであるが、これはディスクロージャーを制限するという性格のものではない。一般に株主は当該会社に対して、たとえば株主総会における議決権、利益配当請求権、残余財産分配請求権、代表訴訟権などを有するが、これらの権限と並ぶ株主固有の権限として特に大株主に限定して認められている帳簿閲覧権を、信用秩序維持の観点や銀行のもつ公共的性格から制限したものにほかならない。

第19章

監督（銀行法第24条〜第29条）

1 銀行が、業務を常に適正に遂行し、堅実な資産内容の維持を目指すことは、公共的使命に照らして当然に要請されるところである。ここで、「常に」という言葉は重要な意味をもつ。常時性を確保していくためには、内部監査の充実はもとより、それに加えて、日常の業務について政府による外部からの監督の必要性が大きいといわなければならない。そして、外部監督は、明確なかたちで法律に基づく行政権の発動でなければ実効性を期することはできない。

2 銀行法は内閣総理大臣に対し個々の銀行を監督する権限を与えている。他方、銀行は、内閣総理大臣による監督権の行使のために行われる諸措置に対して銀行法上これを受忍する義務を負っている。銀行法は、一言でいえば、銀行に対する監督、取締りのための法律である。その意味では、すべての条文がなんらかのかたちで監督のための規定である。そのなかにあって、銀行法が第4章として特に「監督」という項目を起こして規制している対象は、各銀行が、日々、実際に行う業務および財産状況に対して、または、その作為、不作為に対してであり、内閣総理大臣はこれらに対して監督を行う。銀行法は、第24条〜第29条の6カ条にわたり包括的な監督規定を設けている。

内閣総理大臣の監督権限は、銀行に対する、調査権、立入検査権、処分権および資産の国内保有命令権の四つの項目から構成されている。

第19章　監督（銀行法第24条〜第29条）　391

□ 第 1 節　内閣総理大臣の調査権

1　内閣総理大臣は、銀行の業務の健全かつ適切な運営を確保するため必要があると認めるときは、銀行（当該銀行を所属銀行とする銀行代理業者を含む。）に対し、その業務又は財産の状況に関し報告又は資料の提出を求めることができる。

（銀行法第24条第 1 項）

　銀行が内閣総理大臣に対し事業年度ごとに定期的に報告を要するものの例としては、業務報告書等の提出があり（銀行法第19条）、また、銀行法が銀行に対して一般的に届出義務を課している例としては、事業を開始するときの届出義務（同法第53条）、臨時休業の届出（同法第16条第 1 項）、外国銀行の駐在員事務所の設置の届出（同法第52条）などの規定がある。

　これに対し、本条（第24条）が規定する調査権限は、不定期のもの、言い換えれば日常のものであり、かつ、個々具体的事情に応じて銀行に対し必要な報告または書類、帳簿等の資料の提出を求める権限を内閣総理大臣に付与するものである。

　内閣総理大臣は、このような制度に基づく調査権限を行使することにより、銀行の実情を随時把握し、不当もしくは不法の行為の有無を調査することができる。これを銀行側からみるときは、業務に関する報告をなし、および書類を提出する義務を負うものである。

2　ここで、内閣総理大臣の調査権の法律的性格を明らかにしておきたい。

　銀行法第24条の規定による報告ないし資料の徴求は、あくまでも行政上の**任意調査**であって、司法権あるいは税法上の**強制調査**とは異なる。司法権が令状により行う強制調査に関して、憲法第35条は「何人も、その住居、書類及び所持品について、侵入、捜索及び押収を受けることのない権利は、第33条（逮捕）の場合を除いては、正当な理由に基いて発せられ、且つ捜索する場所及び押収する物を明示する令状がなければ、侵されない。捜索又は押収は、権限を有する司法官憲が発する各別の令状により、これを行ふ」と規定している。この憲法第35条により、司法当局は、正当な令状があれば、強制的に個人、法人に対し、調査ないし捜査を行うことが認められている。強制

捜査では、対象となる人物を公権力により本人の意思に反して拘束したり、帳簿、書類、物件等を本人の意思に反して押収したりすることができる。

　これに対し、銀行法における内閣総理大臣の調査権限にはそのような公権力の行使は認められない。しかし、銀行側は内閣総理大臣の調査にまったく自由に対応できるかといえば、そうではなく、銀行は、銀行法に基づき、内閣総理大臣の調査権の行使に対し、**受忍義務**、すなわち、業務や財産に関し内閣総理大臣から報告を求められればこれに応じて報告をなし、また、書類、帳簿の提出を求められればこれを提出するなど、行政上の命令に応じる義務を負う。正当な事由なくして報告や書類の提出を拒んだ場合には、1年以下の懲役または300万円以下の罰金に処せられる（銀行法第63条第2号）。

3　銀行法第24条の内閣総理大臣の調査権は、旧銀行法第20条を継承している。ただし、旧銀行法時代に第20条による調査権は書面による調査の示達をその基本としていたが、そのような調査権限が発動されるに至った事例はほとんど発生しなかった。これは、その多くが調査権発動に至る前に銀行側が自主的意思に基づき不健全ないし不適切な銀行経営を是正する措置を図ってきたためである。

　現行銀行法のもとで行われている銀行に対する随時の報告、資料の徴求もこうした考え方を承継しており、おおむね、本条による調査権そのものの発動ではなく、本条による調査権を背景とする事実行為として行われているものが多い。これは、監督行政に機動性、迅速性、日常性が要請されるという理由のほかに、調査権の発動が行われた場合に当該銀行に不必要な信用不安をもたらすことのないようにとの配慮が働いている。事実行為としての監督行為は、その後において行うことが予定されている銀行法第25条以下に規定する各種の検査、監督、処分をなすにあたり、その基礎となるものである。

　しかし、当然のことながら、銀行法第24条に基づいて政府による調査権が直接に発動されてよいわけである。その典型が平成14年10月に導入された早期警戒措置である。これは後述する早期是正措置制度の前段階を構成するものである。

第1 早期警戒制度

1 早期警戒制度（主要行等向け監督指針Ⅲ－2－2－3(3)）は、銀行がたとえ自己資本比率規制の最低基準を上回っていても、そこに反映されていないリスクの所在について、監督当局が一定の早期警戒領域を設けて、そこに該当した銀行に対して聞取り調査や報告を求め、銀行にリスクについての認識を喚起していく制度である。

　銀行における収益指標、大口与信の集中状況等、有価証券の価格変動等による銀行経理への影響、預金動向や流動性準備の水準を常時観察し、計数上警戒を要する兆候がみられ、経営改善が必要と認められる金融機関に対して、原因および改善計画等について聞取り等を行い、必要な場合には、銀行法第24条に基づき銀行に対して直接に報告を求めることを通じて、経営改善を促す。そして、改善計画を確実に実行させる必要があると認められる場合には、監督当局は後述する銀行法第26条に基づき業務改善命令を発出することができる。

2　早期警戒制度は具体的には二つの措置に分かれる。

　第1は、信用リスク改善措置である。不良債権比率、大口与信の比率、特定業種への集中度などで改善の必要があると認められる銀行に対して監督当局による各種調査が行われる。

　第2は、安定性改善措置である。これには、金利リスク量を測るための各種の指標が示される。いわゆる「アウトライヤー基準」などがこれに含まれる。

3 アウトライヤー基準とは、標準的な金利ショックによって計算される経済価値の低下額が自己資本の基本的項目と補完的項目の合計額の20％を超えている銀行を「**アウトライヤー銀行**」として位置づけるものである。概して短期で資金を調達し、業界の平均をはるかに上回る水準で長期運用をしている場合に大幅な運用資産の評価損が発生しやすいところから、金利変動に揺さぶられやすい銀行として監督上の注意を払い、銀行からの資料徴求等により早期にリスク認識の喚起を求めていくやり方である。

4　金融機関の経営の健全性を確保していくための手段としては、後述する

ように銀行法第26条第2項に自己資本比率による早期是正措置が定められているところであるが、その対象に至らない銀行であってもその健全性の維持およびいっそうの向上を図るために、継続的な経営改善への取組みがなされる必要がある。このため行政上の予防的、総合的な措置を講ずることにより金融機関に早め早めの経営改善を促していくものである。

第2　調査権の行使

1　銀行法第24条に「**必要があると認めるとき**」とあるが、これは銀行の業績不振、信用不安など、特に問題となる具体的事実の発生がなくても監督上必要があると認められるときは、内閣総理大臣は調査権を行使する、との意味である。したがって、このような権限行使は、銀行監督にあたって必要最小限にとどめられるべきことは当然である。銀行の業務の健全かつ適切な運営を確保するために必要にして欠くことのできないときに限定されるわけである。

2　内閣総理大臣の調査権の及ぶ範囲は、銀行だけにとどまるものではない。銀行の子法人等および銀行の代理店にまで及ぶ。すなわち、

内閣総理大臣は、銀行の業務の健全かつ適切な運営を確保するため特に必要があると認めるときは、その必要の限度において、当該銀行の子法人等（子会社その他銀行がその経営を支配している法人として内閣府令で定めるものをいう。次項、次条第2項及び第5項並びに第47条第2項において同じ。）又は当該銀行から業務の委託を受けた者（その者から委託（2以上の段階にわたる委託を含む。）を受けた者を含み、前項の銀行代理業者を除く。次項並びに次条第2項及び第5項において同じ。）に対し、当該銀行の業務又は財産の状況に関し参考となるべき報告又は資料の提出を求めることができる。

（銀行法第24条第2項）

平成26年銀行法改正により、従来の、銀行から直接に委託を受けた者に加えて、銀行から直接に委託を受けた者から委託（再委託）を受けた者、さらにこれらの者から再々委託等を受けた者に対しても当局の調査権限が及ぶこととなった。

検査権限においても同様である。

これは、たとえば銀行のコンピュータ・システム周り等において、システム業界の実情が下請けやIT子会社へとかなり多層的な業務委託構造になっており、事故が発生した場合に真相究明にあたってかなり広範な段階を踏んで当局の関与が必要になっている現状等を背景にしたものである。

3　銀行の子法人等又は当該銀行から業務の委託を受けた者は、正当な理由があるときは、前項の規定による報告又は資料の提出を拒むことができる。

（銀行法第24条第3項）

　内閣総理大臣が報告または資料を求めたり、立入検査を行ったりすることができる銀行子会社として、これまで商法・会社法上の親子概念が用いられてきたが、平成5年の金融制度改革法により、銀行法等において、新たな親子概念が設けられたことに伴い、これらの報告・資料徴求、立入検査の対象として子会社を含む概念として**子法人等**が規定された。子法人等とは、銀行が50％超の議決権を有する会社、すなわち銀行子会社、および銀行がその経営を支配しているものとして内閣府令で定めるものである。

　なお、当該子法人等の範囲には、特に地理的制限が付されておらず、したがって、海外の子会社等もその対象に含まれることになる。

　また、本規定は、銀行法第25条第2項（立入検査）における当局による検査対象となる子会社等の範囲とも連動する点に注意する必要がある。

4　銀行の支配する子会社等は、社会的には銀行の信用力を背景として業務を遂行しているものと認識されている可能性が大きい。このように銀行による子会社の所有は、銀行本体に大きな影響を与える可能性があることに鑑み、銀行法では、銀行の健全かつ適切な業務の遂行を確保するため特に必要がある場合に限って、子会社に対し、内閣総理大臣の調査権が及ぶこととされている。

□ 第2節　立入検査権

第1　総　　説

1　内閣総理大臣は、銀行の業務の健全かつ適切な運営を確保するため必要

があると認めるときは、当該職員に銀行（当該銀行を所属銀行とする銀行代理業者を含む。）の営業所その他の施設に立ち入らせ、その業務若しくは財産の状況に関し質問させ、又は帳簿書類その他の物件を検査させることができる。

（銀行法第25条第1項）

　本条は、調査権と並んで外部的監督のための重要な方法の一つとして内閣総理大臣の立入検査権を規定したものである。前条の調査権に基づく資料等の徴求は、銀行の内情を明らかにするためには間接的であることを免れない。提出された報告ないし書類を実地に検証しなければ、銀行の業務および財産の真の実情を明らかにすることはできない。また、調査権の行使を待たずに直ちに立入検査権の発動を必要とする場合もある。

2　法的権限に基づき立入検査を行うのは、銀行の公共性とその営む機能の経済的重要性に由来するのであって、そうした目的を確保するために監督当局は、立入検査により直接自ら銀行の実情を明らかにしていかなければならない。銀行の監督に遺漏なきを期するためには、監督当局は厳正、公正の見地から、検査を行うことが必要である。このように、内閣総理大臣の調査権と立入検査権とは終局において目的を一つにしながらも、その行使の具体的必要性はそれぞれ異なっている。

3　法律上「**当該職員**」とあるのは、金融庁および財務局の**検査官**をいう。法律上、検査官は、内閣総理大臣の指揮下にあってその検査権を委任されている公務員であり、それぞれ金融庁および財務省の地方支分部局である財務局に所属している。検査官は、金融機関の業務および財産の検査、ならびに保険会社の保険募集業の取締りに関する検査を実施する（金融庁設置法第4条、金融庁組織令第4条）。

　法律上の立入検査権は、内閣総理大臣にあるのであるが、実際の検査は、検査官が内閣総理大臣の委任を受けて行う。検査官は、内閣総理大臣の立入検査権から派生する個々の検査命令によって特定の金融機関の検査を行うのであって、検査官に固有のものとして立入検査権を行使するのではない。内閣総理大臣の検査命令書は、権限授与の関係を明らかにするものである。また、検査官は、個別の銀行検査ごとに委任を受けるのであって、包括的に委

第19章　監督（銀行法第24条〜第29条）　397

任を受けるのではない。

4　検査官は、委任を受けた範囲内でのみ自己の権限を行使することができる。受任の範囲は立入検査権のみであって、銀行に対する矯正的処分権や科罰権は含まれない。ここで矯正的処分権に触れておきたい。検査中において国家的見地からこのような矯正的処分が必要な場合があるいはあるかもしれない。その場合は、検査官が検査の過程で行うのではなく、後述のとおり、あらためて、内閣総理大臣ないし内閣総理大臣から当該権限を委嘱された者が銀行法第26条以下に規定する内閣総理大臣の処分権を行使するのである。矯正的処分権が検査期間中に行使されることはありうるが、これは検査に起因することであったとしても、検査とは別の行政上の措置である。

第2　子法人等への立入調査権

1　内閣総理大臣は、前項の規定による立入り、質問又は検査を行う場合において特に必要があると認めるときは、その必要の限度において、当該職員に銀行の子法人等若しくは当該銀行から業務の委託を受けた者の施設に立ち入らせ、銀行に対する質問若しくは検査に必要な事項に関し質問させ、又は帳簿書類その他の物件を検査させることができる。

（銀行法第25条第2項）

**　前2項の場合において、当該職員は、その身分を示す証明書を携帯し、関係人の請求があつたときは、これを提示しなければならない。**

（銀行法第25条第3項）

　ここでいう子法人等とは、前条（第24条第2項）に規定するものと同様であり、銀行が総株主等の議決権の50％を超えて所有している子会社および銀行が実効支配している法人などである。

2　次に、**取引先に対する立入検査**についてである。銀行の取引先の業務および財産の状況を臨検することは、取引先の協力を得て行う限りさしつかえないと考えられる。しかし、罰則という間接強制をもってこれを行うことはできない。

　また、本邦銀行の海外支店も当然に立入検査の対象に含まれる。その場合、外国の領土主権のなかのことなので、相手国政府の承認を得て銀行検査

を行うのが国際的な慣例になっている。

第3　犯罪捜査等との関係

第1項及び第2項の規定による権限は、犯罪捜査のために認められたものと解してはならない。

（銀行法第25条第4項）

　「検査」の法律上の性格は、司法上の強制捜査や令状に基づき脱税事件を調査する税務当局の強制調査とは異なり、任意調査であり、銀行法第25条第4項は、検査の権限は「犯罪捜査のために認められたものと解してはならない」と規定している。

　立入検査権がこれらの強制捜査等と相違する点の第1は、令状捜査の場合と異なり、身柄の拘束を伴う逮捕や書類および所持品の押収などができないことである。

第4　検査の遂行

1　検査にあたっては、必ず相手銀行の承諾を要する。つまり、検査官が立入検査権を行使するにあたっては、常に相手方の明示または黙示の承諾または同意を必要とする。この承諾または同意は、個々の検査行為についてではなく、包括的なものであってさしつかえない。

2　半面、銀行法上の検査が純粋の任意調査とも明確に異なるのは、立入検査権が法の根拠に基づき、その目的の範囲内において正当に行使される限り、銀行はこれを受け忍ぶ義務がある点である。これは、前述の内閣総理大臣の調査権の場合と同様である。

　すなわち、銀行法第63条第3号は、同法第25条第1項もしくは第2項の規定等により、当該職員（検査官）の質問に対し答弁をせず、もしくは虚偽の答弁をし、または、これらの規定による検査を拒み、妨げ、忌避した者に対して、1年以下の懲役または300万円以下の罰金を科している。さらに、銀行の代表者または銀行の代理人、使用人その他の従業員がその銀行等の業務、財産に関し、このような違反行為をしたときは、その行為者を処罰するほか、銀行等に対し罰金刑を科している（銀行法第64条）。

第19章　監督（銀行法第24条〜第29条）　399

このように、罰金による間接的な強制によって検査の適切な遂行が担保されている。

3　なお、銀行側の承諾は、役員その他の責任者の承諾でよく、銀行の組織内における個々の職員の承諾を必要としない。包括的な承諾でよい。

4　検査官は臨店検査に際して、銀行の営業所に立ち入り、検査に必要な範囲において、現金、債権証書、書類、帳簿類を閲覧し、また、質問することができる。しかし、銀行に対し、立入り、閲覧の承諾、質問への答弁を、実力をもって強制する権限が与えられていないことは、すでに述べたとおりである。

5　検査の具体的対象ないし検査方法は銀行法に明示されているとおり、①銀行（代理店を含む）の営業所その他の施設への立入り、②銀行の業務、財産状況に関する質問、③帳簿、書類その他の物件の検査、である。

　なお、質問は、営業所その他の施設の外でも行うことができる。

6　銀行検査は、銀行のもつ公共的性格、特に、預金者保護の目的に役立つことを第一義としている。それだけに、銀行の財産状況、資産内容の把握に最も重点が置かれている。このほかに、損益状況の分析、検討にも力点が置かれる。また、銀行の業務展開の公共性の観点から実情把握が行われる。

7　ところで、銀行検査は、銀行員の個人的な、または、**私生活上の事柄**にまで踏み込めるだろうか。

　検査の対象が、役職員の一身上の事項や役職員の個人財産に及ぶことは原則としてない。しかし、銀行本体の実態把握と密接不可分の場合には例外として認められる。したがって、たとえば、純然たる役職員の私物には検査権限は及ばないが、銀行の業務および財産に関連があると推定される私物については、本人の承諾があれば検査を行うことができると解される。この場合はあくまでも必要不可欠と認められるもの、ないし場合に限定されるべきは当然である。

　このほか、法令、定款違反の有無、さらには、経営方法として改善を要する事項など、詳細、かつ、広い範囲に及んでもさしつかえない。

8　銀行に対する検査には金融検査のほかに財務省国際局の為替検査官等によって行われる外国為替検査などがある。為替検査は、「外国為替及び外国

貿易法」第68条に基づき、銀行などを対象として行われる。

外国為替検査においては、貿易および対外債権・債務の実態把握や関係法令の遵守状況の確認等が行われる。

9　金融機関の地域性、あるいは金融庁内部の事務分担等からみて、財務省の地方支分部局の長である財務局（支）長に権限を委任し、それらの機関を通じて立入検査権を行使するほうが適当である場合が少なくない。内閣総理大臣が、自己の直属の部局である金融庁検査官を通じて行う検査を補完するものとして、検査権限を財務局（支）長に委任する規定等が整備されている。

財務局（支）長に検査権を委任した場合にも、内閣総理大臣自らの検査権限が失われるわけではない。

第5　検査の具体的仕組み

1　最後に、銀行検査の具体的仕組みの概要を記しておきたい。

検査は、事前準備、実地検査、事後処理、の順に行われる。その中核をなすのが実地検査である。

そして、実地検査は、さらに、現物検査、実地調査、資産査定、本検査、の四つの段階から構成されている。

2　以下、**実地検査**について説明すると、まず、実地検査の第1段階である現物検査は、資産、負債等を現状のままの状態で把握することを目的としている。

そして、現金、手形、有価証券、債権証書、預金、借入金等について帳簿上の金額と実際の金庫等における保管額との突合、照合が行われる。また、現物検査は、銀行が危険負担の責任を負うおそれのあるものにまで及ぶ。

実地検査の第2段階、すなわち、現物検査の次の段階が実地調査である。実地調査では、現物や帳簿書類を検証しながら、事務取扱いの状況や業務状況が調査される。

3　実地検査の第3段階が**資産査定**である。ここでは、資産の評価の査定が行われる。銀行のもつおよそすべての資産を拾い集め、その各々の資産について個別に検討して資金回収の確実性の度合いに従って分類が行われる。

そして、現時点で貸倒れを覚悟すべき貸出金の総額等と自己資本とが比較

第19章　監督（銀行法第24条～第29条）　401

され、それらが自己資本によってカバーされるかどうかなどが検討される。

4　以上の経過を経て、個々の銀行に対し、金融行政の透明性等を向上させる等の観点から経営管理態勢等の項目について、検査班から検査結果の講評が行われ、検査における指摘事項や今後改善すべき事項をまとめた検査結果および示達の書類が交付される。示達によって回答を求められる事項がある場合には、銀行は指示された期日までに監督当局に対し回答を提出しなければならない。

5　金融庁は、平成29年12月に「検査・監督基本方針」を公表し、過去の検査が「形式・過去・部分」への集中が生じやすかったとの反省から新しい金融検査像を目指して抜本的改革方針を打ち出した。すなわち、「検査マニュアルは、別表（筆者注：資産分類・償却・引当についての形式的な基準を定めた「検査マニュアル別表」）も含め廃止することとする。検査マニュアルの廃止は別表の廃止も含め、これまでに定着した金融機関の実務を否定するものではなく、金融機関が現状の実務を出発点により良い実務に向けた創意工夫を進めやすくするためのものである……」（同基本方針29ページ）。

今後は、当方針にのっとり、たとえば銀行によっては資産査定はモニタリングですませたり、一部検査工程を省略したりする一方、テーマ別に重点検査を行うなど、メリハリの効いた金融検査が実施されることになると思われる。

□ 第3節　早期是正措置制度

第1　内閣総理大臣の処分権

銀行法は、一般に、銀行業務の公共的性格に照らし、内閣総理大臣に銀行の業務を停止する権限、取締役を解任する権限、さらに銀行の営業免許を取り消す権限を与えている。まさに、非常事態に対処するための行政措置である。

こうした権限は、第1に銀行の業務または財産の状況に照らして必要があると認めるときの処分権（銀行法第26条）、第2に銀行が法令違反、公益阻害

行為を行った場合の処分権（同法第27条）、第3に業務停止処分を受けた銀行の営業免許の取消権（同法第28条）、の三つに分類される。

　内閣総理大臣は、銀行の業務若しくは財産又は銀行及びその子会社等の財産の状況に照らして、当該銀行の業務の健全かつ適切な運営を確保するため必要があると認めるときは、当該銀行に対し、措置を講ずべき事項及び期限を示して、当該銀行の経営の健全性を確保するための改善計画の提出を求め、若しくは提出された改善計画の変更を命じ、又はその必要の限度において、期限を付して当該銀行の業務の全部若しくは一部の停止を命じ、若しくは当該銀行の財産の供託その他監督上必要な措置を命ずることができる。

（銀行法第26条第1項）

　前項の規定による命令（改善計画の提出を求めることを含む。）であつて、銀行又は銀行及びその子会社等の自己資本の充実の状況によつて必要があると認めるときにするものは、内閣府令・財務省令で定める銀行又は銀行及びその子会社等の自己資本の充実の状況に係る区分に応じ、それぞれ内閣府令・財務省令で定めるものでなければならない。

（銀行法第26条第2項）

第2　早期是正措置

1　前述の早期警戒措置の段階を踏み越えた事態に対しては、銀行法第26条に基づく具体的な措置として早期是正措置制度が設けられている。当制度は平成10年（1998年）4月から実施されている。

　早期是正措置の趣旨は、金融機関の経営の健全性を確保するため、監督当局が自己資本比率という客観的な基準を用い、必要な是正命令を迅速かつ適切に発動していくことで、金融機関の経営の早期是正を促していこうとする行政手法である。

　その利点としては、①金融機関の経営状況を客観的な指標でとらえ、適時に是正措置を講じることにより、経営破綻を未然に防止できる、②是正措置の発動ルールを明確化することにより、行政の透明性を確保できる、③結果として、金融機関が破綻した場合の破綻処理コストの抑制につながる、といった点がある。

第19章　監督（銀行法第24条〜第29条）　403

2　自己資本比率について監督当局の検査、モニタリングが行われ、措置発動区分に該当する場合には監督当局への業務改善計画の提出命令その他必要な是正措置命令が行われる。これは客観的な基準による透明な行政運営の確保という観点に基づいている。

　そして、行政の透明性の確保として早期是正措置に係る発動基準および措置の内容は公表されている。すなわち、客観的指標に基づき、業務改善命令等の措置が発動される。

3　発動基準は、自己資本比率の状況による。自己資本は各金融機関が抱えるリスクを吸収するために経営安定上、必要不可欠な財政基盤であり、その充実は各金融機関が金融市場において預金者や投資家から十分な信認を確保するうえできわめて重要である。

　「銀行法第26条第2項に規定する**区分等を定める命令**（平成12年6月26日総理府・大蔵省令第39号）」第1条第2項に則して、自己資本比率規制において国内基準（連結ベース）を採用する銀行について措置区分を説明すると、

---

(1)　**第1区分**、すなわち連結自己資本比率「**4％未満・2％以上**」の場合は、監督当局は当該銀行に対して経営改善計画（原則として資本増強に係る措置を含む）の提出を求め、その実施を命令することができる。

---

(2)　**第2区分**、すなわち「**2％未満・1％以上**」の場合には、監督当局は、当該銀行に対して、次の各号に掲げる自己資本の充実に資する措置に係る命令をすることができる。

①　資本の増強に係る合理的と認められる計画の提出およびその実行

②　配当または役員賞与の禁止またはその額の抑制

③　総資産の圧縮または増加の抑制

④　取引の通常の条件に照らして不利益を被るものと認められる条件による預金または定期積金等の受入れの禁止または抑制

⑤　一部の営業所における業務の縮小

⑥　本店を除く一部営業所の廃止

⑦　銀行法第10条第2項に掲げる業務（付随業務）その他の銀行業に付随する業務、銀行法

　　第11条の規定により営む業務（他業証券業務等）または担保付社債信託法その他の法律により営む業務の縮小または新規の取扱いの禁止

⑧　その他金融庁長官が必要と認める措置

(3)　**第2区分の2**、すなわち「**1％未満・0％以上**」の場合には、監督当局は、当該銀行に対して、自己資本の充実、大幅な業務の縮小、合併または銀行業の廃止等の措置のいずれかを選択したうえ、当該選択に係る措置の実施を命令することができる。

(4)　**第3区分**、すなわち「**0％未満**」の場合には、監督当局は当該銀行に対して、業務の全部または一部の停止を命令することができる。

4　以上は国内基準行の場合であるが、国際統一基準行の場合には、第1区分は「8％未満・4％以上」、第2区分が「4％未満・2％以上」、第2区分の2が「2％未満・0％以上」、第3区分が「0％未満」であり、それぞれの命令内容は国内基準と同一である。

基準となる自己資本比率は、連結ベース、単体ベース、また、当該銀行を子会社としている銀行持株会社ベースでも算出し、いずれかの区分に該当した場合に発動される仕組みになっている。

この制度は、監督当局の対応が遅れないようにするというのがそもそもの法目的でもあるため、形式的に区分基準に達すれば、銀行側からの説明振りをふまえて早期是正措置の発動に向けた対応がほぼ自動的に実施されることになる。

以上が、早期是正措置制度の概要である。

第19章　監督（銀行法第24条～第29条）　405

□第4節 業務停止命令

1 銀行法第26条第1項の後段は監督当局による銀行に対する**業務停止命令**を規定している。

この条項は、新たに当該銀行と取引をなそうとする者を保護するとともに、銀行の保有資産が現状以上に不良化することを防止し、さらには既存の銀行利用者を保護することを目的にしている。銀行の業務および財産が不良化した場合に、事情を知らない一般公衆が当該銀行にさらに預金等をすることを座視するならば、万が一、当該銀行が倒産した場合には、いたずらに被害者数を増大させる結果をもたらす。そこで、銀行利用者をそれ以上拡大させないために、いち早く預金の新たな受入れを停止させる必要がある。また、銀行が放漫な貸出を続けることによってますます資産内容を悪化させるのを防止するために新規貸出を停止させる必要性が生じる。

2 以上は、銀行の新規取引についてであるが、このほかに銀行法第26条の条文の文理解釈上、預金の払戻し、貸出金の回収、有価証券の売却など、既存の債権・債務関係に基づく業務も業務停止命令の対象になると解される。しかし、既存のものであるだけにそれまでに一定の法律秩序が形成されている。そこで、たとえば、預金者側から銀行に対して既存の預金の払戻しが求められた場合に政府が行政命令によりこれを抑えることは私権に対する重大な干渉ないし制限であり、加えて、預金者保護の趣旨に反する場合もありうるとも考えられる。したがって、業務、なかんずく既存の債権、債務に基づく業務の停止に関する内閣総理大臣の処分権の発動は、必要かつ最小限に制限されるべきは当然である。また、業務停止命令の対象は銀行の固有業務に限らず、付随業務も含まれると解される。担保付社債信託業務などの他業についても、あえてこれを除外する理由は見当たらない。

個々の銀行に対し業務停止を命ずるにあたっては、停止業務の範囲が明確に示されなければならない。

3 **財産の供託命令**は、銀行の財産が散逸ないし費消されることを防止し、既存取引者の権益を守ることを目的にしている。供託命令はあくまでも、公法上の措置にとどまる。つまり、ここでいう財産の供託は、弁済の供託の場

合とは異なり、所有権の移転など私法上の効果を伴うものではない。したがって、預金者は、供託財産に対し特に他の債権者に優先して支払を受ける権利を有することにはならない。預金者側は、供託命令が出されることにより、銀行財産の散逸、費消が防がれることの反射的利益を享受することにとどまるわけである。

4 「業務又は財産の状況に照らして必要があると認めるとき」とは、業績の極度な不振、資産内容の深刻な悪化等の具体的事実が発生している場合を指すものであり、その判定は、内閣総理大臣に委ねられる。

また、「その他監督上必要な措置を命ずることができる」とあるが、これは、保有資産の不当な費消を禁止したり、貸出金に対する担保を徴求したり、担保権を迅速に実行するなど債権の保全や債権の実行にあたり必要とされるあらゆる措置を指している。

5 「その他必要な措置」のなかに、取締役の解任が含まれるかどうかが問題になる。銀行法第27条に取締役解任について明文が置かれていることから判断して、銀行法第26条の命令に違反するような事態が生ずれば銀行法第26条の規定によるのではなく、銀行法第27条により解任命令が出されるほうが自然であると考えられる。

なお、銀行が本条の命令に違反してなした業務行為であっても、私法上はあくまでも有効であることは法理上当然である。

☐ 第5節　概括的処分

1　内閣総理大臣は、銀行が法令、定款若しくは法令に基づく内閣総理大臣の処分に違反したとき又は公益を害する行為をしたときは、当該銀行に対し、その業務の全部若しくは一部の停止若しくは取締役、執行役、会計参与、監査役若しくは会計監査人の解任を命じ、又は第4条第1項の免許を取り消すことができる。

（銀行法第27条）

銀行には公共的性格があるため、銀行が法令、定款等に違反した場合、または公益を害した場合には、その社会的責任は特に重大であり、上述の銀行

第19章　監督（銀行法第24条〜第29条）　407

の資産状況等とは別の観点により内閣総理大臣の処分権を定めている。具体的にいかなる事由に対し、どのような種類、程度の処分を行うかは内閣総理大臣の裁量に委ねられている。内閣総理大臣の裁量権限ないし処分の程度等は、当該銀行の公共的信用秩序を損なう状況に応じて発動されるべきであり、恣意的になされてはならない。条理上、おのずから制限があるわけである。

2　銀行法第27条の処分権の発動要件は、銀行が法令、定款、内閣総理大臣の処分に違反したとき、または公益を害する行為があったときである。また、処分権の内容は、業務の全部または一部の停止命令、取締役、監査役等の解任命令、銀行の営業免許の取消し、の3点である。

　銀行法第26条が銀行経営の不健全性に着目しているのに対し、本条は社会的観点に着目している。

3　そこで、まず法令違反行為であるが、ここでいう「法令」とは、銀行法およびこれに基づく政省令が含まれるのは当然である。それに加え、金融関係法令が広く含まれる。銀行法の諸規定に違反する例としては、たとえば、法定準備金を規定どおりに積まずに賞与や配当に充てる行為、認可を受けずに外国において営業所を設置する行為、勝手に休業をなす行為、などである。

　会社法の強行規定や金融商品取引法など、一般企業に適用のある法令も含まれる。

　また、売春防止法は、明文をもって「情を知つて、第11条第2項の業（売春業）に要する資金、土地又は建物を提供した者は、5年以下の懲役及び20万円以下の罰金に処する」（売春防止法第13条第1項）と規定しており、銀行等による売春業者への融資は銀行法第27条の「法令違反」に該当する。

　刑法違反、たとえば有価証券の偽造、他人の財産の横領のごとき行為も法令違反に該当する。しかし、その種類、程度、情状いかんによっては単なる公益阻害行為にとどまる場合がある。

　銀行法および銀行業務にまったく関係のない法令に違反した場合で、銀行の信用失墜にならないことが明らかな事例にあっては、銀行行政の問題ではなくなり、本条が予定した法令違反とはいえないので、本条の対象とはなら

ない。また、法令違反があればすべて本条の処分を行うことができるというのではなく、そこはやはり、処分の重さに比例する程度の重大性があることが必要である。

　定款違反については、単に定款に違反しているという形式面だけでは不十分である。金融機関としての信用を失墜させるなど、一定以上の重大性が要件とされる。

4　処分違反については、法令の根拠に基づいて発した内閣総理大臣の命令に違反する場合が本条の処分の対象となる。内閣総理大臣が預金の受入れを制限することを命じたり、現存財産を不当に費消することを禁止したり、貸付金の回収命令を発するなどの行政上の処分を行ったにもかかわらず、銀行側がこれらを無視し、履行しようとしないがごときは、いずれも本条にいう処分違反に該当する。銀行法第26条に基づく内閣総理大臣の措置命令は、ここにいう内閣総理大臣の処分に含まれる。

5　「**公益を害する行為**をしたとき」」は、はなはだ抽象的な法文表現である。『法令用語辞典〔第10次改訂版〕』（角田禮次郎・茂串俊ほか編、学陽書房）によると、「公益」とは「広く社会一般の利益をいう」とだけ定義記述があり、用語例には当銀行法第26条などが引用されている。そして、「公益の語は、その用いられる具体的場合に応じて、いろいろなニュアンスを持ち得るのであるが、その内容は、これを規定している法令の趣旨、目的に照らして合理的に判断するほかはない」とある。

　本条において「公益を害する行為を……した場合」とは、銀行が、業務を行うに際して、国家や社会に有害な結果をきたす行為を行う場合をいう。よく引用される事例としては、政府転覆を目的とする行為（刑法第77条。内乱罪）などに対して銀行が情を知りながら資金の貸付を行う場合などがある。なお、現在では、戦後以降、法令の整備が進み、多くの公益阻害事項が法令違反事項に取り込まれており、公益阻害行為の典型事例はあまり見受けられないのが実情である。公益阻害行為の内容は時代とともに変遷している。その判定にあたっては、慎重な対応を要し、時代の要請との関係において的確な判断を要する。たとえば、公益を害する行為の事例として、戦前のある時期には、預金に割増金を付して射幸心を誘発する行為があげられていた。し

かし、戦後になると、ある時期には特別法をもって割増金付定期預金が認められたときもあった。「公益」概念は、やはりその時代の理念を基礎として解釈されるべき性質のものである。

なお、本条にいう行為は、銀行の行為でなければならない。銀行の役員、職員の私的な行為については問うところではない。

6 「業務の全部又は一部の停止」とあるが、ここでの業務は預金の払戻しを含む文字どおり銀行の行うすべての業務が対象になる。

また、取締役、監査役、会計監査人等の解任については、解任の目的が、違反行為に責任のある者を制裁すること自体にあるのではなく、むしろ、解任により、当該銀行に存在する不正、不当な事態を矯正することにある。解任命令が出されると、銀行は株主総会を招集し、当該取締役等を解任することを義務づけられる。

最後に、銀行の営業免許の取消しについてであるが、免許の取消しは、銀行法上、最も重い処分である。銀行営業を再び免許前の一般的禁止の状態に復帰させることになる。

7 本条における「**取消し**」は、行政法学上のいわゆる撤回に当たる。取り消しうべき行政措置の取消しではない。「取消し」の場合は、取り消されると、その行政措置は初めから無効であったことになり、当事者に生じた権利義務関係は初めからなかったことになるが、ここでの「取消し」はそのような種類の行政行為ではなく、明らかに「撤回」である。すなわち、瑕疵なく成立した免許という行政措置に対し、その後に生じた新しい事態に基づき、公益上、等の理由によって将来に向かいその効力を失わさせる行政行為である。

☐ 第6節　免許取消処分

1　内閣総理大臣は、前2条の規定により、銀行に対し、その業務の全部又は一部の停止を命じた場合において、その整理の状況に照らして必要があると認めるときは、第4条第1項の免許を取り消すことができる。

（銀行法第28条）

業務の停止は、業務または財産の状況に照らして必要があると認めるとき、および法令、定款、内閣総理大臣による処分に対する違反や公益を害する行為をしたときに命じられるものであることはすでに述べた。内閣総理大臣から業務停止命令が出されたあとに、整理の作業が進捗せず、到底、業務停止解除の見込みのないようなときは、むしろ、当該銀行をすみやかに解散させたほうが、国民経済上ないし預金者保護上適当である場合があると考えられる。銀行法はこのような事例において、内閣総理大臣に当該銀行の営業免許を取り消す権限を行使することを認めたものである。

2　「その整理の状況に照らして必要があると認めるときは」とあるので、業務を停止されている銀行であっても回復の見込みがあることを否定できず、整理の状況いかんによっては業務を再開することがありうることを示している。それだけに、内閣総理大臣が営業免許を取り消すかどうかの判断にあたっては、その銀行の整理の状況を具体的に認定することが必要である。

3　免許が取り消された場合には、銀行は当然に解散を余儀なくされる（銀行法第40条）。それだけに、違反行為の内容が著しく重大であって信用機関である銀行としての存在意義をはなはだしく害し、業務停止、役員の解任等の方法によっては矯正、回復を図ることが不可能であると認められる場合に限りとられる行政処分であり、かつ、その重大性ゆえにむしろ直ちに銀行としての存在を否定すべきであると判断される場合に限り行われるべきものである。

□第7節　銀行持株会社に対する監督

1　内閣総理大臣は、銀行の業務の健全かつ適切な運営を確保するため必要があると認めるときは、当該銀行を子会社とする銀行持株会社に対し、当該銀行の業務又は財産の状況に関し参考となるべき報告又は資料の提出を求めることができる。

（銀行法第52条の31第1項）

　監督当局は銀行持株会社の子会社である銀行の業務の健全かつ適切な運営を確保するため必要と認める事情が生じた場合に、調査権限を随時行使する

ことができる。この調査権限の法的性質は銀行に対する調査権限と同種のものであり、あくまでも任意調査であって、相手方の承諾・同意が必要である。

2　また、監督当局は銀行持株会社の子会社である銀行の兄弟会社（たとえば証券会社、信託銀行）に対しても、当該銀行の業務または財産の状況に関し参考となるべき報告または資料の提出を求めることができる（銀行法第52条の31第2項）。

ただし、この調査権限の行使は銀行からやや離れた相手に対するものなので、実際の権限行使は慎重を期したものでなければならないことは当然である。つまり、規制の遵守状況等について、まずは銀行や銀行持株会社から報告または資料徴求を行い、それだけでは調査目的が十分に達成できないような場合に限って、特に必要な範囲に限定して行われるものと解される。銀行や銀行持株会社と無関係に独立して権限を行使することはできないし、所管外の兄弟会社について調査することはできない。

3　監督当局は銀行経営の健全性等の確保のために必要な範囲内において、銀行持株会社に対して立入検査をすることができる（銀行法第52条の32）。

検査項目としては、①具体的な経営方針、②業務内容、③連結ベースでのディスクロージャー内容、銀行法上の諸規制、アームズ・レングス・ルール等に及ぶ。また、その際に特に必要があると認められる場合に限り、銀行持株会社の子会社、つまり、銀行の兄弟会社にも立入調査を行うことができる（銀行法第52条の32第2項）。その場合、銀行や銀行持株会社の立入検査の際に、その具体的関連ないし脈絡において行うことに限定されると解される。銀行持株会社やその子会社に対する立入検査の任意調査としての法的性格や、検査官の身分証明書の携帯義務などの手続は銀行の場合と同様である。

4　銀行持株会社の銀行に対する経営管理の仕方が不適切であったり、銀行持株会社グループの資産内容が悪化しているような状況において、監督当局は銀行の経営の健全性を確保するため必要があると認めるときは、銀行持株会社に対して当該銀行の経営の健全性を確保するための改善計画の提出を求め、もしくは提出された改善計画の変更を命じ、また、監督上必要な措置を命ずることができる（銀行法第52条の33第1項）。

銀行持株会社グループには、当該銀行持株会社の関連法人を含めた子会社等がすべて包摂される。そして、監督当局が銀行持株会社グループ全体としての財産の状況が銀行の業務の健全性を阻害するに至っていると判断すれば、当該銀行持株会社に対して、措置すべき事項および期限を示したうえで、上記の措置を行うものである。

5　銀行法第52条の33第2項は自己資本比率の状況に応じた早期是正措置を定めている。その内容は銀行に対する早期是正措置と同様である。

　そして、監督当局は、特に必要があると認めるときは当該銀行持株会社の子会社である銀行に対して、たとえば、銀行持株会社グループ内の会社への不健全な融資に対する担保の徴求や、経営再建の見込みのない会社への融資の停止など、必要な措置を命じることができる（銀行法第52条の33第3項）。

6　内閣総理大臣の監督権限は銀行持株会社に係る認可の取消しにまで及ぶ。

　銀行持株会社が、①法令、定款、法令に基づく内閣総理大臣の処分に違反したとき、または、②公益を害する行為をしたときは、内閣総理大臣は、当該銀行持株会社に対して、その取締役、執行役もしくは監査役の解任その他の監督上の措置を命じ、もしくは銀行持株会社に係る認可を取り消し、または当該銀行持株会社の子会社である銀行に対しその業務の全部もしくは一部の停止を命じることができる（銀行法第52条の34）。

7　つまり、ここでは三つの処分内容が示されている。すなわち、第1に、銀行持株会社に対してその取締役等の解任その他の監督上の措置を命ずることである。解任命令が発せられると、銀行持株会社は株主総会において具体的に対象となった取締役等の解任を求めることが義務づけられる。

　第2に、銀行持株会社の設立等の認可を取り消すことである。ここで「認可を取り消す」とは、行政法学上の「行政行為の撤回」を指し、将来に向かってその効果を失わせるものである。過去にさかのぼって効果を根こそぎ失わせる文字どおりの「取消し」とは異なる。

　第3に、銀行持株会社の子会社である銀行に対してその業務の全部もしくは一部の停止を命じることである。これはあくまでも銀行に対する業務の停止処分であって、銀行持株会社自体の業務の停止処分でないことに注意を要する。銀行法の法目的が預金者保護など、あくまでも銀行そのものに向けら

第19章　監督（銀行法第24条〜第29条）　413

れたものであるからにほかならない。

8　法令違反について、対象になる法令には銀行法およびそれに基づく政省令、金融関連法、商法、会社法などの企業関係法が広く含まれると解される。法令違反の軽重に見合い、処分権の発動がなされる。

　定款違反については、単に形式的に違反しているだけでは不十分であり、定款違反の結果、子銀行の信用の失墜にまで及んでいる状況にあるかどうかが処分権発動の要件になると考えられる。

□第8節　資産の国内保有命令

1　内閣総理大臣は、預金者等の保護その他公益のため必要があると認めるときは、その必要の限度において、政令で定めるところにより、銀行に対し、その資産のうち政令で定めるものを国内において保有することを命ずることができる。

（銀行法第29条）

　今日、わが国経済、金融の国際化が進み、銀行の内外交流が活発化している。それに伴って、外国銀行がわが国に営業拠点を数多く設置しているのが実情である。外国銀行の業務展開に対応して、また、わが国銀行の海外における活動に対処して、わが国の国内の預金者等の保護その他公益のため必要と認めるときは、本条に基づき、内閣総理大臣は、銀行に対し、資産のうち一定部分を国内において保有するよう命ずることができる旨を規定している。ここで「銀行」とは、銀行法第4条第1項の営業免許を受けた者であり、邦銀はもとより、外国銀行の日本における現地法人銀行、外国銀行の在日支店（銀行法第47条第1項）を指している。

2　この条項は、昭和57年の銀行法全面改正により設けられたもので、非常事態に備えた危機管理条項ともいえる。

　資産の国内保有の具体的手続および国内で保有すべき資産の種類については、政令に委任されている。

　銀行法施行令によると、対象となる資産は、

①　日本銀行に対する預け金

② 現金並びに金融庁長官が別に定める国内の金融機関に対する預金、貯金及び定期積金

③ 金融商品取引法第2条第1項各号に掲げる有価証券

④ 国内に住所または居所を有する者に対する貸付金その他の債権

⑤ 国内に住所及び居所を有しない者に対する貸付金その他の債権であって、元本の償還及び利息の支払を行う場所を国内とし、かつ、国内の裁判所を管轄裁判所とすることを定めている金銭消費貸借契約に係るもの

⑥ 国内に所在する有形固定資産

⑦ その他金融庁長官が適当と認める資産

である（銀行法施行令第5条の2第2項）。

3 当局の銀行に対する命令は、その期限、および上記に掲げる資産のうち当該命令が対象とするものの範囲または当該命令が対象とする資産の総額の上限を示したうえで行われなければならない（銀行法施行令第5条の2第1項）。

第20章

わが国の銀行破綻処理制度
（預金保険法）

□第1節　総　　説

1　まず、法律上、金融機関の破綻とは、どういう状態を指すのかを明らかにしておきたい。

　銀行法の特別法である預金保険法（昭和46年法律第34号）は破綻金融機関を、

　この法律において「破綻金融機関」とは、業務若しくは財産の状況に照らし預金等の払戻し（預金等に係る債務の弁済をいう。以下同じ。）を停止するおそれのある金融機関又は預金等の払戻しを停止した金融機関をいう。

（預金保険法第2条第4項）

と定義づけている。

　金融機関による預金等の払戻しの停止という状態は、預金者等が当該金融機関の経営に極度の不安を感じて預金の払戻しに殺到するいわゆる「取付け」が起こり、物理的に金融機関側が対応不能に陥って実現する場合もあるし、監督当局が状況を判断して銀行法第26条により業務の全部もしくは一部の停止を命じるほか第27条による概括的処分、同法第28条による営業免許の取消しなどによって引き起こされる場合もある。

2　早過ぎる破綻処理は金融機関の再生の芽を摘むことになるし、遅過ぎれば他の金融機関への連鎖反応を通じて金融システムそのものを揺るがすことになり、国家経済全体に大きな被害をもたらすおそれがある。しかし、わが国の破綻法制は、幾多の試行錯誤を経て、平成10年における早期是正措置制度の整備・強化以降、自己資本比率や債務超過概念などを導き手として、連

続した段階的な、きめの細かい対応制度の構築に成功したといえよう。金融機関破綻時に預金者保護のために時機を失しない機敏な政策発動が可能な状況になっている。逆にいえば、このような制度が1980年代に初めから整備されていたら、多くの金融事件は事前にかなり有効に防止できたのではないかとの思いは強い。

3　預金保険法は、

　①　金融機関の預金等の払戻しの停止

　②　金融機関の営業免許の取消し、破産手続開始の決定または解散の決議を、預金保険事故の発生、つまり、預金保険法が発動され、公的機関である預金保険機構により預金者に預金を払い戻す義務が生じる状況としてとらえ（同法第49条）、預金保険法上の金融機関破綻処理の手続に入る。

4　以上の建前によって、どのような要件に該当すれば金融機関の破綻処理に移行するかが法令上明確に示されている。

　そこで次に、銀行が破綻ないし、それに近い状況に陥ったときに政府がいかに対応するかについて説明したい。預金保険法がその詳細を規定している。

　まず、預金保険法はその目的規定において、

**　この法律は、預金者等の保護及び破綻金融機関に係る資金決済の確保を図るため、金融機関が預金等の払戻しを停止した場合に必要な保険金等の支払と預金等債権の買取りを行うほか、破綻金融機関に係る合併等に対する適切な資金援助、金融整理管財人による管理及び破綻金融機関の業務承継その他の金融機関の破綻の処理に関する措置、特定回収困難債権の買取りの措置、金融危機への対応の措置並びに金融機関等の資産及び負債の秩序ある処理に関する措置等の制度を確立し、もつて信用秩序の維持に資することを目的とする。**

（預金保険法第1条）

**　この法律の運用に当たつては、金融機関の自主性を尊重するよう配慮しなければならない。**

（預金保険法第1条の2）

と謳っている。

金融機関が破綻した場合に、政府による破綻処理の方法は、平時の枠組み
と有事の際の枠組みとに明確に区分されている。平時のもとでは、あくまで
も預金「保険」制度の枠組みのなかで、金融機関の自己責任と市場規律のも
とで可能な限りの預金者保護が図られている。一方、有事の際の措置は、一
般国民である納税者からの支援である公的資金の投入も念頭に置いた緊急措
置が規定されている。そして、その各々について複数の方式が用意されてい
る。

5　まず、**平時の枠組み**としては、

　①　保険金の定額支払方式

　②　資金援助方式

がある。

　そして、**有事の際の枠組み**としては、破綻ないし破綻のおそれへの対応に
応じて、預金保険法第102条に基づく、

　①　資本注入措置（第1号）

　②　預金全額保護措置（第2号）

　③　当該金融機関の一時国有化措置（第3号）

の諸措置が整えられている。

□ 第2節　平時の銀行破綻処理

第1　保険金の定額支払方式

1　わが国の預金保険制度は、金融機関が、公的な機関である預金保険機構
に預金保険料を支払い、万が一、金融機関が破綻した場合には、預金保険機
構が、預金者1人につき預金元本1,000万円とその利息の合計額までの一定
額を支払うことにより預金者を保護する制度である。いわゆる**ペイオフ制度**
ともいわれ、保険事故に陥った金融機関の預金者に対して一定額の保険金が
支払われることを意味する。具体的には、預金保険機構が、保険事故が発生
した金融機関から提出を受けた預金者データに基づき、保険事故発生日にお
ける預金者ごとの預金額を特定したうえで、預金者からの請求に基づいて、

418

保険金の支払を行うものである。

2　定額保護のもとでは、**付保預金**（元本1,000万までなど定額で保護される預金等）以外の預金や金融機関が保有する債権については、破綻金融機関の財産の状況に応じて弁済がなされる。この「以外の部分」については広く倒産法制が機能することになる。つまり、当該金融機関は清算され、その営業は解体されることが想定されている。

　以上の保険金の定額支払措置の発動は金融機関が破綻した場合の、国による対応の基本形として位置づけられる。

　ただし、その発動例は、平成30年1月末現在、預金保険制度が発足した昭和46年以来、日本振興銀行の破綻（平成22年9月）の1例にとどまっている。

第2　資金援助方式

1　**資金援助方式**とは、破綻金融機関の営業を解体することなく、後述するペイオフ・コストの範囲内で国等が資金援助を行い、合併や事業譲渡などの手法により、預金および健全な資産を他の健全な金融機関に承継させることで預金者の保護を図る方式である。

　金融機関が預金等の払戻停止や債務超過のおそれがある旨を申し出、監督当局が認定した場合、および、監督当局が金融機関の預金等の払戻しの停止もしくは停止のおそれまたは債務超過を認定した場合、監督当局は金融整理管財人による業務および財産の管理を命ずる処分を発令することができる（預金保険法第74条）。この処分は銀行法第26条の業務命令の一環としてなされる場合もある。

2　任命された**金融整理管財人**は通常の場合は預金保険機構からの資金援助を受けることを想定しながら、他の金融機関との合併や事業譲渡の方法により預金者の保護を図ることを目指す。破綻後6カ月以内をメドに救済金融機関への事業譲渡を行うことを想定している。救済金融機関が直ちに現れない場合には、後述する「承継銀行」へ暫定的に事業譲渡を行う。

　つまり、資金援助方式は、破綻金融機関を救済するために他の金融機関が合併や事業譲渡の受け皿となり、それに対して預金保険機構が金銭の贈与や資産の買取りなどの資金援助を行い、破綻金融機関の預金者等の預金債権を

第20章　わが国の銀行破綻処理制度（預金保険法）　419

保全する方法である。平時におけるこの資金援助方式の特徴は、あくまでも援助の総額はペイオフ・コストの範囲内であるという点である。

3　ここで**ペイオフ・コスト**とは、資金援助が行われる際に非常に重要な概念である。それは、金融機関が破綻して保険金支払方式による保護を行うとした場合に見込まれる保険金の支払額と保険金の支払に要すると見込まれる経費の合計から、預金保険機構が保険金の支払に応じて取得する預金等債権の倒産手続における**回収見込額（破産配当見込額）**を控除した額である。

数式で表現すれば、〔「想定される預金保険金の支払総額＋保険金支払に要する手間や人件費など費用」－「不良債権の回収等、倒産手続などによる債権回収額」〕である。

そして、注意すべきは、その際の金額は厳密な金額ではない。というのは、正確な金額を求めようとすればおびただしい日数を要し、破綻処理が大幅に遅れるおそれがあり、そうなればせっかくの法制が役に立たなくなるおそれがあるためである。最善の努力をしたうえで得られた計数であればそれをペイオフ・コストとして採用し、資金援助方式が起動することになる。

資金援助方式では預金債務がそのまま保全されるため、預金者の心理的負担が軽減されるという大きな長所が見受けられる。欧米をはじめ多くの国でも保険金の定額支払方式が実施されるのはごくまれであり、この資金援助方式が大宗をなしている。わが国も例外ではない。

4　資金援助方式は合併等の相手が早い段階で見つかる場合と、そうでない場合（**7**以下で説明）によって対応が分かれる。

第1は、任命された金融整理管財人が合併等の相手を破綻後ごく早い段階で探しえた場合である。

合併等を行う金融機関で破綻金融機関でない者（以下「救済金融機関」という。）又は合併等を行う銀行持株会社等（以下「救済銀行持株会社」という。）は、機構が、合併等を援助するため、次に掲げる措置（第6号に掲げる措置にあつては、第2条第5項第5号に掲げる会社に対して行うものを除く。以下「資金援助」という。）を行うことを、預金保険機構に申し込むことができる。

（1）　金銭の贈与

（2）　資金の貸付け又は預入れ

（3） 資産の買取り

（4） 債務の保証

（5） 債務の引受け

（6） 優先株式等の引受け等

（7） 損害担保

（預金保険法第59条）

5　具体的には、①事業の全部を救済金融機関に承継させ、債務超過部分について金銭贈与を行う方式と、②健全資産および付保預金（元本1,000万円までなどあらかじめ決められた範囲内で実際に保護される預金）を救済金融機関に承継させ、債務超過分につき資金贈与を行い、同時に不良債権と非・付保預金が残される破綻金融機関から、その不良資産についての買取りを**債権買取機構（RCC）**に委託し、RCCが資産の買取りを行って現金化する方法などがある。

　なお、上記「**損害担保**」とは、迅速な破綻処理を可能にするため、救済金融機関等が破綻金融機関から譲り受けた貸付債権について、その全部または一部の弁済を受けられなくなったことで損失が生じた場合、預金保険機構がその一部を補てん（ロス・シェアリング）する契約を事前に締結することである。

6　資金援助の対象になる合併等は次のとおりであり、金融庁長官による適格性の認定またはあっせんが要件となる。

①　救済金融機関との合併

②　救済金融機関に対する事業譲渡（一部譲渡を含む）

③　救済金融機関に対する付保預金移転

④　救済金融機関あるいは救済銀行持株会社等による破綻金融機関の株式の取得。

　そして、預金保険機構は資金支援を行うかどうかを決定するにあたっては、預金保険機構の財務状況のほか、資金援助に要すると見込まれる費用および保険金の支払を行うときに要すると見込まれる費用（ペイオフ・コスト）を考慮して、ペイオフ・コストの範囲内で資金援助額を算定する。

　預金保険機構は当該合併等に向けて破綻金融機関への資金援助を行い、合

併等が救済金融機関にとって商業的に見合うものとして魅力ある対象になる状況が構築されることになる。

また、それは、元本1,000万円とその利息までという定額ペイオフを行った場合にかかる総額の範囲内に収まるかたちで資金援助方式を実施できることを意味している。かつ、その効果は預金者にとって保険金の取得などの煩わしい手続を回避しつつ、預金額を総額で確保できることになり、結果として簡便で迅速、効率的な預金者保護措置として位置づけられる。

そして、こうした長所が、世界各国で保険金支払方式が法制上用意されながらも実際の銀行破綻処理のほとんどが資金援助方式によっていることの意味でもある。

合併や事業譲渡によって破綻金融機関の預金者保護等が図られることになれば、それ以後の手続は救済の手を差し伸べた側の金融機関に委ねられることになる。

7　第2の資金援助方式は、とりあえず救済金融機関が現れない場合である。

その場合には、監督当局は預金保険機構の出資などにより銀行法に基づく免許を取得した**承継銀行（ブリッジ・バンク）**を設立する。承継銀行とはとりあえずの受け皿の役割を果たす器（うつわ）である。破綻金融機関の金融整理管財人は、破綻金融機関の円滑な業務承継および承継銀行の業務の健全かつ適切な運営を図る観点から、破綻金融機関の貸付債権および他の資産から承継銀行が引き継ぐべき資産を選定する。承継銀行に引き継がれない資産は、整理回収機構等に売却されることになる。

8　承継銀行（ブリッジ・バンク）は、適宜、預金等や貸出資産を受け継ぎ、業務の暫定的な維持、継続を図るとともに、合併、事業の全部譲渡、株式の譲渡の手段により、最終的な受け皿となる金融機関等を探すことが主な目的となる。承継銀行から全部の事業譲渡などを受ける再承継金融機関等に対しては、再承継を援助することを目的として、預金保険機構による資産の買取り、優先株式等の引受け、損害担保などの措置が用意されている。

承継銀行に与えられた期間は2年間（さらに1年間の延長可能）であり、その間に合併等への道筋が示せないときには、以後、破綻金融機関は清算の手

続に入り、第1の方式である個々の預金者に対する預金保険金の支払等が行われることになる。

9　なお、最近のわが国政府の破綻処理実務では、承継銀行をつくり資産負債を移転する方式が目指されている。これは、預金者への配慮や金融の混乱を避けるために金曜日に破綻宣言をし、翌週の月曜日から正常に営業できることを目指す、いわゆる週末処理ないし**金・月処理**を実現する意図からである。

□第3節　有事の際の対応

1　内閣総理大臣は、次の各号に掲げる金融機関について当該各号に定める措置が講ぜられないならば、我が国又は当該金融機関が業務を行つている地域の信用秩序の維持に極めて重大な支障が生ずるおそれがあると認めるときは、金融危機対応会議（以下この章において「会議」という。）の議を経て、当該措置を講ずる必要がある旨の認定（以下この章から第8章までにおいて「認定」という。）を行うことができる。

（1）　金融機関（次号に掲げる金融機関を除く。）

当該金融機関の自己資本の充実のために行う機構による当該金融機関に対する株式等の引受け等又は当該金融機関を子会社（銀行法第2条第8項に規定する子会社又は長期信用銀行法第13条の2第2項に規定する子会社をいう。以下第108条の3までにおいて同じ。）とする銀行持株会社等（第2条第5項第1号又は第3号に掲げるものに限る。以下第108条の4までにおいて同じ。）が発行する株式の引受け（以下この章において「第1号措置」という。）

（2）　破綻金融機関又はその財産をもつて債務を完済することのできない金融機関

当該金融機関の保険事故につき保険金の支払を行うときに要すると見込まれる費用の額を超えると見込まれる額の資金援助（以下この章において「第2号措置」という。）

（3）　破綻金融機関に該当する銀行等であつて、その財産をもつて債務を完済することのできないもの

第111条から第119条までの規定に定める措置（以下この章において「**第3号措置**」という。）

（預金保険法第102条第1項）

　一般に、第1号措置は「資本注入措置」、第2号は「預金全額保護措置」、第3号は「一時国有化措置」といわれており、各号番号順に支援策が順次より強力なものになる構成をとっている。

　上記措置は、条文の冒頭語句から明らかなとおり、国や、地域（都道府県程度の規模の地域を想定しているとみられる）において金融や経済の連鎖的かつきわめて深刻な危機が想定されるような事態における金融機関の破綻処理方式である。

2　「我が国又は当該金融機関の業務を行っている地域の信用秩序の維持に極めて重大な支障を生ずるおそれがあると認められるとき」の例示として、国会審議の過程で政府側は、①他の金融機関の連鎖的な破綻が発生するような場合、②連鎖的に他の金融機関の資金繰りが困難となる場合、③大規模な貸出抑制や回収など資産の圧縮を進める動きが生じるおそれがある場合、等をあげている（平成12年4月28日、参議院における政府側答弁）。いずれにしても有事の際の規定であり、法目的をしっかりとふまえたうえで、状況に応じ柔軟に、かつ毅然として運用すべき条項であろう。

　措置の認定を行う金融危機対応会議は、有事の際に、原則として個別案件ごとに、内閣総理大臣を議長とし、内閣官房長官、金融担当大臣、金融庁長官、財務大臣、日本銀行総裁により構成される。もちろん、いくつかの案件が同時に発生した場合には一つの会議で複数の案件を審議し結論を出すこともありえよう。

第1号措置（資本注入措置）

1　正確には、破綻処理ではなく、**破綻予防措置**である。

　金融機関が預金保険機構経由で内閣総理大臣に申請を行い、金融危機対応会議の議を経て決定されるものである。認定を受けた銀行等に対して株式等の引受けが行われる。つまり、株式の買取りを通じて公的資金が投入される。

424

2　対象は債務超過ではなく資産超過にある銀行である。当該銀行が資産超過であっても事態を放置しておけば破綻に近づく蓋然性が高く、そのおそれが他の金融機関への懸念を造成し国ないし地域において連鎖的な危機を起こしかねないと判断した場合にとられる措置である。脆弱な自己資本状態に対して公的に**資本注入**によるてこ入れを行い、国や地域の金融システムを安定化することをねらいとしている。第1号措置は、資本の減少、すなわち減資を当該株式の引受けの条件とすることができる。この規定は金融機関の株主責任を問うことができるとの規定であり、当該銀行への信頼のもとに資金を投資してきた投資家の財産を人為的に削減する（そして株式市場の反応次第では株券の価値が急落する可能性がある）だけに受け入れる金融機関側にも相当の覚悟が必要である。

3　自己資本の増強のために預金保険機構による株式等の引受け等が行われ、政府当局は株主の立場から経営改善に向けた働きかけを行う。経営が改善すれば投入した資本の回収が行われ、一連の救済策は所期の目的を達成して完了する。

4　第1号の適用事例としては、平成15年5月のりそな銀行への資本注入がある。りそな銀行はその後、業況が改善し、すでに公的資金を完済し終えている。

第2号措置（預金全額保護措置）

　破綻金融機関または債務超過の金融機関に対して、必要性についての認定が行われれば、ペイオフ・コストを超えた資金援助が行われることになり、上記平時の措置における預金1,000万円までの定額保護とは異なり、当該金融機関の預金者に対して預金の**全額保護**が可能になる。そうなれば預金者は当該金融機関から預金を他に移し替える必要性がなくなり、預金取付けの動きを未然に防ぐことができるし、経営が安定する。

　第2号は平成30年1月末現在、いまだに適用事例がない。

第3号措置（一時国有化措置）

1　第1号が資産超過金融機関に対する措置、第2号が破綻金融機関または

債務超過金融機関に対する措置であるのに対し、この第3号は破綻金融機関で、かつ債務超過金融機関に対するものである。それだけに預金保険法第101条以下で強力な対応が規定されている。預金は全額保護される。

2　対象金融機関は預金保険機構による株式取得が行われて**一時的に国有化**され、「**特別危機管理金融機関**」という位置づけになる。この措置は、第2号によっては信用秩序維持が困難とみられるときに限定される。

預金保険機構はすべての株式を強制的に取得し、対象金融機関を国有化する。監督当局の指名により新しい経営陣が形成され、当該金融機関の管理運営にあたる。法人格は維持され、業務は継続される。

国が経営していくので当該金融機関の経営には当面、特に問題がなく、また、その期間、預金等は全額保護されているものの、そういう状態は公的資金による全株保有、つまり、納税者の資金によって支えられていることを意味するので、受け皿機関を見出して株式譲渡等によりできるだけこのような状態を早く終了することが望ましい。

3　第3号の適用事例としては平成15年11月の足利銀行の破綻処理がある。一時国有化された足利銀行の場合には第3号による公的資金投入の後、銀行経営は順調に立ち直り、資金援助はペイオフ・コスト内に収まり、その後、預金保険機構が保有する当該株式は野村證券グループに売却され、第102条第3号措置は成功裏に終了している。これは破綻後に新しく入った経営陣に人を得ていたこともあろうが、金融危機対応はある意味で思い切って強いてこ入れをしたほうが成功しやすいことを意味しているのかもしれない。

4　以上の諸措置に加えて、平成25年に預金保険法が改正され、第7章の2「金融システムの安定を図るための金融機関等の資産及び負債の秩序ある処理に関する措置」として新たに「特定認定」の制度（預金保険法第126条の2）が設けられた。金融システムに著しい混乱が生ずるおそれがある場合に、銀行・銀行持株会社に限らず、保険・保険持株会社、金融商品取引業者を対象とした、資本増強、救済金融機関への資金援助方式による破綻処理を行う権限を預金保険機構に与えるものである。これらに要した費用は危機対応勘定で経理され、事後的に特定負担金として金融機関が負担するが、それにより金融システムに著しい混乱が生ずるおそれのあるときは、政府による補助が

426

可能とされている。

□第4節　更生特例法の適用範囲の拡大

　これまで銀行については監督庁による倒産手続開始の申立てや倒産手続に係る保全処分等の申立てが法的に認められていた（更生特例法）。金融審議会での議論をふまえ、平成26年の銀行法改正に関連して、これに加えて、銀行持株会社や、外国銀行支店に係る外国銀行等についても更生特例法が適用されることになった。

　すなわち、監督庁は、銀行、銀行持株会社、外国銀行支店に係る外国銀行等に、破産手続開始の原因となる事実の生ずるおそれがあるときは、裁判所に対し、再生手続開始の申立てをすることができる（更生特例法第446条）。

第21章

合併・会社分割・事業譲渡
（銀行法第30条〜第36条）

□ 第 1 節　合　　併

1　銀行を全部又は一部の当事者とする合併（当該合併後存続する会社又は当該合併により設立される会社が銀行であるものに限るものとし、金融機関の合併及び転換に関する法律第 3 条（合併）の規定による合併に該当するものを除く。以下この章において「合併」という。）は、内閣総理大臣の認可を受けなければ、その効力を生じない。

（銀行法第30条第 1 項）

　会社法第748条に規定されているとおり、一般の会社では、合併は当事者が自由に行うことができる。

　しかし、**銀行の合併**については、一般の会社と同じように当事者の自由に委ねると、**第 1** に、合併の相手ないし合併の組合せ次第では多額の不良資産を承継し、当該銀行の資産内容の著しい悪化をきたし、銀行の経営基盤を危うくし、信用秩序を揺るがすおそれがある。**第 2** に、地域における寡占や独占を惹起するおそれがある。寡占等の問題はもっぱら独占禁止法の管轄であるが、銀行法も無関心ではありえない。**第 3** に、地方ないし地域によっては資金需給に不調和を招来するおそれがある。たとえば、銀行が合併をして、なんら特別の配慮を払わずに一定の地方の資金を引き揚げることとなれば、当該地方の産業に必要な資金が不足する結果をもたらす。**第 4** に、銀行間の合併を銀行経営者の経済動機、利潤動機だけに委ねると預金者の利益がないがしろにされるおそれがある。一般公衆である預金者の立場がなんらかのか

たちで代弁される仕組みが必要である。

2　加えて、銀行の合併は、各銀行の資金調達および資金運用の状況に特色がみられることに照らして、合併の組合せ次第では、わが国全体ないし産業全体に重大な影響を及ぼす可能性があること、合併が国民経済全体の見地からみて金融の効率化に資するよう行政上配慮していく必要があること、合併後における的確かつ円滑な業務運営を確保する必要があること、などの事情が存在する。

以上を要するに、信用秩序の維持、金融の円滑、預金者の保護、その他の観点を勘案して、銀行法は銀行の合併の効力の発生を内閣総理大臣の認可に係らしめている。

第1　合併などの審査

1　内閣総理大臣は、前条の認可の申請があつたときは、次に掲げる基準に適合するかどうかを審査しなければならない。

（1）　前条の規定による合併、会社分割、事業の全部又は一部の譲渡又は譲受け（以下この条において「合併等」という。）が、当該合併等の当事者である銀行等（銀行及び長期信用銀行をいう。第52条の61を除き、以下同じ。）又は信用金庫等が業務を行つている地域（会社分割により事業の一部を承継させ、若しくは承継する場合又は事業の一部の譲渡若しくは譲受けに係る場合にあつては、当該一部の事業が行われている地域に限る。）における資金の円滑な需給及び利用者の利便に照らして、適当なものであること。

（2）　合併等が金融機関相互間の適正な競争関係を阻害する等金融秩序を乱すおそれがないものであること。

（3）　前条の認可の申請をした銀行又は合併により設立される銀行が、合併等の後に、その業務を的確、公正かつ効率的に遂行する見込みが確実であること。

（銀行法第31条）

近年のわが国の立法例では、重要な認可行為を設ける場合には、権限を有する行政機関のまったくの自由裁量に委ねることのないよう審査基準の大枠について規定を設けるのが通例となっている。現行銀行法第31条はこうした

第21章　合併・会社分割・事業譲渡（銀行法第30条〜第36条）　429

趣旨をふまえたものである。

2　ここで地域的にみた資金の円滑な需給および預金者の利便に関する審査基準については、合併や事業譲渡の当事者が全国に店舗を有する都市銀行であるときは全国的視点に立って審査が行われる。その際、最近の金融の国際化に鑑み、海外支店が所在する地域も含めて考慮する必要があると思われる。他方、一つの都道府県を主な事業基盤としている地方銀行、第二地方銀行協会加盟行であるときは、特に地元地域に対する影響度といった視点から審査が行われる。

第2　合併の意義・手続

1　**合併とは**、二つ以上の会社が契約によって一つの会社に合同することである。合併には、会社の一部が解散して存続会社に吸収される「**吸収合併**」と会社の全部が解散して新会社を設立する「**新設合併**」、の二つの種類がある。前述のとおり、会社法上、合併は一般事業会社の場合は自由であり、株式会社、合資会社、合名会社の間で種類のいかんを問わず認められる。

　「合併」は法律上、合併による消滅会社について清算手続を必要としないことにその特徴がある。ここに合併が企業合同の手続として利用される大半の意義が認められる。企業維持の要請に合致するわけである。清算手続の有無の点で、合併は事業譲渡と異なっていることになる。

2　合併の手続は、まず、会社間で合併契約書が作成される。次いで、両社の株主総会で合併決議が行われる。さらに、債権者保護手続がとられなければならない。会社法は後述するように債権者保護のために、債権者からの異議申立手続を設けている。

3　次に、株式会社では、合併契約書所定の合併期日に解散会社の財産は存続会社または新設会社の設立委員会に引き渡される。株主・社員関係書類も引き渡され、解散会社の株主、社員は存続会社、新設会社の株主、社員としての地位が与えられる。さらに、吸収合併の場合は報告総会、新設合併の場合は創立総会がそれぞれ開かれる。以上の手続が終了すると、存続会社では変更登記、解散会社では解散登記、新設会社では設立登記が行われる（会社法第921条、第922条）。

430

第3　債権者異議の催告

1　会社法第789条などは合併に対する債権者異議申立手続を定めている。

それによれば、会社は債権者に対して合併に異議があれば一定の期間内に申し立てることができることをあらかじめ公告しなければならない。ここで一定の期間とは、1カ月を下ることはできない。そして、会社法は「かつ、知れている債権者には各別にこれを催告しなければならない」と規定している（会社法第789条第2項）。

2　そして、銀行法は、

銀行が合併の決議をした場合においては、預金者等その他政令で定める債権者に対する会社法第789条第2項、第799条第2項又は第810条第2項（債権者の異議）の規定による催告は、することを要しない。

（銀行法第33条）

と規定している。なお、「政令で定める債権者」とは、保護預り契約に係る債権者その他の銀行の業務に係る多人数を相手とする定型的契約の債権者であるとされている（銀行法施行令第7条）。保護預りは銀行の付随業務として位置づけられるものであるが、近年その契約者はかなりの数に達しており、格別の催告を要しない債権者とされたものである。

しかし、会社法は、一般の会社に対して官報のほか定款の定めに従い時事に関する事項を掲載する日刊新聞紙に掲載する方法とか電子公告の方法により公告（同法第939条）をするときは、知れている債権者に対する個別の催告は要しないとしている（同法第789条第3項）。そして、実際上、一般の会社でも日刊新聞その他による公告による方法がとられ、それにより手続が完結しているので、知れている債権者への各別の催告は行われていないのが実情である。

そうなると、かつては意味があった銀行の場合は催告不要とする銀行法第33条の規定は現行法のもとでは銀行にとって実益がないものとなっている。

3　銀行の合併の場合の債権者異議の手続は、上記の催告について以外は会社法にのっとり行われることになる。

債権者異議制度の趣旨は、合併により会社の財産が合体し、合併後の会社

第21章　合併・会社分割・事業譲渡（銀行法第30条〜第36条）　431

のすべての債権者の共同の担保となるところから、たとえば業績が悪く財産状態の悪い会社を吸収するような合併の場合には、財産状態の良好な会社の債権者は損害を被るおそれがあるわけである。そこで、合併による会社の財産の変動に対して債権者を保護すべきであるとの要請から、合併手続の一つとして要求されるものである。

　債権者がその期間内に異議を申し述べなかったときは、合併を承認したものとみなされる（会社法第789条第4項ほか）。債権者が異議を述べたときは、会社は弁済をなし、もしくは相当の担保を供し、または債権者に弁済することを目的として信託会社等に相当の財産を信託しなければならない（同条第5項ほか）。

4　銀行法における合併認可の申請は、これら債権者異議の手続がすべて終了してから行われる。

　銀行法施行規則第22条は、内閣総理大臣への合併認可申請書に添付すべき書類の一つとして、合併に異議を述べた債権者があるときは、当該債権者に対し弁済し、もしくは相当の担保を提供し、もしくは当該債権者に弁済を受けさせることを目的として相当の財産を信託したこと、または当該合併をしても当該債権者を害するおそれがないことなどを証明する書面の提出を義務づけている（同条第6号の2）。

第4　合併の効力

1　合併の効力は、吸収合併の場合は合併契約で定めた日に、新設合併の場合は設立登記によって発生する（会社法第750条第1項、第754条第1項）。合併の効果としては、存続銀行または新設銀行が合併により消滅した銀行の権利、義務を包括的に承継するものとされている（同法第750条ほか）。

2　ここで、合併についての内閣総理大臣の「認可」の意味を明らかにしておきたい。銀行法第4条の事業免許のように行政法学上の「許可」ではなく、行政法学上の「認可」に相当する。「認可」は一般的禁止の解除を意味する「許可」とは異なり、第三者の行為を補充してその法律上の効果を完成させる行政行為であり、設権的行為ともいわれる。すなわち、認可を受けない決議に基づいてなされた行為は無効である。この認可がなければ私法上の

効力は発生しない。

　認可は補充行為であるから銀行側の合併の決議そのものが不成立または無効の場合には、内閣総理大臣による認可行為はこれを有効な決議ならしめるものではない。また、認可後といえども決議の取消しをなすことは妨げないと解される。

3　第30条第1項の認可を受けて合併により設立される銀行業を営む会社は、当該設立の時に、第4条第1項の内閣総理大臣の免許を受けたものとみなす。

（銀行法第32条）

　旧銀行法では、同趣旨の規定を欠いていたため、新設合併の場合に、合併の認可を行うとともに、これに重ねて新銀行に新たに事業免許を与える必要があるか否かについて学説が分かれていた。現行銀行法では第32条を設け、明文をもって、合併の認可を受ければあらためて銀行業免許を受けることを要しない旨を規定し、立法的に解決を図ったものである。きわめて技術的な規定である。

第5　合併の範囲

1　銀行法第30条第1項は、認可の対象となる「合併」は二つの要件を具備していなければならない、という法文構成をとっている。二つの要件とは、まず**第1**に、合併する当事者がすべて銀行であるか、または当事者の一部に銀行が含まれている合併でなければならない。**第2**に、存続会社または新設会社が銀行等である合併でなければならない。

　以上の脈絡から、たとえば、合併の当事者のすべてが銀行であったとしても、存続会社または新設会社が銀行でない場合には本項にいう「合併」には該当しないことになる。そして、存続会社または新設会社が銀行等でない場合には、銀行法第37条第1項第2号に該当することになり、銀行の廃業、解散の手続が開始される。

2　ところで、異種金融機関同士の合併については、「金融機関の合併及び転換に関する法律（昭和43年法律第86号）」（いわゆる合転法）において、類型、認可基準、および認可の手続等が定められている。銀行を当事者とする

第21章　合併・会社分割・事業譲渡（銀行法第30条～第36条）　433

合併で、同法第3条の類型に属する合併（異業種間合併）については同法の規定に従い認可等を受けなければならない。

第6　申請手続

1　最後に、合併認可の申請手続について述べておきたい。

合併の認可申請書に添付すべき書類は、銀行法施行規則第22条に定められている。

その主なものをあげると、まず、第1に、合併の理由書である。理由書は、当該合併による効果（長所、短所）および当該合併当事者相互の関係とその合併に至る経緯等について銀行法第31条（審査基準）を念頭に置いて具体的に記述する必要がある。

第2に、株主総会の議事録である。議事録は合併契約書の承認が適法になされたか否かを確認する資料である。

第3は、合併契約書である。合併契約書は、合併に必要な記載事項を具備しているか否かを確認するためのものである。

第4は、合併費用である。株主総会関係費用、株式発行などに伴い生ずる費用、広告宣伝費などの内訳や算出根拠等を記載しなければならない。

第5は、最終の貸借対照表、損益計算書等の会計書類である。

第6は、会社法の債権者異議の規定による公告を記載した書類、および異議を述べた債権者があるときには弁済等の適正な処理を行ったこと等を証する書面である。

第7は、独占禁止法の規定による届出をしたことを証明する書類である。「私的独占の禁止及び公正取引の確保に関する法律」（昭和22年4月　法律第54号）第15条第1項は、当該合併によって一定の取引分野における競争を実質的に制限することとなる場合に該当するときは、合併を行うことを制限している。また、同条第2項は、合併しようとするときは、あらかじめ公正取引委員会に合併の届出をしなければならない、と規定している。この届出義務の履行を確認するためのものである。届出を行ったことを証明する書類とは、公正取引委員会が交付する届出受理書の写しである。

第8は、銀行の定款、取締役等の履歴書、事業所の位置等を記載した書

類、合併後における収支の見込みを記載した書類、その他参考になるべき事項を記載した書類、等である。

2　なお、銀行間の合併協議の過程で当事者が詰めなくてはならない課題として大きなものは、①株式の交換比率（合併比率）、②コンピュータ・システムとしてどちらのものを使うか、③商号、本店をどちらに重点を置いて決着するか、④会長・頭取等の首脳陣の人事、⑤個別の大口不良債権の事前処理、⑥給与・年金水準等が大きく異なる場合にどちらに鞘寄せさせるか、⑦行内の組織や労働組合との間での合意取付けなど合併実現までの双方の具体的段取り、公表の日程、などである。

これらをめぐって合併交渉が思わぬ展開をたどることがあるので、合併交渉の当事者は細心の注意を払うことが肝要である。

□ 第2節　会社分割

1　銀行を当事者とする会社分割は、政令で定めるものを除き、内閣総理大臣の認可を受けなければ、その効力を生じない。

（銀行法第30条第2項）

「**会社分割**」とは、会社（すなわち、銀行法の場合には銀行）の事業の全部または一部を他の会社に移転してその対価として新株の交付を受ける制度である。

銀行法第30条第2項に規定する内閣総理大臣の認可を要しない分割は、事業譲渡の場合と同じく、①国、地方公共団体、会社等の金銭の収納その他金銭に係る事務の取扱い、②有価証券、貴金属その他の物品の保護預り、③両替の各業務のみを対象とする場合である（銀行法施行令第6条）。

銀行は、銀行法第30条第2項の規定により分割の認可を受けようとするときは、認可申請書に、①理由書、②株主総会の議事録、③分割計画書または分割契約書、等の書類を添付して金融庁長官に提出しなければならない（銀行法施行規則第22条の2）。

2　一般に、会社分割とは、一つの会社を二つ以上にする制度であり、具体的には、会社が他の会社に事業を移転させ、その対価として事業を受け入れ

た会社が、当該会社または当該会社の株主に株式を発行する手続である。

平成13年4月1日より、商法上、会社分割制度が導入されたのに伴い、銀行法のうえでも手当がなされた。

簡単な条文であるが、銀行法における「分割」は銀行組織再編の中核ともいうべき機能を提供するものであり、その意味するところは大きい。

3　会社分割にはまず、新設分割と吸収分割の2種類がある。

会社法第2条はその定義規定において、新設分割は「1または2以上の株式会社又は合同会社がその事業に関して有する権利業務の全部又は一部を分割により設立する会社に承継させることをいう」（第30号）と規定し、また吸収分割については「株式会社又は合同会社がその事業に関して有する権利業務の全部又は一部を分割後他の会社に承継させることをいう」（第29号）と規定している。

つまり、**新設分割**は、分割する会社の事業を新たに設立する会社に承継させる場合であり、**吸収分割**は、事業を既存の他の会社に承継させる場合である。

会社分割は、さらに、事業を受け入れた会社が株式をだれに交付するかによっても区分することができる。

株式を、事業を移転させる会社に交付する場合を**分社型分割**（物的分割）といい、事業を移転させる会社の株主に交付する場合を**分割型分割**（人的分割）という。

したがって、新設分割と吸収分割とを組み合わせると四つの組合せがあることになる。

分社型分割会社では親子会社の関係（垂直的な関係）になり、分割型分割会社では兄弟会社的な関係（水平な関係）となる。

また、新設分割には、分割会社が単独で新設会社を設立する単独新設分割のほかに、複数の会社が承継会社を共同で設立する共同新設分割がある。

4　この制度を使って、銀行は自行のなかの特定の業務を子会社として分離することができる。

また、既存会社の事業をすべて新設会社に移転することにより純粋持株会社に移行できるので、会社分割（分社型）は持株会社を設立する際の代表的

な手法の一つとして活用されている。

　さらには、銀行が自行の不良債権を整理する際に、吸収分割によりグループ外の会社に不良債権を移転する方法や、新設分割により分社化し対価として交付された新設会社の株式をグループ外に売却する方法をとることが可能である。

5　一般に会社が分割をなすには分割計画書または分割契約書をつくることを要する（会社法第758条等）。銀行も会社法の適用を受けるので同様の手続を踏む必要がある。

　会社は、会社分割について公告をなし、債権者はこれに異議があれば一定の期間内にこれを述べることができることを明示しなければならない（会社法第810条等）。

　そして、会社に対し当該株主総会に先立って反対の意志を通知し総会において分割計画書の承認に反対した株主は、会社に対し自己の有する株式を公正なる価格をもって買い取るべき旨を請求することができる（会社法第806条等）。

　会社分割において債権者への公告（催告）手続が必要となるのは、会社分割は業務が移転するので債権者の利益が損なわれる可能性があるからである。

6　以上が、会社法における会社分割の手続であるが、銀行法は会社法の規定に対して、合併の場合と同様、預金者等その他政令で定める債権者に対して会社法の規定による催告を行うことを要しない、と規定している（銀行法第33条の2第1項）。その法的意義は合併の場合と同様である。

□ 第3節　事業譲渡

1　**銀行を当事者とする事業の全部又は一部の譲渡又は譲受けは、政令で定めるものを除き、内閣総理大臣の認可を受けなければ、その効力を生じない。**

（銀行法第30条第3項）

　合併と並ぶ銀行合同のいま一つの態様が事業譲渡である。事業譲渡による

合同は経済上、合併とほぼ同様の効果を生じさせることができる。そのうえ、譲受銀行において、譲渡銀行の株主を収容せず、かつ、承継を欲しない資産・負債を除外できるという利点があるので、かえってこの方法のほうが合併より便宜である場合がある。

　一般に「**事業譲渡**」とは、客観的意義の「事業」を契約により一体として移転することをいう。ここで客観的意義の事業とは、一定の事業目的のために組織化され、有機的一体として機能する財産をいう。具体的には、動産、不動産、債権、無体財産権および「のれん」権であり、同時に、債務などが含まれる。まさに一体としての事業の譲渡でなければならないが、しかし、それはあくまでも原則であって事業の同一性が全体として認められる限り、一部を除外してもよい。場所的にも支店を除外したり、または逆に支店だけを譲渡することもできる。

　まず、当事者間で一体としての事業の譲渡を目的とする債権契約を結び、譲渡人にその履行を求める。他方、事業の各構成部分を個別に譲受人に移転し、譲受人が当該事業を営むことができるようにする。株式会社では、事業の全部または重要な一部の譲渡は、株主総会の承認が必要である（会社法第467条第1項）。

2　事業譲渡の法律上の意義は、既存の事業を解体することなく、組織的一体性を保持しながら、そのまま移転することを認める点にある。合併との基本的な違いは株主関係を引き継がないということにある。会社法上は事業を譲渡することも、譲り受けることも自由にできる。しかし、独占禁止法により、事業の全部または重要な部分の譲受けは、合併の場合と同じく公正取引委員会に届け出なければならない（「私的独占の禁止及び公正取引の確保に関する法律」第16条第2項）。

　事業譲渡の効果としては、譲渡人は、原則として譲渡の対象になる事業に属するいっさいの財産を譲受人に移転しなければならない。また、従来の得意先や仕入先などを引き継ぐことに重点があるから、譲渡人が同じ事業を再開して、事業譲渡の実効性を失わせるようなことがあってはならない。すなわち、譲渡人は、競業避止義務を負っている（会社法第21条）。ここで、競業避止義務とは、事業を譲り渡した者が、自己または第三者のために、事業を

譲り受けた者の事業と競争的性質をもつ行為をしない義務である。

3 銀行の事業譲渡は、その方法や規模いかんによっては、合併そのものにきわめて類似する面がある。銀行法では、合併と並んで事業譲渡を内閣総理大臣の認可に係らしめている。ここでいう認可は、合併と同様、行政法学上の「認可」であり、行政庁が第三者の行為を補充してその法律上の効果を完成させる行政行為である。したがって、認可を受けないでなした銀行の事業譲渡は無効である。外国における事業所の認可のように一般的禁止を一部において解除する許可としての認可行為とは異なっている。

「銀行を当事者とする」とは、事業譲渡契約の一方の当事者が銀行であれば足りる。仮に、もう一方の当事者が銀行以外の一般事業会社であっても事業譲渡条項に該当し、認可が必要となる。

4 事業譲渡は実態面からみると非常に幅の広い概念である。事業の譲渡または譲受けのなかには、銀行がその事業の全部を譲渡または譲受けするといった合併とほぼ同様の効果を有する規模のものから、業務のごく一部といった軽微な譲渡、譲受けに至るまでさまざまな種類が存在する。

軽微な事業の譲渡、譲受けなど、強い規制に係らしめる必要性に乏しいものは、政令で定めるところにより内閣総理大臣の認可対象から除外している（銀行法第30条第3項）。銀行法施行令第6条は、①国、地方公共団体、会社等の金銭の収納その他金銭に係る事務の取扱い、②有価証券、貴金属その他の物品の保護預り、③両替、の三つの業務のみに係る事業の譲渡または事業の譲受けは内閣総理大臣の認可を要しない、と規定している。

5 銀行は、信用金庫、信用協同組合または労働金庫（これらの法人をもって組織する連合会を含む。以下この章において「信用金庫等」という）から事業の全部または一部を譲り受けることができる。ただし、当該事業の全部または一部の譲受けは、政令で定めるものを除き、内閣総理大臣の認可を受けなければ、その効力を生じない（銀行法第30条第4項）。

6 信用金庫、信用協同組合、労働金庫等は営利企業そのものではないため、旧銀行法下では、銀行がこれらの機関との間で、当時、届出制であった「営業」譲渡契約を締結できるのかどうか、つまり、信用金庫等の業務は「営業譲渡」の対象になるのかどうかについて解釈上、意見が分かれてい

第21章　合併・会社分割・事業譲渡（銀行法第30条〜第36条）　439

た。このような事情を背景として、現行銀行法は、明文を設け、銀行が信用金庫等から事業の全部または一部を譲り受けることができる旨を規定し、従来の論争を立法的に解決したものである。

7　すなわち、銀行法第30条第4項は、銀行が信用金庫等から事業の全部または一部を譲り受ける場合には、当該信用金庫等を会社とみなして独占禁止法第16条（事業の譲受け等の制限）の規制を受けることを明示したものである。言い換えれば、独占禁止法第16条は、銀行が事業譲渡によって一定の取引分野における競争を実質的に制限することになる場合は、銀行の事業譲渡を認めない旨が規定されているが、そうした規定は、銀行が信用金庫等から事業譲渡を受ける場合にも当然に適用されることを明文により規定したものである。

8　最後に、事業譲渡の手続面にについて説明しておきたい。

第1　事業譲渡の申請手続

　銀行は、銀行法第30条第3項の規定による事業の譲渡もしくは譲受け（以下この条において「事業譲渡等」という）の認可を受けようとするときは、認可申請書に加え、①理由書、②当該事業譲渡等が株主総会または取締役会の決議を要するものである場合には、これに関する株主総会または取締役会の議事録、③事業譲渡等の契約書、④最近の日計表、⑤同法第34条第1項の規定による公告および催告または同法第35条第1項の規定による公告および催告の状況を記載した書類、⑥独占禁止法第16条第2項の規定による届出を要する場合には、当該届出をしたことを証明する書類、などを添付して、内閣総理大臣に提出しなければならない（銀行法施行規則第23条）。

　これらの書類はおおむね、合併の認可申請書に添付すべきものに準じた内容になっている。

第2　債権者異議の催告

1　事業譲渡または譲受けにおける債権者異議の手続は、事業の全部譲渡の場合（銀行法第34条）と一部譲渡の場合（同法第35条）に分けて規定されている。その内容にはそれほどの差異はないので**全部譲渡**について述べると、

銀行を当事者とする事業の全部の譲渡又は譲受けについて株主総会の決議（会社法第468条（事業譲渡等の承認を要しない場合）の規定により同法467条第1項（事業譲渡等の承認等）の決議によらずに事業の全部の譲受けを行う場合には、取締役会の決議又は執行役の決定）がされたときは、当該銀行は、当該決議又は決定の日から2週間以内に、当該決議又は決定の要旨及び当該事業の全部の譲渡又は譲受けに異議のある債権者は一定の期間内に異議を述べるべき旨を官報に公告し、かつ、預金者等その他政令で定める債権者以外の知れている債権者には、各別にこれを催告しなければならない。

（銀行法第34条第1項）

　つまり、銀行は、預金者その他政令で定める債権者以外の知れている債権者には、各別にこれを催告しなければならない。政令である銀行法施行令第7条では、保護預り契約に係る債権者その他の銀行の業務に係る多数人を相手とする定型的契約の債権者が定められている。したがって、これら以外の債権者に対して各別に催告しなければならない。

2　そして、債権者が、当該期間内に異議を述べなかったときは、当該債権者はその事業の全部の譲渡、譲受けを承認したものとみなされる（銀行法第34条第4項）。他方、債権者が当該期間内に異議を述べたときは、銀行は弁済し、または相当の担保を提供し、もしくは債権者に弁済を受けさせることを目的として信託業務を営む他の銀行等に相当の財産を信託しなければならない（同条第5項）。ただし、当該債権者を害するおそれがないときは、この限りでない（同項）。

第3　事業譲渡等の公告

1　銀行は、会社分割により事業の全部若しくは一部を承継させ、又は事業の全部若しくは一部を譲渡したときは、遅滞なくその旨を公告しなければならない。

2　その公告方法が第57条第1項第1号に掲げる方法である銀行が前項の規定による公告をしたときは、当該公告をした銀行の債務者に対して民法（明治29年法律第89号）第467条（指名債権の譲渡の対抗要件）の規定による確定日付のある証書による通知があつたものとみなす。この場合においては、当該

公告の日付をもつて確定日付とする。

（銀行法第36条）

　合併の場合は包括承継がその基本をなすが、事業譲渡や会社分割の場合においては、包括して承継、ないし譲渡することは認められない。事業の譲渡等を行う銀行は、財産の種類に従い各別の移転行為をなさなければならない。また、その場合には、一つひとつについて第三者対抗要件を満たさなければならない。したがって、それに包摂される個別の指名債権の移転につき、民法第467条に規定する債務者への通知またはその承諾を要することとなる。しかしながら、それでは、銀行の場合は、多数の指名債権を有し、これらの個別の債権ごとに、その債務者に対する通知等を義務づけられれば、莫大な費用と労力を必要とする。さらに、法的安定性を欠くおそれがある。

3　そこで、銀行法は第36条で銀行の事業譲渡や会社分割の場合に特例的な簡便法を提供している。すなわち、銀行が事業譲渡をしたときは、事業譲渡の公告を義務づけ、そして、この公告の効果として、当該公告を民法第467条に規定する確定日付のある証書とみなすことにより個別の債権ごとの移転行為および第三者対抗要件は充足したものとし、あわせて、法律関係を早期に確定させることとしている。

第22章

廃業、解散および清算等
（銀行法第37条〜第46条）

1　銀行業の営業については、内閣総理大臣の営業免許を必要とし、合併等を内閣総理大臣の認可に係らしめているとすれば、同時に、銀行の廃業、解散のように、銀行業を継続するのを断念するという重大な決定に対してもこれを当事者の自由に任せるのではなく政府が関与する必要がある。預金者保護や信用秩序維持の視点からみれば、むしろ、銀行業の廃業や解散等への監視のほうが公共性は高いともいえる。また、その後の債務関係の整理の過程、すなわち、清算、破産、再生、更生などについても、政府は預金者保護等の観点から引き続き監視していかざるをえない。

　一般に事業会社が倒産したとき、債権者が実力を行使して自由に債権を回収することはできない。いわゆる、自力救済は禁止されているのである。事業会社が倒産したとき、債権者の債権回収は、競売、強制執行など国家が営む方法に従い、権利の実現を図らなければならない。社会秩序を維持するためである。この思想をもう1歩進めて、債務者の総財産を対象として全債権者のために公平に清算を行う、あるいは、企業の再建を図りつつ、公平に弁済するといった法制度が設けられている。清算を目的とする破産、特別清算、および再建を目的とする民事再生、会社更生などの制度がこれである。これらは、「整理」ないし「法的整理」と総称される。

2　銀行が廃業するに至り、あるいは法的整理を行う場合には、銀行の債権者である預金者を最大限保護していく必要がある。また、わが国全体ないし営業地域の経済・金融に及ぼす影響、一般公衆の利便確保の要請などをふまえ、銀行側の事情のみによってこれらを遂行することは許さず、内閣総理大

第22章　廃業、解散および清算等（銀行法第37条〜第46条）　443

臣が関与することが法的に要請される。

　銀行法がこれらの事項について規定を設けているのは、以上の趣旨によるものである。

3　過去を振り返ると、わが国の銀行業の廃業、解散、破産の数は、戦前においては、昭和2年に58行、昭和3年に58行、以後、各年それに近い数字が続き、昭和7年には実に102行に達している。このような事実は、旧銀行法に先立つ銀行条例が銀行業の廃業、解散を法的になんら規制していなかったことにも原因があったと指摘されている。銀行条例のもとでは、銀行業の廃業等は単に主務大臣への届出ですんでいたわけである。その過程で預金者には預金が戻らず大きな信用不安が渦巻いた。そこで、昭和3年に施行された旧銀行法は、銀行業の廃業、解散等が多発すれば預金者に損害をもたらし、わが国の金融全体に深刻な影響を及ぼすとの観点から、これらを政府の認可に係らしめることとした。現行銀行法はこの旧銀行法の考え方を踏襲している。

4　銀行業の廃業、解散等の規定は、大きく分けると、銀行側の意思により銀行業務を終了させる場合（**任意終了**。銀行法第37条）と、それ以外の場合（**強制終了**。同法第40条）に分けられる。強制終了はもとより、任意終了の場合でも銀行の自主性に委ねられるわけではなく、すべてにおいて内閣総理大臣の認可を要することとされている。終了の仕方としては、**銀行等の廃止**を意味する廃業と解散とに分けられる。**廃業**は、銀行業を廃止して、その後、他業等を営む場合である。その際、一定の範囲内で内閣総理大臣の権限が及ぶことになる。他方、**解散**とは、一般に企業が営業活動をやめ、財産関係を**清算**する状態に入ることをいう。

5　銀行は合併の場合を除いて解散によって直ちには消滅しない。既存の法律関係の処理のため、清算または破産の手続が終了するまでは清算または破産目的の範囲内で解散前の銀行と同一人格を継続する。解散は、合併、破産の場合を除き、一般には清算という段階に移行することになる。清算は裁判所の監督のもとに行われる。その段階では、当事者の自主性は制限され、裁判所の権限が強化される一方、内閣総理大臣の意見陳述権などが規定されている（銀行法第45条、第46条）。

なお、破産、再生、更生の各手続において、これらの手続を統括する裁判所と銀行を所管する内閣総理大臣との協調関係の仕組みが定められている（銀行法第46条）。

□第1節　銀行の任意終了

第1　廃　　業

1　次に掲げる事項は、内閣総理大臣の認可を受けなければ、その効力を生じない。
（1）　銀行業の廃止に係る定款の変更についての株主総会の決議
（2）　銀行を全部又は一部の当事者とする合併（第30条第1項に規定する合併及び金融機関の合併及び転換に関する法律第3条（合併）の規定による合併に該当するものを除く。）
（3）　銀行の解散についての株主総会の決議

（銀行法第37条第1項）

　一般に株式会社は自由に事業終了を意図することができ、会社法のうえでの制約はない。

　会社法では、株式会社は、①定款で定めた存続期間の満了、②定款に定めた解散の事由の発生、③株主総会の決議、④合併（合併により当該株式会社が消滅する場合に限る）、⑤破産手続開始の決定、⑥解散を命じる裁判、の事由があるときは解散する、と規定されている（会社法第471条）。つまり、会社法では、会社の解散事由としてありうるものをすべて列挙したうえで、そのいずれの事由による解散も、行政府が関与することなくこれを許容している。

2　これに対し、銀行法は異なる行き方を示している。銀行は会社法第471条第1号・第2号の事由によっては解散しない（銀行法第39条）。銀行の定款中に解散原因をあらかじめ規定しておくことの効力を否認しているわけである。

　また、銀行法第26条、第27条の規定により、業務停止命令や、営業免許の

第22章　廃業、解散および清算等（銀行法第37条～第46条）　445

取消しの対象となる銀行については、その経営状況または業務運営が著しく不良であるか、または社会的に問題があることを考慮して、廃業、解散を行うか否かは内閣総理大臣の判断に委ねることにしている。

3 銀行の任意終了事由の第1は、銀行が**銀行業の廃止**に係る定款の変更について株主総会の決議を行い、内閣総理大臣の認可を受けて銀行業を廃止することである。銀行の定款には、当然のこととして「目的」に銀行業を掲げているわけであるが、何かの事情により、当該銀行が銀行業から撤退し他の業種に転業しようとする場合があるかもしれない。そのようなときには、定款における「目的」変更について、まず株主総会で決議を行ったあとに内閣総理大臣の認可を受けなければ、銀行業の廃業はその効力を発生しないことになるわけである。

4 株式会社の目的は定款の絶対記載事項とされており（会社法第27条第1項第1号）、銀行業の廃止に係る定款の目的変更は株主総会の特別決議を必要とする（同法第309条第2項第11号）。特別決議は、株主総会における決議の成立には一般の場合より一段と厳しい条件が課されている。議決権の過半数を有する株主が出席し、出席した株主の議決権の3分の2以上に当たる多数をもって行わなければならない（同条第2項柱書）。通常の決議方法は、出席条件は同じであるが議決は過半数をもって足りる。銀行業廃止の効力は、特別決議について内閣総理大臣の認可を受けてはじめて発生するものである。また、その時点でそれまでに与えられていた銀行の営業免許は失効する（銀行法第41条）。

5 付随業務または他の法律に基づき営む業務など、銀行の固有業務以外の業務の廃止はここでいう「銀行業の廃止」には含まれない。これらの業務は、そもそも銀行業の定義に含まれないので、いわば当然のことである。

次に、銀行業の一部を廃止するものの、その結果残った業務のみでも銀行業として位置づけることができる場合、たとえば、為替取引業務を廃止する場合などは定款の目的変更に当たる。それは銀行業の一部廃止に該当し、一部分であっても廃止には違いがないので内閣総理大臣の認可を要する。

今日、定款の目的に銀行法第2条に定められた銀行業の定義をそのまま記載している銀行が大半である。その場合は、銀行業の一部廃止は、定款変更

の手続を伴うことになる。これはさらに「銀行業の廃止に係る定款の変更」（銀行法第37条第1項第1号）に該当し、内閣総理大臣の認可を受けなければならないわけである。

6　銀行の任意終了事由の第2は、銀行合併により合併当事者である銀行が銀行等以外の会社を新設する場合、および銀行が銀行等以外の会社に吸収される場合である（銀行法第37条第1項第2号）。ここで、「銀行等以外」とは、銀行法にいう銀行および長期信用銀行以外の存在を指す。つまり、なんらかの事由で銀行が銀行等以外の会社に転業していく場合を指している。

　銀行の合併は、銀行法第30条第1項に規定されている。これは銀行合併についての包括的な規定である。しかし、第30条の規定は、合併後の姿がいずれも銀行となる場合についてであって、銀行等が合併して銀行以外の他業会社に転じていく事例を網羅していない。そこで本条は、銀行等の合併のうち、合併後は他業会社になる事例について規定している。

　銀行法第37条第1項第2号はやや技術的な確認規定である。というのはこの規定は旧銀行法時代の論争に源をもち、その論争を立法的に解決するための条項である。

　すなわち、旧銀行法第14条は『銀行の合併は主務大臣の認可を受けなければその効力を生じない』と規定するのみであった。そのため、旧銀行法時代は、存続会社または新設会社が銀行等である場合とそうでない場合とを区別し、前者のみが第14条の適用があるとして、後者、つまり銀行が「銀行等以外」に転ずるときは同法第25条の廃業または解散の規定に従うべきである、と解釈で仕分けしていた。しかし、これには当然に異論もあったわけである。そこで、現行銀行法は明文を置き、存続会社または新設会社が銀行等である場合は、第5章「合併、分割又は事業の譲渡若しくは譲受け」のなかで規定し、銀行等以外の会社である場合を第6章「廃業及び解散」のなかの本条で規定することとしたものである。

　銀行が合併により銀行等以外の会社を新設する場合において、合併は、内閣総理大臣の認可を受けたときに効力を生ずる。その時点で、解散の効果も発生し、銀行業の免許が失効する（銀行法第41条第3号）。

7　本条は合併の場合についてのみ規定しており、事業譲渡の場合には触れ

第22章　廃業、解散および清算等（銀行法第37条〜第46条）　447

ていない。法律上、事業の一部譲渡のときはもちろん、全部譲渡のときであっても、銀行業の業務のすべてを譲り渡した銀行は自発的に解散するか、または定款を変更して他の業務を営まない限り、引き続き銀行として存在する。したがって、同法第37条の認可は必要ではない。しかし、実際には、事業の全部譲渡の場合は、残された銀行はいわばもぬけの殻になるので廃業するか解散するかの事態となり、それに伴う廃業ないし解散の認可が必要となる場合がほとんどを占めるものと思われる。

8　なお、細かいことであるが、銀行法第37条第1項第2号カッコ書に『合併転換法の規定による合併に該当するものを除く』とあるが、この部分は平成5年4月施行の金融制度改革法により付け加えられたものである。

　すなわち、金融制度改革法による合併転換法の改正により、合併転換法の対象に長期信用銀行および外国為替銀行（注：外国為替銀行は現在、廃止されている）が追加されたことに伴い、銀行法第30条第1項の規定による合併から、銀行と長期信用銀行または外国為替銀行との間の異種合併に関する規定が削除された。したがって、銀行法がそれらをカバーできなくなったので、論理上「合併転換法の規定による合併に該当するもの」もまた除外例として書き加える必要性が生じたための改正である。

第2　解　　散

　銀行の任意終了事由の第3は、銀行の解散である。銀行は株主総会において解散の決議を行い、内閣総理大臣の認可を受けて解散することになる（銀行法第37条第1項第3号）。第3号中の**「銀行の解散」**とは、銀行の組織である株式会社の解散のことである。株式会社の解散原因は会社法第471条に規定されている。同法第309条により、株主総会が特別決議を行えばそれだけで株式会社は自由に解散できるのであるが、同じ株式会社であっても銀行の場合は、業務の公共性、預金者保護のため、株主総会の決議の効力を認可に係らしめている。

　この場合は、内閣総理大臣の認可の時点で初めて解散の効力が生じ、銀行業の免許が失効する。

第3　審　査　等

1　銀行法は、内閣総理大臣がこれらの任意終了事由を認可するにあたっての審査基準を定めている。基準は、次の二つである。

① 　当該銀行業の廃止、合併または解散が、当該銀行の業務および財産の状況に照らしてやむをえないものであること。

② 　当該銀行業の廃止、合併または解散が、当該銀行が業務を営んでいる地域における資金の円滑な需給および利用者の利便に支障を及ぼすおそれのないものであること（銀行法第37条第2項）。

内閣総理大臣は、銀行業の廃止、解散について申請があった場合には、これらの審査基準に照らして審査しなければならない。その際、申請が、上記の二つの審査基準のうち、いずれか一方に該当すれば足りる。

第1の要件は、銀行を企業そのものとしてみる観点による基準である。私企業性の基準といわれている。第2の要件は、公共性の観点からくる審査基準である。

2　銀行業の廃止、解散の場合のこれらの基準は、銀行業の営業免許、銀行の合併、事業譲渡の認可の審査基準に比べて緩やかに規定されている。これは、銀行法第4条の営業免許や同法第31条の合併等の認可の審査の規定が「次に掲げる基準に適合するかどうかを審査しなければならない」として、審査基準の各号をすべて満たすことを求めているのに対し、同法第37条の銀行業の廃止、解散の認可の審査は上述のとおり「次に掲げる基準のいずれかに適合するかどうかを審査しなければならない」と規定し、各号の要件のうち一つを満たせば足り、すべて満たすことを求めていないことにも現れている。銀行業の廃止、解散がより切迫した事情のもとで内閣総理大臣の判断を求めていることなどに由来するものと思われる。

3　銀行法第37条第1項が規定する内閣総理大臣の認可の法的性質は、行政法学上のいわゆる「認可」である。すなわち、第三者の行為を補充しその法律上の効果を完成せしめる行政行為である。したがって、認可を受けない決議に基づいてなされた行為は無効である。

また、株主総会の決議そのものが無効の場合にはこれを有効な決議にする

効果を有するものではない。

　4　内閣総理大臣は、第26条第１項又は第27条の規定による業務の全部又は一部の停止の命令をした銀行から第１項の認可の申請があつた場合においては、当該銀行に対し、同項の認可をしてはならない。これらの命令をすること又は同条の規定により第４条第１項の免許を取り消すことが必要であると認める銀行から第１項の認可の申請があつた場合も、同様とする。

（銀行法第37条第３項）

　第37条第３項は、銀行法第26条、第27条の規定による業務停止命令または営業免許の取消しの対象となるべき銀行については、銀行業の廃止、解散等を、銀行の自主的判断に委ねるべきではない、とする規定である。銀行業の廃止、解散等は預金債務の弁済など、銀行業の清算、結了を伴うこととなり、預金者保護等十分な公共性の観点からの検討が必要である。そこで、これらは、内閣総理大臣または裁判所（銀行が免許の取消しにより解散し、清算手続に入る場合。銀行法第40条、第44条第１項）の厳重な監督規制のもとに、預金者等の保護を図る必要がある。この点に鑑み、銀行法では、そのような銀行が先回りして廃業等の認可の申請をしても、これを認めてはならないと規定したものである。やや技術的な規定である。

第4　公　　告

　銀行は、前条第１項の認可を受けたときは、内閣府令で定めるところにより、直ちに、その旨及び当該認可を受けた事項の内容を公告するとともに、当該銀行を所属銀行とする銀行代理業者に通知し、かつ、１月を下らない期間、すべての営業所の公衆の目につきやすい場所に掲示しなければならない。

（銀行法第38条）

　銀行法第37条第１項各号に掲げる行為、すなわち、廃業、銀行業以外の者となる合併、解散決議が認可を受けて有効に成立したときは、直ちに預金者等に知らせなければそれらの者の利害を害するおそれがある。そこで、公告、掲示義務を銀行あるいは銀行であった会社に課すこととしたものである。そして、内閣府令である銀行法施行規則第26条は、銀行が銀行法第38条

450

の規定による公告および掲示をするときは、預金および定期積金等の処理の方針を示すものとする、と定めている。

第5 銀行法による特例

1 銀行は、会社法第471条第1号及び第2号（解散の事由）の規定にかかわらず、同条第1号又は第2号に掲げる事由によつては、解散しない。

（銀行法第39条）

株式会社一般の解散原因としては、会社法に、株主総会の解散決議、定款所定の解散事由の発生、合併、破産、裁判所の解散命令、などが規定されている。これらの解散原因を、銀行の解散に係る監督規制という観点からみると、そのほとんどが銀行法上、効力要件としての内閣総理大臣の認可に係らしめられているか、裁判所の統括のもとに適正な手続を経て行われる行為である。それだけに、銀行法上、特別の規制に係らしめなくても支障が生ずることはないと考えられる。

2 しかしながら、定款所定の解散事由の発生については、このような事情はなく、銀行法上、なんらかの手当を講ずる必要がある。仮に銀行の定款中にそのような事由が存在しても本条によりその効力を生ぜず、銀行は解散できないことにしたものである。この規定の趣旨は、株主総会の特別決議により定款中に存続期間等を設けるなどにより銀行法第37条第1項第3号を潜脱することが可能なので、そもそもそのような解散原因を定める定款の規定の効力を否認したものである。これも技術的な規定である。

■ 第2節 強制終了

第1 強制終了事由

1 銀行法は、**強制終了**の事例として、営業免許の取消しにより解散した場合、および、内閣総理大臣の免許が効力を失った場合のうち、免許を受けた日から6カ月以内に業務を開始しなかったとき、および裁判等の要因による解散、を規定している。

第22章 廃業、解散および清算等（銀行法第37条〜第46条） 451

営業免許の取消しによる解散が強制終了を意味していることは明瞭なので、ここでは説明を省略する。

次に、内閣総理大臣の免許が効力を失った場合であるが、後述する銀行法第41条に列挙された四つの免許失効事由、すなわち、①銀行業の全部を廃止したとき、②会社分割により事業の全部を承継させ、または事業の全部を譲渡したとき、③解散したとき、④免許を受けた日から6カ月以内に業務を開始しなかったとき、のなかには、任意終了事由と強制終了事由とが混在している。①、②は任意終了事由であり、④が強制終了事由である。③は、その原因が解散決議のような任意終了事由と、破産、解散を命じる裁判のような強制終了事由とがある。

2　銀行は、第27条又は第28条の規定により第4条第1項の内閣総理大臣の免許を取り消されたときは、解散する。

（銀行法第40条）

銀行法第4条第1項の営業免許は銀行であるための形式要件をなしているので、銀行が営業免許を失うと、銀行としての要件を欠くことになり銀行でなくなり（同法第2条第1項）、同法の適用対象から外れることになる。しかし、それは、単に「銀行」でないにとどまり、「銀行」以外の株式会社としては引き続き存在し続けることを意味している。存続することを否定するためには、解散を強制する法的な手続規定の存在が必要となるわけである。同法第40条は、この点に着目して設けられている。すなわち、仮に同法40条がなければ、免許を取り消された株式会社が自発的に解散しない限り、預金者を擁したまま、いつまでも存続することになる。しかし、免許を取り消されたような銀行は、業務運営または経営状態が著しく不良であるか、営業態度が公共性に反しているなどの場合であるので、これを存続させつつ矯正するのは、きわめて困難であるか、または、不可能である。そこで、そのような努力をするよりはむしろ、すみやかに清算手続に移して債権・債務の整理を図るほうが預金者等のために便宜である。

以上をふまえ、銀行法第40条は、営業免許が取り消された銀行に対し、法律上解散を強制し、直ちに清算させることとしたものである。

3　清算手続においては、一般には当該会社の取締役が清算人になるのが法

律上の建前になっている（会社法第478条）。しかし、銀行の場合には、預金者保護などの観点から企業の解散を自由に認めていないことからも明らかなように、免許の取消しに責任のあった取締役が**清算人**になるのでは公正な清算手続の遂行は期待できない、との考え方をとっている。そこで、銀行法第44条第1項が適用され、裁判所が直接、清算人を選任することとされている。

　ところで、銀行が本業としての銀行免許を取り消されると解散せざるをえないので、その結果として他の法律に基づき営むことができる業務を遂行し続けることもまた許されなくなる。銀行が兼営を許されている他業は、いずれも本体ないし本業としての銀行、あるいは銀行業の信用と機能を前提としているためである。たとえば、銀行業の免許を失えば、銀行が兼営を認められている場合の一般信託業務や担保付社債信託業務等は当然に継続させることはできない。

第2　免許の失効

1　銀行が次の各号のいずれかに該当するときは、第4条第1項の内閣総理大臣の免許は、効力を失う。

（1）　銀行業の全部を廃止したとき。

（2）　会社分割により事業の全部を承継させ、又は事業の全部を譲渡したとき。

（3）　解散したとき（設立、株式移転、合併（当該合併により銀行を設立するものに限る。）又は新設分割を無効とする判決が確定したときを含む。）。

（4）　当該免許を受けた日から6月以内に業務を開始しなかつたとき（やむを得ない理由がある場合において、あらかじめ内閣総理大臣の承認を受けたときを除く。）。

（銀行法第41条）

　銀行法第2条は、営業免許を受けたものを「銀行」と定義している。したがって、銀行業の営業免許がなければ銀行とはなりえないが、他方、銀行ではあるが、銀行業をある時点から営まない状態というのがありうる。しかし、預金者保護等を標榜する銀行法の立場からみれば、銀行業を営まなく

なったときに免許だけを存続させる意義はないと考えられる。そこで、銀行業を営まなくなったときは、免許は失効するものとして、同法第41条第1号から第4号までを規定している。

2　第1号は、「銀行業の全部を廃止したとき」である。銀行が自ら定款変更を行い、変更後の定款の目的のなかに銀行業が入っておらず、今後、当該会社が銀行業を行わない場合をいう。銀行法第37条第1項第1号による認可を受けると同時に免許は失効することになる。営業免許は、すでに述べたとおり、銀行であることの形式的要件である。つまり、仮に、ひとたび銀行の営業免許を得て銀行を開業したあとに付随業務の比率を増加させていった結果、実体としての銀行業の部分がなくなっているのに免許だけが存続し、その状態を追認するために定款変更が行われ、定款に規定する会社の目的のなかに銀行業という記述が削除されることは実態上ありうることである。しかし、それを許すだけの意義は見当たらないので、銀行法は、銀行業を営まなくなったときは免許は失効する、と規定しているわけである。

　第2号は、会社分割により事業の全部を承継させ、または銀行が事業の全部譲渡を行った場合である。銀行が事業の全部譲渡等をしたとしても解散しないまま免許の効力が残っているという事例が法律のうえではありうる。このような状態のときに新たに銀行業を開始することも可能であるが、すでに財産や人材等は他へすべて事業譲渡してしまっており、銀行業をなすだけの営業基盤がないので、ここであらためて銀行業を行うことを許容すれば弊害を生じるおそれがある。このため、事業の全部譲渡の認可を受けると同時に免許も失効することとしたものである。銀行の資格を失ったあとは他業会社として存在するか、解散するか二つのうち一つを選択するよう迫られることになる。

3　第3号の「解散」に該当する場合としては、たとえば、次の事例が考えられる。

①　第1は、解散の場合である。解散を命じる裁判（会社法第824条、第833条）があった場合および株主総会の解散決議の場合（同法第471条第3号）については、その後に清算手続が続き、営業を続行できないから免許の意義はないので、これを失効させるものである。

② **第2**は、合併の場合である。吸収合併では吸収される銀行は解散する
し、新設合併では参加銀行は解散することになる。吸収合併の場合、吸
収銀行の銀行業の免許は引き継がれるが、被吸収銀行の免許は本条によ
り失効する。新設合併の場合は、すべて解散し、本条によりすべての免
許は失効するから、銀行法第32条の規定、すなわち、合併により設立さ
れる銀行は当該設立のときに営業免許を受けたものとみなす、いわゆる
「みなし免許」規定が必要となることになるわけである。

③ **第3**は、破産手続開始の決定の場合である（会社法第471条第5号）。
破産宣告を受ければ会社は解散し、破産手続が開始される。そうなると
もはや銀行業を営む余地はないので免許は失効となる。

4 第4号は、銀行業の営業免許を受けながら開業をしようとしない場合で
ある。ここで開業とは、実際に業務の全部または一部を開始することをい
い、開業の準備行為だけでは不十分である。

銀行業を行うことに一度は熱意を示し銀行業の営業免許を取得したもの
の、その後の事情の変化から免許後6カ月たっても業務を開始しないような
ときは、銀行法は、そもそもそのような銀行経営は先行きに不安を抱かせる
ものであり、むしろ、当初から銀行業を営む能力がないものとみて免許を失
効させるという考え方をとっている。銀行業は国民の信頼に立脚してはじめ
て成り立つものであるから、創業時に不安を抱かせるような銀行の存在は初
めから排除しておくほうが預金者保護にかなうと考えられたためである。

□ 第3節　他業会社

第1　みなし規定

**銀行が第27条若しくは第28条の規定により第4条第1項の内閣総理大臣の
免許を取り消された場合又は前条の規定により当該免許が効力を失つた場合
においては、当該銀行であつた会社は、第36条、第38条及び第46条第1項の
規定の適用については、なお銀行とみなす。**

（銀行法第42条）

第22章　廃業、解散および清算等（銀行法第37条～第46条）　455

銀行が内閣総理大臣により営業免許を取り消された場合、または営業免許が失効した場合は、銀行としての資格が失われる。そして、銀行法上、「銀行」という概念に包摂されなくなる（銀行法第2条第1項）。

本条は、これらの場合でも、銀行法第36条等の適用上、「銀行」という文言に含めて読み込み、預金者保護や政府による監督上の観点から遺漏なきを期するために設けられたものである。

第2　内閣総理大臣の権限

1　銀行が第41条第1号の規定に該当して第4条第1項の内閣総理大臣の免許が効力を失つた場合において、当該銀行であつた会社に従前の預金又は定期積金等の債務が残存するときは、政令で定める場合を除き、内閣総理大臣は、当該会社が当該債務を完済する日又は当該免許が効力を失つた日以後10年を経過する日のいずれか早い日まで、当該会社に対し、当該債務の総額を限度として財産の供託を命じ、又は預金者等の保護を図るため当該債務の処理若しくは資産の管理若しくは運用に関し必要な命令をすることができる。

（銀行法第43条第1項）

かつて銀行であった組織体が廃業等の理由で銀行業を行わなくなった場合には、前述のとおり免許は失効し、その組織体はもはや銀行ではなくなる。銀行法第43条は、もはや銀行でなくなったこれらの会社に対する政府の対応を規定している。

2　問題の所在は、これらの会社はその時点では銀行業を行っていないものの、依然として預金、定期積金の債務が残っている場合がありうるわけであり、預金者保護の観点から、政府がどのように対応すべきか、という点にある。

銀行が銀行業の全部を廃止したとしても、定款にある会社目的を変更して銀行以外の会社として営業を継続していくことは可能なわけである。このような会社は「**他業会社**」と呼ばれている。銀行法のうえでなんら手当をしなければ、他業会社は、すでに銀行ではないので銀行法の適用はなく、内閣総理大臣の監督権は及ばない。銀行法は銀行に対する監督法規であるから、それは当然の帰結でもある。しかし、他業会社に預金、定期積金といった債務

456

が残っている場合には、他業会社であるからといって銀行法がこれに関与できないというのでは、当該他業会社の預金者等の地位は著しく不安定なものになってしまう。

3　そこで、銀行法は、第43条というかたちで1条を設け、他業会社に従前の預金または定期積金の債務が残存する場合に限り、預金者保護のために内閣総理大臣の監督権を及ぼせるように特別の権限規定を設けることとしたものである。

その権限としては、内閣総理大臣は、当該他業会社が預金、定期積金の債務を完済する日まで、または、当該銀行業免許が効力を失った日から10年を経過する日、のいずれか早い日までの間は、当該他業会社に対し、**第1**に預金債務の総額を限度として財産の供託を命ずることができ、**第2**に預金等の債務の処理、資産の管理・運用に関して必要な命令をすることができる（以上、銀行法第43条第1項）。**第3**に報告または資料の提出を求めることができ、**第4**に立入検査を行うことができる（以上、同条第3項）。

4　なお、銀行法第43条第1項の適用が除外される場合を同項に基づく政令で定めることとしている。銀行法施行令第8条は、清算手続中である場合、または特別清算手続、破産手続、再生手続、更生手続が裁判所に係属している場合をあげている。これは、清算等の手続において要請される監督の性質は銀行業の営業継続中のものとは異なるものであり、それらの手続については、内閣総理大臣の監督というよりは、むしろ専門である裁判所の監督に委ねたほうが適当と考えられたためである。

第3　準用規定

1　前項の規定は、銀行等以外の会社が合併又は会社分割により銀行の預金又は定期積金等の債務を承継した場合について準用する。

（銀行法第43条第2項）

銀行法第43条第2項の規定は、他業会社が、合併または分割によって預金、定期積金の債務を引き継いだ場合も、事情は第1項と同様といえるので、第1項の規定をそのまま準用することとしたものである。

第24条第1項並びに第25条第1項、第3項及び第4項の規定は、前2項の

規定の適用を受ける会社について準用する。

(銀行法第43条第3項)

第3項は、第1項および第2項において認められた監督権限の一環として、内閣総理大臣に銀行にあらざる会社に対する報告または資料の提出命令権限、立入検査権限を認めたものである。これらの権限は子会社に対しては、もはや対象が銀行ではないので認められていない。

2　ところで、本条第3項により内閣総理大臣の監督のもとに置かれた他業会社が預金債務を完済するに至らないうちに解散することがありうる。もちろん、銀行の解散であれば銀行法第37条により、銀行が株主総会で解散を決議しても内閣総理大臣がこれを認可しなければ解散の効力が生じないので問題はないが、他業会社の解散に対して内閣総理大臣はこのような権限をもたないので、他業会社が預金債務を抱えながら解散という行動に出ることが考えられるわけである。

この場合、預金者保護の見地からする監督に関して3通りの考え方がありうる。

第1説は、預金債務が残存する限り、本条の内閣総理大臣の監督権限は存続する、との考え方である。**第2説**は、銀行の解散の場合に準じて考え、裁判所の監督のもとに清算する、との考え方である。**第3説**は、本法による特別の監督権限はいっさいなくなる、とする考え方である。

結局は、預金債務のもつ意義をどう評価するかにかかっているわけであるが、いずれにしても第3説の考え方は銀行法全体を貫く預金者保護の精神に照らして妥当とはいえない。第1説、第2説については意見が分かれているところであるが、銀行の清算に関する銀行法第45条以下の趣旨よりみて、第2説の裁判所に委ねるのが適当と考える。

□第4節　清　算

1　**銀行が第4条第1項の内閣総理大臣の免許の取消しにより解散した場合には、裁判所は、利害関係人若しくは内閣総理大臣の請求により又は職権をもつて、清算人を選任する。当該清算人の解任についても、同様とする。**

（銀行法第44条第 1 項）

　前項の場合を除くほか、裁判所は、利害関係人若しくは内閣総理大臣の請求により又は職権をもつて、清算人を解任することができる。この場合においては、裁判所は、清算人を選任することができる。

（銀行法第44条第 2 項）

　清算とは、法人や組合が解散によって本来の業務ないし活動を停止した場合に、後始末のために財産関係を整理することである。

2　会社が清算手続に入るに際して最も重要なことは、清算人の選任である。以後、清算手続は清算人の手によって行われる。清算人は、まず解散登記後に主務官庁に届出を行い、次いで現務を結了する。そして、債権を取り立て、債務を弁済し、財産の換価ないし換金作業を行い、最後に会社の残余財産を帰属権利者に引き渡す。

3　ただし、これらは清算の結果、会社に残余財産が残った場合である。他方、仮に会社が債務を完済することができない場合、つまり、債務超過、支払不能のときには、債権者または債務者の申立てにより裁判所は破産宣告を行う。その後、破産管財人のもとで債権者、債務者の利害調整が行われる。

4　一般に、債務超過の状態にありながらも会社を解体するよりは、むしろ逆に再建する道も用意されている。民事再生法による民事再生手続、会社更生法による会社更生手続、がそれである。

5　清算に話を戻すと、会社の解散後、清算目的の範囲内において存在していた法人、すなわち、清算法人は、以上の清算手続が完了するとともに消滅することになる。清算人はその旨を主務官庁に届け出ることによって清算人の義務も終了する。これが清算の一連の過程である。したがって、清算は会社を消滅させるための手続であるといえる。

　清算には、**通常清算**と**特別清算**とがある。特別清算は債務超過のおそれなど、特別の事情がある場合に申立てによりなされる清算である。

　銀行が解散した場合にも、清算手続に入る。銀行が債務超過の状態であれば、清算手続のほかに債権者等の申立てにより破産宣告を受け、破産手続に入ることがある。また、状況によって、民事再生手続、会社更生手続などに入ることも、一般の会社の場合と同様である。

第22章　廃業、解散および清算等（銀行法第37条〜第46条）　459

6　株式会社は、解散によってはその法人格は直ちに消滅せず、あくまでも清算手続を経て消滅、すなわち、無に帰することになる。清算会社は清算の目的の範囲内においてのみ活動するものの、法人格は従前の会社と同一である。

7　清算手続は、任意清算と法定清算とに分けられる。

　任意清算は、会社の清算を当事者の自由にすべて委ねる方法である。これに対し、**法定清算**は、文字どおり、清算のすべてを当事者の自治的処理に委ねることはせず、清算人が一定の範囲で法律の手続に従い債務弁済を行う方途が用意されている場合である。株式会社に対しては大株主の横暴を防ぎ、かつ、債権者の利益を害さないようにするために法定清算の制度が強制されている（会社法第478条以下）。会社に債務超過のおそれがある場合に、利害関係人の申立てにより開始される特別清算という制度もある。裁判所の監督のもとで公正な清算を行うための制度である。

8　しかし、法定清算をそのまま銀行に当てはめるわけにはいかない。銀行は株式会社ではあるが、預金者等という膨大な数の特殊な債権者を擁している。このような会社の清算は、一般の株式会社の清算に比べて公共的見地からさらにいっそう、厳格に行われることを要する。債権者の多くは一般公衆である預金者であり、これらの人々が清算の過程で大口債権者である銀行の取引先企業等に比べて不利な取扱いを受けないように法制面で十分な仕組みが工夫されなければならないのである。もちろん、株式会社の清算規定にはそれなりに厳しいものがあるが、それは、法定の枠内で当事者の自治的処理に委ねることを原則としている。外部から関与するところは少ない（会社法第478条第2項、第479条第2項）。

　銀行は解散前までは政府の厳格な監督下に置かれている。そうであれば、預金者等の利益を保護するために清算に際しても会社法の清算手続はむろんのこと、これに加えて銀行法により特則を設け、厳格に規制する必要がある。以上が、銀行法が銀行の清算手続を会社法の特例として定めている理由である。

□第5節　その他の事項

第1　裁判所の権限

1　銀行が解散し、清算手続が開始された場合には、銀行としての資格は失われている。これまでの銀行は清算会社となるが、銀行法は、裁判所の厳格な監督のもとで銀行の公正な清算を行うための特別な規定を設けている。

　また、裁判所が清算を監督するが、銀行法は、銀行業の公共性等を考慮して、裁判所と内閣総理大臣との連絡・協力関係を定めている。

2　一般の事業会社の場合は、取締役が清算人になるのが原則である（会社法第478条）。しかし、銀行法は、銀行が免許を取り消された結果、解散、清算に至るのは銀行経営になんらかの欠陥があった場合が多いことを念頭に置いて、当該銀行の経営に直接、間接に関係してきたと推定される取締役がそのまま清算人になることを否定している。不適当な人物が清算人になった場合には、預金者等多数の人々の利益が害されるおそれがあるわけである。

　すなわち、裁判所は、銀行が内閣総理大臣の免許の取消しにより解散したときは、利害関係人、内閣総理大臣の請求または自己の職権により清算人を選任しなければならない（銀行法第44条第1項）。銀行法は、「選任できる」とは規定せずに「選任する」と規定しているので、裁判所は清算人の選任を法的に義務づけられていることになる。このように、一般事業会社の清算とは異なり銀行の清算の場合には、裁判所が関与する度合いが非常に大きい。

　また、裁判所は、利害関係人、内閣総理大臣の請求に基づき、または職権により、清算人を解任する権限を有する（銀行法第44条第2項）。ここで「**利害関係人**」とは、銀行の清算につき直接に利害関係を有する者をいい、具体的には、預金者、株主などがこれに該当する。

　銀行法はさらに、裁判所に後任の清算人を選任する権能を与えている（同法第44条第2項）。第2項により、裁判所は解任だけを行い、選任をしないこともできる。その場合は、会社法第478条に戻り、株主総会が新しい清算人を選任することになると解される。

3　裁判所は、銀行が解散した場合において、当該銀行であった会社の清算

事務および財産の状況を検査するとともに、当該会社に対し、財産の供託を命じ、その他清算の監督に必要な命令をすることができる（銀行法第45条）。

　銀行法第45条により、裁判所は、清算事務・財産の状況を検査する権限、財産の供託を命じる権限を有し、その他清算の監督に必要な命令をすることができる。

　これらの権限は会社法にはない特別の権限である。

4　銀行が解散して清算手続に入ると免許が失効し銀行ではなくなることは前述のとおりである。そこで、銀行法上、内閣総理大臣の監督権限が及ばなくなる。ところが、現象面からみれば預金者等との関係は引き続き存続する可能性があるので、これらのために清算時点まで監督してきた内閣総理大臣にかわって裁判所が行政監督上の特別の権限を行使することを認めたものである。

第2　内閣総理大臣との関係

1　**裁判所は、銀行の清算手続、破産手続、再生手続、更生手続又は承認援助手続において、内閣総理大臣に対し、意見を求め、又は検査若しくは調査を依頼することができる。**

（銀行法第46条第1項）

　内閣総理大臣は、前項に規定する手続において、必要があると認めるときは、裁判所に対し、意見を述べることができる。

（銀行法第46条第2項）

　第25条第1項、第3項及び第4項の規定は、第1項の規定により内閣総理大臣が裁判所から検査又は調査の依頼を受けた場合について準用する。

（銀行法第46条第3項）

　銀行が清算手続または破産手続に入ると、銀行法上の監督権限は内閣総理大臣から裁判所に移行することはすでに述べたとおりである。銀行法第46条は、このような場合に、裁判所が自己の判断で従来の監督官庁である内閣総理大臣から参考となるべき意見を聴取し、また、検査や調査を依頼し協力を求めることができると規定している。銀行の清算手続または破産手続を円滑かつ適正に行ううえで内閣総理大臣の協力を得ることが不可欠であると考え

られたためである。

2 ところで、銀行法第46条は、清算手続、破産手続と並んで、銀行の再生手続または更生手続についても同様の協力要請を規定している。しかし、これらの場合においては、銀行としての資格は失われない、すなわち、営業免許は失効していないことがありうる。内閣総理大臣の監督権限は及ぶわけである。しかし、裁判所と内閣総理大臣との連絡、協力が必要であることは、清算手続、破産手続の場合と同様と考えられる。そこで銀行法は銀行の破産手続、再生手続、整理手続または更生手続においても裁判所と内閣総理大臣との連絡、協力規定を定めている。

3 他方、内閣総理大臣は、必要があると認めれば、裁判所に対し、(これまで) 監督官庁 (であった) という立場から、意見を述べることができる。銀行が清算、破産、再生、更生手続の過程にあることは銀行行政からみれば異常な事態が展開していることを意味し、預金者保護等の観点から引き続き注意を怠ることはできないわけであり、内閣総理大臣が、銀行の清算手続等の過程で、裁判所に対し、随時、預金者等の立場を考慮して意見を述べることを法律上、認めたものである。

銀行法第46条第3項は、裁判所からの調査、検査の依頼があれば、内閣総理大臣は銀行に対し立入検査を行うことができるという権限付与規定である。

4 銀行法では、再生手続、更生手続等の場合でも、裁判所の統括下での手続により銀行が再建過程にあるのであれば、監督官庁としては、やはり銀行が円滑かつ適正に再建されることを期すべきであり、内閣総理大臣がこれらの手続に協力することは、法律的に意義があると考えるとともに、裁判所をめぐる民事再生法や会社更生法と銀行法の諸規定の間で必ずしも十分な平仄がとれているとはいえないので、銀行に係る場合を一括して銀行法に規定し、裁判所と内閣総理大臣との協力関係を統一的に明文をもって記述したものである。

第23章

外国銀行支店（銀行法第47条〜第52条）

□ 第1節　営業免許等

1　外国銀行が日本において銀行業を営もうとするときは、当該外国銀行は、内閣府令で定めるところにより、当該外国銀行の日本における銀行業の本拠となる一の支店（以下この章において「主たる外国銀行支店」という。）を定めて、第4条第1項の内閣総理大臣の免許を受けなければならない。

（銀行法第47条第1項）

　銀行法は、外国銀行がわが国において銀行業を営もうとするときに免許を受けることを求めている。これは、わが国の銀行の場合と同様である。銀行が無制限、無秩序に新設されることを認めれば経済秩序が混乱をきたすことは必定であるので、こうした事態を予防するため、免許制がとられている。そして、銀行法は外国銀行が支店等の営業所の免許を取得したあとはこれを銀行法における銀行として銀行法を全面的に適用する建前をとっている。したがって、銀行法の外国銀行の支店など営業所に対する取扱いは、国内のわが国の銀行に対する取扱いと同一であるので**内国民待遇**ということになる。

　ただし、銀行業の営業免許に際して、外国銀行については、わが国に複数の支店などの営業所を設けようとする場合には営業所ごとに別々に営業免許を受けることを要さず、当該外国銀行の日本における銀行業の本拠となる一つの支店が在日営業所を代表するかたちで免許を受ければすむ仕組みになっている。

2　「**外国銀行**」とは既述のとおり、外国の法令に準拠して外国において銀

464

行法第2条第2項に規定する銀行業を営む者をいう。外国で銀行業以外の業務のみを行う者、言い換えれば、外国「銀行」以外の者は、わが国において銀行業を営む支店を設置することはできない。たとえば、外国の流通業者や証券業者などの外国の法人または自然人が直接にわが国において銀行業を営む支店を設置することはできない。

第1　相互主義

1　免許にあたっては、銀行法第4条がそのまま適用される。銀行法第4条第2項に規定されている一般の審査基準が適用され、審査がなされる。

外国銀行の営業免許にあたっては、以上に加えて銀行法第4条第3項の相互主義（レシプロシティ）の審査を受けなければならない。

相互主義（レシプロシティ）とは、政府が外国人または外国法人に権利を与える際に、その外国人の本国が自国民（わが国の国民）に同様の権利を与えることを条件として外国人に権利を認める考え方である。

外国銀行支店の免許に係る相互主義の審査については、銀行法施行令第9条により銀行法第4条第3項（銀行の営業免許にあたっての相互主義の審査）が読み替えられて適用される。すなわち、外国銀行の所在する国において、本邦銀行に対し、わが国銀行法による外国銀行の取扱いと同等の取扱いが行われていると認められるかどうかの審査がなされなければならない。

外国において、わが国の銀行が銀行業を営む場合に受ける取扱いは、各国により異なっている。わが国政府が外国銀行のわが国における営業所に免許を与える場合は、外国銀行の所属する本国のわが国銀行の支店に対する取扱い方針を国ごとに考慮し、一つひとつ相互主義原則によりこれを処理するのが公平かつ適当と考えられたものである。

2　すなわち、免許の審査として相互主義が導入されたのは本邦銀行の進出をいっさい認めないとか、本邦銀行に預金の受入業務をいっさい認めないなど、わが国の外国銀行に対する取扱いと比較して不平等な取扱いを行っている国に所在する外国銀行が本邦に進出することを認めることに慎重な考慮を払うことによって、その外国銀行の本店所在国に対し門戸開放を促す効果を期待するためである。わが国に進出しようとする個々の銀行に対し、制裁的

効果を与えるためのものではない。

　外国銀行支店に対する営業免許に際して適用される銀行法第4条第4項は、同第4条第3項（相互主義条項）等の規定による審査の基準に照らして公益上必要があると認められるときは必要の限度において、第1項の免許に条件を付し、およびこれを変更することができると規定している。

3　相互主義の適用は外国銀行にとどまらず、外国銀行支店に係る特殊関係者にも及ぶ。特殊関係者とは、銀行法施行令第11条に規定するように、①外国銀行の発行済株式総数の100分の50を超える株式を保有している者、すなわち、銀行の親会社や、②前号に掲げる者の発行済株式総数の100分の50を超える株式等を保有する者、すなわち、外国銀行からみて祖父の地位に当たる会社、③主たる営業所所在地を同一の国とする二以上の者により合計して外国銀行の発行済株式等が100分の50を超える株式等が保有されている場合における当該二以上のもののいずれかに該当する者、すなわち、共同親会社、④以上のいずれかに準ずるものとして内閣府令で定める者、である。

第2　株式会社制の例外措置

1　銀行法施行令第10条には、外国銀行支店の免許にあたっては、免許申請者は株式会社であることを要しない、と規定している。銀行法はわが国の本邦銀行に対してはすべて株式会社であることを要求しており、したがって、この規定は外国銀行に対する特例であることを意味している。在日支店を有する外国銀行のなかには株式会社形態をとらない銀行がわずかではあるが見受けられる。しかし、個々の国の制度が自国の銀行に対し株式会社であることを要求するかどうかは各国における政策判断の問題であって、銀行が株式会社でなければならないという国際的取決めがあるわけでもない。そこで、わが国銀行法は、わが国へ進出する外国銀行は外国において銀行であればよく、必ずしも株式会社形態の銀行に限らない趣旨をはっきりさせたわけである。

2　同じように解釈上の問題として、外国銀行が本国で銀行業を営んでいる場合でも、わが国銀行法施行地内の営業所において貸付のみ、または手形の割引のみを行い、預金の受入れを行わない場合には銀行法による取締りの対

象にはならない。

第3　資産の国内保有

外国銀行支店は、常時、政令で定めるところにより、10億円を下回らない範囲内において政令で定める額以上（筆者注：政令で20億円と規定。国内銀行の最低資本金額と同額）**の資本金に対応する資産を国内において保有していなければならない。**

（銀行法第47条の2）

　従来、外国銀行支店に対し、当期利益の10分の1を20億円に達するまで利益準備金として計上するとともに、当該利益準備金の額に相当する一定の種類の資産を国内において保有することを義務づけていた。

　これに対して、当期利益が生じた段階で初めて積立を義務づけるという規制では不十分とされ、平成26年の銀行法改正により外国銀行支店は常時20億円を下回らない資産を国内において保有しなければならないとされた。

　これに伴い、外国銀行支店に対する銀行法の利益準備金に関する条項は適用されないこととなった（銀行法第47条第2項）。

　国内において保有すべき対象資産の具体的内容は、日銀への預け金、国内銀行への預金、国債、地方債等と定められている（銀行法施行令第13条）。

第4　外国の銀行がわが国において支店を設立する場合の免許基準

　銀行法施行規則第28条第2項は、次のように規定している。

「内閣総理大臣は、前項の免許の申請に係る法第4条第2項に規定する審査をするときは、次に掲げる事項に配慮するものとする。

1　当該申請に係る外国銀行支店の法第47条の2に規定する資本金に対応する資産の額が令第13条第2項に規定する額（20億円）以上であり、かつ、その営もうとする外国銀行支店の業務を健全かつ効率的に遂行するに足りる額であること。

2～3　（略）

4　当該申請に係る外国銀行支店の業務内容及び方法が預金者等の保護その他信用秩序の維持の観点から適当であること」

第23章　外国銀行支店（銀行法第47条～第52条）　467

外国の銀行等がわが国に進出する場合に、法律的な経路としては、わが国に現地法人として銀行を設立するか、支店を設置するかの二通りであるが、現実にはほとんどが支店の形態でわが国において銀行業を行っているのが実情である。わが国の銀行法は、外国銀行のわが国における支店に対して、これらを銀行法上の「銀行」とみなして銀行業の免許を与える仕組みになっている。平成26年の銀行法改正では、銀行法施行規則等により、支店形態での一般公衆を相手とするリテール預金の受入れや本店への回金を含む資産運用等の項目についても免許の審査基準として取り入れることを明確にするとともに、そうした審査基準を日常の検査・監督における着眼点として適用していくことを明らかにしている。

> (注)　米国、カナダ等では、外国銀行が支店の形態で国内でリテール預金をとることは許容されておらず、預金者保護の観点からリテール預金業務はあくまでも現地法人（米国法人等）として銀行を設立した場合に限るとされている。

第5　預金者への説明義務

外国銀行支店の預金はわが国の預金保険制度の対象外に置かれているが、預金者がそのことを知らないで預金することが十分にありうるので、銀行法第12条の2に基づき、外国銀行支店はわが国の預金者に対して、

① 　わが国の預金保険制度の対象外であること
② 　外国銀行が万が一破綻した場合、預金の払戻しがあるとしてもそれが迅速に行われない可能性があること
③ 　外国銀行支店の預金が外国銀行の本国における預金保険制度の対象になっている場合

はその旨を、説明しなければならない（銀行法施行規則第30条の2）。

第6　申請手続

1　外国銀行は、その支店または代理店について、銀行法第47条第1項の規定に基づき銀行法第4条第1項の規定による営業免許を受けようとするときは、当該外国銀行の代表権を有する役員が署名した免許申請書のほかに、所

要の書類を添付して内閣総理大臣に提出しなければならない。

　所要の書類とは、①理由書、②定款または当該外国銀行の性質を識別するに足る書類、③当該外国銀行の主たる営業所の存在を証明する書類、④当該外国銀行の代表権を有する役員の資格を証明する書類、⑤当該支店等の営業開始後3営業年度における収支の見込みを記載した書類、⑥当該支店等の代表者の履歴書、⑦当該外国銀行の主要な株主等の氏名、住所、国籍、職業等並びにその保有する株式の数等、⑧当該外国銀行の最終の貸借対照表、損益計算書および利益処分計算書等、⑨当該支店等の設置が外国の行政機関の許可、認可その他の行為を要するものである場合には、当該許可等のあったことを証明する書類、などである（銀行法施行規則第28条第1項）。

2　外国銀行側は、支店開設の準備を進め、土地、建物の確保、人員の確保を完了し、実際に免許を申請したところ、営業免許が下りなかったという事態がありうる。それではこれまでの努力が水泡に帰すことになってしまう。そこで、内閣総理大臣に対し外国銀行が事前に予備審査を求め、営業免許が付与されるのかどうかについてあらかじめ内閣総理大臣の内意を得ることができれば便利である。銀行法施行規則第29条にはこのため予備審査を可能にする規定が設けられている。

第7　みなし規定

　前項の規定により、外国銀行が第4条第1項の内閣総理大臣の免許を受けたときは、その主たる外国銀行支店及び当該外国銀行の日本における他の支店その他の営業所（以下この章において「従たる外国銀行支店」という。）（略）を一の銀行とみなし、当該外国銀行の日本における代表者を当該一の銀行とみなされた外国銀行支店の取締役とみなして、この法律の規定を適用する。以下略

（銀行法第47条第2項）

　営業の免許を受けた**外国銀行支店**は、このように銀行法第47条第2項により銀行とみなされる。また、当該外国銀行支店の代表者は取締役とみなされ銀行法が適用される。これは、外国銀行支店の業務運営上の責任の所在を明らかにし、監督規制の実効性を確保するとの観点から定められたものであ

る。

第8　適用除外、読替え規定

1　外国銀行支店は銀行とみなされるにしても、組織的には一支店にすぎない。そのために会社法上の株式会社に関する規定の適用を受ける余地がないなどの**組織的特殊性**に鑑み、いくつかの適用除外規定が設けられている（銀行法第47条～第52条）。

　すなわち、銀行法第47条は外国銀行支店に対する法律上の諸規定の適用に関し、外国銀行支店とわが国の銀行とを同等に取り扱うことを基本としつつ、その性質上、どうしても適用になじまない規定は、取扱いについてその透明性を確保するために法文上明示的に列挙したうえで、その適用を排除している。

2　適用除外として列挙された主な条文について**適用除外とされる理由**を説明すると、次のとおりである。

①　第5条（資本の額）、第53条第1項第4号（増資の届出）

　　外国銀行支店は外国銀行の一つの下部組織にすぎず、そもそも資本の概念がない。

②　第6条（商号）

　　銀行法第6条の商号は、会社法上の商号である。商号は定款、登記、株券上の表示等において問題になるものであるが、ここではあくまでも銀行本体の商号の話である。外国銀行支店も会社法第911条第3項の規定により商号の登記を要する。この場合に登記すべきは、本体を表示するものとして本国で使用されている商号である。外国銀行支店は外国銀行の一つの下部組織にすぎない。

③　第13条第2項および第4項（同一人に対する子会社との合算信用供与）、第24条第2項・第3項（子会社の調査）、第25条第2項（子会社の検査）

　　外国銀行支店は外国銀行の一つの下部組織にすぎないので子会社を有することはない。

④　第14条第2項（取締役に対する信用供与の承認要件の加重）、第22条（営業報告書等の記載事項）、第23条（株主の帳簿閲覧権の否認）

外国銀行支店は、銀行法第51条第3項で準用されている清算および特別清算の規定を除き、会社法第6編「外国会社」（会社法第817条以下）以外には会社法の適用を受けない。

⑤　第30条第1項および第2項（合併の認可）、第32条（合併の場合のみなし免許）、第33条（合併の場合の債権者の異議）、第33条の2（分割の場合の債権者異議）、第37条第1項第2号（合併の認可）

外国銀行支店には合併の概念がない。

⑥　第37条第1項第3号（解散の決議の認可）、第39条（定款の解散原因の規定の効力）、第40条（免許の取消しによる解散）、第41条第3号（解散による免許の失効）

外国銀行支店は外国銀行の一つの下部組織にすぎない。したがって、解散の概念は存在しない。

⑦　第43条（他業会社への転移等）

外国銀行支店が銀行等の全部を廃止した場合は、銀行法第50条によって銀行業免許は失効し、同法第51条第1項により必ず清算しなければならない。

⑧　第44条（清算人の任免）

外国銀行支店の清算人の任免については銀行法第51条第2項に別段の定めが設けられている。

⑨　第53条第6号（駐在員事務所の設置の届出）

外国銀行支店が外国に駐在員事務所を設置することは考えられない。

3　外国銀行に対する第4条第1項の内閣総理大臣の免許に係る特例、外国銀行支店に対しこの法律の規定を適用する場合における技術的読替えその他外国銀行支店に対するこの法律の規定の適用に関し必要な事項は、政令で定める。

（銀行法第47条第4項）

外国銀行支店に対して適用されることになっている銀行法の規定について、外国銀行支店の組織的特殊性等の事情により、銀行法の文言のままでは適用できない事例が出てくる。銀行法の規定を外国銀行支店にそのまま適用した場合に意味が通らなくなることがあるわけであり、そのようなときには

第23章　外国銀行支店（銀行法第47条〜第52条）　471

語句の読替えなどの調整を加える必要が生じる。こうした技術的な配慮その他必要な事項は政令で定めることとされている（銀行法第47条第4項）。

　たとえば、外国銀行支店は、実態面からみればあくまでも支店にすぎないので、同一人に対する信用供与限度額算定の基礎になる自己資本の概念が存在しない。銀行法第13条の規定をそのまま適用することができないわけである。そこで、外国銀行が、わが国に複数の支店を設置している場合には、当該複数支店の同一人に対する信用の供与の合計額を当該支店の同一人に対する信用の供与額とみなし、銀行法施行令第9条により読み替えられた銀行法第13条の規定が適用される。そして、外国銀行本体の自己資本を基準にして規制が行われる。

□ 第2節　資料提出・報告義務

1　内閣総理大臣は、外国銀行支店の業務の健全かつ適切な運営を確保するため必要があると認めるときは、外国銀行支店（当該外国銀行支店を所属銀行とする銀行代理業者を含む。）に対し、外国銀行支店に係る外国銀行（当該外国銀行と政令で定める特殊の関係にある者を含む。）の業務又は財産の状況に関する報告又は資料の提出を求めることができる。

（銀行法第48条）

　わが国銀行法は、外国銀行の本体を規制の対象とするものではなく、わが国に所在する外国銀行支店のみを対象としている。外国銀行本体には銀行法の規定は及ばないわけである。

　しかし、わが国としては、外国銀行のわが国における支店の経営状態を的確に把握して監督、規制の実効をあげるためには外国銀行本体の状況も情報として把握しておく必要がある場合が当然に出てくる。このような事情に基づいて、銀行法は内閣総理大臣に、外国銀行本体に関する主要な事項の変動について届出義務を課している（銀行法第49条第1項）。また、いっそう詳細な情報を得たい場合などを想定して、銀行法第48条により、内閣総理大臣は、外国銀行支店に対してその本体である外国銀行に関する報告または資料の提出を求めることができる。

472

2　銀行法第48条の報告・資料徴求の内容には外国銀行に関する情報だけではなく、外国銀行と特殊な関係にある者に関する情報が含まれる。たとえば、当該銀行の親会社が倒産した場合の当該親会社における経営・財産の状況などである。特殊関係者の範囲は、銀行法施行令第1条の2第1号～第5号に掲げる者とされている（銀行法施行例第14条）。すなわち、外国銀行を中心にして考えてみると、その親会社、祖父会社、兄弟会社、子会社、孫会社が該当するが、いずれも発行済株式総数の100分の50を超える所有関係がある場合に限定される。

3　外国銀行支店は、当該外国銀行支店に係る外国銀行が次の各号のいずれかに該当するときは、内閣府令で定めるところにより、その旨を内閣総理大臣に届け出なければならない。

（1）　資本又は出資の額を変更したとき。

（2）　商号又は本店の所在地を変更したとき。

（3）　合併をし、会社分割により営業を承継させ、若しくは承継し、又は事業の全部若しくは重要な一部の譲渡若しくは譲受け（当該外国銀行支店のみに係るものを除く。）をしたとき。

（4）　解散（合併によるものを除く。）をし、又は銀行業の廃止をしたとき。

（5）　銀行業に係る免許（当該免許に類する許可、登録その他の行政処分を含む。）を取り消されたとき。

（6）　破産手続開始の決定があつたとき。

（7）　その他内閣府令で定める場合に該当するとき。

（銀行法第49条第1項）

　内閣府令である銀行法施行規則第33条には「発行済株式等の100分の50を超える数又は額の株式又は持分を保有する者に変更があつた場合」が定められている。

4　外国銀行本体が解散したり、本体の免許が外国政府によって取り消されたりした場合には、わが国にある外国銀行支店も営業を続けることができなくなることは明白である。外国における銀行本体に関する法律行為、状況の変動のうちでわが国にある外国銀行支店の監督、規制に重要な影響を及ぼすおそれのある事項については、わが国の行政当局もこれを把握しておく必要

がある。これは、わが国の預金者を保護する趣旨から当然のことである。

本条では、外国銀行本体に関する事項のうち、たとえば、外国銀行本体が当該外国における銀行免許の取消しを受けた場合や解散、破産、合併などをした場合など、わが国の銀行監督上重要なものについては外国銀行支店に対し内閣総理大臣へ届け出ることを義務づけている。

なお、銀行法第49条第1項第3号はカッコ書で、「外国銀行支店のみに係るものを除く」として内閣総理大臣への届出事項から除外している。これは、事業譲渡・譲受けが別途、同法第30条において認可事項となっているので、あらためて届出を要しないという理由からである。

5 また、銀行法第49条第1項第4号に規定する銀行業の廃止とは、同法第50条の趣旨からみて銀行業の全部の廃止のみではなく、一部の廃止をそのなかに含むと解するのが適当である。

外国銀行支店が、銀行法第49条の規定による届出を行う際には届出書に理由書その他参考になるべき事項を記載した書類を添付して遅滞なく内閣総理大臣に提出しなければならない。

□ 第3節　営業免許の失効

1　第49条第1項第3号から第6号までのいずれかに該当して同項の規定による届出（同項第3号に係る届出にあつては当該合併後当該外国銀行支店に係る外国銀行が消滅することとなる合併、当該外国銀行支店に係る事業の全部を承継させることとなる会社分割及び事業の全部の譲渡に係る届出に限るものとし、同項第4号に係る届出にあつては銀行業の一部の廃止に係る届出を除く。）があつたときは、当該届出をした外国銀行支店に係る外国銀行に対する第4条第1項の内閣総理大臣の免許は、その効力を失う。

（銀行法第50条）

ここで、「第49条第1項第3号から第6号までのいずれかに該当して」、とは、①合併（合併によって外国銀行本体が消滅する場合に限る）、②分割による営業の全部承継、または営業の全部譲渡、③解散、④銀行業の廃止、⑤免許の取消し、⑥破産、といった事例である。

474

とりあえず、外国銀行支店の説明をする前にわが国銀行の事例を説明しておきたい。

わが国の銀行が銀行業の全部を廃止したとき、営業の全部を譲渡したとき、解散したとき、などの場合においては、当該銀行に係る営業免許は失効することはすでに述べた。銀行が銀行業を営むための財産的基礎や組織的基盤を失うなど銀行が銀行としての基盤を失った場合に、これをなお「銀行」として扱うと預金者の利益を害し、金融取引に混乱を引き起こすおそれがある。銀行法第41条は、銀行業を遂行するに足るだけの組織や機能が消滅し、銀行としての資格が実質的に失われたのであればむしろ、法律関係をいち早く明確にし、預金者等の取引者の保護を図るため、そのような場合に営業免許が失効する旨を規定している。

2 次に、外国銀行支店の場合であるが、外国銀行支店は実体的、組織的にはあくまでもわが国に存在する一営業所にすぎないことから、二つの事例に分けて考える必要がある。第1は、支店に固有の事情で銀行業を遂行するに足る組織、機能が失われる場合である。第2は、外国銀行の本体あるいは外国に所在する本店において生じた事情に基づき、わが国国内の銀行としての資格が失われる場合である。

わが国における預金者等の保護を図るためには、第1の場合だけでなく第2の場合も当該銀行支店の営業免許を失効せしめる必要がある。

本条は、外国銀行が、当該外国銀行が消滅することとなる合併、分割または営業の全部譲渡、解散もしくは銀行業の全部廃止を行った場合または外国において本店が受けた銀行業に係る免許が取り消された場合には、外国銀行支店が銀行法第49条の規定によりその旨の届出をした時点で、当該外国銀行支店についての銀行法上の営業免許はその効力を失うと規定している。

3 外国銀行支店の営業免許が失効する場合で、外国銀行本店に係るものでなく在日支店のみに関する理由としては、以上のほかに、①銀行業を廃止したとき、②会社分割による営業の承継、または営業の全部譲渡をしたとき、③免許を受けた日から6カ月以内に業務を開始しなかったとき（内閣総理大臣の承認を受けたときを除く）がある。これらは、銀行法第41条第1号・第2号・第4号の規定により、営業免許の失効事由として明記され、同法第47条

第23章　外国銀行支店（銀行法第47条〜第52条）　475

第2項により、②の分割に係る部分を除いて外国銀行支店に対しても適用されることとなっている事項である。

4 なお、銀行法第49条に掲げられた届出事由以外の理由によって外国銀行本体の銀行としての基盤が失われるとき、または同条の届出が懈怠されたときのこともあらかじめ想定しておかなければならない。このような場合は、届出という行為をとらえて免許失効という効果を与えることはできないので、内閣総理大臣は、当該外国銀行支店に免許の取消し等の措置を行うことにより対処していくことになる。

□ 第4節 清 算

1 外国銀行支店は、次の各号のいずれかに該当するときは、日本にある財産の全部について清算をしなければならない。

（1） 第27条又は第28条の規定により当該外国銀行支店に係る外国銀行に対する第4条第1項の内閣総理大臣の免許を取り消されたとき。

（2） 第41条第1号又は前条（第50条）の規定により当該外国銀行支店に係る外国銀行に対する第4条第1項の内閣総理大臣の免許が効力を失つたとき。

（銀行法第51条第1項）

前項の規定により外国銀行支店が清算をする場合には、裁判所は、利害関係人若しくは内閣総理大臣の請求により又は職権をもつて、清算人を選任する。当該清算人の解任についても、同様とする。

（銀行法第51条第2項）

会社法における株式会社の清算および特別清算の規定は、その性質上許されないものを除き、第1項の規定による外国銀行支店の清算について準用される（銀行法第51条第3項）。

銀行が免許を取り消された場合、または免許の効力を失った場合には、外国銀行支店は閉鎖されるのが通常である。しかし、閉鎖されても清算が義務づけられない場合には、外国銀行支店はその資産を自由に国外に持ち出すことが可能である。そのようなことが行われればわが国の預金者等の債権者の

利益が損なわれることになる。

2　外国銀行が支店を閉鎖する場合には、第1に銀行業の全部を廃止する場合、第2に営業の全部をわが国銀行または他の外国銀行に譲渡する場合、の二つの事例が考えられる。前者の場合には、外国銀行支店は清算手続に入ることを義務づけられている。後者の場合は、清算を行うことは必ずしも要しないものの、その際に必要とされる各種の認可によって歯止めがかかることになる。すなわち、わが国銀行が当該外国銀行支店から譲り受ける場合には外国銀行支店にあっては営業の全部譲渡の認可、わが国銀行にあっては営業の全部の譲受けの認可を取得する必要がある。外国銀行が譲り受ける場合には、譲り渡す外国銀行支店についてその全部譲渡の認可、譲り受ける外国銀行支店について営業の免許および営業の全部の譲受けの認可がそれぞれ必要になる。

3　外国銀行支店に係る営業免許が取り消され、または、失効した場合においては、わが国における預金者等の債権者に対する弁済を確保していく必要があるため、銀行業をすみやかに結了、整理しなければならない。

　会社法第822条は、外国会社に関する一般原則として、外国会社が裁判所から営業所の閉鎖命令を受けた場合または外国会社が営業所を閉鎖した場合には、裁判所は、利害関係人の申立てまたは職権をもってわが国にある会社財産の全部について清算の開始を命じることができる、と規定している。

　本条は、会社法第822条に対する特則を設け、外国銀行支店の営業免許が取り消され、または失効した場合について、わが国にある財産の全部に関し清算することを義務づけている。銀行法第51条第1項の規定は、外国銀行支店の免許が取り消され、または失効したときは、わが国にある財産の全部につき清算しなければならないとしている。裁判所の決定を待たずに清算を義務づけている点で会社法規定の特例をなしている。

　また、会社法第822条第2項は、「裁判所は清算人を選任する」、とだけ規定している。これに対し、銀行法では、預金者等の債権者保護を図るため、裁判所は、利害関係人、内閣総理大臣の請求または裁判所の職権により清算人を選任および解任する権限が与えられている（銀行法第51条第2項）。

4　銀行法第51条は、実体面、手続面の両面において、わが国の預金者等が

第23章　外国銀行支店（銀行法第47条～第52条）　477

弁済を受けるのを容易にするために、国内で弁済を受けることを確保する道を開くものである。ただし、わが国債権者が外国銀行の本店に対し直接に請求権を行使することはさしつかえない。債権の回収が十分でなかった債権者が、外国に所在する現地の裁判所に対し当該外国銀行への訴訟を提起することも当然に可能である。

□ 第5節　駐在員事務所等

1　外国銀行（外国銀行が外国銀行支店を設けている場合は、当該外国銀行支店。以下この条において同じ。）は、次に掲げる業務を行うため、日本において駐在員事務所その他の施設を設置しようとする場合（他の目約により設置している事務所その他の施設において当該業務を行おうとする場合を含む。）には、あらかじめ、当該業務の内容、当該業務を行う施設の所在地その他内閣府令で定める事項を内閣総理大臣に届け出なければならない。

（1）　銀行の業務に関する情報の収集又は提供

（2）　その他銀行の業務に関連を有する業務

（銀行法第52条第1項）

「**その他の施設**」とは、アジア本部、極東本部等の名称のもとで在日支店の権限を超えて与信審査、人事等を行う施設などを指す。銀行法第52条第1項カッコ書において「他の目的により設置している事務所その他の施設において当該業務を行おうとする場合を含む」と規定しているが、これは、外国証券業者が有価証券の市場に関する情報の収集のために事務所等の施設を設置している場合に、当該施設において銀行の業務に関する情報の収集等を併せ行うときにも設置の届出を要することを規定したものである。

　一つの金融機関が銀行業務と証券業務とを併せて行うことのできる、いわゆるユニバーサル・バンキングの法体系のもとにある欧州系の銀行では、銀行が銀行業と証券業とを兼業し、わが国において一つの施設が銀行法上の駐在員事務所と外国証券業者に関する法律上の事務所の地位とを兼ね備えている例はかなり見受けられる。

2　内閣総理大臣は、公益上必要であると認めるときは、外国銀行に対し、

前項の施設において行う同項各号に掲げる業務に関し報告又は資料の提出を求めることができる。

（銀行法第52条第 2 項）

　外国銀行は、その設置した第 1 項の施設を廃止したとき、当該施設において行う同項各号に掲げる業務を廃止したときその他同項の規定により届け出た事項を変更したときは、遅滞なくその旨を内閣総理大臣に届け出なければならない（銀行法第52条第 3 項）。

　外国銀行がわが国に進出することを企図する場合には、通常、支店の設置に先立ってわが国に駐在員事務所を設ける事例が多い。**駐在員事務所**が種々の市場調査を行い、わが国に支店を設けるための基礎づくりを行うわけである。また、前述のように、アジア本部と称される施設なども法律上は駐在員事務所に属する。そうした施設では、銀行業自体などの営業はいっさい行わずに、各支店の貸出の審査や人事などを掌握し本店機能の一部を分担する事例がみられる。

　現行銀行法において規定の整備が図られ、駐在員事務所の設置が事前届出制となった（銀行法第52条第 1 項）。また、内閣総理大臣は、駐在員事務所等に対する監督、規制を行う一環として、駐在員事務所で行われている業務に関して報告、資料の提出を求めることができる。また、駐在員事務所の廃止や業務内容の変更、所在地の変更が届出事項となっている。

3　外国銀行が駐在員事務所を設置するための届出事項は、当該業務の内容、当該業務を行う施設の所在地のほか、外国銀行の名称・主たる営業所の所在地・業務内容、そして国内に設置しようとしている駐在員事務所等に関する事項として、その名称、代表者の住所および氏名、設置の理由、設置の年月日、である（銀行法施行規則第34条）。

第23章　外国銀行支店（銀行法第47条〜第52条）　479

第**24**章

外国銀行代理業務に関する特則
（銀行法第52条の２～第52条の２の10）

□ **第１節　銀行法第10条第２項第８号の２の「外国銀行代理業務」について**

1　まず「外国銀行代理業務」の概念から説明しておきたい。

　銀行法は、第10条第２項第８号の２において、銀行は銀行業に付随する業務として、

　「外国銀行の業務の代理又は媒介（銀行の子会社である外国銀行の業務の代理又は媒介を当該銀行が行う場合における当該代理又は媒介その他の内閣府令で定めるものに限る。）」

と規定し、外国銀行業務の代理・媒介を行うことができるとしている。

　ただし、その業務範囲は上記カッコ書にあるように、

　①　銀行の子会社である外国銀行の業務の代理または媒介

　②　その他の内閣府令で定めるもの

に限られている。

2　これを受けて内閣府令である銀行法施行規則第13条の２は、第１号で**「銀行の子会社である外国銀行の業務（法第10条第１項及び第２項に規定する業務（代理又は媒介に係る業務及び銀行が同項（略）の規定により代理又は媒介を行うことができる業務を除く。）に限る。以下この項において同じ。）」**と規定している。

　その意味するところは、①業務の範囲、②「外国銀行」の範囲、の２点である。

480

3　まず業務の範囲については、

　①　外国銀行代理業務として銀行が行うことができるのは「法第10条第1
　　　項、第2項の銀行業務」、すなわち、銀行の固有業務（貸出、預金、為
　　　替）と付随業務に限られている。

　わが国銀行法における銀行の固有業務・付随業務に代理、媒介の範囲を限
定しているのは、外国銀行はそれぞれの外国銀行法によって設立されてお
り、業務範囲が国によって異なっている（たとえば、欧州大陸法の国では銀行
は固有業務として有価証券業務を広範に行うことができる（ユニバーサル・バン
キング制度））ことなどに配慮した結果である。代理・媒介機能を使うとわが
国の国内ではできない業務を自由に行うことができてしまい、国内法の規制
との間で規制範囲の均衡がとれなくなる。また、わが国の当局が当該業務の
適切性を十分検証できない懸念があり、その結果、顧客に不利益を与え、国
内銀行の経営の健全性に影響が及ぶことがありうる。

　したがって、銀行法規定に個別に業務として明文のない銀行法第10条第2
項柱書の「その他の銀行業に付随する業務」（いわゆる「その他付随業務」）は
外国銀行代理業務の対象から除外されていると解される。

　②　そして、そもそもの代理・媒介業務（たとえば銀行法第10条第2項第13
　　　号の「デリバティブ取引（略）の媒介、取次ぎ又は代理」、同項第15号の「金
　　　融等デリバティブ取引の媒介、取次ぎ又は代理」のうちの媒介・代理、同項
　　　第19号の「前号に掲げる業務の代理又は媒介」など）は対象から除外され
　　　ている。

　これは①外国銀行との取引はクロスボーダー取引（国境を越えた取引）で
あり、外国銀行が行っている業務に対してわが国の銀行がこれを代理・媒介
していくと個別の業務範囲が無限に広がっていってしまうことへの歯止めが
必要であり、②取引関係が複雑なものとなり、ひとたびトラブルが起こると
その法的解決は容易なものではなく、わが国の顧客保護、監督上の観点から
必ずしも好ましいものではないとの考え方から、「復代理」「再委託」という
取引の無限の連鎖を制限するという趣旨によるものである。

4　以上の除外される業務以外であれば、銀行法が規定する銀行の固有業務
（預金、貸出、為替取引）、付随業務（銀行法第10条第2項に列記する第1号債務

保証以下第18号ファイナンス・リースまでの業務）の業務はすべて外国銀行代理業務の対象になる。

5　銀行がこのような外国銀行代理業務を営むためには、内閣総理大臣の認可が必要とされている（銀行法第52条の２第１項）。ただし、外国銀行代理制度が導入される以前から、銀行法において銀行が実施することが認められていた代理・媒介業務については外国銀行代理業務の認可を受けることなく実施することができる（Q&A における金融庁回答）。

　　たとえば、

　　・インターバンク市場における資金の調達・運用

　　・シンジケート・ローンの組成

　　・スタンドバイ・クレジットの提供

　　・輸出入信用状（L／C）の開設・授受

　　・コルレス業務

　　・日本企業本社からの保証取付けや担保徴求および顧客である日本金融機　　　関に関する与信（枠）の管理

などである。

6　第２は、対象となる外国銀行の範囲である。

⑴　外国銀行代理業務を行う本邦銀行（外国銀行の在日支店を含む）と一定の　資本関係がある外国銀行との間で外国銀行代理業務が許容される。

　　上記銀行法施行規則第13条の２は、第１項第１号において、外国銀行代理業務が認められる場合を、

　　①　銀行の子法人等である外国銀行

　　②　銀行を子法人等とする外国銀行

　　③　銀行を子会社とする銀行持株会社の子法人等である外国銀行

　　④　銀行を子会社とする親法人等の子法人等である外国銀行

の業務の代理または媒介を当該①〜③に規定する銀行が行う場合における当該代理または媒介に限定している。

　　つまり、基本的には、外国における、当該銀行の子会社である銀行（子銀行）、当該銀行の銀行持株会社の子会社である銀行、当該銀行の親会社である銀行、当該銀行の親会社の子会社である銀行というかたちで当該銀行と密

接な資本関係にある外国銀行との間でしか代理・媒介業務の展開は認められていない。

(2)　ただし、平成26年の銀行法改正で上記の規制に大きな例外が設けられた。すなわち、次の規定が設けられた。

銀行の子会社である外国銀行及び前号（筆者注：第1号）**イからニまでに掲げる外国銀行以外の外国銀行の業務の代理又は媒介（当該業務の代理又は媒介を外国において行う場合に限る。）**

（銀行法施行規則第13条の2第1項第2号）

　つまり、当該銀行と資本関係のない外国銀行（第1号のような資本関係のある外国銀行以外のすべての外国銀行）との間であっても、当該業務の代理または媒介を外国において行う場合には、その外国銀行の業務の代理または媒介を行えることとなった。「資本関係」要件が外された結果、対象範囲が大きく広がることになった。国内ではなく海外において行う場合であれば、国内の顧客保護を図るという規制の趣旨との整合性が確保されると考えられたためである。第2号の業務範囲が、わが国銀行法の固有業務、付随業務に限定されるとともに、復代理、再委任等として行うことが認められない点は第1号と同様である（注：第1号本文カッコ書「以下この項において同じ」による）。

　外国銀行の業務の代理・媒介を行う際の海外における国内銀行の進出形態については、海外における支店の開設等の条件は設けられていないので、国内銀行が海外で契約行為を行う場合には、行員の長期出張を含む多様な形態での代理・媒介行為の展開が可能になったことを意味する。この点はきわめて重要である。

　たとえば、銀行にとって、国内の顧客企業が海外進出を果たし、その支店や海外現地法人が外国銀行（当該国内銀行とは資本関係なし）から貸付を受ける際に、当該国内銀行の行員が長期出張のかたちで現地に赴いて、その代理・媒介（たとえば、代理貸し（資金は外国銀行、管理・保証は邦銀）の契約行為等）を行うことができる。いわゆる「外」―「外」（契約行為は外、結果（効果発現）も外）の案件であっても、日本の行員が長期出張等の形態で「外」で契約行為を行い、顧客企業の海外活動を国内から金融面で支援できる体制になったということである。

第24章　外国銀行代理業務に関する特則（銀行法第52条の2〜第52条の2の10）　483

ここで「長期出張等」という有権解釈上の縛りがあるのは、短期等の簡易な出張のつど、代理・媒介により融通無碍に「外」─「外」の、当局にとって監督権限が及ばない業務が行われてしまうことを極力防止する趣旨である。たとえば、その契約に基づいて損害が発生した場合、処分当局は「外」、すなわち外国の金融当局ということになり、国内顧客の保護についてわが国当局は責任を負うことができないことからくる制約である（金融審議会での金融庁答弁）。

□第2節　外国銀行代理業務が特則として認められた経緯

1　以上の法文における複雑な出入りを正確に理解するためには、銀行法第52条の2（「外国銀行代理業務に関する特則」）が制定された立法時の経緯を把握しておくことが肝要であるので、以下、述べておきたい。

銀行法第7章の2の外国銀行代理業務に関する特則は、国境をまたぐ、いわゆる**クロスボーダー取引**についての調整条項として、平成20年に銀行法に新たに付加されたものである。

わが国の行政法は基本的には**属地主義**をとり、規制対象行為の一部が日本国内で行われれば国内法が適用される。加えて、国内行政法が保護しようとする法益に対する侵害の可能性がある場合にも国内法を適用するといういわゆる**効果主義**で、属地主義の原則を部分的に補完する建前をとっている。したがって、原則として外国で行われる銀行業務についてはわが国銀行法の効力は及ばない仕組みになっており、それに関する条文は用意されていなかった。それは外国の政府の管轄事項なのである。そのような法領域にわが国の銀行法が踏み込むために、幾多の経緯を要している。ここでその詳細を記しておきたい。

2　本特則立法の契機になったのは、有価証券の発行等において勧誘等が国境をまたいで行われるブック取引をめぐる議論であった。

ブック取引というのは、欧米金融市場等において株式や債券を発行したり、売り出したりする際に、値決めを行う手段の一つであり、たとえば新株発行の値段を決める際に仮条件（たとえば、1株につき10万円から12万円まで

など）を投資家に提示して、「どの値段でどのくらい買いたいか」を投資家に問いかけ、投資家が自ら買いたい値段と数量を事前に申告し、その集計結果に基づいて幹事証券会社が価格を決めて公募に付すとともに、応募してきた投資家には先の申告に基づいて高い値段から割り付けをして売却する方法である。需要超過となれば抽選で割当額を決定する。応募は銀行口座を介して行われるので、事前に口座の開設ないし維持が必要条件になる。ちなみに、この辺は出資法で規制する「預り金」を集めることと類似した現象になる。また、その過程で貸付業務に類似した現象が起こることもある。

ブック取引は現在では有価証券の新規発行や既発債の売出しに際して売残りを小さくするための有力な方法であり、いまや国際的に広く行われている一般的な手法である。

3　このブック取引が外国において行われる場合の、わが国の銀行やわが国に所在する外国銀行の支店等の関与、およびわが国において行われる場合の外国銀行支店等の関与に関し、わが国の銀行法がどこまで法的に許容するかが金融審議会等で大きな論争となった。

従前においては、「外国銀行の業務の代理・媒介」を行うことが銀行法上認められておらず、その兼ね合いから、外国銀行の在日支店や在日現地法人がわが国の国内顧客に海外ブック取引の勧誘を行うこと、および邦銀が国内顧客に対して同行の海外現地法人の海外ブック取引の勧誘を行うことは認められていなかった。他方、慣例的に、邦銀が国内顧客に対して当該邦銀の海外支店のブック取引の勧誘を行うことは認められていた。

そのような不均衡を放置したままであれば、国際的に資金調達を行い、事業展開する企業への効率的な金融サービスの提供や、わが国金融・資本市場への外国銀行の参入に支障が出かねない状況であった。

4　他方、難題であったのは、代理・媒介を広く認めると、論理的に代理・媒介等の経路を使って取引の輪が次々に広がり、外国側は自国の国内法と日本法の両方に自由に出入りできることになり、また、日本側も外国法の世界に自由に出入りできることになってしまう。しかし、外国における銀行の活動に対して原則としてわが国の監督権限は及ばない。事実上の野放しになってしまう。また、マネー・ローンダリング（麻薬等の不正資金の正規の資金へ

第24章　外国銀行代理業務に関する特則（銀行法第52条の2〜第52条の2の10）　485

の転化。これを資金洗浄という）や脱税等の不適切な取引の温床にもなりかね
ない。

　しかし、グローバル化した金融世界において、適正なクロスボーダー取引
を阻害する状況を続けることは許されない。

5　そこで、やや複雑な法律対応がなされた。これを敷衍して説明すると、
銀行法第52条の２により、<u>銀行等</u>は内閣総理大臣の認可を得て<u>外国銀行</u>の業
務の代理または媒介を営むことができる。銀行等が外国銀行代理業務を行う
ことのできる範囲については既述のとおりである。

　そして、「銀行等」のなかにはわが国の邦銀のほかに、当然に外国銀行の
わが国における現地法人銀行およびわが国における外国銀行の支店が含まれ
ている。念のため申し添えると、わが国の銀行法は外国銀行のわが国におけ
る支店網をもって一つの銀行として思念しており、それに対して銀行の営業
免許が与えられる仕組みになっている。つまり、外国銀行支店そのものが銀
行であり、外国に所在する本店銀行は親銀行という概念でとらえている。

6　銀行等が営める業務は銀行法第10条第２項第８号の２に係る業務であ
り、また、銀行等が代理・媒介を行える対象となる外国銀行としては、当初
は資本関係にある「グループ内の外国銀行等」に限定された。つまり、本邦
の銀行と親子兄弟の関係にある外国銀行であることなどが必要であり、外国
銀行支店の場合にも同様に親銀行の外国営業所、親銀行の親子兄弟の銀行等
に限定されていた。資本関係のない外国銀行の代理・媒介まで解禁されたわ
けではなかったのである。

　しかし、こうした制限は厳し過ぎるとの批判を受け、平成26年の法改正に
より、現行の規定になるに至ったものである。

□ 第３節　外国銀行代理業の認可、届出

　銀行が外国銀行代理業務を営もうとするときは、あらかじめ内閣総理大臣
の認可を受けなければならない。すなわち、

１　**銀行は、第10条第２項第８号の２に掲げる業務（次条第２号から第４号**
までを除き、以下「外国銀行代理業務」という。）を営もうとするときは、当該

外国銀行代理業務の委託を受ける旨の契約の相手方である外国銀行（次条第2号から第4号までを除き、以下「所属外国銀行」という。）ごとに、内閣府令で定めるところにより、あらかじめ、内閣総理大臣の認可を受けなければならない。

（銀行法第52条の2第1項）

　前項の規定は、銀行が当該銀行の子会社である外国銀行その他の内閣府令で定める外国銀行を所属外国銀行として外国銀行代理業務を営もうとするときは、適用しない。この場合において、当該銀行は、当該外国銀行代理業務に係る所属外国銀行ごとに、内閣府令で定めるところにより、あらかじめ、内閣総理大臣に届け出なければならない。

（銀行法第52条の2第3項）

　このように国内銀行がすでに認可を受けてその子銀行にしている外国銀行の代理・媒介を行う場合には内閣総理大臣への届出で足りる（第3項）が、それ以外の外国銀行の代理・媒介を行う場合には、国内銀行と外国銀行との関係等についてわが国の監督当局が確認する機会等を確保するため、内閣総理大臣の認可を受けることとなっている。

2　銀行法は「**所属外国銀行**」という独特の概念を導入している。「所属」の意味は本書第27章（銀行代理業）第3節における「所属銀行制」の場合と同一であり、銀行業務代理業者が行う銀行の固有業務の代理・媒介業務によって銀行業務を行う銀行（銀行法第2条第16項における定義）をいう。

　国内銀行が外国銀行代理業務を営もうとするときは、所属外国銀行（当該外国銀行代理業務の委託を受ける旨の契約の相手方である外国銀行）ごとに、あらかじめ内閣総理大臣の認可を受けなければならない（銀行法第52条の2第1項）。

3　次に、銀行法第52条の2第3項の解説に移ると、第3項では、国内銀行が当該国内銀行の子会社ないし同じ銀行持株会社傘下の兄弟会社である外国銀行を所属外国銀行として外国銀行代理業務を営もうとする場合には（いったん第1項を適用除外して）、内閣総理大臣の認可を受ける必要はなく届出ですむ、という取扱いを規定している（銀行法施行規則第34条の2の2第1項）。

　銀行法第52条の2第3項の意味は、邦銀ないし銀行持株会社による子会社

の設立・取得についてはすでに事前認可制がとられ、子会社で行われる業務をあらかじめ当局が知りうる立場にある。その点をふまえ、子銀行である外国銀行の業務の代理・媒介については、認可ではなく、より軽い行政行為である事前届出制とすることとされたものである。また、外国銀行支店においても同様の趣旨から一定の資本関係にある外国銀行の外国営業所等の業務の代理・媒介行為については届出で足りるとされている。

4 このように、国際私法でいういわゆる「**内-外**」(すなわち、外国行為主体が国内において行為を開始して国境を超えてその結果が日本国外において生じる場合)、「**外-内**」(すなわち、外国行為主体が日本国外において行為をして国境を超えてその結果が日本国内において生じる場合)において、代理・媒介行為が、資本関係のある銀行等である場合、および海外における行為である場合など一定の条件のもとでは可能になった。

「**外-外**」、つまり、外国行為主体が日本国外において行為をしてその結果が日本国外において完結する場合については、国際私法上、基本的には外国政府の所管に係るものであり、わが国の銀行法の適用はない。しかし、日本人顧客が万が一受ける法益侵害(被害)の程度によっては、日本政府からの個別の依頼によって両国の監督当局が協力して対応することになると思われる。

5 外国銀行代理業務に係る所属外国銀行の業務について、①銀行業の免許に関する規定、②「出資の受入れ、預り金及び金利等の取締りに関する法律(出資法)」の規定、および③貸金業法の規定、は適用されない(銀行法第52条の2の2、第52条の2の3、第52条の2の4)。これは、国内銀行が外国銀行代理業務を行う過程で資金集めをしたり、資金の貸付をしたりする場合があるが、所属外国銀行としてはその際にいちいち、銀行業務の免許がないので出資法でいう預り金ではないかと懸念したり、貸金業法上の諸制約に配慮したりする必要はないということである。

6 外国銀行代理銀行等は、その所属外国銀行等が事業年度ごとに作成した当該外国銀行等の業務および財産に関する事項を記載した書面を、公衆の縦覧に供しなければならない(銀行法第52条の2の6)。

外国銀行代理銀行等は、その所属外国銀行の業務もしくは財産の状況の顧

客への説明その他の外国銀行代理業務の健全かつ適切な運営を確保するための措置を講じなければならない（同法第52条の2の7）。

7 内閣総理大臣は、外国銀行代理業務の健全かつ適切な運営を確保するために必要があると認めるときは、外国銀行代理銀行等に対し、その所属外国銀行の業務または財産の状況に関する報告または資料の提出を求めることができる（銀行法第52条の2の8）。

8 そのほか、外国銀行代理業務を営んでいる銀行（「外国銀行代理銀行等」）が行う外国銀行代理業に係る特定預金等（金利、通貨の価格、金融商品における相場その他の指標に係る変動によりその元本について損失が生ずるおそれのある預金等）の締結の代理または媒介については、契約締結前の書面交付義務など金融商品取引法の販売・勧誘規制の条文が準用される（銀行法第52条の2の5）。

9 なお、平成29年の銀行法改正で新たに「前項（筆者注：銀行法第52条の2第1項における所属外国銀行ごとの内閣総理大臣の認可）の規定にもかかわらず、銀行は、<u>外国銀行グループ</u>（外国銀行及びその子会社である外国銀行その他の内閣府令で定める者の集団をいう。）<u>ごとに</u>、認可を受けて当該外国銀行グループに属する外国銀行を所属外国銀行とする外国銀行代理業務を営むことができる」こととなった（同条第2項）。

第25章

株　主
（銀行法第52条の２の11〜第52条の16）

☐ 第１節　株主規制の意義

1　本章は、**異業種会社**等が大口の株式取得により銀行の経営に参加したり、銀行を設立したりする場合の要件を定めている。欧米諸国で**コマース**（商業ないし一般産業）の銀行業への参入問題としてとらえられている法分野の規制である。わが国でもすでにコンビニエンスストア、スーパーマーケット、量販店などのかたちで全国に膨大な支店網をもつ大規模小売業者がその店舗網を活用して銀行等との連携等により預金等の受入業務や決済業務を展開しており、また、電気通信産業等が大規模なコンピュータ・ネットワークを提供して同じく営業行為として銀行の預金受入業務や決済業務を側面から支援する大規模な動きをみせた。また、銀行業免許を取得しなくても銀行の株式を大量に取得して実質的な銀行経営に乗り出す企業がみられるようになった。異業種会社の銀行業参入は、わが国経済の発展や銀行業自体の発展のためにも、銀行利用者の利便性を高めるためにも基本的には時代の流れに沿ったものであり、前向きにとらえるべきは当然である。そうした流れを確かなものにする必要がある一方、参入を自由にすると銀行制度が悪用される懸念があり、いくつかの解決を迫られる問題が横たわっていることもまた事実である。

2　その**第１**は、機関銀行化の問題である。銀行が特定企業の資金繰り機関となり、広く一般公衆から預金等のかたちで資金を集め、それをもっぱらグループ企業のために使ってしまうおそれがある。もちろん大口信用供与規制

等が働くが、銀行をグループ内企業の資金源として利用することが可能となる。

　昨今では銀行の受信、つまり預金集めのほうは、金利を少し高くすれば集まることは集まる。問題は与信、つまり、資金運用のほうだが、それは銀行を支配する異業種企業が自らのグループないしそのグループと友好関係にあるグループ向け与信のかたちで運用する。それらのグループの経営状況が良いときは当該銀行の経営もまた良いわけだが、悪くなると一気に当該銀行の経営不安が露呈する。また、一般公衆から資金を広く集めておいて自己の都合で簡単に銀行業をやめてしまい、以後、預金者との間に混乱を引き起こすことなどが起こる。結局、預けた一般公衆が多大の損害を被ることになる。だれもが容易に銀行の大株主になり、銀行の経営を行い、一般公衆を相手に大胆に資金集めが行われ、それが運用難や放漫経営により破綻する。過去において絶えなかった出資法違反まがいの大規模な金融事件はこの類いである。

3　第2は、資金隠しが容易になり、脱税等の摘発がきわめてむずかしくなるおそれがある。**マネー・ローンダリング（資金洗浄）**などの問題である。麻薬や武器密輸、脱税などで不法に手に入れた金をローンダリングするには自前の銀行をもつと容易になることは明らかである。それをやすやすと認めるわけにはいかない。**第3**に、企業が銀行を支配する場合にはどうしても銀行はそうした企業や企業グループへの融資審査が甘くなる。利益相反も容易に起こる。取引における緊張関係の欠如が結局は銀行経営の健全性維持を危うくすることになり、ひいては預金者保護を揺るがすことになる。**第4**に、銀行は個人顧客や取引先企業の資金の出入りを通じて、正確に顧客や取引先の資金運用の実態や経営状況を把握することができる。いわば顧客情報等の宝庫なのである。それだけに、銀行を手に入れ、その顧客情報等を利用すれば、自らの販売戦略の展開にあたって競争他企業に対し優位に立つことができる。つまり、銀行の守秘義務が破られてしまうおそれがあるわけである。

4　以上のような歴史的な教訓に照らして、米国ではコマース、つまり、商業などの他産業が銀行の主要株主になることは原則として認められていない。銀行は、あくまでも預金者のため、国民のため存在するという考え方が

第25章　株主（銀行法第52条の2の11〜第52条の16）　491

貫徹されている。既得権により、S&L（貸付信用組合）が継続性の観点から
ごく例外的に認められているにとどまる。

　欧州でも英国の場合、銀行株式の10％以上を保有する株主は金融監督当局
の承認が必要である。30％以上の保有の場合には株主としての適格性が厳し
く審査される。株式売却先などが適切でなければ、取引の差止めが行われ
る。フランスも異業種株主の銀行株保有に対しては厳しい制限を課してい
る。総じて各国におけるこの分野での規制は相当厳しいものになっている。

5　しかし、時代の流れとともに流通産業や情報産業、電気通信産業などが
自らもつ店舗やネットワーク、コンピュータ・システムを使って銀行業を行い
たい、ないしは銀行の経営に参加したいとする要望が強くなった。利用者の
立場からみても便利である。健全であれば問題はないのではないかとの問題
提起が行われた。そして、わが国において平成14年４月に銀行法改正が施行
され、「一定の要件」のもとで異業種会社等の銀行への経営参加が法律のう
えでも解禁されることとなった。

6　異業種会社等の銀行業への参加に際しての「**一定の要件**」は三つの切り
口から成り立っている。

　その**第１**は、総株式の議決権の５％超20％未満を保有する株主は「**銀行議
決権大量保有者**」と位置づけられ、これらの者に対してその事実を届け出る
ことが法律上義務づけられ、政府が状況を把握できるように手当がなされ
た。虚偽届出・報告に対しては、政府による補正命令、修正要請、立入調査
権などが規定されている。

　第２に「**銀行主要株主**」という範疇が設けられ、銀行株式を20％以上所有
する大口株主に対してはその所有を認めるか否かについて認可制が導入され
た。そして、状況によっては政府に立入検査権限が与えられ、また、認可の
取消権限も規定されている。

　第３に、50％超の大口株主（本書では便宜上、「**銀行支配株主**」と呼称）に対
して監督当局は傘下の銀行経営の健全性維持のために当該銀行を支援するこ
とを要請できる規定が置かれている。単に傘下の銀行を自分のために利用す
るだけではなく、それに対応した責任を課すこととしているわけである。

　これらの規定は、異業種からの銀行業参入に対してやや規制色が強いとい

492

う印象を与える。しかし、法の趣旨は規制強化にあるのではなく、銀行業への参入に関するルールをつくることによって、むしろ円滑な参入の基盤をつくろうとしているように見受けられる。わが国金融の活性化にねらいがあるとみることができる。

7　グループ所有の場合に「みなし議決権保有者」規定が設けられているので説明しておきたい。

銀行法第3条の2は、『次に掲げる者は、それぞれ当該各号に定める数の銀行の議決権の保有者とみなし、第7章の3第1節及び第2節（筆者注：銀行の株主規定）（略）の規定を適用する』と規定している。

まず、銀行法第3条の2第1項**第1号**（および銀行法施行規則第1条の4）では法人でない社団または財団で、代表者または管理人の定めのあるもの、すなわち、民法でいう**権利能力なき社団等**が銀行議決権大量保有者、銀行主要株主等になりうるものとされている。つまり、会社でなくても権利能力なき社団、財団であれば、会社とまったく同じ取扱いで銀行法の株主規定が適用される。

次に、**第2号**において、連結対象となる子会社等がそれぞれ当該銀行の議決権を保有する場合には、一定の計算式に従い、それらの保有を含めて合算した議決権の数が基準値以上の議決権数となる場合には、連結財務諸表提出会社（グループを代表する会社）が「みなし議決権保有者」となって銀行議決権大量保有者（第7章の3第1節）、銀行主要株主ないし銀行支配株主（同第2節）となり、第7章の3第1節および第2節が適用される。第2号〜第6号は子会社合算という同じ考え方のもとで「みなし議決権保有者」を定めている。注意を要する点である。

具体的には、第2号では連結基準対象会社（会社法等により連結決算を行うことを義務づけられている会社、大会社）のうち連結されるグループ内に銀行を含むもののなかで、「他の会社の計算書類その他の書類に連結される会社以外の会社」、つまりグループ内の各社が全体として当該銀行に対して基準値（5％ないし20％）以上の議決権を保有している場合に、**グループ会社群を支配する会社**（連結基準対象会社、すなわちグループ各会社の決算も連結した計算書類の提出義務のある会社）がグループを代表して銀行株主規定の対象者

となり、銀行法上の届出ないし認可対象になる。

グループ内の議決権の合算の仕方は銀行法施行規則第1条の5第2項に規定されており、

① (イ)当該会社の子会社、(ロ)当該会社と緊密ないし議決権行使について同意している者については、そのまま保有する議決権数を、

② 当該会社の関連会社の場合にはその保有する銀行議決権×（当該会社に帰属する部分の純資産／当該関連会社の純資産）として計算された議決権を、

合計したものが銀行株主規定の適用対象になる。

5％超の場合には銀行議決権大量保有者として内閣総理大臣への届出を、20％以上の場合には銀行主要株主等として内閣総理大臣の認可を受けなければならない。

第3号は同じくグループ保有の事例であるが、**連結基準対象会社以外の会社**がある会社グループに属し、かつ、当該グループ全体で一つの銀行の議決権数を合算したところ、上記基準を上回っている場合においては、「その会社等に係る議決権の過半数の保有者である会社等<u>がない会社等</u>」、つまりグループ内で自社を資本支配する会社がほかになく、自社のみが他を子会社等としてもっている場合、すなわちグループを支配している会社、がグループを代表するかたちで銀行株主規定の対象者となる。

第4号は、上記のグループ（グループが合算して銀行法株主基準値以上を保有している）にあって、グループを支配する会社が存在しない場合である。たとえば、お互いに50％以上の株を三竦み（みすくみ）で持ち合ってグループを構成している場合である。資本支配関係が縦（親会社、子会社）の関係ではなく**横の関係（相互に株式を持ち合っている状態、「ぐるぐる回りのケース」と呼ばれている）**ということができる。この場合には、そのなかで貸借対照表上の資産の額が最も多い会社等が、グループ全体の銀行議決権保有者とみなされ、銀行株主規定の適用対象となる。

第5号は、**個人**がいくつかの会社等の議決権の過半数を保有しており、その傘下の会社が保有する一つの銀行に対する総議決権が銀行法の主要株主基準値（20％）以上となる場合には、当該個人がその合算議決権数を保有する

銀行の議決権の保有者

第1号：権利能力なき社団等

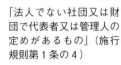
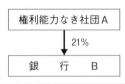

21％≧20％
⇓
社団A

第2号：連結基準対象会社

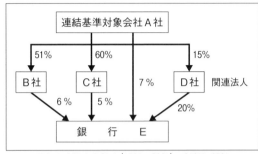

7％＋6％＋5％＋(15％×20％)＝21％≧20％
‖　　　　　　⇓
3％　　　　　A社

第3号：特定会社集団

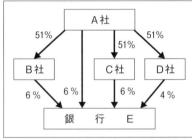

6％＋6％＋6％＋4％＝22％≧20％
⇓
A社

第4号：ぐるぐる回りのケース

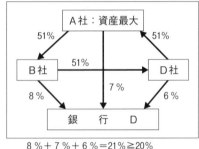

8％＋7％＋6％＝21％≧20％
⇓
A社

第5号：個　人

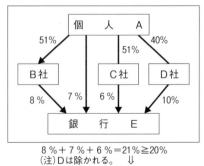

8％＋7％＋6％＝21％≧20％
(注) Dは除かれる。⇓
個人A

第6号：共同保有者

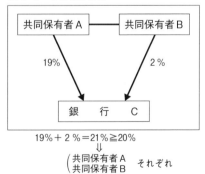

19％＋2％＝21％≧20％
⇓
(共同保有者A　それぞれ
　共同保有者B)

(出所)　筆者作成

ものとみなされる、というものである。

　第6号の共同保有者の場合は、共同で銀行議決権を20％以上保有する場合、共同で保有するという相互の合意がある以上、一方が19％を保有し、他方が1％しか保有しない場合であっても、両方とも20％の議決権を保有しているものとみなされ、ともに銀行主要株主ということになる。

　以上、前ページ図（495ページ）を参照されたい。

□ 第2節　銀行議決権大量保有者

　1　一の銀行の総株主の議決権の100分の5を超える議決権又は一の銀行持株会社の総株主の議決権の100分の5を超える議決権の保有者（国、地方公共団体その他これらに準ずるものとして政令で定める法人（第52条の9において「国等」という。）を除く。以下、この章及び第9章において「銀行議決権大量保有者」という。）は、内閣府令で定めるところにより、銀行議決権大量保有者となつた日から5日（日曜日その他政令で定める休日の日数は、算入しない。次条第1項において同じ。）以内（保有する議決権の数に増加がない場合その他の内閣府令で定める場合にあつては、内閣府令で定める日以内）に、次に掲げる事項を記載した届出書（以下この章において「銀行議決権保有届出書」という。）を内閣総理大臣に提出しなければならない。

（1）　議決権保有割合（略）に関する事項、取得資金に関する事項、保有の目的その他の銀行又は銀行持株会社の議決権の保有に関する重要な事項として内閣府令で定める事項

（2）　商号、名称又は氏名及び住所

（3）　法人である場合においては、その資本金の額（出資総額を含む。）及びその代表者の氏名

（4）　事業を行つているときは、営業所の名称及び所在地並びにその事業の種類

　2　第2条第11項の規定は、前項の場合において銀行議決権大量保有者が保有する議決権について準用する。

（銀行法第52条の2の11）

「100分の５を超える」という水準については、金融商品取引法で５％超の株式等の保有者に対して報告義務が課されていることなどを一つの参考として定められたものである。

銀行法第７章の３の主たる法目的はあくまでも後述する第52条の９以下に定める銀行主要株主（銀行の総株主の議決権の100分の20以上を保有する株主）に対する規制であるが、規制はグループ所有の考え方を導入しており、銀行主要株主に該当するか否かを審査するために、５％超という低い水準の議決権保有割合の株主に対しても実情の把握のために届出制が敷かれたものである。銀行議決権大量保有者への規制は、20％以上の保有者である銀行主要株主に対する規制の実効性を担保するため、その規制基盤を整備するための条項という性格をもっているとみられる。

2　銀行議決権大量保有者は、一の銀行の総株主の議決権の100分の５を超える議決権又は一の銀行持株会社の総株主の議決権の100分の５を超える議決権の保有者となつた日の後に、前条第１項各号に掲げる事項の変更があつた場合（議決権保有割合の変更の場合にあつては、100分の１以上増加し又は減少した場合に限る。）には、内閣府令で定めるところにより、その日から５日以内（略）に、当該変更に係る報告書（以下この条及び次条において「変更報告書」という。）を内閣総理大臣に提出しなければならない。ただし、議決権保有割合が100分の１以上減少したことによる変更報告書で当該変更報告書に記載された議決権保有割合が100分の５以下であるものを既に提出している場合その他の内閣府令で定める場合については、この限りでない。

（銀行法第52条の３第１項）

以上のように、まず、銀行法第52条の２により、一つの銀行の総株主の議決権の**100分の５を超える**議決権を保有する者は「**銀行議決権大量保有者**」と呼称され、大量保有の状態になった日から５日以内に、①銀行議決権の保有割合、②商号、名称、住所、③資本金額、代表者名、④営業所の名称、所在地、事業の種類などの事項を記載した届出書を内閣総理大臣に提出しなければならない。そして、後日、銀行議決権大量保有割合にある程度の幅（１％以上）の変動があった場合に変更報告書の提出が義務づけられている（銀行法第52条の３第１項）。

第25章　株主（銀行法第52条の２の11～第52条の16）　497

さらに、その提出書に記載された内容に事実と違うことが書いてあったり、記載が不十分であったりして必要な箇所が欠落していると認められるときは訂正報告書の提出が義務づけられている（銀行法第52条の3第4項）。

3　内閣総理大臣は、当該提出書類に形式上の不備がある、あるいは重要なものの記載が不十分であると認めるときは提出者にあらかじめ陳述する機会を与える聴聞の手続を経て、訂正報告書の提出を求めることができる（銀行法第52条の5）。また、提出書類のうちに重要な事項について虚偽の記載がある、または、記載すべき事項のうち重要なもの、もしくは「誤解を生じさせないために必要な」重要な事実の記述が欠けている疑いがあると認めるときは、当該提出書類に記載すべき事項または誤解を生じさせないために必要な事項に関し、参考となるべき報告または資料の提出を求めることができる（同法第52条の7）。

4　こうした届出制度の実効性を確かなものにするために、銀行法は内閣総理大臣に必要最小限の範囲において立入検査権を認めている。すなわち、

**　内閣総理大臣は、提出書類のうちに重要な事項について虚偽の記載があり、又は記載すべき事項のうち重要なもの若しくは誤解を生じさせないために必要な重要な事実の記載が欠けている疑いがあると認めるときは、当該職員に当該提出書類を提出した銀行議決権大量保有者の事務所その他の施設に立ち入らせ、当該提出書類に記載すべき事項若しくは誤解を生じさせないために必要な事実に関し質問させ、又は当該銀行議決権大量保有者の帳簿書類その他の物件を検査させることができる。**

2　前項の場合において、当該職員は、その身分を示す証明書を携帯し、関係人の請求があつたときは、これを提示しなければならない。

3　第1項の規定による権限は、犯罪捜査のために認められたものと解してはならない。

（銀行法第52条の8）

監督当局は、提出書類のうち重要な事項について虚偽の記載があること、または重要な事項が欠けていることを発見したときは、いつでも聴聞手続を経て訂正報告書の提出を命ずることができる（銀行法第52条の6）。

5　大量の銀行株保有はあくまでも届出制であり、認可に係るものではな

498

い。実質的な影響力の有無の確認のためのものにすぎない。届出内容が適正
である限り、届出者の負担は限られている。報告徴求、立入検査は、重要な
届出事項に虚偽の記載があったり、必要な記載が欠けたりしている場合に
限って行われる。報告の徴求は実質的影響の有無の確認等の目的に限られ、
書面によるチェックにとどまる。立入検査は、書面のみではどうしても実質
的影響力の有無を認定することが困難な場合に限って行うことができるとい
う趣旨である。

6　立入検査権を行使するに際して、当該職員は身分証明書を携帯し、関係
者の求めに応じてこれを提示しなければならない。当該職員の権限は犯罪捜
査のために認められたものと解してはならない（銀行法第52条の8第2項・第
3項）。

　最後に確認しておきたいことは、届出の提出および届出事項の変更が生じ
て変更報告が求められる場合以外は、法令上、行政当局による特段の措置の
発動は予定されていないということである。つまり、変更報告を事実に即し
て正確に内閣総理大臣に提出している限り、銀行議決権大量保有者は行政対
応のために負担が生ずることはないと考えられる。

□第3節　銀行主要株主

1　次に掲げる取引若しくは行為により一の銀行の主要株主基準値以上の数
の議決権の保有者になろうとする者又は銀行の主要株主基準値以上の数の議
決権の保有者である会社その他の法人の設立をしようとする者（国等並びに
第52条の17第1項に規定する持株会社になろうとする会社、同項に規定する者及
び銀行を子会社としようとする銀行持株会社を除く。）は、あらかじめ、内閣総
理大臣の認可を受けなければならない。

（1）　当該議決権の保有者になろうとする者による銀行の議決権の取得（担
**　　保権の実行による株式の取得その他の内閣府令で定める事由によるもの**
**　　を除**
**　　く。）**

（2）　当該議決権の保有者になろうとする者がその主要株主基準値以上の数
**　　の議決権を保有している会社による第4条第1項の免許の取得**

第25章　株主（銀行法第52条の2の11〜第52条の16）　499

（3）　その他政令で定める取引又は行為

（銀行法第52条の 9 第 1 項）

銀行主要株主とは、銀行経営に実質的な影響力を有する株主であり、原則20％以上の株式を所有する株主のグループまたは単体を指す。

　銀行法は第 2 条第10項において銀行主要株主を『銀行の主要株主基準値以上の数の議決権の保有者であつて、第52条の 9 第 1 項の認可を受けているもの等をいう』と定義している。そして主要株主基準値としては、銀行法第 2 条第 9 項において『総株主の議決権の100分の20（略）をいう』としている。したがって、総株主等の議決権の**100分の20以上**を保有し、内閣総理大臣からその旨の認可を受けたものが銀行主要株主に該当する。これらが銀行の財務および営業の方針の決定に重要な影響を与えるものとして「銀行主要株主」となるわけである。

2　以上をあらためてまとめると、銀行主要株主の類型は三つに分けられる。

　第 1 は、単体として、銀行の議決権の20％以上を保有している法人ないし個人である。

　第 2 は、グループ所有の場合である。たとえば、ある法人が銀行の議決権を10％もち、その法人の三つの子会社がそれぞれ 5 ％ずつの議決権を保有しているときは合計で25％となり、法律が規定する20％以上となる。その場合には、親子関係の上位にある法人（この場合は親会社）が法律の名宛人になり、銀行主要株主に該当する。グループ所有の形態は多岐にわたっており、そのそれぞれの場合に応じてグループ内のどの会社を銀行主要株主とするかは銀行法第 3 条の 2 、およびそれを受けた銀行法施行規則第 1 条の 5 以下に詳細に規定されている。

　第 3 は、共同で議決権をもつ場合である。たとえば銀行に対して、A 法人が10％、B 法人が10％を共同して保有する場合には合計で法定の20％以上ということになり、A 法人、B 法人のそれぞれが銀行主要株主ということになる（銀行法第 3 条の 2 第 1 項第 6 号）。

　個人が自ら当該銀行の株式をもち、かつ自ら過半数の議決権をもつ会社等と合算して20％以上の議決権を保有する場合の当該個人も銀行主要株主に該

当する。

　銀行主要株主は、個人であろうと、法人であろうと、あるいは投資ファンドであろうと、その形態を問わない。

3　内閣総理大臣は、銀行主要株主に係る認可の申請があったときは、申請者が会社の場合には、

　①　資金の源泉、株式の保有目的など銀行の業務の健全かつ適切な運営を損なうおそれがないかどうか、

　②　申請者およびその子会社等の財産および収支の状況が銀行の業務の健全かつ適切な運営を損なうおそれがないかどうか、

　③　銀行の業務の公共性に関し十分な理解を有し、かつ十分な社会的信用を有する者によって構成された会社であるかどうか、

を審査し、問題がない場合に認可を与えることとしている（銀行法第52条の10第1号）。

　個人など会社以外の者が申請者の場合も上記会社に準ずる審査基準が定められている（銀行法第52条の10第2号）。

4　内閣総理大臣は、第1項の認可を受けずに同項各号に掲げる取引若しくは行為により銀行の主要株主基準値以上の数の議決権の保有者になつた者若しくは銀行の主要株主基準値以上の数の議決権の保有者として設立された会社その他の法人又は第2項ただし書の認可を受けることなく猶予期限日後も銀行の主要株主基準値以上の数の議決権の保有者である者に対し、当該銀行の主要株主基準値以上の数の議決権の保有者でなくなるよう、所要の措置を講ずることを命ずることができる。

（銀行法第52条の9第4項）

　ある者が銀行主要株主基準値以上の銀行の議決権を取得しようとする場合、当該者がすでに総株主等の議決権の100分の20以上を保有している会社が銀行法第4条第1項の銀行営業免許を取得しようとする場合は、あらかじめ内閣総理大臣の認可を受けなければならない。このような取引または行為以外の事由によって主要株主基準値以上の数の議決権を保有することとなった者は、その事由が生じた日の属する当該銀行の事業年度の終了の日から1年以内に銀行の主要株主基準値以上の数の議決権の保有者でなくなるよう所

要の措置を講ずることが法令上義務づけられている（銀行法第52条の9第2項）。内閣総理大臣の認可を受けていない場合には内閣総理大臣はそのような事態を解消するように株式の売却をするなど所要の措置を講ずるよう命ずることができる。

これらの規定に違反して主要株主基準値以上の数の議決権の保有者であったときは、銀行法第65条により銀行主要株主である会社の取締役、監査役、代表者等の関係者は過料に処せられる。

銀行主要株主が会社側の事情で当初の審査基準に適合しなくなる事態となることも十分に予想される。たとえば、当時とは役員などの人的構成が変動するなどの場合である。そのようなときに内閣総理大臣はいつまでに実施するかの期限を明らかにしたうえで審査基準に適合させるための必要な措置をとるべき旨の命令を出すことができる（銀行法第52条の13）。

5　内閣総理大臣は、銀行の業務の健全かつ適切な運営を確保するため特に必要があると認めるときは、その必要の限度において、当該銀行の主要株主基準値以上の数の議決権の保有者である銀行主要株主に対し、当該銀行の業務又は財産の状況に関し参考となるべき報告又は資料の提出を求めることができる。

（銀行法第52条の11）

報告徴求には、定期的報告と随時の特別な報告とがある。

定期的報告については、株主の負担軽減に配慮し、あくまでも有価証券報告書などのディスクロージャー資料を基本とすることとし、それに銀行との取引関係を示す書類などを若干加える程度のものとされている（主要行等向け監督指針）。ディスクロージャー資料であればこの件とは関係なく必ず作成しなければならないものなのでその提出はさしたる負担にはならない。

随時の特別な報告徴求については、当該銀行の経営の健全性が損なわれるおそれがある場合に限り、かつ、具体的個別事案に対象を絞って報告を徴求することとされている。

6　内閣総理大臣は、銀行の業務の健全かつ適切な運営を確保するため特に必要があると認めるときは、その必要の限度において、当該職員に当該銀行の主要株主基準値以上の数の議決権の保有者である銀行主要株主の事務所そ

の他の施設に立ち入らせ、当該銀行若しくは当該銀行主要株主の業務若しく
は財産の状況に関し質問させ、又は当該銀行主要株主の帳簿書類その他の物
件を検査させることができる。

2　前項の場合において、当該職員は、その身分を示す証明書を携帯し、関
係人の請求があつたときは、これを提示しなければならない。

3　第1項の規定による権限は、犯罪捜査のために認められたものと解して
はならない。

（銀行法第52条の12）

　立入検査は犯罪捜査のために認められたものではなく、あくまでも任意調
査である。この点は前述の銀行議決権大量保有者の場合と同様である。

　つまり、会社法上の強制捜査や令状に基づく脱税事例を調査する税当局の
強制調査とは異なり、任意に相手側の承諾のもとに行われることを要する。
身柄を拘束する逮捕や書類および私有物の強制的押収などはできない。そし
て、立入検査は、特に必要な場合に限り、必要な限度において実施するよう
に規定されている。したがって、その法意に鑑み、検査はすべての観点から
必要最小限度にとどめるべきであり、検査権の濫用は厳に慎むべきものと考
えられる。

7　なお、異業種会社等の銀行業への進出により、銀行の機関銀行化の弊害
が生じるおそれがある。これに関しては、銀行がその特定関係者との間で、
たとえば金利を特別に優遇するなど銀行に不利益な取引を禁ずる、いわゆる
アームズ・レングス・ルールの対象として銀行主要株主が含められている。

□ 第4節　銀行支配株主に対する付加的な措置

1　内閣総理大臣は、銀行主要株主（銀行の総株主の議決権の100分の50を超え
る議決権の保有者に限る。以下この条において同じ。）の業務又は財産の状況
（銀行主要株主が会社その他の法人である場合にあつては、当該銀行主要株主の子
会社その他の当該銀行主要株主と内閣府令で定める特殊の関係のある会社の財産
の状況を含む。）に照らして、当該銀行の業務の健全かつ適切な運営を確保す
るため特に必要があると認めるときは、<u>その必要の限度において、当該銀行</u>

第25章　株主（銀行法第52条の2の11〜第52条の16）　503

主要株主に対し、措置を講ずべき事項及び期限を示して、当該銀行の経営の健全性を確保するための改善計画の提出を求め、若しくは提出された改善計画の変更を命じ、又はその必要の限度において監督上必要な措置を命ずることができる。

2　内閣総理大臣は、銀行主要株主に対し前項の規定による命令をした場合において、当該命令に係る措置の実施の状況に照らして必要があると認めるときは、当該銀行主要株主がその総株主の議決権の100分の50を超える議決権の保有者である銀行に対し、その業務の健全かつ適切な運営を確保するために必要な措置を命ずることができる。

（銀行法第52条の14）

　これは、主要株主のなかでも当該銀行の経営に決定的な影響力を及ぼすことのできる**50%超**の保有株主（以下、本書では便宜、「**銀行支配株主**」と呼称する）に対する特別の規定である。

　銀行主要株主のなかでも特に総株主の議決権の100分の50を超えて議決権を保有する者については、監督当局がより日常的に介入することができる旨の規定である。

　すなわち、内閣総理大臣は銀行支配株主に対して業務改善計画の提出を求め、また、提出後に改善計画の変更を命じ、または監督上必要な措置、たとえば当該銀行に対する資本増強支援などを命ずることができる。

　そして命令をした場合において内閣総理大臣はその命令に係る措置の実施状況に鑑み必要があると認めるときは、当該銀行に対しても直接にその業務の健全かつ適切な運営を確保するために必要な措置を命ずることができる。

2　内閣総理大臣は、銀行主要株主のなかでも銀行支配株主に限定して、かつ、支配株主に対してだけではなく銀行に対しても同時並行的に、必要な措置を命ずることができるわけである。

　具体的な措置としては、銀行支配株主が影響力を行使して当該銀行に対して自ら、あるいは自らに関連のあるグループ企業に対して不健全な融資を実施させていると認める場合に、それを中止、改善させること、および銀行の自己資本に問題が生じるおそれがある場合に、当該銀行の資本増強のための経営計画の策定やその実施への協力、資金援助などを求めることなどが想定

504

されている。

　銀行法第52条の14に規定される措置の目的が、そもそも銀行の業務の健全かつ適切な運営を確保することにあるので、直接に銀行自身に対して必要な措置を命じることができる。

□第5節　認可取消権

1　内閣総理大臣は、銀行主要株主が法令若しくは法令に基づく内閣総理大臣の処分に違反したとき又は公益を害する行為をしたときは、当該銀行主要株主に対し監督上必要な措置を命じ、又は当該銀行主要株主の第52条の9第1項若しくは第2項ただし書の認可を取り消すことができる。この場合において、同条第1項の認可のうち設立に係るものは、当該認可を受けて設立された会社その他の法人である銀行主要株主に対して与えられているものとみなす。

2　銀行主要株主は、前項の規定により第52条の9第1項又は第2項ただし書の認可を取り消されたときは、内閣総理大臣が指定する期間内に銀行の主要株主基準値以上の数の議決権の保有者でなくなるよう、所要の措置を講じなければならない。

（銀行法第52条の15）

　内閣総理大臣の銀行主要株主に対する権限は認可取消しにまで及ぶ。すなわち、①銀行主要株主が法令に違反したとき、②法令に基づく内閣総理大臣の処分に違反したとき、③公益を害する行為をしたときは、内閣総理大臣は、当該銀行主要株主に対して監督上必要な措置を命じ、または当該銀行主要株主に対して認可の取消しをすることができる（銀行法第52条の15第1項）。

　そして、認可が取り消されたときは、銀行主要株主は内閣総理大臣が指定する期間内に銀行の主要株主基準値（20％）以上の数の議決権の保有者でなくなるよう株式を売却するなど所要の措置を講じなければならない（銀行法第52条の15第2項）。

□第6節　外国関係

1　銀行の主要株主基準値以上の数の議決権の保有者であつて外国人又は外国法人であるもの（以下この条において「外国銀行主要株主」という。）に対しこの法律を適用する場合における特例及び技術的読替えその他外国銀行主要株主に対するこの法律の規定の適用に関し必要な事項は、政令で定める。

（銀行法第52条の16）

　銀行主要株主が外国人または外国法人である場合には、国内法人と同様の措置が講じられる。その技術的読替えその他銀行法の規定の適用に関する事項は銀行法施行令第16条に定められている。しかし、他国における公権力の行使となるので、実際に立入検査等を実施するに際して相手国の個別具体的な同意を得なければならないというのが国際慣行である。

2　外国銀行がわが国に出資して設立した現地法人については、その現地法人がわが国の銀行に対して総株式の議決権の100分の20以上を有する場合には本章の規制の対象となる。親会社である外国銀行については母国の監督当局と連絡をとりながらその適格性をチェックしていくことになる。

　なお、日本国内に支店を有する外国銀行の主要株主については、当該外国銀行を一義的に監督する母国（外国）の監督当局が存在するのでわが国の主要株主規制の対象にはならない。

　本条（銀行法第52条の16）は、銀行を子会社とする持株会社であって外国の法令に準拠して設立されたものについても準用される（銀行法第52条の20）。

第26章

銀行持株会社
（銀行法第52条の17〜第52条の35）

□ 第1節　銀行持株会社制度制定の経緯

1　わが国の銀行は1980年代までは単体が主体の組織形態であった。銀行にいくつかの関連会社が連なる程度であり、組織形態としては簡単なものであった。

　旧独占禁止法の規制のもとでは、銀行系列のリース会社、消費者金融会社、クレジットカード会社、住宅金融専門会社、抵当証券会社などの関連会社について銀行は5％までしか株式をもてなかった。したがって、銀行側には人的な面などにおいて実質支配しながらも、これらの関連会社に関してそれほど強い経営責任感覚はなかったといえる。他方、銀行の外からみれば関連会社の背後には銀行があるということで、関連会社そのものの信用度を十分にチェックしないまま取引をする風潮があった。

　そのため、いくつかの事例において関連会社の経営が放縦に流れ、経営危機に陥り、これらの関連会社に膨大な資金を融資していた銀行の経営を直撃し、信用秩序を揺るがし、預金者保護を危うくする場面がみられた。

　また、近年、世界的な潮流として企業の組織形態において大規模な進化がみられた。企業が顧客ニーズに対応するためにはさまざまな組織形態を工夫することが大きな流れとなったのである。

　その一つが、持株会社や子会社の設立、分社、グループ経営などである。背景には合併・買収（M&A）の急増現象が大きなうねりをなしている。

2　世界中を見渡しても持株会社制度を認めなかったわが国の旧独占禁止法

第9条のような法制をもつ国は他の主要国には皆無であった。持株会社をもてなかったわが国の企業は経営形態の面でかなりの不自由さを強いられてきた。国際競争には最適な経営形態の保持が必須であり、その面からわが国企業の不利な状況がかなり顕著になっていた。

折から、わが国の金融機関は金融業務の多様化、金融商品の多様化現象を前にして顧客のニーズに応えていくには既存の経営形態だけでは対応が困難になってきていた。こうした流れから、銀行法において、まず、銀行が子会社を傘下にもつことが認められた。

次いで、平成9年にわが国において持株会社の設立をすべからく禁じていた旧独占禁止法第9条が改正され、金融機関を含む企業一般に対して持株会社を設立する道が開かれることとなった。

そして、銀行を単体中心とする見方に終止符が打たれ、銀行グループ全体としてとらえて規制していくという方向に大きく舵が切り替えられることとなったのである。

今日、銀行はその選択ないし経営判断によって、銀行持株会社形態およびそのもとでの兄弟会社形態、子会社形態、そして従来の関連会社形態など、さまざまなかたちで組織対応することが可能になった。

これは世界の金融における流れを追認したものにすぎない。

3 このような経営形態路線の法制上の変更を、銀行法のなかで処置するのか、あるいは、銀行持株会社法などを新たにつくって対応すべきなのかについては立法当時議論があったところである。たとえば、米国では銀行法とは別に、銀行持株会社法が存在している。

わが国では持株会社特別法方式をとらなかった。これは、銀行持株会社を法規制するゆえんは最終的には預金者保護など銀行法が目指す法目的と同一であること、保険会社や証券会社なども持株会社の経営形態をもつことになるが、それぞれの業法のよって立つ法原理、たとえば証券会社を規制する証券取引法（現・金融商品取引法）は業法としての性格をもつとともに行為法をもそのなかに包含しているなどさまざまであり、各業態を網羅したかたちで金融業の持株会社法を制定することが技術的に困難な面があったこと、かといってその各々の業態別に異なる持株会社法を個別に制定すれば煩雑のそ

しりを免れなかったこと、などが考慮されたものである。

そして、当時の銀行持株会社問題に固有の課題であるが、特別法をつくるというのであれば、銀行の主要株主について明確な規制の導入まできちんと整理して法制化することが好ましい。当時そこまで規制の具体像についてはっきりとしたコンセンサスを得られるに至っていなかったという事情もあった。この点については後日、平成14年の法改正で手当されている。

そのような経緯に徴すれば、銀行法第7章の3第3節の部分は、いわば銀行法の特例法をそのなかに包含した姿として理解するほうがわかりやすい。

しかし、特別法的性格をもつとはいえ、その条文は、銀行持株会社や子会社、関連会社について、すべて銀行法の他の条文の銀行規制との整合性を保つために設けられているといっても過言ではない。その基本的考え方は、あくまでも銀行の経営形態論から出てくるものである。

4　銀行法第7章の3第3節によって、銀行法における銀行のとらえ方は、銀行そのものをとらえるというのではなく銀行グループとして把握する方向に明らかに切り替わったといっても過言ではない。その結果、銀行としての特殊性が多少とも薄まることが期待され、より広い「金融業」的なとらえ方に近くなったということがいえる。ただし、預金者保護といった中核になる視点はむしろグループで総合的にとらえる結果、実効性が強化される結果となっている。

そして、平成10年に持株会社方式が付け加わった結果、それまで子会社方式という垂直の上下関係でしか他業態の会社を保有できなかったものが、持株会社方式の導入により銀行の上に銀行持株会社を乗せて、その下に証券専門会社、信託銀行、金融会社などを銀行と並列の兄弟会社としてつり下げることで経営形態の幅ないし選択肢が飛躍的に広がった。分社化や、企業合同、合弁会社の設立なども容易になり、これに連結会計税制の完備が加わり、基本的には完成の域に一歩一歩近づきつつあるともいえる。

5　他方、銀行の規模が小さい場合やコストやエネルギーをかけずに経営形態の外縁を広げようとする場合には従来からの子会社方式は依然として有力である。子会社方式は、銀行が縦の系列で傘下に子会社として、銀行、証券専門会社、保険会社、金融会社、従属業務会社、金融関連業務会社をもつも

第26章　銀行持株会社（銀行法第52条の17～第52条の35）　509

のであり、それだけにこれらの子会社の経営上の失敗は直接に銀行本体にふりかかってくる。預金者保護の観点からの工夫がより必要になる。また、連携が強いだけに利益相反の可能性が高くなり、それを防止する措置が特に必要になる。直接支配になるので、子会社の自由な経営展開が制約される面もある。

　しかし、簡便な形態であり、銀行のグリップが効くのでその面からの長所がある。

6　このように現在の銀行法は、銀行が顧客ニーズに応えて的確に経営を展開していくにあたって十分な経営形態の選択肢を用意したものとなったということができる。金融制度改革の議論が始まってから十数年の歳月を要した結果やっとたどり着いた法制度であり、今後は銀行がこれらの選択肢をどのように有効に利用していくか、文字どおり銀行法第1条第2項が謳う各銀行の「銀行業務の運営についての自主的努力」の領域に立ち至ったということができる。

□ 第2節　銀行持株会社の定義

1　この銀行法における持株会社条項は独占禁止法第9条の改正に伴って設けられたものであり、持株会社の定義などは独占禁止法にそのまま依拠している。したがって、まず独占禁止法における持株会社の定義をはっきりしておく必要がある。

　持株会社の概念を理解するために、まず子会社とは何かを固めておかなければならない。

　独占禁止法第9条第5項は定義規定を設け『前2項において**子会社とは**、会社がその総株主の議決権の過半数を有する他の国内の会社をいう』と規定している。ある会社（A社）が他の会社（B社）の総株主の議決権のうち100分の50を超える株式を所有している場合に、B社がA社にとって「子会社」ということになる。逆に、A社がB社の親会社ということになる。そこまでの関係であれば、A社はB社の親会社というにとどまり、持株会社ということには至らない。

2 独占禁止法第9条第4項第1号は『子会社の株式の取得価額の合計額の当該会社の総資産の額に対する割合が100分の50を超える会社（次号において「持株会社」という。）』を**「持株会社」**として定義している。つまり、Ａ社がＢ社にとって「持株会社」と定義されるには、総株主の議決権の100分の50超を保有するという事実に加えて、当該株式の取得価額がＡ社の総資産額に対して100分の50を超えている場合に限られる。Ａ社にとって子会社はＢ社だけとは限らない。Ｃ社、Ｄ社、Ｅ社……といくつもあるかもしれない。その場合にはこれらの子会社の株式の取得価額を合計した額のＡ社の総資産の額に対する割合が100分の50を超える場合に、Ａ社がＢ・Ｃ・Ｄ・Ｅ各社に対して、持株会社ということになる。独占禁止法第9条第5項の子会社みなし規定（『会社及びその一若しくは二以上の子会社又は会社の一若しくは二以上の子会社が総株主の議決権の過半数を有する他の国内の会社は、当該会社の子会社とみなす』）を斟酌すると、子会社ないし子会社群が孫会社に対して保有する議決権100分の50超の株式もこれら子会社に対する株式の取得価額の合計額に加算される。

したがって、より正確に定義すれば、独占禁止法上の持株会社とは、議決権総数の100分の50超を有する子会社および子会社1社または2社以上を通じて間接的に100分の50超を所有する孫会社の株式の帳簿価額の合計が、当該会社（持株会社）の最終の貸借対照表の総資産価額の100分の50超である会社をいう。資産の過半以上を子会社など傘下会社の経営権を握るための株式として保有している会社に限って持株会社という定義が用いられるのである。

3 ここで注意すべきことは、銀行法と独占禁止法とは、持株会社の法概念は基本的には同じであるが、他方、子会社等をはじめ概念が多少異なっている。

第1の相違点は、独占禁止法は国内の会社のみを対象としているのに対して、銀行法では子会社となる会社の国籍を問わず、議決権の過半数以上を保有されていれば、外国の会社でも子会社となり銀行法の法規制の対象になるとしている。両者の相違は、法目的の違いからくるものである。独占禁止法はあくまでも国内市場における競争状態の確保が目的であり、その対象は国

内会社に絞られるのに対して、銀行法の法目的は預金者の保護などであり、銀行持株会社の子会社の経営破綻がたとえ海外で起ころうと、銀行経営の健全性などへの影響は国内にある子会社となんら変わるところがないのでこのようなすみ分けとなった。

第2に、独占禁止法と銀行法との間で「子会社」について上記のようにわずかな違いがあることに加えて、銀行法では、独占禁止法とは別個に「子会社等」「子法人」「関連法人」などの概念が導入されており、これらの主体に関する規制を通じて銀行法の理念を実効あるものとしている。

第3として、銀行法は独占禁止法の持株会社の定義を用いつつ、そのなかに新たに「銀行持株会社」という概念を導入して銀行法の規制対象を広げている。これは、銀行を子会社としてもつ一般的な持株会社にとどまらず、銀行を孫会社として傘下にもつ場合や、持株会社が他の子会社と共同で銀行の発行済株式総数の100分の50を超える数の株式を所有している場合にも当該持株会社は「銀行を子会社とする持株会社」に該当するとして銀行法の規制に服するように措置している。

□ 第3節　銀行持株会社の業務範囲

1　平成29年の銀行法改正により、銀行持株会社の業務範囲規定が大幅に整備された。そこですでに施行されている改正後の内容から説明していきたい。

銀行持株会社（他の銀行又は銀行持株会社の子会社でないものに限る。次条において同じ。）は、当該銀行持株会社の属する銀行持株会社グループの経営管理を行わなければならない。

（銀行法第52条の21第1項）

まず、銀行持株会社はその業務において銀行持株会社グループの経営管理を行うことが法律上義務づけられた。

ここで「銀行持株会社グループ」とは、銀行法第12条の2第3項第1号カッコ書で「銀行持株会社並びにその子会社である銀行、第52条の23第1項各号（筆者注：銀行持株会社の子会社対象会社のこと）に掲げる会社及び第52

条の23の2第1項に規定する特例子会社対象会社（筆者注：「特例子会社対象業務」（子会社対象会社が営むことができる業務（特定業務）以外の業務であって、商品の売買その他の特定業務に準ずるものとして内閣府令で定めるもの）を営む会社）の集団をいう」、と定義されている。

　法文のカッコ書で「他の銀行又は銀行持株会社の子会社でないものに限る」とされているのは、グループのなかに銀行持株会社傘下の銀行持株会社（いわゆる中間持株会社）が存在することもあるわけであるが、これらを排除し、グループの頂点に位置する銀行持株会社に対して、グループ全体を対象にする経営管理を行うことを義務づけたものである。

2　銀行持株会社は、当該銀行持株会社の属する銀行持株会社グループの経営管理（当該銀行持株会社並びに当該銀行持株会社の子会社である銀行、第52条の23第1項各号に掲げる会社及び第52条の23の2第1項に規定する特例子会社対象会社に係るものに限る。）及びこれに附帯する業務のほか、他の業務を営むことができない。

（銀行法第52条の21第2項）

　銀行持株会社はそのグループの経営管理およびこれに附帯する業務のほか、他の業務を営むことができない。銀行単体の場合の他業禁止（銀行法第12条）と同じように、その業務はその固有業務に限定される仕組みになっている。

　経営管理の対象は当該銀行持株会社グループに限定される。グループ単位で、そのグループの頂点に位置する銀行持株会社に経営管理業務を委ねたものである。

3　第1項及び第2項の「経営管理」とは、次に掲げるものをいう。

（1）　銀行持株会社グループの経営の基本方針その他これに準ずる方針として内閣府令で定めるものの策定及びその適正な実施の確保

（2）　銀行持株会社グループに属する会社相互の利益が相反する場合における必要な調整

（3）　銀行持株会社グループの業務の執行が法令に適合することを確保するために必要なものとして内閣府令で定める体制の整備

（4）　前3号に掲げるもののほか、銀行持株会社グループの業務の健全かつ

第26章　銀行持株会社（銀行法第52条の17～第52条の35）　513

適切な運営の確保に資するものとして内閣府令で定めるもの

（銀行法第52条の21第4項）

4 以下、銀行法第21条の21第4項各号について説明していきたい。

第1号

　概していえば、経営管理とは銀行を資本管理するという考え方のもとでの株主権の行使として、まず、営業や財務など子銀行をはじめとする子会社の業務について方向づけを行うこと、次いで、子銀行をはじめ子会社に対して人事権を行使する、つまり子銀行の取締役の選任などを行うこと、そして子銀行と子会社に対して監督を行うことである。

　ただし、この概念規定では漠然としているため、平成29年の銀行法改正ではその明確化が図られた。

　すなわち、一般に企業グループは法人格を異にする各種の会社が一つの集合体を形成し、その各々の会社の枠を超えて、グループ一体としてさまざまな業務を展開するという側面をもつ。グループの経営管理にあたっては、グループ全体の統一された経営方針が明確に策定され、それがグループの各会社に浸透・徹底される必要がある。

　「これに準ずる方針」として内閣府令ではリスク管理に係る方針、危機管理に係る体制の整備に係る方針などが規定されている。

第2号

　個々に法人格を有する複数の会社等が銀行持株会社グループにおける統一的な方針に沿って業務を行う場合、ある業務を行うことがある会社等にとっては不利益であっても、同一グループ内の他のある会社等にとっては利益となり、グループ全体としても利益になる、ということがありうる。このような場合における調整は、銀行持株会社の経営管理の必須の要素であると考えられる。

第3号

　グループのコンプライアンス体制の構築・運用を行うことである。法令等の遵守は個々の会社等にとって当然のことであるが、銀行持株会社はグループ内の各社に法令遵守体制の整備を求めていくものである。

第4号

　第4号において、経営管理等を行う場合、銀行持株会社グループ、すなわち、その子会社群の業務の健全かつ適切な運営の確保に努めなければならないとしている。これは機関銀行化を牽制する規定でもある。すなわち、子銀行を経営する銀行持株会社としての企業家が一般公衆から預金等のかたちで資金を集め銀行を自分の財布がわりに利用し、預金者の利益をないがしろにすることがないように戒める条項でもある。

　第1号～第3号に定めるもののほか、業務の健全かつ適切な運営に資するものとして内閣府令で定めるものとして、たとえばG-SIBs、すなわちグローバルなシステム上重要な銀行についての再建計画の策定などが定められている。

5　銀行法の大きな目的の一つは銀行の財務の健全性の確保である。これを主眼に考える場合には、持株会社、兄弟会社、子会社、関連会社のいずれかを問わず、それぞれの会社の行う取引のリスクが銀行に波及することに着眼していくべきことになる。また、銀行グループにおいては、グループ内各社が相互に補完し合って金融サービスを提供する一方、リスクについても全体としての管理が行われるという実態に対応する必要があるわけである。

□ 第4節　共通・重複業務の遂行

1　**銀行持株会社は、前条第2項の規定にかかわらず、当該銀行持株会社の銀行持株会社グループに属する二以上の会社（銀行を含む場合に限る。）に共通する業務であつて、当該業務を当該銀行持株会社において行うことが当該銀行持株会社グループの業務の一体的かつ効率的な運営に資するものとして内閣府令で定めるものを、当該会社に代わつて行うことができる。**

（銀行法第52条の21の2第1項）

　銀行持株会社は、前項に規定する内閣府令で定める業務を行おうとするときは、あらかじめ、内閣総理大臣の認可を受けなければならない。

（銀行法第52条の21の2第2項）

　銀行持株会社は銀行法第52条の21によりグループの経営管理以外の業務は

第26章　銀行持株会社（銀行法第52条の17～第52条の35）　515

行うことができないが、その例外としてグループに属する会社等の共通重複業務については一定の条件のもとで業務執行を担うことができる。平成29年の法改正で付け加えられた。

これは、銀行持株会社グループに属する会社等にとって各会社に共通・重複する業務は持株会社が統括的、一元的に実施したほうがコストの削減につながり、また、グループ全体の効率的なリスク管理も行いやすいため、持株会社がこうした業務の執行を行うものである。

たとえば、グループ全体の共通のコンピュータ・システムの管理、資産運用、バックオフィス業務などがその対象となる。

ただし，これを無制限に許容することは、持株会社に期待されている経営管理機能の発揮が疎かになる可能性や、子会社との利益相反が生ずる可能性があるので、これらの業務を行おうとする場合にはあらかじめ内閣総理大臣の認可を受けなければならない（銀行法第52条の21の2第2項）。

2　共通・重複業務として、以下のような業務があげられている（銀行法施行規則第34条の14の3）。
- ・子銀行の資産の運用
- ・子会社のために行うM&Aに関する交渉
- ・子銀行の与信審査
- ・子会社のシステムの設計、運用、保守またはプログラムの設計、作成、販売・保守
- ・子会社に対する不動産賃貸または子会社所有不動産等の設備の保守、点検その他の管理
- ・子会社の役職員の福利厚生に関する事務
- ・子会社へのリース
- ・子銀行が販売することのできる商品の開発を行う業務

3　銀行持株会社の第3の業務範疇として経営管理に「附帯する業務」がある。法律用語としての「附帯する業務」は一般にかなり限定的に表現する場合に使われている。金融庁のパブコメ回答では「従前から銀行持株会社において行われてきた業務」「経営管理の内容に必然的に随伴すると考えられる業務」とされている。そのなかには、銀行持株会社の子会社等が行う犯収法

等上の義務に係る事務を銀行持株会社が受託・代行することなどが含まれるとしている。

このほか、①グループ全体の方針・企画の策定・管理・実施（研修・教育を含む）に関する業務、②グループに対するモニタリングに関する業務、③グループ一体としての人事関連業務、④グループのシステム関連業務、⑤グループ全体のための銀行持株会社自身の業務、⑥グループ内子会社にかわって行う法務関連業務などがあるとされている（金融庁パブコメ回答）。

4　以上から、銀行持株会社は、①経営管理、②共通・重複業務、③経営管理に附帯する業務、の３種類の業務を行うことができる。①の経営管理は義務であり、②の共通・重複業務を行う場合は認可を要する。③は義務ではなく、また、認可を要することなく行うことができると解される（梅澤拓「改正銀行法と金融グループの経営管理」金融法務事情2066号）。

□ 第5節　銀行持株会社の認可

1　次に掲げる取引若しくは行為により銀行を子会社とする持株会社になろうとする会社又は銀行を子会社とする持株会社の設立をしようとする者は、あらかじめ、内閣総理大臣の認可を受けなければならない。

（1）　当該会社又はその子会社による銀行の議決権の取得（担保権の実行による株式の取得その他の内閣府令で定める事由によるものを除く。）

（2）　当該会社の子会社による第4条第1項の免許の取得

（3）　その他政令で定める取引又は行為

（銀行法第52条の17第1項）

銀行持株会社を設立したり、既存の会社を銀行持株会社に転化したりするには内閣総理大臣の認可を受けなければならない。

一般企業に関して持株会社の設立や他の会社を傘下に収める場合には、独占禁止法上の制約が働くほかは行為自由の世界である。銀行法が認可制を取り入れたのは、持株会社の設立や経営が直接ではないにしても銀行の経営に大きな影響を与え、銀行の経営の健全性確保や預金者保護の観点から事前に手を打っておく必要性を認めたからにほかならない。

第26章　銀行持株会社（銀行法第52条の17～第52条の35）　517

別の言い方をすれば、仮に持株会社の設立を自由にすれば、そのなかには不適切な存在が含まれる可能性を排除することはできない。その場合には傘下にある銀行経営が影響を受け、監督当局が事後的に業務改善命令を多発するなどの措置を講じざるをえなくなるが、そのつど膨大な数の預金者の利害に触れ、社会的コストが大きいと予想される。そこで、銀行持株会社に対して設立認可制を導入したものである。

　ここでいう認可とは、禁止を解除する講学上の許可ではなく、効力発行要件としての認可である。参入条件を課することであり、自由競争が建前のわが国の経済制度のなかでは重い措置である。

2　銀行法第52条の17の認可の対象は、銀行を子会社とする持株会社になろうとする会社、または銀行を子会社とする持株会社の設立をしようとする者である。

　前者、すなわち、銀行を子会社とする持株会社になろうとする会社としては3通りある。

　第1は、すでに持株会社として存在している会社が新たに銀行株式を取得して銀行を傘下の子会社とする場合である。

　第2は、同じくすでに存在する持株会社の子会社が銀行免許を取得した結果、銀行を子会社とする持株会社になろうとする場合である。

　第3は、これまで持株会社でなかったが銀行株式を取得して銀行を子会社とするとともに自ら持株会社になろうとする場合である。

　銀行を子会社とする持株会社を設立しようとする者としては、発起設立によって銀行を子会社とする持株会社を新たに設立しようとする場合や、新設合併により銀行を子会社とする持株会社を設立しようとする場合がある。

　該当する事例としては、①銀行の議決権の過半数を取得する場合や、子会社が銀行の議決権の過半数を取得する場合、②子会社が銀行免許を取得する場合で、銀行の新規設立および既存の銀行の買収ないし既存の銀行への経営参加が網羅されている。

3　銀行法第52条の17は、認可を要する取引または行為として、当該会社またはその子会社による銀行の株式の取得と、当該会社の子会社による銀行免許の取得の二つの場合のほかに、第3号で「その他政令で定める取引又は行

為」を掲げている。

これを受けて銀行法施行令第16条の2は、次の四つの場合をあげている。

① 当該会社またはその子会社による銀行以外の会社の議決権の取得

② 当該会社を当事者とする合併で当該合併後も当該会社が存続するもの

③ 当該会社を当事者とする会社分割

④ 当該会社による事業の一部の譲渡

4 他方、以上の取引ないし行為が担保権の実行や代物弁済の受領による株式の取得や、証券会社がディーリング業務を行う過程で株式を取得することであった場合には内閣総理大臣の認可は不要である（銀行法第52条の17第1項第1号カッコ書、銀行法施行規則第34条の10第4項）。銀行法第52条の17第2項で当該事由が生じた日の属する営業年度経過後3カ月以内にその旨を届けることで足りるとしている。

これらの取引は銀行を持株会社の傘下に収めることを目的として行われたのではなく、債権者として当然の権利行使、あるいは当該会社ないし子会社の営業行為の結果として銀行を子会社化した状態が生じたにすぎない。わざわざ認可を求めることはないとの考えに基づくものである。

□ 第6節 「銀行持株会社」

1 銀行法では、持株会社の概念は独占禁止法にそのまま依拠しつつ、これに加えて**「銀行持株会社」**という概念を独自に構築し、銀行法の名宛人、すなわち規制の対象先をおおむねこれに絞るという考え方をとっている（銀行法第2条第13項）。

言い換えると、「銀行を子会社とする持株会社」と「銀行持株会社」とは異なるのである。

すなわち、銀行を子会社とする持株会社が銀行法第52条の17の内閣総理大臣の設立認可を得たものが「銀行持株会社」である。認可を得ていなければ、その実態があっても「銀行持株会社」とはならない。これは、銀行法上の「銀行」が単に銀行業を営むという実態だけでは足りず、認可の有無によって「銀行」と非銀行とを区別していることと平仄をあわせている。

第26章 銀行持株会社（銀行法第52条の17〜第52条の35） 519

そして、銀行法はこの「銀行持株会社」や銀行法第4条の設立免許を受けた「銀行」を規制の対象にして法文を構成しているのである。

2　このように銀行法上の各種規制の名宛人になっているのは「銀行持株会社」であって、**「銀行を子会社とする持株会社」**ではない。当局の監督の対象も立入検査もすべて「銀行持株会社」である。子会社における業務制限や定期的な業務報告書の提出義務なども「銀行持株会社」が負う。「銀行を子会社とする持株会社」はこのような義務を免れている。

3　それでは、「銀行を子会社とする持株会社」の実態を有しながら当局から認可を受けていないものの法律上の取扱いはどうなるのであろうか。法規制の対象外となり自由放任の存在になるのだろうか。

　銀行法は第52条の17第5項で、内閣総理大臣はこのような持株会社に対して、銀行を子会社とする持株会社でなくなるよう、所要の措置を講ずることを命じることができるとしている。この所要の措置には業務の全部または一部の停止などが含まれ、いずれにしても法律上あいまいなかたちでは存続が許されない仕組みになっている。

4　ここで、「特定持株会社」について触れておかなければならない。

**　前項各号に掲げる取引又は行為以外の事由により銀行を子会社とする持株会社になつた会社（以下「特定持株会社」という。）は、当該事由の生じた日の属する事業年度経過後3月以内に、当該会社が銀行を子会社とする持株会社になつた旨その他の内閣府令で定める事項を内閣総理大臣に届け出なければならない。**

（銀行法第52条の17第2項）

**　特定持株会社は、前項の事由の生じた日の属する事業年度の終了の日から1年を経過する日（以下この項及び第5項において「猶予期限日」という。）までに銀行を子会社とする持株会社でなくなるよう、所要の措置を講じなければならない。ただし、当該特定持株会社が、猶予期限日後も引き続き銀行を子会社とする持株会社であることについて内閣総理大臣の認可を受けた場合は、この限りでない。**

（銀行法第52条の17第3項）

**　内閣総理大臣は、第1項の認可を受けずに同項各号に掲げる取引若しくは**

行為により銀行を子会社とする持株会社になつた会社若しくは銀行を子会社とする持株会社として設立された会社又は第3項ただし書の認可を受けることなく猶予期限日後も銀行を子会社とする持株会社である会社に対し、銀行を子会社とする持株会社でなくなるよう、所要の措置を講ずることを命ずることができる。

（銀行法第52条の17第5項）

持株会社の定義が独占禁止法第9条第4項にあるように「子会社の株式の取得価額の合計額の当該会社の総資産の額に対する割合が100分の50を超える会社」である以上、親会社の総資産の水準いかんによっては親会社の投資行動や市場環境の変化が影響して、たとえば当初は総資産に対する子会社の株式取得額が100分の50以下だったので持株会社とはなっていなかったものが、資産の滅失や資産の評価替えなどによって親会社の資産が減価し資産構成が変化してしまった結果、意図せずに持株会社となってしまうという事態が起こりうる。

5　また、内閣府令で定められた事例である、①担保権の実行による株式の取得、②代物弁済の受領による株式の取得、③証券会社が業務として株式を所有する場合におけるその業務の実施等、八つのケースにみられるような、持株会社になることを意図しないものの、ある業務の遂行の過程で結果としてその条件を満たしてしまうことがありうる。

そうした場合には、当然持株会社として認可をあらかじめ受けることは困難であるし、また、仮に認可が受けられたとしても当該会社に銀行持株会社に対する法規制を直ちに発動することには無理があるといわなければならない。

銀行法はこうした事態を「**特定持株会社**」と呼称したうえで、特定持株会社になった会社は、当該事由の生じた日の属する営業年度経過後3カ月以内に、持株会社になった旨を総理大臣に届け出なければならないとしている。そして、こうした特定持株会社の存在自体が傘下の銀行にとって不安定な状態を意味しているので、その営業年度の終了する日から1年以内に銀行を子会社とする持株会社でなくなるよう保有株式を売却することによって総資産に対する子会社株式の比率を引き下げるなどの所要の措置を講ずるよう義務

第26章　銀行持株会社（銀行法第52条の17～第52条の35）　521

づけているわけである。所要の措置が必要になる場合には、資産の評価替え
に伴う受動的な場合なども含まれる。

　ただし、猶予期間後も引き続き銀行を子会社とする持株会社であり続け、
銀行法の規制を受けるということであればあらためて認可を申請し、認可を
受ければその限りではない。その意味するところは法律的に不安定な状態に
あるこのような特定持株会社に対して、1年間の猶予期間を与えて銀行持株
会社になるかどうかの選択を迫り、いずれかに割り切るように法律が要請し
ているのである。

6　以上から明らかなように、銀行持株会社となるためには経過的に発生し
ている特定持株会社の状態を除けば、すべて銀行法上の認可を受ける必要が
ある。

　無認可の組織は銀行持株会社の実態を備えていても銀行持株会社とはなら
ず、したがってその限りでは銀行法の規制を受けないことになる。しかし、
そのような存在を法の埒外に放任したままにしておいたならば持株会社の自
由な振る舞いによってその傘下にある銀行の預金者などが不測の損害を受け
ることになりかねず、法的安定性などが乱されることにもなりかねない。そ
こで、銀行法は第61条の2において、認可を受けずに銀行を子会社とする持
株会社になった場合等には、その違反者を2年以下の懲役もしくは300万円
以下の罰金に処することとしてそのような事態の発生を防止するとともに、
第52条の34第4項において、万一無認可の「銀行を子会社とする持株会社」
が存在した場合には監督当局はその子会社である銀行に対して業務の全部ま
たは一部の停止を命じることを定めている。

□ 第7節　銀行持株会社の子会社の業務範囲等

1　銀行法第52条の23は銀行持株会社が傘下にもつことのできる子会社の範
囲を、銀行、長期信用銀行、証券専門会社、保険会社、外国銀行、外国証券
会社、外国保険会社、従属業務会社、金融関連業務会社、ベンチャー・ビジ
ネス会社、などとしている。

　範囲を定める際の考え方としては、一般事業会社を子会社にもてないとす

522

る一方、金融関連であればできるだけ広く網羅していくという姿勢がみられる。この二つの基本的な考え方のバランスのなかで決定されたものである。

　そして、銀行法施行規則の改正により傘下にもつ子会社の範囲を時代の進展にあわせて随時機動的に増やせるように工夫されている。

2　傘下には複数の銀行をもつことができる。

　たとえば、リテールとホールセールとで業務をすみ分ける複数の銀行をもつことができるし、営業地盤、営業地域を異にする銀行を複数もつことができる。また、インターネットバンクなども可能である。破綻銀行も当然に含まれる。

3　また、金融関連業務会社として代表的なものを列挙すると、消費者金融会社、住宅金融会社、抵当証券会社、クレジットカード会社、リース会社、債権販売会社、投資顧問会社、経営相談会社、金融経済調査会社などである。

　銀行持株会社が前記の会社を子会社としようとするときは、原則としてあらかじめ内閣総理大臣の認可を受けなければならない（銀行法第52条の23第6項。なおベンチャー・ビジネス会社と事業再生会社は除外されている）。

4　持株会社形態であれば、銀行に対する兄弟会社からのリスク波及はある程度遮断される。持株会社グループ全体からみれば、銀行の健全性と他の金融分野におけるサービス提供とを両立できる。また、既存の銀行の業務のうち専門的な事業を分社化する際にも、親会社、子会社といった序列なく対応しうる効果もある。

5　銀行持株会社の子会社対象会社のなかで、従属業務をもっぱら営む会社は「主として当該銀行持株会社、その子会社その他これに類する者として内閣府令で定めるものの営む業務のためにその業務を営んでいる会社」が対象であったが、銀行のコンピュータ・システム管理やATM保守など、複数の金融グループ間の連携・協働が強く求められる業務については「主として（筆者注：50％以上）」とされている収入依存度の引下げを可能にするため、平成29年銀行法改正により「主として」の文言が削除された（銀行法第52条の23第6項）。そして、従属業務を営んでいるかどうかの基準は、委任の趣旨を明確にする観点から「当該従属業務を営む会社の当該銀行持株会社等又

は当該銀行からの当該従属業務に係る収入の額の当該従属業務に係る総収入の額に占める割合等を勘案して」の文言が追加されている（同条第10項）。

6　同じく平成29年銀行法改正により、銀行法第52条の23第1項第11号の3が新設され、銀行持株会社による出資の対象として「情報通信技術その他の技術を活用した当該銀行持株会社の子会社である銀行の営む銀行業の高度化若しくは当該銀行の利用者の利便の向上に資する業務又はこれに資すると見込まれる業務を営む会社」が子会社対象会社の類型に追加された。

　銀行持株会社が上記の会社の基準議決権数（15％）を超える議決権を取得する場合には、認可を取得することが必要になる（銀行法第52条の23第6項）。また、銀行持株会社は、合算して基準議決権数を超える議決権を保有している会社が上記の会社になったことを知ったときは、1年以内に当該会社が基準議決権数を超える議決権を保有する会社でなくなるよう、所要の措置を講ずることが義務づけられている（同条第9項）。

　これらの条項はいずれも、銀行本体による「情報通信技術その他の技術を活用した当該銀行持株会社の子会社である銀行の営む銀行業の高度化若しくは当該銀行の利用者の利便の向上に資する業務又はこれに資すると見込まれる業務を営む会社」への出資が認められたこと（銀行法第16条の2第1項第12号の3）と平仄をあわせた法改正である。

7　以上から明らかなように、銀行法においては、銀行本体形態と銀行持株会社形態という経営組織形態の違いにより取込先の子会社等の範囲（子会社化できる会社等の範囲）は異なるべきでない、という基本姿勢がとられている。

　銀行持株会社およびその傘下の銀行というグループと単体の銀行とを比較した場合に、銀行持株会社をもちながら銀行業務を行う場合と銀行が単体として銀行業務を行う場合とは経営形態の違いにすぎず、したがって、銀行持株会社が存在するからといってそのグループ全体の業務範囲が拡大するという考え方はとられていない。銀行持株会社は銀行と一体のものであり基本的には銀行単体の場合と同じと考えられている。例外としては、特例子会社対象業務を営む会社（商品現物取引業を営む会社）について、銀行持株会社の子会社としての保有のみが認められている（銀行法第52条の23の2第1項）。

524

それでも銀行持株会社をもつのは、第1に銀行の資本管理・経営管理を行うという役割、第2に銀行の利益相反の防止がより容易であるとの利点があるからである。

□ 第8節　設立認可制

1　銀行法は、銀行持株会社の設立等の認可が恣意的に行われることのないように、その客観性を担保するために内閣総理大臣の認可に関して、①経営収支見込み、②自己資本の状況、③人的体制や経営能力、の三つの審査基準を定めている（銀行法第52条の18第1項）。

その**第1**は、グループ全体としての収支が認可後または設立後において良好に推移することが見込まれることである。あくまでもグループ全体で判断されるものであり、個別にグループ内に収支見込みの良好でない会社があるかどうかの審査ではない。**第2**は、連結自己資本比率が認可後または設立後において適正な水準になることが見込まれること、**第3**に、銀行の業務に関する十分な知識および経験を有する役員または従業員が確保されており、子会社の経営管理に係る体制等に照らして、申請者等が子銀行の経営管理を的確かつ公正に遂行でき、かつ社会的信用を有するものであることである。役員の多くが銀行経営経験者であることは要しないものの、銀行経営の経験をもつものがいるかどうかが審査における判断基準になる。

2　銀行持株会社は、外国の法令に準拠して設立されたものを除き、株式会社でなければならない（銀行法第52条の18第2項）。

銀行法は、銀行持株会社の組織形態として資本の調達のしやすさ、財務内容の開示の厳格さ、投資家に対する責任の所在の明確さ、組織建ての簡明さなど、あらゆる点において最も発達した会社形態である株式会社形態をとることを要請している。

ただし、外国の法令に準拠して設立された銀行持株会社の場合には必ずしも株式会社でなくてもよいとしている。これは、外国において株式会社以外の形態で活動している会社がすでに見受けられるのが実情であり、これらに対してわが国で一律に株式会社形態を強制すれば、外国の金融機関にとって

第26章　銀行持株会社（銀行法第52条の17〜第52条の35）　525

不利な扱いになりかねないことを配慮したものである。

　したがって、外国の会社が銀行持株会社になろうとする場合には、経営内容や財務内容によって判断することとなる。

□第9節　取締役の兼業規制

　銀行持株会社の常務に従事する取締役（指名委員会等設置会社にあつては、執行役）は、内閣総理大臣の認可を受けた場合を除くほか、他の会社の常務に従事してはならない。

（銀行法第52条の19第1項）

　内閣総理大臣は、前項の認可の申請があつたときは、当該申請に係る事項が当該銀行持株会社の子会社である銀行の業務の健全かつ適切な運営を妨げるおそれがあると認める場合を除き、これを認可しなければならない。

（銀行法第52条の19第2項）

1　銀行持株会社は銀行ではないが銀行経営に直接立ち入ることが可能であるので、銀行の常務に従事する取締役が兼職制限を課されていることと平仄をあわせるかたちで銀行持株会社の取締役に対して兼職制限が課されている。しかし、銀行法第52条の19第2項で内閣総理大臣は、子銀行の業務の健全かつ適切な運営を妨げるおそれがあると認められる場合を除いては兼業申請を認可しなければならないとされている。こうした語句がつくのは法令としてはやや異例なものであり、基本的には少なくとも当該銀行持株会社グループの会社の常務に従事することは、そもそも当該持株会社がグループ内の子銀行や子会社の経営管理を行う主体であることから許容されると考えられる。

2　銀行法第52条の19第1項では厳しく書かれ、第2項でそれを大幅に緩める、という法文構成であるので第1項と第2項のバランスをどうとるかむずかしい問題であるが、グループ外の会社の場合を含め、事例の積上げによってその概念規定が明らかにされる性質の条文であり、ケースバイケースで運用が行われるのはやむをえないと思われる。また、時代とともに広く許容する方向に有権解釈が変遷していくことも十分にあると考えられる。

526

この場合、当該兼業している他の子会社等へ銀行によって情実融資が行われ、銀行業務の健全性が損なわれるおそれがないかなどの視点はいつの時代を通じても重要である。

□ 第10節　その他の規定

第1　営業年度

銀行持株会社の事業年度は銀行と同様に、4月1日から翌年3月31日までとされている（銀行法第52条の26）。

第2　ディスクロージャー

1　業務報告書、中間業務報告書については、銀行持株会社が、銀行グループ全体の経営状態を総括的に把握できる立場にあるところから、業務および財産の状況を、銀行持株会社が代表して、銀行持株会社自体および銀行その他の子会社等全体を連結して記載した業務報告書等を作成し、内閣総理大臣に提出することが義務づけられている（銀行法第52条の27）。

2　ディスクロージャーについても連結ベースで行うこととされている。すなわち、銀行持株会社は、子会社等との連結した貸借対照表、損益計算書を作成し、営業年度経過後4カ月以内に公告しなければならないし、業務および財産の状況に関し、子会社と連結したディスクロージャー資料を作成して、子会社である銀行の営業所に備え置き、公衆の縦覧に供しなければならない（銀行法第52条の29第1項・第2項）。

3　縦覧する場所が銀行持株会社ではなくその子会社である銀行の営業所となっているのは、これらの連結資料があくまでも銀行の預金者や銀行の関係者が当該銀行の業務・財産状況をより正確に把握する目的で作成され、開示されることを示している。銀行法は、銀行持株会社が、常に預金者やその他の銀行の顧客を念頭に置いて銀行経営にあたることを求めている。

第26章　銀行持株会社（銀行法第52条の17〜第52条の35）　527

第3 監 督

1　監督当局は、当該銀行を子会社とする銀行持株会社に対し、銀行の業務の健全かつ適切な運用を確保するため必要があると認めるときは、当該銀行の業務または財産の状況に関し参考となるべき報告または資料の提出を求めることができるし（銀行法第52条の31第1項）、当該職員を銀行持株会社の事務所その他の施設に立ち入らせ質問または検査をさせることができる（同法第52条の32）。

　調査権限、立入検査権限は、特に必要があると認めるときは、その必要の限度において、当該銀行持株会社の子法人等、つまり、当該銀行にとっての兄弟会社にまで及ぶ（銀行法第52条の31第2項および同法第52条の32第2項）。

2　ただし、銀行持株会社の子法人等、すなわち、当該銀行にとって兄弟会社に対するこれらの権限は法文上もきわめて狭く規定されており、特に立入検査権については、当該銀行への立入検査ないし、銀行持株会社への立入検査に際してそれに関連して行う場合に限られている。つまり、銀行を検査し、銀行持株会社を検査したときにどうしてもその範囲内の立入検査では事態の解明ができないので裏付けを得るためなどの目的で検査対象を広げざるをえない場合に限り直接に銀行の兄弟会社への立入りが許されるのであって、監督当局が銀行持株会社の子会社に個別、独立に関心をもち、そこに立入検査を実施することは許されていないという趣旨である。

3　銀行持株会社は、経営上、当該銀行を支配する立場にあるので、当局の監督が単に銀行だけにとどまっていては実効性のある監督を貫徹できないことがありうる。たとえば、銀行の不健全な貸付が銀行自体の判断というよりも銀行持株会社の指示に基づいて行われているような場合である。機関銀行化した銀行の場合にはそのような事態が起こりやすい。

　そこで、監督当局は当該銀行持株会社の子会社である銀行の業務の健全かつ適切な運営を確保するため必要があると認めるときは、その親会社である銀行持株会社に対し、措置を講ずべき事項および期限を示して、当該銀行の経営の健全性を確保するための改善計画の提出を求め、もしくは提出された改善計画の変更を命じ、またはその必要の限度において監督上必要な措置を

命ずることができる（銀行法第52条の33第１項）。

4　なお、銀行法が、銀行持株会社の株主総会と取締役会のいずれを名宛人にするかといえば、それは取締役会である。現実的にも、業法に基づく監督当局の命令を否定する議決権の行使を行った株主をすべて処罰するというのは考えにくい。

第4　早期是正措置の発動

銀行法第52条の33第１項の命令であって、銀行持株会社およびその子会社等の自己資本の充実の状況によって必要があると認めるときにするものは、内閣府令等で定める自己資本の充実の状況に係る区分に応じてなされなければならない（同条第２項、本書第19章第３節を参照のこと）。

自己資本比率の算出に国内基準を採用している銀行持株会社グループの場合を例にあげると、連結自己資本比率が４％以上、２％以上４％未満、１％以上２％未満、０％以上１％未満、０％未満の５段階に応じて命令の内容が異なっている。例をあげれば、連結自己資本比率が０％以上１％未満の場合には、監督当局は、銀行持株会社およびその子会社等の自己資本の充実、合併または子会社である銀行の株式の処分等のいずれかを選択したうえ、当該選択に係る措置を実施することを命令する。

その際に、当該銀行に対してもあわせて、たとえば、経営が悪化したグループ会社に対する融資の打切り等必要な措置を命じることができる（銀行法第52条の33第３項）。

第5　処分権限

銀行持株会社が法令、定款もしくは法令に基づく内閣総理大臣の処分に違反したとき、または公益を害する行為をしたときは、内閣総理大臣は当該銀行持株会社に対しその取締役、執行役、監査役若しくは会計監査人の解任その他監督上必要な措置を命じ、さらには当該銀行持株会社の銀行法第52条の17第１項もしくは第３項ただし書の認可を取り消し、または当該銀行持株会社の子会社である銀行に対しその業務の全部もしくは一部の停止を命ずることができる。これらの条文は同法第27条の銀行自体に対するものと同じ脈絡

第26章　銀行持株会社（銀行法第52条の17～第52条の35）　529

になっており、解釈も同一と解される（同法第52条の34）。

銀行持株会社を全部または一部の当事者とする合併（銀行持株会社が存続するものに限る）は、内閣総理大臣の認可を受けなければその効力を生じない。また、銀行持株会社を当事者とする会社分割、事業譲渡は、内閣総理大臣の認可を受けなければ、原則として、その効力を生じない（銀行法第52条の35）。

第27章

銀行代理業
（銀行法第52条の36〜第52条の61）

□ 第1節　総　　説

1　**銀行代理業**とは、銀行のために、銀行の本業である①預金等の受入れ、②資金の貸付等、③為替取引、を内容とする契約の締結の**代理または媒介**を行う営業をいう（銀行法第2条第1項第14号）。

　従来の銀行代理業の営業は、銀行の100％子会社に限定されており、また、銀行代理業者は銀行代理業以外の業務の兼営が禁止されるという専業義務が課されていた。したがって、銀行がもっぱら自行の店舗展開政策の延長として代理店制度を使うという状態にとどまっていた。

　しかし、わが国における広範な規制緩和政策の一環として、平成18年4月から新しい銀行代理業制度が実施された。改正された制度では、銀行との資本関係は不問とされ、また、金融機関以外の一般事業者、たとえば小売業や流通業などが兼営することにより銀行代理業を営むことが可能になった。言い換えると、銀行の代理等のかたちではあるが、一般事業者でも銀行業務を店頭で行うことが可能になった。その際、内閣総理大臣による許可制がとられるとともに、扱う商品が一部、規格化され定型商品などに限定されるほか、顧客の財産を分別管理することなどが法律により義務づけられた。また、一般事業者としての取引関係を利用した不公正な取引が行われないよう各種の義務が課されるとともに、政府の監督規定が創設されるなど各種の規制のもとでの実施となった。

2　銀行代理業の具体的活用例としては、

第27章　銀行代理業（銀行法第52条の36〜第52条の61）　531

① 私鉄などの交通機関が駅舎等のスペース内で口座開設をはじめとする銀行の固有業務を受け付ける、

② 百貨店、量販店、生活協同組合などが自己の店舗において銀行の固有業務を行う、

③ 自動車販売店が自動車販売にあわせて自動車ローンの勧誘を行う、

④ 宅建業者が住宅展示場で住宅販売勧誘にあわせて住宅ローンの勧誘を行う、

⑤ ホテルがフロントで銀行の固有業務を行う、

⑥ 旅行代理店が外貨預金や両替を行う、

等があげられる。

なお、量販店などにおいて、銀行から委託を受けて、営業所内に ATM（現金自動預入支払機）、CD（現金自動支払機）のみを設置する行為については、当該 ATM 等が銀行施行規則第35条第1項第4号の銀行の「無人の設備」に該当する場合は、銀行に対する単なる場所貸しであり、銀行代理業として行われているものではない。

3 ここで、あらためて銀行「**代理**」業の法律的な意味について説明すると、顧客に対して、銀行にかわって銀行業務を行い、その法律効果のすべてを直接に銀行に帰属させる業務である。たとえば、店頭で顧客に定型化した住宅ローンの提供を行うが、それはあらかじめ代理契約のある銀行の代理者として行うものである。銀行代理業者は銀行から手数料を得る。顧客にとってわざわざ銀行に行かなくてもすませられる便利さがある。一般事業者の場合には、銀行代理業者としてサービスの品ぞろえができるという意味で、ワンストップ・ショッピングを提供できる。もともとは離島や銀行過疎地の不便さを補う趣旨で普及したものであるが、今日では、異業種間の業務の相互乗入れの手法としてもとらえられるようになった。

現在でも銀行業は兼業ができないので、一般事業者は自ら銀行業を行うことができない。そこで、子会社で銀行免許を取得して傘下で銀行業を行う道はあるが、それでは重過ぎるというところから銀行代理業で対応できないかという問題意識となり、今日の制度が用意されたものである。銀行自体はこれまでどおり、ある地域を営業対象にするために支店という形態をとらずに

銀行代理店（銀行代理業）で対応することはもちろんできる。

□第2節　銀行法における「媒介」について

1　次に、代理と並んで銀行代理業のもう一つの営業分野である媒介について説明しておきたい。「**媒介**」とは他人間の法律行為（たとえば、預金や貸付）の締結に尽力する事実行為である。あくまでも勧誘等であり、事実行為であり法律行為ではないので、単なる働きかけにとどまる。魚市場でみられるせりを競わせる仲立人と似ているが、不特定多数のためではなく、特定の人（銀行）のためにする点で異なる。似たような概念である「**取次ぎ**」は、自己の名でもって他人の計算において法律行為をすることを引き受ける行為であり、これとも異なる。

　銀行代理業における**媒介行為**は、<u>銀行のために継続的に銀行業務、たとえば貸付業務を成り立たせるように尽力して銀行から手数料を得る業務</u>である。法律用語としては、媒介はあくまでも銀行のための行為であり、顧客のために行うのであれば媒介には含まれず、許可を要しないとされている。なお、「顧客のため」とは、顧客からの要請を受けて、顧客の利便のために、顧客の側に立って助力することをいう。

2　翻って、銀行法において媒介が問題となるのは、銀行代理業の業務範囲が上記のとおり、①預金の受入れ、②資金の貸付、③為替取引、といった銀行の固有業務に係るそれぞれの<u>契約の締結の代理または媒介</u>、とされており、銀行代理業は内閣総理大臣の許可を受けなければ事業として行うことができないので、許可を受けない者が媒介を行えば銀行法第61条第5号により銀行法上最も重い3年以下の懲役等に処せられることになってしまう点である。そうなると、一般のノンバンク等にとってわざわざ銀行代理業の許可をとっておかなければならないか否かが大変大きな関心事となる。

3　これに関して、金融庁の主要行等向け監督指針（Ⅷ－3－2－1－1）は、次のような有権解釈を明らかにしている。そのまま引用しておきたい。すなわち（下線は筆者による）、

「(2)　許可が必要である場合

第27章　銀行代理業（銀行法第52条の36〜第52条の61）　533

① 預金等の受入れ等（筆者注：預金、貸付、為替の各固有業務）を内容とする契約の締結の勧誘

② 預金等の受入れ等を内容とする契約の勧誘を目的とした商品説明

③ 預金等の受入れ等を内容とする契約の締結に向けた条件交渉

④ 預金等の受入れ等を内容とする契約の申込みの受領（単に契約申込書の受領・回収又は契約申込書の誤記・記載漏れ・必要書類の添付漏れの指摘のみを行う場合を除く。）

⑤ 預金等の受入れ等を内容とする契約の承諾」

のうち、いずれか一つの行為でも業務として行うものとしている。

「(3) 許可が不要である場合

① 顧客のために、預金等の受入れ等を内容とする契約の代理又は媒介を行う者については、銀行代理業の許可は不要である。

　　ただし、例えば、銀行と当該者との間で合意された契約上又はスキーム上は顧客のために行為することとされている場合でも、当該者が実務上、その契約若しくはスキームに定められた範囲を超えて又はこれに反し、実質的に銀行のために代理・媒介業務を行っている場合には、許可が必要となる場合があることに十分留意する必要がある。

（注）「顧客のために」とは、顧客からの要請を受けて、顧客の利便のために、顧客の側に立って助力することをいう。

② 媒介に至らない行為を銀行から受託して行う場合には、銀行代理業の許可を得る必要はない。

　　例えば、以下のイ．からハ．に掲げる行為の事務処理の一部のみを銀行から受託して行うに過ぎない者は、銀行代理業の許可が不要であると考えられる。

イ．商品案内チラシ・パンフレット・契約申込書等の単なる配布・交付

（注）このとき、取扱金融機関名や同金融機関の連絡先等を伝えることは差し支えないが、配布又は交付する書類の記載方法等の説明をする場合には、媒介に当たることがあり得ることに留意する。

ロ．契約申込書及びその添付書類等の受領・回収

（注）　このとき、単なる契約申込書の受領・回収又は契約申込書の誤記・記載漏れ・必要書類の添付漏れの指摘を超えて、契約申込書の記載内容の確認等まで行う場合は、媒介に当たることがあり得ることに留意する。

ハ.　金融商品説明会における一般的な銀行取扱商品の仕組み・活用法等についての説明」

　ここで「事務処理の一部のみを銀行から受託して行うに過ぎない」とは、特定の銀行の特定の金融商品のために体系的、網羅的に業務を遂行するものでないことを指すものと考えられる。

4　いずれにしても「媒介」は事実行為であり、ある意味で程度問題なので明快な絞込みは困難である。

　媒介という行為を銀行代理業の業務範囲に含ませてそれを許可制にした結果、許可対象業務の外延がかなり不分明になったことは否めない。

□ 第3節　所属銀行制

1　一般に、仲介行為としては、①特定の銀行のために行うものと、②不特定多数のために行うブローカー制とが考えられるが、銀行法は前者を選択し、いわゆる「所属銀行」制をとっている。「所属」制は銀行法、保険業法などで使われている行政手法であり、ある意味で独特の制度である

　「**所属銀行**」とは、銀行代理業者が行う銀行の固有業務の代理・媒介業務によって銀行業務を行う銀行をいう（銀行法第2条第1項第16号における定義）のだが、所属銀行に対しては各種の法的義務が課されているのが特徴である。

　銀行代理業者は、所属銀行の委託を受け、または所属銀行の委託を受けた銀行代理業者の再委託を受ける場合でなければ銀行代理業を営んではならない（銀行法第52条の36第2項）、とされている。また、銀行代理業者は、複数の所属銀行のために銀行代理業を営むことが可能とされている。

2　所属銀行の商標を表に出して営業を行う銀行代理業者に対して銀行は多くを任せるわけであるが、外形上、顧客からみれば銀行代理業者の当該店舗

は所属銀行の看板を表示して営業を行っているので、銀行代理業者であるとの標識もあわせて掲げられているものの、顧客はおおむね所属銀行の店舗として認識するであろう。また、その効果はそのまま直接に所属銀行に及ぶので、所属銀行にとって代理業者は自らの分身としての意味をもち、それだけに所属銀行の関与はかなり深度のあるものとならざるをえない。

すなわち、まず、所属銀行は銀行代理業者に対して業務の指導その他銀行代理業の健全かつ適切な運営の確保を義務づけられている（銀行法第52条の58）。

また、所属銀行は銀行代理業者に関する原簿を備え置かなければならず、預金者等の利害関係者は、所属銀行に対して、当該原簿の閲覧を求めることができる（銀行法第52条の60）。

顧客への情報開示の観点から、銀行代理業者は、所属銀行等が銀行法の規定に基づき作成し、公衆の縦覧に供するいわゆるディスクロージャー誌を、銀行代理業を営む営業所等に備え置き、公衆の縦覧に供さなければならない（銀行法第52条の51）。

3　所属銀行の法律的な義務はそれだけにとどまらず、銀行代理業者が顧客に加えた損害を賠償する責を負うこととされている。ただし、所属銀行等が委託を行うことについて相当の注意をし、かつ、顧客に加えた損害の発生の防止に努めたときは免責される（銀行法第52条の59）。

4　そして、当局の監督権はもちろん直接に銀行代理業者に及ぶが、銀行代理業者の指導・監督は一義的には所属銀行を通じて行われる仕組みになっている。

このように、銀行代理業の運営について、政府が所属銀行に相当の責任を課し、多くの分野で所属銀行を経由した規制を行うゆえんは、①政府の一般業種の営業についての規制権限が限定的であること、②銀行法の目的は金融秩序の維持、預金者保護等の顧客保護であり、他業の兼業から規制の綻びが生じ、金融リスクが連鎖的に伝搬することを防止する視点から、当該分野に専門性をもつ銀行に銀行代理業の運営責任を担わせるほかなかったからだと思われる。その辺の事情を金融庁は『銀行法が（略）銀行代理業に係る業務の健全かつ適切な運営の確保の責任は、第一義的には所属銀行が果たさなけ

ればならないということを宣言したものであり』（主要行等向け監督指針Ⅷ−
5−1）と述べている。

　所属銀行は銀行代理業において要の地位を占めるものであり、きわめて重
要な役割を担っている。

□第4節　許　可　制

1　銀行代理業は、内閣総理大臣の許可を受けた者でなければ、営むことが
できない。

（銀行法第52条の36第1項）

　銀行代理業は預金、貸付という経済的に重要な機能の一端を担い、また、
決済システムという顧客保護に欠けることのあってはならない分野を担当す
ることになる。こうした特殊性に鑑み、適格者を審査するために銀行代理業
への参入にあっては内閣総理大臣による許可制が導入された。

　それによれば、内閣総理大臣は、①銀行代理業を遂行するために必要とみ
られる財産的基礎を有する者であること、②人的構成等に照らして、銀行代
理業を適格、公正かつ効率的に遂行するために必要な能力を有し、かつ、十
分な社会的信用を有する者であること、③他の業務を営むことによりその銀
行代理業を適正かつ確実に営むことに支障を及ぼすおそれがあると認められ
ない者であること、等を基準として審査される（銀行法第52条の38）。

2　以下、具体的に敷衍していきたい。

　まず、**財産的基礎**の基準としては、銀行法施行規則によると、申請者の純
資産額（資産から負債を差し引いた額）が、法人の場合は500万円以上、個人
の場合は300万円以上であること（銀行法施行規則第34条の36）とされてお
り、また、同時に銀行代理業開始後、3事業年度を通じて、当該財産的基礎
の基準を維持できると見込まれることとされている（同法施行規則第34条の
37第2号）。

　人的構成上の基準としては、個人、法人を問わず銀行実務経験者の配置が
必要である。規格化された貸付商品にあっては、貸付業務に1年以上従事し
た者など、また、一般の貸付や当座預金などの業務にあっては3年以上従事

第27章　銀行代理業（銀行法第52条の36〜第52条の61）　537

した者などを含む必要がある。法人の場合には、銀行代理業を営む営業所等ごとに法令遵守責任者を配置しなければならず、また、本部・本店の銀行代理業統括部署に法令遵守統括責任者を配置しなければならない。

　また、**兼業**というかたちで銀行代理業を行おうとする者が本業として行っている業務の内容が銀行代理業者として社会的信用を損なうおそれはないか、所属銀行と銀行代理業者の間でいわゆる利益相反取引が行われるおそれがないか、などが審査される。

3　銀行代理業者は、銀行代理業およびこれに付随する業務以外の業務、すなわち他業を当局の承認を受けて営むことができる。内閣総理大臣は、銀行代理業の許可にあって、すでに営んでいる他業について銀行代理業に支障を及ぼすおそれがないかどうかを審査するほか、新たな他業を営もうとするときは、個別の承認を得ることを求めている（銀行法第52条の42第1項）。ただし、内閣総理大臣のこの個別の承認がなされない場合としては「銀行代理業を適正かつ確実に営むことについて支障を及ぼすおそれがあると認められるときに限り」承認しないことができるとしており、不承認のケースをかなり限定しているのが特徴である。一般事業者ができるだけ広く営業を行いつつ、銀行代理業を行えるよう配慮した条文となっている。

4　内閣総理大臣は上記の審査基準に照らして公益上必要があると認めるときは、その必要の限度において銀行代理業の業務の内容その他の事項について許可に条件を付し、およびこれを変更することができる（銀行法第52条の38第2項）。たとえば、ほかに営んでいる業務の内容に応じて銀行代理業の業務内容に条件を付すことができる。

□ 第5節　銀行代理業の業務

1　銀行代理業者は、銀行代理行為を行うときは、あらかじめ顧客に対して、所属銀行の商号（「○○銀行」）、代理か媒介かの別などを明らかにしなければならない（銀行法第52条の44第1項）。

　銀行代理業者は、銀行による預金者等に対する情報提供義務と同様に、預金等に係る契約の内容その他預金者等に参考になるべき情報の提供を行わな

ければならない（銀行法第52条の44第2項）。

　銀行代理業者は、そのほか、その銀行代理行為に係る重要な事項の顧客への説明、その銀行代理行為に関して取得した顧客に関する情報の適正な取扱いその他の健全かつ適切な運営を確保するための措置を講じなければならない（銀行法第52条の44第3項）。代理店であるからといって、銀行よりも顧客への適切な対応の義務が軽減されることはないわけである。

2　銀行代理業に関し、顧客に対して、①虚偽のことを告げる行為、②不確実な事項について断定的判断を提供し、または確実であると誤認させるおそれのあることを告げる行為、③優越的地位を不正に利用して、他の取引を行うことを条件として貸付等の代理または媒介を行う行為、④所属銀行の取引の通常の条件に照らして有利な条件で資金の貸付等の代理または媒介をする行為等、顧客の保護に欠け、または所属銀行の業務の健全かつ適切な遂行に支障を及ぼすおそれがある行為は禁止される（銀行法第52条の45）。

3　貸金業、クレジットカード業、リース業など兼業業務が信用供与である業者が銀行代理業を行う場合には、兼業における取引関係を通じた不公正取引や所属銀行との利益相反の可能性があることから、①貸付資金で購入する物品等を担保にして行う貸付契約に係るものであること、②規格化された貸付商品であること、などのいずれにも該当する場合に限り、銀行代理業務への取組みが認められる（銀行法第52条の38第3号、銀行法施行規則第34条の37第7号）。

4　銀行代理業としての許可を受けた者である旨の標識の掲示を義務づけるとともに、顧客が無許可の者との間で取引をするという事態の発生を防止するために、銀行代理業者でない者には、銀行代理業者の標識または銀行代理業者と誤認させるような類似する標識の掲示を禁止している（銀行法第52条の40）。

　銀行代理業者は、自己の名義をもって、他人に銀行代理業を営ませてはならない（銀行法第52条の41）。

　また、決済システムの安全性確保等の観点から、銀行代理業者の休日および営業時間については、銀行と同様、銀行法上の法定休日および営業時間とされている（銀行法第52条の46）。これらは法令上顧客に対して最低限の営業

第27章　銀行代理業（銀行法第52条の36〜第52条の61）　539

時間を確保させることを意味しているにすぎず、これを越えて、たとえば夜間とか早朝営業をすることはもちろん可能である。

□第6節　会計処理、情報開示

1　銀行代理業者の義務としては、銀行代理業者は、銀行代理行為に関して顧客から金銭その他の財産の交付を受けた場合には、自己の固有財産と分別して管理しなければならない（銀行法第52条の43）。金銭の費消や流用を禁止し、所属銀行や顧客、利害関係者との間で確実に受払いが行われることを確保するための措置である。

　具体的には、顧客から金銭その他の交付を受けた場合には、自己の固有財産とは保管場所を明確に区分し、かつ、どの所属銀行に係るものか直ちに判別できる状態で管理しなければならない（銀行法施行規則第34条の42）。これは銀行業務を代行するのであれば当然の規定である。ただし、金銭については、少なくとも当該金銭について、どの所属銀行のものであるかが帳簿により、勘定上、直ちに判別できる状態で保管されていれば可とされている。

2　銀行代理業の処理および計算を明らかにするために、銀行代理業者は、銀行代理業に関する帳簿書類を作成し、保存しなければならない（銀行法第52条の49）。

　また、銀行代理業者は、営業年度等ごとに、銀行代理業に関する報告書を作成し、内閣総理大臣に提出するとともに、内閣総理大臣は、当該報告書を公衆の縦覧に供することとされている（銀行法第52条の50）。

□第7節　監　　督

1　一般的な事務処理については所属銀行を通じての監督を基本としている。たとえば、当局は、所属銀行に対するオフサイト・モニタリングにおいて銀行代理業者に関する事項の確認を行う。その際、銀行代理業者が他業を兼業する場合には、所属銀行を経由して、抱合せ販売（融資）や情実融資等の不適切な取引方法を防止するための措置、顧客情報を適正に管理するため

540

の措置および反社会的勢力との関係を遮断するための措置等が適切に講じられているか等についてモニタリングを実施する（主要行等向け監督指針Ⅷ－3－1－2）。また、銀行代理業者の業務運営に関し問題があるときは、必要に応じて所属銀行に対して報告を求めるなどにより、事実関係の確認を行うなどの対応がなされる。しかし、内閣総理大臣は、銀行代理業者の銀行代理業の健全かつ適切な運営を確保するため必要があると認めるときは、直接に、銀行代理業者に対して報告徴求（銀行法第52条の53）、立入検査（同法第52条の54）をすることができるほか、業務改善命令等（同法第52条の55）、銀行代理業許可の取消し、銀行代理業の全部または一部の停止（同法第52条の56）を命じることができる。

2　なお、銀行その他の金融業を行う者（信用金庫、信用組合等の預貯金取扱金融機関）は、許可を受けなくても銀行代理業を営むことができることとされ、銀行代理業に係る必要な規制の適用を受けることになる（銀行法第52条の61）。

第28章

指定紛争解決機関（金融 ADR 制度）
（銀行法第52条の62〜第52条の84）

1　「ADR」とは、Alternative Dispute Resolution の略称であり、裁判外紛争解決手続と翻訳されている。司法界、金融界を含めて一般には英語の略称のほうが多く使われている。裁判所等による訴訟にかわって（Alternative）、（金融）機関と顧客との間の苦情・紛争（Dispute）を、第三者機関の和解あっせんなどにより当事者同士の合意に基づき解決（Resolution）を図ろうとする手法である。従来からの業界の苦情・紛争解決制度の延長線上にあるものの、その一定の部分が法制化され、手続面で、より公正、簡便、効率的な制度に抜本的に改組されたものである。

　銀行法第7章の5、すなわち第52条の62以下第52条の84までにわたって規定されている金融 ADR 制度は、平成19年4月に施行された「裁判外紛争解決手続の利用の促進に関する法律」（平成16年法律第151号）を受けて、金融審議会において平成20年12月に報告書「金融分野における裁判外紛争解決制度のあり方について」が取りまとめられ、平成21年に金融 ADR の制度の新設を規定する「金融商品取引法等の一部を改正する法律」（いわゆる「金融 ADR 法」）が制定されることによって、銀行法、金融商品取引法以下16本の法律においてそれぞれの業界で ADR 制度が新設された。

2　銀行法に規定されている**金融 ADR 制度の骨組み**は次のとおりである。

　まず、主務大臣は金融業界などからの申請により金融分野の専門性、特殊性に着目して、業務を適格に実施するに足る経理的、技術的な基礎を有するなどの条件に適合した「紛争解決機関」を指定する。

　なお、銀行法のもとで一般社団法人全国銀行協会が平成22年9月15日に主

542

務大臣より指定を受け、同10月1日より業務を開始した。

　指定を受けた紛争解決機関は傘下のすべての銀行との間でそれぞれ手続実施基本契約を締結する。

　顧客と銀行との間で生じた苦情・紛争といったトラブルについて、顧客等が指定紛争解決機関に対して紛争等解決の申立てを行う。

　指定紛争解決機関は紛争解決委員（全国銀行協会の場合には「あっせん委員」と呼称）として案件ごとに弁護士や金融実務経験者等を任命する。

　紛争解決委員は手続実施基本契約にのっとり、中立的な第三者としての立場から銀行と顧客の間に立って紛争解決のための各種の働きかけを行う。

　銀行には苦情処理手続、紛争解決手続を応諾する義務、手続の過程において事情説明を行う義務、資料を提出する義務、などが課される。

　紛争解決委員は和解案などを提示する。また、手続の運行状況次第ではより強いあっせん機能をもつ特別調停案を提示できる。

　銀行は紛争解決委員のあっせんを可能な限り受諾するよう義務づけられている。しかし、顧客も銀行も裁判外であるこの紛争解決過程を、一定の条件のもとで、基本的にはいつでも裁判上の訴訟に切り替えることができる。

　政府（金融庁）は指定紛争解決機関の中立性等が維持され、公正な手続が行われるように指定紛争解決機関に対して調査や立入検査を行い、業務改善命令を出し、また、状況によっては解散命令を出すなど幅の広い監督を行う。

☐ 第1節　ADR 制度の意義

1　次に、本制度の意義ないし目的について述べておきたい。

　紛争が起こると、当事者同士ですべて私的に解決するか、訴訟というかたちで裁判所という国家機構に判断を求めて解決するかの二通りがあるわけだが、ADR 制度はこのいずれにも属さない第3の道を法律で位置づけている。

　当事者間での解決は当事者の力関係や情報量の格差を反映しやすい。結局は顧客側が泣き寝入りということになりかねない。しかし、顧客にとって裁判により格差を埋めるのは時間もかかり経済的にも負担が大きい。

第28章　指定紛争解決機関（金融 ADR 制度）（銀行法第52条の62〜第52条の84）　543

この制度は裁判と比較して堅確性、正確性、実効性では劣後するが、他方、迅速性、簡易性、廉価性、柔軟性、秘密性において優れているし、場合によっては専門性の点でも個性的な、双方にとり身近で実感に近い結論を得やすいかもしれない。裁判の場合にはどうしても前例、横並び、高い技術的精度が重視され、慎重のうえにも慎重を期すために時間や経費がかかることは避けられないが、この制度であれば利用者にとって簡便かつ納得感を得やすいともいえる。

2　当事者双方の信頼を得るための核をなすのは、指定解決紛争機関の中立性である。銀行の場合、指定紛争解決機関は全国銀行協会であるので、利用者からみれば前とさして変わらないようにみえるかもしれない。しかし、紛争解決委員は弁護士などの専門家であり、かつ、偏った人選には顧客のほうから異議を申し立てて差替えが可能であるなど、中立性維持のために細心の配慮がなされている。

また、紛争解決手続をどのように使うかは利用者側に相当の選択の余地が与えられる仕組みになっている。

行政の側からみても、紛争の事前回避型から事後解決型への重点の移動を表すものであり、行政・政策の趨勢に一貫性が保たれている。

苦情から紛争への展開に際して、訴訟よりもきめの細かい対応が可能になるかもしれないという期待もある。

しかし、そこから得られる解決が常に中立、公正であるという保証はない。それだけに当事者の判断によって裁判所における訴訟の道が常に用意されているわけである。

苦情や紛争は、銀行の商品やコンプライアンス上の欠陥を映す鏡でもある。銀行経営者が顧客志向の経営戦略を構築するにあたって、ある意味では傾聴すべき宝の山ともいえるわけであり、これらへの積極的対応を通じて銀行経営を有機的に時代の流れに沿うように導いていく必要性は高いといわなければならない。そこに光を当て、法制的に苦情・紛争解決の枠組みの充実を目指した制度であると評価することができる。

3　銀行法は二つの基本的概念について定義規定を設けている。まず「苦情処理手続」とは、銀行業務に関する苦情を処理する手続である（同法第2条

第19項）。また「**紛争解決手続**」とは、銀行業務に関する紛争で当事者が和解することのできるものについて訴訟手続によらずに解決を図る手続をいう（同条第20項）、としている。

「**苦情**」や「**紛争**」そのものについて、銀行法は定義していない。これは明確に定義すればかえって運用が硬直的になるおそれがあるからであり、ADR の法目的である、幅広く対象をすくいあげ、柔軟に対応していこうというねらいからである。「紛争」における「和解することのできるもの」という要件はかなり主観的な概念であり、当事者同士が歩み寄りながら解決へと導かれる可能性のあるもの、という程度の意味と理解したい。

縛りがあるとすれば、いずれも「銀行業務」に限ったものとしてとらえられている。銀行業務は、銀行の固有業務（銀行法第10条第 1 項）、付随業務（同条第 2 項）、他業証券業務等（同法第11条）、担保付社債信託業務など他の法律により銀行が営むことが認められている業務（同法第12条）ならびに当該銀行のために銀行代理業を営む者による銀行代理業（同法第 7 章の 4 ）である。

苦情と紛争の関係は連続的なものである。苦情は一般的にいえば顧客等の利用者からの強い不満の表明であり、紛争は苦情のなかでも当事者間の私的な交渉では解決できず、そのため ADR などの比較的簡便な法手続に載せて解決を図ろうとするものである。

□ 第 2 節　指定紛争解決機関

1　金融 ADR 制度は、指定紛争解決機関が中心的な役割を担うことになる。したがって、指定紛争解決機関をどこに「指定」ないし決定するかはかなり重要な法律事項である。

　内閣総理大臣は、次に掲げる要件を備える者を、その申請により、紛争解決等業務を行う者として、指定することができる。

（**銀行法第52条の62**）

指定の要件としては、次の事項が規定されている。

① 　法令違反など欠格事由がないこと（第 1 号～第 4 号）

② 業務を適格に実施するだけの経理的、技術的基礎を有すること（第5号）

③ 役職員の構成が紛争解決業務等の公正な実施に支障を及ぼすおそれがないこと（第6号）

④ 業務規定が公正、適格性などの観点からみて十分であること（第7号）

⑤ 業務規定の内容について異議を述べた金融機関の数の総数に占める割合が一定以下であること（第8号）

2 この仕組みの特徴は、まず民間団体の申請を受けて政府が**指定**（決定）することになっている点である。紛争解決機関自体は公的なものではないが、機関設立の指定は政府が行い、以後、政府の監督規定などに基づき当該機関の公平性、中立性などを担保する仕組みがとられている。ここで「指定」という方法は、個別の認可申請に対応するのではなく、いくつかの候補者がいることを前提にして政府がそのなかから選任し決定する仕組みである。

その決定に政府は完全な自由裁量権をもつのではなく、事前に金融機関側が異議を述べる権利を保障しているのが特徴である。

金融ADR制度は銀行が顧客からの苦情・紛争申立てを自主的に解決するための制度であり、金融界にとっても納得性のある個別の解決を目指すものである。そこで、あまりにも一方的に消費者保護を謳う業務規定をもつ機関では、はじめから当事者間の対立が先鋭化し、円滑な運営はできないとの観点から紛争解決機関の業務規定について異議を述べる銀行数が全銀行数の3分の1未満（銀行法施行令第16条の10）であることが政府による指定の条件とされている。また、指定にあってはあらかじめ法務大臣との協議が義務づけられている。

3 指定の最大の法律効果は、その業態に属するすべての金融機関、すなわち銀行法の場合にはすべての銀行は当該指定紛争解決機関との間で手続実施基本契約を締結する法的義務が生じ、顧客からその旨の申立てがあれば自動的に苦情・紛争の解決を、指定紛争解決機関を通じて進めることになる点である。これは、銀行法第7章の5「指定紛争解決機関」の章ではなく、条文としては離れるが銀行法**第12条の3**に規定されている。

4　以上の立法、行政上の経過を経て、平成22年9月15日に銀行法に基づく金融ADR制度の紛争解決機関として**一般社団法人全国銀行協会**が指定され、同10月1日から本格稼働した。

　なお、金融ADR制度において銀行業界における全国銀行協会のほかに、他業態の指定紛争解決機関としては平成29年12月現在、信託協会、生命保険協会、日本損害保険協会、保険オンブズマン、日本少額短期保険協会、日本貸金業協会、および証券・金融商品あっせん相談センターの7機関が指定されている。

　つまり、わが国の金融ADR制度は銀行界、信託業界、生命保険業界など業態別、縦割りのかたちで発足することになった。利用者利便を考えると、各業態の指定紛争解決機関が相互に連携を密にしていくことが望まれる。

□ 第3節　指定紛争解決機関の業務

1　**指定紛争解決機関は、この法律及び業務規程の定めるところにより、紛争解決等業務を行うものとする。**

（銀行法第52条の65第1項）

　指定紛争解決機関は、すべての銀行との間で締結する手続実施基本契約の内容などを定める業務規程等に従い、具体的な紛争解決業務等を遂行する。業務規定は主務大臣の認可を要する。

　加入銀行に係る銀行業務関連紛争の解決を図るため、当事者は当該加入銀行が手続実施基本契約を締結した指定紛争解決機関に対し、紛争解決手続の申立てをすることができる（銀行法第52条の73）。

　顧客と銀行との間で苦情・紛争が発生した場合に、個別に当事者同士で話し合い解決を見出すという従来どおりの仕組みがある。従来の個別解決方式は身近に、早急に解決が図れるという点で長所は非常に大きい。これは金融ADR制度が発足したあとも当然に継続する。

　しかし、顧客がより第三者的な仲介者を介して解決を図りたいという意向であれば、指定紛争解決機関による解決を申し立てることができる。あくまでも顧客の意向に従って選択されるのであり、したがって、顧客がこのよう

な紛争解決機関の存在を知らない場合には意に反して利用する機会を失うこともありうる。そこで、銀行法は指定紛争解決機関による業務について顧客への周知を図るため加入銀行が必要な情報提供などの措置を講じることを要請している（銀行法第52条の67第2項第10号）。

なお、法文上「当事者」となっているので、顧客が申し立てなくても銀行側から紛争解決の申立てができる、と解されている（山本和彦・井上聡編著『金融ADRの法理と実務』金融財政事情研究会）。

2　ここで「手続実施基本契約」について述べておきたい。ある業態（たとえば銀行界）において主務大臣による指定が行われると、その業態に属するすべての金融機関は指定紛争解決機関との間で手続実施基本契約を締結することが法律的に義務づけられている（銀行法第12条の3）。銀行の場合には指定機関として全国銀行協会との間で締結される。

手続実施基本契約は、銀行法第2条第22項で定義されているように紛争解決等業務の実施に関し指定紛争解決機関と銀行との間で締結される契約であり、指定紛争解決機関がすべての加入銀行との間で結ぶ定型化された基本契約である。紛争解決手続の根幹を記しており、指定紛争解決機関が苦情処理手続や紛争解決手続を開始し、加入銀行に当該手続に応じるように求めた場合、当該加入銀行は正当な理由なくこれを拒んではならないといった内容を含むものとされている（銀行法第52条の67第2項第2号）。各銀行にとってその内容がほぼ等しいという意味で定型性があり、かつ強制力をもつこの基本契約の存在は、金融ADR制度を支える柱となるものである。

なお、「正当な理由」としては銀行法第52条の73第4項ただし書に規定されている事由などが考えられる（同法第52条の73の箇所において後述）。

3　次に、**苦情処理手続**は、加入銀行の顧客と加入銀行との相対交渉により解決することを本旨としている。それだけに簡易で、機動性のある、柔軟な手続であることが特徴であり、それが長所でもある。しかし、銀行業務関連苦情について、顧客が、当該銀行ではなく指定紛争解決機関に解決の申立てをなしたときは、指定紛争解決機関は単なる苦情であってもその相談に応じ、当該顧客に必要な助言をし、当該銀行関連業務苦情に係る事情を調査するとともに、当該加入銀行に対し、苦情の内容を通知してその迅速な処理を

求めなければならない（銀行法第52条の72）。つまり、苦情処理についてはあくまでも当該銀行の対応が主役であるが、顧客から指定紛争解決機関に対して直接に苦情の申立てがあれば、指定紛争解決機関も解決に向かって側面からできる限りの働きかけを惜しむべきでない。したがって、苦情処理についてはあくまでも顧客と加入銀行との間で自主的に解決すべきであるという姿勢を維持している。

しかし、苦情処理がこじれればおのずと**紛争**の次元へと発展する。苦情と紛争とは連続的なものなのである。事案の性質や顧客の意向に照らして紛争解決手続による解決がふさしいと考えられる事案については、適宜、苦情処理手続と紛争処理手続との連携のもとで、紛争処理手続への移行が図られるべきであるとされている。銀行法第52条の67第4項第1号が、苦情処理手続と紛争処理手続との連携を確保する措置が講じられるように指定紛争解決機関の業務規定に明記することを要請しているのは以上の趣旨からと推察される。

□ 第4節　紛争解決委員

1　当事者から申立てを受けたときは、指定紛争解決機関は<u>そのつど</u>**紛争解決委員**を選任し、紛争解決業務にあたる。

指定紛争解決機関は業務規定において紛争解決委員の選任の方法を定めなくてはならないが、選任の方法を定めるにあたって、紛争解決委員の名簿を作成したうえで、紛争の個々の案件ごとに紛争解決委員を選任する。

紛争解決委員は、人格高潔で識見の高い者で、
① 弁護士であってその職務に従事した期間が通算して5年以上である者
② 銀行業務に従事した期間が通算して10年以上である者
③ 消費生活専門相談員、消費生活アドバイザーもしくは消費生活コンサルタントのいずれかの資格を有し、かつ、消費生活相談に応ずる業務に従事した期間が通算して5年以上ある者
④ 司法書士であって簡易訴訟代理等関係業務に従事した期間が通算して5年以上である者

⑤　判事、判事補、検事もしくは大学の法学科目の教授・准教授の職にある年数が通算して5年以上である者

⑥　公認会計士、税理士、大学の経済学、商学科目の教授・准教授の職にある年数が通算して5年以上である者

⑦　銀行業務関連苦情を処理する業務もしくはそれに関する業務を行う法人において、関連する業務に従事した期間が通算して10年以上である者

でなければならない。

　かつ、紛争解決手続において中立性、公正性をより高く確保する観点から、その各々の案件において紛争解決委員のうち少なくともその1人は、上記①弁護士業務経験5年以上の弁護士、または③消費生活に関する消費者と事業者との間に生じた苦情に係る相談その他の消費生活に関する事項について専門的な知識経験を有する者として内閣府令で定める者、のいずれかに該当する者でなければならない（銀行法第52条の73第3項）。

　紛争解決委員の人数は案件の規模、性質によっては単数でもかまわず、必ず複数でなければならないことはないが、その内容に応じて適切な人数であることが望ましい。

2　紛争解決委員が紛争の当事者と利害関係を有することその他の紛争解決手続の公正な実施を妨げるおそれがある事由がある場合には当該紛争解決委員を排除することができる仕組みがあらかじめ指定紛争解決機関の業務規程において用意されていなければならない（銀行法52条の67第4項第2号）。

　指定紛争解決機関または紛争解決委員は、苦情処理手続を開始し、または加入銀行の顧客からの申立てに基づき紛争解決手続を開始した場合において、加入銀行に対してこの手続に応じるよう求めることができ、当該加入銀行は、その求めがあったときは、正当な理由なくこれを拒んではならない（銀行法第52条の67第2項第2号）。

　指定紛争解決機関または紛争解決委員は、苦情処理手続または紛争解決手続において、加入銀行に対して、報告または帳簿書類その他の物件の提出を求めることができる。加入銀行はその求めがあったときは、正当な理由なくこれを拒んではならない（銀行法第52条の67第3号）。

□ 第5節　和解案および特別調停案

1　紛争解決委員は、紛争解決手続において、銀行業務関連紛争の解決に必要な和解案を作成し、当事者に対し、その受諾を勧告することができること。

（銀行法第52条の67第2項第4号）

　指定紛争解決（ADR）機関制度は、紛争の当事者間で歩み寄り、なんらかの和解に達することを目的とするものであるので、本条項は銀行法第7章の5の中核をなすものである。

　両当事者の主張する事実関係に争いがある場合、ADRでは裁判手続とは異なり任意の手続なので事実の究明には限界があり、相手方が事実認定に必要な証拠提出を積極的に行わないとか、逆に申請人に不利な証拠のみを提出してくることがあり、申請者の主張に係る証明が困難な場合が少なくない。また、過度な証拠調べを志向することはADRのもつ柔軟性や簡易・迅速性を大きく損なうことになる。

　しかし、ADR制度には裁判制度とは異なる手続の柔軟性、両当事者間の妥協の余地を徹底的に追求し、片方だけではなく両当事者の「納得」を得るために努力し、必ずしも自由意志に基づくものだけではなく潜在意識等も考慮できることなど、紛争解決のために幾多の利点があることも事実である。

　紛争解決委員会はあくまでも合意を目指すが、当事者の自らの主張への固執から当事者の互譲を前提にする解決に適さないと判断すれば、あっせんを打ち切ることになる。当事者の一方が不受諾の意向を示した場合には、委員会は、①さらに改訂和解案を提示する、②特別調停案を提示する、③あっせんを打ち切る、のいずれかの方途を検討し、決したうえで、その検討結果に従ってすみやかな措置をとる。

　ちなみに、全国銀行協会が指定紛争解決機関の場合は平成20年以降26年までを集計すると、終了案件は693件であり、このうち和解成立に至ったものは352件（和解成立率50.8％）である。また、不受理案件を除くと全536件中で和解成立は352件なので、和解成立率は65.7％とかなり高い。民事調停の成立率に比べても遜色ない水準である。

第28章　指定紛争解決機関（金融ADR制度）（銀行法第52条の62〜第52条の84）　551

2　紛争解決委員は、紛争解決手続において、前号の和解案の受諾の勧告に よつては当事者間に和解が成立する見込みのない場合において、事案の性 質、当事者の意向、当事者の手続追行の状況その他の事情に照らして相当で あると認めるときは、銀行業務関連紛争の解決のために必要な特別調停案を 作成し、理由を付して当事者に提示することができること。

(銀行法第52条の67第2項第5号)

　この**特別調停案**は、和解案であって、当事者間における和解の成立を一定 の強制力をもって迫るものである。当事者側は、①当事者である顧客が当該 特別調停案を受諾しないとき、②加入銀行が一定の期日内に当該案件で裁判 所に訴訟を提起したときなど、限定された場合を除き、加入銀行はこれを受 諾しなければならない。逆にいえば、顧客の側は特別調停案を受諾しない選 択権をもつとともに、加入銀行側も紛争解決委員が作成した特別調停案に不 服であれば訴訟に切り替えることが可能であり、裁判を受ける権利が保証さ れていることになる。ただし、金融 ADR 手続から訴訟手続に切り替えられ た場合には顧客は自動的に訴訟の相手側になることを意味し、状況によって は顧客に予期しない経済的、時間的負担をかけることになる可能性があるこ とは事前に十分に配慮しなければならない。

3　特別調停案は、申立人が譲歩の姿勢を示すなかで、他の加入銀行であれ ば何がしかの譲歩がなされるような案件について当該案件の相手方である加 入銀行がいっさい譲歩しないというようなことであれば検討の対象になるも のとされている。そして、銀行からの金銭の支払を内容とするものに加え、 銀行からの謝罪を内容とするものや再発防止策の策定を内容とするものなど さまざまなものが考えられるとされている（大森泰人ほか『詳説　金融 ADR 制度』商事法務）。その内容や提示方法について、法令は特段の定めを置いて おらず、紛争解決委員の裁量に委ねられている。

　特別調停案は裁判上の和解調書などのように確定判決と同様の効果を有す るものではない。したがって、**債務名義**になるものではなく、そのまま強制 執行を行うことができるいわゆる執行力は付与されていない。当事者が特別 調停案を受諾すると、当事者間であらためて和解契約が締結され、それに基 づいて紛争の解決が図られることになる。

4　紛争解決手続は、公開しない。ただし、紛争解決委員は、当事者の同意を得て、相当と認める者の傍聴を許すことができる。

（銀行法第52条の73第 7 項）

　裁判所における訴訟は手続公開が原則であるので、この手続非公開条項は金融 ADR 制度の大きな特徴をなしている。当事者への事情聴取は双方が相対する場で行うのではなく、通常、各々別々に行われる。金融 ADR 制度の本質は互譲の精神であるので、非公開ということになれば双方の駆け引きから離れてそれぞれの本音が引き出しやすく、双方にとって納得感のある解決へと導きやすいといえる。

□第 6 節　義務規定等

1　主務大臣の認可事項である指定紛争解決機関の業務規程には、紛争解決手続において陳述される意見、または提出され、もしくは提示される帳簿書類その他の物件に含まれる銀行業務関連紛争の当事者または第三者の秘密について、当該秘密の性質に応じてこれを適切に保持するための取扱いの方法を定めていなければならない。紛争解決委員もしくは指定紛争解決機関の役職員またはこれらの職にあった者は、紛争解決等業務に関して知りえた秘密をもらし、または自己の利益のために使用してはならず、また、刑法その他の罰則の適用については法令により公務に従事する職員とみなされる（銀行法第52条の64第 1 項・第 2 項）。

　加入銀行は、訴訟が提起された場合には、その旨および理由を指定紛争解決機関に報告しなければならない。また、裁判が確定した場合などにも指定紛争解決機関に報告する義務がある（銀行法第52条の67第 2 項第 7 号・第 9 号）。

2　指定紛争解決機関は、特定の加入銀行に対して不当な差別的取扱いをしてはならない（銀行法第52条の70）。

　「差別的取扱い」という語は漠然としており、理念としての意味合いが強いと思われる。たとえば、手続実施基本契約の内容は、加入銀行が営む銀行業務の規模、性質などの差異に基づいて合理的な範囲でわずかな違いはあるものの、全加入銀行との間で基本的には定型性をもち、同一の内容となって

第28章　指定紛争解決機関（金融 ADR 制度）（銀行法第52条の62〜第52条の84）　553

いるが、これもこの指導理念を考慮した対応と考えられる。

3　指定紛争解決機関は紛争解決等業務に関する記録を作成しこれを保管しなければならない（銀行法第52条の71）。記録の要保存期間は5年とされている（同法施行規則第34条の73第2項）。

4　次に経費面について触れておきたい。指定紛争解決機関は業務を行うことに関し、負担金または料金その他の報酬を受けることができる（銀行法第52条の65第2項）。「**負担金**」は加入銀行から料金以外の名目で支払を受けるものであり、「**料金**」は個々の苦情・紛争解決手続等を利用したことに対して加入銀行またはその顧客から支払を受けるものである。負担金、料金の額または算定方法および支払方法は指定紛争解決機関の業務規程にあらかじめ定めておかなければならない（同法第52条の67第5項第1号）。

　指定紛争解決機関の経営コストは、基本的には銀行から徴収する負担金と紛争の当事者である銀行および顧客から徴収する料金によってまかなわれることとされている。ただし、銀行の顧客にとって負担する料金が過大であれば指定紛争解決機関による紛争解決手続を利用することを躊躇せざるをえなくなる。銀行側にとっても経済的負担という意味では同じような事情にある。そこで、銀行法では、負担額が顧客や銀行にとって合理的なものとなるよう、「著しく不当なものでないこと」との条項を置いており（銀行法第52条の67第5項第2号）、その適切性について行政が確認を行う仕組みがとられている。特に顧客側の経済的負担感から制度利用が制約されることのないよう、関係者の配慮が必要になる。実際の運用では、指定紛争解決機関における利用料は、交通費等の実費を除き無料となっている場合や、請求金額に応じて一定の手数料を求めるものなど顧客の負担が過大にならないような範囲でさまざまとなっているようである（大森泰人ほか『詳説　金融ADR制度』商事法務）。

5　指定紛争解決機関は手続基本契約により加入銀行が負う、①手続基本契約を締結する義務（銀行法第12条の3）、②指定紛争解決機関から報告や資料の提出を求められたときにそれに従う義務、③特別調停案を受け入れる義務（以上は、加入銀行の**三大義務**といわれている）などの義務に不履行が生じた場合には、正当な理由がないと認めるときは遅滞なく、当該銀行の商号および

当該不履行の事実を公表しなければならない（同法第52条の68）。

6　紛争解決委員は、申立てに係る当事者である加入銀行の顧客が当該銀行業務関連紛争を適切に解決するに足る能力を有する者と認められることその他の事由により紛争解決手続を行うのに適当でないと認めるとき、または当事者が不当な目的でみだりに申立てをしたと認めるときは、紛争解決手続を実施しないものとする、と規定している（銀行法第52条の73第4項）。このうち、前半の事案としては、第1は顧客が、たとえば大企業等であり、銀行との間で大きな情報格差がなく、交渉力において遜色がないために、直接の交渉による紛争解決ないし訴訟による解決のほうが合理的な結論に導けるとみられるケースが考えられる。また、第2の「その他の事由」としては、法文上の例示はないが、詳細な事実認定による物的証拠によって主張の正当性を判断する作業が必要になる事案など、むしろ訴訟という厳格な法的手続によるほうが望ましい場合などが含まれると解されている。

ちなみに、銀行法第57条の73第4項全体として、紛争解決機関である全国銀行協会では以下の場合は不適格案件として訴訟等他の方策によることを勧めている。

①　取引の名義が当該顧客本人でない場合（ただし相続人等の場合はかまわない）

②　消滅時効が完成している場合

③　訴訟の終了または民事調停が終了しているもの

④　過去にあっせん委員会によるあっせんを受け入れているもの

⑤　他のあっせん機関で手続が終了、または手続中のもの

⑥　加入銀行の経営方針や融資態度、銀行員個人にかかわるものなど事柄の性格上紛争解決手続の利用が適当でないもの

⑦　申立て内容が明らかに不適当なもの

⑧　不当な目的で、またはみだりにあっせんの申立てをしたと認められるもの

実際に適用されるのが多いのは⑥である。これは銀行支店になぜペット犬を連れていくことが認められないかなどの不服や、銀行に提出された文書が偽造であるとしてその筆跡鑑定を前提にして預金の払戻しを求めるものなど

第28章　指定紛争解決機関（金融ADR制度）（銀行法第52条の62〜第52条の84）　555

である。

7　また、顧客の側が、みだりに紛争解決の申出を行う場合や、苦情・紛争の申立てによって紛争解決を望むというより、むしろ紛争解決手続を通じて銀行から資料や情報を入手することに目的があるとみられる場合などには紛争解決手続を実施しない、とされている。最近このような事例がふえてきていることは金融だけではなく、他の広い分野でも指摘されているところであり、憂慮すべき現象である。金融ADR制度は顧客の悩みの解消を目指す側面が強いことはいうまでもないことだが、銀行が唯々諾々と先方の主張を飲むための制度でもない。第三者機関である指定紛争解決機関の前で、十分に双方の主張を戦わせるべきであり、紛争解決委員は真に公正な立場から解決を図るべきは当然である。

8　紛争解決委員が当該申立を他の指定紛争解決機関（受託紛争解決機関という）における紛争解決手続に相当する手続に付することが適当と認めるときは、指定紛争解決機関は受託紛争解決機関に紛争解決手続の業務を委託するものとする。しかし、指定紛争解決機関は、他の業態の指定紛争解決機関または法律による指定を受けたこれに類する者以外の者に対して、苦情処理手続または紛争解決手続の業務を委託してはならない（銀行法第52条の66）。

　金融ADR制度のもとでは業態ごとに指定紛争解決機関が設けられており、案件によっては苦情・紛争の対象が重複している場合、ないし、他の業態の指定紛争解決機関で取り扱うほうが適当なものもありうる。このような場合に他の指定紛争解決機関ないし政令で定めるものへの委託を認めるものである。ただし、委託先はあくまでも他の指定紛争解決機関や政令に定める専門的な紛争解決業務を行う者に限るのであり、それ以外への委託は法律で認められていない。これは勝手に任意の法人、個人への委託が許されれば金融ADR制度本来の趣旨が潜脱されるおそれがあり、そのおそれを防御するためである。

9　銀行業務関連紛争について当該銀行業務紛争の当事者間に訴訟が係属する場合においてこの法律に基づく紛争解決手続が実施されているなどの事由があり、かつ、当事者の共同の申立てがあるときは、受訴裁判所は、4カ月

以内の期間を定めて訴訟を中止する旨を決定することができる（銀行法第52条の75第1項）。

10 本制度には**時効中断**の規定が置かれている。すなわち紛争解決手続によっては当事者間に和解が成立する見込みがないことを理由に紛争解決委員が当該紛争解決手続を終了する場合がある。そのときは、当該紛争解決手続の申立てをした当該紛争の当事者がその旨の通知を受けた日から1カ月以内に当該手続の目的となった請求について訴えを提起したときは、当該紛争解決手続における請求の時に訴えの提起があったものとみなされる（銀行法第52条の74条第1項）。

銀行業務関連の債権の商事消滅時効は現行民法のもとでは3年などかなり短い期間のものがあることもあり、一定の場合には時効中断事由の発生を申立て時にまでさかのぼらせることとし、顧客にとって時効が本制度利用の障害にならないよう配慮されている。

□第7節　指定紛争解決機関に対する監督

銀行法は主務大臣に対して指定紛争解決機関への各種の監督規定を設け、紛争解決業務の公正かつ適格な遂行をその背後で支えている。

その第1として、主務大臣は、指定紛争解決機関の業務に関し、参考になるべき報告もしくは資料の提出を命令し、また、職員を営業所、事務所に立ち入らせ、検査させることができる。こうした権限は指定紛争解決機関に限定されるものではなくその加入銀行等にも及ぶ（銀行法第52条の81第1項・第2項）。

また、必要の限度において、指定紛争解決機関に対して、その業務の運営の改善に必要な措置（いわゆる業務改善命令）を命ずることができる（銀行法第52条の82）。

さらには、指定紛争解決機関が法令等に違反した場合など一定の条件に該当した場合には指定の取消し、またはその業務の全部もしくは一部の停止を命ずることができる（銀行法第52条の84）。

第**29**章

雑則（銀行法第53条〜第60条）

□ 第1節　届出事項

1　雑則は、銀行法を施行するに際して必要な手続を規定している。

　銀行は、次の各号のいずれかに該当するときは、内閣府令で定めるところにより、その旨を内閣総理大臣に届け出なければならない。

（1）　営業を開始したとき。

（2）　第16条の2第1項第11号から第12号の2までに掲げる会社（略）を子会社としようとするとき（略）。

（3）　その子会社が子会社でなくなつたとき（略）。

（4）　資本の額を増加しようとするとき。

（5）　この法律の規定による認可を受けた事項を実行したとき。

（6）　外国において駐在員事務所を設置しようとするとき。

（7）　その総株主の議決権の100分の5を超える議決権が一の株主により取得又は保有されることとなつたとき。

（8）　その他内閣府令（略）で定める場合に該当するとき。

（銀行法第53条第1項）

　本条は、銀行が種々の活動を行うに際して内閣総理大臣に対し届出を要する事項を定めている。

　銀行は銀行法第53条の規定による届出を行おうとするときは、届出書に理由書その他参考になるべき事項を記載した書類を添付して内閣総理大臣に提出しなければならない。

2　銀行法第53条第1項第8号に規定する「その他内閣府令で定める場合に該当するとき」としては、銀行法施行規則第35条で次のとおり列挙されている。

（1）　定款を変更した場合
（2）　新株予約権または新株予約権付社債等を発行しようとする場合
（2の2）　新株予約権付社債について期限前償還をしようとする場合
（3）　銀行を代表する取締役または銀行の常務に従事する取締役または監査役（略）を選任しようとする場合または役員等が退任しようとする場合
以下略

□第2節　認可等の条件

1　内閣総理大臣は、この法律の規定による認可又は承認（次項において「認可等」という。）に条件を付し、及びこれを変更することができる。

（銀行法第54条第1項）

前項の条件は、認可等の趣旨に照らして、又は認可等に係る事項の確実な実施を図るため必要最小限のものでなければならない。

（銀行法第54条第2項）

　銀行法は銀行の営業免許について、同法第4条第4項において、内閣総理大臣は公益上必要があると認めるときは、必要の限度において、免許に条件を付しおよびこれを変更することができる、と規定している。銀行法第54条の規定は営業免許以外にも内閣総理大臣の認可または承認行為があるが、これらについても条件を付しおよびこれを変更することができる旨を規定している。

2　ここで「**条件**」とは、行政行為の附款を意味する。附款は法律行為を組み立てる意思表示の一部分であり、法律行為の効力の発生または消滅を将来の事実に係らせるものをいう。一般の行政処分その他の公法関係において「条件」といった場合には、狭義の「条件」、すなわち、将来の不確定な事実の成否に係らしめる意思表示だけではなく、「期限」「負担」「撤回権の留保」

第29章　雑則（銀行法第53条〜第60条）　559

など、すべてその行為の効力をなんらかの点で制限している附款を広く含める意味で用いられる。

「**期限**」とは、行政行為の効力の発生または消滅を将来到来することの確実な事実の発生に係らしめる意思表示をいう。たとえば、「直ちには許可しないが、○月○日から許可する」「事業開始から20年間の経営を認可する」といった類いである。

「**負担**」とは、認可等の行政行為をなすにあたり、主たる意思表示に付随して相手方に対してこれに伴う特別の義務を命じるものである。義務の不履行の場合は、それを理由として既往の行政行為が撤回されることがありうることになる。

このほか附款の例として、許可等の撤回権をあらかじめ留保することや法律上の効果の一部を除斥することなどがある。

3　他方、認可における「条件」は、その運用いかんでは認可を受けた者の地位を不安定にし、取引の安全を損なうおそれがないわけではない。そこで、銀行法は、第54条第2項において、「条件は、認可等の趣旨に照らして、又は認可等に係る事項の確実な実施を図るため必要最小限のものでなければならない」と規定している。

4　また、銀行経営者にとって、重大な決断事項、たとえば、合併の認可や本店の位置変更の認可などは、正式の認可に先立ち、あらかじめある程度認可されるかどうかの見通しを固めておく必要がある。申請によって認可が得られなかったことからくる不都合や、先行投資に係る損失を小さくする努力をしなければならない。このような場合に利用できる仕組みとして予備審査制度がある（銀行法施行規則第39条）。

この予備審査制度のもとで、銀行は事前に一定の資料を行政当局に提出し、あらかじめ仮の認可をとることができる。仮の認可をふまえ、銀行経営者は、株主総会の準備、用地の取得などの諸手続を認可前に進めることができる。本認可申請の段階で仮の認可当時と事情に変化がなく、株主総会決議等、所定の手続が完了していれば正式の認可が行われる。このように、予備審査制度は、銀行側に便宜を図ること、および、行政当局の認可への準備作業、という二つの要請により成り立っている。

□第3節　認可の失効

1　銀行、銀行主要株主（略）又は銀行持株会社（略）がこの法律の規定による認可を受けた日から6月以内に当該認可を受けた事項を実行しなかつたときは、当該認可は、効力を失う。ただし、やむを得ない理由がある場合において、あらかじめ内閣総理大臣の承認を受けたときは、この限りでない。

（銀行法第55条第1項）

　銀行法第55条においてこのように規定したのは、「認可を受けた事項」の実行の意味合いが一般の認可の場合と異なっているので、解釈の紛れを除くために注意規定として挿入されたものである。

2　ところで、銀行法第55条は、ただし書で「ただし、やむを得ない理由がある場合において、あらかじめ内閣総理大臣の承認を受けたときは、この限りでない」と規定している。いかなる場合が「やむを得ない理由」に該当するかは、法令等に明文の規定があるわけではない。個別事例の積重ねのなかから固まっていくものと考えられる。いずれにしても、一度、認可が与えられているのであるから、その効力を否認するには慎重な配慮が必要であることは論をまたない。

　銀行がこの承認を受けようとするときは、承認申請書に理由書を添付して金融庁長官に提出しなければならない（銀行法施行規則第36条）。

□第4節　内閣総理大臣の告示

　次に掲げる場合には、内閣総理大臣は、その旨を官報で告示するものとする。

（1）　第26条第1項（業務停止命令）又は第27条（法令違反等の場合の業務停止命令）の規定により銀行の業務の全部又は一部の停止を命じたとき。

（2）　第27条又は第28条（法令違反等の場合の業務停止命令）の規定により第4条第1項の免許を取り消したとき。

（3）　銀行が第41条第4号の規定（業務開始の遅延）に該当して第4条第1項の免許が効力を失つたとき。

第29章　雑則（銀行法第53条～第60条）　561

（4）　第50条（外国銀行支店に係る免許の失効事由）の規定により外国銀行に対する第4条第1項の免許が効力を失つたとき。

（5）　以下略

（銀行法第56条）

　告示とは、公の機関が、その行った処分、決定その他の事項を、公式に、広く一般に知らせる行為をいう。国家行政組織法第14条第1項には、各大臣、各委員会および各庁の長官がその機関の所掌事務について、**公示**を必要とする場合において、告示を発することができる旨の一般的規定がある。告示は通常、官報により行われる。官報その他の公報紙には、一般に告示欄が設けられる。公の機関が法令に基づいてする指定、決定その他の処分で公示を要するものについて、別段の公示の形式が定められていない場合は、「告示」の形式によるのが通例である。

　銀行法では、内閣総理大臣は、預金者等の銀行取引者に重大な影響を及ぼす処分および免許の失効事由のうち一般公衆に知らせる手段を設けていないものについては、その旨を官報に告示するものとしている。

□第5節　公　　告

1　ある事項を広く一般の人々に知らせることを「**公告**」という。前節で述べた「告示」は公的機関からの公報行為であるのに対し、ここで取り上げている「公告」は概して民間機関からの公報行為をいう。本条は、銀行による公報行為である「公告」についての記述である。

　公告の効力が単に広く一般に知らせるという意義をもつことはもちろんであるが、このほかに債権者等が適当な手続をとらなかった場合には失権するという効果を生ずる場合にも利用される。後者の意義が大きい。

　銀行又は銀行持株会社は、公告方法として、次に掲げる方法のいずれかを定款で定めなければならない。

（1）　時事に関する事項を掲載する日刊新聞紙に掲載する方法

（2）　電子公告

（銀行法第57条）

562

一般の会社の場合には、以上の公告方法に加えて、官報に掲載する方法もある（会社法第939条）。

これに対し、銀行法上の「公告」は、預金者等の一般公衆や一般投資家等を対象とするもので、会社法の公告が主として対象とする株主等よりも広い範囲の人々に周知を促すことが必要である。そこで、銀行法においては、公告の方法を時事に関する事項を掲載する日刊新聞紙、および電子公告によらなければならない、としている。つまり、官報を公告の媒体として使用することを認めなかった。官報は政府により発行され、公報媒体としてはわが国において卓越した権威と地位を有するものであるが、一般公衆が日々手にするものではない。時事に関する事項を掲載する日刊新聞紙や電子公告は日々、人々の目に触れるという意味で公告媒体として最も規模の大きいものである。

2　電子公告とは、『電磁的方法により不特定多数の者が公告すべき内容である情報の提供を受けることができる状態に置く措置』（会社法第2条第34号）でありインターネットにおける**ウェブサイト**への掲示が代表的なものである。公告方法としてあらかじめ銀行の定款に規定する必要があるが、定款上の定めとしては、単に電子公告を公告する方法とする旨を記載し、アドレスを登記すれば足りる。

電子公告はインターネットが社会の隅々にまで普及した現代において、簡便で効率的、かつ効果的な掲示方法であるが、紙媒体による伝達と異なり、画面の継続が必要以上に短いと関係者が画面を捕捉できなくなるなど情報伝達が十分になされない可能性がある。そこで、会社法では電子公告に限って、案件区分に応じて一定の継続期間を義務づけているが、銀行法は第57条の2においてその特則を規定している。すなわち、

①　公告に定める期間内に異議を述べることのできる旨の公告の場合は当該期間を経過する日まで

②　天災等のやむをえない理由により臨時休業をする場合には業務を再開する日まで

③　その他の事由による臨時休業の場合は業務再開後1カ月を経過する日まで

④　決算公告の場合は公告を開始した日以後5年を経過する日まで

⑤　その他の場合は公告を開始した日から1カ月を経過する日まで

ウェブサイトでの公告を継続しなければならない。

なお、事故その他のやむをえない事由により公告の継続ができない場合の救済措置については会社法の規定が準用されている。

一般の会社に対して、会社法（第941条）は、電子公告が公告期間中において適正に継続して行われることを確保するため、法務大臣の登録を受けた調査機関が調査を行う旨を規定している。電子公告を行う会社は、適格性ある機関に電子公告調査を求めなければならない。銀行法第57条の3は銀行に対して会社法に準拠して電子公告調査を受けることを求めている。

3　銀行法が各条文で規定する銀行または銀行持株会社が行うべき公告は、臨時休業等（銀行法第16条）、臨時休業明けの再開（同法第16条）、貸借対照表等（同法第20条、第52条の28）等の各項目である。このうち、臨時休業等および廃業等の公告については、銀行が単にその旨の公告を行うだけでは不十分であり、あわせて、預金者に知らせることを徹底させるため、各行において店頭に掲示することを義務づけている。

□ 第6節　財務大臣との協議

1　財務省設置法（平成11年7月16日法律第95号）は第3条で財務省の所掌任務として「健全な財政の確保」「通貨に対する信頼の維持」などを掲げ、第4条で「財務省は前条の任務を達成するため次に掲げる事務をつかさどる」として、その第55号で「健全な財政の確保、国庫の適正な管理、通貨に対する信頼の維持及び外国為替の安定の確保の任務を遂行する観点から行う金融破綻処理制度及び金融危機管理に関する企画及び立案に関すること」と規定している。したがって、金融制度の企画立案や金融行政の運営はもっぱら金融庁の所掌であるものの、金融破綻処理制度や金融危機管理という限られた分野では財務省にも金融庁の所掌範囲と重なり合う部分があることになる。そこで、両行政機関の協力関係を規定したのが銀行法第57条の5、第57条の6、第57条の7の3カ条である。

2　内閣総理大臣は、銀行に対し次に掲げる処分をすることが信用秩序の維持に重大な影響を与えるおそれがあると認めるときは、あらかじめ、信用秩序の維持を図るために必要な措置に関し、財務大臣に協議しなければならない。

（1）　第26条第1項、第27条又は第52条の34第1項若しくは第4項の規定による業務の全部又は一部の停止の命令

（2）　第27条又は第28条の規定による第4条第1項の免許の取消し

（銀行法第57条の5）

　加えて、内閣総理大臣は、銀行法第4条第1項の規定による免許、第16条の2第7項、第30条第1項〜第3項、第37条第1項などの規定による処分をしたなどのときは、すみやかに、その旨を財務大臣に通知することとされている（銀行法第57条の6）。

3　財務大臣はその所掌に係る金融破綻処理制度および金融危機管理に関し、銀行に係る制度の企画または立案をするため必要があると認めるときは、内閣総理大臣に対し、必要な資料の提出および説明を求めることができる（銀行法第57条の7第1項）。さらに、こうした金融庁を介した調査権限だけでなく、財務大臣は、銀行に係る制度の企画または立案をするため特に必要があると認めるときは、その必要の限度において、銀行、銀行主要株主、銀行持株会社その他の関係者に対し、直接に、資料の提出、説明その他の協力を求めることができる（銀行法第57条の4第2項）。

　他方、金融庁長官は、金融庁の所掌事務を遂行するため必要があると認めるときは、財務省をはじめ関係行政機関の長に対し、資料の提出、説明その他の必要な協力を求めることができる（金融庁設置法第5条）。また、金融庁長官、および金融関連業者に対する検査を所掌する行政機関の長は、効率的な検査を実施するため、意見の交換を図るとともに、それぞれの求めに応じ、それぞれの職員に協力させることができる（金融庁設置法第5条）。

□第7節　実施規定

　この法律に定めるもののほか、この法律の規定による免許、認可又は承認

第29章　雑則（銀行法第53条〜第60条）　565

又は指定に関する申請の手続、書類の提出の手続その他この法律を実施するため必要な事項は、内閣府令で定める。

(銀行法第58条)

　この条文は、内閣府令である銀行法施行規則などの根拠規定をなしている。政府が銀行法を施行していくうえで各種の手続規定や実施のための諸事項を整備するための根拠を規定したものである。

□ 第8節　権限委任

1　内閣総理大臣は、この法律による権限（政令で定めるものを除く。）を金融庁長官に委任する。

(銀行法第59条第1項)

　金融庁長官は、政令で定めるところにより、前項の規定により委任された権限の一部を財務局長又は財務支局長に委任することができる。

(銀行法第59条第2項)

　一般に法律において「権限」という語句がよく使われる。**権限**とは、国、地方公共団体、各種の法人、個人の機関またはその代理人が行うことのできる行為または処分の能力の限界ないし範囲をいう。そして、**権限の委任**とは、行政庁がその権限の一部を他の行政庁に委任することをいう。

　権限を委任すると、当該権限は委任した行政庁を離れ、受任された行政庁に移る。したがって、それは法令の定める行政庁の職権を変更するものであるから、法令に特別の定めがない限り行うことはできない。銀行法第59条に基づき、内閣総理大臣は、政令で定めるもの以外を金融庁長官に委任している。

2　内閣総理大臣の権限のうち委任してはならないものの具体的内容は、銀行法施行令第17条に定められている。

　一般に、銀行法が規定する内閣総理大臣の権限は、その行使の態様を基準にすれば、①免許、認可、承認、②届出および書類の受理、③報告および資料の徴求、④質問、立入検査、の4種類に区分できる。

　銀行法施行令第17条によれば、これらの業務のうち、銀行の営業免許（銀

行法第 4 条)、営業免許の取消し（同法第27条、第28条）、銀行持株会社の認可
（同法第52条の17)、など銀行行政の根幹をなす事項は内閣総理大臣の専管事
項であり、金融庁長官に委任することはできない。しかし、それ以外の権限
は、金融庁長官に委任することができる。また、銀行に対する報告および資
料の徴求、質問および立入検査は、内閣総理大臣と金融庁長官がともに権限
を行使することができる。

3　以上の権限委任に関連して、申請書等の提出先について述べておきた
い。

　銀行は、申請書、業務報告書その他この府令に規定する書類を金融庁長官
に提出するときは、銀行の本店の所在地を管轄する財務局長に対して提出し
なければならない。ただし、その所在地が福岡財務支局の管轄にある場合に
あっては、福岡財務支局長とし、財務事務所等の管轄区域内にある場合に
あっては当該財務事務所長等を経由して提出しなければならない（銀行法施
行規則第37条第 1 項)。

4　外国銀行支店は、中間業務報告書、業務報告書を内閣総理大臣に提出す
るときは、外国銀行支店の所在地を管轄する財務局長等を経由して提出しな
ければならない。ただし、金融庁長官の指定する外国銀行支店については、
この限りでなく、金融庁長官の指定に従って提出がなされることになる（銀
行法施行規則第37条第 3 項)。

□ 第 9 節　経過措置

**1　この法律の規定に基づき命令を制定し、又は改廃する場合においては、
その命令で、その制定又は改廃に伴い合理的に必要と判断される範囲内にお
いて、所要の経過措置（罰則に関する経過措置を含む。）を定めることができ
る。**

（銀行法第60条）

　本条は、命令に関する経過措置を設定する際の根拠規定である。

　ここでいう命令とは、政令および内閣府令を指す。

　銀行法において、規制の対象となる行為の一定の要素を政省令で定める場

第29章　雑則（銀行法第53条〜第60条）　567

合がある。政省令の制定・改廃を行えば、制定・改廃時前の政省令と後の政省令との間にその適用をめぐって不連続の状態が生じる。これは何も政省令に限ったことではなく、法律の制定・改廃のときに起きる。その不連続性に対処し、新しい法制における罰則の適用や監督行政の運用を円滑かつ合理的に行うために、銀行法のなかに、あらかじめ、政省令につき経過措置を定めることができるという明文の根拠を設けたものである。

2　たとえば、届出を行うべき事項が新たに省令に追加された場合に、銀行法第65条第4号は無届出に対し一律に罰則を科しているので、すでにそれまで届出を行うことなしに自由に行われていたその事項は、当該省令の施行日を境にして施行日以後は無届出の状態が続くことになり、自動的に罰則の対象になってしまう。そのような場合に本条に基づく省令のなかに、すでに行われた行為に対してはあらためて届出をなすことを要せず従前の例によって対応する旨の規定を設ければ、法律状態における無用の混乱を回避することができる。技術的な手当を記述した規定である。

第30章

罰則（銀行法第61条〜第67条）

□ 第1節　総　説

1　不正行為を排除し、銀行行政の適正な運営を確保するために、銀行法は、刑法、会社法等とともに幾多の罰則を設け、信用秩序の維持を図っている。

　銀行法における罰則は、銀行およびその役員に対するものと、銀行関係者以外の者に対するものとに分かれ、また、行政刑罰と秩序罰（行政罰）、の2種類に分かれる。

　ところで、一般に、犯罪に対して科される制裁を**刑罰**という。刑罰の種類は刑法第9条に定められており、主刑としては、一般に、死刑、懲役、禁錮、罰金、勾留および科料、の6種類があり、そのほか付加刑として没収がある。これらのうち、行政法分野での刑罰が、行政刑罰ということになる。**行政刑罰**は、行政法の分野において、対象となる行為それ自体が反社会的、反道義的な犯罪、つまり、その行為自体がすでに社会道徳観念のうえで違法とされる域に達しているいわゆる自然犯、ないし刑事犯に対して科される。また、行政刑罰は、形式的にいえば、刑法に刑名のある刑罰を科するものでもある。

2　これに対し、いま一つの範疇として秩序罰がある。秩序罰は、行政罰ともいわれる。**秩序罰**は、行政を適正に行うために設けられ、法規に違反する行為に対する罰則であり、対象となる行為自体は当然には反社会的、反道徳的なものではなく、法律の制定を待ってはじめて違法とされる作為、不作為

第30章　罰則（銀行法第61条〜第67条）　569

に対する刑罰である。その典型が各種の法律に定められている「**過料**」である。いわば、法規範ないし法秩序を維持していくことを目的とし、法規に服従する義務に違反する行為に対して科されるものである。

　銀行法は「行政刑罰」と「秩序罰」の二つを規定している。

3　ここで、行政刑罰と故意との関係について触れておきたい。

　刑法上、**故意**とは、罪を犯す意思をいい、罪となる事実を認識し、かつ、その実現を意図するか、少なくとも認容する場合をいう。これに対し、**過失**とは、不注意によって犯罪事実を認識、認容しないことをいう。刑法総則の条文の一つである刑法第38条は「罪を犯す意思がない行為は、罰しない。ただし、法律に特別の規定がある場合は、この限りでない」と規定している。すなわち、刑法総則は、刑罰を科す要件として一般に「故意」、つまり、犯意の存在する行為を要件としており、単なる「過失」にとどまる場合は、刑罰を科すことはできない。そして、刑法第8条は『本法の総則は他の法令において刑を定めたものにまたこれを適用する。ただし、法令に特別の規定あるときはこの限りでない』と規定している。そこで、銀行法などの行政法に規定されている「行政刑罰」について刑法総則の適用があるかどうかが争いになる。

　一般には、刑法第8条を文理解釈して「行政刑罰」には、刑法総則がそのまま適用があると解し、犯罪が成立するには明文がない限り故意であることを必要とするというのが通説である。これによれば、銀行法においても行政刑罰の規定に関しては故意が要件とされ、単なる過失による行為は刑罰の対象にはならない。他方、最近の判例や一部の学説は、行政刑罰と刑事罰にはその適用原理に差異が認められるべきであり、刑法にいう「特別の規定」とは、単に明文の定めのみを指すものではなく、行為の性質に基づき、原理上認められるべき特殊性をも含めた意味に解し、行政刑罰を適用されるべき行政犯については刑法総則をそのまま適用すべきではないとしている。この説に従えば、たとえば、行政犯においては明文の定めがない場合でも故意の存することを要件とせず、過失をもって足りる。

　思うに、金融秩序の維持が行政当局への正しい報告、資料の提出、金融検査の適正な執行にかなりの程度依存していることを考慮すれば、軽微な過失

はともかくとして、重大な過失がある場合には行政刑罰が問えることとすれば銀行監督の実効性があがると考えるが、いずれにしても今後の行政刑法学における動向を注目していきたい。

行政刑罰と並んでもう一つの分野を形成する秩序罰である過料については、明確に刑法総則の適用がないから、過料に処すべき行為に対しては、故意がなくとも過失があれば足りる。

4 現行銀行法の構成は、行政刑罰としては、①銀行業の無免許営業などに対して3年以下の懲役もしくは罰金またはこれを併科する。②無認可による銀行持株会社の設立や免許の条件違反・業務停止命令違反などに対して2年以下の懲役または罰金が科される。また、③業務報告書の虚偽記載など虚偽の報告・資料の提出、検査妨害、銀行持株会社に対する内閣総理大臣命令への違反行為、などに対して、1年以下の懲役または罰金が科される。

一方、秩序罰としては、①取締役の兼業制限違反、②他業禁止違反、③届出、公告、掲示義務違反、④利益準備金の積立義務違反、⑤保全命令違反、資産国内保有命令違反、⑥異議債権者に対する弁済措置等をとることをしないでなした事業譲渡等、⑦外国銀行支店の資料不提出、虚偽記載、⑧外国銀行の業務、財産の報告、資料の不提出、虚偽の報告等、などは過料に処せられる。

なお、銀行以外の者がその名称または商号中に銀行であることを示す文字を使用すれば100万円以下の過料に処せられる（銀行法第66条）。

□第2節　行政刑罰

1 次の各号のいずれかに該当する者は、3年以下の懲役若しくは300万円以下の罰金に処し、又はこれを併科する。

（1） 第4条第1項の規定に違反して、免許を受けないで銀行業を営んだ者

（2） 不正の手段により第4条第1項の免許を受けた者

（3） 第9条の規定に違反して、他人に銀行業を営ませた者

（4） 第13条の4、第52条の2の5又は第52条の45の2において準用する金融商品取引法（略）第39条第1項の規定に違反した者

（5）　第52条の36第１項の規定に違反して、許可を受けないで銀行代理業を営んだ者

（6）　不正の手段により第52条の36第１項の許可を受けた者

（7）　第52条の41（第52条の２の10において準用する場合を含む。）の規定に違反して、他人に銀行代理業（第52条の２の10において準用する場合にあつては、外国銀行代理業務）を営ませた者

（銀行法第61条）

　本条は無免許で銀行業を営んだ者を処罰すべきことなどを規定している。銀行は金融機関としてその信用秩序維持に重責を担っており、内閣総理大臣の免許がなければ営業できないものとされている。銀行法は無免許営業に対して厳格な態度で臨んでいる。

　また、銀行法第52条の17第１項の規定による内閣総理大臣の認可を受けないで、同項各号に掲げる取引もしくは行為により銀行を子会社とする持株会社になったとき、または銀行を子会社とする持株会社を設立したときなどにおいて、その違反行為をした者は、２年以下の懲役もしくは300万円以下の罰金に処し、またはこれを併科する（同法第61条の２）。

2　銀行法第４条第４項（銀行の営業免許の際に内閣総理大臣が条件を付した場合）または同法第52条の38第２項（銀行代理業の許可の際に内閣総理大臣が条件を付した場合）の規定により付した条件に違反した者、同法第26条第１項（業務の停止命令）、同法第27条（業務の停止命令、役員の解任命令、免許取消など）、同法第52条の34第１項もしくは同条第４項（銀行持株会社等に対する監督上の命令）または同法第52条の56第１項の規定による業務の全部もしくは一部の停止の命令に違反した者は、２年以下の懲役または300万円以下の罰金に処する（同法第62条）。

　免許に条件を付すことや業務の停止などは内閣総理大臣の銀行に対する監督を実効あるものにするにあたって重要な行政処分である。その措置に違反した場合は、前条の場合と同様に厳格に対処すべきであるとの立場から、違反者は２年以下の懲役または300万円以下の罰金に処される。

3　次の各号のいずれかに該当する者は、１年以下の懲役又は300万円以下の罰金に処する。

（1）　第19条、第52条の27又は第52条の50第１項（略）の規定に違反して、
　　　これらの規定に規定する書類を提出せず、又はこれらの書類に記載すべ
　　　き事項を記載せず、若しくは虚偽の記載をしてこれらの書類を提出した
　　　者
（1の2）　第20条第４項若しくは第52条の28第３項の規定に違反して、これ
　　　らの規定による公告をせず、（略）又は当該公告をしなければならない
　　　書類に記載すべき事項を記載せず、若しくは虚偽の記載をして、公告を
　　　し（略）た者
（2）　（略）
（3）　第25条第１項（略）、第25条第２項（略）の規定による当該職員の質
　　　問に対して答弁をせず、若しくは虚偽の答弁をし、又はこれらの規定に
　　　よる検査を拒み、妨げ、若しくは忌避した者
（4）　第43条第１項（略）の規定による命令に違反した者
（5）　第45条第３項の規定による検査を拒み、妨げ、若しくは忌避し、又は
　　　同条の規定による命令に違反した者
（6）　以下略

（銀行法第63条）

　本条は、①業務報告書等の不提出、不記載、虚偽記載、②報告、資料の不
提出、虚偽の報告等、③虚偽答弁、検査妨害、等に対して１年以下の懲役ま
たは300万円以下の罰金を科すものである。

　本条にいう罰金はあくまでも行政刑罰の一つであり、したがって、上記の
行為には行政刑罰が科されることになる。秩序罰よりも科罰性が高いので前
述のとおり故意を要件としており、単なる過失による行為には行政刑罰は科
されない。

　検査や行政による調査への妨害に関して述べておきたい。銀行は公共機関
であり、内閣総理大臣の免許を受けて営業をなすものであり、常に信用を旨
とすべきものであるから、欺罔行為の責任は重いといわなければならない。
加えて、検査官による検査は強制捜査の性格をもたないから、その適正かつ
円滑な遂行を確保するために、銀行法は妨害行為に対して行政刑罰を科する
こととしている。

第30章　罰則（銀行法第61条〜第67条）　573

4 ここで、**強制捜査**との関係に触れておくと、あらためて述べるまでもなく、司法上の捜査は、刑事訴訟法等の明文の規定に基づき、逮捕、勾留、押収、捜索、検証など、対象となる者の意思に反して各種の強制処分を行うことができる。強制処分は、被対象者その他関係者の権利あるいは自由を制約することが法律により認められているわけである。これに対し、金融機関検査等は、相手方の協力を前提とする任意検査である。それだけに、調査ないし検査を受ける銀行側が資料の不提出等、任意検査であることを逆用して虚偽の申立てなど検査妨害を行うことを許容することになれば、銀行法第24条、第25条が規定している政府による調査権、立入検査権の趣旨を没却することになりかねない。そこで、政府による調査権、立入検査権の実効性を確保するために、罰則が規定されているのである。特に、対象金融機関が金融犯罪を犯している可能性がある場合には、金融検査についてこの条文は国民経済的にみて重要な意義を有している。

　銀行法第63条に該当することがあった場合には、すべての役員を罰する趣旨ではなく、その行為に関する責任者を罰するものと解される。すなわち、銀行の一定の作為、不作為に関する責任者を罰する趣旨である。

両罰規定

1　法人（法人でない団体で代表者又は管理人の定めのあるものを含む。以下この項において同じ。）の代表者又は法人若しくは人の代理人、使用人その他の従業者が、その法人又は人の業務又は財産に関し、次の各号に掲げる規定の違反行為をしたときは、<u>その行為者を罰するほか、その法人に対して当該各</u>号に定める罰金刑を、その人に対して各本条の罰金刑を科する。
（1）　第61条第4号又は第62条　3億円以下の罰金刑
（2）　第62条の2（略）　2億円以下の罰金刑
（3）　第63条の2の2　1億円以下の罰金刑
（4）　第61条（第4号を除く。）、第61条の2（略）　各本条の罰金刑

（銀行法第64条第1項）

　銀行法第61条等に違反する行為があった場合、銀行法は、単に当該犯罪の実行行為者を罰するのみならず、銀行そのものを処罰することとしている。

574

いわゆる、**両罰規定**である。

2　ここで、「法人でない団体で代表者又は管理人の定めのあるもの」とは、いわゆる「権利能力のない社団」を指している。「**権利能力のない社団**」は、社団の実体を有しているにもかかわらず法人格をもたない社団である。以前は民法における組合の規定が適用されていた。しかし、「権利能力のない社団」は、組合のように個々の人々の単なる集合とはいいがたい面があり、それを超えた独立の団体として位置づけられるようになった。公益または営利を目的とする社団、公益を目的とする財団は法人となりうるが、なかには法人にならないものがある。このような事情から法人ではない社団が生じるわけである。

　銀行法では、法人に対し両罰規定を適用することにしているが、「権利能力のない社団」に対しても銀行法の違反行為、たとえば、銀行の営業免許を受けずに銀行業を営む場合などには、そのような行為を行った個人とともに、社団そのものを罰することとしている。そして、銀行法第64条第2項により、これら「権利能力のない社団」を処罰する場合には、その代表者または管理人が訴訟行為につき団体を代表するほか、法人を被告人または被疑者とする場合の刑事訴訟に関する法律の規定が準用される。

3　銀行法における両罰規定は、昭和29年に主に経済統制法の制定に伴って採用された。今日では、一般行政上のほとんどの取締法規において採用されている。

　両罰規定は、法人に独自の行為能力があるとすれば不法行為能力についても同様と解するべきであるとの考え方に基づいている。この考え方のもとに、行政法の分野における取締りの実効性を期するために、違反行為の実行者を処罰するとともに、法人等の主体に対して罰金刑を科すこととされたものである。違反行為が法人等の業務に関しなされた場合にこの規定が適用される。

□ 第3節　秩序罰

1　秩序罰とは、既述のとおり、行政上の秩序維持のために科される処罰で

ある。行政刑罰とは異なり、直接に法益に侵害を加えるに至っていない領域、すなわち、業務の懈怠に対して科されるものである。

秩序罰としては、一般に過料が科される。過料とは、「罰として○○万円支払うべし」、といった公法的な義務を課すものである。これに似た言葉に「科料」がある。**科料**は罰金とともに財産刑（金銭罰）の一種であり、あくまでも行政刑罰である。これに対して、**過料**は、金銭罰の一種ではあるが、秩序罰にとどまり、行政刑罰ではない。したがって、刑法総則の適用がない。そこで、故意のみならず過失についてもすべて罰則の対象となる。その科罰手続については、刑事訴訟法の適用がない。科罰手続を定めた一般手続として過料事件の管轄裁判、執行等に関して非訟事件手続法の定めがある。

2　銀行法により具体的に過料が科される事例は、次のとおりである。

　次の各号のいずれかに該当する場合には、その行為をした銀行（銀行が第41条第1号から第3号までのいずれかに該当して第4条第1項の内閣総理大臣の免許が効力を失つた場合における当該銀行であつた会社を含む。）の取締役、執行役、会計参与若しくはその職務を行うべき社員、監査役、支配人若しくは清算人、外国銀行の代表者、代理人若しくは支配人、銀行議決権大量保有者（略）、銀行主要株主（略）、特定主要株主（略）、銀行持株会社（略）の取締役、執行役、会計参与若しくはその職務を行うべき社員、監査役、支配人、業務を執行する社員若しくは清算人又は銀行代理業者（略）は、100万円以下の過料に処する。

（1）　第5条第3項、第6条第3項、第8条第2項若しくは第3項又は第47条の3の規定による内閣総理大臣の認可を受けないでこれらの規定に規定する行為をしたとき。

（2）　第7条第1項又は第52条の19第1項の規定に違反して他の会社の常務に従事したとき。

（3）　第12条又は第52条の21第2項の規定に違反して他の業務を営んだとき。

（4）　以下略

（銀行法第65条）

3　これらは、銀行関係者を処罰するものである。

秩序罰には、このほかに、銀行以外のものを対象とする規定がある。銀行法第6条第2項は、銀行でない者は、その商号中に銀行であることを示す文字を使用してはならない、と規定している。この規定を実効あるものにするため、同法第66条は、同法第6条第2項の規定に違反して商号中に銀行であることを示す文字を使用した者は100万円以下の過料に処することとしている。

なお、一般に、秩序罰、すなわち、過料の場合には、その行為の責任者を処罰するものと解される。そして、本条も、法人ではなく、その責任者を罰することを明らかにしている。法人と個人とをともに処罰する両罰規定の考え方はとられていない。

4　以上をまとめると、秩序罰としては、①取締役の兼職制限違反、②他業禁止違反、③営業所の設置届出義務違反、④届出、公告、掲示義務違反、⑤利益準備金の積立義務違反、⑥異議債権者に対する弁済措置等をとらないでなした事業譲渡等、⑦外国銀行支店の資料不提出、虚偽記載、⑧外国銀行の業務・財産状況の報告、資料の不提出、虚偽の報告等、などの場合である。

5　銀行法第13条に規定する大口信用供与規制の違反については、違反の実行行為者を特定することが困難であること、および、従来、同様の規制を規定していた信用金庫法、「協同組合による金融事業に関する法律」でも罰則を科していなかったこと、などが勘案された結果、銀行法のなかには罰則は設けず、違反状態の是正は、内閣総理大臣の処分権により対処することとされている。

第30章　罰則（銀行法第61条〜第67条）　577

〔付録〕 各国の金融関連規制

(1) 日 本

事業	関連する規制	ベンチャー企業にとってのポイント
銀行業	銀行法	・最低資本金規制：10億円 ・銀行本体および子会社の業務範囲につき制限あり ・事業会社による銀行の子会社化は可能
貸金業	貸金業法	・最低純資産額規制：5,000万円 ・個人に対する貸付は年収の3分の1以内であることを確認する義務 ・登録により参入可能
貸金業	割賦販売法	・（包括クレジット）最低資本金規制：2,000万円、（個品クレジット）最低純資産額規制：2,000万円 ・2010年法改正により、2カ月を超える取引の場合、利用者の「支払可能見込額」を算定して審査することを事業者に義務づけ
送金・決済業	出資法	・金利の上限は20％に規定 ・預金類似商品の提供を禁止
送金・決済業	資金決済法	・銀行以外の事業者による送金は100万円が上限 ・本人確認義務（10万円を超える送金の際は、つど本人確認が必要）
証券業	金融商品取引法	・有価証券を勧誘するためには、「金融商品取引業者」としての登録が必要 　―「株式」の勧誘：第一種金融商品取引業者のみ可能（兼業規制あり、最低資本金5,000万円） ・2015年法改正により、少額の取引については登録要件を緩和（最低資本金1,000万円に引下げ等）
保険業	保険業法	・2014年法改正により、保険仲立人の参入要件が緩和 　―5年以上の保険契約の媒介を行う場合必要であった「認可」の要件を廃止 　―保証金の最低金額を4,000万円から2,000万円に引下げ

（出所） 産業・金融・IT融合（FinTech）に関する参考データ集（2016年4月経済産業政策局産業資金課）

※「平成27年度産業経済研究委託事業　金融・IT融合（FinTech）の産業金融等への影響に関する調査研究」調査検討結果報告書（有限責任監査法人トーマツ）より作成

(2) 米　　国

事業	関連する規制	ベンチャー企業にとってのポイント
銀行業	グラム・リーチ・ブライリー法等	・銀行の25％の株式を保有する場合、金融持株会社としてFRBへ届出が必要 ・最低資本金条項はなし ・金融持株会社が行える事業は「金融の性格を有するもの」に限定される
貸金業	各州法	ニューヨーク州の場合 ・銀行法に基づき金融サービス局長から免許を取得する必要 ・上限金利あり 　—個人向け融資の場合、元本2.5万ドルまで：25％、2.5万ドル超：16％ 　—法人向け融資の場合、元本5万ドルまで：25％、5万ドル超：16％ ・手数料は元本の1％または50ドルのいずれか小さい額までに制限
送金・決済業	銀行秘密法 米国愛国者法 各州法等	・送金・決済は銀行の専業とは規定されていない ・ただし、送金は「Money Service Business」に該当し当局の監督対象であり、送金業者はマネロン対策等を講じる必要あり
証券業	連邦法 JOBS法	・有価証券のブローカーディーラー業務を営むには連邦法に基づきSECへの登録が必要 ・諸要件が満たされる場合、有価証券の発行者は、SECへの登録届出書の提出なしに証券を発行できることを定めたJOBS法の成立（2012年）により、株式型クラウドが明確に適法化
保険業	各州法	・財務条項あり 　—州法によりそれぞれ異なる最低資本金等が規定

(出所)　(1)日本と同じ

付　　録　579

(3) 英　　国

事業	関連する規制	ベンチャー企業にとってのポイント
銀行業	金融サービス市場法	・健全性規制機構（PRA）による認可が必要 ・最低資本金条項はなし ・預金を受け入れる銀行はリングフェンス銀行と定義され、自己勘定でのディーリング等特定の業務を行うことができないが、その他の業務に関する禁止規定はない
貸金業	金融サービス法	・金融行為規制機構から認可を取得する必要 ・金利規制なし。ただし、金利・手数料、販売方法、取立方法において不適切な行為があった場合、「不公正な関係」に該当すると裁判所が認定した場合、利息の減免や返還を行う制度を設けている ・高金利の短期与信について、過度な手数料から適度に債務者を保護するための規定を制定することを事業者に義務づけ（2013年銀行改革法）
送金・決済業	決済サービス規制	・送金・決済は銀行の専業とは規定されていない ・ただし、Payment Service Provider に該当し当局の監督対象 ・英国国内法の規制内容は EU 決済サービス指令に準拠
証券業	金融サービス市場法	・株式の投資勧誘は、金融サービス市場法に定める金融販売促進に該当し、原則として、金融行為規制機構の認可業者、または認可業者から承認を受けた場合にのみ可能 ・発行体は、募集総額が12カ月間に500万ユーロ以下の場合、目論見書の作成が免除される
保険業	金融サービス市場法	・保険業に加え、保険仲介業務についても金融行為規制機構（FCA）から保険仲介業者としての認可を取得する必要 ・保険業については最低資本金条項あり（保険種類により異なる）

（出所）　(1)日本と同じ

580

(4) ドイツ

事業	関連する規制	ベンチャー企業にとってのポイント
銀行業	信用制度法	・連邦金融監督庁（BaFin）から認可を受けることが必要 ・最低資本金規制あり 　— EU資本要件指令では最低500万ユーロを永続的に維持できることを認可要件とするよう規定 ・消費者金融については、銀行のみが取扱可能であり、地方銀行、貯蓄銀行、信用協同組合が主な担い手 　—ドイツの信用機関は、大半がユニバーサル銀行（銀行や証券、信託の各業務をすべて手がける総合金融機関）として、預金も取り扱う ・判例法に基づく上限金利規制として、毎月ドイツ連邦銀行より発表される市場金利の2倍または市場金利プラス12%のいずれか低いほうを超えると、金利は民事上無効になるとされている
送金・決済業	決済サービス規制	・送金・決済は銀行の専業とは規定されていない ・ただし、送金・決済事業者はPayment Service Providerに該当し当局の監督対象 ・ドイツ国内法の規制内容はEU決済サービス指令に準拠
証券業	個人投資家保護法	・適格企業については、新株募集に際しての目論見書の作成義務を免除（2015年法改正）。クラウドファンディングの活用が可能に 　—個人投資家の投資額は上限1万ユーロ 　—募集総額の上限は100万ユーロ 　— SNSを通じての募集の広告は禁止
保険業	保険監督法	・監督官庁（保険種類ごとに規定）から認可を受けることが必要 ・単体では兼業禁止 ・保険仲介については、監督当局への登録が必要

(出所)　(1)日本と同じ

付　録　581

主要参考文献（出版年次順）

1　今回の改訂における主要参考文献

［全体を通じて］

佐藤則夫監修『逐条解説　2016年銀行法、資金決済法等改正』（平29年　商事法務）

池田唯一・中島淳一監修『銀行法』（平29年　金融財政事情研究会）

潮見佳男著『民法（債権関係）改正法の概要』（平29年　金融財政事情研究会）

［第4章］　銀行の機関

前田庸著『会社法入門』（平20年　有斐閣）

江頭憲治郎著『株式会社法〔第7版〕』（平29年　有斐閣）

［第9章］　業務の範囲

岩原紳作著『電子決済と法』（平15年　有斐閣）

後藤紀一論文「銀行法2条2項2号の「為替取引を行うこと」の意義」（塩崎勤、雨宮真也、山下丈編『銀行関係訴訟法』第六章）（平19年　青林書院）

片岡義広論文「決済と銀行法の「為替取引」の概念についての試論」（平20年　金融法務事情1841号）

高橋康文編著『逐条解説　資金決済法〔増補版〕』（平22年　金融財政事情研究会）

松尾直彦著『金融商品取引法』（平23年　商事法務）

三井住友信託銀行債権法研究会編『民法改正で金融実務はこう変わる！』（平27年　清文社）

増島雅和・堀天子編著『FinTechの法律』（平28年　日経BP社）

片岡義広・森下国彦ほか編『FinTech法務ガイド』（平29年　商事法務）

［第10章］　業務等に関する規制

川田悦男監修・著『金融法務読本〔第27版〕』（平20年　金融財政事情研究会）

西村あさひ法律事務所編『最新　金融レギュレーション』（平21年　商事法務）

泉田栄一著『会社法論』（平21年　信山社出版）

［第13章］　自己資本比率規制

Basel Committee on Banking Surpervision "Basel III : A global regulatory framework for more resilient banks and banking systems" December 2010（rev June 2011）

全国銀行協会事務局「バーゼルⅢ：より強靱な銀行および銀行システムのための

世界的な規制の枠組み」仮訳案（平23年 1 月20日）

金融庁／日本銀行「バーゼル銀行監督委員会によるバーゼルⅢテキストの公表等について」（平23年 1 月）

小野尚「新国内基準の設計思想」（週刊金融財政事情2013.4.8号）

北野淳史・諏訪亮一「国内基準行に対する新しい自己資本比率規制について」（週刊金融財政事情2013.4.8号）

みずほ証券バーゼルⅢ研究会編『詳解 バーゼルⅢによる新国際金融規制』（平24年 中央経済社）

[第24章] 外国銀行代理業務に関する特例

松尾直彦論文「金融商品取引法の国際的適用範囲」（平23年 東京大学法科大学院ローレビューVol. 6）

[第26章] 銀行持株会社

木下信行編『解説 改正銀行法』（平11年 日本経済新聞社）

野崎浩成・江平享編著『銀行のグループ経営』（平28年 金融財政事情研究会）

2 現行銀行法関係

財政金融法規研究委員会編『金融編Ⅰ』（昭60年 大成出版社）

木内宜彦著『金融法（現代法律学全集四一）』（平 1 年 青林書院）

小山嘉昭著『銀行法』（平 4 年 大蔵財務協会）

ジョエル・クルツマン『デス・オブ・マネー』（平 5 年 講談社）

氏兼裕之、仲裕史編著『銀行法の解説』（平 6 年 金融財政事情研究会）

木下信行編『解説 改正銀行法』（平11年 日本経済新聞社）

大西武士著『金融法研究』（平11年 ビジネス教育出版社）

松嶋泰編著『銀行の法律』（平12年 ビジネス教育出版社）

岩原紳作著『電子決済と法』（平15年 有斐閣）

小山嘉昭著『詳解 銀行法』（平16年 金融財政事情研究会）

西村あさひ法律事務所編『ファイナンス法大全・上下〔全訂版〕』（平29年 商事法務）

西村ときわ法律事務所編『ファイナンス法大全 アップデート』（平18年 商事法務）

塩崎勤、雨宮真也、山下丈編『銀行関係訴訟法』（平19年 青林書院）

武藤敏郎編著『甦る金融 破綻処理の教訓』（平22年 金融財政事情研究会）

朝倉敬二著『金融法務の基礎〔六訂版〕』（平20年 経済法令研究会）

木下信行著『金融行政の現実と理論』（平23年　金融財政事情研究会）

藤田勉著『グローバル金融制度のすべて』（平24年　金融財政事情研究会）

神田秀樹、神作裕之、みずほフィナンシャルグループ編著『金融法講義』（平25年　岩波書店）

佐藤則夫監修『逐条解説　2016年銀行法、資金決済法等改正』（平29年　商事法務）

池田唯一、中島淳一監修『銀行法』（平29年　金融財政事情研究会）

3　各論関係

鈴木竹雄、河本一郎著『証券取引法〔新版〕』（昭59年　有斐閣）

本間勝著『世界の預金保険と銀行破綻処理』（平14年　東洋経済新報社）

氷見野良三著『検証　BIS規制と日本〔第2版〕』（平17年　金融財政事情研究会）

佐々木宗啓編著『逐条解釈　預金保険法の運用』（平15年　金融財政事情研究会）

須藤正彦著『精説　不良債権処理』（平16年　経済法令研究会）

銀行経理問題研究会編『銀行経理の実務』（平20年　金融財政事情研究会）

川村正幸編『金融商品取引法』（平20年　中央経済社）

前田庸著『会社法入門』（平20年　有斐閣）

西村あさひ法律事務所編『最新　金融レギュレーション』（平21年　商事法務）

大森泰人ほか著『詳説　金融ADR制度』（平22年　商事法務）

山本和彦、井上聡編著『金融ADRの法理と実務』（平24年　金融財政事情研究会）

高橋康文編著『逐条解説　資金決済法〔増補版〕』（平22年　金融財政事情研究会）

松尾直彦著『金融商品取引法』（平23年　商事法務）

山本和彦、井上聡編著『金融ADRの法理と実務』（平24年　金融財政事情研究会）

4　旧銀行法関係

西原寛一著『銀行法解説』（昭2年　日本評論社）

入江昂著『銀行法』（昭4年　日本評論社）

小川郷太郎著『新銀行法理由』（昭5年　日本評論社）

田中誠二著『銀行法（新法学全集)』（昭13年　日本評論社）

佐竹浩、橋口収共著『銀行法』（昭31年　有斐閣）

高橋俊英編『金融関係法［Ⅱ］』（昭39年　日本評論社）

佐竹浩、橋口収共著『銀行行政と銀行法（新銀行実務講座一三巻)』（昭42年　有斐閣）

西原寛一著『金融法（法律学全集)』（昭42年　有斐閣）

5　金融史、金融制度

東洋経済新報社編『金融六十年史』（大13年　東洋経済新報社）

石橋湛山著『日本金融史』（昭11年　改造社）

大蔵省編『明治大正財政史第一四巻～第一六巻（銀行)』（昭12年　財政経済学会）

坂入長太郎著『日本金融制度史』（昭25年　世界書院）

高垣寅次郎著『近代日本金融史』（昭30年　全国地方銀行協会）

土屋喬雄著『昭和金融史』（昭30年　全国地方銀行協会）

昭和財政史編集室編『昭和財政史第一〇巻（金融)』ほか（昭30年　東洋経済新報社）

金融学会編『金融論選集三』（昭31年　東洋経済新報社）

明石照男、鈴木憲久著『日本金融史第一巻』（昭32年　東洋経済新報社）

朝倉孝吉著『明治前期　日本金融構造史』（昭36年　岩波書店）

竹沢正武著『日本金融百年史』（昭43年　東洋経済新報社）

後藤新一著『本邦銀行合同史』（昭48年　金融財政事情研究会）

山口和雄著『日本経済史』（昭51年　筑摩書房）

北村恭二編著『金融制度』（昭51年　金融財政事情研究会）

玉置紀夫著『日本金融史』（平6年　有斐閣）

アラン・グリーンスパン著『波乱の時代・上下』（平19年　日本経済新聞出版社）

家根田正美、小田大輔論文「昭和五六年の全面改正以降の銀行法の沿革」（平23年　金融法務事情連載）

主要参考文献　585

事項索引

[A〜Z]

ADR ……………………………… 542
ADR 制度の意義 ………………… 543
ATM とは ………………………… 103
ATM（現金自動預入支払機）
　の銀行法上の位置づけ ………… 103
TBTF ……………………………… 319
Tier1（ティア・ワン）…………… 292
Tier2（ティア・ツゥ）…………… 292

[あ]

アームズ・レングス・ルール …… 230
アウトライヤー基準 ……………… 394
アウトライヤー銀行 ……………… 394
粗利益分配手法 …………………… 307
アラン・シャンド ………………… 8
併せ行う ……………………… 21, 63
安全性 ……………………………… 127
安定調達比率 ……………………… 292
アンバンドリング ………………… 182

[い]

異業種会社 ………………………… 490
1 行連結 …………………………… 351
一時国有化措置 …………………… 425
一時的に国有化 …………………… 426
移動店舗 …………………………… 102
伊藤博文 …………………………… 4
意図的に保有している他の金融
　機関等の普通株式の額 ………… 299
井上馨 ……………………………… 8
一般貸倒引当金 …………………… 295

[う]

ウェブサイト ……………………… 563
内－外 ……………………………… 488
「売出し」とは …………………… 212
売出しの目的をもってする公共
　債等の引受け …………………… 211
売出し目的のない公共債の引受
　け、およびその募集の取扱い …… 179

[え]

営業 ………………………………… 64
営業時間 …………………………… 324
営業時間の変更 …………………… 327
営業所 ……………………………… 98
営業所の種類 ……………………… 101
営業所の種類の変更 ……………… 99
営業所の定義 ……………………… 100
営業の免許 ………………………… 71
営利の目的 ………………………… 64
エクスポージャー ………………… 312
延滞債権 …………………………… 383

[お]

大口信用供与規制 ………………… 256
大口信用供与規制の意義および
　機能 ……………………………… 256
大口信用供与規制の沿革 ………… 273
オープン API ……………………… 160
オフ・バランス取引 ……………… 303
オプション取引 …………………… 204
オペレーショナル・リスク ……… 307

[か]

カードローン債権信託受益権 …… 186

概括的処分 …………………………… 407
会計監査人 ……………………………… 85
外国銀行支店 ………………………… 464
外国銀行代理業の認可、届出 …… 486
外国銀行代理業務に関する特則
………………………………………… 480
「外国銀行」とは …………………… 464
外国における代理店 ………………… 105
解散 ……………………………………… 444
会社分割 ……………………………… 435
回収見込額 …………………………… 420
改正民法 ……………………………… 110
買取引受け …………………………… 212
カウンターシクリカル・バッ
ファー ……………………………… 308
カウンターパーティー・リスク
………………………………………… 315
貸金庫ないし貸渡し保護函 ……… 199
貸出条件緩和債権 …………………… 384
過失 ……………………………………… 570
貸付 ……………………………………… 126
貸付債権信託の受益権証書 ……… 185
仮想通貨 ……………………………… 156
仮想通貨交換業者の登録 ………… 158
「仮想通貨」とは …………………… 156
各国の金融関連規制 ………………… 578
合算5％ルール ……………………… 355
合算15％ルール ……………………… 355
合併 ……………………………………… 428
合併などの審査 ……………………… 429
合併の効力 …………………………… 432
合併の範囲 …………………………… 433
ガバナンス ……………………………… 83
株式会社制 ……………………………… 80
株主規制の意義 ……………………… 490
株主資本利益率（ROE）…………… 377
株主の帳簿閲覧権の否認 ………… 389
過料 …………………………… 570, 576

科料 ……………………………………… 576
為替会社 ………………………………… 1
為替取引 ……………………………… 136
為替取引と一般の決済機能との
関係 ………………………………… 144
監査委員会 ……………………………… 84
監査等委員会 …………………………… 84
監査役会 ………………………………… 83
完全連結 ……………………………… 351
監督 ……………………………………… 391
元本保証 ……………………………… 111
元本保障 ……………………………… 111
関連会社 ……………………………… 350
関連法人等 …………………………… 348

[き]
機械化店舗 …………………………… 102
機関銀行 ………………………………… 8
機関銀行化の問題 …………………… 490
危機管理条項 ………………………… 414
企業情報の開示 ……………………… 371
期限 ……………………………………… 560
危険債権 ……………………………… 385
基礎的手法 …………………………… 307
休業するとき ………………………… 329
休日 ……………………………………… 322
吸収合併 ……………………………… 430
吸収分割 ……………………………… 436
狭義の金銭債権 ……………………… 181
行政刑罰 ……………………………… 569
強制終了 …………………… 444, 451
強制捜査 ……………………………… 574
強制調査 ……………………………… 392
業態間の相互参入 ……………………… 31
業態別子会社による相互参入 …… 32
供託 ……………………………………… 154
共通・重複業務の遂行 …………… 515
協同組織の金融機関制度 ………… 81

事項索引　587

共同保有者 …………………………… 496
業として ……………………………… 66
業務委託について ………………… 227
業務純益 ……………………………… 377
業務停止命令 ……………………… 406
業務等に関する規制 …………… 224
業務の代理等 ……………………… 194
業務の範囲 ………………………… 107
業務報告書 ………………………… 366
銀行議決権大量保有者 ………… 492
「銀行業」とは ……………………… 62
「銀行業」の定義 ………………… 62
銀行業の廃止 ……………………… 446
銀行経営の健全性 ………………… 57
「銀行」呼称の由来 ……………… 94
銀行支配株主 ……………………… 492
銀行主要株主 ……………………… 492
銀行条例 ……………………………… 14
銀行条例の改正 …………………… 17
銀行代理業 ………………………… 531
銀行代理業とは …………………… 531
銀行代理業の業務 ………………… 538
銀行であることを示す文字 ……… 93
銀行等の出資制限 ………………… 354
銀行とは何か ……………………… 68
銀行における子会社合算 ………… 270
銀行による自己査定の集計値 …… 380
銀行による統合管理 …………… 271
銀行の解散 ………………………… 448
銀行の合併 ………………………… 428
銀行の機関 ………………………… 81
銀行の業務に係る禁止行為 ……… 234
銀行の子会社 ……………………… 333
銀行の国債等の窓口販売（窓
販）………………………………… 179
銀行の固有業務 …………………… 108
銀行の私企業性 …………………… 58
銀行の守秘義務 …………………… 244

銀行の守秘義務の法的根拠 ……… 246
「銀行の常務に従事する取締役」
とは ……………………………… 280
「銀行」の定義 …………………… 60
銀行引受手形 ……………………… 134
銀行法における「媒介」につい
て ………………………………… 533
銀行法による開示債権 ………… 382
銀行持株会社 ……………………… 507
銀行持株会社に対する監督 ……… 411
銀行持株会社の子会社の業務範
囲等 ……………………………… 522
銀行持株会社の定義 …………… 510
銀行持株会社の認可 …………… 517
銀行類似会社 ……………………… 14
銀行を子会社とする持株会社 …… 520
金匠 ……………………………………… 68
銀・証分離 ………………………… 174
金銭債権 …………………………… 180
金銭債権の取得または譲渡 ……… 180
金銭出納事務等 …………………… 196
金兌換 ………………………………… 7
金融 ADR 制度の骨組み ………… 542
金融関連業務 ……………………… 336
金融機関の破綻 …………………… 416
金融危機対応会議 ………………… 423
金融機能のアンバンドリング化
…………………………………… 169
金融恐慌 …………………………… 55
金融債 ……………………………… 115
金融再生法開示債権 ………… 380, 385
金融システム改革法 …………… 34
金融商品取引法第33条 ………… 175
金融審議会 ………………………… 20
金融制度改革法 …………………… 31
金融制度調査会 …………………… 20
金融整理管財人 …………………… 419
金融担当大臣 ……………………… 61

588

金融庁告示 ························· 291
金融の円滑 ························· 56
金融の証券化 ······················ 182
金利スワップ ······················ 205

[く]

苦情 ····························· 545
苦情処理手続 ······················ 548
区分等を定める命令 ················ 404
グラス・スティーガル法 ············ 87
繰延税金資産 ······················ 300
グループ会社群を支配する会社
　··································· 493
グループ規制 ······················ 34
クレジットカード業務 ·············· 169
グローバルなシステム上重要な
　銀行 ···························· 309
グローバルな流動性基準 ············ 313
クロスボーダー取引 ················ 484

[け]

経営管理とは ······················ 514
経過措置 ·························· 567
契約自由の原則 ···················· 52
経理 ····························· 363
決済 ····························· 145
兼営法による信託業務 ·············· 221
権限委任 ·························· 566
現行銀行法 ························ 25
現行銀行法制定の背景 ·············· 25
検査官 ···························· 397
検査・監督基本方針 ················ 402
検査の遂行 ························ 399
減資 ····························· 88
権利能力なき社団等 ················ 493

[こ]

コア Tier1 ························ 295

故意 ····························· 570
公益を害する行為 ·················· 409
公開会社 ·························· 82
効果主義 ·························· 484
公企業の特許 ······················ 72
公共債市場における売買取引の
　委託の媒介・取次または代理
　··································· 211
公共債等 ·························· 207
公共債等の売出し ·················· 213
公共債等の売買 ···················· 210
公共債等の売買の取次 ·············· 211
公共債等の売買の媒介・代理 ······ 211
公共債等の募集の取扱い、売出
　しの取扱い ······················ 213
公共性 ························· 52, 128
公告 ····························· 562
更生特例法の適用範囲の拡大 ······ 427
ゴーイング・コンサーン・ベー
　ス ····························· 297
ゴールド・バンク ·················· 7
コール・ローン ···················· 135
子会社対象会社 ···················· 335
子会社等 ·························· 346
国際統一基準 ······················ 291
国際統一基準銀行 ·················· 285
告示 ····························· 562
国内基準 ·························· 291
国法銀行 ·························· 9
国立銀行 ·························· 9
国立銀行条例 ······················ 9
個人情報保護法 ···················· 247
固定性預金 ························ 115
個別買取り ························ 213
子法人等 ·························· 347
子法人等への立入調査権 ············ 398
コマーシャル・ペーパー ············ 184
コマース ·························· 490

事項索引　589

混蔵寄託 ……………………………… 199
コンプライアンス ………………… 83

[さ]
債権買取機構（RCC） …………… 421
債権者異議の催告 ………………… 431
財産の供託命令 …………………… 406
最低資本金 ………………………… 86
裁判所の権限 ……………………… 461
財務大臣との協議 ………………… 564
債務超過 …………………………… 287
債務保証 …………………………… 172
先物取引 …………………………… 203
先渡取引 …………………………… 204
雑則 ………………………………… 558
差別的取扱い ……………………… 553
残額引受け ………………………… 212
３カ月以上延滞債権 ……………… 384

[し]
事業 ………………………………… 66
事業再生会社 ……………………… 342
事業再生の途上にある会社 ……… 360
事業承継に伴って取得・保有す
　る議決権 ………………………… 361
事業譲渡 …………………………… 438
事業譲渡等の公告 ………………… 441
事業譲渡の申請手続 ……………… 440
事業年度 …………………………… 364
事業報告 …………………………… 369
資金移動業 ………………………… 150
資金移動業者 ……………………… 151
資金援助方式 ……………………… 419
資金の貸付 ………………………… 125
自己査定方式 ……………………… 381
自己資本からの控除項目 ………… 298
自己資本とは ……………………… 287
自己資本の額（分子） …………… 293

自己資本比率規制 ………………… 284
自己資本比率規制の意義および
　沿革 ……………………………… 284
自己資本比率の種類 ……………… 293
自己保有普通株式の額 …………… 299
資産査定 …………………………… 401
資産の国内保有 …………………… 467
資産の国内保有命令 ……………… 414
事実行為 …………………………… 217
私生活上の事柄 …………………… 400
実施規定 …………………………… 565
実施スケジュール ………………… 309
実質破綻先 ………………………… 382
実地検査 …………………………… 401
指定紛争解決機関 ………… 542, 545
指定紛争解決機関の業務 ………… 547
支店 ………………………………… 102
渋沢栄一 …………………………… 8
紙幣会社 …………………………… 96
私募円建外債 ……………………… 189
私募債の長所 ……………………… 190
資本準備金 ………………………… 365
資本準備金、利益準備金の積立
　……………………………………… 364
資本注入 …………………………… 425
資本注入措置 ……………………… 424
資本バッファー …………………… 308
指名委員会 ………………………… 84
指名委員会等設置会社 …………… 84
指名委員会等設置会社制度 ……… 84
社債管理会社 ……………………… 193
社債管理受託者 …………………… 193
社債等の受託・管理業務 ………… 191
社債等の募集・管理受託業務 …… 192
収益性 ……………………………… 128
従属業務 …………………………… 336
従属業務会社 ……………………… 336
住宅抵当証書 ……………………… 184

収入依存度 ……………………… 337
収納代行サービス ……………… 148
主たる営業所が所在する国 ……… 78
出資法 ……………………………… 66
出張所 …………………………… 102
主として …………………………… 337
受忍義務 …………………………… 393
守秘義務が適用されない分野 …… 247
準用とは ………………………… 244
償却とは ………………………… 387
商業銀行主義 ……………………… 8
商業手形 ………………………… 133
承継銀行（ブリッジ・バンク）…… 422
条件 ……………………………… 559
証券化関連商品 ………………… 181
証券取引法第65条 ……………… 174
商号 ………………………………… 90
商号自由の原則 ………………… 92
商号とは ………………………… 90
情実貸付 ………………………… 258
証書貸付 ………………………… 129
少数出資金融機関等の普通株式
　の額 …………………………… 299
譲渡性預金 ……………………… 183
消費寄託 ………………………… 109
消費寄託契約 …………………… 109
商品投資受益権の受益権証書 …… 185
商品ファンド …………………… 185
所属外国銀行 …………………… 487
所属銀行 ………………………… 535
書面取次ぎ行為 ………………… 174
私立銀行 …………………………… 13
新国内基準の内容 ……………… 316
新設合併 ………………………… 430
新設分割 ………………………… 436
信託に係る事務に関する業務 …… 215
人的会社 ………………………… 229
信用の維持 ………………………… 54

[す]
スワップ取引 …………………… 205

[せ]
清算する ………………………… 444
清算とは ………………………… 459
正常債権 ………………………… 386
正常先 …………………………… 382
成長性 …………………………… 128
制度問題研究会 ………………… 31
説明書類の縦覧 ………………… 374
全額保護 ………………………… 425
全銀システム ……………… 142, 143
先進的計測手法 ………………… 308
潜脱防止規定 …………………… 273
専門金融機関制度の改革 ……… 30
専門性、分業制の見直し ……… 31

[そ]
総額引受け ……………………… 212
早期警戒制度 …………………… 394
早期是正措置制度 ……………… 402
早期是正措置の趣旨 …………… 403
送金 ……………………………… 140
総合口座 ………………………… 125
相互主義（レシプロシティ）…… 75
属地主義 ………………………… 484
外－内 …………………………… 488
外－外 …………………………… 488
損害担保 ………………………… 421

[た]
第一国立銀行 …………………… 10
代金取立て ……………………… 140
代金引換サービス ……………… 148
貸借対照表等の公告 …………… 372
退職給付に係る資産の額 ……… 299
タイミング規制 ………………… 223

事項索引　591

代理 …………………………………… 532
代理貸付 …………………………… 195
代理店 ……………………………… 105
兌換紙幣 …………………………… 10
他業会社 …………………………… 455
他業禁止 …………………………… 216
他業禁止に反した場合 …………… 217
他業証券業務等 …………………… 206
太政官札 …………………………… 5
立入検査権 ………………………… 396
ダブルギアリング規制 …………… 299
短期社債の取得等 ………………… 188
単純寄託 …………………………… 109
単体決算 …………………………… 291
担保付社債信託業務 ……………… 219

[ち]
地域経済の再活性化事業会社の
　議決権 ………………………… 361
地球温暖化防止の観点での算定
　割当量関連業務 ……………… 215
秩序罰 ……………………………… 569
地方公共団体の公金出納事務 …… 197
地方債、社債 ……………………… 191
チャイニーズ・ウォール ………… 238
中間業務報告書 …………………… 366
駐在員事務所等 …………………… 478
調査権の行使 ……………………… 395
貯金 ………………………………… 115

[つ]
通貨スワップ ……………………… 205
通商会社 …………………………… 1
通商司 ……………………………… 3
通常清算 …………………………… 459
通常の条件 ………………………… 283
通知預金 …………………………… 121

[て]
定期性預金 ………………………… 114
定期積金 …………………………… 123
定期預金 …………………………… 122
ディスクロージャー ……………… 371
ディスクロージャー誌 …………… 375
抵当証券 …………………………… 185
手形貸付 …………………………… 130
手形割引 …………………………… 132
手続実施基本契約 ………………… 548
デット・エクイティ・スワップ
　（DES） ………………………… 360
デュレーション法 ………………… 307
デリバティブ ……………………… 202
デリバティブ取引 ………………… 202
天災その他のやむを得ない理由
　………………………………… 330
電子決済等代行業 ………………… 160
電子決済等代行業者の定義およ
　び登録 ………………………… 160
電子決済等代行業と銀行代理
　業、銀行の外部委託先との関
　係 ……………………………… 165
電子公告 …………………………… 563
電磁的記録 ………………………… 375
店舗外現金自動設備 ……………… 103

[と]
同一人 ……………………………… 262
同一人自身 ………………………… 262
当座貸越 …………………………… 131
当座預金 …………………………… 116
投資助言業務 ……………………… 209
投資信託の銀行窓販 ……………… 214
投資の目的 ………………………… 176
特殊関係者 ………………………… 77
特定項目に係る「10％基準超過
　額」…………………………… 299

特定目的会社発行社債の引受け
　等 ……………………………… 187
特定持株会社 ……………… 520, 521
特定預金等とは ………………… 243
特定預金等の取扱い …………… 243
特別危機管理金融機関 ………… 426
特別事業再生会社 ……………… 358
特別清算 ………………………… 459
特別調停案 ……………………… 551
届出事項 ………………………… 558
取締役会 ………………………… 83
取付け …………………………… 54
取引先に対する立入検査 ……… 398

[な]
内閣総理大臣 …………………… 61
内閣総理大臣の告示 …………… 561
内閣総理大臣の処分権 ………… 402
内閣総理大臣の調査権 ………… 392
内国民待遇 ……………………… 464
内部格付手法 …………………… 304
内部留保 ………………………… 295

[に]
荷付為替手形 …………………… 134
日本銀行条例 …………………… 12
任意終了 ………………………… 444
任意清算 ………………………… 460
任意調査 ………………………… 392

[ね]
ネッティング …………………… 147
ネットワーク …………………… 69

[の]
のれんなどの無形固定資産 …… 298

[は]
バーゼルⅠ ……………………… 286
バーゼルⅡ ……………………… 286
バーゼルⅢ ……………………… 284
バーゼルⅢの課題 ……………… 318
バーゼル銀行監督委員会 ……… 285
媒介 ……………………………… 533
媒介行為 ………………………… 533
廃業 ……………………………… 444
破産更生債権及びこれらに準ず
　る債権 ………………………… 385
破綻懸念先 ……………………… 382
破綻先 …………………………… 381
破綻先債権 ……………………… 383
破綻予防措置 …………………… 424
払込資本 ………………………… 272
払戻しの停止 …………………… 331
犯罪捜査等との関係 …………… 399
犯収法 …………………………… 155

[ひ]
引当とは ………………………… 387
引当率 …………………………… 389
引受け …………………………… 212
ビジネスマッチング …………… 169
被封預り ………………………… 199
標準的手法 ……………………… 303

[ふ]
ファイアー・ウォール ………… 242
ファイナリティ ………………… 145
ファイナンス・リース業務 …… 206
ファクタリング ………………… 180
フィンテック …………………… 156
フィンテック企業（金融関連IT
　企業） ………………………… 342
封せん預り ……………………… 199
不換紙幣 ………………………… 10

事項索引　593

付随業務 ……………………… 166
付随業務の範囲 ……………… 166
附属明細書 …………………… 369
負担 …………………………… 560
負担金 ………………………… 554
普通株等 Tier1 ……………… 292
普通銀行 ……………………… 14
普通預金 ……………………… 118
ブック取引 …………………… 484
物的会社 ……………………… 229
「不当」が生じやすい状態 ……… 239
付保預金 ……………………… 419
プライバシー ………………… 246
振替業 ………………………… 200
振込 …………………………… 138
ブリッジ・バンク …………… 422
プリペードカード …………… 158
不良債権とは ………………… 380
不良債権の償却・引当 ……… 387
不良債権のディスクロージャー
……………………………… 379
不良債権問題 ………………… 378
プロシクリカリティ ………… 292
分割型分割 …………………… 436
分社型分割 …………………… 436
紛争 ……………………… 545, 549
紛争解決委員 ………………… 549
紛争解決手続 ………………… 545
分類 …………………………… 381

[へ]

ペイオフ・コスト …………… 420
ペイオフ制度 ………………… 418
平時の枠組み ………………… 418
ベスト・プラクティス ……… 378
別段預金 ……………………… 120
ベンチャー・キャピタル会社 …… 358
ベンチャー・ビジネス会社 ……… 341

[ほ]

報酬委員会 …………………… 85
法人税個別通達 ……………… 383
法定清算 ……………………… 460
法律により営む業務 ………… 218
ポータブル端末機 …………… 103
保険金の定額支払方式 ……… 418
保険窓販業務 ………………… 221
保護預り ……………………… 198
募集 …………………………… 212
母店 …………………………… 102
本店 …………………………… 101

[ま]

マーケット・リスク ………… 306
マチュリティ法 ……………… 307
松方正義 ……………………… 12
マネー・ローンダリング（資金
洗浄）………………………… 491

[み]

三井組バンク開業願書 ……… 95
みなし議決権保有者 ………… 493
みなし規定 …………………… 469
みなし銀行業 ………………… 65

[む]

無限責任社員 ………………… 229
無限責任社員等になることの禁
止 …………………………… 229

[め]

名義貸し ……………………… 106
免許取消処分 ………………… 410
免許の失効 …………………… 453

[も]

持株会社 ……………………… 511

持分会社	229	与信	127
持分法	350	予備審査	79
持分法適用会社	350	読替え規定	244

[や]

役員 …………………………… 277
役員の兼業規制 ………………… 278
役員の適格性 …………………… 277
役員への信用供与 ……………… 282

[ゆ]

優越的地位の濫用禁止等 ………… 234
優越的地位の濫用とは …………… 235
有価証券関連業 ………………… 209
有価証券の貸付 ………………… 177
有価証券の私募の取扱い ………… 189
有価証券の売買等 ……………… 174
有事の際の枠組み ……………… 418
優先株 …………………………… 295

[よ]

要管理債権 ……………………… 385
要求払預金 ……………………… 114
要注意先 ………………………… 382
要履行保証額 …………………… 153
預金 ………………………… 109, 115
預金者の保護 …………………… 55
預金全額保護措置 ……………… 425
預金等に対する情報の提供 ……… 224
「預金」とは …………………… 109
預金の過誤払い（準占有者への
　支払）の扱い ………………… 113
預金の種類 ……………………… 114
預金保険法 ……………………… 416
吉田清成 ………………………… 7

[り]

リーマン・ショック …………… 290
利益が相反する状態 …………… 238
利益準備金 ……………………… 365
利益相反行為 …………………… 238
利益相反行為の防止等 ………… 237
リスク・アセット等（分母）…… 301
リスク・アセットとは ………… 303
リスク・ウェイト ……………… 303
リスク・ウェイト関数式 ……… 305
リスク管理債権 ………… 380, 383
流動性 …………………………… 128
流動性カバレッジ比率 ………… 292
流動性預金 ……………………… 114
流動性リスク …………………… 292
両替 ……………………………… 200
料金 ……………………………… 554
両罰規定 ………………………… 574
臨時休業等 ……………………… 328
臨時店舗 ………………………… 103

[れ]

レシプロシティ ………………… 75
劣後債 …………………………… 295
劣後ローン ……………………… 295
レバレッジ比率 ………… 292, 311
連結決算 ………………………… 291

[わ]

和解案 …………………………… 551
わが国の銀行破綻処理制度 ……… 416

事項索引　595

【著者略歴】

小山　嘉昭（こやま　よしあき）

昭和17年6月生まれ。神奈川県出身

昭和41年　東京大学法学部卒。大蔵省入省

昭和61年　大蔵省銀行局調査課長

平成元年　同　　　　　銀行課長

平成2年　同　　　　　総務課長

平成4年　大蔵省大臣官房審議官（銀行局担当）

平成6年　日本銀行政策委員

平成8年　駐ルーマニア特命全権大使

平成12年　日本銀行監事

平成19年　全国信用協同組合連合会理事長

現在　片岡総合法律事務所　特別顧問

〈主要著書〉

『銀行法』（平成4年、大蔵財務協会）

『詳解　銀行法』（平成16年、金融財政事情研究会）

銀行法精義

2018年 5 月16日　第 1 刷発行
2024年 5 月15日　第 4 刷発行

著　者　小　山　嘉　昭
発行者　加　藤　一　浩
印刷所　図書印刷株式会社

〒160-8520　東京都新宿区南元町19
発 行 所　一般社団法人 金融財政事情研究会
企画・制作・販売　株式会社きんざい
　出 版 部　TEL 03(3355)2251　FAX 03(3357)7416
　販売受付　TEL 03(3358)2891　FAX 03(3358)0037
URL https://www.kinzai.jp/

※2023年 4 月 1 日より企画・制作・販売は株式会社きんざいから一般社団法人
金融財政事情研究会に移管されました。なお連絡先は上記と変わりません。

・本書の内容の一部あるいは全部を無断で複写・複製・転訳載すること、および
　磁気または光記録媒体、コンピュータネットワーク上等へ入力することは、法
　律で認められた場合を除き、著作者および出版社の権利の侵害となります。
・落丁・乱丁本はお取替えいたします。定価はカバーに表示してあります。
ISBN978-4-322-13254-0